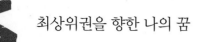 최상위권을 향한 나의 꿈

SUMMA CUM LAUDE - ENGLISH

WORD MANUAL

이룸이앤비
Education & Books

SUMMA CUM LAUDE-ENGLISH
COPYRIGHT

숨마쿰라우데® [워드 매뉴얼]

지은이 소개

송승환
런던대학교 석사과정
고려대학교 경영학과 졸업
전) 고려대학교 토익 강사
전) 한국외국어대학교 토익 강사
전) 케이스, 스카이에듀, 유웨이, 코리아에듀 방송 강사
현) 케이에듀테크 어학연구소 소장

1판 28쇄 발행일 : 2023년 1월 16일

지은이 : 송승환
펴낸이 : 이동준, 정재현
기획 및 편집 : 박희라, 안혜원
디자인 : 굿윌디자인

펴낸곳 : (주)이룸이앤비
출판신고번호 : 제2009-000168호
주소 : 경기도 성남시 수정구 위례광장로 21-9 kcc 웰츠타워 2층 2018호
대표전화 : 02-424-2410
팩스 : 070-4275-5512
홈페이지 : www.erumenb.com
ISBN : 978-89-5990-066-4

S 숨마쿰라우데®

SUMMA CUM LAUDE - ENGLISH

MINI

WORD

MANUAL

상위권 선호도 **1**위 브랜드

〈숨마쿰라우데〉가 만든 최강의 《영어휘 기본서》*!!*

– 고교 최다 4,138 표제어(필수 + 고난도) 포함,
35종 영어 교과서에 등장하는 총 12,000여 개 어휘 수록 –

– 많은 어휘 및 엄선된 예문으로 어휘, 듣기, 독해까지 일석삼조 학습 효과 !! –

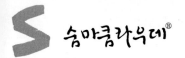
숨마쿰라우데®

SUMMA CUM LAUDE - ENGLISH

MINI
WORD
MANUAL

이룸이앤비
Education & Books

A

WORD MANUAL

abandon 306 — 버리다, 단념하다
abbreviate 306 — 요약해서 쓰다, 단축하다
abdomen 14 — 배, 복부
abduct 306 — 유괴하다
abide 306 — 참다, 머무르다
ability 14 — 능력, 재능
ablaze 486 — 화염에 싸여서, 흥분한
abnormally 586 — 비정상적으로, 이상하게
aboard 586 — (배·열차·비행기를) 타고
abolish 306 — 폐지하다, 철폐하다
aboriginal 486 — 원주민의, 원래의
abort 306 — 유산하다, 중단하다
abound 307 — 많다, 풍부하다
abreast 586 — 나란히, 병행하여
abroad 586 — 해외로, 널리
abrupt 486 — 갑작스러운, 퉁명스러운
absent 486 — 결석한
absolute 486 — 절대적인
absorb 307 — 흡수하다, 열중시키다
abstain 307 — 삼가다, 그만두다
abstract 487 — 추상적인, 추출하다
absurd 487 — 불합리한
abundant 487 — 풍부한, 많은
abuse 307 — 남용하다, 학대하다
academic 487 — 학문상의, 대학의
accelerate 307 — 가속하다, 촉진하다
accent 14 — 강세, 말씨
accept 307 — 받아들이다
access 14 — 접근(권한), 접근하다
accident 14 — 사건, 사고, 우연
accommodate 307 — 숙박시키다
accompany 307 — 동행하다, 반주하다
accomplishment 15 — 성취, 완성, 수행
accord 15 — 합의, 일치
account 15 — 계좌, 거래
accumulate 307 — 모으다, 축적하다
accurate 487 — 정확한
accuse 308 — 고소[고발]하다, 비난하다
accustom 308 — 익숙하게 하다
ache 15 — 통증, 아픔

achieve 308 — 이루다, 달성하다
acid 487 — 신, 신랄한
acknowledge 308 — 인정하다, 감사하다
acne 15 — 여드름
acquaint 308 — 알리다, 정통하게 하다
acquire 308 — 획득하다
acquit 308 — 무죄를 선고하다
acre 15 — 에이커
activate 309 — 활성화시키다
activity 15 — 활동
actually 586 — 실제로, 사실
acupuncture 16 — 침술, 침 치료
acute 487 — 날카로운, 민감한
adapt 309 — 적응시키다
addict 16 — 중독자
addition 16 — 부가, 덧셈
address 16 — 주소, 연설
adequate 487 — 적절한, 적당한
adhere 309 — 들러붙다, 고수하다
adjourn 309 — 휴회하다, 연기하다
adjust 309 — 조정하다, 적응하다
administer 309 — 관리하다, 복용시키다
admiral 16 — 해군 대장, 해군 장성
admirer 16 — 숭배자, 찬미자
admit 309 — 인정하다
adolescence 16 — 사춘기
adopt 309 — 입양하다, 채택하다
adore 310 — 숭배하다, 사모하다
adorn 310 — 꾸미다, 장식하다
adult 16 — 성인, 어른
advance 310 — 나아가다, 진보, 발달
advantage 17 — 이점
advent 17 — 도래, 출현
adventure 17 — 모험(담)
adverse 488 — 역의, 거스르는, 불리한
advertise 310 — 광고하다
advice 17 — 충고, 조언
advocate 17 — 옹호자, 변호사
aerial 488 — 공기의, 항공의
aerobic 488 — 산소의, 에어로빅 건강법의
aesthetic 488 — 미의, 미적인
afar 586 — 멀리, 아득히
affair 17 — 일, 용건, 사건
affect 310 — 영향을 주다, 감동시키다
affiliate 17 — 계열회사, 지점, 지부
affinity 17 — 인척[동족] 관계, 유사(성)
affirm 310 — 단언하다, 주장하다

afflict 310	괴롭히다
affluence 17	풍부함, 풍요
afford 311	~할 여유가 있다
affront 311	모욕하다, 창피 주다
afloat 587	(물·공중에) 떠서, 해상에
afraid 488	두려워하여
afterward 587	후에, 나중에
agenda 18	의제, 안건, 비망록
agent 18	대리인, 중개인
aggravate 311	악화시키다, 괴롭히다
aggregate 311	모으다, 집합하다
aggression 18	공격(성), 침략
aghast 488	소스라치게 놀라서
agile 488	민첩한, 재빠른
agony 18	고민, 고통, 고뇌
agreement 18	동의, 일치, 협정
agriculture 18	농업
ahead 587	앞으로, 앞에
aid 18	도움
ail 311	괴롭히다
aim 18	목표
aircraft 19	항공기
aisle 19	통로, 복도
alarm 311	놀라게 하다
alchemy 19	연금술
alert 488	방심 않는, 기민한
algebraic 488	대수학의
alienate 311	(친구 등을) 멀리하다
alight 311	(말·탈것에서) 내리다
allegory 19	풍유, 비유
allergy 19	알레르기, 반감, 혐오
alley 19	뒷골목, 오솔길
allocate 311	할당하다, 배분하다
allot 312	할당하다, 배당하다
allow 312	허락하다, ~을 하게 하다
alloy 19	합금
allude 312	언급하다, 넌지시 내비치다
ally 19	동맹국
almighty 489	전지전능한
aloft 587	위에, 높이
aloud 587	크게
alter 312	바꾸다, 변경하다
alternate 312	번갈아 일어나다
alternative 489	대체의
altitude 19	고도, 높이
altruism 19	애타[이타]주의
amaze 312	놀라게 하다
ambiguous 489	애매[모호]한
ambition 20	야망, 대망
amend 312	개정하다, 수정하다
amenity 20	기분 좋음, 편의시설
ammunition 20	탄약, 병기, 무기
amnesty 20	은사, 특사
amount 20	양, 액수
amphibian 20	(개구리 따위) 양서류
ample 489	광대한, 충분한
amputate 312	(손·발을) 절단하다
amuse 313	즐겁게 하다
analogy 20	유사, 유추
analyze 313	분석하다
anarchy 20	무정부 상태
anatomy 21	해부학, 해부
ancestor 21	선조, 조상
anchor 21	닻
ancient 489	고대의, 옛날의
anecdote 21	일화
angle 21	각도, 모퉁이, 양상
anguish 21	고통, 고뇌
animate 313	생명을 불어넣다
annex 313	부가하다, 합병하다
anniversary 21	기념일
announce 313	발표하다, 알리다
annoy 313	성가시게 굴다
annual 489	일 년의, 일 년마다의
anonymous 489	익명의, 성명 불명의
antagonist 21	적수, 적대자
antarctic 21	남극(지방)
anthem 21	축가, 성가
anthropology 22	인류학
antibiotic 22	항생물질
anticipate 313	예상하다
antipathy 22	반감, 혐오
antique 489	골동의, 골동품
anxiety 22	걱정, 불안, 갈망
anxious 489	걱정하는, 갈망하는
apart 587	떨어져서, 흩어져서
apologize 313	사과하다
appall 314	오싹[섬뜩]하게 하다
apparatus 22	(한 벌의) 장치, 기계
apparently 587	명백하게, 외관상으로
appeal 314	호소하다, 흥미를 끌다
appear 314	나타나다, ~처럼 보이다
appease 314	달래다, 진정시키다
append 314	추가하다, 덧붙이다

3

appetite 22	식욕, 욕구
applaud 314	(박수)갈채를 보내다
appliance 22	가전제품, 기구
apply 314	적용하다, 신청하다
appoint 314	임명하다, 지정하다
appraise 315	평가하다, 감정하다
appreciate 315	감사하다, 감상하다
apprise 315	알리다, 통지하다
approach 315	접근하다
appropriate 490	적절한, 적당한
approval 22	승인, 시인, 허가
approximate 490	근사한, 대략의
apt 490	적절한, ~하기 쉬운
aquarium 22	수족관, 유리 수조
arbitrary 490	임의의, 멋대로의
arc 22	호, 궁형
archaeology 23	고고학
architect 23	건축가
ardent 490	열렬한, 불타는 듯한
arduous 490	힘드는, 곤란한
argue 315	논쟁하다
arise 315	일어나다, 발생하다
aristocracy 23	귀족 정치, 귀족 사회
arithmetic 23	산수
armor 23	갑옷과 투구
arouse 315	깨우다, 자극하다
arrange 315	(미리) 정하다, 준비하다
array 315	정렬시키다, 차려 입히다
arrest 316	체포〔구속〕하다
arrive 316	도착하다
arrogantly 587	거만하게, 무례하게
arrow 23	화살, 화살표
artery 23	동맥
article 23	기사, 조항, 물건
articulate 316	분명히 말하다〔발음하다〕
artificial 490	인공적인
ascend 316	올라가다, 오르다
ascribe 316	~의 탓으로 하다
ashamed 490	부끄러워, 수치스러워
aside 588	곁에, 제쳐놓고
asleep 490	잠들어
aspect 23	면, 양상
aspiration 24	열망, 포부, 동경
assassinate 316	암살하다
assemble 316	집합시키다, 조립하다
assembly 24	집합, 의회, 조립
assent 316	동의하다, 찬성하다

assert 320	단언하다, 주장하다
assess 320	평가하다, 사정하다
asset 24	자산
assign 320	할당하다, 지명하다
assimilate 320	동화하다, 소화하다
assist 320	돕다
associate 320	연합시키다, 연상하다
assort 321	분류하다, 구색을 갖추다
assume 321	추정하다, 떠맡다
assumption 24	가정, 가설, 인수
assure 321	확신시키다
astonish 321	놀라게 하다
astound 321	몹시 놀라게 하다
astray 588	길을 잃어, 타락하여
astride 588	걸터앉아, 올라타고
astronomer 24	천문학자
astute 490	기민한, 빈틈없는
athlete 24	운동선수
atmosphere 24	대기, 환경, 분위기
atomic 491	원자의
attach 321	붙이다
attack 321	공격하다
attain 321	이르다, 달성하다
attempt 322	시도하다
attend 322	참석하다, 돌보다
attention 24	주의, 주목
attenuate 322	묽게 하다, 약하게 하다
attic 25	다락방
attitude 25	태도, 자세
attorney 25	대리인, 변호사, 검사
attract 322	끌다, 매혹하다
attribute 322	~의 탓으로 하다
audience 25	청중, 접견
audio 25	음의 수신, 송신
audit 322	회계감사하다
audition 25	음성 테스트, 오디션
authentic 491	믿을 만한, 확실한
author 25	저자
authority 25	권위, 당국
autobiography 28	자서전
autograph 28	서명
automatically 588	자동적으로, 기계적으로
automobile 28	자동차
available 491	이용할 수 있는
avarice 28	탐욕, 허욕
avenge 322	원수를 갚다, 복수하다
average 28	평균

averse 491 싫어하여, 반대하고
aviation 28 비행, 항공, 항공기
avoid 322 피하다
await 322 기다리다, 대기하다
awake 323 깨우다, 각성시키다
award 323 수여하다, 상을 주다
aware 491 ~을 알고, 깨닫고
awful 491 지독한, 무서운, 끔찍한
awkward 491 서투른, 거북한, 어색한
ax 29 도끼
axis 29 축, 축선, 굴대

B
WORD MANUAL

babble 323 떠듬거리며 말하다
backbone 30 등뼈, 척추
bacteria 30 박테리아, 세균
baggage 30 수화물
bait 30 미끼, 유혹
bake 323 굽다
balance 30 균형
bald 491 대머리의
balk 323 방해하다, 실망시키다
ballot 31 투표 용지, 비밀투표
ban 31 금지령, 금지
band 31 무리, 악대, 끈
banish 323 추방하다, 내쫓다
bankrupt 492 파산한
banner 31 깃발, 현수막
banquet 31 연회, 향연
baptism 31 세례, 침례
barbarism 31 야만, 미개
barbershop 31 이발소
barely 588 겨우, 거의 ~ 않다
bargain 31 할인 판매
bark 323 짖다, 고함치다
barn 31 헛간, 광

barometer 32 기압계, 고도계
barrel 32 통, 배럴(약 159리터)
barren 492 불모의, 임신을 못하는
barrier 32 장벽
barter 32 물물교환
basement 32 지하층, 지하실
basin 32 물동이, 웅덩이, 분지
basis 32 기초, 기저, 토대
battalion 32 [군사] 대대
battlefield 32 싸움터
bay 32 만, 궁지
beacon 33 횃불, 봉화, 신호소
bead 33 구슬, 염주
beak 33 부리
beam 323 빛을 발하다, 방송하다
bean 33 콩
bear 323 참다, 낳다
beard 33 턱수염
beast 33 야수, 짐승
beat 323 때리다, 이기다
bedding 33 침구, 토대, 기반
befall 324 (나쁜 일 등이) 닥치다
beg 324 청하다, 빌다
behalf 33 측, 편, 이익
behave 324 (예절 바르게) 행동하다
behavior 33 행동
behind 588 뒤에, ~의 뒤에
behold 324 보다, 주시하다
belch 324 트림을 하다, 내뱉다
belief 34 신념
bellow 324 고함지르다, 으르렁거리다
belly 34 배, 복부
belong 324 ~에 속하다
beloved 492 사랑하는, 귀여운
bend 324 구부리다, 굴복하다
beneath 588 ~아래에, ~밑에
benediction 34 감사기도, 축복
benefit 34 이익
benevolence 34 자비심, 박애
berth 34 침대, 숙소, 부두
besides 588 게다가, ~외에도
besiege 324 포위 공격하다
bestow 324 주다, 수여하다
bet 324 돈 따위를 걸다, 단언하다
betray 325 배반하다, 누설하다
beverage 34 마실 것, 음료
beware 325 조심하다, 경계하다

bewilder 325	당황케 하다	bold 493	대담한, 과감한
bewitch 325	마법을 걸다, 매혹하다	bolt 327	뛰어나가다, 빗장을 지르다
bias 34	선입관, 편견	bomb 37	폭탄
bid 34	입찰	bond 37	유대, 결속, 묶는 것
bigot 35	고집통이, 괴팍한 사람	bondage 37	노예의 신분, 속박
bilateral 492	양측의, 두면이 있는	bone 37	뼈
bilingual 492	두 나라 말을 하는	book 327	예약하다, 기입하다
bill 35	청구서, 지폐, 법안	boom 37	벼락 경기, 붐
bin 35	저장통, 쓰레기통	boost 327	밀어올리다
bind 325	묶다, 동여매다	border 37	경계
binocular 35	쌍안경	bore 327	지루하게(싫증나게) 하다
biochemistry 35	생화학	borrow 327	빌리다, 차용하다
biography 35	전기, 일대기	bosom 37	가슴, 흉부
biology 35	생물학	botanical 493	식물의, 식물성의
biomechanical 492	생체 역학의	bother 327	귀찮게 하다, 괴롭히다
biosphere 35	생물권	bottle 38	병
biotechnology 35	생물공학	bottom 38	바닥
bit 36	작은 조각, 소량	bough 38	큰 가지
bite 325	물다, 물어뜯다	boulevard 38	넓은 가로수길, 대로
bitter 492	쓴, 비통한	bounce 327	(공이) 튀다, 뛰어오르다
blade 36	(풀의) 잎, 칼날	bound 327	경계를 짓다, 제한하다
blame 325	비난하다, 책망하다	boundary 38	경계선, 한계, 영역
blank 492	비어 있는	bow 327	인사하다, 굽히다
blanket 36	담요	bowl 38	사발, 공기
blare 325	(나팔을) 울리다, 불다	boycott 328	불매동맹을 하다
blast 36	폭발, 한바탕의 바람	brace 328	버티다, 대비하다
blaze 36	불길, 번쩍거림	bracelet 38	팔찌
bleed 325	피를 흘리다	brag 328	자랑하다, 허풍떨다
blend 326	(뒤)섞다, 어울리다	braid 38	노끈, 꼰 끈
bless 326	은총을 내리다, 찬양하다	brake 38	브레이크, 제동장치
blind 492	눈 먼	branch 39	나뭇가지, 지회사
blink 326	깜작이다, 눈을 깜박거리다	brand 39	상표, 제품
bliss 36	행복, 축복	brave 493	용감한
blond 493	금발의	brawl 39	싸움, 말다툼
blood 36	피	breadth 39	폭, 너비
blossom 36	꽃	breakdown 39	고장, 쇠약, 몰락
blot 326	더럽히다, 얼룩지게 하다	breast 39	가슴
blow 326	불다, 바람에 날리다	breathe 328	숨 쉬다, 호흡하다
blueprint 37	청사진, (상세한) 계획	breed 328	낳다, 기르다
blunder 37	큰 실수	breeze 39	산들바람, 미풍
blunt 493	무딘, 날 없는, 둔한	brevity 39	간결, 짧음
blur 326	희미해지다, 흐리게 하다	bribe 39	뇌물
blurt 326	불쑥 말하다, 누설하다	brick 40	벽돌
blush 326	얼굴을 붉히다	bride 40	신부
boast 326	자랑하다, 큰소리치다	bridle 40	굴레, 고삐, 구속
bode 326	전조(징조)가 되다	brief 493	짧은, 간단한
bog 327	수렁(궁지)에 빠지게 하다	brighten 328	밝게 하다

brilliant 493	빛나는, 훌륭한		
brim 40	가장자리, 언저리		
brink 40	직전, 고비, 가장자리		
brisk 493	활발한, 기운찬		
brittle 493	부서지기[깨지기] 쉬운		
broadcast 44	방송		
broaden 328	넓어지다, 확장하다		
broker 44	중개인, 브로커	cabin 48	오두막집, 선실
bronze 44	청동	cabinet 48	내각(정치), 장식장
brood 328	알을 품다, 골똘히 생각하다	cage 48	새장, (짐승의) 우리
brook 44	시내, 개울	calculate 329	계산하다, 산정하다
broom 44	(자루와 털이 긴) 비	calligrapher 48	달필가, 서예가
broth 44	묽은 수프, 고깃국	calm 329	진정시키다
brow 44	이마, 눈썹, 표정	campaign 48	캠페인, 운동, 작전
browse 328	(풀을) 뜯어 먹다, 검색하다	canal 49	운하, 수로
bruise 45	타박상	cancel 329	취소하다, 삭제하다
brutal 494	잔인한	cancer 49	암
bubble 45	거품	candid 494	정직한, 솔직한, 공정한
bud 45	싹, 봉오리	candidate 49	후보자, 지원자
buddy 45	동료, 친구	candle 49	양초
budget 45	예산	cane 49	지팡이, 줄기
buildup 45	강화, 증강	cannon 49	대포
bulb 45	(양파 등의) 구근, 전구	canteen 49	매점, (병사의) 반합
bulge 328	불룩하다, 부풀다	canvass 330	간청하다, 유세하다
bulk 494	대량의	canyon 49	깊은(큰) 협곡
bull 45	황소	capability 49	가능성, 능력
bulldoze 329	위협하다, 불도저로 밀다	capacity 50	수용력, 용량, 능력
bullet 45	탄알	cape 50	곶, 갑
bulletin 46	게시(판), 고시	capital 50	수도, 자본, 대문자
bump 329	부딪치다, 충돌하다	Capitol 50	국회의사당
bunch 46	다발, 송이, 일단	caprice 50	변덕
bundle 46	묶음, 꾸러미	capsize 330	뒤집히다, 전복시키다
burden 46	짐	capsule 50	캡슐
bureau 46	사무소, 사무국	captain 50	선장, 주장, 우두머리
burglar 46	강도, 도둑	captivate 330	마음을 사로잡다
burst 329	파열하다, 폭발하다	capture 330	잡다, 생포하다
bury 329	파묻다	caravan 50	(사막의) 대상(大商)
bush 46	관목, 수풀	carbohydrate 50	탄수화물
businessman 46	기업가	cardinal 51	추기경, 진홍색
bust 46	흉상, 반신상	care 51	걱정, 관심
bustle 329	크게 소동하다, 부산떨다	career 51	경력, 이력, 직업
busy 494	바쁜	caress 330	애무하다, 어루만지다
butcher 47	고깃간 주인	cargo 51	화물, 뱃짐
butt 47	나무의 밑동, 담배꽁초	carnivore 51	육식동물
buzz 329	윙윙거리다	carpenter 51	목수
bygone 47	지난 일	carriage 51	탈 것, 마차, 수송
bypass 47	(자동차용) 우회로	carrousel 51	회전목마

C

WORD MANUAL

cart 51	수레, 카트	charm 55	매력
carton 51	(두꺼운 판지로 만든) 상자	chart 55	도표
carve 330	새기다, 조각하다	charter 55	전세 (계약), 헌장
cash 52	현금	chase 334	뒤쫓다, 추적하다
casket 52	(보물 담는) 작은 상자, 관	chasm 55	깊게 갈라진 틈, 간격, 차이
cast 330	던지다, (금속을) 주조하다	chasten 334	벌하여 바로잡다, 단련하다
castle 52	성, 성곽	chat 334	잡담하다, 담화하다
casual 494	우연의, 평상복의	chauffeur 55	운전사
casualty 52	사상자, 불의의 재난	chauvinism 58	맹목적 애국주의
catalyst 52	촉매제, 촉매(자)	cheap 495	값이 싼
catastrophe 52	대참사, 파국	cheat 335	속이다
catchy 494	인기 끌 것 같은	check 335	조사하다, 확인하다
category 52	범주, 부류, 종류	cheek 58	뺨, 뻔뻔함
cathedral 52	대성당	cheer 58	환호, 갈채, 격려
cause 330	~의 원인이 되다	chef 58	주방장, 요리사
caution 53	조심, 경고	chemistry 58	화학
cave 53	동굴	cherish 335	소중히 하다
cavity 53	구멍, 충치	chest 58	가슴, 대형 상자
cease 334	중지하다	chew 335	씹다
ceiling 53	천장	chiefly 588	주로, 대개
celebrate 334	축하하다	chill 59	냉기, 한기
celebrity 53	유명인사	chimney 59	굴뚝
celestial 494	하늘의, 천체의	chin 59	턱
cell 53	작은 방, 세포, 감방	chisel 59	끌, 조각칼
cellar 53	지하실	choir 59	합창단, 성가대
Celsius 494	섭씨의	choke 335	질식시키다
cemetery 53	공동묘지	chop 335	자르다
censorship 53	검열	choral 495	합창대의, 합창의
census 53	인구 조사, 통계 조사	chore 59	(가정의) 잡일, 지루한 일
centennial 494	100년마다의	chromosome 59	염색체
century 54	1세기, 백년	chronic 495	만성의, 상습적인
cereal 54	곡물(식), 시리얼	chronicle 59	연대기
ceremony 54	의식, 예식	chunk 59	큰 덩어리, 상당한 양(액수)
certain 494	확신하는, 어떤	circuit 59	순회, 우회, 회로
certificate 54	증명서, 자격증	circumspect 495	신중한, 주의 깊은
chairman 54	의장	circumstance 60	상황, 환경
challenge 54	도전, 곤란, 난관	cite 335	인용하다, 소집하다
chamber 54	방, 회의소	citizen 60	시민
channel 54	해협, 수로, 경로, 채널	civic 495	시민의, 시의
chant 54	노래, 성가	civilized 495	문명화된
chaos 54	혼돈, 무질서	claim 335	요구하다, 주장하다
chapter 55	(책 따위의) 장, 지부	clamp 335	고정시키다, 강제로 시키다
character 55	성격, 특성, 등장인물	clap 336	박수치다, 찰싹 때리다
charcoal 55	목탄, 숯	clarify 336	분명하게 하다, 해명하다
charge 334	청구하다, 고발하다	clash 336	쨍그렁 소리가 나다, 충돌하다
chariot 55	마차, 전차	classical 495	고전의
charity 55	자선, 자비	classify 336	분류하다, 나누다

clause 60	조항, 조목, [문법] 절	combine 337	결합하다, 협력하다
claw 60	(짐승의) 발톱, 집게발	combustion 63	연소
clay 60	점토, 찰흙	comet 64	혜성
clench 336	이를 악물다, 꽉 쥐다	comfort 64	위로, 위안, 안락
clergy 60	목사, 성직자	command 64	명령
clerk 60	사무원, 사원, 점원	commemorate 337	기념하다, 축하하다
client 60	고객, 소송 의뢰인	commence 337	시작하다, 개시하다
cliff 60	낭떠러지, 벼랑	commend 337	칭찬하다, 추천하다
climate 61	기후	comment 337	논평하다, 말하다
climb 336	오르다	commercial 64	상업광고
cling 336	달라붙다, 집착하다	commission 64	위원회, 임무, 중개수수료
cloak 61	소매 없는 외투, 망토	commit 337	(죄를) 저지르다, 맡기다
clog 336	방해하다, 막다	commodity 64	상품, 일용품
closet 61	벽장, 찬장	common 496	공통의, 보통의, 흔한
cloth 61	천, 헝겊	commotion 64	동요, 흥분, 소동
cloud 61	흐리게(우울하게) 하다	communal 496	자치 단체의, 공공의
clown 61	어릿광대	commune 64	생활공동체
clue 61	단서, 실마리	communicate 338	의사소통하다, 통신하다
clump 61	수풀, 덤불	communism 65	공산주의
clumsy 495	솜씨 없는, 서투른	community 65	사회, 공동체
cluster 61	송이, 한 덩어리	commute 338	통근하다
clutch 336	꽉 잡다, 붙들다	compact 496	조밀한, 작고 경제적인
coach 62	코치, 대형 버스	companion 65	친구
coal 62	석탄	compare 338	비교하다, 비유하다
coarse 495	조잡한, 거친	compartment 65	칸막이, 구획
coastal 495	해안의, 연안의	compassion 65	동정, 연민
cock 62	수탉, 마개, 꼭지	compatible 496	양립하는, 모순되지 않는
cocksure 496	독단적인, 자부심이 강한	compel 338	억지로 ~하게 하다
code 62	규약, 암호, 법전	compensate 338	보상하다, 벌충하다
coexistence 62	공존	compete 338	경쟁하다
coffin 62	관	competent 496	유능한
cognition 62	인식, 인지	compile 338	편집하다, 수집하다
coherent 496	일관된, 응집성의	complacent 496	만족한, 자기만족의
coincidence 62	우연의 일치	complain 338	불평하다
collaborate 336	공동으로 일하다, 협력하다	complement 65	보충물
collapse 337	붕괴하다, 무너지다	complete 496	완전한, 완성하다
colleague 62	(같은 직장·조직의) 동료	complex 497	복잡한
collection 63	수집, 소장품, 모금	complexion 65	안색, 피부색
collide 337	충돌하다, 일치하지 않다	complicate 338	복잡하게 하다
colloquial 496	구어의, 일상 회화의	compliment 65	경의, 칭찬, 아첨
colonel 63	육군 대령, 연대장	comply 339	동의하다, 따르다
colony 63	식민지	component 65	성분, 구성 요소
colossus 63	거상, 거대한 물건	compose 339	구성하다, 작곡하다
column 63	원주, 기둥, (신문의) 칼럼	composite 66	합성물, 혼합물
coma 63	혼수상태	composure 66	침착, 냉정, 평정
comb 63	빗	compound 66	합성물
combat 63	전투	comprehend 339	이해하다, 파악하다

compress 339	압축하다, 요약하다	consecutive 497	연속적인, 잇따른
comprise 339	포함하다, 의미하다	consensus 68	일치, 합의, 여론의 일치
compromise 66	타협, 화해, 양보	consent 341	동의하다, 승낙하다
compulsive 497	강제적인	consequence 68	결과, 중요성
compute 339	계산하다	conservation 69	보호, 관리, 보존
comrade 66	동료, 동지, 친구	consider 341	고려하다, 간주하다
con 588	반대하여	consist 341	이루어져 있다, 존재하다
conceal 339	숨기다, 비밀로 하다	console 342	위로하다, 달래다
concede 339	인정[시인]하다	conspicuous 497	눈에 띄는, 특징적인
conceit 66	자부심, 자만	conspiracy 69	공모, 음모
conceive 339	마음에 품다, 상상하다	constant 497	불변의, 일정한, 계속적인
concentrate 340	집중하다	constellation 69	별자리
concept 66	개념, 생각	constitute 342	구성하다
concern 66	관계, 관심, 염려	constrain 342	억제하다, 강요하다
conclude 340	결론짓다, 끝내다	constrict 342	압축하다, 수축시키다
concoct 340	혼합하여 만들다, 조작하다	construct 342	건설하다
concord 66	일치, 화합, 조화	construe 342	해석하다, 추론하다
concrete 497	구체적인, 굳어진	consul 69	영사, 집정관
concubine 67	첩, 내연의 처	consult 342	상담하다
condemn 340	비난하다	consume 342	소비하다
condense 340	응축시키다, 요약하다	contact 69	접촉
condition 67	조건, 상태, 병	contagion 69	(접촉) 전염(병)
condolence 67	문상, 애도	contain 342	담고 있다, 내포하다
condone 340	묵과하다, 용서하다	contaminate 343	더럽히다, 오염시키다
conduct 67	행위, 처리	contemplate 343	심사숙고하다
confederate 497	동맹한, 연합한	contemporary 72	같은 시대의 사람[것]
conference 67	회의	contempt 72	경멸, 모욕
confess 340	고백하다, 자인하다	contend 343	싸우다, 다투다
confidence 67	자신감, 신임, 신뢰	content 497	만족하는
configuration 67	배치, 구성, 전체적 윤곽	contest 72	대회, 투쟁
confine 340	제한하다, 가두다	context 72	(문장의) 문맥, 상황
confirm 340	확인하다, 승인하다	continent 72	대륙
conflict 67	투쟁	continue 343	계속하다
conform 341	일치하다, (규칙에) 따르다	contour 72	윤곽, 외형
confront 341	직면하다, 마주 대하다	contract 73	계약, 약정
Confucian 497	공자의, 유교의	contraction 73	수축, (말 따위의) 축약
confuse 341	혼란시키다, 혼동하다	contradict 343	반박하다, 모순되다
congestion 68	혼잡, 정체	contrary 73	반대, 모순
congratulation 68	축하	contrast 73	대조, 대조하다
congress 68	회의, 의회, 국회	contribute 343	기여하다, 공헌하다
congruous 497	일치하는, 적합한	control 343	통제하다, 지배하다
connect 341	연결하다	controversial 498	논쟁의 (여지가 있는)
connotation 68	함축, 내포	convenience 73	편리함
conquer 341	정복하다	convention 73	집회, 협정, 관습
conscience 68	양심, 도의심	converge 343	한 점[곳]에 모이다
consciously 589	의식적으로	conversation 73	대화
conscript 68	징집병, 신병	convert 344	바꾸다, 개조하다

convey 344	나르다, 전달하다	cozy 498	아늑한, 포근한
convict 344	유죄를 입증[선언]하다	crack 348	찰싹 소리를 내다, 쪼개지다
convince 344	납득시키다, 확신시키다	cradle 76	요람
cook 344	요리하다	craft 76	재주
coolant 73	냉각제, 냉각수	crafty 498	교활한, 간악한
cooperation 74	협력	cram 348	억지로 채워 넣다
coordinate 344	대등하게 하다, 조정하다	cramp 77	(손발 등의) 경련
cop 74	경찰, 순경	crash 77	충돌
cope 344	대처하다, 극복하다	crate 77	나무틀, 포장용 상자
copper 74	구리, 동	crater 77	(화산) 분화구, 폭탄 구멍
copy 74	사본, 원고	crave 348	열망[갈망]하다, 간청하다
cord 74	새끼, 끈	crawl 348	기어가다, 포복하다
cordial 498	따뜻한, 진심의	crazy 498	미친
core 74	핵심, 응어리, 중심	create 348	창조하다
corn 74	옥수수, 낟알	credential 77	자격 증명서, 성적 증명서
coronation 74	대관식, 즉위식	credit 77	신용, 명성, 외상
corporal 74	[군사] 상등병, 하사	creed 77	교의, 신조, 주의
corporate 498	법인의, 회사의	creek 77	시내, 샛강
corps 74	군단, 부대	creep 348	기다, 살금살금 걷다
corpse 75	시체, 송장	crew 77	탑승원, 승무원
correct 498	정확한, 올바른	crime 78	범죄, 죄
correlation 75	상호 관련, 상호(의존)관계	crimson 78	진홍색
correspond 344	일치하다, 대응하다	cringe 349	움츠리다, 아첨하다
corrode 344	부식하다, 침식하다	cripple 78	불구자, 지체 장애자
corrupt 498	부패한, 타락한	crisis 78	위기
cosmetic 75	화장품	crispy 498	바삭바삭한, 부서지기 쉬운
cosmic 498	우주의	criteria 78	기준(들)
cosmopolitan 75	세계인, 세계주의자	critical 499	평론[비평]의, 중요한
cost 345	비용이 들다	criticize 349	비난하다, 비평하다
costume 75	복식, 복장	crook 78	사기꾼, 굽은 것, 갈고리
cot 75	(양 · 비둘기 등의) 집, 우리	crop 78	수확, 농작물
cottage 75	오두막집	crosswalk 78	횡단보도
cotton 75	면, 솜	crouch 349	몸을 쭈그리다, 웅크리다
couch 75	침상, 소파	crowd 349	붐비다, 군집하다
cough 345	기침을 하다	crucial 499	결정적인, 중대한
council 75	회의, 평의회, 지방 의회	crucify 349	십자가에 못 박다, 박해하다
counsel 76	조언, 충고	crude 499	가공하지 않은, 거친
count 345	세다, 중요하다	cruel 499	잔혹한, 잔인한
counteract 345	반대로 행동하다, 중화하다	cruise 349	순항하다
counterfeit 345	위조하다, 모조하다	crumb 78	작은 조각, 빵가루, 소량
county 76	[행정구역] 군	crumple 349	구겨지다, 쭈글쭈글하게 하다
coup 76	(불시의) 일격, 쿠데타	crusade 79	십자군
courage 76	용기	crush 349	눌러서 뭉개다, 궤멸시키다
courtesy 76	예의, 공손	crust 79	빵 껍질, 딱딱한 외피
cousin 76	사촌	crutch 79	목발, 목다리
covet 345	몹시 탐내다, 갈망하다	crystallize 349	결정화(結晶化)하다
coward 76	겁쟁이, 비겁한 자	cub 79	(곰 · 여우 등의) 새끼, 애송이

cube 79	입방체, 정 6면체	deaf 500	귀머거리의
cuddle 79	꼭 껴안음, 포옹	deal 350	거래하다, 다루다
cue 79	신호, 단서, [당구] 큐	dean 83	학장, 수석 사제
cuff 79	소맷부리, 수갑	dear 500	친애하는, 소중한
cuisine 79	요리, 요리법	death 83	죽음
culminate 349	정점에 이르다	debate 351	논쟁하다, 토론하다
cultivate 350	경작[재배]하다, 양성하다	debris 83	부스러기, 파편
cultural 499	문화의, 교양의	debt 83	빚, 부채
cumulative 499	축적적인, 누적하는	decade 83	10년, 10개
cunning 499	약삭빠른, 교활한	decaffeinated 500	카페인이 제거된
curator 79	(박물관의) 관리자, 관장	decay 351	썩다, 부패하다
curb 79	연석, 재갈, 구속	deceit 83	속임, 사기, 기만
cure 350	치료하다, 고치다	decent 500	기품 있는, 근사한
curious 499	호기심이 강한, 이상한	deceptive 500	현혹시키는, 사기의
curl 350	곱슬곱슬하게 하다	decide 351	결심[결정]하다, 해결하다
currency 80	통화, 유통	decipher 351	(암호 등을) 풀다, 해독하다
current 80	흐름, 조류, 전류	deck 83	갑판
curriculum 80	교육과정	declare 351	선언하다, (세관에서) 신고하다
curse 350	저주하다, 욕하다	decline 83	하락, 쇠퇴
cushion 350	충격을 완화하다	decode 351	(암호문을) 해독하다
custom 80	습관, 관습	decompose 351	분해[부패]시키다
customer 80	고객	decorate 351	장식하다
cute 499	귀여운, 예쁜	decorous 504	예의 바른, 단정한
cynical 499	냉소적인, 비꼬는	decrease 351	감소하다
		decree 84	법령, 칙령, 판결
		dedicate 352	헌신하다, 바치다
		deed 84	행위, 실행, 공적
		deep 504	깊은, 심원한
		defeat 352	패배시키다
		defect 84	결점, 결함
		defend 352	방어하다, 지키다
		deficiency 84	부족, 결핍, 결여
		deficit 84	부족(액), 적자
		define 352	정의하다
		deflect 352	빗나가게 하다, 편향하다
		deform 352	변형시키다, 불구로 만들다
		defuse 352	긴장을 완화시키다
		defy 352	도전하다, 무시하다

D
WORD MANUAL

dagger 82	단도, 칼	degenerate 352	퇴보하다, 타락하다
dairy 82	낙농장, 낙농업	degree 84	정도, 각도, 학위
damage 82	손상, 손해	deject 353	기를 죽이다, 낙담시키다
damp 500	축축한, 습기 찬	delay 84	지연, 연기
dare 350	감히 ~하다	delegate 84	대표자
dash 350	내던지다, 돌진하다	deliberate 504	신중한, 계획적인
dawn 82	새벽	delicacy 84	섬세함, 민감, 맛있는 것
day-care center 82	탁아소, 보육소	delicious 504	맛있는, 즐거운
daze 350	멍하게 하다	delight 353	즐겁게 하다

delinquency 84	의무 불이행, (청소년의) 비행	detergent 90	합성세제
deliver 353	배달하다, 넘겨 주다	deteriorate 356	악화(저하)시키다
delude 353	속이다, 미혹시키다	determine 356	결정하다, 결심하다
deluxe 504	호화로운	detest 356	몹시 싫어하다, 혐오하다
demand 88	수요, 요구	detour 90	우회, 우회도로
demeanor 88	태도, 품행	detrimental 504	유해한, 손해를 주는
democracy 88	민주주의	devastate 357	유린하다, 황폐화하다
demolish 353	부수다, 분쇄하다	develop 357	발전시키다, 개발하다
demon 88	악마, 귀신	device 90	장치, 고안
demonstrate 353	증명하다, 시위하다	devil 90	악마
den 88	(야수의) 굴, 우리	devoid 505	~이 전혀 없는(결여된)
denim 88	작업복, 진바지	devotion 90	헌신
denomination 89	명칭, 종파	devour 357	게걸스럽게 먹다
denote 353	표시하다, 나타내다	dew 90	이슬
dense 504	밀집한, 조밀한, 짙은	dexterity 90	솜씨 좋음, 기민함
dentist 89	치과의사	diabetes 90	당뇨병
deny 353	부인하다, 거절하다	diagnosis 90	진단
depart 354	출발하다, 떠나다	diagonally 589	대각선으로, 비스듬하게
department 89	과, 부서	diagram 90	그림, 도형
depend 354	의지하다, 의존하다	dialect 91	방언, 사투리
depict 354	그리다, 묘사하다	dialogue 91	문답, 대화
deplete 354	고갈시키다, 소모시키다	diameter 91	직경, 지름
depose 354	면직하다, 증언하다	diaper 91	기저귀, 마름모무늬
deposit 89	예금, 보증금, 부착물	diary 91	일기
depot 89	정거장, 역, 저장소	dice 91	주사위, 도박
depreciate 354	평가절하하다, 얕보다	dictation 91	구술, 받아쓰기
depress 354	억압하다, 우울하게 하다	dictator 91	독재자
deprive 354	빼앗다, 박탈하다	dictionary 91	사전
depth 89	깊이, 깊은 곳	diesel 91	디젤
deputy 89	대리인, 대의원	diet 91	식사, 식이요법
derive 354	끌어내다, ~에서 유래하다	differ 357	다르다, 틀리다
descend 355	내려가다, 전해지다	difficulty 92	곤란, 어려움
describe 355	묘사하다	dig 357	(땅 등을) 파다, (정보 등을) 찾다
desert 355	버리다, 사막	digest 357	소화하다, 잘 이해하다
deserve 355	~할 만하다, 가치가 있다	dignity 92	존엄, 위엄
designate 355	가리키다, 임명하다	dim 505	희미한, 어둠침침한
desire 355	바라다, 욕망, 욕구	dime 92	10센트 동전
despair 89	절망(하다), 단념(하다)	dimension 92	치수, 크기, 차원
despise 355	경멸하다, 멸시하다	diminish 357	감소하다, 줄이다
destination 89	목적지	dimple 92	보조개
destine 355	운명짓다, 예정하다	dine 357	식사하다, 정찬을 먹다
destiny 89	운명	dingy 505	거무스름한, 음침한
destroy 356	파괴하다	dip 357	담그다, 가라앉다
detach 356	떼어내다, 파견하다	diploma 92	졸업증서, 학위 수여증
detail 356	상술하다, 열거하다	diplomacy 92	외교, 외교술
detain 356	붙들다, 억류하다	dipper 92	국자, 북두칠성
detect 356	발견하다, 간파하다	direct 358	지시하다, (길 등을) 알려주다

disabled 505	불구가 된, 무능력의
disabuse 358	어리석음을 깨우치다
disadvantage 92	손해, 불이익
disagree 358	반대하다
disappear 358	사라지다, 없어지다
disappoint 358	실망시키다
disapprove 358	인가하지〔찬성하지〕 않다
disaster 93	재난, 재앙
disc 93	음반, 원반, 디스크
discard 358	버리다
discern 358	분별하다, 인식하다
discharge 93	방출, 유출, 발사
discipline 93	훈련, 교육
disclose 358	드러내다, 폭로하다
discord 93	불화, 불일치
discount 93	할인
discourage 359	낙담시키다
discourse 93	강연, 이야기, 담화
discover 359	발견하다
discreet 505	분별 있는, 신중한
discrepancy 93	불일치, 모순
discrete 505	별개의, 분리된, 불연속의
discriminate 359	구별하다, 차별 대우하다
discussion 93	토론
disease 94	질병
disembark 359	(배 · 비행기 등에서) 내리다
disgrace 94	치욕, 불명예
disguise 94	변장, 위장, 가장
disgust 359	싫어지게〔불쾌하게〕 하다
dishonesty 94	부정직, 불성실
disinclined 505	~하고 싶지 않은
dislike 359	싫어하다
disloyal 505	불충한, 불성실한
dismay 94	낙담, 경악, 공포
dismiss 362	해산하다, 해고하다
dispatch 362	발송하다, 파견하다
dispel 362	쫓아버리다
dispense 362	분배하다, (약을) 조제하다
display 362	전시하다, 보이다
disposable 505	(사용 후) 버릴 수 있는
disposition 94	성질, 배열, 처분
disprove 362	오류를 증명하다, 반증을 들다
dispute 94	논쟁, 분쟁
disrupt 362	(사회 등을) 혼란에 빠드리다
dissatisfy 363	불만족스럽게 하다
dissect 363	해부하다, 상세히 분석하다
dissolve 363	녹이다, 해체하다

dissuade 363	(설득하여) 단념시키다
distance 94	거리, 떨어짐
distill 363	증류하다, 불순물을 제거하다
distinct 506	별개의, 뚜렷한, 독특한
distinguish 363	구별하다
distort 363	일그러지게 하다, 왜곡하다
distract 363	(마음 · 주의를) 흐트러뜨리다
distress 95	비탄, 걱정, 가난
distribute 364	분배하다, 나누어주다
district 95	지역, 구역
disturb 364	방해하다
ditch 95	도랑, 개천
diverge 364	갈라지다, 빗나가다
diversify 364	다양화하다, 분산시키다
divide 364	나누다, 분할하다
divine 506	신의, 신성한
division 95	분할, 분배, 구획, 부서
divorce 95	이혼, 분리
divulge 364	(비밀을) 누설하다, 폭로하다
dizzy 506	현기증이 나는, 어지러운
document 95	서류, 문서
dodge 364	몸을 홱 피하다
dogma 95	교의, 교리, 신조
domestic 506	국내의, 가정의
dominance 95	지배, 우세
donate 364	기부하다, 기증하다
doom 95	운명
dormant 506	잠자는, 휴지 상태에 있는
dormitory 95	기숙사
dosage 96	투약, 조제, 복용량
doubly 589	두 배로
doubt 96	의심
dough 96	가루 반죽
douse 364	(등불을) 끄다, 물에 처넣다
downright 506	명백한, 솔직한, 철저한
downtown 96	번화가, 도심
doze 364	졸다
draft 96	도안, 초안, 징병, 통풍
drag 365	끌다, (그물 따위로) 찾다
drain 365	배수하다, 물을 빼다
drape 96	덮는 천, 커튼
drastic 506	과감한, 맹렬한
drawback 96	약점, 장애, 환부금
dread 365	두려워하다, 무서워하다
dreary 506	황량한, 음울〔음산〕한
drench 365	흠뻑 적시다
dribble 365	(공을) 드리블하다

drift 96	표류, 이동
drill 97	송곳, 천공기, 훈련
drip 365	(액체가) 똑똑 떨어지다, 흠뻑 젖다
drive 365	~하게 내몰다, 운전하다
drizzle 97	이슬비, 가랑비
droop 365	축 늘어지다, (고개 등을) 수그리다
drop 97	방울, 급강하, 감소
drought 97	가뭄
drown 365	물에 빠지다, 익사하다
drowsy 506	졸음이 오는, 졸리는
drug 97	약, 마약
dual 506	이중의, 둘의
dub 365	작위를 주다, 재녹음(더빙)하다
due 507	~할 예정인, 만기의, 적절한
duel 97	결투, 싸움
dull 507	무딘, 지루한, 활기 없는
dumb 507	벙어리의, 말을 하지 않는
dump 366	내버리다, 투매하다
dunk 366	(살짝) 담그다, 덩크 슛하다
duplicate 97	사본, 복사본
durability 97	내구성, 내구력
dusk 97	땅거미, 어스름, 황혼
dust 98	먼지
duty 98	의무, 임무, 관세
dwarf 98	난쟁이
dwell 366	살다, 거주하다
dwindle 366	줄다, 작아지다, 약화되다
dye 98	염료, 물감
dynamic 507	동적인, 힘찬
dynasty 98	왕조, 명가

E
WORD MANUAL

eager 507	열망하는
earn 366	벌다, 획득하다
earnest 507	열심인, 진지한
earring 99	귀고리
earthquake 99	지진

ease 366	(긴장 등을) 완화시키다
easygoing 507	태평한, 게으른, 안이한
eccentric 507	보통과 다른, 괴상한
echo 99	메아리, 소리
eclipse 99	(해·달의) 식
ecology 99	생태학
economic 507	경제(학상)의
ecosystem 102	생태계
ecstasy 102	무아경, 황홀, 기쁨
edge 102	가장자리, 모서리
edible 507	먹을 수 있는
edit 366	편집하다, 교정하다
educate 366	교육하다
effect 102	영향, 결과, 효과
efficient 508	능률적인, 유능한
effort 102	노력
egalitarian 508	인류 평등주의의
ego 102	자아, 자존심
eject 366	쫓아내다, 추방하다
elaborate 508	정교한, 공들인
elapse 367	(시간이) 경과하다
elastic 508	탄력성이 있는
elation 103	의기양양, 득의만면
elbow 103	팔꿈치
elder 508	손위의, 연장자의
elect 367	뽑다, 선거하다
electronic 508	전자의
elegance 103	고상, 우아함
element 103	요소
elevate 367	올리다, 높이다
eligible 508	적격의, 적임의
eliminate 367	제거하다
eloquent 508	웅변의, 표정이 풍부한
elsewhere 589	다른 곳에, 다른 경우에
elude 367	교묘히 피하다, 회피하다
embark 367	(배·비행기 등에) 타다, 착수하다
embarrass 367	난처하게 하다
embassy 103	대사관
embed 367	깊숙이 박다, 깊이 새겨 두다
emblem 103	상징, 표상, 전형
embrace 367	포옹하다, 채택(신봉)하다
embryo 103	태아
emend 368	교정하다, 수정하다
emerge 368	출현하다, 나타나다
emergency 103	비상사태, 위급
emigrant 103	(타국·타지역으로의) 이주민
eminent 508	저명한, 뛰어난

emissary *103*	사절, 밀사	enthusiasm *105*	열심, 열중, 의욕
emit *368*	(빛·열 등을) 발하다	entirely *589*	완전히, 전적으로
emotion *104*	감정	entrance *105*	입구, 입장
empathize *368*	감정이입을 하다, 공감하다	entreat *371*	탄원(간청)하다, 원하다
emperor *104*	황제, 제왕	envelope *105*	봉투
emphasis *104*	강조, 강세, 역설	envious *509*	부러워하는
empire *104*	제국	environment *105*	환경, 주위
employ *368*	고용하다, 소비하다	epic *105*	서사시
empty *508*	빈, 공허한	epidemic *106*	유행병, 전염병
emulate *368*	흉내 내다, 경쟁하다	epoch *106*	시대, 신기원
enable *368*	할 수 있게 하다	equality *106*	평등
enact *368*	(법률을) 제정하다, 상연하다	equation *106*	방정식
enchant *368*	매혹하다, 마법을 걸다	equator *106*	적도
encircle *368*	에워(둘러)싸다, 일주하다	equilibrium *106*	평형상태, 균형
enclose *369*	동봉하다, 둘러싸다	equip *371*	설비를 갖추다
encompass *369*	포위하다, 포함하다	equity *106*	공평, 형평법
encounter *369*	(우연히) 만나다	equivalent *509*	동등한, ~에 상당하는
encouragement *104*	격려, 자극	era *106*	기원, 시대
encyclopedia *104*	백과사전	eradicate *371*	근절(박멸)하다
endanger *369*	위태롭게 하다	erase *371*	지우다, 삭제하다
endeavor *104*	노력, 시도	erect *371*	세우다, 직립시키다
endorse *369*	배서하다, 승인하다	erode *371*	부식하다, 침식하다
endow *369*	기부하다, 부여하다	erotic *509*	애욕의, 색정적인
endure *369*	견디다, 참다	err *372*	잘못하다, 실수하다
enemy *104*	적, 적군	errand *106*	심부름, 용건
engage *369*	종사시키다, 약혼(약속)하다	erroneous *509*	잘못된, 틀린
engineer *104*	기사, 기술자	erupt *372*	분출하다, 발진하다
engrave *369*	조각하다, 새기다	escalate *372*	단계적으로 확대(상승)하다
engross *370*	열중하게 하다, (마음을) 빼앗다	escape *372*	탈출하다, 벗어나다
engulf *370*	삼켜버리다	especially *589*	특히
enhance *370*	강화하다, 높이다	essential *509*	필수적인, 본질적인
enjoyable *509*	즐거운, 즐길 수 있는	establish *372*	설립하다, 확립하다
enlightenment *105*	계발, 계몽, 깨달음	estate *107*	토지, 재산, 사유지
enlist *370*	입대하다, 가입하다	esteem *372*	존경하다, (높이) 평가하다
ennoble *370*	고상하게 하다	estimate *372*	추정하다, 평가하다
enormous *509*	거대한, 막대한	etch *372*	새기다, 선명하게 그리다
enrich *370*	풍부하게 하다	eternal *509*	영원한, 불변의
enrollment *105*	등록	ethical *510*	도덕상의, 윤리적인
enshrine *370*	안치하다, 모시다	ethnic *510*	인종의, 민족의
enslave *370*	노예로 만들다, 예속시키다	evade *376*	피하다, 벗어나다
ensue *370*	뒤따르다, 뒤이어 일어나다	evaluate *376*	평가하다
ensure *370*	보장하다, 확실하게 하다	evaporate *376*	증발하다, 소실하다
entangle *370*	얽히게(말려들게) 하다	even-tempered *510*	마음이 안정된, 침착한
enterprise *105*	기업, 사업	eventually *589*	결국, 마침내
entertain *371*	즐겁게 하다, 대접하다	evergreen *107*	상록수, 상록의
enthral(l) *371*	매혹하다	evidence *107*	증거
enthrone *371*	왕좌에 앉히다, 떠받들다	evident *510*	명백한

evil 510	나쁜, 사악한, 불길한
evoke 376	불러일으키다, 환기하다
evolve 376	진화하다, 발전시키다
exact 510	정확한
exaggerate 377	과장하다
exalt 377	높이다, 승진시키다
exam 107	시험
example 107	예, 모범
exceed 377	능가하다
excel 377	뛰어나다
excerpt 377	발췌하다, 인용하다
excess 107	초과, 과잉
exchange 377	교환하다
excite 377	흥분시키다
exclaim 377	탄성을 지르다, 외치다
exclude 377	배척하다, 제외하다
excuse 378	용서하다, 변명하다
execute 378	실행[집행]하다, 처형하다
exempt 378	면제하다
exercise 107	운동, 연습, 사용
exert 378	발휘하다, 노력하다
exhale 378	(숨을) 내쉬다, 내뿜다
exhaust 378	다 써버리다, 지치게 하다
exhibit 378 .	전시하다, 나타내 보이다
exile 107	망명, 타향살이
existence 107	존재
exit 108	출구, 비상구
exotic 510	외래의, 이국적인
expand 378	확장하다, 팽창하다
expanse 108	광활한 공간, 팽창, 확장
expect 379	예상하다, 기대하다
expedition 108	탐험(대), 긴 여행, 원정
expeditiously 589	신속하게, 급속히
expel 379	쫓아내다, 방출하다
expensive 510	비싼
experience 108	경험
experiment 108	실험
expert 108 .	전문가
explain 379	설명하다
explicit 510	명백한, 노골적인
explode 379	폭발하다, 터뜨리다
exploit 108	공훈, 공적
explore 379	탐험하다, 탐구하다
export 108	수출
expose 379	노출시키다, 드러내다
express 379	표현하다
exquisite 511	절묘한, 정교한, 세련된

extant 511	현존하는, 잔존하는
extend 379	뻗다, 넓히다, 연장하다
extensive 511	광대한, 넓은
extent 108	규모, 정도, 범위
exterminate 379	근절하다, 전멸시키다
external 511	외부의, 표면의
extinction 109	멸종, 소멸
extinguish 380	끄다
extra 511	여분의, 가외의
extract 380	뽑아내다, 발췌하다
extracurricular 511	교과 과정 이외의
extraordinary 511	비범한, 놀라운, 특별한
extraterrestrial 511	지구 밖의, 우주의
extravagance 109	사치, 무절제
extreme 511	극단의, 극도의
extrinsic 511	비본질적인, 외부의
extrovert 109	외향적인 사람
eyebrow 109	눈썹
eyewitness 109	목격자, 현장[목격] 증인

fable 110	우화, 교훈적 이야기
fabric 110	천, 직물, 구조, 구성
facial 512	얼굴의
facility 110	용이함, 설비
fact 110	사실
factor 110	요인, 요소
factory 110	공장
fad 110	일시적 유행, 변덕
fade 380	흐릿해지다, 바래다
failure 110	실패
faint 380	기절하다, 희미한
fair 512	공정한, 공평한
fairy 110	요정
faith 111	신념, 믿음
fake 512	가짜의
fallacious 512	불합리한, 틀린, 거짓의
falter 380	비틀거리다, 말을 더듬다

fame 111	명성, 평판
familiar 512	친밀한, 잘 알려진
famine 111	기근, 굶주림
famous 512	유명한
fanatic 111	광신자, 열광자
fancy 512	멋진, 최고급의, 공상의
fantastic 512	환상적인, 멋진
fare 111	운임, 요금
farewell 111	작별, 고별
farfetched 512	부자연스러운, 억지의
farming 111	농업
fascinate 380	황홀케 하다, 매혹시키다
fasten 380	묶다, 고정시키다
fat 513	살찐, 지방이 많은
fatal 513	치명적인, 운명의
fatigue 111	피로, 피곤
faucet 111	수도꼭지, 주둥이
fault 111	과실, 결점, 책임
favorite 513	매우 좋아하는
fear 112	두려움
feasible 513	실행할 수 있는, 가능한
feast 112	축제, 잔치, 대접
feat 112	위업, 공훈
feather 112	깃털
feature 112	특징, 모양
federal 513	연방의, 동맹의
fee 112	요금, 수수료
feeble 513	연약한, 약한
feed 380	먹을 것을 주다, 부양하다
feet 112	피트
fellow 112	동료, 친구
female 112	여성, (동물의) 암컷
feminine 513	여성의, 여성다운
fence 113	울타리, 담
ferocious 513	사나운, 잔인한, 굉장한
ferry 113	나룻배, 나루터, 여객선
fertile 513	비옥한, 기름진, 다산인
festive 513	축제의
fetch 380	가서 가져오다, 나오게 하다
fetter 113	족쇄, 속박
feud 113	불화, 싸움, 반목
feudal 514	영지의, 봉건 (제도)의
fever 113	고열, 열중, 흥분
fiber 113	섬유, 소질, 기질
fiction 113	소설
fidelity 116	충실, 충성, 성실
fierce 514	사나운, 격렬한
fiery 514	불의, 불같은, 열띤
figure 116	모습, 인물, 숫자, 도형
filial 514	자식의, 효성스러운
filter 116	여과기
filth 116	오물, 더러움
finance 116	금융, 재정, 자금(조달)
fingernail 116	손톱
finite 514	제한된, 유한한
firm 117	회사, 굳은, 단단한
firsthand 589	직접, 바로, 직접의
fisherman 117	어부
fishery 117	어업
fist 117	주먹, 철권
fit 514	꼭 맞는, 건강이 좋은, 적합한
fix-it 514	수리의, 수리를 하는
flaccid 514	(근육 등이) 축 늘어진, 연약한
flag 117	깃발
flame 117	불길, 불꽃, 열정
flap 380	퍼덕거리다, 찰싹 때리다
flare 380	불이 너울거리다, 확 타오르다
flash 117	플래시, 번쩍임
flat 514	편평한, 납작한
flatter 381	아첨하다, 우쭐해 하다
flavor 117	맛, 풍미
flaw 117	결점, 흠
fleck 118	반점, 주근깨
flee 381	달아나다, 도망가다
fleet 118	함대, 선대
flesh 118	살, 육체
flexibility 118	유연성, 융통성
flicker 381	깜박이다
flight 118	비행
fling 381	던지다, 내던지다
flip 381	(손톱 등으로) 튀기다, 확 던지다
float 381	떠다니다, 떠오르다
flock 381	떼 지어 오다(가다), 모이다
flood 118	홍수, 범람
florist 118	꽃장수, 꽃 가꾸는 사람
flour 118	밀가루, 곡분
flourish 381	번영(번성)하다, 잘 자라다
flow 381	흐르다
fluency 118	유창성, 능변
fluff 118	보풀, 솜털, 사소한 일(것)
fluid 119	액체
flunk 381	낙제하다
flurry 119	질풍, 동요, 혼란
flush 381	붉어지다, 물을 내리다

18

flutter 382	펄럭이다
foam 382	거품이 일다
focus 382	집중하다
foe 119	적, 원수
fold 382	접다, (양팔에) 안다, 싸다
folk 514	민속의, 전통적인
following 515	다음의
folly 119	어리석음, 어리석은 행위
fond 515	좋아서, 애정 있는, 다정한
foothill 119	산기슭의 작은 언덕
forbid 382	금하다, 허락하지 않다
force 382	강요하다, ~하게 하다
fore 515	앞의, 전방의
forecast 119	예상, 예보
foreign 515	외국의, 이질적인
foreman 119	(현장의) 감독, 공장장
foremost 515	일류의, 주요한, 최초의
forest 119	산림
foretell 382	예언하다, 예고하다
forfeit 382	상실하다, 몰수하다
forge 382	쇠를 불리다, 위조하다
forget 382	잊다, 소홀히 하다
forgive 383	용서하다
forlorn 515	버려진, 고독한
form 119	형식, 양식, 형태
former 515	이전의, 전자
formidable 515	무서운, 만만치 않은
formula 120	공식, 방식, 처방서
forsake 383	(친구 등을) 저버리다
fort 120	요새, 성채
forth 590	앞으로, 밖으로
forthright 515	단도 직입적인, 솔직한
fortitude 120	용기, 인내
fortunately 590	운 좋게도, 다행히도
forward 590	앞으로
fossil 120	화석
foster 383	조장하다, 기르다, 돌보다
found 383	설립하다, 창설하다
fountain 120	분수, 샘
fowl 120	가금, 닭
fraction 120	파편, [수학] 분수, 소량
fragile 515	부서지기 쉬운, 연약한
fragment 120	파편, 조각, 단편
fragrance 120	향기, 방향
frail 516	부서지기 쉬운, 약한
frame 121	틀, 구조
frank 516	솔직한

frantic 516	미친 듯 날뛰는, 필사적인
fraud 121	사기, 기만
freeze 383	얼다, 몹시 춥게 느끼다
freight 121	화물, 무거운 짐
frenzy 121	광란, 열광
frequent 516	빈번한
fresh 516	새로운, 신선한
friction 121	마찰, 불화
fri(d)ge 121	냉장고
frighten 383	겁주다, 놀라게 하다
frigid 516	몹시 추운, 냉담한
front 121	앞면, 정면, [군사] 전선
frost 121	서리
frown 383	눈살을 찌푸리다
frugal 516	검약한, 소박한
frustrate 383	좌절시키다
fry 383	(기름으로) 튀기다
fuel-saving 516	연료를 절약하는
fulfill 384	이행하다, 충족시키다
fully 590	충분히, 꼬박
fumble 384	더듬어 찾다, 만지작거리다
fume 121	가스, 노여움, 흥분
function 121	기능, 직무
fund 122	자금, 기금, 재원
fundamental 517	기초의, 근본적인, 중요한
funeral 122	장례식
fungus 122	버섯, 균류
funny 516	재미있는, 우스운
fur 122	모피, 털
furious 517	성난, 사납게 몰아치는
furnace 122	아궁이, 용광로
furnish 384	비치[설치]하다, 공급하다
furrow 122	밭고랑, 깊은 주름살
furthermore 590	게다가, 더욱이
fuzzy 517	희미한, 솜털 같은

gadget 123	기계의 간단한 장치, 도구

gaily 590	쾌활하게, 화려하게	gleam 385	빛나다, 번쩍이다
gain 384	얻다, 늘리다, (시계가) 빠르다	glean 385	(이삭을) 줍다, 수집하다
galaxy 123	은하, 은하수	glee 126	기쁨, 환희
gale 123	강풍, 질풍	glide 385	활주하다, 활공하다
gallant 517	씩씩한, 용감한, 당당한	glimmer 126	희미한 빛, 깜박이다
galley 123	갤리선, (배·비행기의) 부엌	glimpse 126	힐끗 봄, 일별
gallop 384	전속력으로 질주하다	glitter 385	반짝이다
gamble 384	도박을 하다	global 517	지구의, 세계의
gap 123	차이, 틈	gloomy 518	우울한, 음침한
garage 123	차고, 자동차 수리소	glorious 518	영광스러운, 장려한
garbage 123	쓰레기	glow 385	빛을 내다, 붉어지다
gargle 384	양치질하다	glue 127	접착제
garland 123	화환, 꽃장식	gnarl 385	마디[혹]지게 하다, 비틀다
garment 124	의복	gnaw 386	갉아먹다, 괴롭히다
garret 124	다락방, 초라한 작은 방	goat 127	염소
gasp 384	헐떡거리다, 숨이 차다	gobble 386	게걸스레 먹다
gate 124	문, 입구, 통로	goodwill 127	호의, 선의
gather 384	모으다, 집합하다	goof 386	바보짓을 하다
gaunt 517	수척한, 몹시 여윈	gorgeous 518	호화로운, 멋진
gaze 385	지켜보다, 응시하다	gourd 127	[식물] 호리병박, 조롱박
gear 385	장치하다	government 127	정부
gem 124	보석	grab 386	움켜잡다, 붙잡다
gender 124	성, 성별	grace 127	우아, 품위, 기품
gene 124	유전자	grade 130	등급, 학년, 성적
genealogy 124	가계, 혈통, 족보	grader 130	…학년생
generate 385	낳다, 발생시키다	gradually 590	차차, 점차로
generation 124	세대	graduate 130	졸업생, 졸업하다
generous 517	관대한	grain 130	곡물, 낟알
genesis 124	발생, 기원, 창세기	granary 130	곡창지대, 곡물창고
genius 124	천재	grand 518	웅대한, 위엄 있는
gentle 517	온화한, 상냥한	grant 130	수여(하다), 허가(하다), 보조금
genuine 517	진짜의, 진정한	grasp 386	잡다
geography 125	지리, 지리학	grass 131	풀, 잔디, 목장
geology 125	지질학	grateful 518	감사하는, 고마운
geometry 125	기하학	grave 131	무덤
germ 125	세균, 병균, 미생물	gravel 131	자갈
gesture 125	몸짓	gravitation 131	중력, 인력(작용)
geyser 125	간헐천	graze 386	풀을 뜯어 먹다
giant 125	거인	grease 131	기름, 유성 물질
gift 125	선물, 재능	greed 131	탐욕, 지나친 욕심
gist 126	요점, 요지	greenhouse 131	온실
glacier 126	빙하	greet 386	인사하다, 환영하다
gladiator 126	검투사	grief 131	슬픔, 비탄
gladly 590	기꺼이, 기쁘게	grim 518	엄격한, 험상스러운
glance 126	흘긋 봄, 한 번 봄	grimy 518	때묻은, 더러워진
glare 126	반짝거리는 빛, 노려봄	grin 386	씩 웃다
glaze 126	유약, 유약칠	grind 386	갈다, 가루로 만들다

groan 386	신음하다
grocery 131	식료품, 식료 잡화류
groggy 518	(강타 등으로) 비틀거리는
groom 132	신랑, 마부
gross 518	총체(총계)의, 뚱뚱한, 거친
grove 132	작은 숲
growl 390	으르렁거리다, 고함치다
growth 132	성장, 발달
grub 132	굼벵이, 구더기
grudge 132	원한, 악의
grueling 518	녹초로 만드는, 엄한
grumble 390	불평하다, 투덜대다
guarantee 390	보증하다, 장담하다
guess 390	짐작하다, ~라고 생각하다
guide 132	안내자
guilt 132	유죄, 죄
gulf 132	만, 큰 간격
gulp 390	꿀꺽꿀꺽 마시다
gush 390	세차게 흘러나오다, 분출하다
gust 132	돌풍, 질풍, 일진의 바람
gutter 132	(지붕의) 홈통, 배수구
guy 133	사내, 녀석
gymnasium 133	체육관

habit 134	습관, 버릇
habitat 134	거주지, 서식지
hail 134	싸락눈, 우박
halt 390	멈추다, 정지하다
halve 390	2등분하다, 반감하다
handcuff 134	수갑, 쇠고랑
handicap 134	결점, 장애
handle 391	다루다, 취급하다
handlebar 134	(자전거의) 핸들
hang 391	걸다, 목을 매달다

harass 391	괴롭히다, 애먹이다
harbor 134	항구, 부두
hard 519	굳은, 열심인, 어려운
hard-working 519	열심히 일하는, 부지런한
hardly 590	거의 ~ 않다
hardship 134	곤경, 고난
harmful 519	해로운
harmony 135	조화
harness 135	마구, 장치, 장비
harpoon 135	작살
harsh 519	거친, 가혹한
harvest 135	수확(물), 추수
haste 135	서두름
hat 135	모자
hatch 391	알을 까다, (음모를) 꾸미다
hatchet 135	(북미 원주민의) 전투용 도끼
hate 391	미워하다, 증오하다
haughty 519	오만한, 건방진
haul 391	잡아끌다, 운반하다
haunch 135	허리 (부분), 궁둥이
haunt 391	늘 따라다니다, 출몰하다
haven 135	항구, 안식처, 피난처
havoc 135	대황폐, 대파괴
hay 136	건초
hazard 136	위험
haze 136	아지랑이, 안개
headache 136	두통
heal 391	치료하다
healthful 519	건강에 좋은
healthy 519	건강한, 건전한
heap 136	쌓아올린 것, 퇴적, 많음
heartbeat 136	고동, 박동
hearth 136	난로, 노(용광로), 난롯가
heatstroke 136	열사병, 일사병
heave 391	(들어)올리다, 올라가다
hedge 137	산울타리, 장벽
heed 137	주의, 유의
height 137	높이, 신장, 고지
heir 137	상속인, 후계자
hell 137	지옥
helm 137	[배] 키, 조타 장치
hemisphere 137	(지구·천체 등의) 반구
hence 591	그러므로, 지금부터
herald 392	알리다, 포고하다
herd 137	(짐승의) 떼, 군중
hereafter 591	차후에, 지금부터는
heredity 137	유전 (형질), 세습

heritage 137	유산, 전통	hug 140	포옹
hermit 138	은자, 수행자(修行者)	huge 523	거대한
hero 138	영웅, 주인공	hull 140	[항해] 선체, 껍질, 껍데기
hesitate 392	망설이다	hum 393	(벌이) 윙윙거리다, 콧노래를 부르다
hibernate 392	동면하다, 겨울을 지내다	humanity 140	인간성, 인간
hiccup 138	딸꾹질	humble 523	초라한, 겸손한
hide 392	숨기다, 감추다	humid 523	습기 있는, 눅눅한
hideous 519	무시무시한, 끔찍한	hump 141	(낙타 따위의) 혹, 둥근 언덕
hierarchy 138	계급 제도, 서열	hunger 141	배고픔, 굶주림
hieroglyph(ic) 138	상형문자	hurl 393	집어던지다, 세게 던지다
hijack 392	(배ㆍ비행기 등을) 납치하다	hurrah 141	만세, 만세 소리
hiking 138	하이킹, 도보여행	hurry 393	서두르다, 재촉하다
hilarious 519	명랑한, 즐거운	hurt 393	다치게 하다, 아프다
hilt 138	(칼 따위의) 자루, 손잡이	hurtle 393	돌진하다
hinder 392	방해하다, 훼방놓다	husband 141	남편, 절약하다
hire 392	고용하다, 임대하다	hush 393	조용하게 하다
historic 519	유서 깊은, 역사상의	husky 523	목쉰, 껍데기의
hitch 138	장애, 지장, 매기	hut 141	오두막, 임시 막사
hitherto 591	지금까지(는)	hybrid 141	잡종, 혼혈아, 혼성물
hoard 392	저장하다, 축적하다	hydrant 141	소화전, 급수전, 수도전
hollow 522	속이 빈, 공허한, 오목한	hydrogen 141	수소
holy 522	신성한, 경건한	hygiene 141	위생학, 위생상태
homage 138	존경, 충성	hypersonic 523	극초음속의
homeless 522	집이 없는	hypothesis 141	가설, 가정
homesick 522	(고향을) 그리워하는		
hometown 138	고향		
homogeneous 522	동종의, 동질의		
honesty 139	정직, 성실		
honor 139	명예, 경의, 자존심		
honorable 522	존경할 만한, 명예로운		
hood 139	두건, 뚜껑, 덮개		
hoof 139	발굽		
hoop 139	동그란 굴레, 테		
hop 392	깡충깡충 뛰다		
hopeless 522	희망 없는		
horizon 139	수평선, 지평선, 시야		
horror 139	공포		
hospital 139	병원		
hospitality 139	환대, 후한 대접		
host 140	주인, 다수(다량)	icy 523	얼음이 언, 얼음이 많은
hostage 140	인질, 담보	ideal 523	이상적인
hostility 140	적개심, 전쟁행위	identity 146	정체, 신원, 동일성
household 140	가정, 가족	idiomatic 523	관용구적인
hover 392	공중을 맴돌다, 배회하다	idiot 146	천치, 바보
howl 393	울부짖다, (바람이) 윙윙거리다	idle 523	한가한, 게으른
hub 140	바퀴통, 축, 중심	idol 146	우상, 신상(神像)
huddle 393	옹기종기 모이다, 몰려들다	ignore 393	무시하다, 모르는 체하다

WORD MANUAL

illegal 524	불법의, 비합법적인	incidence 148	빈도
illiterate 524	읽고 쓸 수 없는, 무식한	incinerator 148	소각로, 화장로
illness 146	병	incise 395	절개하다, 새기다
illogical 524	비논리적인, 불합리한	inclination 148	기울기, 좋아함, 경향
illuminate 393	밝게 비추다, 계몽하다	include 395	포함하다
illusion 146	환영, 착각	income 148	수입, 소득
illustrate 394	설명하다, 삽화를 넣다	inconvenience 148	불편, 폐
imagination 146	상상(력)	incorporate 395	통합시키다, 법인으로 만들다
imbalance 147	불균형	increase 395	증가시키다
imitate 394	모방하다, 흉내 내다	increment 149	증가, 증대, 이익
immature 524	미숙한	incubate 396	부화하다, 배양하다
immediate 524	즉각적인, 직접적인	indebted 525	빚진, 은혜를 입은
immense 524	막대한, 무한한	indeed 591	실로, 정말로
immigrate 394	(외국에서) 이주해 오다	indelibly 591	지워지지 않게, 영원히
immobile 524	움직일 수 없는, 고정된	index 149	색인, 집게손가락
immoderately 591	무절제하게, 중용을 잃고서	indicate 396	나타내다, 가리키다
immodest 524	조심성 없는, 무례한	indifferent 525	무관심한, 중요치 않은
immoral 524	부도덕한, 행실 나쁜	indigestion 149	소화 불량, (생각의) 미숙
immortal 524	죽지 않는, 불후의	indignant 525	분개한, 성난
immune 524	면역성의, 면제받은	indirectly 591	간접적으로
impact 147	충돌, 충격, 영향	indispensable 525	없어서는 안 되는, 필요한
impair 394	해치다, 손상하다	indisposed 525	기분이 언짢은
impatience 147	참을성 없음	individualism 149	개인주의
impediment 147	방해물, 장애, 신체장애	induce 396	권유하다, 야기하다
imperative 525	피할 수 없는, 긴급한	indulge 396	만족시키다, 탐닉하다
imperial 525	제국의, 황제의	indulgent 525	관대한, 멋대로 하게 하는
imperil 394	위태롭게 하다	industrialize 396	산업화하다
impetus 147	힘, 추진력, 원동력	inexpensive 526	비싸지 않은
impinge 394	부딪치다, 침범하다	infant 149	유아
implement 394	이행하다, 실행하다	infantile 526	유아(기)의, 아이다운
imply 394	암시하다, 의미하다	infect 396	감염시키다
import 147	수입(품), 수입하다	infer 396	추론하다, 추측하다
impose 394	(세금·의무를) 부과하다	inferior 526	하등의, 열등한
impotence 147	무기력, 무능력	infinite 526	무한한, 무수한
impress 395	감동시키다, 인상을 주다	inflate 396	팽창하다, 부풀리다
imprint 147	날인, 흔적	influence 149	영향
imprison 395	투옥하다, 감금하다	influenza 149	독감
improve 395	개선하다, 향상시키다	inform 396	알리다, 통지하다
improvise 395	즉석에서 하다(연주하다)	infrared 526	적외선의, 적외선
impulse 147	추진력, 자극, 충동	infuse 397	주입하다, 불어넣다
impure 525	더러운, 부도덕한	ingenuity 149	발명의 재주, 현명함
inaugural 525	취임식의, 개회(개시)의	ingratiate 397	환심을 사다
inborn 525	타고난, 선천적인	ingredient 149	성분, 재료, 구성 요소
inbreeding 148	동종 번식	inhabit 397	살다, 거주하다
incarnation 148	인간화, 구체화, 화신	inhale 397	빨아들이다, 들이쉬다
incense 148	향, 향냄새	inherent 526	본래부터의, 타고난
incentive 148	유발요인, 자극, 장려금	inherit 397	상속하다, 물려받다

initial 526	처음의, 최초의	interior 527	안의, 안쪽의
initiate 397	시작하다, 창시하다	intermediary 152	매개자, 중개자
inject 397	주사[주입]하다, 삽입하다	intermediate 527	중간의, 중급의
injure 397	상처를 입히다, 해치다	intermission 152	중지, 막간, 휴식 시간
inlay 397	박아 넣다, 아로새기다	internal 527	내부의, 국내의
inmate 150	입원자, 입소자, 수감자	international 527	국제적인, 만국의
inn 150	여인숙, 여관	interpose 399	사이에 끼우다, 삽입하다
innate 526	타고난, 선천적인	interpret 399	해석하다, 통역하다
inner 526	내면의, 안의	interrupt 399	방해하다, 중단시키다
innocence 150	순결, 결백, 순진	interstellar 528	별과 별 사이의
innovation 150	(기술) 혁신, 쇄신	interval 152	간격, 틈, 휴식 시간
input 150	투입, 입력, 정보	intervene 400	개입하다, 중재하다
inquire 397	문의하다	interview 152	인터뷰, 면접
inscribe 398	(비석 등에) 적다, 새기다	intestine 152	[해부학] 창자, 장
insect 150	곤충	intimacy 152	친밀함, 절친함
insert 398	끼워 넣다, 삽입하다	intrepid 528	두려움을 모르는, 용맹한
insight 150	통찰력	intricate 528	뒤얽힌, 복잡한
insinuate 398	넌지시 비추다	intrigue 152	음모, 밀통, 줄거리
insist 398	주장하다, 고집하다	intrinsic 528	본질적인, 고유의
insomnia 150	불면증	introduce 400	소개하다, 도입하다
inspect 398	조사하다, 검사하다	introverted 528	내향적인, 내성적인
inspiration 150	영감, 고취	intrude 400	억지로 밀고 들어가다
instability 151	불안정(성)	intuitive 528	직관적인, 직관력이 있는
install 398	설치하다, 임명하다	invade 400	침입하다, 침략하다
instance 151	실례, 사례, 경우	invalidate 400	무효로 하다
instant 526	즉시의, 인스턴트의	invective 152	욕설, 독설
instead 591	그 대신에, 그 보다도	invent 400	발명하다, 날조하다
instinct 151	본능	inversion 152	전도, 정반대, 도치
institute 151	연구소, 대학, 협회	invest 400	투자하다, 수여하다
instruct 398	가르치다, 지시하다	investigate 400	조사하다, 연구하다
instrument 151	기구, 도구, 수단	invitation 152	초대, 유인
insufficiency 151	불충분, 부족, 부적당	invoke 400	기원하다, 호소하다
insulate 398	절연하다, 고립시키다	involuntarily 591	무의식적으로, 본의 아니게
insult 151	무례, 욕, 모욕(하다)	involve 404	관련시키다, 포함하다
insure 398	보험에 들다, 보증하다	inward 528	안의, 내부의, 내적인
intact 527	본래대로의, 손대지 않은	irony 153	반어, 빈정댐, 풍자
integrate 399	통합하다, 구성하다	irrational 528	불합리한, 분별이 없는
intellectual 527	지적인, 지력의	irregularity 153	불규칙
intelligent 527	지적인, 영리한	irresistible 528	저항할[억누를] 수 없는
intend 399	의도하다, 예정하다	irrevocable 528	돌이킬[취소할] 수 없는
intense 527	격렬한, 강렬한, 열심인	irrigate 404	물을 대다, 관개하다
intent 527	집중된, 전념하고 있는	irritate 404	초조하게[화나게] 하다
inter 399	매장하다, 묻다	island 153	섬
interact 399	상호 작용하다	isolate 404	고립시키다, 격리시키다
interchange 399	교환하다	issue 153	문제, 발행하다
interest 151	관심, 흥미, 이익, 이자	itch 153	가려움, 갈망, 욕망
interfere 399	간섭하다, 개입하다	itinerary 153	여행 안내서, 여행 일기

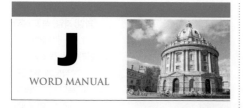

J

WORD MANUAL

jag 404	들쭉날쭉하게 하다
jail 154	감옥, 교도소
jam 154	정체, 꽉 채우다
janitor 154	수위, 관리인
jar 154	단지, 항아리
javelin 154	던지는 창, 투창
jaw 154	턱, 아래턱
jealous 529	질투심이 많은
jerk 154	급격한 움직임, 바보
jest 154	농담, 익살, 조롱
jewelry 154	보석류
jog 404	느리게 달리다, 조깅하다
join 405	결합하다, 참가하다
joint 154	이음매, 접합 부분, 관절
jolly 529	명랑한, 즐거운
jolt 405	난폭하게 흔들다, 덜컹거리다
jostle 405	떠밀다, 찌르다, 부딪치다
journal 155	신문, 일지, 잡지
journey 155	여행, 여정
jubilant 529	기뻐하는, 환호하는
judge 405	판단하다, 판사
judicial 529	사법의, 재판상의
jug 155	주전자, 항아리
juggle 405	요술을 부리다, 곡예를 하다
jumbo 529	엄청나게 큰, 거대한
jump 405	깡충 뛰다, 뛰어오르다
junk 155	폐물, 쓰레기
jury 155	배심, 심사원
juvenile 530	젊은, 어린, 소년의

K

WORD MANUAL

keen 530	날카로운, 예민한, 열심인

ken 155	시야, 이해, 지식
kerosene 155	등유
kettle 156	냄비, 주전자
kidnap 405	납치하다, 유괴하다
kin 156	친족, 친척, 가문
kindergarten 156	유치원
kindle 405	불을 붙이다, 점화하다
kite 156	연, 솔개
knack 156	기교, 솜씨, 요령
knee 156	무릎
knell 156	종소리, 불길한 징조
knight 156	기사, [체스] 나이트
knit 405	뜨개질을 하다, 결합시키다
knock 405	치다, 두드리다, 충돌하다
knowledgeable 530	지식 있는, 잘 아는

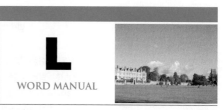

L

WORD MANUAL

labor 157	노동, 일하다
laboratory 157	실험실, 연구소
labyrinth 157	미궁, 미로
lack 406	부족하다, 부족
lad 157	젊은이, 청년
ladder 157	사다리
lag 406	뒤떨어지다, 꾸물거리다
lame 530	절름발이의, 불구의
lament 406	슬퍼하다, 애도하다
landmark 157	경계표, 획기적인 사건
landscape 157	경치
landslide 157	산사태, 압도적 승리
language 157	언어
lap 160	무릎
latecomer 160	지각자
lately 591	요즘, 최근에
lateral 530	측면의, 바깥쪽의
lather 160	흥분 (상태), 비누 거품
latitude 160	위도
latter 530	후반의, 후자의
laughter 160	웃음, 웃음 소리

launch 406	진수시키다, 시작하다	limb 164	팔다리, 수족
laundry 160	세탁물, 세탁소	lime 164	[과일] 라임, 석회(石灰)
lava 160	용암	limit 407	제한하다
lavatory 161	화장실, 세면장	limp 407	절뚝거리다, 느릿느릿 가다
law 161	법, 법률	linear 531	직선의, 1차원의
lawn 161	잔디	linger 407	오래 머무르다, 꾸물거리다
laxative 161	설사약	linguist 164	어학자, 언어학자
layer 161	층(層), 겹, 칠하기[입히기]	lip 164	입술, 입
layman 161	평신도, 아마추어, 문외한	liquid 164	액체
lazy 530	게으른	liquor 164	독한 증류주, 술
lead 406	이끌다, 인도하다	lisp 407	혀 짧은 소리로 발음하다
leak 161	누출, 샘, 새다	list 164	목록, 명부
lean 406	기대다, 기울어지다	literacy 165	읽고 쓸 줄 아는 능력
leap 406	뛰다, 급히 움직이다	literal 531	글자 그대로의
lease 161	임대차 계약, 임대(임차)하다	literature 165	문학
leather 161	가죽	litter 165	잡동사니, 쓰레기
lecture 162	강의, 강연	lively 531	활기 있는, 생기 넘치는
ledge 162	(벽에서 튀어나온) 선반, 바위 턱	livestock 165	가축
leftover 162	나머지, 잔존물, 남은 것	load 165	짐, 부담
legacy 162	유산, 물려받은 것	loaf 165	덩어리, 빈둥거리고 지내다
legal 530	법률의	loan 165	대부(금), 대여, 융자
legend 162	전설	loath 531	지긋지긋하여, 싫어서
legible 530	읽기 쉬운, 명료한	lobster 165	바닷가재
legitimate 531	정당한, 합법의, 옳은	local 531	지방의, 공간의, 장소의
leisure 162	여가, 한가한 시간	locate 407	거주시키다, ~에 위치하다
lend 406	빌려주다, 제공하다	lock 165	자물쇠, 머리채
length 162	길이, 기간	lodge 407	숙박하다, 맡기다
leper 162	문둥이, 나병 환자	lofty 531	높은, 고상한
lessen 406	적게[작게] 하다, 줄이다	log 166	통나무
lethargy 162	혼수상태, 무기력	logic 166	논리, 논리학
level 163	수준, 평평하게 하다, 평평한	logograph 166	상형문자
levitate 406	공중에 뜨게 하다	lonely 531	고독한, 쓸쓸한
lewdness 163	음란함, 추잡함	long 407	바라다, 동경하다
liable 531	책임이 있는, ~하기 쉬운	long-ago 532	오래 전의
liaison 163	연락, 접촉, 간통	long-term 532	장기의
liar 163	거짓말쟁이	longitude 166	경도, 세로, 길이
liberty 163	자유	loom 166	베틀, 직기(織機)
license 163	면허(증)	loose 532	풀린, 헐거운
lick 407	핥다	loot 408	약탈하다
lid 163	뚜껑, 눈꺼풀	lord 166	지배자, 군주, 하느님
lie 407	눕다, 거짓말하다	lore 166	(전승적) 지식, 민간 전승
lieutenant 163	중위, 부관	lorry 166	화물 자동차, 트럭
lifestyle 163	생활방식	loss 166	손실, 손해
lifetime 164	생애, 일생	lot 167	많음, 운명, 추첨
lift 407	들어올리다	loud 592	큰 소리로, 소리가 큰
lighthouse 164	등대	lounge 167	라운지, 휴게실
likely 531	~할 것 같은, 있음직한	louse 167	이, 기생충

26

loyalty 167	충의, 충성, 성실
lucidly 592	밝게, 명쾌하게
luck 167	운, 행운
lucrative 532	유리한, 수지맞는
lug 408	힘껏 끌다, 질질 끌다
luggage 167	수화물
lukewarm 532	미적지근한, 미온의
lullaby 167	자장가
lumber 167	목재, 재목
luminescence 167	발광, [물리] 냉광
lump 168	덩어리, 혹
lunar 532	달의, 달 모양의
lung 168	[해부학] 허파, 폐
lunge 408	찌르다, 돌진하다
lure 408	유혹하다, 유인하다
lurk 408	숨다, 잠복하다
lush 532	푸른 풀이 많은, 무성한
luxuriant 532	번성한, 울창한, 다산의
luxurious 532	사치스러운
lyric 168	서정시, 가사(歌詞)

M

WORD MANUAL

machine 168	기계, 기계장치
macrocosm 169	대우주, 대세계
mad 536	미친, 화가 난, 열중한
magical 536	마술적인, 마법의, 신기한
magistrate 169	행정장관, 치안 판사
magnet 169	자석
magnificent 536	장대한, 훌륭한
maid 169	하녀, 소녀
main 536	주요한, 주된
maintain 408	유지하다, 주장하다
majestic 536	장엄한, 위엄 있는
major 169	전공 (과목), 소령
male 169	남성, 수컷
malnutrition 169	영양실조
mammal 169	포유동물
manage 408	다루다, 관리하다
mandatory 536	명령의, 강제적인

manifest 408	명백히 하다
manipulate 408	능숙하게 다루다, 조종하다
mankind 169	인류
manner 170	방법, 태도, 예의 범절
mansion 170	대저택
manual 170	안내서, 손으로 하는
manufacture 409	제조하다
manuscript 170	원고
map 170	지도
marathon 170	마라톤
marble 170	대리석, 공깃돌
march 409	행진하다
margin 170	가장자리, 여지, 차이
marine 536	바다의, 해양의
marital 537	결혼(생활)의, 부부간의
mark 409	표시하다, 표시, 기호, 점수
marriage 170	결혼, 결혼식
marrow 171	골수, 정수
marry 409	~와 결혼하다
marsh 171	습지, 늪
martial 537	전쟁의, 호전적인
martyr 171	순교자
marvel 409	이상하게 생각하다, 놀라다
masculine 537	남성의, 남자다운
mash 409	짓이기다
mason 171	석수, 벽돌공
mass 171	덩어리, 모임, 다량, 일반 대중
master 171	주인, 석사, 달인, 교장
match 409	필적하다, 대등하다
mate 171	상대, 배우자, 동료
material 537	물질적인, 재료, 물질
maternal 537	어머니의, 모성의
matter 171	문제, 사건
maturational 537	성장 과정의
mature 537	성숙한, 익은, 심사숙고한
maxim 174	격언, 금언, 좌우명
maximum 174	최대한(도)
mayor 174	시장
maze 174	미로, 미궁, 혼란, 당황
meadow 174	목초지
meal 174	식사
mean 409	의미하다, ~할 작정이다
measles 174	홍역
measure 410	재다, 측정하다
meat 174	고기, 육류
mechanic 175	기계공, 정비사
media 175	매체, 언론

mediate 410	(분쟁 등을) 조정하다, 중재하다	
medical 537	의학의, 의료의	
medicine 175	약, 의학	
medieval 537	중세의	
meditate 410	명상하다, 숙고하다	
medium 175	매개물, 수단	
meek 538	온순한, 유화한	
melancholy 538	우울한, 음침한	
mellow 410	원숙하게 하다, 익히다	
melody 175	선율, 멜로디	
melt 410	녹다, 녹이다	
memorize 410	기억하다	
menace 175	협박, 위협, 위협하다	
mend 410	수선하다, 고치다	
mental 538	정신의, 지능의	
mention 410	언급하다, 말하다	
mentor 175	조언자, 좋은 지도자, 스승	
merchant 175	상인	
mercury 175	수은, 수성(水星)	
mercy 176	자비, 연민, 인정	
mere 538	단순한, 단지 ~일 뿐인	
merge 410	합병하다, 합체시키다	
meridian 176	[천문학] 자오선, 절정, 전성기	
merit 176	장점, 가치	
mermaid 176	인어	
merry 538	즐거운	
mess 176	혼란, 뒤죽박죽, 어수선함	
metabolic 538	물질(신진) 대사의, 변형의	
metaphor 176	은유, 암유	
meteor 176	유성, 운석, 별똥별	
meteorological 538	기상의, 기상학상의	
method 176	방법, 순서	
metric 538	미터법의	
metropolis 176	중심 도시, 대도시, 수도	
microbe 177	세균, 미생물	
micrometer 177	마이크로미터, 측미계(測微計)	
midday 177	한낮, 정오	
midst 177	중앙, 한가운데	
midwife 177	산파, 조산사	
mighty 538	강력한, 힘센	
migrant 539	이주하는	
mild 539	온화한, 상냥한	
military 539	군대의	
mill 177	방앗간, 맷돌, 공장	
millionaire 177	백만장자	
mimic 411	흉내 내다	
mingle 411	섞(이)다, 교제하다	

minister 177	목사, 장관	
minor 539	소수의, 작은 쪽의, 사소한	
minority 177	소수(파)	
minstrel 178	음유시인, 시인, 가수	
mischief 178	해악, 손해, 장난	
misconception 178	오해, 그릇된 생각	
miser 178	구두쇠, 수전노	
miserable 539	비참한, 불쌍한	
misinterpret 411	오해하다	
mislead 411	그릇 인도하다	
misplace 411	잘못 두다, 둔 곳을 잊다	
miss 411	놓치다, 그리워하다	
mission 178	임무, 전도, 사절단	
mist 178	안개	
mistake 178	실수	
mitigate 411	완화하다, 경감하다	
mitten 178	벙어리장갑	
mix 411	섞다	
moan 411	신음하다, 불평하다	
mob 178	군중, 폭도	
mobile 539	움직이기 쉬운, 이동성이 있는	
mock 411	조롱하다, 흉내 내다	
mode 179	방법, 양식, 형태	
moderate 539	중간의, 온화한, 적당한	
modern 540	현대의, 현대적인	
modest 540	겸손한, 정숙한, 적당한	
modify 412	수정(변경)하다, 수식하다	
moist 540	촉촉한, 습기 있는	
mole 179	사마귀, 점	
molecule 179	분자, 미분자	
monarch 179	군주	
monastery 179	(주로 남자의) 수도원	
monetary 540	금전의, 통화의	
monitor 179	모니터, 감시하다	
monk 179	수(도)사	
monologue 179	독백	
monopolize 412	독점하다, 전매권을 얻다	
monotonous 540	단조로운, 변화 없는	
monument 179	기념비, 기념물	
mood 180	기분, 심정, 분위기	
mop 180	자루걸레	
moral 540	도덕상의, 윤리의	
morbid 540	병적인, 무서운	
moreover 592	게다가	
mores 180	(사회적) 관행, 습속, 관습	
moron 180	얼간이, 멍텅구리	
mortal 540	죽어야 할 운명의, 치명적인	

mortgage 180	저당(권), 주택 금융(융자)
moss 180	이끼
mostly 592	대부분, 대개, 주로
moth 180	나방
motion 180	동작
motive 180	동기, 자극
motor 180	모터, 발동기
mount 412	오르다, 증가하다
mountain 181	산, 산악
mourn 412	슬퍼하다, 애도하다
moustache 181	콧수염
movement 181	움직임, 운동
mow 412	(풀이나 보리를) 베다
mud 181	진흙
multilingual 540	여러 나라 말을 하는
multiple 541	다수의, 다양한, 복합의
mumble 412	중얼거리다
mummy 181	미라
munch 412	우적우적 씹어 먹다
municipal 541	시의, 도시의
mural 181	벽화
murder 181	살인
murmur 412	중얼(투덜)거리다
muscle 181	근육
museum 181	박물관
mushroom 181	버섯
muster 412	(군인을) 소집하다, 모으다
mutate 412	변화하다, 돌연변이를 하다
mute 541	무언의, 벙어리의
mutter 182	중얼거림
mutual 541	상호의, 공통의
muzzle 182	재갈, (동물의) 주둥이
mystery 182	미스터리, 신비
myth 182	신화, 전설

N

WORD MANUAL

naive 541	순진한, 소박한
naked 541	벌거벗은, 적나라한
nap 183	낮잠, 선잠

narrate 412	이야기하다, 서술하다
narrow 541	좁은, 한정된
nasty 541	불쾌한, 더러운
native 541	출생(지)의, 토착민의, 타고난
naughty 541	장난(꾸러기)의, 버릇없는
nausea 183	메스꺼움, 뱃멀미
navigate 413	항해하다, 조종하다
navy 183	해군
nearly 592	거의
neat 541	단정한, 말쑥한, 솜씨 좋은
necessitate 413	필요하다
negative 542	부정적인, 소극적인
neglect 413	무시하다, 태만히 하다
negotiate 413	협상하다, 교섭하다
negro 183	흑인
nephew 183	조카
nervous 542	신경질적인, 신경의, 불안한
nest 183	둥지, 보금자리
nether 542	지하의, 지옥의, 아래의
neutral 542	중립의
never-failing 542	무진장한, 변하지 않는
nevertheless 592	그럼에도 불구하고
newbie 184	신출내기, 미숙자
nibble 413	조금씩 물어뜯다(갉아내다)
niece 184	조카딸
nigger 184	(경멸적으로) 흑인, 검둥이
nirvana 184	열반, 해탈
noble 184	(중세) 귀족
nod 413	끄덕이다, 꾸벅꾸벅 졸다
nodule 184	작은 마디(혹), 결절
noisy 542	시끄러운
nomad 184	유목민, 방랑자
nominate 413	(후보자로) 지명(임명)하다
nonetheless 592	그럼에도 불구하고
nonexistent 542	존재하지 않는
nonmaterial 542	비물질적인, 정신적인
nonobjective 542	비객관적인, 추상적인
nonresistance 184	무저항(주의)
nonsexual 542	남녀의 구별이 없는
nonverbal 543	비언어적인
nonviolence 184	비폭력(주의)
noodle 184	국수, 바보, 멍청이
norm 185	기준, 규범, 모범
nostalgia 185	향수(병)
nostrum 185	(가짜) 특효약, 만병통치약, 묘책
notable 543	주목할 만한, 유명한
notation 185	기호법, 표시법, 각서, 기록

notch 185	홈, 새김눈
notice 413	알아채다, 주의하다
notify 413	통지하다, 공고하다
notion 185	관념, 개념, 생각
nourish 413	자양분을 주다, 기르다
novelist 185	소설가
novelty 188	신기함, 새로운 것
nowadays 592	오늘날에는, 현재에는
nuclear 543	(세포) 핵의, 원자핵의
nuisance 188	성가심, 방해
nullify 414	무효로 하다, 취소하다
numb 543	감각을 잃은, 마비된
nun 188	수녀
nursery 188	육아실, 탁아소, 보육원
nurture 414	양육하다, 양육, 교육
nutrition 188	영양, 영양 섭취[공급]

WORD MANUAL

oath 189	맹세, 서약
obedient 543	순종하는, 유순한
obesity 189	비만, 비대
obey 414	복종하다, 따르다
object 189	물체, 대상, 목적
obligate 414	～의 의무가 있다
oblige 414	～을 하게 하다, 은혜를 베풀다
obliterate 414	지우다, 말살하다
obscure 543	분명치 않은, 애매한
observe 414	관찰하다, 준수하다, 진술하다
obsess 418	(귀신·망상이) 달라붙다
obsolete 543	쓸모없게 된, 구식의
obstacle 189	장애(물)
obstinate 543	완고한, 고집 센
obstruct 418	막다, 방해하다
obtain 418	얻다
obviously 592	명백하게, 분명히
occasion 189	경우, 기회, 행사, 이유
occupation 189	직업
occurrence 190	사건, 발생, 생긴 일
ocean 190	대양, 해양

odd 543	이상한, 홀수의, 남은
offend 418	화나게 하다, 죄를 범하다
offer 418	제공하다, 제안하다
officer 190	공무원, 장교
offspring 190	자식, 자손, 후예
ointment 190	연고
oligarchy 190	과두(寡頭)정치, 소수 독재정치
omen 190	전조, 징조, 예언
omission 190	생략, 탈락
one-way 543	편도의
ongoing 544	전진하는, 진행 중의
onlooker 190	방관자, 구경꾼
ooze 418	(물이) 스며 나오다, 새다
operate 419	작동하다, 수술하다
opinion 191	의견, 견해
opponent 191	적수, 상대, 대항자
opportunity 191	기회
oppress 419	압박하다, 억압하다
optic 544	눈의, 시력의
optimism 191	낙관주의, 낙관론
option 191	선택(권)
oracle 191	신탁을 전하는 사람, 예언자
oral 544	구두의, 입의
oration 191	연설, 식사(式辭)
orbit 191	궤도
orchard 191	과수원
orchestra 192	관현악단
ordeal 192	호된 시련, 고된 체험
ordinance 192	법령, 포고, 조례
ordinary 544	보통의, 평범한
organ 192	기관
organize 419	조직하다, 창립하다
orient 192	동양
original 544	원래의, 독창적인
ornament 192	꾸밈, 장식(품)
orphan 192	고아
orthodox 544	정설의, 정통의
osteoporosis 192	골다공증
otherwise 593	만약 그렇지 않으면
outbreak 192	발발, 발생, 폭동
outcome 193	결과, 성과
outdate 419	시대에 뒤지게 하다
outdoor 544	집 밖의, 야외의
outfit 193	(여행 등의) 채비, 단체, 의복
outgoing 544	외향적인, (때)나가는
outlaw 193	무법자, 상습범
outlook 193	조망, 전망, 예측, 견해

30

outmode *419*	유행에 뒤떨어지다	
output *193*	생산, 산출, 출력	
outright *593*	철저하게, 완전히, 즉시	
outrun *419*	~보다 빨리 달리다, 달아나다	
outset *193*	착수, 시작, 최초	
outstanding *545*	눈에 띄는, 현저한	
outward *545*	밖을 향한, 외관의	
oval *545*	달걀 모양의, 타원형의	
overall *545*	전부의, 전반적인	
overcome *419*	극복하다, 이겨내다	
overcrowd *419*	혼잡하게 하다	
overdose *193*	과다 복용, 과잉 투여	
overdue *545*	(지급) 기한이 지난, 늦은	
overemphasize *419*	지나치게 강조하다	
overestimate *419*	과대평가하다	
over-exertion *193*	지나친(과도한) 노력	
overhear *420*	우연히 듣다, 엿듣다	
overlap *420*	부분적으로 ~위에 겹치다	
overlook *420*	간과하다, 눈감아주다, 감독하다	
overpopulation *193*	인구 과잉	
overseas *593*	해외로	
oversee *420*	감독하다, 두루 살피다	
oversimplify *420*	지나치게 단순화하다	
overtake *420*	~을 따라잡다, 추월하다	
overthrow *420*	뒤집어엎다, 전복하다	
overture *193*	서곡, 도입 부분, 신청	
overturn *420*	뒤집히다, 전복시키다	
overweight *545*	초과 체중	
overwhelming *545*	압도적인, 굉장한	
owe *420*	빚지다	
oxygen *193*	산소	
ozone *194*	오존	

P

WORD MANUAL

pace *194*	걸음, 보조, 속도
pacific *194*	태평양
package *194*	포장, 꾸러미, 소포
paddle *194*	(짧고 폭 넓은) 노, 물갈퀴
paddy *195*	쌀, 벼

pagan *195*	이교도
pageant *195*	야외극, 화려한 행렬
pail *195*	양동이, 원통형 용기
pain *195*	아픔, 고통, 노고
pair *195*	한 쌍(켤레, 벌), 한 쌍의 남녀
pale *545*	창백한, 핼쑥한, 엷은
pall *420*	싫증나다, 흥미를 잃다
palm *195*	손바닥
paltry *545*	하찮은, 보잘 것 없는
pang *195*	(갑자기 일어나는) 격통, 고민
panic *195*	돌연한 공포, 공황, 당황
par *195*	동등, 액면 등가, 평균
parable *196*	우화, 비유담
parade *196*	행렬, 행진
paradise *196*	천국, 낙원
paradoxical *545*	역설적인, 모순된
parallel *545*	평행의, 서로 같은
paralysis *196*	마비, 활동불능
paramount *546*	최고의, 주요한
parasite *196*	기생충, 기생 (동)식물
parcel *196*	소포, 꾸러미
pardon *420*	용서하다, 관대히 봐주다
parenthesis *196*	괄호, 삽입구
parish *196*	교구, 행정 교구
parliament *196*	의회, 국회
parlor *197*	거실, 응접실, …가게
partake *421*	참가(참여)하다, 함께 하다
partial *546*	부분적인, 불공평한
participate *421*	참가(참여)하다, 관여하다
particle *197*	입자, 극소량
particular *546*	특별한, 특수한, 상세한
part-time *546*	시간제의
pass *421*	지나가다, 건네주다
passion *197*	열정, 격정
passive *546*	수동적인, 무저항의
past *197*	과거, 지나간, 과거의
pasteurization *197*	저온 살균(법)
pastime *197*	기분 전환, 취미, 오락
pasture *197*	목장, 목초지
pat *421*	가볍게 두드리다
patent *197*	특허(권)
path *197*	길, 좁은 길, 보도
patience *197*	인내
patient *198*	환자
patriotism *198*	애국심
patron *198*	보호자, 후원자, 단골손님
patter *421*	(비가) 후두둑 내리다

pattern *198*	무늬, 양식, 모범	petition *203*	청원(서), 탄원(서)
paunch *198*	배, 위, 올챙이배	petroleum *203*	석유
pauper *198*	극빈자, 빈민	petty *550*	사소한, 마음이 좁은
pause *198*	중지, 중단	phantom *203*	유령, 환영, 환각
pave *421*	(길을) 포장하다	pharmacy *204*	약학, 조제술, 약국
paw *198*	(발톱 있는 동물의) 발	phase *204*	단계, 국면, 면, 양상
peak *198*	산꼭대기, 절정, 최고점	phenomenon *204*	현상, 사건
peasant *199*	농부, 소작농	philanthropist *204*	박애가, 자선가
pebble *199*	조약돌, 자갈	philosopher *204*	철학자, 현인
peck *421*	(부리로) 쪼아 먹다	phonograph *204*	축음기
peculiar *546*	독특한, 특별한, 기묘한	phony *204*	가짜의, 위조품
peddle *421*	행상하다, 소매하다	photograph *204*	사진
pedestrian *199*	보행자	phrase *204*	구(句), 숙어, 말씨
peek *421*	살짝 들여다 보다, 엿보다	physical *550*	육체의, 물질의, 물리학(상)의
peel *421*	(껍질 · 피부가) 벗겨지다	piece *205*	조각, 단편, 작품, 소곡
peer *199*	동료, 친구	pier *205*	부두, 방파제, 교각
pelt *422*	(돌 등을) 내던지다, 공격하다	pierce *423*	꿰뚫다, 관통하다
penalize *422*	벌주다, 유죄를 선고하다	piety *205*	경건, 신앙심, 효심
pendulum *199*	추, 진자	pigment *205*	그림물감, 안료
penetrate *422*	관통하다, 침입하다	pile *423*	쌓아올리다, 축적하다
peninsula *199*	[지리학] 반도	pilgrim *205*	순례자, 성지 참배자
penny *199*	페니(돈의 단위)	pill *205*	알약, 환약
perceive *422*	지각하다, 감지하다	pillar *205*	기둥, 기둥 모양의 것
perch *422*	(새가) ~에 앉다	pillow *205*	베개
percussion *199*	충격, 충돌, 진동	pilot *205*	조종사, 수로 안내인
perfect *546*	완전한, 정확한	pimple *205*	여드름, 뾰루지
perform *422*	수행하다, 공연하다	pinch *423*	꼬집다, 꽉 끼다, 괴롭히다
perfume *202*	향수, 향기	pine *205*	소나무
perhaps *593*	아마도	pioneer *206*	개척자, 선구자
peril *202*	위험, 모험	pious *550*	경건한, 신앙심이 깊은
periodic *546*	주기적인, 간헐적인	pirate *206*	해적, 해적선
perish *422*	멸망하다, 사라지다	pit *206*	(땅의) 구덩이, 구멍
permission *202*	허락, 허가	pitch *423*	던지다, (텐트 등을) 설치하다
perpetual *546*	영구적인, 끊임없는	pity *206*	연민, 안타까운 일, 불쌍히 여기다
perplex *422*	당혹케 하다	placid *550*	평온한, 조용한
persecute *422*	박해하다, 학대하다	plague *206*	전염병, 역병
perseverance *202*	인내(력), 참을성	plain *550*	명백한, 솔직한, 평범한
persist *423*	고집하다, 지속하다	plaintiff *206*	원고, 고소인
personality *202*	인격, 성격, 개성	planet *206*	행성, 지구
personnel *202*	인력, 직원	plank *206*	두꺼운 판자, 널빤지
perspective *203*	원근법, 전망, 관점	plaster *206*	회반죽, (분말) 석고
perspiration *203*	발한(작용), 땀	plate *206*	접시
persuade *423*	설득하다, 납득시키다	plateau *206*	고원, 대지
pessimism *203*	비관주의(론), 염세관	platform *207*	승강장, 연단
pest *203*	해충, 유해물	platonic *550*	순정신적인, 관념적인
pestle *203*	빻는 기계, 막자, 절굿공이	plausible *550*	그럴듯한, 정말 같은
pet *203*	애완동물	playful *551*	놀기 좋아하는, 쾌활한

plea 207	탄원, 청원, 변명
pleasant 551	기분 좋은, (날씨가) 쾌적한
pleasure 207	즐거움, 유쾌
pledge 207	맹세, 서약
plenty 207	많음, 다수, 풍부
plethora 207	과다, 과잉
plight 207	곤경, 궁지
plot 207	음모, 줄거리
plow 207	쟁기
pluck 423	잡아당기다, 낙제시키다
plumber 207	배관공
plume 208	깃털, (연기 등의) 기둥
plump 551	포동포동한, 살찐
plunder 423	약탈하다, 횡령하다
plunge 423	던져 넣다, (어떤 상태에) 빠지다
plural 551	복수(형)의
poach 423	밀렵하다, 침입하다
podium 208	연단, 지휘대
poetry 208	시
poignant 551	가슴에 사무치는, 통렬한
poise 424	균형을 잡다, 자세를 취하다
poison 208	독약
poke 424	쿡쿡 찌르다, 주먹으로 치다
pole 208	막대기, (천체·지구의) 극
policy 208	정책, 방침
polish 424	닦다, 윤을 내다
polite 551	예의 바른, 품위 있는
political 551	정치적인
pollen 208	꽃가루
pollute 424	오염시키다
pond 208	연못
ponder 424	숙고하다, 깊이 생각하다
ponderous 551	대단히 무거운, 묵직한
pop 424	펑 소리가 나다, 불쑥 나타나다
pope 208	로마 교황, 총주교
popularity 209	인기, 평판
population 209	인구, 주민
porcelain 209	자기, 자기 제품
pore 424	숙고하다, 곰곰이 생각하다
port 209	항구
portable 551	들고 다닐 수 있는, 휴대용의
portend 424	~의 전조가 되다
porter 209	문지기, 운반인, 짐꾼
portion 209	부분, 일부, 몫, 운명
portrait 209	초상화, 초상
position 209	위치, 자세, 입장
positive 551	명확한, 긍정적인, 적극적인

possession 209	소유(물), 재산
post 424	우송하다, 게시하다
posterity 210	후손, 자손
postpone 424	연기하다, 미루다
postscript 210	(편지의) 추신
posture 210	자세, 자태, 태도
pot 210	단지, (깊은) 냄비
potable 552	마시기에 알맞은
potent 552	강력한, (약 등이) 효능 있는
potential 210	잠재력, 가능성, 잠재적인
potter 210	도공, 도예가
pounce 424	달려들다, 갑자기 덤벼들다
pour 425	쏟다, 붓다, 따르다
poverty 210	가난, 빈곤, 결핍
practicable 552	실행 가능한
practical 552	실용적인
practice 210	연습, 실행
pragmatic 552	실용적인, 실질적인
praise 425	칭찬하다
prance 425	날뛰며 나아가다
pray 425	기도하다, 기원하다
preach 425	설교하다, 전도하다
precaution 210	조심, 경계, 예방책
precede 425	선행하다, 앞서다
precious 552	귀중한, 값비싼
precipitate 425	촉진시키다, 재촉하다
precise 552	정확한, 정밀한
precocious 552	조숙한, 어른스러운
precursor 210	선구자, 전조, 예고
predator 211	약탈자, 육식동물
predecessor 211	전임자, 선배
predestine 425	(신이) 운명을 정하다, 예정하다
predetermine 425	미리 결정하다, 예정하다
predict 426	예언하다, 예측하다
predominant 552	뛰어난, 탁월한, 현저한
preen 426	부리로 다듬다, 멋을 부리다
prefabricate 426	조립식으로 만들다
prefer 426	선호하다
pregnant 553	임신한
prehistoric 553	선사시대의
prejudice 211	선입견, 편견
preliminary 553	예비의, 준비의
premature 553	조숙한, 시기 상조의
preoccupation 211	선취, 선점
preparation 211	준비
preschooler 211	취학 전 아동
prescribe 426	처방하다, 규정하다, 지시하다

present 553	현재의, 출석하고 있는
preservation 211	보존, 저장
preside 426	주재하다, 관장하다
president 211	대통령, 사장, 학장
pressure 212	압력, 스트레스
prestige 212	위신, 명성
presume 426	추정(가정)하다, 상상하다
pretend 426	~인 체하다, 가장하다
prevail 427	우세하다, 널리 보급되다
prevent 427	막다, 방해하다, 예방하다
preview 212	예비 검사, 시연(을 보이다)
prey 212	먹이, 희생
priceless 553	아주 귀중한
pride 212	자랑, 자만심
priest 212	신부, 성직자, 목사
prime 553	제1의, 주요한
primitive 553	원시의, 미개의
principal 212	장관, 교장, 주요한
principle 212	원리, 원칙
prior 553	이전의, 앞의
prison 216	감옥, 교도소
privacy 216	사생활
private 553	개인적인, 사설의
privilege 216	특권, 특전
prize 216	상, 상품, 상금
probably 593	아마도 (~할 것이다)
probation 216	검정, 시험, 수습
probe 216	탐침, 탐사선
procedure 217	절차, 진행, 순서
process 217	과정, 경과
proclaim 427	포고하다, 선언하다
procrastinate 427	지연시키다, 꾸물거리다
prod 427	찌르다, 자극하다
prodigy 217	천재, 경이, 불가사의
produce 427	생산하다, 산출하다
productivity 217	생산성
profess 427	공언하다, 고백하다
professional 554	직업(상)의, 전문적인
professor 217	교수
proficiency 217	숙달, 능숙
profit 217	이윤, 이익
profoundly 593	깊이, 심오하게
prognosis 217	예지, 예측, [의학] 예후
progress 217	전진, 진보
prohibit 427	막다, 금하다
prolong 427	늘이다, 연장하다
prominent 554	현저한, 저명한, 두드러진

promise 428	약속하다
promote 428	조장(장려)하다, 진급시키다
prompt 554	즉석의, 신속한, 기민한
prone 554	경향이 있는
pronounce 428	발음하다, 선언하다
proof 218	증명, 증거
prop 428	버티다, 지지하다
propaganda 218	선전, 선전 활동
propel 428	추진하다, 몰아대다
proper 554	적당한, 예의 바른, 고유의
property 218	재산, 부동산
prophecy 218	예언, 예언 능력
proportion 218	비율, 크기, 부분
proposal 218	제안, 신청, 제의
proprietor 218	소유자, 소유주, 경영자
propriety 218	타당, 적당, 예의 바름
propulsion 218	추진력
prose 218	산문, 지루한 이야기
prospect 219	조망, 예상, 기대
prosper 428	번영(번창)하다, 성공하다
protect 428	보호하다, 막다
protein 219	단백질
protest 432	항의하다
proudly 593	자랑스럽게
prove 432	증명하다, 입증하다
proverb 219	속담, 격언, 금언
provide 432	제공하다, 공급하다
province 219	지방, 지역
provision 219	예비, 설비, 규정, 식량
provocation 219	성나게 함, 도발, 자극
prowl 432	(먹이를) 찾아 헤매다, 배회하다
proximity 219	근접, 가까움
proxy 219	대리, 대리인, 대용물
prudent 554	신중한, 분별 있는
psychiatric 554	정신 의학의, 정신과의
psychology 219	심리학, 심리(상태)
pub 220	술집, 선술집
puberty 220	사춘기, [식물] 개화기
publicity 220	널리 알려짐, 명성, 평판
publish 432	발행하다, 출판하다
puff 433	훅 불다, (연기를) 내뿜다
pump 220	펌프
punch 433	주먹으로 치다
punctual 554	시간을 잘 지키는
punctuate 433	구두점을 찍다, 중단시키다
punish 433	처벌하다, 혼내다
pup 220	강아지, 풋내기

34

pupil 220 학생, 제자, 동공
puppet 220 꼭두각시, 작은 인형
purchase 433 사다, 구입하다
pure 554 순수한, 깨끗한
purity 220 순수, 깨끗함, 청결
purpose 220 목적, 의도
purse 220 지갑
pursue 433 추적(추격)하다, 추구하다

Q

WORD MANUAL

quake 433 흔들리다, 진동하다
qualify 433 자격(자질)을 갖추다
quantity 222 양, 액
quarrel 433 말다툼(하다)
queer 555 이상한, 기묘한
quest 222 탐색, 탐구, 추구
queue 223 줄, 열, 땋아 늘인 머리
quick 555 빠른, 즉석의, 조급한
quiet 555 조용한, 평온한
quill 223 깃촉, 큰 깃
quilt 223 누비이불, 모아서 편집하다
quit 434 그만두다, 떠나다
quite 593 꽤, 상당히
quiver 434 떨리다, 흔들(리)다
quizzical 555 우스꽝스러운, 기묘한
quorum 223 (의결에 필요한) 정족수
quotation 223 인용(구)

R

WORD MANUAL

race 223 경주, 인종
racial 555 인종의, 종족의
rack 223 선반, 걸이, 고정대
radiant 555 빛나는, 밝은
radical 555 근본적인, 급진적인
radioactive 555 방사능의, 방사성의
radius 223 (원·구의) 반경, 반지름
raft 434 뗏목을 타다, 뗏목
rag 223 넝마, 누더기
rage 224 격노, 분노
raid 434 급습하다, 습격하다
raiment 224 의류, 의상
rainforest 224 열대우림
raise 434 들어 올리다, 기르다
rake 224 갈퀴, (갈퀴로) 긁어모으다
rally 224 집회, 다시 모으다, 집중시키다
ramble 434 이리저리 거닐다, 두서없이 말하다
ramp 224 경사로, 비탈길
ranch 224 목장, 농장
random 555 닥치는 대로의, 임의의
range 224 범위, 산맥
rapid 555 빠른, 신속한
rapture 224 큰 기쁨, 환희, 황홀
rarely 593 드물게, 좀처럼 ～하지 않는
rash 555 무분별한, 무모한
rate 224 비율, 요금, 속도
rather 594 오히려, 어느 정도
ratification 225 비준, 재가
ratio 225 비, 비율
ration 225 정량, 배급(량)
rational 556 이성적인, 합리적인
ravage 225 파괴, 황폐
raw 556 날것의, 원료의
ray 225 광선
razor 225 면도칼, (전기) 면도기
reactive 556 반응을 나타내는
realistic 556 현실적인
realm 225 왕국, 영역
realty 225 부동산
reap 434 거둬들이다, 수확하다
rear 225 뒤, 후면, 후위
rearrange 434 재정리하다, 재배열하다
reasonable 556 논리적인, 적당한
reassure 434 안심시키다, 재보증하다
rebel 225 반역자, 모반자
recall 434 상기하다, 소환하다, 회수하다
recapture 435 탈환하다, 되찾다
recede 435 물러나다, 멀어지다

receipt 226	수령, 영수증
receive 435	받다
recent 556	최근의, 근래의
reception 226	받아들임, 응접, 환영회
recess 226	쉼, 휴식, 휴회
recipe 226	조리법, 처방전
reciprocal 556	상호적인, 호혜적인
recite 435	암송하다, 낭독하다
reckless 556	무모한, 분별없는
reckon 435	(수를) 세다, 계산하다
recluse 226	은둔자
recognize 435	인식하다
recollect 435	생각해 내다, 회상하다
recommend 435	추천하다, 권고하다
reconciliation 226	조정, 화해, 조화
reconstruction 226	재건, 개조, 부흥
recourse 226	의지, 의뢰
recover 435	회복하다
recruit 226	신병, 신입사원
rectangle 226	직사각형
recur 436	재발하다, 순환하다, 상기되다
recycle 436	재활용하다
redecorate 436	다시 꾸미다, 개장하다
redeem 436	되찾다, 구원하다
redress 436	바로잡다, 시정하다
reduce 436	줄이다, 낮추다
refer 436	언급하다, 참조하다
refine 436	정제하다, 세련되게 하다
reflect 436	반사하다, 반영하다, 숙고하다
reflex 227	반사작용(행동), 반사된
reform 437	개혁하다, 개정하다
refraction 227	굴절(작용)
refrain 437	그만두다, 삼가다
refresh 437	상쾌하게 하다, 새롭게 하다
refrigerate 437	냉각하다, 서늘하게 하다
refuge 227	피난(처), 은신처
refund 227	반환, 상환, 환불
refuse 437	거절하다, 거부하다
regard 227	안부, 간주하다, 생각하다
regardless 556	무관심한, 개의치 않는
regime 227	정권, 체제
regiment 227	(군사) 연대
region 227	지역, 지방, 영역
register 437	등록하다, 가리키다
regretful 557	후회하는, 애석해하는
regularity 227	규칙성, 질서
rehabilitate 437	원상태로 되돌리다
rehearsal 228	리허설, 예행 연습
reign 228	통치, 지배
rein 228	고삐, 통제, 구속
reinforcement 228	강화, 보강, 증원 부대
reject 437	거절하다, 거부하다
rejoice 438	기뻐하다, 축하하다
rejuvenate 438	다시 젊어지게 하다
rekindle 438	다시 불타다(기운을 돋우다)
relate 438	관련시키다, 이야기하다
relative 228	친척, 상대적인, 비교상의
relatively 594	상대적으로, 비교하여
relax 438	늦추다, 긴장(피로)을 풀다
release 438	풀어 놓다, 해방(석방)하다
relent 438	(마음이) 누그러지다
relevant 557	관련된, 적절한, 타당한
reliability 228	신뢰성, 확실성
reliance 232	믿음, 의지, 신뢰
relic 232	유물, 유적
relieve 438	경감하다, 구제하다, 안심시키다
religion 232	종교
relish 232	맛, 풍미, 흥미
reluctance 232	마음이 내키지 않음
rely 438	의지하다, 신뢰하다
remain 439	남아 있다, 여전히 ~하다
remark 232	주목, 의견, 비평
remedy 233	치료(법), 의약, 구제책
remembrance 233	기억, 기념물
remind 439	생각나게 하다, 상기시키다
remnant 233	나머지, 찌꺼기, 유물
remote 557	(거리·시간적으로) 먼, 외딴
remove 439	제거하다, 옮기다
render 439	주다, ~이 되게 하다
renew 439	새롭게 하다, 갱신하다
renovate 439	새롭게 하다, 수리(혁신)하다
renown 233	명성
rent 439	빌리다, 임대하다
repair 439	고치다, 수선하다
repeatedly 594	반복하여, 되풀이하여
repel 439	쫓아버리다, 격퇴하다
repent 440	후회하다, 뉘우치다
repetitive 557	되풀이하는, 반복성의
replace 440	대체(대신)하다, 제자리에 놓다
replica 233	(저작물의) 복제, 복제물
reply 440	대답하다, 응답하다
report 440	보도하다
repose 440	쉬다, 눕히다, 영면하다
repot 440	(식물을) 다른 화분에 옮겨 심다

represent *440*	나타내다, 대표하다	revel *446*	주연을 베풀다, 한껏 즐기다
representative *233*	대표자, 대표물	revenge *235*	복수
reproach *440*	비난하다, 나무라다	reverberate *446*	반향하다, 울려 퍼지다
reprove *440*	꾸짖다, 비난하다	revere *446*	존경하다, 숭배하다
reptile *233*	파충류(의 동물)	reverse *235*	역, 반대, 반대의
republic *233*	공화국	revert *446*	본 상태로 되돌아가다
repulsive *557*	불쾌한, 혐오감을 주는	review *446*	복습하다, 재검토하다
reputation *233*	평판, 명성	revise *446*	개정하다, 교정하다
request *233*	요구, 요망	revival *235*	소생, 재생, 부활
require *440*	요구하다, 필요로 하다	revolt *235*	반란, 폭동, 반란을 일으키다
rescue *441*	구조하다, 구출하다	revolution *236*	혁명, 회전
research *234*	연구, 조사	reward *236*	보수, 보상(금)
resemblance *234*	유사(성), 닮음	rhythm *236*	리듬, 장단
resent *441*	분개하다, 원망하다	rib *236*	[의학] 늑골, 갈빗대, 갈비
reserve *441*	남겨〔떼어〕두다, 예약하다	rice *236*	쌀, 밥
reservoir *234*	저수지, 저장소	rid *447*	제거하다
reside *441*	거주하다, 존재하다	riddle *236*	수수께끼
residence *234*	거주, 주거	rider *236*	타는 사람
resign *441*	사임하다, 포기하다	ridge *236*	산마루, 산등성이
resist *441*	저항하다, 견디다	ridicule *447*	비웃다, 조롱하다
resolution *234*	결의(안), 결심, 해결	**rig** *236*	장치, 용구 한 벌, 굴착 장비
resort *234*	휴양지	rigid *557*	단단한, 엄격한
resound *441*	울려 퍼지다, 반향하다	rim *237*	가장자리, 테
resource *234*	자원, 재원, 수단	riot *237*	폭동, 소동, 다채로움
respect *441*	존경하다	rip *447*	쪼개다, 째다, 찢다
respiration *234*	호흡, 한번 숨쉼	ripe *557*	익은, 때가 무르익은
respond *441*	반응하다, 응답하다	ripple *237*	잔물결, 파문
responsibility *234*	책임, 의무	risk *237*	위험
rest *442*	쉬다, 의존하다, 휴식, 안정	**rite** *237*	의식
restoration *235*	복구, (건강의) 회복	ritual *237*	(종교적) 의식
restrain *442*	억제하다, 구속하다	rivalry *237*	경쟁, 대항
restrict *442*	제한하다, 속박하다	roam *447*	(건들건들) 거닐다, 방랑하다
result *235*	결과, 성과	roar *447*	으르렁거리다, 고함치다
resume *442*	다시 차지하다, 다시 시작하다	roast *557*	구운, 굽다
resurrection *235*	부활, 소생, 재유행	rob *447*	훔치다, 털다
retailer *235*	소매상	robe *237*	길고 품이 넓은 겉옷, 의복
retain *442*	보유하다, 계속 유지하다	rod *237*	장대, 막대, 낚싯대
retaliate *442*	보복하다, 앙갚음하다	role *237*	역할, 임무, 배역
retard *442*	속력을 늦추다, 더디게 하다	roll *447*	굴리다, 말다, 구르다
retire *442*	은퇴하다, 물러나다	romance *238*	낭만
retort *442*	반론하여 말하다, 말대꾸하다	**romp** *238*	떠들며 뛰어놀기
retreat *442*	퇴각하다	roof *238*	지붕
retrieve *443*	회수하다, 되찾다, 회복하다	root *238*	뿌리, 근원
retrospect *235*	회고, 회상, 소급력	rotate *447*	회전〔순환〕하다, 교대하다
return *443*	돌아오다, 돌려주다	**rote** *238*	기계적 방법, 기계적인 암기(법)
reuse *443*	다시 사용〔이용〕하다	rotten *557*	썩은, 타락한, 기분이 나쁜
reveal *446*	나타내다, 밝히다	rough *557*	거친, 난폭한, 대강의

rouse 447 깨우다, 일으키다
routine 238 판에 박힌 일, 일상
rove 447 헤매다, 배회하다
row 238 줄, 열, 노젓기, 소동
rowdy 558 난폭한, 떠들썩한
rub 448 문지르다, 마찰하다
rubber 238 고무
rubbish 238 쓰레기, 폐물
rubble 238 깨진 돌 조각, 파편
ruddy 558 (안색이) 불그레한, 혈색이 좋은
rude 558 버릇없는, 무례한
rudiment 239 기본, 기초(원리), 조짐
ruffle 448 구기다, 어지럽히다
rug 239 깔개, 융단
rugged 558 울퉁불퉁한, 난폭한
ruin 239 파멸, 파산, 폐허
rural 558 시골의, 전원의
rush 448 돌진하다, 달려들다
rust 239 (금속의) 녹
rustle 448 와삭거리다, 바스락거리다
ruthless 558 무정한, 냉혹한

WORD MANUAL

sack 240 마대, 자루, 부대
sacred 558 신성한, 성스러운
sacrifice 240 희생, 제물, 희생하다
saddle 240 안장
sag 448 휘다, 축 늘어지다
sage 240 현자, 현명한
sail 448 항해하다, 돛
saint 240 성인, 성자
sake 240 위함, 이익, 이유
salary 240 봉급, 급료
salutation 240 인사
salvage 448 구출하다
sanctuary 241 신성한 장소, 은신처
sane 558 제정신의, 온건한

sanitation 241 (공중) 위생, 위생 시설
sap 241 수액, 활력
sarcastic 558 빈정거리는, 풍자의
satellite 241 위성, 인공위성
satire 241 풍자(문학), 빈정거림
satisfaction 241 만족
sauce 241 소스, 양념
saucy 558 건방진, 쾌활한
savage 241 미개인, 야만인
savanna 242 사바나, 대초원
save 448 구하다, 모으다, 저축하다
savor 448 맛을 보다, 맛, 풍미, 향기
saw 448 톱질하다
scab 242 (상처의) 딱지
scale 242 규모, 저울, (물고기의) 비늘
scan 448 자세히 조사하다, 탐지하다
scant 558 부족한, 모자라는
scar 242 상처 자국, 흉터
scarcity 242 희소성, 결핍
scared 559 겁먹은
scatter 449 뿌리다, 흩뿌리다
scene 242 장면, 광경, 현장
scent 242 향기, 냄새
scheme 242 계획, 음모
scholar 242 학자
scholarship 242 학문, 학식, 장학금
scissors 243 가위
scold 449 나무라다, 잔소리하다
scoop 449 국자로 푸다
scope 243 범위, 영역
scorch 449 태우다, 시들게 하다
scorn 243 경멸, 멸시
scoundrel 243 악당, 깡패
scout 449 수색하다
scrap 243 작은 조각, 오려낸 것
scrape 449 문지르다, 긁어모으다
scratch 449 긁다, 할퀴다
scrawl 449 휘갈겨 쓰다, 흘려 쓰다
scream 449 소리 지르다
screech 449 날카로운 소리로 외치다
scribble 243 갈겨쓰기, 악필, 낙서하다
script 243 손으로 쓴 글, 대본, 각본
scroll 246 두루마리, 족자
scrub 449 비벼 빨다, 북북 문지르다
scrutinize 449 자세히 조사하다, 음미하다
sculpture 246 조각, 조소
scurvy 246 괴혈병, 상스러운, 천한

seal 246	바다표범	sever 451	절단하다, 끊다
search 450	찾다, 조사하다	several 559	몇몇의
season 450	맛을 내다, 흥미를 돋우다	severe 560	엄격한, 심한
secondary 559	제2위의, 2차의	sewage 249	(하수의) 오물, 오수
secretary 246	비서	shabby 560	초라한, 낡은
secrete 450	분비하다, 비밀로 하다	shade 249	그늘, 그늘지게 하다
sect 246	분파, 당파	shaggy 560	털북숭이의, 털이 텁수룩한
section 246	부분, 구역	shake 451	흔들다, 흔들리다
sector 247	부채꼴, 분야, 방면	shallow 560	얕은, 피상적인, 천박한
secure 559	안전한, 튼튼한, 보장된	shame 249	부끄럼, 치욕, 유감
security 247	안보, 안전, 보안	shape 249	모양, 형상, 외관
seed 247	씨, 종자, 씨를 뿌리다	share 451	나누다
seek 450	찾다, 추구하다	sharp 564	날카로운, 예민한, 급격한
seem 450	~처럼 보이다, ~인 것 같다	shatter 451	산산이 부수다, 박살내다
seep 450	스며나오다, 새다	shave 451	깎다, 면도하다
segment 247	단편, 조각	shear 249	큰 가위
segregate 450	분리하다, 격리하다	shed 451	흘리다, 뿌리다
seize 450	붙잡다, 붙들다	sheer 564	얇은, 섞이지 않은, 순전한
seldom 594	드물게, 좀처럼 ~않다	sheet 249	(얇은 종이·천) 한 장
select 450	선택하다, 고르다	shelf 249	선반
self-discipline 247	자기 훈련, 자기 수양	shell 249	조개(껍데기), 조가비, 포탄
self-expression 247	자기 표현	shelter 249	피난처, 주거, 보호 시설
self-portrait 247	자화상	shepherd 250	양치는 사람, 목동
self-reliant 559	자립의, 독립적인	sheriff 250	보안관, 주(州) 장관
self-satisfied 559	자기 만족의, 독선적인	shield 250	방패, 보호물
self-sufficient 559	자급자족할 수 있는	shift 452	이동하다, 자리를 옮기다
semester 247	한 학기, 반년	shimmer 452	희미하게 반짝이다
semiconductor 247	반도체	shin 250	정강이, 정강이뼈
seminary 247	신학교	shine 452	비추다
senate 248	상원, 입법부	shipwreck 250	난파, 조난 사고
senile 559	나이 많은, 노쇠한	shiver 452	와들와들 떨다
senior 559	손위의, 상급자인	shock 250	충격
sensation 248	느낌, 큰 관심(거리)	shoot 452	쏘다, 촬영하다
sentence 248	문장, 판결, 선고	shore 250	바닷가, 해안
sentiment 248	감정, 소감, 정서	shortage 250	부족, 결핍, 부족량
separate 451	분리하다, 나누다	short-cut 250	지름길
sepulcher 248	무덤, 매장소	shortstop 250	[야구] 유격수
sequence 248	연속, 순서, 결과	shoulder 251	어깨
seraph 248	[신학] 치품 천사	shout 452	외치다, 큰 소리로 말하다
serf 248	농노	shove 452	밀치다, 떠밀다
sergeant 248	하사관	shovel 251	삽, 부삽
series 248	연속, 일련	shrill 564	날카로운, 높은, 강렬한
serious 559	진지한, 심각한	shrine 251	사원, 사당, 성소
sermon 249	설교, 교훈, 잔소리	shrink 452	오그라들다, 축소시키다
serve 451	섬기다, 봉사하다	shrivel 452	주름(살)지다, 시들다
session 249	회기, 학년, 학기, 기간	shroud 452	싸다, 숨기다, 수의를 입히다
settle 451	정착하다, 해결하다	shrub 251	키 작은 나무, 관목

shrug 452	(어깨를) 으쓱하다	slight 565	약간의, 사소한, 가느다란
shudder 453	떨다, 전율하다, 오싹하다	slim 565	호리호리한
shuffle 453	발을 질질 끌다, 뒤섞다	sling 454	(투석기로) 던지다, 투석(기)
shut 453	닫다, 폐쇄하다	slink 454	살금살금 걷다, 몰래 도망치다
shuttle 251	정기 왕복 버스〔열차, 비행기〕	slip 454	(찍) 미끄러지다
shy 564	수줍어하는, 조심성 많은	slippery 565	미끄러운, 반들반들한
sibling 251	형제, 자매	slob 253	(물가의) 진흙(땅)
sick 564	아픈, 병난	slope 253	비탈, 경사지다
sidewalk 251	보도, 인도	sloppy 565	(길 등이) 질퍽한
siege 251	포위 공격, 끈덕진 권유	slouch 455	구부리다, 숙이다
sigh 453	한숨 쉬다, 탄식하다	slumber 253	선잠, 무기력 상태
sightsee 453	관광하다	sly 565	교활한, 음흉한
signal 251	신호	smack 455	맛이 나다, ~의 기미가 있다
significance 251	중요성, 의미, 의의	smart 565	현명한, 영리한
silent 564	조용한, 침묵하는	smash 253	분쇄, 충돌
silly 564	어리석은, 우스운	smell 253	냄새
similarly 594	비슷하게, 마찬가지로	smelt 455	용해하다, 제련하다
simulate 453	모의 실험을 하다	smooth 565	매끄러운, 부드러운
simultaneous 564	동시에 일어나는, 동시의	smother 455	숨막히게 하다, 질식시키다
sin 252	죄	snag 253	쓰러진 나무, 장애
sincere 565	성실한, 진심어린	snap 455	홱 잡다, 잡아채다
sink 453	가라앉다, 침몰하다	snatch 455	와락 붙잡다, 잡아채다
sip 252	한 모금	sneak 455	몰래 움직이다
situation 252	상황, 위치, 장소	sneeze 254	재채기
sizzle 453	지글지글 하다	sniff 455	코를 킁킁거리다, 냄새를 맡다
skeleton 252	골격, 해골	snore 455	코를 골다
skeptic 252	회의론자, 무신론자	snub 455	무시하다, 냉대하다
skid 453	미끄러지다	soak 458	잠기다, 젖다, 스며들다
skim 453	(수면을) 스쳐 지나가다	soap 254	비누
skin 252	피부	soar 458	높이 날다, 급등하다
skip 454	뛰어넘다, 건너뛰다	sob 458	흐느껴 울다, 흐느끼다
skitter 454	잽싸게 나아가다〔달리다〕	sociable 565	사교적인, 사근사근한
skull 252	두개골	soil 254	흙, 땅
skyscraper 252	마천루, 고층건물	solace 254	위안, 위로
slam 454	(문을) 탕 닫다, 털썩 놓다〔던지다〕	solar 566	태양의
slang 252	속어, 은어	soldier 254	군인, 병사
slant 454	기울다, 경사지다	solely 594	혼자서, 오로지
slap 454	찰싹 때리다	solemn 566	엄숙한, 장엄한
slaughter 454	도살〔학살〕하다, 완패시키다	solicit 458	간청하다, 부탁하다
slave 252	노예	solid 566	고체의, 견고한
slay 454	죽이다, 살해하다	solitary 566	고독한, 외로운
sled 454	썰매를 타다	solve 458	해결하다, 풀다
sleet 253	진눈깨비	somber 566	어둠침침한, 침울한
sleeve 253	소매	sonic 566	소리의, 음속의
slender 565	날씬한, 가느다란	soot 254	검댕, 매연
slice 253	얇은 조각, 한 조각	soothe 458	위로하다, 진정시키다
slide 253	미끄러짐, 하락	sop 254	뇌물, 미끼

sophisticated 566	정교한, 세련된	sprint 460	(단거리를) 역주하다
sore 566	아픈, 슬픔에 잠긴	sprout 460	싹이 나다
sorrow 254	슬픔	spur 259	박차, 자극
sort 254	종류	spurn 460	퇴짜 놓다, 경멸하다
soul 254	영혼, 정신	spurt 460	쏟아져 나오다, 뿜어내다
sound 254	소리, 음, 건전한	square 259	정사각형, (네모진) 광장
sour 566	시큼한, 신	squash 460	으깨다, 으스러지다
source 255	원천, 출처, 원인	squeeze 460	짜내다, 압착하다
souvenir 255	기념품, 선물	squint 259	사시, 곁눈질
sovereign 566	주권을 갖는, 최고의	squirrel 259	다람쥐
sow 458	씨를 뿌리다	squirt 460	분출하다, 뿜어 나오다
soybean 255	콩	stab 460	찌르다, 몹시 해치다
spacious 567	넓은, 광대한	stability 259	안정(성)
span 255	길이, 기간	stack 259	더미, 퇴적, 쌓아 올리다
spank 459	찰싹 때리다	stadium 259	경기장
spare 459	절약하다, 나누어 주다	stagger 460	비틀거리다, 망설이다
spark 255	불꽃, 불똥	stagnant 567	고여 있는, 정체된
spear 255	창, 투창	stain 259	얼룩, 오점, 더럽히다
species 255	종류, 종(種)	stair 259	계단
specific 567	구체적인, 특별한	stake 260	말뚝, 막대기, 내기
specification 255	상술, 열거, 명세서	stale 567	신선하지 않은, 진부한
specimen 255	견본, 표본	stalemate 260	교착상태
speck 255	작은 반점, 얼룩, 오점	stalk 461	몰래 접근하다
spectacle 255	광경, 구경거리, 안경	stall 260	마구간, 매점, 노점
speculate 459	심사숙고하다, 투기하다	stammer 461	말을 더듬다
spell 459	철자를 쓰다	stamp 260	우표, 도장, 소인
spend 459	쓰다, 지출하다	standardize 461	표준에 맞추다, 규격화하다
sphere 258	구체, 영역, 범위	standoffish 567	쌀쌀한, 냉담한
spice 258	양념, 향신료, 풍미	standpoint 260	입장, 견지, 관점
spill 459	엎지르다, 흩뜨리다	standstill 260	정지, 멈춤
spine 258	등뼈, 척추	staple 567	주요한, 주성분
spiny 567	가시가 있는, 가시투성이의	starch 260	녹말, 전분, (세탁용) 풀
spire 258	뾰족탑, 뾰족한 꼭대기	stare 461	응시하다, 빤히 보다
spiritual 567	정신적인	startle 461	깜짝 놀라게 하다
spit 459	(침을) 뱉다, 토하다	starve 461	굶주리다, 굶어 죽다
spite 258	악의, 심술, 앙심	state 260	상태, 국가, 진술하다
splash 459	튀기다, 더럽히다	statesman 260	정치가
splendid 567	화려한, 장려한, 멋진	static 260	정적인, 정전기
split 459	쪼개다	statistic 261	통계치, 통계량
spoil 459	망치다, 손상하다	statue 261	조각상, 조상
spokesman 258	대변인	stature 261	키, 신장
spontaneous 567	자발적인, 자연스러운	status 261	상태, 지위
spot 259	장소, 점	stay 461	머무르다, 체재하다
spouse 259	배우자	stead 261	대신, 대리
sprain 459	(발목 따위를) 삐다	steadfast 568	확고한, 불변의
spread 460	뿌리다, 퍼지다, 벌리다	steady 568	확고한, 꾸준한
sprinkle 460	(액체 따위를) 뿌리다	steal 461	훔치다, 절취하다

steamboat 261	증기선	stripe 263	줄무늬, 줄무늬를 넣다
steep 568	가파른	stripling 264	애송이, 풋내기
steer 461	조종하다, 향하다	strive 462	노력하다, 얻으려고 애쓰다
stem 261	줄기, 유래하다	stroke 264	일격, 타격, 발작
stereotype 261	고정관념, 상투 문구	stroll 264	산책, 거닐기
stern 568	엄격한, 단호한	structure 264	구조, 구성
steward 261	집사, 지배인, 승무원	struggle 264	투쟁, 몸부림
stick 262	막대기, 찌르다, 고수하다	stub 264	(나무의) 그루터기, 토막
stiff 568	뻣뻣한, 움직이지 않는	stubborn 569	완고한, 고집 센
stimulate 461	자극하다	stuff 264	재료, 물건, 잡동사니
sting 262	찌르기, 찔린 상처(자리)	stumble 463	비틀거리다
stink 462	악취를 풍기다	stump 264	(나무의) 그루터기, 동강
stir 462	움직이다, (감정을) 일으키다	stun 463	기절시키다
stitch 262	한 바늘, 한 땀	stupid 569	어리석은, 우둔한
stock 462	비축하다, 저장하다	stupor 264	무감각, 인사불성
stockpile 262	비축(량), 재고	sturdy 569	억센, 튼튼한, 힘찬
stocky 568	땅딸막한, 단단한	stutter 264	말더듬기, 말을 더듬다
stomach 262	위, 복부, 배	subcommittee 264	분과 위원회, 소위원회
stool 262	(등 없는) 의자	subconscious 569	잠재의식의, 무의식의
stoop 462	몸을 구부리다, 웅크리다	subdue 463	정복하다, 억제하다
stopover 262	도중하차(지)	subject 265	주제, 학과, 국민
storage 262	저장, 보관	subjective 569	주관적인
stout 568	뚱뚱한, 튼튼한, 용감한	submarine 265	잠수함
straggling 568	대열을 떠난, 낙오한	submerge 463	물속에 잠그다, 침몰하다
straight 568	곧은, 일직선의	submission 265	복종, 순종, 제출
strain 262	긴장, 피로, 큰 부담	subordinate 265	부하직원, 하위의, 종속하는
strait 262	해협	subscribe 463	서명하다, (정기) 구독하다
straitjacket 263	(정신병자·죄수의) 구속복	subsequent 569	뒤의, 차후의
strand 462	좌초시키다	subsidiary 265	보조자, 자회사
strangle 462	교살하다, 질식시키다	subsidy 265	(국가의) 보조금, 지원금
strap 263	가죽 끈, 혁대	subspecies 265	[생물] 아종
strategy 263	전략, 작전, 용병학	substance 265	물질, 내용, 실체
straw 263	짚, 밀짚, 빨대	substitute 463	대체하다
stray 568	길을 잃은, 빗나간, 흩어진	subterranean 569	지하의, 지하에 있는
streak 263	줄, 연속, 경향	subtle 570	미묘한, 민감한
stream 263	시내, 개울	subtract 463	빼다, 공제하다
strength 263	힘, 세력	suburb 265	교외, 도시 근교
strenuous 568	정력적인, 열심인, 격렬한	successive 570	계속되는, 연속적인
stressful 569	스트레스를 주는	succinct 570	간결한, 간명한
stretch 462	펴다, 뻗다, 늘이다	suck 463	빨다, 흡수하다
strew 462	(모래·꽃 따위를) 흩뿌리다	suddenly 594	갑자기, 불시에
strict 569	엄격한, 정밀한	sue 463	고소하다, 소송을 제기하다
stride 263	큰 걸음, 진보, 발전	suffer 464	괴로워하다
strike 462	치다, 때리다	sufficient 570	충분한, (~하기에) 족한
string 263	끈, 줄, 일련	suffocate 464	숨을 막다, 질식시키다
stringent 569	절박한, 설득력 있는	suggest 464	암시하다, 제안하다
strip 462	벗기다, 벌거벗다	suicide 265	자살, 자살 행위

42

suit 266 소송, (복장의) 한 벌
suitable 570 적절한, 어울리는
sum 266 합계, 금액
summary 266 요약, 개요
summit 266 (산의) 정상, 절정, 정상회담
summon 464 소환하다, 소집하다
sumptuous 570 사치스러운, 화려한
sunken 570 침몰한, 움푹 들어간
superb 570 최고의, 훌륭한
superficial 570 표면상의, 피상적인
superimpose 464 위에 놓다, 보충하다
superior 570 우수한, ～보다 나은
supernatural 571 초자연의, 불가사의한
supersonic 571 초음파의, 초음속의
superstition 266 미신, 미신적 관습
supervise 464 감독하다
supervision 266 관리, 감독
supper 266 저녁 식사, 만찬
supplement 464 보충하다, 추가, 부록
supplementary 571 보충의, 추가의
supply 464 공급하다, 보완하다
support 266 지지(대), 원조
suppose 464 상상하다, 가정하다
suppress 465 억압하다, 진압하다
supreme 571 최고의, 최상의
surf 266 밀려드는 파도
surface 266 표면, 외부, 외관
surgeon 267 외과의사
surname 267 성
surpass 465 ～보다 낫다, 능가하다
surplus 267 나머지, 잔여, 과잉
surprise 465 놀라게 하다, 놀람, 경악
surrender 465 넘겨주다, 항복하다
surround 465 에워싸다, 둘러싸다
survey 267 조사, 측량, 훑어 보다
survive 465 살아남다
suspect 465 의심하다
suspend 465 매달다, 중지〔정학〕시키다
suspicion 267 혐의, 의심
sustain 465 부양하다, 유지하다, 떠받치다
swallow 465 들이키다, (꿀꺽) 삼키다
swamp 267 늪, 소택지
swap 466 물물 교환하다, 바꾸다
swarm 466 들끓다, 떼를 짓다
sway 466 흔들리다, 동요하다
swear 466 맹세하다, 욕설하다
sweat 267 땀

sweep 466 청소하다, 휩쓸다
swell 466 부풀다, 팽창하다
swift 571 신속한, 순식간의
swing 466 흔들리다, 매달리다
swirl 466 소용돌이치다
switch 466 바꾸다, 스위치
swivel 466 회전하다, 회전 고리, 전환
swoop 466 내리 덮치다, 급습하다
sword 267 검, 칼
symbolize 467 상징하다
symmetry 267 (좌우)대칭, 균형(미)
sympathy 267 동정, 공감
symphony 268 교향곡, 심포니
symptom 268 징후, 증상
synonym 268 동의어
synthesis 272 종합, 합성
syringe 272 주사기

tablet 274 판, 현판, 정제(알약)
tack 274 납작한 못, 압정, 방침
tactics 274 전술, 전략
tail 275 꼬리
tailor 275 재봉사, 재단사
tale 275 이야기, 설화
talent 275 (타고난) 재주, 재능
tame 467 길들이다, 복종시키다
tan 275 햇볕에 그을림
tangle 467 얽히게〔엉키게〕 하다
tantrum 275 발끈 화내기, 울화
tap 467 가볍게 두드리다
target 275 목표, 표적
tariff 275 관세(제도)
tarnish 467 흐리게 하다, 더럽히다
tarry 467 체재하다, 묵다
task 275 일, 임무
taste 275 미각, 맛, 취향, 시식

tavern 276	선술집, 여인숙
taxing 571	성가신, 귀찮게 하는
tear 276	눈물, 찢다
tease 467	집적거리다, 희롱하다
technical 571	기술적인
teenager 276	10대의 청소년
telegram 276	전보, 전신
telescope 276	망원경
temper 276	화, 기질, 기분
temperate 571	온화한, 중용의, 절제하는
temperature 276	온도, 기온
temple 276	사원, 신전, 절
temporary 571	임시적인, 일시적인
temptation 276	유혹
tenacity 277	고집, 끈기
tenant 277	(가옥·건물 등의) 세입자
tend 467	경향이 있다, 돌보다
tender 571	부드러운, 상냥한
tense 572	긴장한, 팽팽한, 시제
tentacle 277	(하등 동물의) 촉수, 촉각
term 277	용어, 기간, 학기, 조건
terminal 277	종착역, 터미널, 말단
terrain 277	지대, 지역, 지형
terrible 572	무서운, 무시무시한
terrific 572	굉장한, 멋진, 무서운
territory 277	영토, 지역
testify 467	증명하다, 증언하다
textile 277	직물, 옷감
thatch 467	(집·지붕을) 이엉으로 엮다
thaw 467	(눈·얼음 따위가) 녹다
theater 277	극장
theft 277	도둑질, 절도죄
theory 278	학설, 이론
therapy 278	치료, 요법
therein 594	그 점에 있어, 거기에
thermodynamics 278	열역학
thermometer 278	온도계
thesis 278	논제, 졸업〔학위〕 논문
thick 572	두꺼운, 빽빽한, 짙은
thicket 278	수풀, 덤불
thief 278	도둑, 절도범
thigh 278	허벅지
thin 572	얇은, 가느다란
thirsty 572	목마른, 갈망하는
thorn 278	(식물의) 가시
thorough 572	철저한, 충분한, 면밀한
thoughtfully 594	생각에 잠겨, 사려 깊게

thrash 470	때리다, 때려눕히다
thread 279	실, 바느질 실
threadbare 572	누더기를 입은, 해진
threaten 470	위협하다, 겁주다
thresh 470	타작하다
threshold 279	문지방, 입구, 발단
thrice 595	3회, 3배로
thrift 279	검약, 검소
thrill 279	전율, 설렘
thrive 470	번영하다, 잘 자라다
throat 279	목구멍
throb 470	(심장이) 고동치다, 두근거리다
throne 279	왕위, 왕좌
throng 470	떼를 지어 모이다
throw 470	(내)던지다, 팽개치다
thrust 470	밀다, 찌르다
thumb 279	엄지손가락
thunder 279	천둥, 벼락
thwart 471	훼방 놓다, 방해하다
tickle 471	간질이다, 기쁘게 하다
tide 279	조수, 세월
tidy 572	말쑥한, 단정한
tie 471	묶다, 결합하다, 속박하다
tight 572	단단한, 꼭 끼는
tilt 471	기울이다, 기울기, 경사
timber 280	목재, 재목
timid 572	겁 많은, 두려워하는, 수줍은
tin 280	[금속] 주석, 양철
tint 280	색조, 엷은 빛깔
tiny 573	작은, 몹시 작은
tire 471	피로하게 하다, 싫증나다
toe 280	발가락, 발끝
toil 471	힘써 일하다, 수고하다
toilet 280	화장실
tolerate 471	관대히 다루다, 참다
toll 280	사용료, 통행료
tomb 280	무덤, 묘
tomboy 280	말괄량이
tone 280	음질, 어조, 기풍
tongue 280	혀
tonnage 280	(선박의) 용적 톤수
tool 281	도구, 연장
tooth 281	이, 치아
topple 471	비틀거리다, 넘어지다
torrent 281	급류, 억수(같은 물줄기)
torture 281	고문, 심한 고통
toss 471	던지다, 흔들리다

total 281	합계, 총계	tribute 283	공물, 조세, 찬사
totter 471	비틀거리다, 비틀거리며 걷다	trifle 284	하찮은 것(일), 소량
tough 573	강인한, 고달픈, 단단한	trigger 473	발사하다, (일을) 일으키다
tourist 281	관광객	trillion 284	1조
tow 471	끌다, 견인하다	trim 473	정돈하다, 손질하다
toxic 573	유독성의	trinity 284	[신학] 삼위일체
trace 472	~의 자국을 밟다, 추적하다	trinket 284	자질구레한 장신구
tract 281	넓은 지역, 기관계	triple 473	세 배로 만들다
tradeoff 281	교환, 거래	tripod 284	삼각대
tradition 281	전통, 전승	triumphantly 595	의기양양하게
traffic 281	교통(량), 통행	trivial 573	사소한, 하찮은
tragedy 282	비극, 참사	troop 284	무리, 대(隊), 부대
trail 472	(질질) 끌다, 뒤를 밟다	tropical 573	열대성의, 열대 지방의
trait 282	특성, 특징	trot 473	빠른(총총) 걸음으로 가다
traitor 282	배반자, 반역자	truce 284	정전, 휴전
tram 282	시가 전차	trudge 473	터벅터벅 걷다
tramp 472	짓밟다, 쿵쿵거리며 걷다	trunk 288	줄기, 몸통, (코끼리의) 코
tranquil 573	조용한, 평온한	trust 288	신뢰, 신용
transaction 282	거래, (업무의) 처리, 취급	tug 473	(세게) 당기다
transcend 472	(경험·이해력 등의 범위를) 넘다	tuition 288	교수, 수업, 수업료
transcribe 472	베끼다, 복사하다	tumble 474	넘어지다, 폭락하다
transfer 472	옮기다, 갈아타다	tune 288	곡조, 선율, 장단
transference 282	이전, 이동, 양도	turbulent 573	몹시 거친, 교란된, 격렬한
transformation 282	변화, 변형	turmoil 288	소란, 소동, 혼란
transfusion 282	옮겨 붓기, 주입, 수혈	tutor 288	가정교사
transient 573	일시적인, 순간적인	twig 288	잔가지
transition 282	변천, 과도기	twilight 289	땅거미, 황혼
translate 472	번역하다, 해석하다	twinkle 474	반짝반짝 빛나다, 반짝이다
transmission 282	전달, 전송, 변속기	twist 474	꼬다, 뒤틀리다
transmit 472	보내다, 전도하다	twitch 474	홱 잡아당기다, 잡아채다
transparent 573	투명한, 비쳐 보이는	two-way 574	2방향(상호적)으로 작용하는
transplant 472	옮겨 심다, 이주시키다	typical 574	전형적인
transport 472	수송하다, 운반하다	tyranny 289	폭정, 전제 정치
trash 283	쓰레기		
travel 473	여행하다, 전도되다		
tray 283	쟁반, 음식 접시		
tread 473	밟다, 걷다		
treason 283	반역(죄), 배신		
treasure 283	보물, 보배, 부(富)		
treatment 283	대접, 대우, 치료(법)		
trek 283	길고 고된 여행		
tremble 473	떨다, 전율하다		
tremendous 573	광장한, 무서운		
trespass 473	침입하다, 침해하다		
trial 283	재판, 시도, 시련		
tribe 283	종족, 부족		
tribulation 283	고난, 시련	UFO 290	미확인 비행 물체

ugly 574	추한, 험악한
ulcer 290	[의학] 궤양, 종기
ultimate 574	최후의, 궁극의
ultrasonic 574	초음파의
ultraviolet 290	자외선
unaided 575	도움이 없는, 육안의
unanimity 290	(전원의) 합의, 만장일치
unaware 575	모르는, 눈치 채지 못하는
uncanny 575	엄청난, 신비스러운
unchallenged 575	도전 받지 않는, 확고한
underestimate 474	과소평가하다
undergo 474	경험하다, 겪다
underling 291	(경멸적인 말) 아랫사람, 부하
undersecretary 291	차관(次官)
undertake 474	떠맡다, 착수하다, 약속하다
undo 474	원상태로 돌리다, (매듭 등을) 풀다
undoubtedly 595	의심 없이, 틀림없이
unearth 474	발굴하다, 발견하다
unemployment 291	실업, 실직
unexpected 575	예상치 못한
unfold 474	펼치다, 표명하다
unify 475	통합(통일)하다
unique 575	유일한, 독특한
unison 291	조화, 일치
unite 475	통합하다, 결합하다
universal 576	보편적인, 전 세계의, 우주의
unleash 475	가죽 끈을 풀다, 해방하다
unpaid 576	미납의, 무급의
unplug 475	마개(플러그)를 뽑다
unrest 291	불안, 소요
untangle 475	엉킨 것을 풀다, 해결하다
unthinkable 576	생각할 수 없는
untroubled 576	침착한, 흐트러지지 않은
unzip 475	지퍼를 열다, 물리치다
upcoming 576	다가오는, 이윽고 나타날
up-to-date 576	최신의, 최근의
update 291	최신 정보
upheaval 291	들어올림, 격동, 격변
upholstery 291	(의자·소파의) 커버, 씌우개
upset 291	전복, 혼란
urban 576	도시의
urge 475	재촉하다, 주장하다
usher 291	안내원, 수위, 안내하다
utensil 292	(특히 가정용) 기구, 도구
utility 292	유용, 공익 사업(설비)
utmost 576	최고의, 극도의
utter 475	발언하다, 말하다

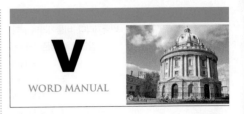

vacant 576	공허한, 비어있는
vacation 292	휴가
vacuum 292	진공, 공백
vague 576	어렴풋한, 애매한, 흐릿한
vain 576	헛된, 허영심이 강한
vale 292	계곡, 골짜기, 현세
valiant 577	용감한, 영웅적인
valid 577	유효한, 근거가 확실한
valuable 577	귀중한
vanish 475	사라지다, 자취를 감추다
vantage 292	유리, 우월, 이익
vapor 292	증기, 수증기
variety 292	변화, 다양(성)
varnish 292	니스, 유약
vary 476	바꾸다, 변화하다
vase 293	꽃병, 항아리
vast 577	광대한, 거대한
vegetable 293	야채
vehicle 293	탈 것, 수송 수단, 매개물
vein 293	정맥, 기질, 기분
velocity 293	속력, 속도
vend 476	팔다, 판매하다
vengeance 293	복수(심), 앙갚음
vent 293	구멍, 배출구
venture 293	모험적 사업, 벤처
venue 293	범행지, 사건의 현장
verbose 577	말이 많은, 장황한
verdict 293	평결, 판단
verdure 294	(초목의) 푸름, 신선함
verge 294	가장자리, 경계
verification 294	확인, 증명
versatile 577	재주가 많은, 다방면의
verse 294	운문, 시
vertical 577	수직의, 세로의
vessel 294	(대형) 선박, 용기, 그릇
vest 294	조끼, 내의
veteran 577	노련한, 경험이 많은
veterinarian 294	수의사
veto 476	거부하다, 거부권
vex 476	짜증나게(조바심 나게) 하다

vibrant 577	떠는, 진동하는	wad 297	뭉치, 다발
vice 294	악덕, 부도덕	waddle 476	어기적어기적 걷다
vice-president 294	부통령, 부사장	wag 476	(꼬리 등을) 흔들다
vicinity 294	근접, 근처	wage 297	임금, 급료
victim 295	희생(자), 피해자	wail 477	소리내어 울다, 울부짖다
victory 295	승리	waist 297	허리
vie 476	경쟁하다, 우열을 다투다	wait 477	기다리다, 시중들다
viewer 295	관찰자, 텔레비전 시청자	wake 477	깨우다, 각성시키다
vigil 295	철야, 밤샘	wall 297	벽, 담
vigor 295	활기, 정력	wallet 297	지갑
village 295	마을, 촌락	wander 477	떠돌아다니다, 헤매다
villainous 577	악당의, 악랄한	wane 477	작아[적어]지다, (달이) 이지러지다
vine 295	덩굴, 포도나무	ward 477	(위험 등을) 피하다, 보호, 병실
vinegar 295	식초	warehouse 297	창고, 저장소
violent 578	격렬한, 폭력적인	warfare 298	전투 (행위), 교전 (상태)
virgin 295	처녀	warm 578	따뜻한, 열렬한
virtual 578	가상의, 사실상의	warn 477	경고하다
virtue 296	미덕, 장점	warp 477	휘게 하다, 뒤틀다
visible 578	눈에 보이는, 명백한	warrant 477	보증하다, 정당화하다
vision 296	시력, 광경, 환상	warrior 298	전사, 무사
visitor 296	방문객	wart 298	사마귀, (나무 줄기의) 혹
vital 578	생명의, 극히 중대한	wash 477	씻다, 떠내려 보내다
vitamin 296	비타민	waste 478	낭비하다, 황폐하게 하다
vivid 578	생생한, 활기 있는	waterfall 298	폭포
vocabulary 296	어휘	wave 298	파도, 물결
vocal 578	목소리의, 음성의	waver 478	흔들리다, 망설이다
vocation 296	직업, 천직, 적성	wayfarer 298	(도보) 여행자
voice 296	목소리, 발언	weak 579	약한, 무력한
volcano 296	화산	wealth 298	부, 재산
volume 296	책, 부피, 음량	weapon 298	무기, 병기
volunteer 296	지원자, 자원봉사자	wear 478	입고[신고] 있다, 닳게 하다
vomit 476	토하다, 뿜어내다	weave 478	(천·직물을) 짜다, 뜨다
vote 476	투표하다, 투표, 표결	wedge 298	쐐기
vow 476	맹세하다, 서약하다	weed 298	잡초
voyage 297	항해, 긴 배 여행	weep 478	눈물을 흘리다, 울다
vulgar 578	상스러운, 저속한	weigh 478	무게를 달다, 심사숙고하다
vulnerable 578	취약한, 상처를 입기 쉬운	weird 579	수상한, 이상한
		weld 478	용접하다, 밀착시키다
		welfare 298	복지, 후생, 복지사업
		well-paid 579	많은 보수를 받는
		wet 579	젖은, 비 내리는
		wheel 299	수레바퀴, (자동차의) 핸들
		whim 299	변덕, 일시적 기분
		whimper 478	울먹이다, (개 등이) 킹킹거리다
		whip 299	채찍질하다, 매로 때리다
		whirl 478	빙빙 돌다, 빙글빙글 돌리다
		whisk 478	가볍게 나르다, 확 가져가다

WORD MANUAL

whisker 299	구레나룻
whisper 479	속삭이다
whistle 299	휘파람, 호각
whiz(z) 479	윙 소리를 내다
whodun(n)it 299	탐정[추리]소설, 스릴러
whole 579	전체의, 모든
wicked 579	사악한, 부도덕한
wicker 299	흐느적거리는 가는 가지
wide 595	넓게, (폭)넓은
widow 299	미망인, 과부
wield 479	(무기·권력 등을) 휘두르다
wiggle 479	(뒤)흔들다
wildlife 299	야생생물
will 299	의지, 의도, 소원
win 479	이기다, 획득하다, 설득하다
wipe 479	닦아 내다, 지우다
wise 579	슬기로운, 현명한
wish 479	바라다, ~하고 싶다
wisp 300	(머리털·짚 따위의) 작은 다발
witch 300	마녀, 여자 마법사
withdraw 479	철회하다, 인출하다
wither 479	시들다, 말라죽다
withhold 479	억누르다, 보류하다
withstand 479	저항하다, 잘 견디다
witness 480	목격하다
witty 579	재치 있는, 재담을 잘하는
woe 300	비애, 비통, 고뇌
womb 300	자궁
wonder 480	궁금해하다, 놀라다
woo 480	구애하다, 얻으려고 노력하다
workshop 300	일터, 작업장, 연수회
worm 300	벌레
worn-out 579	닳아 해진, 녹초가 된
worry 480	걱정하다, 난처하게 하다
worsen 480	악화시키다
worship 480	숭배하다, 존경하다
worth 580	가치가 있는
would-be 580	~이 되려고 하는, ~ 예비의
wound 300	부상, 상처
wrap 480	싸다
wrath 300	격노, 분노
wreak 480	(벌·복수 따위를) 가하다
wreath 300	화환, 화관
wreck 480	난파시키다, 파괴하다
wrestle 480	맞붙어 싸우다, 레슬링하다
wretched 580	비참한, 불쌍한, 야비한
wring 481	짜다, 비틀다

wrinkle 300	주름(을 잡다), 주름살(이 지다)
wrist 301	손목

yard 301	안뜰, 마당
yawn 481	하품하다
yearn 481	그리워하다, 갈망하다
yell 481	소리 지르다
yield 481	산출하다, 양보하다, 굴복하다
yolk 301	노른자위, 난황
yonder 595	저쪽의, 저기에

zeal 301	열의, 열심
zigzag 481	지그재그로 걷다, 지그재그의
zip 481	지퍼로 열다[잠그다]
zoological 580	동물학상의
zoom 481	붕 소리를 내며 달리다, 급상승하다

SUMMA CUM LAUDE · ENGLISH

MINI
WORD
MANUAL

숨마쿰라우데는 최상위권 대학을 목표로 합니다!

칭기즈칸은 1997년 뉴욕 타임즈가 선정한 "세계를 움직인 역사적인 인물" 중에 단연 첫 번째로 꼽힌 사람입니다. 떠돌이 유목민에 불과했던 부족들을 규합하여 세계를 제패했던 힘은 어디에서 나온 것일까? 17세에 다른 부족의 습격으로 아버지를 잃고 포로로 끌려가는 신세가 되었지만 그런 상황을 도리어 그는 삶의 방향을 바꾸는 계기로 만들었습니다. 그는 신제국을 기필코 세우고자하는 삶의 목표를 세웠고 "할 일이 있는 한 결코 죽을 수 없다"라고 외치며 소설과도 같은 모험과 역경을 거쳐 세계를 제패하고야 말았습니다. 우리의 꿈 또한 마찬가지입니다. "나의 꿈"을 높고 크게 갖고 목표를 향해 매진한다면 누구나 입시 경쟁에서 최고의 대학에 입학할 수 있습니다. 본 숨마쿰라우데 교재들은 바로 최상위권을 지향하는 수험생들을 위한 특별한 선물입니다.

영어휘 학습은 내용이 충실한 교재 한 권으로 꾸준히 하는 것이 최선입니다.

→ 〈숨마쿰라우데 WORD MANUAL〉은 수능을 준비하는 고교생은 물론, 특목고를 대비하는 중학생, 토익·텝스 등을 준비하는 대학생까지 학습이 가능한 교재입니다 ←

"지금부터 영어휘 교과서 《WORD MANUAL》로 최상의 학습 효과를 경험하세요"

THINK MORE ABOUT YOUR FUTURE

INTRODUCTION

[이 책을 펴내면서]

머리말

살아 숨 쉬는 현대영어의 대표적 예문 4,138개를 통해
12,000여 개 어휘를 암기하도록 구성된 본서는 시중에 넘쳐나는
기존의 불완전한 어휘서(단어장)들에 종지부를 찍고, 구시대적 어휘(단어) 학습방식을 뛰어 넘어
새롭게 진화된 어휘(단어) 학습 시스템을 제공하는
가장 완벽한 어휘서입니다.

집필 이유

시중에 수십 종에 이르는 어휘서가 있지만,
대부분 하위권을 대상으로 만들어진 책들이어서
새롭게 출현하는 고난이도 어휘들을 대비하지 못해 학생들은 불안해하고 있습니다!

현재 시판되고 있는 어휘서들은 이미 10여 년 전에 만들어 오래된 것이거나,
기본 어휘의 학습에 있어 도움이 안 되는 특정 암기법만을 기초로 만들어진 것이어서
교육과정의 변화에 따라 난이도가 높아지는 영어시험에 대한 완벽한 대비가 불가능합니다!

어휘의 품사별 활용 특징과 문장 속에서의 용례를 감안하지 않고
객관적인 근거 없이 구성된 빈출빈도를 우선순위로 나열하는 어휘서들은
시간 대비 어휘 학습량이 비효율적입니다!

어휘의 생명은 그 어휘가 사용되는 살아있는 문장 속의
문맥(context)에 있는 것임에도 불구하고, 대상 어휘의 활용을 위해
책 속에 제시된 예문이 너무 짧거나 쓰이지 않는 형태여서, 효과적인 어휘 학습의 결과를
만들어 내지 못하며, 읽고 듣는 영역까지
자신의 어휘를 확장시킬 수 없습니다!

"비교해 보십시오. 더 이상의 어휘 책은 없습니다!
본서는 대한민국의 고등학생이라면 반드시 봐야 할 영어학습의 필독서입니다!"

본서가 세상의 빛을 보게 되기까지 도와주신 모든 분들에게 깊은 감사의 마음을 전합니다.
3년간의 원고 집필 기간 중 작업 지원에 도움을 주신 선생님들과
서포터즈 여러분들에게 감사드리며,
아울러 이룸이앤비 편집팀에도 진심어린 감사의 마음을 전하고 싶습니다.

- 송 승 환 -

[이 책의 구성과 특징]

---

14 • Part I. 명사(Noun)

1ST LECTURE

| 0001 abdomen ~ 0100 authority |

SUMMA CUM LAUDE VOCABULARY

> 본 책에는 4,138개의 표제어가 수록되었으며, 하나의 LECTURE 에 약 100여 개의 단어로 구성되었습니다. 효율적인 단어 학습 이 이루어지도록 수능 필수 어휘는 〈파란색〉으로, 좀 더 난이도 가 있는 고급 어휘는 〈검은색〉으로 처리하였습니다.

0001
abdomen
[ǽbdəmən]

n. 배(=belly), 복부

If you or someone you are with e~~~~~~~~~~~~~~~
or *abdomen*, faintness, or excessive perspiration, move to a cool shady place, drink lots of lightly salted water, and apply pressure to the cramped muscles.

(파) abdominal *adj.* 복부의

> 수능 기출 문장들을 예문으로 제시하였으므로 실전 난이도에 적 응하면서 학습할 수 있습니다.

0002
ability
[əbíləti]

n. 능력, 재능(=gift, talent)

As a result, women tend to show bet~~~~~~~~~~~~~~~

(표현) be able to + V ~할 수 있다

(Tip) ability는 지적, 육체적 능력을 의미하며, cap~~~~~
통 어떤 특수한 것에 대한 선천적 능력을 말한다.

> 모든 예문에는 문장 분석에 도움을 주기 위해 주어가 별도로 표 시되어 있습니다. 주어는 흐린 글자로, 해당 표제어는 이탤릭체 로 되어 있으며 해당 예문의 해석은 각 페이지의 하단에서 바로 확인하면서 학습하실 수 있습니다.

0003
accent
[ǽksent]

n. 악센트, 강세, 말씨

He speaks French with a strong English *accent*.

(파) accentuate *v.* 강조하다   accentuation *n.* 강조

0004
access
[ǽkses]

n. 접근(권한)   *v.* 접근하다

He gained complete *access* to the p~~~~~

(파) accessible *adj.* 접근하기 쉬운   acces~~~~~

> Tip에는 단어의 어원이나 뉘앙스 등 단어 학습에 도움이 되는 정보를 담아, 단어들을 쉽게 이해하고 추론할 수 있도록 하였습니다.

> 각 표제어에는 단어 확장 학습을 통하여 필요한 많 은 단어를 빠르게 익히도 록 파생어, 반의어, 혼동 어, 관련어, 표현 등을 수 록하였습니다.
> (파) - 파생어
> (반) - 반의어
> (혼) - 형태가 유사한 혼동 어휘
> (관련) - 관련어
> (표현) - 숙어 및 관용적인 표현

0005
accident
[ǽksidənt]

n. 사건(=unexpected event), 사고, 우연(=chance)

Most bike *accidents* are due to equipment failure, weather conditions, and biker's carelessness. |대수능|

(파) accidental *adj.* 우연한   (표현) by accident 우연히

[예문 해석] 0001 여러분이나 여러분과 함께 있는 누군가가 다리 또는 배에 근육 경련이~~~~
늘진 시원한 곳으로 가서 소금을 약간 넣은 물을 많이 마시게 하고 경련이 난 근육을 눌~~~~
들은 언어를 사용하는 데 있어서 더 좋은 능력을 보여주는 경향이 있다.   0003 그는 강~~~~
의 기록을 볼 수 있는 전권을 얻었다.   0005 대부분의 자전거 사고들은 장비 결함, 기상~~~~

> 표제어와 예문을 녹음한 mp3 파일을 이룸이앤비 웹사이트 (www.erumenb.com)에서 무료로 다운로드 받을 수 있도록 하 였습니다. 원어민의 발음을 들으며 올바른 발음을 숙지하시기 바랍 니다.

[이 책의 구성과 특징]

표제어 이외의 교과서 수록 어휘

>>> 표제어 이외의 교과서 수록 어휘 ●

abalone [æ̀bəlóuni]	n. 전복	amateur [金mətʃùər]	n. 아마추어, 비전문가
abbey [金bi]	n. 대수도원	ambassad	
abbot [金bət]	n. 대수도원장	ambuland	
abracadabra [æ̀brəkəd金brə]	n. 주문, 뜻 모를 말	ammonia	
acorn [éikɔːrn]	n. 도토리, 상수리	anagram	
acronym [金krənìm]	n. 두문자어(頭文字語)	angel [éin	
adage [金didʒ]	n. 금언, 속담	ankle [金ŋkl]	n. 발목, 복사뼈
adieu [ədjúː]	n. 이별, 작별	annals [金nlz]	n. 연대기, 연보
adjective [金dʒiktiv]	n. 형용사	ant [金nt]	n. 개미
adverb [金dvəːrb]	n. 부사	anteater [金ntiːtər]	n. 개미핥기
aerosol [ɛ́ərəsɔ̀ːl]	n. 에어로솔, 연무제	antenna [ænténə]	n. 안테나, 더듬이

표제어는 아니지만 교과서에 한 번 이상 수록되었기 때문에 알아 둘 만한 단어들을 정리했습니다.
표제어 이외의 교과서 수록 어휘도 원어민 발음의 mp3 파일로 학습하실 수 있습니다.

숙어

1ˢᵀ LECTURE MASTERING IDIOMS

각 LECTURE마다 시험에 자주 출제되는 주요 숙어 및 구문들을 학습할 수 있도록 구성하였습니다.

- **a great deal of** 상당한, (양이) 많은(=a large sum of)

  We expended *a great deal of* time and energy in doing the work.
  우리는 그 일을 하는 데 많은 시간과 정력을 소비했다.

- **a large number of** (수가) 많은

  This year we received *a large number of* recommendations for Teacher of the Year.
  올해 우리는 올해의 교사상을 위한 많은 추천서를 받았다.

어휘력 테스트

1ˢᵀ LECTURE REVIEW TEST

각 LECTURE의 마지막 페이지에서는 간단한 테스트를 통해 앞에서 익힌 단어를 다시 한번 확인·점검함으로써 반복 학습을 할 수 있도록 하였습니다.

● 빈칸에 알맞은 단어나 뜻을 쓰시오.

1. abdomen	_____	26. antagonist	_____
2. accord	_____	27. anthem	_____
3. acne	_____	28. anthropology	_____
4. acupuncture	_____	29. antibiotic	

숨마쿰라우데® [워드 매뉴얼]

Life is not easy for any of us.
We must work and above all we must believe in ourselves.
We must believe that each one of us
is able to do something well,
and that, when we discover what this something is,
We must work until we succeed.

- Madame Curie

—— THINK MORE ABOUT YOUR FUTURE ——

CONTENTS

[이 책의 차례]

Part I   명사(NOUN)

1ST   LECTURE   0001 abdomen ~ 0100 authority ·································· 14
2ND   LECTURE   0101 autobiography ~ 0200 brink ···························· 28
3RD   LECTURE   0201 broadcast ~ 0300 chauffeur ························· 44
4TH   LECTURE   0301 chauvinism ~ 0400 contagion ····················· 58
5TH   LECTURE   0401 contemporary ~ 0500 delinquency ················ 72

6TH   LECTURE   0501 demand ~ 0600 ecology ····························· 88
7TH   LECTURE   0601 ecosystem ~ 0700 fiction ························· 102
8TH   LECTURE   0701 fidelity ~ 0800 grace ······························ 116
9TH   LECTURE   0801 grade ~ 0900 hypothesis ·························· 130
10TH LECTURE   0901 identity ~ 1000 language ·························· 146

11TH LECTURE   1001 lap ~ 1100 matter ································· 160
12TH LECTURE   1101 maxim ~ 1200 novelist ··························· 174
13TH LECTURE   1201 novelty ~ 1300 percussion ······················ 188
14TH LECTURE   1301 perfume ~ 1400 principle ························ 202
15TH LECTURE   1401 prison ~ 1500 reliability ·························· 216

16TH LECTURE   1501 reliance ~ 1600 script ···························· 232
17TH LECTURE   1601 scroll ~ 1700 spectacle ·························· 246
18TH LECTURE   1701 sphere ~ 1800 synonym ························· 258
19TH LECTURE   1801 synthesis ~ 1900 truce ·························· 272
20TH LECTURE   1901 trunk ~ 2013 zeal ······························· 288

SUMMA CUM LAUDE-ENGLISH
CONTENTS

[이 책의 차례]

Part II 동사(VERB)

21ST LECTURE 2014 abandon ~ 2100 assent ·································· 306

22ND LECTURE 2101 assert ~ 2200 cause ································· 320

23RD LECTURE 2201 cease ~ 2300 covet ································· 334

24TH LECTURE 2301 crack ~ 2400 dislike ······························· 348

25TH LECTURE 2401 dismiss ~ 2500 etch ······························· 362

26TH LECTURE 2501 evade ~ 2600 groan ································· 376

27TH LECTURE 2601 growl ~ 2700 invoke ······························· 390

28TH LECTURE 2701 involve ~ 2800 observe ···························· 404

29TH LECTURE 2801 obsess ~ 2900 protect ···························· 418

30TH LECTURE 2901 protest ~ 3000 reuse ····························· 432

31ST LECTURE 3001 reveal ~ 3100 snub ································ 446

32ND LECTURE 3101 soak ~ 3200 thaw ································· 458

33RD LECTURE 3201 thrash ~ 3317 zoom ······························· 470

THINK MORE ABOUT YOUR FUTURE

CONTENTS

[이 책의 차례]

Part Ⅲ   형용사(ADJECTIVE)

34ᵀᴴ LECTURE   ³³¹⁸ ablaze ~ ³⁴⁵⁰ deceptive ···············486

35ᵀᴴ LECTURE   ³⁴⁵¹ decorous ~ ³⁶⁰⁰ historic ···············504

36ᵀᴴ LECTURE   ³⁶⁰¹ hollow ~ ³⁷⁰⁰ luxurious ···············522

37ᵀᴴ LECTURE   ³⁷⁰¹ mad ~ ³⁸⁰⁰ perpetual ···············536

38ᵀᴴ LECTURE   ³⁸⁰¹ petty ~ ³⁹⁰⁰ shallow ···············550

39ᵀᴴ LECTURE   ³⁹⁰¹ sharp ~ ⁴⁰⁵⁴ zoological ···············564

Part Ⅳ   부사(ADVERB)

40ᵀᴴ LECTURE   ⁴⁰⁵⁵ abnormally ~ ⁴¹³⁸ yonder ···············586

MINI WORD MANUAL ···············별책부록

숨마쿰라우데® [워드 매뉴얼]

Rashness borrows the name of courage,
but it is of another race,
and nothing allied to that virtue;
this descended directly from prudence,
that from folly and presumption.

- Kathleen Raine

[이 책의 올바른 학습법]

학습 1단계

먼저 학습할 **LECTURE** 전체를 읽으면서 모르는 어휘를 형광펜으로 표시한다.
이때 **LECTURE**에 나타난 표제어, 설명어, 파생어, 문장 속 어휘들을 모두 확인해야 하며,
보는 즉시 직관적으로 1초 이내에 의미가 떠오르지 않는다면 모두 모르거나
불완전하게 암기된 어휘이므로 빠트리지 말고 표시를 한다.

학습 2단계

해당 **LECTURE**의 원어민 **mp3** 파일을 들으면서, 형광펜으로 표시된 어휘의 발음을 숙지한다.
자신 있게 발음할 수 없는 어휘는 기억장애를 일으켜 어휘가 장기기억공간으로 이전되지 못하게 된다.
단기간에 많은 어휘를 학습할 수 있게 만드는 핵심비법은 올바른 발음의 숙지이다.

학습 3단계

표제어의 예문으로 쓰이고 있는 구문을 철저히 분석한다.
분석에 도움을 주기 위해 모든 예문에는 주어가 별도로 표시되어 있다.
이러한 구문 분석과정은 표제어를 여러 번 쓰면서 암기하지 않고도 외울 수 있도록
도와주며 실질적인 구문독해 실력을 향상시킨다.

학습 4단계

원어민 **mp3** 파일을 들으면서 복습한다.
mp3 파일을 들을 때는 반드시 눈으로 책의 문장을 보아야 하며,
귀로 듣고, 입으로 따라서 읽는 과정을 반복해야 한다.

SUMMA CUM LAUDE
WORD MANUAL

*I have observed that only those
plants in nature which
are strongest survive and
reproduce themselves.
It seems to me that hardiness
is the chief essential for success.*

- Luther Burbank

PART I
명사 (NOUN)

숨마쿰라우데®
[워드 매뉴얼]

1ST LECTURE
~
20TH LECTURE

1ST LECTURE

| 0001 **abdomen** ~ 0100 **authority** |

SUMMA CUM LAUDE VOCABULARY

0001
abdomen

[ǽbdəmən]

n. 배(=belly), 복부

If you or someone you are with experiences muscle cramps in the legs or *abdomen*, faintness, or excessive perspiration, move to a cool shady place, drink lots of lightly salted water, and apply pressure to the cramped muscles.

(파) abdominal *adj.* 복부의

0002
ability

[əbíləti]

n. 능력, 재능(=gift, talent)

As a result, women tend to show better *ability* in using languages. |대수능|

(표현) be able to + V ~할 수 있다

> (Tip) ability는 지적, 육체적 능력을 의미하며, capacity는 수용력, 이해력을 의미한다. 또한 talent는 보통 어떤 특수한 것에 대한 선천적 능력을 말한다.

0003
accent

[ǽksent]

n. 악센트, 강세, 말씨

He speaks French with a strong English *accent*.

(파) accentuate *v.* 강조하다   accentuation *n.* 강조

0004
access

[ǽkses]

n. 접근(권한)   *v.* 접근하다

He gained complete *access* to the patient's record.

(파) accessible *adj.* 접근하기 쉬운   accessibility *n.* 접근성

0005
accident

[ǽksidənt]

n. 사건(=unexpected event), 사고, 우연(=chance)

Most bike *accidents* are due to equipment failure, weather conditions, and biker's carelessness. |대수능|

(파) accidental *adj.* 우연한   (표현) by accident 우연히

[예문 해석] 0001 여러분이나 여러분과 함께 있는 누군가가 다리 또는 배에 근육 경련이 난다거나, 현기증이 심하다거나, 땀을 너무 많이 흘리면 그 늘진 시원한 곳으로 가서 소금을 약간 넣은 물을 많이 마시게 하고 경련이 난 근육을 눌러주어라(마사지해서 풀어주어라).   0002 결론적으로 여자들은 언어를 사용하는 데 있어서 더 좋은 능력을 보여주는 경향이 있다.   0003 그는 강한 영국식 말투로 프랑스어를 한다.   0004 그는 그 환자의 기록을 볼 수 있는 전권을 얻었다.   0005 대부분의 자전거 사고들은 장비 결함, 기상 조건, 그리고 자전거 운전자의 부주의함 때문이다.

0006
accomplishment
[əkámpliʃmənt]

n. 성취, 완성, 수행

My parents were with me through the highs and lows in my life, always supportive and proud of my *accomplishments*. |대수능|

(파) accomplish *v.* 완성하다　accomplishable *adj.* 성취할 수 있는

> (Tip) [ac(=to)+complish(=complete)+ment(명사화 접미사)] pli / ple / plen은 '채우다'의 의미이다.

0007
accord
[əkɔ́ːrd]

n. 합의, 협정, 일치(=agreement), 조화(=harmony)　*v.* 일치시키다

Greece and Macedonia signed an *accord* to lift the economic blockade.

(파) accordance *n.* 일치, 조화　(표현) according to ~에 따라, ~에 의하면

0008
account
[əkáunt]

n. 계좌, 거래, 계정　*v.* 설명하다

Your check has been properly credited and your *account* is now marked paid in full. |대수능|

(파) accountant *n.* 회계사　accounting *n.* 회계, 계산　accountable *adj.* 책임이 있는
(표현) account for ~을 설명하다, ~의 비율을 차지하다　on account of ~ 때문에

> (Tip) [ac(=to)+count(=reckon)] count는 '계산하다'의 의미이다.

0009
ache
[éik]

n. 통증, 아픔　*v.* 쑤시다

If you suffer from long-lasting *aches* and pains in your lower back, it may be a small comfort to know you are not alone. |대수능|

(파) aching *adj.* 쑤시는, 아리는

0010
acne
[ǽkni]

n. 여드름

Acne is very common among teenagers.

(표현) suffer from acne 여드름으로 고통받다

0011
acre
[éikər]

n. 에이커(약 4,046.8 제곱미터)

People destroyed the jungles of the world at a speed of 50 *acres* a minute. |대수능|

(표현) God's acre 묘지

0012
activity
[æktívəti]

n. 활동

Not too long ago tanning was fashionable and even promoted by doctors as a healthful *activity*. |대수능|

(파) active *adj.* 활동적인　actively *adv.* 활동적으로　activate *v.* 활동적으로 하다

[예문 해석]　**0006** 나의 부모님은 나의 성취를 항상 지원해주시고 자랑스러워하시면서 나의 삶에서 잘나갈 때와 못나갈 때에 죽 나와 함께 계셨다.　**0007** 그리스와 마케도니아는 경제 봉쇄를 해제하기 위한 협정에 서명했다.　**0008** 당신의 수표는 적절히 정산 처리되었고 당신의 계좌는 지금 지불완납으로 표시되어 있습니다.　**0009** 당신이 만약 요추 부위에 오래 지속되는 통증과 아픔으로 고통받고 있다면, 당신이 혼자가 아님을 아는 것이 작은 위로가 될지도 모른다.　**0010** 여드름은 십대들 사이에서 매우 흔하다.　**0011** 사람들은 분당 50에이커의 속도로 세계의 밀림을 파괴했다.　**0012** 얼마 전까지 선탠은 유행이었고 심지어 건강에 좋은 활동으로 의사들에 의해서 장려되었다.

0013
acupuncture

[ǽkjupʌŋktʃər]

n. 침술, 침 치료 *v.* 침을 놓다

Acupuncture is the treatment by sticking small needles into their body.

㈜ acupuncturist *n.* 침술사

0014
addict

[ǽdikt]

n. 중독자 *v.* 탐닉시키다, 몰두시키다

She is a TV *addict*.

㈜ addiction *n.* 중독, 탐닉 addictive *adj.* 중독성인, 습관성인

0015
addition

[ədíʃən]

n. 부가, 덧셈

In *addition* to this difference, written language may differ from spoken language, more importantly, in style. |대수능|

㈜ add *v.* 더하다 additional *adj.* 부가적인 표현 in addition to ~에 더하여, ~ 외에 또

0016
address

[ǽdres]

n. 주소, 연설(=speech) *v.* 연설하다

The back was divided to contain room enough for a message, an *address*, and a stamp. |대수능|

㈜ addressee *n.* 수신인 addresser *n.* 발신인

Ⓣⓘⓟ [ad(=to)+dress(=direct)] dress는 '지시, 지도, 방향'의 의미이다.

0017
admiral

[ǽdmərəl]

n. 해군 대장, 해군 장성

Admiral Yi Sunsin, commanding his small fleet, succeeded in checking the Japanese aggression.

관련 vice admiral 해군 중장

0018
admirer

[ædmáiərər]

n. 숭배자, 찬미자, 추종자

As *admirers* of the Mexican culture, they want to be close to the subjects they are writing about or painting. |대수능|

㈜ admiration *n.* 감탄, 칭찬 admire *v.* 감탄하다, 숭배하다 admirable *adj.* 감탄(칭찬)할 만한 표현 an enthusiastic admirer of ~의 대단한 팬

0019
adolescence

[ædəlésəns]

n. 사춘기

In early *adolescence* they'll argue with their parents about anything. |대수능|

㈜ adolescent *adj.* 사춘기의, 청소년기의

0020
adult

[ədʌ́lt]

n. 성인, 어른(=grown-up) *adj.* 성인의

Ecosystems mature, just as people do, from infants to *adults*. |대수능|

㈜ adulthood *n.* 성인기, 성인자격

[예문 해석] **0013** 침술은 작은 바늘들을 사람들의 신체에 꽂아서 하는 치료법이다. **0014** 그녀는 TV를 너무 좋아한다. **0015** 이러한 차이점 외에도, 문어체 언어는 더 중요하게도 스타일 면에서 구어체 언어와 다를지 모른다. **0016** 뒷면은 메시지와 주소 그리고 우표를 위한 충분한 공간을 담도록 나누어져 있었다. **0017** 이순신 장군은 작은 함대를 거느리고 왜군의 침략을 저지하는 데 성공했다. **0018** 멕시코 문화의 찬미자들로서, 그들은 그들이 쓰고 있거나 그리고 있는 주제들에 가까이 있기를 원한다. **0019** 사춘기 초기에 그들은 모든 것에 대해서 그들의 부모들과 논쟁할 것이다. **0020** 생태계는 사람이 유아에서 성인으로 성숙해가는 것처럼 성숙한다.

0021
advantage

[ədvǽntidʒ]

n. 이점

Out in the backyard I am taking *advantage* of this beautiful morning. |대수능|

㉤ advantageous *adj.* 유리한   ㉥ take advantage of ~을 이용하다

0022
advent

[ǽdvent]

n. 도래, 출현

Since the *advent* of jet aircraft, travel has been sped-up.

0023
adventure

[ædvéntʃər]

n. 모험, 모험담, 예사롭지 않은 사건

The young man is looking for *adventure*. |대수능|

㉤ adventurous *adj.* 모험적인   adventurer *n.* 모험가

0024
advice

[ædváis]

n. 충고, 조언

Best *advice*: Take a good look at your weekly plan and decide which activities can be dropped. |대수능|

㉤ adviser *n.* 충고자, 조언자   advise *v.* 충고하다, 알리다

> ⓣ advice는 명사이고 advise는 동사이다. 품사를 혼동하지 않도록 한다. 또한 advise는 목적어를 필요로 하는 타동사이다.

0025
advocate

[ǽdvəkèit]

n. 옹호자, 변호사(=lawyer)   *v.* 옹호하다, 주장하다

She is an *advocate* for the poor.

㉥ an advocate of peace 평화론자

0026
affair

[əfɛ́ər]

n. 일(=matter), 용건, 사건(=occurrence, happening)

Several teachers had to resign over the *affair*.

0027
affiliate

[əfíliət]

n. 계열회사, 지점, 지부   *v.* 가입시키다, 교제하다, 입회하다

The World Chess Federation has *affiliates* in around 120 countries.

㉤ affiliation *n.* 가입, 입회, 가맹, 동맹

0028
affinity

[əfínəti]

n. 동족 관계, 인척 관계, 유사, 친근성, 좋아함

In anatomical structure, Prehistoric Man has close *affinities* with modern humans.

㉥ have an affinity for ~에 매력을 느끼다

0029
affluence

[ǽflu(:)əns]

n. 풍부함, 풍요, 부유함(=riches)

Increased *affluence* is leading to an alarming rate of obesity.

㉤ affluent *adj.* 풍부한, 유복한

[예문 해석] 0021 뒷마당 밖에서 나는 이 아름다운 아침을 즐기고 있다.   **0022** 제트기의 출현 이후 여행이 가속화되었다.   **0023** 그 젊은이는 모험을 찾고 있다.   **0024** 최고의 조언은 한 주간의 계획을 잘 보라는 것이고 어떤 활동을 포기할 수 있는지 결정하라는 것이다.   **0025** 그녀는 가난한 사람들을 위해 일하는 변호사이다.   **0026** 몇몇 선생님들이 그 사건으로 사임해야만 했다.   **0027** 세계 체스 협회는 약 120개국에 지부들을 가지고 있다.   **0028** 해부학적 구조에서, 원시인은 현대 인간들과 밀접한 유사성들을 가지고 있다.   **0029** 증가된 부는 놀랄만한 비만율에 이르게 하고 있다.

0030
agenda

[ədʒéndə]

n. 의제, 안건, 비망록(agendum의 복수형, 그러나 보통 단수 취급)

The matter of security was placed high on the *agenda*.

> (Tip) agenda는 회의에서 논의할 '의제' 전체를 가리키고, 의제에 올라있는 각 '안건'은 item 또는 point라고 한다.

0031
agent

[éidʒənt]

n. 대리인, 중개인, 첩보원, 행위자(=actor)

A real estate *agent* arranges the buying and selling of houses. |대수능|

(파) agency *n.* 대행사, 대리점

0032
aggression

[əgréʃən]

n. 공격(성), 침략, 침범

You need to learn how to control your *aggression*.

(파) aggressive *adj.* 침략적인, 호전적인   aggressor *n.* 침략자(국)

0033
agony

[ǽgəni]

n. 고민, 고통, 고뇌(=great pain)

I would rather die than live in this *agony*.

(파) agonize *v.* 괴로워하다, 고민하다

0034
agreement

[əgríːmənt]

n. 동의, 일치, 협정

Perhaps you and she can come to an *agreement* about what should be kept between just you two and what need not. |대수능|

(파) agree *v.* 동의하다   agreeable *adj.* 기분 좋은

(표현) in agreement with ~와 일치(동의)하여, ~에 따라서

0035
agriculture

[ǽgrikʌltʃər]

n. 농업

Agriculture will continue to develop in three main ways. |대수능|

(파) agricultural *adj.* 농업의

> (Tip) [agri(=field)+cult+ure(명사형 어미)] agri는 '들판'의 의미이고 cult는 '경작하다'의 의미이다.

0036
aid

[éid]

n. 도움(=help, assistance)   *v.* 돕다

He had to learn to walk first without the *aid* of crutches. |대수능|

(표현) with the aid of ~의 도움으로

0037
aim

[éim]

n. 목표   *v.* 겨누다

The primary *aims* of government should be three: security, justice, and conservation. |대수능|

(파) aimless *adj.* 목적(목표) 없는   aimlessly *adv.* 목적(목표) 없이

[예문 해석] 0030 안보 문제가 매우 중요한 의제로 잡혔다.   0031 부동산 중개인은 집들을 사고파는 것을 주선한다.   0032 너는 너의 공격성을 다스리는 법을 배워야 한다.   0033 이런 고통 속에서 사느니 차라리 죽는 편이 낫다.   0034 아마도 당신과 그녀는 둘 사이에서 무엇이 지켜져야 할지와 무엇이 그럴 필요가 없는 것인지에 대해 합의에 이를 수 있을 것이다.   0035 농업은 세 가지 주된 방식으로 계속 발전할 것이다.   0036 그는 목발의 도움 없이 걷는 방법을 첫 번째로 배워야 했다.   0037 정부의 주된 목표는 안보, 정의 그리고 보전 세 가지여야 한다.

0038
aircraft

[ɛ́ərkræ̀ft]

n. 항공기

The airline has ordered 30 new *aircraft*. |대수능|

관련 airline *n.* 항공회사　air-raid *n.* 공습

0039
aisle

[áil]

n. 통로, 복도

We walked down the *aisle* to our seats in the theater.

0040
alchemy

[ǽlkəmi]

n. 연금술

Pity changed her feeling as if by *alchemy*.

파 alchemist *n.* 연금술사

0041
allegory

[ǽləgɔ̀ːri]

n. 풍유, 비유, 우화, 비유담

Allegories are often moral, religious, or political.

파 allegorical *adj.* 비유적인, 풍유의

0042
allergy

[ǽlərdʒi]

n. 알레르기, 반감, 혐오

Do you have an *allergy* to cat fur?

파 allergic *adj.* 알레르기 체질의, 몹시 싫은

0043
alley

[ǽli]

n. 뒷골목, 좁은 길, 오솔길(=narrow path)

The brook is trickling along the *alley*.

표현 strike into another alley 말머리를 돌리다, 화제를 바꾸다

0044
alloy

[ǽlɔi]

n. 합금　*v.* 합금하다, 품질을 떨어뜨리다

Brass is an *alloy* of copper and zinc.

0045
ally

[ǽlai]

n. 동맹국　*v.* 동맹시키다

Some of the *allies* were unhappy over this decision. |대수능|

파 alliance *n.* 동맹, 결연　allied *adj.* 동맹한

0046
altitude

[ǽltətjùːd]

n. 고도, 높이(=height)

Our plane is flying at an *altitude* of 35,000 feet.

파 altitudinal *adj.* 고도의

0047
altruism

[ǽltruìzəm]

n. 애타[이타]주의, 이타심

Altruism is unselfish concern for other people's happiness and welfare.

파 altruistic *adj.* 이타주의의, 애타적인　altruist *n.* 이타주의자　　　|대수능|

[예문 해석] **0038** 그 항공사는 30대의 새로운 항공기를 주문했다.　**0039** 우리는 극장에서 우리 좌석까지 통로를 걸어 내려갔다.　**0040** 연금술에 의한 것이기라도 하듯 연민의 정이 그녀의 기분을 바꿔 놓았다.　**0041** 우화는 종종 도덕적이고 종교적이고 또는 정치적이다.　**0042** 고양이털에 알레르기가 있나요?　**0043** 시냇물이 오솔길을 따라 졸졸 흐르고 있다.　**0044** 놋쇠는 구리와 아연의 합금이다.　**0045** 동맹국들의 일부가 이 결정에 불만족해 했다.　**0046** 우리 비행기는 35,000피트의 고도로 비행 중이다.　**0047** 이타심이란 다른 사람들의 행복과 복지에 대한 이기적이지 않은 관심이다.

0048

ambition

[æmbíʃən]

n. 야망, 대망(=aspiration)

He had an *ambition* to become a rock climber.

⑪ ambitious *adj.* 야심적인

0049

amenity

[əménəti]

n. 기분 좋음, 쾌적함, 상냥함, [오락]편의시설

Pan Am is considered a premier U.S. airline in terms of service and *amenities*.

(표현) exchange amenities 정중한 인사를 나누다

0050

ammunition

[æmjuníʃən]

n. 탄약, 병기, 무기   *v.* 탄약(군수품)을 공급하다

Their efforts resulted only in the waste of *ammunition* and men.

0051

amnesty

[æmnəsti]

n. 은사, 특사   *v.* 사면하다

He was released from prison under an *amnesty*.

(표현) Amnesty International 국제사면위원회

0052

amount

[əmàunt]

n. 양, 액수(=sum)

Our generation has a tremendous *amount* of experience in common. |대수능|

(표현) an amount of 상당한 (양의)

> (Tip) amount는 a big amount나 a little amount로는 쓰이지 않고, a large amount나 a small amount로 쓰인다. 또한 amounts of로 쓰일 수도 있는데, 이땐 of 뒤의 명사 표현과 상관없이 복수 동사를 쓴다. 즉, Very large amounts of money are required.라고 쓴다. amount of는 양을 나타내므로 뒤에 복수의 가산 명사를 쓰지 않는다. 복수 가산 명사를 쓸 때는 a number of에서와 같이 number를 쓴다.

0053

amphibian

[æmfíbiən]

n. (개구리 따위) 양서류

He is the world's leading authority on the natural history of *amphibians*.

⑪ amphibious *adj.* 양서류의, 수륙 양용의

0054

analogy

[ənǽlədʒi]

n. 유사, 유추

It's easier to explain an abstract concept by *analogy* with something concrete.

(표현) by analogy 유추하여

0055

anarchy

[ǽnərki]

n. 무정부 상태

The nation experienced *anarchy* after the revolution.

⑪ anarchism *n.* 무정부주의   anarchist *n.* 무정부주의자

[예문 해석] **0048** 그는 암벽 등반가가 되기 위한 야망을 가지고 있었다.   **0049** Pan Am은 서비스와 편의시설 면에서 미국 제1의 항공사라고 여겨진다.   **0050** 그들의 노력은 쓸데없이 탄약과 병사의 소모로 끝났다.   **0051** 그는 사면을 받아 출옥했다.   **0052** 우리의 세대는 공통적으로 엄청난 양의 경험을 가지고 있다.   **0053** 그는 양서류 박물학의 세계 최고 권위자이다.   **0054** 추상적인 개념은 구체적인 것에서 유추하면 보다 쉽게 설명할 수 있다.   **0055** 그 나라는 혁명 후에 무정부 상태를 경험했다.

0056
anatomy

[ənǽtəmi]

n. 해부학, 해부

Anatomy is a part of biology.

㊋ anatomist *n.* 해부학자 anatomical *adj.* 해부학상의

0057
ancestor

[ǽnsestər]

n. 선조, 조상

His *ancestors* lie in the cemetery.

㊋ ancestral *adj.* 선조의 ancestry *n.* (집합적) 조상, 선조

0058
anchor

[ǽŋkər]

n. 닻 *v.* 닻을 내려 멈추다, 정박시키다

When should I drop the *anchor*?

㊋ anchorage *n.* 정박(지)

0059
anecdote

[ǽnikdòut]

n. 일화

Please tell us an *anecdote* about your years as a sailor.

㊋ anecdotal *adj.* 일화의

0060
angle

[ǽŋgl]

n. 각도, 모퉁이(=corner), 양상, 국면, 관점 *v.* 기울이다, 낚시질하다

What's your *angle* on this problem?

㊋ angular *adj.* 모난, 모서리 진 angler *n.* 낚시꾼

0061
anguish

[ǽŋgwiʃ]

n. (주로 정신적) 고통, 고뇌 *v.* 심히 괴로워하다, 괴롭히다

Her face registered profound mental *anguish*.

㊋ anguished *adj.* 괴로워하는

0062
anniversary

[ænəvə́:rsəri]

n. 기념일 *adj.* 기념일의

When is your grandparent's wedding *anniversary*?

㊊ the 60th anniversary of one's birth 환갑

0063
antagonist

[æntǽgənist]

n. 적수, 적대자, 반대자

He had never previously lost to his *antagonist*.

㊋ antagonize *v.* 적으로 돌리다, ~의 반감을 사다 antagonism *n.* 증오심, 적개심

0064
antarctic

[æntɑ́:rktik]

n. 남극(지방) *adj.* 남극(지방)의

The *Antarctic* is the area around the South Pole.

㊋ Antarctica *n.* 남극 대륙 ㊌ arctic *n.* 북극(지방) *adj.* 북극(지방)의

0065
anthem

[ǽnθəm]

n. 축가, 성가

The concert concluded with the National *Anthem*.

[예문 해석] **0056** 해부학은 생물학의 일부이다. **0057** 그의 조상은 공동묘지에 묻혀 있다. **0058** (배의) 닻을 언제 내려야 하나요? **0059** 당신이 선원이었을 때의 일화를 들려주세요. **0060** 이 문제에 대한 당신의 관점은 무엇입니까? **0061** 그녀의 얼굴에는 심각한 정식적 고뇌의 빛이 나타나 있었다. **0062** 네 조부모님의 결혼기념일은 언제냐? **0063** 그는 그 전엔 그의 적수에게 져 본 적이 없었다. **0064** 남극지방은 남극 주위의 지역이다. **0065** 그 음악회는 국가 연주로 막을 내렸다.

0066
anthropology

[ǽnθrəpάlədʒi]

n. 인류학

Almost every university over the world has the department of *anthropology*.
⦿ anthropologist *n.* 인류학자

0067
antibiotic

[æntibaiάtik]

n. 항생물질   *adj.* 항생의, 항생물질의

We can't sell those *antibiotics* over the counter.
⦿ antibody *n.* 항체   antigen *n.* 항원   anticancer *adj.* 항암성의

0068
antipathy

[æntípəθi]

n. 반감, 혐오

I have an *antipathy* to snakes.
⦿ have an antipathy to ~에 반감을 갖다

0069
anxiety

[æŋzáiəti]

n. 걱정, 불안(=misgiving), 갈망

Babies experience *anxiety* when they see strangers. |대수능|
⦿ anxious *adj.* 걱정하는, 갈망하는

0070
apparatus

[æpəréitəs]

n. (한 벌의) 장치, 기계, 기구(류)(=instruments)

In these civilized days the telephone is a most necessary *apparatus*.

0071
appetite

[ǽpitàit]

n. 식욕, 욕구(=desire)

Everybody has a good *appetite* in autumn.
⦿ appetizer *n.* 식욕을 돋우는 음식, 전채   appetizing *adj.* 식욕을 돋우는

0072
appliance

[əpláiəns]

n. 가전제품, 기구(=apparatus)

Don't use the electric *appliances* with wet hands. |대수능|

0073
approval

[əprú:vəl]

n. 승인, 시인, 허가(=consent)

But above all else, children need spoken assurances of love and *approval*. |대수능|
⦿ approve *v.* 시인하다, 찬성하다, 인가하다   approved *adj.* 승인된

0074
aquarium

[əkwɛ́əriəm]

n. 수족관, 유리 수조

The Downtown *Aquarium* is open daily from 9 a.m. to 9 p.m.
⦿ Aquarius *n.* 물병자리   aqueduct *n.* 도수관, 수로   aquaculture *n.* 양식(업)

0075
arc

[άːrk]

n. 호, 궁형   *adj.* 호의, 아크의

A number of avenues radiate from the *Arc* de Triomphe in Paris.

[예문 해석] **0066** 전 세계 거의 모든 대학에 인류학과가 있다.   **0067** 그런 항생제는 처방전 없이 팔 수 없다.   **0068** 난 뱀은 질색이다.   **0069** 아기들은 낯선 사람들을 볼 때 불안감을 경험한다.   **0070** 문명화된 오늘날 전화는 필수적인 기계이다.   **0071** 가을에는 누구나 식욕이 좋아진다.   **0072** 젖은 손으로 전자제품들을 사용하지 마시오.   **0073** 그러나 다른 무엇보다도 아이들은 말로 표현되는 사랑과 허락의 다짐을 필요로 한다.   **0074** 시내 수족관은 오전 9시에서 오후 9시까지 매일 연다.   **0075** 많은 길들이 파리의 개선문에서 뻗어 나온다.

0076
archaeology
[à:*r*kiálədʒi]

n. 고고학(=archeology)

I have an idea in *archaeology.*

(파) archeologist *n.* 고고학자   archeological *adj.* 고고학적인   archaic *adj.* 고풍의

0077
architect
[á:*r*kitèkt]

n. 건축가

He is known all over the world as one of the leading *architects* of the day.

(파) architecture *n.* 건축술, 건축물   architectural *adj.* 건축의

0078
aristocracy
[æ̀rəstákrəsi]

n. 귀족 정치, 귀족 사회

Dukes and earls were members of the *aristocracy.*

(파) aristocrat *n.* 귀족

0079
arithmetic
[əríθmətìk]

n. 산수

When you study *arithmetic,* you learn to add, subtract, multiply and divide.

(파) arithmetical *adj.* 산술적인

0080
armor
[á:*r*mər]

n. 갑옷과 투구

The man is wearing *armor.*

(관련) arm *v.* 무장시키다   armory *n.* 병기고, 병기 제작소   army *n.* 군대, 육군

0081
arrow
[ǽrou]

n. 화살, 화살표

Everything depended on my final *arrow.* |대수능|

(관련) arrowhead *n.* 화살촉

0082
artery
[á:*r*təri]

n. 동맥

He measured the diameter of the *artery.*

(관련) vein *n.* 정맥

0083
article
[á:*r*tikl]

n. 기사, 조항, 물건, [문법] 관사

The news *article* reported only the tip of the iceberg.

(표현) article by article 조목조목

0084
aspect
[ǽspekt]

n. 면, 양상(=appearance)

The phrase now focuses on the *aspect* of wind as an energy resource — not the natural phenomenon and not the danger of wind. |대수능|

(표현) from every aspect 모든 견지에서, 모든 면(각도)에서

[예문 해석] **0076** 나는 고고학에 대한 지식이 있다.   **0077** 그는 현대의 주요 건축가 중 한 명으로 세계에 알려져 있다.   **0078** 공작과 백작은 귀족 사회의 일원이었다.   **0079** 산수를 공부하면 더하기, 빼기, 곱하기, 나누기를 배운다.   **0080** 남자는 갑옷을 입고 있다.   **0081** 모든 것이 나의 마지막 화살에 달려 있었다.   **0082** 그는 동맥의 직경을 측정했다.   **0083** 그 뉴스 기사는 빙산의 일각만 보도했다.   **0084** 그 어구는 지금 자연적인 현상과 바람의 위험이 아닌 에너지의 원천으로서의 바람의 측면에 집중하고 있다.

0085
aspiration

[æspəréiʃən]

n. 열망, 포부, 동경

His *aspiration* to attain the ideal has been realized.

ⓟ **aspire** v. 열망하다, 포부를 갖다　**aspirational** adj. 열망의, 동경의 대상인

표현 **level of aspiration** 요구 수준

0086
assembly

[əsémbli]

n. 모임, 집합, 의회, (자동차 등의) 조립

School *assembly* will begin at 10 o'clock.

ⓟ **assemble** v. 모으다, 집합시키다, 조립하다

관련 **assembly line** 일관 작업(열), 조립 라인　**assembly plant** 조립 공장

0087
asset

[æset]

n. 자산

The most important *asset* in business is a sense of humor. |대수능|

표현 **assets and liabilities** 자산과 부채

0088
assumption

[əsʌmpʃən]

n. 가정, 가설, 인수

This is not merely a means of communication; this is also an expression of shared *assumptions*. |대수능|

ⓟ **assume** v. 가정하다, 추정하다, ~인 체하다

0089
astronomer

[əstránəmər]

n. 천문학자

Astronomers have seen some clusters of stars a million light-years away.

ⓟ **astronomy** n. 천문학　**astronaut** n. 우주비행사

관련 **astrology** n. 점성술　**astrologer** n. 점성가

0090
athlete

[æθli:t]

n. 운동 선수

This year, about twenty-five thousand *athletes* will participate. |대수능|

ⓟ **athletic** adj. 운동 경기의, 강건한　**athletics** n. 운동 경기

0091
atmosphere

[ǽtməsfiər]

n. 대기, 환경(=environment), 분위기

We are pumping huge quantities of CO_2 into the *atmosphere*. |대수능|

ⓟ **atmospheric** adj. 대기의

> Tip [atmo(=air)+sphere(=earth)] atmo는 '공기'의 의미이고 sphere는 '지구, 구, 구면체'의 의미이다.

0092
attention

[əténʃən]

n. 주의, 주목

I regret having paid little *attention* to him. |대수능|

ⓟ **attentive** adj. 주의 깊은, 친절한　표현 **pay attention to** ~에 주의하다, ~에 주목하다

[예문 해석] **0085** 이상을 달성하려는 그의 염원은 이루어졌다.　**0086** 학교 회의는 10시에 시작할 것이다.　**0087** 사업에 있어서 가장 중요한 자산은 유머 감각이다.　**0088** 이것은 의사소통의 수단일 뿐만 아니라 공유된 가정의 표현이다.　**0089** 천문학자들은 100만 광년 떨어져 있는 별무리 몇 개를 관측해왔다.　**0090** 올해에는 약 25,000명의 선수들이 참여할 것이다.　**0091** 우리는 대기 중으로 막대한 양의 이산화탄소를 배출하고 있다.　**0092** 나는 그에게 별 관심을 주지 않았던 것을 후회한다.

0093
attic

[ǽtik]

n. 다락방(=garret)

Later while cleaning the *attic*, I found a whole box of unopened greeting cards from my friends. |대수능|

0094
attitude

[ǽtitjùːd]

n. 태도(=pose), 자세

A company may be able to teach you what you need to know to succeed, but it cannot teach *attitude*. |대수능|

0095
attorney

[ətə́ːrni]

n. 대리인, 변호사(=lawyer), 검사

He worked briefly as an *attorney* before joining the government.
표현 attorney general 법무부 장관

0096
audience

[ɔ́ːdiəns]

n. 청중, 접견

Find out everything you can about your *audience*. |대수능|

Tip [audi(=hear)+ence(명사어미)] audi는 '듣다, 음향의, 청중의' 의 의미이다.

0097
audio

[ɔ́ːdiòu]

n. 음의 수신, 송신

The classrooms are fully equipped with video and *audio* facilities.
파 audible *adj.* 들리는, 청취할 수 있는   관련 aural *adj.* 귀의, 청각의

0098
audition

[ɔːdíʃən]

n. 음성 테스트, 오디션   *v.* 음성 테스트를 하다

Auditions will start each night at 7:00 and will last for two hours.
파 auditorium *n.* 강당, 청중석

0099
author

[ɔ́ːθər]

n. 저자(=writer)

When you're reading, don't limit yourself to simply understanding an *author's* ideas. |대수능|
반 authoress *n.* 여류 작가

0100
authority

[əθɔ́ːriti]

n. 권위, 당국

Blacknell plans the design you need, obtains local *authority* approval and gets your extension built with a guarantee of satisfaction. |대수능|
파 authorize *v.* 인가하다   authorization *n.* 권한 부여, 공인   authoritarian *n.* 권위주의자

[예문 해석] **0093** 나중에 다락방을 청소하던 중, 나는 친구들로부터 온 개봉되지 않은 연하장이 가득 들어있는 상자 하나를 발견했다.   **0094** 회사는 당신에게 성공하기 위해서 무엇이 필요한지를 알려줄 수 있을 것이지만 태도를 알려줄 수는 없다.   **0095** 그는 정부에서 일하기 전에 잠시 변호사로 활동했다.   **0096** 당신의 청중에 대해서 당신이 알아낼 수 있는 모든 것을 알아내시오.   **0097** 그 교실들은 비디오와 오디오 설비들을 잘 갖추고 있다.   **0098** 오디션은 매일 밤 7시에 시작되며 2시간 동안 계속될 것이다.   **0099** 독서를 할 때, 단순히 저자의 생각들을 이해하는 데 자신을 한정시키지 마십시오.   **0100** Blaknell은 당신이 필요로 하는 디자인을 설계하고, 지역 당국의 승인을 얻어주고, 만족을 보증하면서 당신의 건물을 확장 건설해준다.

1ST LECTURE MASTERING IDIOMS

- **a great deal of** 상당한, (양이) 많은(=a large sum of)
  We expended *a great deal of* time and energy in doing the work.
  우리는 그 일을 하는 데 많은 시간과 정력을 소비했다.

- **a large number of** (수가) 많은
  This year we received *a large number of* recommendations for Teacher of the Year.
  올해 우리는 올해의 교사상을 위한 많은 추천서를 받았다.

- **a variety of** 다양한(=various)
  You will see *an* amazing *variety of* plants and animals there.
  당신은 그곳에서 놀라울 정도로 다양한 동식물들을 보게 될 것이다.

- **a wide range of** 광범위한
  He has *a wide range of* knowledge. 그는 광범위한 지식을 갖고 있다.

- **above all** 무엇보다도
  But *above all*, make a study plan and use your time well.
  하지만 무엇보다도 학습 계획을 세우고 시간을 잘 활용해라.

- **according to + N** ~에 따르면(=according as S + V)
  According to the weather forecast, it will snow tomorrow. 일기예보에 따르면, 내일 눈이 올 것이다.

- **accuse A of B** A를 B로 고소(비난)하다(=A be accused of B, A be charged with B)
  They *accused* the man *of* taking bribes. 그들은 그가 뇌물을 받았다고 고소했다.

- **add up** 합계하다, 계산이 맞다
  He *added up* the transportation expenses. 그는 교통비를 합산했다.

- **adhere to + N** ~을 고수하다(=cling to + N, stick to + N, hold on to + N)
  You need not *adhere to* your original plan. 당신은 원래의 계획을 고수할 필요가 없다.

- **after a while** 잠시 후에
  After a while, you won't feel that way. 좀 지나면 괜찮을 거예요.

- **after all** 결국
  His work has been for nothing *after all*. 그의 일은 결국 허탕으로 끝났다.

- **agree with** ~에 동의하다
  To some extent I *agree with* you. 나는 어느 정도 너에게 동의한다.

1ST LECTURE REVIEW TEST

● 빈칸에 알맞은 단어나 뜻을 쓰시오.

1. abdomen	_____	26. antagonist	_____
2. accord	_____	27. anthem	_____
3. acne	_____	28. anthropology	_____
4. acupuncture	_____	29. antibiotic	_____
5. _____	사춘기	30. antipathy	_____
6. advent	_____	31. apparatus	_____
7. _____	옹호자, 변호사	32. appetite	_____
8. affiliate	_____	33. _____	가전제품, 기구
9. affinity	_____	34. _____	승인, 시인, 허가
10. affluence	_____	35. aquarium	_____
11. _____	고민, 고통, 고뇌	36. archaeology	_____
12. alchemy	_____	37. arithmetic	_____
13. allegory	_____	38. armor	_____
14. alley	_____	39. artery	_____
15. alloy	_____	40. aspect	_____
16. ally	_____	41. aspiration	_____
17. altruism	_____	42. assembly	_____
18. _____	기분 좋음, 편의시설	43. asset	_____
19. ammunition	_____	44. _____	가정, 가설, 인수
20. amnesty	_____	45. astronomer	_____
21. amphibian	_____	46. attic	_____
22. analogy	_____	47. _____	태도, 자세
23. anatomy	_____	48. attorney	_____
24. anecdote	_____	49. _____	청중
25. _____	고통, 고뇌	50. author	_____

정답 | 기본 페이지 참조

2ND LECTURE

| 0101 **autobiography** ~ 0200 **brink** |

SUMMA CUM LAUDE VOCABULARY

0101
autobiography
[ɔ̀:toubaiɑ́grəfi]

n. 자서전

This book falls into the category of *autobiography*.

(관련) biography *n.* 전기

0102
autograph
[ɔ́:təgræf]

n. (기념으로 하는) 서명, (유명인의) 사인

Then at the stage door the girl asked the violinist for his *autograph*. |대수능|

(파) autographically *adv.* 자필로   (관련) signature *n.* (편지·서류에 하는) 서명

0103
automobile
[ɔ́:təməbì:l]

n. 자동차(= motorcar)

Gases from *automobiles* are dangerous. |대수능|

More autocracy *n.* 독재(정치)   autocrat *n.* 전제 군주, 독재자   automat *n.* 자동판매기   automate *v.* 자동화하다   automatic *adj.* 자동(식)의   autonomy *n.* 자치(권)

0104
avarice
[ǽvəris]

n. 탐욕(= greediness), 허욕

Avarice knows no bounds.

(파) avaricious *adj.* 탐욕스러운, 욕심 많은   avariciously *adv.* 탐욕스럽게

0105
average
[ǽvəridʒ]

n. 평균(= middle value)   *adj.* 평균의, 보통의

People all around the world spend an *average* of 1.1 hours on the road each day. |대수능|

(표현) on an average 평균적으로

0106
aviation
[èiviéiʃən]

n. 비행, 항공, 항공기

According to *aviation* experts, 1,187 passengers have been killed this year. |대수능|

(파) aviate *v.* 비행하다   aviator *n.* 비행사

[예문 해석] **0101** 이 책은 자서전 부류에 속한다.   **0102** 그리고 나서 무대 문에서 소녀는 그 바이올리니스트에게 사인을 요청했다.   **0103** 자동차에서 나오는 가스들은 위험하다.   **0104** 욕심에는 끝이 없다.   **0105** 전 세계 사람들은 평균 1.1시간을 매일 도로 위에서 보낸다.   **0106** 항공업계 전문가들에 따르면, 올해 1,187명의 탑승객이 사망했다.

(Tip) according to는 '(전문가의 말이나 책 또는 공신력 있는 문서들)에 따르면'이라는 뜻으로 대화가 아닌 글에서 주로 쓰이는 문어적 표현이다. 대화에서는 일반적으로 say를 쓴다. 즉 "According to Sam, ..."이 아니라 "Sam says ..."라고 말한다. 또한 문어적 표현에서건 구어적 표현에서건 According to me, ...나 According to us, ...라는 표현은 쓰지 않고, 대신 in my opinion이나 in our opinion을 사용한다. 물론 according to와 opinion을 같이 사용하는 경우도 없다. 즉 According to the dean's opinion, ...은 틀린 표현이며 The dean's opinion is that ...이라고 쓴다.

0107
ax

[ǽks]

n. 도끼(= hatchet)

The fireman battered the door down with a heavy *ax.*

0108
axis

[ǽksis]

n. 축, 축선, 굴대

The earth makes one revolution on its *axis* every twenty-four hours. |대수능|

>>> 표제어 이외의 교과서 수록 어휘

abalone [æ̀bəlóuni]   *n.* 전복

abbey [ǽbi]   *n.* 대수도원

abbot [ǽbət]   *n.* 대수도원장

abracadabra [æ̀brəkədǽbrə]   *n.* 주문, 뜻 모를 말

acorn [éikɔːrn]   *n.* 도토리, 상수리

acronym [ǽkrənìm]   *n.* 두문자어(頭文字語)

adage [ǽdidʒ]   *n.* 금언, 속담

adieu [ədjúː]   *n.* 이별, 작별

adjective [ǽdʒiktiv]   *n.* 형용사

adverb [ǽdvəːrb]   *n.* 부사

aerosol [ɛ́ərəsɔ̀ːl]   *n.* 에어로솔, 연무제

agape [aːɡáːpei]   *n.* 사랑, 아가페(비타산적인 사랑)

agate [ǽɡət]   *n.* (아이들의) 공깃돌, 마노(보석의 일종)

album [ǽlbəm]   *n.* 앨범, 음반첩

alcohol [ǽlkəhɔ̀ːl]   *n.* 알코올, 술

alcoholism [ǽlkəhɔ(ː)lìzm]   *n.* 알코올 중독

ale [éil]   *n.* 에일(맥주의 일종)

alibi [ǽləbài]   *n.* 알리바이, 현장 부재 증명, 변명

almanac [ɔ́ːlmənæ̀k]   *n.* 달력, 역서

alphabet [ǽlfəbèt]   *n.* 알파벳, 자모, 초보, 입문

aluminium [æ̀ljumíniəm]   *n.* 알루미늄

alumnus [əlʌ́mnəs]   *n.* (남자) 졸업생, 동창생

amateur [ǽmətʃùər]   *n.* 아마추어, 비전문가

ambassador [æmbǽsədər]   *n.* 대사, 사절, 특사

ambulance [ǽmbjuləns]   *n.* 구급차, (이동식) 야전병원

ammonia [əmóuniə]   *n.* 암모니아

anagram [ǽnəgræ̀m]   *n.* 글자 수수께끼, 철자 바꾸기

angel [éindʒəl]   *n.* 천사, 수호신

ankle [ǽŋkl]   *n.* 발목, 복사뼈

annals [ǽnlz]   *n.* 연대기, 연보

ant [ǽnt]   *n.* 개미

anteater [ǽntìːtər]   *n.* 개미핥기

antenna [ænténə]   *n.* 안테나, 더듬이

antiphony [æntífəni]   *n.* 교창, 응답적인 연극법

antler [ǽntlər]   *n.* (사슴의) 뿔, 녹용

antonym [ǽntənìm]   *n.* 반의어, 반대말

apartheid [əpáːrthèit]   *n.* 인종 차별 정책

ape [éip]   *n.* 원숭이

apposition [æ̀pəzíʃən]   *n.* 병치, 동격(관계)

apron [éiprən]   *n.* 앞치마, 행주치마

archon [áːrkɑn]   *n.* 집정관, 통치자, 지배자

area [ɛ́əriə]   *n.* 범위, 지역, 면적

aria [áːriə]   *n.* 아리아, 가곡

Aries [ɛ́əriːz]   *n.* 양자리

[예문 해석] **0107** 그 소방관은 무거운 도끼로 문을 때려 부쉈다.   **0108** 지구는 지축을 중심으로 24시간마다 1회전한다.

aroma [əróumə]　　*n.* 아로마, 향기, 방향

attar [ǽtər]　　*n.* 장미유, 꽃에서 채취한 향수

arsenal [ɑ́ːrsənl]　　*n.* 병기고, 조병창, 군수공장

auburn [ɔ́ːbərn]　　*n.* 적갈색

arsenic [ɑ́ːrsənik]　　*n.* 비소

auction [ɔ́ːkʃən]　　*n.* 경매, 공매

arthritis [ɑːrθráitis]　　*n.* 관절염

auditorium [ɔ̀ːdətɔ́ːriəm]　　*n.* 청중석, 방청석, 강당

artillery [ɑːrtíləri]　　*n.* 대포, 포, 포병대

aunt [ǽnt]　　*n.* 아주머니(이모, 고모, 숙모)

ash [ǽʃ]　　*n.* 재, 화산재

aura [ɔ́ːrə]　　*n.* (물체가 발산하는) 기운, 분위기, 느낌

asphalt [ǽsfɔːlt]　　*n.* 아스팔트

aurora [ɔːrɔ́ːrə]　　*n.* 오로라(새벽의 여신), 극광

aspirin [ǽspərin]　　*n.* 아스피린

autonomy [ɔːtánəmi]　　*n.* 자치, 자치권

assay [ǽsei]　　*n.* 분석 (평가), 시금(試金)

autumn [ɔ́ːtəm]　　*n.* 가을

asthma [ǽzmə]　　*n.* 천식

avenue [ǽvənjùː]　　*n.* 가로수길, 큰 거리

Atlantic [ætlǽntik]　　*n.* 대서양

axle [ǽksl]　　*n.* 엑슬, (차륜의) 굴대, 차축

atlas [ǽtləs]　　*n.* 지도책

azalea [əzéiljə]　　*n.* 진달래

0109
backbone

[bǽkbòun]

n. 등뼈, 척추

All mammals have the *backbone*.

표현 to the backbone 철저하게, 완전히

More　**background** *n.* 배경　**backpack** *n.* 등짐, 가방　**backward** *adj.* 뒤로의
adv. 뒤로, 거꾸로　**backache** *n.* 등의 아픔, 요통　**backup** *n.* 지원

0110
bacteria

[bæktíəriə]

n. 박테리아(bacterium의 복수형, 단수형은 거의 쓰이지 않음), 세균

Certain *bacteria* cause diseases.

파 bacterial *adj.* 박테리아의　bacteriology *n.* 세균학

0111
baggage

[bǽgidʒ]

n. 수화물(= luggage)

Passengers are waiting for their luggage at the *baggage* claim.

Tip 요즘에는 luggage를 여행용 가방(suitcase)의 의미로 잘 쓴다.

0112
bait

[béit]

n. 미끼, 유혹(= temptation)

The man is putting the *bait* on his line.

표현 swallow the bait 미끼를 물다, 덫에 걸리다

0113
balance

[bǽləns]

n. 균형　*v.* 균형을 잡다

In short, man has eventually destroyed nature's *balance* by trying to
help the deer. |대수능|

파 balanced *adj.* 균형이 잡힌

[예문 해석] 0109 모든 포유동물은 등뼈가 있다.　0110 어떤 박테리아는 질병을 일으킨다.　0111 승객들이 짐 찾는 곳에서 짐이 나오기를 기다
리고 있다.　0112 남자는 낚싯줄에 미끼를 달고 있다.　0113 요컨대, 인간은 사슴을 도우려다가 결국 자연의 균형을 파괴했다.

0114
ballot

[bǽlət]

n. 투표 용지, 투표수, 비밀투표

The man is casting a *ballot*.

(혼) ballet *n.* 발레

0115
ban

[bǽn]

n. 금지령, 금지 *v.* 금지하다

The summit conference broke down over the nuclear test *ban*.

(반) permission *n.* 허가, 승인

0116
band

[bǽnd]

n. 그룹(=group), 무리, 악대, 끈 *v.* 단결시키다

The club has a *band*, who are all excellent musicians.

(관련) bandwidth *n.* 대역너비   bandage *n.* 붕대   bandmaster *n.* 악장

0117
banner

[bǽnər]

n. 깃발(=flag), 현수막

Among the *banners* and signs, one would normally expect a lot of singing, chanting and cheering. |대수능|

0118
banquet

[bǽŋkwit]

n. 연회, 향연

We will close the seminar with a cocktail party and *banquet*.

0119
baptism

[bǽptizm]

n. 세례, 침례

Many people brought their children for *baptism*.

(파) Baptist *n.* 침례교도

0120
barbarism

[bá:rbərìzm]

n. 야만, 미개

"I consider it *barbarism*," I said. |대수능|

(파) barbarian *n.* 야만인   barbarity *n.* 야만, 만행   barbarous *adj.* 야만스러운

0121
barbershop

[bá:rbərʃàp]

n. 이발소

Where's the nearest *barbershop*?

(관련) barber *n.* 이발사

0122
bargain

[bá:rgən]

n. 할인 판매

That's why people don't often shop at Bob's *Bargain* Department Store, even though it's the cheapest store in town. |대수능|

(표현) into(in) the bargain 게다가, 덤으로

0123
barn

[bá:rn]

n. 헛간, 광

I brought a saddle from the *barn*.

[예문 해석] 0114 남자가 투표를 하고 있다.   0115 정상회담은 핵 실험 금지 문제로 결렬되었다.   0116 그 클럽에는 밴드가 있는데 모두가 뛰어난 음악가들이다.   0117 깃발들과 간판들 속에서, 사람들은 보통 많은 노래, 찬송 그리고 환호를 예상할 것이다.   0118 우리는 세미나를 칵테일 파티와 연회로 마칠 것이다.   0119 많은 사람들이 세례를 위해서 자식들을 데려왔다.   0120 "나는 그것을 야만주의라고 생각한다."고 나는 말했다.   0121 가장 가까운 이발소는 어디에 있나요?   0122 그것이 마을에서 가장 저렴함에도 불구하고 Bob의 할인 백화점에서 사람들이 자주 쇼핑을 하지 않는 이유이다.   0123 나는 헛간에서 안장을 가져왔다.

0124
barometer

[bərámətər]

n. 기압계, 고도계

A *barometer* is used to measure the pressure of the atmosphere.

（파） barometric *adj.* 기압의, 기압계의

0125
barrel

[bǽrəl]

n. 통(=cask), 배럴(약 159리터)

Recyclers are putting plastic bottles in *barrels*.

0126
barrier

[bǽriər]

n. 장벽

Loneliness can be uprooted and expelled only when these *barriers* are lowered. |대수능|

（관련） barricade *n.* 바리케이드, 통행 차단물

0127
barter

[bá:rtər]

n. 물물교환 *v.* 물물교환하다(=exchange)

Before its invention, mankind used the *barter* system of trading objects for other objects or services. |대수능|

0128
basement

[béismənt]

n. 지하층, 지하실

The oldest maps are kept in a *basement* storage area.

（관련） base *n.* 기초   basic *adj.* 기초적인

0129
basin

[béisn]

n. 물동이, 대야, 웅덩이, 분지

Kathmandu sits almost in the middle of a *basin*, forming a square about 5km north-south and 5km east-west. |대수능|

0130
basis

[béisis]

n. 기초, 기저, 토대(=foundation)

The *basis* of their friendship was a common interest in sports.

0131
battalion

[bətǽljən]

n. [군사] 대대

A *battalion* is a large group of soldiers that consists of three or more companies.

0132
battlefield

[bǽtlfì:ld]

n. 싸움터

Whether in a game, or on a *battlefield*, that sudden voicing of belief reverses the tide. |대수능|

0133
bay

[béi]

n. 만, 궁지

The sailboats are crossing the *bay*.

[예문 해석] **0124** 기압계는 기압을 재는 데 이용된다.   **0125** 폐품 재활용을 하는 사람들이 플라스틱 병을 드럼통에 담고 있다.   **0126** 외로움은 이러한 장벽이 낮아질 때에만 뿌리 뽑히고 추방될 수 있다.   **0127** 그것의 발명 이전에, 인류는 물건을 다른 물건이나 용역과 교환하는 물물교환 제도를 사용했다.   **0128** 가장 오래된 지도들은 지하 창고에 보관되어 있다.   **0129** 카트만두는 남북쪽으로 5킬로미터와 동서쪽으로 5킬로미터로 정사각형 모양을 이루면서 분지의 거의 정중앙에 위치해 있다.   **0130** 그들 우정의 기초는 스포츠에 대한 공통된 관심이었다.   **0131** 대대는 3개 또는 그 이상의 중대로 구성되는 많은 군인들의 무리이다.   **0132** 게임 중이건 전투 중이건 그 갑작스러운 신념의 목소리가 흐름을 바꾼다.   **0133** 돛단배들이 만을 횡단하고 있다.

0134
beacon

[bíːkən]

n. 횃불, 봉화, 신호소, 표지

The fire on the hill was a *beacon* signaling that the enemy troops were coming.

표현 aerial beacon 항공 표지

0135
bead

[bíːd]

n. 구슬, 염주

Beads of sweat appeared on his forehead.

0136
beak

[bíːk]

n. 부리

The *beak* is strong and sharp.

0137
bean

[bíːn]

n. 콩

When the time-lapse film is projected at the normal speed of twenty-four pictures per second, it is possible to see a *bean* sprout growing up out of the ground. |대수능|

관련 bean sprout 콩나물   coffee bean 커피콩

0138
beard

[bíərd]

n. 턱수염

At last, a car pulled up, and a large man with a *beard* jumped out. |대수능|

More   **goatee** *n.* (턱밑의) 염소수염   **moustache** *n.* 콧수염   **whisker** *n.* (pl.) 구레나룻

0139
beast

[bíːst]

n. 야수, 짐승(= animal)

As men and *beasts* get used to each other, understanding may slowly develop on one side, trust on the other. |대수능|

0140
bedding

[bédiŋ]

n. 침구, 토대, 기반

Rugs and *bedding* can become breeding grounds for dust mites.

0141
behalf

[bihǽf]

n. 측, 편, 이익

On *behalf* of the General Manager, I would like to inform you that your appointment with him has been cancelled.

표현 on behalf of ~을 대신하여, ~을 대표하여   in behalf of ~을 위하여, ~의 이익을 위하여

0142
behavior

[bihéivjər]

n. 행동(= behaviour, act)

To these may be added your recent offensive and insulting *behavior* in the Accounting Office. |대수능|

파 behave *v.* 행동하다

[예문 해석] **0134** 산 위의 불은 적군이 들어오고 있다는 것을 알리는 횃불 신호였다. **0135** 그의 이마에 구슬 같은 식은땀이 솟아났다. **0136** 그 부리는 강하고 날카롭다. **0137** 저속 촬영 필름이 1초당 24장의 정상속도로 영사되면, 콩나물이 땅 밖으로 자라는 것을 보는 것이 가능하다. **0138** 마침내 차가 멈추었고, 수염을 기른 덩치 큰 남자가 뛰어 내렸다. **0139** 인간과 짐승이 서로에게 익숙해짐에 따라, 한 쪽에서는 이해가, 다른 쪽에서는 신뢰가 천천히 생길지 모른다. **0140** 깔개와 침구는 먼지 진드기의 온상이 될 수 있다. **0141** 총무국장님을 대신하여, 그분과 귀하간의 약속이 취소되었음을 알려드리고자 합니다. **0142** 여기에 회계부서에서의 당신의 최근의 공격적이고 모욕적인 행위가 추가될지도 모릅니다.

0143
belief

[bilíːf]

n. 신념

Our *beliefs* and the languages we speak are also part of our nonmaterial culture. |대수능|

ⓟ believe *v.* 믿다   believable *adj.* 믿을 수 있는

0144
belly

[béli]

n. 배, 복부, 위(= stomach)

His eyes are bigger than his *belly*.

ⓟ belly button 배꼽

0145
benediction

[bènədíkʃən]

n. 감사기도, 축복(= blessing)

The minister pronounced the *benediction*.

ⓟ benedictory *adj.* 축복의

0146
benefit

[bénəfit]

n. 이익(= profit)

For their own *benefit*, companies have various ways of offering lower prices. |대수능|

ⓟ beneficial *adj.* 이로운   beneficiary *n.* 수익자, 수령인   benefactor *n.* 후원자, 기증자

> Ⓣⓘⓟ [bene(=good)+fit(=do)] bene는 '자비, 자선, 좋은'의 의미이다.

0147
benevolence

[bənévələns]

n. 자비심, 박애, 선행

Benevolence is the great principle of humanity.

ⓟ benevolent *adj.* 자비심 많은, 인정 많은

0148
berth

[bɔ́ːrθ]

n. 침대, 숙소, 부두   *v.* 정박하다, 정박시키다

The ship is lying at No.3 *Berth*.

0149
beverage

[bévəridʒ]

n. 마실 것, 음료

Anyone buying alcoholic *beverages* must present a valid ID.

0150
bias

[báiəs]

n. 선입관, 편견, 사선

Mr. Kim has an emotional *bias* toward me.

ⓟ biased *adj.* 치우친, 편견을 가진

0151
bid

[bíd]

n. 입찰   *v.* ~에게 명하다(= command), 말하다, 값을 매기다, 입찰하다

We look forward to receiving your *bids*.

ⓟ bidder *n.* 입찰자   bidding *n.* 입찰, 명령

[예문 해석] 0143 우리의 신념들과 우리가 말하는 언어은 또한 우리의 비물질적인 문화의 일부이다.   0144 배보다 눈이 크다(다 먹지도 못하면서 욕심만 부린다).   0145 그 목사님은 감사기도를 올렸다.   0146 그들 자신의 이익을 위해, 회사들은 더 낮은 가격을 제공하는 다양한 방법들을 가지고 있다.   0147 자비는 인간성의 위대한 원리이다.   0148 배는 제3부두에 정박 중이다.   0149 알코올 음료를 구입하는 사람은 누구나 합법적인 신분증을 제시해야 한다.   0150 김 선생님은 나에 대해 감정적인 편견을 가지고 있다.   0151 우리는 귀사의 입찰을 받기를 고대합니다.

0152
bigot

[bígət]

n. 고집통이, 괴팍한 사람

He described her as a *bigot.*

㉤ bigotry *n.* 고집불통, 편협   bigoted *adj.* 고집불통인, 편협한

0153
bill

[bíl]

n. 청구서, 지폐, 법안

Thank you for sending your check in payment of your July *bill.* |대수능|

㉤ billing *n.* 청구서 발송, 광고

0154
bin

[bín]

n. 저장통, 쓰레기통(=dustbin)

He's putting the lid on the *bin.*

0155
binocular

[bənάkjulər]

n. (pl.) 쌍안경   *adj.* 두 눈용의

The man is looking through *binoculars.*

0156
biochemistry

[bàioʊkém`əstri]

n. 생화학

Biochemistry is the study of the chemical processes that happen in living things.

㉤ biochemist *n.* 생화학자   biochemical *adj.* 생화학적인

0157
biography

[baiάgrəfi]

n. 전기, 일대기

Have you read the new Roosevelt *biography*?

㉤ biographer *n.* 전기 작가   관련 autobiography *n.* 자서전

0158
biology

[baiάlədʒi]

n. 생물학

They suggest medicine, but I hate *biology.* |대수능|

㉤ biologist *n.* 생물학자   biological *adj.* 생물학상의

Tip [bio(=life)+logy(=science)] bio는 '생물' 의 의미이며 logy는 '학문' 의 의미이다.

0159
biosphere

[bάiəsfiər]

n. 생물권(생물이 사는 지구의 표면과 대기)

The *biosphere* is the part of the earth's surface and atmosphere where there are living things.

0160
biotechnology

[bàioʊteknάlədʒi]

n. 생물공학

After years of research and expensive experimentation, an independent laboratory with specialists in *biotechnology* has finally uncovered a naturally occurring substance that can be taken orally in tablet form.

|대수능|

[예문 해석] 0152 그는 그녀를 고집통이라고 묘사했다.   0153 당신의 7월 청구서에 대한 지불금으로 수표를 보내주셔서 감사합니다.   0154 그는 통에 뚜껑을 덮고 있다.   0155 남자가 쌍안경으로 보고 있다.   0156 생화학은 살아있는 생명체에서 발생하는 화학 과정들에 대한 연구이다. 0157 새로 나온 Roosevelt 전기를 읽었나요?   0158 그들은 의학을 제안하지만, 나는 생물학을 싫어한다.   0159 생물권은 살아있는 것들이 존재하는 지구의 지표와 대기의 부분이다.   0160 수년간의 연구와 비용이 많이 든 실험 후에, 생물공학 분야의 전문가들이 있는 한 독립 실험실이 마침내 알약 형태로 복용될 수 있는 자연 발생적인 물질을 밝혀냈다.

0161
bit

[bít]

n. 작은 조각(= small piece), 소량

Approaching them, she overheard Betty say, "I lost quite a *bit*." |대수능|

표현 quite a bit 꽤, 상당히

0162
blade

[bléid]

n. (풀의) 잎, 칼날

The penknife has several different *blades*.

표현 two-bladed knife 양날의 칼

> Tip 보통 blade는 풀잎이나 벼과 식물의 가늘고 긴 잎을 말하며, 나뭇잎은 leaf, 그리고 바늘과 같은 잎은 needle이라고 한다.

0163
blanket

[blǽŋkit]

n. 담요

People are accustomed to using *blankets* to make themselves warm. |대수능|

표현 wet blanket 트집쟁이, 흥을 깨는 사람

0164
blast

[blǽst]

n. 폭발, 한바탕의 바람

Concentrated *blasts* of steam dissolve stubborn stains.

관련 blast-off *n.* 발사

0165
blaze

[bléiz]

n. 불길, 번쩍거림, 확 타오름   *v.* 타오르다, 빛나다, 말을 퍼뜨리다

The *blaze* erupted at about 11:50 p.m. and debris was still smoldering this morning.

파 blazer *n.* 전파자, 선전자   blazing *adj.* 타오르는

0166
bliss

[blís]

n. 행복, 축복

Ignorance is *bliss*. |대수능|

파 blissful *adj.* 행복한

0167
blood

[blʌ́d]

n. 피

Both very high *blood* pressure and very low *blood* pressure can be dangerous to health.

More   blood donor 헌혈자   blood pressure 혈압   bloodthirsty *adj.* 피에 굶주린, 잔인한   bloody *adj.* 혈액의, 피비린내 나는   blood vessel 혈관

0168
blossom

[blάsəm]

n. 꽃(= bloom)

A soft breeze gently rustles the tall clover *blossom*, not disturbing the bees gathering nectar from them. |대수능|

표현 in blossom 꽃이 피어

[예문 해석] 0161 그것들에 다가가면서 그녀는 Betty가 "상당히 많이 잃어버렸어."라고 말하는 소리를 들었다.   0162 그 주머니칼에는 여러 개의 다른 칼날이 있다.   0163 사람들은 자신을 따뜻하게 하기 위해서 담요를 사용하는 것에 익숙하다.   0164 응축된 증기의 분출이 찌든 얼룩을 용해시킨다.   0165 화재는 밤 11시 50분경에 발생했는데, 오늘 아침까지도 타다 남은 잔해에서 연기가 나고 있었다.   0166 모르는 게 축복이다.   0167 고혈압과 저혈압 모두 건강에 위험이 있을 수 있다.   0168 부드러운 산들바람이 꽃들로부터 꿀을 모으는 벌을 방해하지 않으면서 가볍게 키 큰 클로버 꽃을 흔든다.

0169
blueprint

[blú:prìnt]

n. 청사진, (상세한) 계획

Our self-image is the *blueprint* which determines how we see the world.

관련 blue *adj.* 푸른, 창백한, 우울한 |대수능|

More   **blue blood** 귀족 태생   **blue chip** 우량주   **blue ribbon** 최고 명예 상

0170
blunder

[blʌ́ndər]

n. 큰 실수(= foolish mistake)

The quiet, narrow streets of the neighborhood witnessed the *blunders* of yet another new driver: too-wide (or too-narrow) turns, sudden stops, damage to the low-hanging trees by the radio antenna, and driving on the wrong side of the street to avoid the parked cars on the right side.

표현 make (commit) a blunder 큰 실수를 저지르다 |대수능|

0171
bomb

[bám]

n. 폭탄

It rose out of the fact that America first produced and used an atomic *bomb* to win World War II. |대수능|

파 bomber *n.* 폭격기   bombard *v.* 폭격하다   bombardment *n.* 폭격

0172
bond

[bánd]

n. 유대, 결속, 묶는 것

There should be a *bond* of affection between the members of a family.

0173
bondage

[bándidʒ]

n. 노예의 신분, 속박

He wanted to be free from the *bondage* of social conventions.

0174
bone

[bóun]

n. 뼈

They are usually made of several materials such as *bone*, plastic, or wood.

파 bony *adj.* 뼈만 앙상한

0175
boom

[bú:m]

n. 벼락 경기, 붐   *v.* 울리다, 경기가 좋아지다

There was a *boom* in the leisure industry.

관련 boomtown *n.* 신흥도시

0176
border

[bɔ́:rdər]

n. 경계(= boundary)   *v.* 접하다

There was friction between the two countries over the *border* dispute.

관련 borderland *n.* 국경지대   borderline *n.* 국경선

0177
bosom

[bú(:)zəm]

n. 가슴(= human breast), 흉부

We bared our *bosoms* to each other.

[예문 해석] **0169** 우리의 자아상은 우리가 세상을 어떻게 보는지를 결정하는 청사진이다.   **0170** 조용하고 좁은 인근의 도로에서 아직 초보인 운전자는 너무 넓은 (혹은 너무 좁은) 회전, 급브레이크, 라디오 안테나로 낮은 나무에 상처 내기, 그리고 오른쪽 차선에 주차된 차들을 피하기 위해 반대 차선으로 달리는 등과 같은 큰 실수들을 하는 것을 목격했다.   **0171** 그것은 미국이 제2차 세계 대전에서 승리하기 위해 원자 폭탄을 처음으로 생산하여 사용했다는 사실에서 비롯되었다.   **0172** 가족 구성원 간에는 애정의 결속이 있어야 한다.   **0173** 그는 사회적 관습의 속박으로부터 해방되고 싶었다.   **0174** 그것들은 일반적으로 뼈, 플라스틱, 또는 나무 같은 다양한 재료로 만들어진다.   **0175** 여가 산업의 붐이 있었다.   **0176** 국경 분쟁에 관한 두 나라 간의 마찰이 있었다.   **0177** 우리는 서로 가슴을 터놓고 이야기했다.

0178
bottle

[bátl]

n. 병

There were food containers, empty oxygen *bottles*, and old climbing equipment. |대수능|

관련 bottleneck *n.* 병목, 애로, 난관

0179
bottom

[bátəm]

n. 바닥(=the lowest part)

In stores, every item is marked. Clothes have a price tag on them. Shoes usually have a price tag on the *bottom*. |대수능|

파 bottomless *adj.* 바닥없는, 바닥을 알 수 없는   관련 bottom line 핵심

0180
bough

[báu]

n. 큰 가지(=main branch)

Only occasional gusts of wind stir broken *boughs* and dust, threatening to blow away everything. |대수능|

0181
boulevard

[bú(:)ləvà:rd]

n. 넓은 가로수길, 대로

The town council has decided to put a traffic light at the busy intersection of Walker Street and Davis *Boulevard*.

> Tip street는 거리 양쪽에 건물이 줄지어 서 있는 도로를 말하며, road는 도시와 도시를 연결하거나 일반적인 차의 통행을 위한 도로를 말한다. avenue는 넓은 street로서 대개는 가로수가 있는 거리이며, boulevard는 도시의 넓은 가로수 길로서 중앙 안전지대가 있을 정도로 큰 avenue이다. 미국의 일부지역에서는 동서로 가는 길을 street(st.), 남북으로 가는 길을 avenue(ave.)라고 붙인다.

0182
boundary

[báundəri]

n. 경계선, 한계, 영역

The problem about the *boundary* between the two countries has come to a peaceful settlement.

0183
bowl

[bóul]

n. 사발, 공기, 탕기

Mother gave me a sugar *bowl*.

0184
bracelet

[bréislit]

n. 팔찌

The woman isn't wearing any *bracelets*.

0185
braid

[bréid]

n. 노끈, 꼰 끈   *v.* (머리를) 땋다

The tailor faced a uniform with gold *braid*.

0186
brake

[bréik]

n. 브레이크, 제동장치

When I put on the *brakes*, my bike stopped, but I didn't. |대수능|

혼 break *v.* 깨다

[예문 해석] **0178** 음식 용기들, 비어있는 산소통들, 그리고 오래된 등산장비가 있었다. **0179** 가게에서 모든 상품에는 표시가 된다. 옷에는 가격표가 있다. 신발들은 일반적으로 바닥에 가격표가 있다. **0180** 오직 간헐적인 돌풍만이 모든 것을 날려 버릴 듯 위협하면서 부러진 나뭇가지와 먼지를 휘젓는다. **0181** 시의회는 교통량이 많은 Walker 가와 Davis 가의 교차지점에 신호등을 설치하기로 결정했다. **0182** 양국 간의 국경 문제는 원만히 해결되었다. **0183** 엄마가 내게 설탕 그릇을 주셨다. **0184** 그 여자는 팔찌를 하나도 차고 있지 않다. **0185** 재단사는 제복에 금색 술을 달았다. **0186** 내가 브레이크를 잡았을 때, 자전거는 멈췄지만 나는 멈추지 않았다.

0187
branch

[bræntʃ]

n. 나뭇가지, 자회사

People cooked their food in large pots, and hasty eaters then broke tiny *branches* off trees to pick out the hot food. |대수능|

More **bough** *n.* 큰 가지 **spray** *n.* 끝이 갈라져 꽃이나 잎이 달린 작은 가지 **twig** *n.* 작은 가지 **limb** *n.* 큰 가지 **shoot** *n.* 어린 가지, 새싹

0188
brand

[brænd]

n. 상표, 제품

Despite their higher prices, designer *brands* are not necessarily "better" than others. |대수능|

관련 **brand-new** *adj.* 최신의 **brand name** 상표명

0189
brawl

[brɔ́ːl]

n. 싸움, 말다툼 *v.* 말다툼하다, 크게 떠들어대다

He had been in a drunken street *brawl*.

파 **brawling** *adj.* 떠들썩한

0190
breadth

[brédθ]

n. 폭, 너비(=width)

The length of this box is twice its *breadth*.

표현 **over the length and breadth of** ~의 전반에 걸쳐

0191
breakdown

[bréikdàun]

n. 고장, 파손, 쇠약, 몰락

His nervous *breakdown* is due to want of sleep.

More **breakup** *n.* 분열, 결별 **breakage** *n.* 파손물, 손상 **breakthrough** *n.* 획기적인 진전

0192
breast

[brést]

n. 가슴(=chest)

Joy and grief alternate in my *breast*.

관련 **breaststroke** *n.* 평영, 개구리헤엄 **breast-feed** *v.* 젖을 먹이다

0193
breeze

[bríːz]

n. 산들바람, 미풍

The leaves of the garden trees rustled in the spring *breeze*.

파 **breezy** *adj.* 산들바람이 부는

0194
brevity

[brévəti]

n. 간결, 짧음

Brevity is the soul of writing.

표현 **for brevity** 줄여서, 간결하게 하기 위해

0195
bribe

[bráib]

n. 뇌물

The prime minister was impeached for taking a *bribe*.

파 **bribery** *n.* 뇌물을 주는(받는) 행위

[예문 해석] 0187 사람들은 큰 단지 속에다가 음식을 요리했고, 그때 성급한 사람들은 뜨거운 음식을 집기 위해서 나무에서 작은 나뭇가지들을 꺾어 냈다. 0188 더 높은 가격에도 불구하고, 디자이너 상품들이 반드시 다른 것들보다 더 좋은 것은 아니다. 0189 그는 술에 취해서 길거리에서 싸움을 했다. 0190 이 상자의 길이는 폭의 두 배가 된다. 0191 그의 신경 쇠약은 수면 부족이 원인이다. 0192 내 심중에서는 희비가 엇갈리고 있다. 0193 정원의 나뭇잎이 봄바람에 살랑살랑 나부꼈다. 0194 글은 간단명료함이 생명이다. 0195 총리는 뇌물을 받은 것 때문에 탄핵되었다.

0196
brick

[brík]

n. 벽돌

They used *bricks* to make fireplaces. |대수능|

(관련) bricklayer *n.* 벽돌공

0197
bride

[bráid]

n. 신부

The shy *bride* sat mum with downcast eyes.

(파) bridal *adj.* 신부의   (반) bridegroom *n.* 신랑   (관련) bridesmaid *n.* 신부 들러리

0198
bridle

[bráidl]

n. 굴레, 고삐, 구속(=restraint)

A *bridle* is a set of straps that is put around a horse's head and mouth so that the person riding or driving the horse can control it.

0199
brim

[brím]

n. 가장자리, 언저리

Fill the glass to the *brim* with wine.

(파) brimmed *adj.* 테두리의   brimming *adj.* 넘칠 듯한

0200
brink

[bríŋk]

n. 직전, 고비, 가장자리

The wall is on the *brink* of collapse.

(표현) on the brink of ~의 직전에, ~에 임하여

[예문 해석] **0196** 그들은 벽난로를 만들기 위해서 벽돌들을 사용했다.　**0197** 그 수줍어하는 신부는 눈을 내리깔고 말없이 앉아 있었다.　**0198** 고삐는 말을 타거나 모는 사람이 말을 통제할 수 있도록 말의 머리나 입 주위에 다는 한 쌍의 끈이다.　**0199** 잔에 와인을 가득 부어라.　**0200** 담이 무너질락 말락한다.

2ᴺᴰ LECTURE MASTERING IDIOMS

- **all across**   전역에서

  We're looking at a chilly and wet start to the day *all across* the city.

  오늘은 시 전역이 쌀쌀하고 습기 찬 날씨로 하루를 시작할 것 같습니다.

- **all in all**   일반적으로, 대체로(=as a rule, in general, on the whole)

  All in all, it was a nice trip. 대체로 좋은 여행이었다.

- **all the time**   내내, 언제나

  Examinations weigh on my mind *all the time*. 시험은 언제나 마음에 걸린다.

- **all walks of life**   각계각층(=every walk of life)

  Every day millions of people from *all walks of life* call the institute to get advice.

  조언을 구하기 위해 매일 매일 다양한 계층의 수백만의 사람들이 그 기관에 전화를 한다.

- **and so on**   기타 등등(=and so forth, and the like, etc, and what not)

  And I loved to read stories, comic books *and so on*.

  그리고 나는 이야기책, 만화책 등등을 읽기 좋아했다.

- **apart from**   ~은 차치하고, ~은 별문제로 하고(=aside from)

  Apart from the question of money, such a trip would be very tiring.

  비용 문제는 차치하고라도 그런 여행은 굉장히 피곤할 것이다.

- **appeal to + N**   ~에 호소하다

  Advertisers change people's thinking by using language which *appeals to* emotions.

  광고주들은 감정에 호소하는 언어를 사용함으로써 사람들의 생각을 바꾼다.

- **apply for**   지원하다

  When you *apply for* a job, you should always put your best foot forward.

  직장에 지원할 때는 언제나 한껏 좋은 점을 피력해야 한다.

- **apply to + N**   적용되다

  That only *applies to* large orders. 그것은 대량 주문할 때만 해당된다.

- **argue against**   ~에 반대하다

  He *argued against* the proposition. 그는 그 제안에 반대 의견을 말했다.

- **arrive at**   ~에 도착하다(=get to + N)

  I *arrive at* school at a quarter past 7 with my friends, by bus.

  나는 버스를 타고 친구들과 7시 15분에 학교에 도착한다.

2ND LECTURE REVIEW TEST

● 빈칸에 알맞은 단어나 뜻을 쓰시오.

1. autobiography	_____	26. _____	장벽
2. _____	서명, (유명인의) 사인	27. barter	_____
3. automobile	_____	28. basement	_____
4. avarice	_____	29. _____	물동이, 대야, 분지
5. average	_____	30. basis	_____
6. _____	비행, 항공, 항공기	31. battalion	_____
7. ax	_____	32. battlefield	_____
8. axis	_____	33. bay	_____
9. backbone	_____	34. beacon	_____
10. bacteria	_____	35. bead	_____
11. _____	수화물	36. beak	_____
12. bait	_____	37. bean	_____
13. balance	_____	38. beard	_____
14. ballot	_____	39. beast	_____
15. ban	_____	40. bedding	_____
16. band	_____	41. behalf	_____
17. banner	_____	42. _____	행동
18. banquet	_____	43. belief	_____
19. baptism	_____	44. belly	_____
20. _____	야만, 미개	45. benediction	_____
21. barbershop	_____	46. _____	이익
22. bargain	_____	47. benevolence	_____
23. _____	헛간, 광	48. berth	_____
24. barometer	_____	49. beverage	_____
25. barrel	_____	50. _____	선입관, 편견

51. bid	_____	76. _____	경계
52. bigot	_____	77. bosom	_____
53. bill	_____	78. bottle	_____
54. bin	_____	79. bottom	_____
55. _____	쌍안경	80. bough	_____
56. biochemistry	_____	81. boulevard	_____
57. biography	_____	82. _____	경계선, 한계, 영역
58. biology	_____	83. bowl	_____
59. biosphere	_____	84. bracelet	_____
60. biotechnology	_____	85. braid	_____
61. bit	_____	86. brake	_____
62. _____	잎, 칼날	87. _____	나뭇가지, 자회사
63. blanket	_____	88. brand	_____
64. blast	_____	89. brawl	_____
65. blaze	_____	90. breadth	_____
66. _____	행복, 축복	91. _____	고장, 파손, 쇠약
67. blood	_____	92. breast	_____
68. _____	꽃	93. _____	산들바람, 미풍
69. blueprint	_____	94. brevity	_____
70. blunder	_____	95. bribe	_____
71. bomb	_____	96. brick	_____
72. bond	_____	97. bride	_____
73. bondage	_____	98. bridle	_____
74. bone	_____	99. brim	_____
75. _____	벼락 경기, 붐	100. brink	_____

정답 | 기본 페이지 참조

3RD LECTURE | ⁰²⁰¹ broadcast ~ ⁰³⁰⁰ chauffeur |

SUMMA CUM LAUDE VOCABULARY

0201
broadcast
[brɔ́:dkæst]

n. 방송   *v.* 방송하다

According to a report, 60% of the world's *broadcasts*, 85% of all international telephone communication and about 90% of all the written data are in English. |대수능|

0202
broker
[bróukər]

n. 중개인, 브로커

She introduced me to her family as a stock *broker*.
파 brokerage *n.* 중개(업), 중개 수수료

0203
bronze
[bránz]

n. 청동

The church bell is made of *bronze*.
관련 brass *n.* 놋쇠, 금관 악기   Bronze Age 청동기 시대

0204
brook
[brúk]

n. 시내, 개울

The *brook* begins to zigzag from here.

0205
broom
[brú(:)m]

n. 비, (자루와 털이 긴) 브러시

He is sweeping with a *broom*.
관련 brush *n.* 솔, 붓   broom stick 빗자루

0206
broth
[brɔ́(:)θ]

n. 묽은 수프, 고깃국

Too many cooks spoil the *broth*.

0207
brow
[bráu]

n. 이마(= forehead), 눈썹, 표정

In a second his *brow* relaxes, and his eyes brighten. |대수능|

[예문 해석] **0201** 보도에 따르면, 세계 방송의 60%, 모든 국제 전화 통화의 85% 그리고 문서로 된 자료의 약 90%가 영어로 되어 있다.   **0202** 그녀는 나를 그녀의 가족에게 주식 중개인으로 소개했다.   **0203** 교회의 종은 청동으로 만들어진다.   **0204** 시내가 여기서부터 구불거리기 시작한다.   **0205** 그는 비를 들고 청소하고 있다.   **0206** 요리사가 많으면 수프를 망친다(사공이 많으면 배가 산으로 올라간다).   **0207** 잠시 후 그의 표정에 긴장이 풀리면서 눈이 빛난다.

0208
bruise
[brúːz]

n. 타박상

A *bruise* is an injury which appears as a purple mark on your body, although the skin is not broken.

0209
bubble
[bʌ́bl]

n. 거품

Young kids were competing to see who could blow the biggest *bubble* in town. |대수능|

(관련) bubble gum 풍선껌

0210
bud
[bʌ́d]

n. 싹, 봉오리

Since it feeds on the winter *buds* of young trees, the deeper icy snow helps the animal to reach more *buds*. |대수능|

(관련) rosebud *n.* 장미꽃 봉오리

0211
buddy
[bʌ́di]

n. 동료, 친구

He is an old college *buddy* of mine.

0212
budget
[bʌ́dʒit]

n. 예산

I think that in this age of progress, it ought to be possible to find a way to ventilate the subway at a cost within the city's *budget*. |대수능|

(파) budgetary *adj.* 예산의, 예산에 관한

0213
buildup
[bíldʌ̀p]

n. 강화, 증강, 조성

Saturated fats can contribute to the *buildup* of plaque inside arteries and raise blood cholesterol levels.

(파) builder *n.* 건축가

0214
bulb
[bʌ́lb]

n. (양파 등의) 구근, 전구, 구

The man is changing the light *bulb*.

(표현) a light bulb 전구

0215
bull
[búl]

n. 황소

The arrow hit the *bull's* eye.

(관련) bullfight *n.* 투우   bullfighter *n.* 투우사   bully *n.* 약한 자를 못살게 구는 사람

0216
bullet
[búlit]

n. 탄알

A *bullet* whistled past my head.

(관련) bulletproof *adj.* 방탄의

[예문 해석] **0208** 타박상은 피부가 찢어지지 않았음에도 불구하고 당신의 신체에 보라색 자국으로 나타나는 상처이다.   **0209** 어린 아이들은 누가 마을에서 가장 큰 (비누) 거품을 불 수 있는지 보기 위해서 경쟁하고 있었다.   **0210** 그것은 어린 나무들의 겨울 새싹을 먹고 살기 때문에, 더 깊은 얼음 낀 눈은 그 동물이 더 많은 새싹에 도달하는 데 도움을 준다.   **0211** 그는 나의 옛날 대학 친구이다.   **0212** 나는 이러한 진보의 시대에 시 예산의 범위 내 비용으로 지하철을 환기시키기 위한 방법을 찾는 것이 가능해야 한다고 생각한다.   **0213** 포화 지방은 동맥 내벽에 플라그를 형성 시켜 혈중 콜레스테롤 수치를 높일 수 있다.   **0214** 남자가 전구를 갈아 끼우고 있다.   **0215** 화살은 과녁의 한복판에 맞았다.   **0216** 총알이 씽 하고 내 머리를 스쳐갔다.

0217
bulletin

[búlətin]

n. 게시(판), 고시

She is looking at something on the *bulletin* board.

관련 bulletin board 게시판

0218
bunch

[bʌ́ntʃ]

n. 다발, 송이, 일단

She has a *bunch* of pretty flowers.

> Tip bunch는 같은 종류의 것을 가지런히 묶은 것을 말하고, bundle은 많은 것을 운반이나 저장하기 편리하게 하기 위해 일반적으로 묶은 것을 말한다.

0219
bundle

[bʌ́ndl]

n. 묶음, 꾸러미

He came in carrying a *bundle* of sticks for the fire.

0220
burden

[bə́:rdn]

n. 짐, 부담

But have you ever thought of how great *burden* those things became? |대수능|

파 burdensome *adj.* 짐이 되는, 무거운, 귀찮은

More load *n.* 짐 cargo *n.* 화물 freight *n.* 화물

0221
bureau

[bjúərou]

n. 사무소, 사무국

They were demoted to another *bureau*.

파 bureaucracy *n.* 관료정치 bureaucrat *n.* 공무원, 관료

0222
burglar

[bə́:rglər]

n. 강도, 도둑

The *burglar* was frightened away by the barking of the dog.

파 burglary *n.* 강도질 burgle *v.* 강도질하다

0223
bush

[búʃ]

n. 관목, 수풀(=thicket)

The man is cutting the *bushes*.

파 bushy *adj.* 무성하게 자란

0224
businessman

[bíznismæ̀n]

n. 기업가

Mr. Brown is a *businessman* in a shipping company. |대수능|

표현 on business 사업상, 용무가 있어

0225
bust

[bʌ́st]

n. 흉상, 반신상, 앞가슴(=breast) *v.* 파열하다, 파산하다

They set up a bronze *bust* of the Queen.

표현 go bust 파산하다

[예문 해석] 0217 그녀는 게시판 위의 무엇인가를 바라보고 있다. 0218 그녀는 예쁜 꽃 한 다발을 갖고 있다. 0219 그는 불을 지필 막대기를 한 묶음 들고 들어왔다. 0220 그러나 당신은 그러한 것들이 얼마나 큰 짐이 되었는지 생각해 본 적이 있습니까? 0221 그들은 직위가 강등되어 다른 사무소로 갔다. 0222 도둑은 개가 짖자 놀라서 달아났다. 0223 남자가 덤불을 깎고 있다. 0224 Brown 씨는 선적회사의 기업가이다. 0225 그들은 여왕의 청동 흉상을 세웠다.

0226
butcher

[bútʃər]

n. 고깃간 주인   *v.* 도살하다

The *butcher* is chopping meat.

㉾ butchery *n.* 도살장, 학살   butcherly *adj.* 도살자 같은, 잔인한

0227
butt

[bʌt]

n. 나무의 밑동, 담배꽁초, 엉덩이

Please don't litter with your cigarette *butts*.

0228
bygone

[báigɔ̀:n]

n. 지난 일   *adj.* 과거의, 지나간

Let bygones be *bygones*.

0229
bypass

[báipæs]

n. (자동차용) 우회로, [전기] 보조관

You had better take the *bypass* rather than drive through the middle of town.

㉖ by-product *n.* 부산물   bystander *n.* 구경꾼

>>> 표제어 이외의 교과서 수록 어휘

bachelor [bǽtʃələr]   *n.* 미혼 남자, 총각, 학사

bacon [béikən]   *n.* 베이컨(소금에 절인 돼지고기)

badge [bǽdʒ]   *n.* 배지, 휘장, 기장

badger [bǽdʒər]   *n.* 오소리

bagpipe [bǽgpàip]   *n.* 백파이프

balcony [bǽlkəni]   *n.* 발코니, 전망대

ballad [bǽləd]   *n.* 민요, 발라드

ballet [bǽlei]   *n.* 발레

balloon [bəlú:n]   *n.* 풍선, 기구

balm [bá:m]   *n.* 향유, 진통제

bamboo [bæmbú:]   *n.* 대나무

bang [bǽŋ]   *n.* 강타하는 소리, 꽝

bar [bá:r]   *n.* 바, 술집, 막대기, 장애, 법정

barbecue [bá:rbikjù:]   *n.* 통구이, 바비큐

barley [bá:rli]   *n.* 보리, 대맥

barmaid [bá:rmèid]   *n.* 술집 여자, 바 여급

barman [bá:rmən]   *n.* 남자 바텐더

baron [bǽrən]   *n.* 남작(최하위의 귀족)

baroque [bəróuk]   *n.* 바로크(양식, 작품)

barrack [bǽrək]   *n.* 막사, 병영

bartender [bá:rtèndər]   *n.* 바텐더

basket [bǽskit]   *n.* 바구니

bass [béis]   *n.* [음악] 베이스, 낮은 음

bat [bǽt]   *n.* 배트, 막대기, 곤봉

bath [bǽθ]   *n.* 목욕, 입욕

baton [bətán]   *n.* 지휘봉, 경찰봉, (릴레이의) 배턴

batter [bǽtər]   *n.* 타자

battery [bǽtəri]   *n.* 전지(배터리), 포병 중대, 구타

bazaar [bəzá:r]   *n.* 바자, (중동의) 시장, 저잣거리

beach [bí:tʃ]   *n.* 해변, 물가, 바닷가

beaver [bí:vər]   *n.* 비버

beep [bí:p]   *n.* (경적 따위의) 삑 소리

beetle [bí:tl]   *n.* 딱정벌레

beige [béiʒ]   *n.* 베이지색

belt [bélt]   *n.* 띠, 벨트, 지대, 지방

bench [béntʃ]   *n.* 벤치, 긴 의자

berry [béri]   *n.* 딸기(류)

bible [báibl]   *n.* 바이블, 성경

[예문 해석] 0226 정육점 주인이 고기를 토막내고 있다.   0227 담배꽁초를 함부로 버리지 마시오.   0228 옛일은 옛일이다(과거는 묻지 맙시다).   0229 시내 중앙을 통과하기보다는 우회로로 가는 게 낫다.

bifocal [bàifóukəl]　　*n.* 이중 초점 렌즈

billboard [bílbɔ̀:rd]　　*n.* 빌보드, 광고(게시)판

billiards [bíljərdz]　　*n.* 당구

bingo [bíŋgou]　　*n.* 빙고; 이겼다, 해냈다

biscuit [bískit]　　*n.* 비스킷, 소형 빵

blacksmith [blǽksmiθ]　　*n.* 대장장이

bleat [blí:t]　　*n.* (양, 송아지 등의) 음매 울음소리

blizzard [blízərd]　　*n.* 강한 눈보라

block [blák]　　*n.* 큰 덩이(토막), 장애물, 블록, 구역

bloomers [blú:mərz]　　*n.* 블루머(여성용 반바지)

blouse [bláus]　　*n.* 블라우스, 군복의 상의

boar [bɔ́:r]　　*n.* 수퇘지, 멧돼지

board [bɔ́:rd]　　*n.* 널빤지, 칠판, 게시판

bonus [bóunəs]　　*n.* 상여금, 보너스

boomerang [bú:məræ̀ŋ]　　*n.* 부메랑

boots [bú:ts]　　*n.* 장화, 부츠

booth [bú:θ]　　*n.* 노점, 매점, 칸 막은 좌석

bouquet [boukéi]　　*n.* 부케, 꽃다발

brain [bréin]　　*n.* 뇌, 두뇌, 지능

bridge [brídʒ]　　*n.* 다리

brochure [brouʃúər]　　*n.* 소책자, 팸플릿

brooch [bróutʃ]　　*n.* 브로치

bucket [bʌ́kit]　　*n.* 버킷, 양동이

buckle [bʌ́kl]　　*n.* 죔쇠, 혁대 장식

Buddhist [bú:dist]　　*n.* 불교도

buffalo [bʌ́fəlòu]　　*n.* 물소

bulldog [búldɔ̀:g]　　*n.* 불독

bum [bʌ́m]　　*n.* 게으름뱅이, 쓸모없는 놈

bumblebee [bʌ́mblbì:]　　*n.* 땅벌

bun [bʌ́n]　　*n.* 롤빵, 둥그런 빵, 햄버거 빵

bungalow [bʌ́ŋgəlòu]　　*n.* 방갈로

bunker [bʌ́ŋkər]　　*n.* 벙커, 지하 엄폐호, 모래 구덩이

burnout [bə́:rnàut]　　*n.* 연료소진, 소모

bushel [búʃəl]　　*n.* 부셸(약 35리터)

0230
cabin

[kǽbin]

n. 오두막집, 선실

That night we cooked out, and then shared a small *cabin* with other climbers. |대수능|

0231
cabinet

[kǽbənit]

n. 내각(정치), 장식장

For the second time in two months, the president announced a new *cabinet* lineup.

0232
cage

[kéidʒ]

n. 새장, (짐승의) 우리

He opened the *cage* and set the bird free.

0233
calligrapher

[kəlígrəfər]

n. 달필가, 서예가

She is a skilled *calligrapher*.

(파) calligraphy *n.* 달필, 서예

0234
campaign

[kæmpéin]

n. 캠페인, 운동, 작전

"Operation Tiger" was a *campaign* in 1972 for the survival of the tiger.

(파) campaigner *n.* 사회, 정치 운동가　　　　　|대수능|

[예문 해석] **0230** 그날 밤 우리는 밖에서 요리를 해먹은 다음, 다른 등반가들과 작은 오두막집을 나누어 썼다. **0231** 두 달 동안에 두 번째로, 대통령은 새로운 내각 진용을 발표했다. **0232** 그는 새장을 열고 새를 놓아주었다. **0233** 그녀는 숙련된 서예가이다. **0234** '호랑이 작전'은 1972년에 있었던 호랑이의 생존을 위한 캠페인이었다.

0235
canal

[kənǽl]

n. 운하, 수로

Canals were the main method of transporting goods until then.

⟨파⟩ canalize   *v.* 운하를 파다

0236
cancer

[kǽnsər]

n. 암

This year your contribution will help in the fight against diseases such as *cancer*.

⟨파⟩ cancerous   *adj.* 암의, 암에 걸린

0237
candidate

[kǽndidèit]

n. 후보자, 지원자

These criteria were, however, so vague that *candidates* had little choice but to try to detect the literary preferences of the examiners. |대수능|

0238
candle

[kǽndl]

n. 양초

I melted down all the old *candles* to make one big *candle*.

⟨관련⟩ candlelight   *n.* 촛불   candlestick   *n.* 촛대

0239
cane

[kéin]

n. 지팡이, 줄기

The man is lifting himself with a *cane*.

0240
cannon

[kǽnən]

n. 대포(=large gun)

They battered down the castle with *cannon*.

⟨관련⟩ cannonball   *n.* 포탄

0241
canteen

[kæntíːn]

n. 매점, (병사의) 반합, 식기

A *canteen* is a place in a factory, shop, or college where meals are served to the people who work or study there.

0242
canyon

[kǽnjən]

n. 깊은(큰) 협곡

I received a postcard with a view of the Grand *Canyon* from her.

> (Tip) valley는 양측 산 사이에 움푹 패어 들어간 곳을 말하며, canyon은 valley보다 큰 것을 말한다.

0243
capability

[kèipəbíləti]

n. 할 수 있음, 가능성, 능력

The technical *capabilities* of the new software provide much greater security and manageability.

⟨파⟩ capable   *adj.* 유능한, ~할 능력이 있는

[예문 해석] **0235** 그때까지는 운하가 상품 수송의 주된 방법이었다. **0236** 올해 당신의 기부금은 암과 같은 질병과 싸우는 데 도움이 될 것이다. **0237** 그러나 이러한 기준들은 너무 모호해서 응시자들은 시험 감독관의 문학적 선호도를 간파하기 위해서 노력할 수밖에 없었다. **0238** 나는 오래된 양초를 모두 모아 녹여서 큰 양초 하나를 만들었다. **0239** 남자가 지팡이를 잡고 몸을 일으키고 있다. **0240** 그들은 대포로 그 성을 포격했다. **0241** 매점은 그곳에서 일하거나 공부하는 사람들에게 식사가 제공되는 공장이나 가게 또는 대학에 있는 장소이다. **0242** 나는 그녀에게서 그랜드 캐니언의 경치가 있는 그림엽서를 받았다. **0243** 새로 나온 소프트웨어의 기술적인 성능은 안전성과 처리능력을 훨씬 더 높여준다.

0244
capacity

[kəpǽsəti]

n. 수용력, 용량, 능력

The *capacity* to store and distribute information has increased through the use of computers and other devices. |대수능|

(파) capacious *adj.* 넓은　　(표현) to capacity 최대한으로

0245
cape

[kéip]

n. 곶(= headland), 갑

The *cape* pushes out into the sea.

0246
capital

[kǽpətl]

n. 수도, 자본, 대문자(= big letter)

But there is another side to this great city — its rich past as the *capital* of the Ottoman Empire. |대수능|

(파) capitalism *n.* 자본주의　　capitalist *n.* 자본주의자

0247
Capitol

[kǽpətl]

n. 국회의사당

A man is walking to the *Capitol*.

(표현) the Capitol 미국 국회의사당　　the House of Parliament 영국 국회의사당

0248
caprice

[kəprí:s]

n. 변덕

A *caprice* is an unexpected action or decision which has no strong reason or purpose.

(파) capricious *adj.* 변덕스러운

0249
capsule

[kǽpsəl]

n. 캡슐　*v.* 요약하다　*adj.* 소형의, 요약한

A *capsule* is a very small tube containing powdered or liquid medicine, which you swallow.

(표현) in capsule 요약해서, 간추려서

0250
captain

[kǽptin]

n. 선장, 주장, 우두머리(= chief, leader)

The fire *captain* directed the people to get out of the building.

0251
caravan

[kǽrəvæn]

n. (사막의) 대상(隊商), (순례자 등의) 여행자단

The men are leading a *caravan*.

0252
carbohydrate

[kà:rbəháidreit]

n. 탄수화물

Furthermore calories must be obtained from one of the three possible sources: protein, *carbohydrates* and fat.

(관련) carbon *n.* 탄소

[예문 해석] **0244** 정보를 저장하고 분배하는 능력은 컴퓨터와 다른 장치들의 사용을 통해 증가해왔다.　**0245** 갑(岬)이 바다로 돌출해있다.　**0246** 그러나 이 거대한 도시에는 또 다른 면, 즉 Ottoman 제국의 수도로서 번창했던 과거가 있다.　**0247** 한 남자가 국회의사당 쪽으로 걸어가고 있다.　**0248** 변덕은 뚜렷한 이유나 목적이 없는 예상치 못한 행동이나 결정이다.　**0249** 캡슐은 당신이 삼키는 가루나 액체 약을 담고 있는 매우 작은 튜브이다.　**0250** 소방대장은 사람들에게 건물 밖으로 나가라고 지시했다.　**0251** 남자들이 대상 대열을 이끌고 있다.　**0252** 게다가 열량은 단백질, 탄수화물, 지방의 세 가지 공급원에서 얻어야만 한다.

0253
cardinal

[ká:rdənl]

n. 추기경, 진홍색(= deep rich red), [수학] 기수 *adj.* 기본적인, 붉은

A *cardinal* is a high-ranking priest in the Catholic church.

0254
care

[kέər]

n. 걱정(= anxiety, concern), 관심 *v.* 걱정하다, 돌보다

I want to take *care* of the matter before it attracts public attention.
표현 take care of ~을 돌보다, ~을 처리하다

0255
career

[kəríər]

n. 경력, 이력, 직업

We're sorry to see you leave, but it's a good *career* opportunity for you.
표현 make(take) a career 출세하다

0256
cargo

[ká:rgou]

n. 화물, 뱃짐

The truck's *cargo* was damaged in the accident.

0257
carnivore

[ká:rnəvɔ̀:r]

n. 육식동물

A *carnivore* is an animal that eats meat.
파 carnivorous *adj.* 육식성의   반 herbivore *n.* 초식동물

0258
carpenter

[ká:rpəntər]

n. 목수

A *carpenter* is a person whose job is making and repairing wooden things.
파 carpentry *n.* 목수직, 목수일

0259
carriage

[kǽridʒ]

n. 탈 것, 마차, 수송, 몸가짐

Carriages wait at the exit of the theater.
관련 baby carriage 유모차

0260
carrousel

[kǽrəsél]

n. 회전목마, 수하물을 받는 회전대(= carousel)

Airline passengers are getting their luggage from the *carrousel*.

0261
cart

[ká:rt]

n. 수레, 카트

Pushing your shopping *cart*, you will probably hear soft, slow music in the supermarket. |대수능|
파 carter *n.* 짐수레꾼

0262
carton

[ká:rtn]

n. (두꺼운 판지로 만든) 상자, (우유) 용기

A woman is packing a shipping *carton*.

[예문 해석] **0253** 추기경은 천주교 교회의 높은 직위의 성직자이다.   **0254** 나는 그 일이 대중적 관심을 끌기 전에 처리하고 싶다.   **0255** 당신이 그만둬서 섭섭하지만 경력 쌓는 데는 좋은 기회가 될 것입니다.   **0256** 사고로 트럭에 실은 짐이 손상되었다.   **0257** 육식동물은 고기를 먹는 동물이다.   **0258** 목수는 하는 일이 나무로 된 것을 만들고 고치는 사람이다.   **0259** 마차들이 극장의 출구에서 기다리고 있다.   **0260** 비행기 승객들이 수화물 컨베이어에서 짐을 찾고 있다.   **0261** 쇼핑 카트를 밀고 다니면서, 당신은 아마도 슈퍼마켓에서 부드럽고 느린 음악을 들을 것이다.   **0262** 한 여자가 선적용 상자를 포장하고 있다.

0263
cash

[kǽʃ]

n. 현금

Shortages will mean that a larger portion of *cash* will be used to pay for this basic fuel. |대수능|

ⓟ cashier *n.* 출납원   관련 cashbook *n.* 현금출납부   cash register 금전 등록기

0264
casket

[kǽskit]

n. (보물 등을 담는) 작은 상자, 관(=coffin)

A *casket* is a small box in which you keep valuable things.

0265
castle

[kǽsl]

n. 성, 성곽

Castles were built by important people, such as kings, in former times, especially for protection during wars and battles.

표현 build a castle in the air 공상에 잠기다

0266
casualty

[kǽʒuəlti]

n. 사상자, 사고, 불의의 재난

The train was derailed, causing many *casualties*.

관련 casualty insurance 재해(상해) 보험

0267
catalyst

[kǽtəlist]

n. 촉매제, 촉매(자)

He saw the bank's role as a *catalyst* to encourage foreign direct investment.

ⓟ catalytic *adj.* 촉매의

0268
catastrophe

[kətǽstrəfi]

n. 대참사, 큰 재앙(=a great misfortune), 파국

"This terrible *catastrophe* is good news for us," said one construction worker.

ⓟ catastrophic *adj.* 대재앙의, 비극의

> Tip disaster 〈 calamity 〈 catastrophe 순으로 의미와 강약 면에서 차이가 있다.

0269
category

[kǽtəgɔ̀ːri]

n. 범주, 부류, 종류(=class)

There are borderline cases that fit partly into one *category* and partly into another. |대수능|

ⓟ categorize *v.* 분류하다

0270
cathedral

[kəθíːdrəl]

n. 대성당

A *cathedral* is a very large and important church which has a bishop in charge of it.

ⓟ catholic *adj.* 가톨릭의   *n.* 가톨릭교도

[예문 해석] **0263** 부족분은 보다 많은 양의 현금이 이러한 기초 연료비를 지불하는 데 사용된다는 것을 의미할 것이다.   **0264** 보석 상자는 당신이 귀중한 물건들을 보관하는 작은 상자이다.   **0265** 성곽은 전쟁이나 전투 중에 보호를 위해 특별히 예전에 왕과 같은 중요한 사람들에 의해서 건설되었다.   **0266** 열차가 탈선하여 많은 사상자를 내었다.   **0267** 그는 외국의 직접 투자를 촉진하기 위한 촉매제로서 은행의 역할을 보았다.   **0268** "이 끔찍한 대재난이 우리에겐 희소식입니다."라고 한 건설업자는 말했다.   **0269** 일부는 하나의 범주에 어울리고 일부는 다른 범주에도 어울리는 이것도 저것도 아닌 경우가 존재한다.   **0270** 대성당은 그곳을 책임지는 주교가 있는 매우 크고 중요한 성당이다.

0271
caution

[kɔ́ːʃən]

n. 조심(= carefulness), 경고(= warning)

The police dismissed him with a *caution*.

㈜ **cautious** *adj.* 주의 깊은, 신중한

0272
cave

[kéiv]

n. 동굴, 굴

All of a sudden, we heard a strange noise that seemed to be emanating from inside the *cave*.

0273
cavity

[kǽvəti]

n. 구멍, 충치

The gold was hidden in a secret *cavity* in the chimney behind a loose brick.

0274
ceiling

[síːliŋ]

n. 천장

There is a fly on the *ceiling*.

㈜ hit the ceiling 최고에 달하다

0275
celebrity

[səlébrəti]

n. 유명인사

He is one of the most famous yet mysterious *celebrities* of recent times.

㈜ **celebrated** *adj.* 유명한 |대수능|

0276
cell

[sél]

n. 작은 방, 세포, 감방

They kept us in a *cell* all night.

㈜ **cellular** *adj.* 세포의, (이동 통신 방식 중) 셀 방식의

0277
cellar

[sélər]

n. 지하실

People are storing fruits and vegetables in the *cellar*.

0278
cemetery

[sémətèri]

n. 공동묘지

Cemetery is a place where dead people's bodies or their ashes are buried.

0279
censorship

[sénsərʃip]

n. 검열

The government today announced that press *censorship* was being lifted.

㈜ **censor** *v.* 검열하다   ⑧ **censure** *v.* 비난하다

0280
census

[sénsəs]

n. 인구 조사, 통계 조사

The *census* figures illustrate how the nation has grown.

[예문 해석] 0271 경찰은 그를 훈방했다. **0272** 갑자기, 우리는 동굴 내부로부터 나오는 것 같은 이상한 소음을 들었다. **0273** 금은 느슨하게 빠져있는 벽돌 뒤 굴뚝 속의 비밀 구멍 속에 감추어져 있었다. **0274** 천장에 파리 한 마리가 있다. **0275** 그는 요즘 가장 유명하지만 신비스러운 유명인사들 중 한 명이다. **0276** 그들은 우리를 밤새 감방에 처박아 두었다. **0277** 사람들이 지하 저장실에 과일과 야채를 저장하고 있다. **0278** 공동묘지는 죽은 사람들의 사체와 유해가 묻히는 장소이다. **0279** 정부는 오늘 언론 검열이 폐지되고 있다고 발표했다. **0280** 인구 통계 수치들은 그 나라가 어떻게 성장하고 있는지를 보여준다.

0281
century

[séntʃuri]

n. 1세기, 백년

Americans today get less sleep than they did a *century* ago.

0282
cereal

[síəriəl]

n. 곡물(식), 시리얼

They choose foods rich in fiber, such as bread and *cereal* for breakfast, and salads for lunch to prepare them for business appointments. |대수능|

0283
ceremony

[sérəmòuni]

n. 의식, 예식

The parents hear the baby's name at a religious *ceremony* at the church.

㉠ ceremonious *adj.* 격식을 갖춘   ceremoniously *adj.* 격식을 갖추어 |대수능|

0284
certificate

[sərtífəkət]

n. 증명서, 자격증

When you apply for a passport, you have to send your birth *certificate* with the form and the fee. |대수능|

㉠ certify *v.* 증명하다, 확인하다   certification *n.* 증명, 보증

0285
chairman

[tʃɛ́ərmən]

n. 의장

The *chairman* is seated in the first row.

㉡ chair *n.* 의자, 의장, 의장석

0286
challenge

[tʃǽlindʒ]

n. 도전, 곤란, 난관

Planning in advance can help you meet the *challenge*. |대수능|

㉠ challenger *n.* 도전자   challenging *adj.* 도전적인

0287
chamber

[tʃéimbər]

n. 방(=room), 회의소

The *Chamber* of Commerce assured us such delays are perfectly normal.

㉡ chambermaid *n.* 객실 담당 직원, 가정부

0288
channel

[tʃǽnl]

n. 해협, 수로, 경로, 채널

The English *Channel* lies between the North Sea and the Atlantic.

0289
chant

[tʃǽnt]

n. 노래, 성가

A *chant* is a religious song or prayer that is sung on only a few notes.

0290
chaos

[kéiɑs]

n. 혼돈, 무질서

Chaos is a state of complete disorder and confusion.

㉠ chaotic *adj.* 혼돈의, 무질서한

[예문 해석] **0281** 오늘날 미국인들은 1세기 전보다 더 적게 잠을 잔다.   **0282** 그들은 아침식사로 빵과 곡물 같은 섬유질이 풍부한 음식을, 그리고 사업상의 약속을 위해 준비하는 점심식사로 샐러드를 선택한다.   **0283** 부모는 교회의 종교적인 의식에서 아기의 이름을 듣는다.   **0284** 여권을 신청할 때, 당신은 출생증명서를 서류 및 수수료와 함께 제출해야 한다.   **0285** 의장은 첫 번째 열에 앉아 있다.   **0286** 미리 계획을 하는 것은 당신이 난관에 대처하는 데 도움을 줄 수 있다.   **0287** 상공회의소는 그 정도 지연은 지극히 정상적인 것이라고 우리에게 확실하게 말했다.   **0288** 영국 해협은 북해와 대서양 사이에 있다.   **0289** 성가는 몇 개의 음만으로 불려지는 종교적인 노래나 기도이다.   **0290** 혼돈은 완전한 무질서와 혼란의 상태이다.

0291
chapter

[tʃǽptər]

n. (책 따위의) 장, 지부, 지회

The *chapter* of literary criticism in this book is particularly interesting.

0292
character

[kǽriktər]

n. 성격, 특성, 인격, 등장인물

Do you have the courage which comes from the sincere conviction that you are a person of sound *character*, and honest, dependable, kind, and caring person? |대수능|

파 characteristic *adj.* 특유한, 독특한   characterize *v.* 특징짓다

0293
charcoal

[tʃáːrkòul]

n. 목탄, 숯

The burning *charcoal* keeps snapping.

0294
chariot

[tʃǽriət]

n. 마차, 전차

In ancient times, *chariots* were fast-moving vehicles with two wheels that were pulled by horses.

0295
charity

[tʃǽrəti]

n. 자선, 자비(= kindness)

He found the *charity* in his heart to forgive them for this wrong. |대수능|

파 charitable *adj.* 자선의, 자비심이 많은

0296
charm

[tʃáːrm]

n. 매력(= attractiveness)   *v.* 매혹하다

Her *charm* is beyond description.

파 charming *adj.* 매력적인

0297
chart

[tʃáːrt]

n. 도표

This *chart* shows money-raising goals for a fund. |대수능|

0298
charter

[tʃáːrtər]

n. 전세 (계약), 헌장

His *charter* flight will be delayed a few hours. |대수능|

파 chartered *adj.* 특허를 받은, 전세 낸

0299
chasm

[kǽzm]

n. 깊게 갈라진 틈, 간격, 차이

Despite the continued economic prosperity, there exists a huge *chasm* between the wealthy and the poor.

0300
chauffeur

[ʃóufər]

n. 운전사

He is rich enough to afford a *chauffeur*.

[예문 해석] **0291** 이 책의 문학 비평의 장은 특히 재미있다.   **0292** 당신은 건전한 인격의 소유자이고, 정직하고, 믿을만하고, 친절하고 그리고 남을 잘 보살피는 사람이라는 진심어린 확신에서 나오는 용기를 가지고 있습니까?   **0293** 숯불이 호드득거린다.   **0294** 옛날에, 전차는 말이 끄는 두 개의 바퀴를 가진 빠르게 움직이는 수송 수단이었다.   **0295** 그는 이 잘못에 대해 그들을 용서하고자 하는 자비심을 그의 마음속에서 찾았다.   **0296** 그녀의 매력은 말로 표현할 수 없다.   **0297** 이 도표는 기금을 위한 자금모음 목표를 보여준다.   **0298** 그의 전세 비행기는 몇 시간 연착될 것이다.   **0299** 지속적인 경제 발전에도 불구하고 부자와 가난한 사람들의 거대한 차이가 존재한다.   **0300** 그는 운전사를 둘만큼 부자다.

3ᴿᴰ LECTURE MASTERING IDIOMS

- **as a matter of fact**   사실(=actually, in fact, in truth)

  As a matter of fact, I went to his office a couple of days ago.

  사실, 나는 며칠 전에 그의 사무실로 갔었다.

- **as a result**   그 결과, 결론적으로

  As a result, environmental pollution brought us a serious weather change.

  그 결과, 환경오염으로 심각한 기상 변화가 일어났다.

- **as a result of**   ~의 결과로서(=as a consequence of)

  Evolution occurs *as a result of* adaptation to new environments.

  진화는 새로운 환경에 대한 적응의 결과로 일어난다.

- **as a whole**   전체로서, 하나로서

  The works should be considered not separately, but *as a whole*.

  이 작품들은 개별적이 아닌 전체로 고찰되어져야 한다.

- **as if**   마치 ~처럼(=as though)

  He chattered *as if* he were a woman. 그는 마치 여자처럼 재잘거렸다.

- **as soon as**   ~하자마자(=on ~ing)

  He went home *as soon as* he heard the news.

  그는 그 소식을 듣자마자 집으로 갔다.

- **as well**   또한, 역시

  Make sure you get enough sleep *as well*. 또한 잠도 충분히 주무셔야 함을 명심하십시오.

- **ascribe A to B(N)**   A를 B의 탓으로 돌리다(=attribute A to B(N), impute A to B(N))

  The police *ascribed* the automobile accident *to* fast driving.

  경찰은 자동차 사고의 원인을 과속 운전으로 보았다.

- **at any rate**   어쨌든

  At any rate, go and have a look at it. 어쨌든 가서 그것을 봐라.

- **at first**   처음에(는)

  The job looked overwhelming *at first*. 그 일은 처음에는 압도적인 듯이 보였다.

- **at least**   적어도

  I usually walk for *at least* 30 minutes. 나는 보통 적어도 30분 동안 걷는다.

3RD LECTURE REVIEW TEST

● 빈칸에 알맞은 단어나 뜻을 쓰시오.

1. _____	중개인	26. carrousel	_____
2. brook	_____	27. carton	_____
3. broth	_____	28. casket	_____
4. bruise	_____	29. _____	사상자, 사고
5. _____	예산	30. catalyst	_____
6. bulb	_____	31. catastrophe	_____
7. _____	게시(판), 고시	32. cathedral	_____
8. bunch	_____	33. caution	_____
9. bureau	_____	34. cavity	_____
10. bush	_____	35. _____	유명인사
11. butcher	_____	36. cellar	_____
12. butt	_____	37. cemetery	_____
13. bygone	_____	38. census	_____
14. cabinet	_____	39. cereal	_____
15. canal	_____	40. _____	증명서, 자격증
16. cane	_____	41. chamber	_____
17. cannon	_____	42. chant	_____
18. canteen	_____	43. chaos	_____
19. _____	할 수 있음, 가능성, 능력	44. charcoal	_____
20. caprice	_____	45. chariot	_____
21. caravan	_____	46. _____	자선, 자비
22. carbohydrate	_____	47. _____	매력
23. cardinal	_____	48. charter	_____
24. carnivore	_____	49. chasm	_____
25. _____	탈 것, 마차, 수송	50. chauffeur	_____

정답 | 기본 페이지 참조

4TH LECTURE | ⁰³⁰¹ chauvinism ~ ⁰⁴⁰⁰ contagion |

SUMMA CUM LAUDE VOCABULARY

0301
chauvinism

[ʃóuvənìzm]

n. 맹목적 애국주의, 쇼비니즘

Chauvinism is a strong, unreasonable belief that your own country is more important and morally better than other people's.

㉙ chauvinist *n.* 맹목적 애국주의자　　관련 male chauvinism 남성 우월주의

0302
cheek

[tʃí:k]

n. 뺨, 뻔뻔함(=impudence)

A big tear is rolling down his *cheek*.

㉙ cheeky *adj.* 건방진　cheekily *adv.* 건방지게, 뻔뻔스럽게

0303
cheer

[tʃíər]

n. 환호, 갈채(=shout for joy), 격려

The joyous *cheers* of reunification in Germany appear to be changing into voices of anger.

㉙ cheerful *adj.* 쾌활한, 명랑한

0304
chef

[ʃéf]

n. 주방장, 요리사

Novice *chefs* should try to follow the recipe as much as possible.

표현 the chef's special 주방장 추천요리

0305
chemistry

[kéməstri]

n. 화학

Scientists have made great advances in agricultural *chemistry*, greatly increasing our food supply. |대수능|

㉙ chemist *n.* 화학자　chemical *adj.* 화학의

0306
chest

[tʃést]

n. 가슴(=breast), 대형 상자(=box)

She was barefooted, and, what is more, her *chest* was completely bared.

표현 a chest cold 기침 감기

[예문 해석] 0301 쇼비니즘은 당신의 나라가 더 중요하고 도덕적으로 다른 민족의 나라보다 더 우월하다는 강력하고 비이성적인 신념이다. 0302 커다란 눈물 한 방울이 그의 뺨에 흘러내리고 있다. 0303 독일 통일의 들뜬 환호는 분노의 목소리로 바뀌고 있는 것 같다. 0304 초보 주방장은 가능한 한 조리법을 충실하게 따르려고 노력해야 한다. 0305 과학자들은 우리의 식량 공급을 엄청나게 증가시키면서 농화학 분야에 있어 큰 진보를 이루었다. 0306 그녀는 맨발인 데다 가슴까지 완전히 드러내고 있었다.

0307
chill
[tʃíl]

n. 냉기(= coldness), 한기, 으스스함

The bad news threw a *chill* upon the merrymaking party.

(파) chilly *adj.* 차가운, 냉담한   (표현) throw a chill upon 흥을 깨뜨리다

0308
chimney
[tʃímni]

n. 굴뚝

Plumes of smoke rolled lavishly from the *chimney*.

0309
chin
[tʃín]

n. 턱

She was looking out of the window with her *chin* resting on the hand.

(표현) Chin up! 기운 내!, 힘내!

0310
chisel
[tʃízəl]

n. 끌, 조각칼   *v.* 끌로 파다(새기다)

This *chisel* is used to cut wood.

0311
choir
[kwáiər]

n. 합창단(= chorus), 성가대

I used to sing in the church *choir*.

(관련) choirmaster *n.* 성가대(합창단) 지휘자

0312
chore
[tʃɔ́ːr]

n. (pl.) (가정의) 잡일, 지루한 일

Teenagers and parents argue most about small matters such as clothes, homework, phone or stereo use, and house *chores*.

0313
chromosome
[króuməsòum]

n. 염색체

A *chromosome* is a part of a cell in an animal or plant. It contains genes which determine what characteristics the animal or plant will have.

0314
chronicle
[kránikl]

n. 연대기

Kaiser believes this *chronicle* to have been written in AD 115.

(파) chronology *n.* 연대학   chronological *adj.* 연대순의

0315
chunk
[tʃʌ́ŋk]

n. (치즈·빵·고깃덩이·나무 등의) 큰 덩어리, 상당한 양[액수]

Are you just watching your competitors take the bigger *chunk* of your market share?

0316
circuit
[sə́ːrkit]

n. 순회, 우회, 회로, 회선

The earth's *circuit* of the sun takes about 365 days.

(관련) short circuit 누전, 합선

[예문 해석] **0307** 그 나쁜 소식은 흥겨운 파티의 흥을 깨버렸다.   **0308** 굴뚝에서 연기가 무럭무럭 났다.   **0309** 그녀는 손에 턱을 괴고 창밖을 바라보고 있었다.   **0310** 이 끌은 나무를 깎는 데 쓰인다.   **0311** 나는 교회 성가대에서 노래하곤 했다.   **0312** 십대들과 부모들은 대개 옷, 숙제, 전화나 스테레오 사용과 집안일 같은 사소한 일로 다툰다.   **0313** 염색체는 동물이나 식물에 있는 세포의 일부이다. 이것은 어떤 성질을 그 동물이나 식물이 가지게 될지를 결정하는 유전자를 담고 있다.   **0314** 황제는 이 연대기가 기원 후 115년에 쓰였다고 믿고 있다.   **0315** 당신의 경쟁자들이 당신의 시장 점유율의 상당 부분을 빼앗아 가는 것을 지켜보기만 하실 겁니까?   **0316** 지구가 태양 주위를 일주하는 데는 약 365일이 걸린다.

0317
circumstance

[sə́:rkəmstæns]

n. 상황, 환경, 주위의 사정

That depends upon *circumstances*.

표현 the whole circumstances 자초지종

0318
citizen

[sítəzən]

n. 시민

We need more effective ways to ensure that every *citizen* can fully exercise the right to secure private information. |대수능|

파 citizenship *n.* 시민권

0319
clause

[klɔ́:z]

n. 조항, 조목, [문법] 절

There's a new *clause* on fringe benefits.

표현 clause by clause 한 조목 한 조목씩

0320
claw

[klɔ́:]

n. (새 · 짐승의) 발톱, (게 · 새우의) 집게발

They could hurt you with their sharp *claws*.

표현 cut the claws of ~을 무력하게 하다

More paw *n.* (개 · 고양이의) 발   nail *n.* (사람의) 손톱, 발톱   hoof *n.* (소 · 말의) 발굽
talon *n.* (고양이 · 매 · 독수리의) 발톱

0321
clay

[kléi]

n. 점토, 찰흙

The sculptor is working with *clay*.

표현 a clay pot 토기

0322
clergy

[klɔ́:rdʒi]

n. 목사, 성직자

These proposals met opposition from the *clergy*.

관련 clergyman *n.* 목사 한 사람

0323
clerk

[klɔ́:rk]

n. 사무원, 사원, 점원(=shop assistant)

The *clerk* is carrying a box of fruit.

0324
client

[kláiənt]

n. 고객(=customer), 소송 의뢰인

We are a successful software firm with an established range of *clients* in local and health industries. |대수능|

파 clientless *adj.* 의뢰인이 없는

0325
cliff

[klíf]

n. 낭떠러지, 벼랑

The waves wash the foot of the *cliffs*.

표현 a sheer cliff 깎아지른 듯한 벼랑

[예문 해석] 0317 그것은 사정에 따라 달라진다.   0318 우리는 모든 시민이 사적인 정보를 지키는 권리를 완전히 행사하는 것을 보장하기 위한 좀 더 효과적인 방법들을 필요로 한다.   0319 부가 급부에 대한 새로운 조항이 있다.   0320 그들은 날카로운 발톱으로 당신을 다치게 할지도 모른다.   0321 조각가는 진흙으로 작업을 하고 있다.   0322 이 안(案)은 성직자 측의 반대에 부딪쳤다.   0323 점원이 과일 한 상자를 운반하고 있다.   0324 우리는 지역과 보건 산업 분야에 있어 확실한 범위의 고객들을 가진 성공적인 소프트웨어 회사이다.   0325 파도가 절벽 밑에서 철썩인다.

0326
climate
[kláimit]

n. 기후

They like the unhurried way of life with its long afternoon nap and they enjoy the temperate *climate*. |대수능|

㉜ climatic *adj.* 기후(상)의

> (Tip) climate는 한 지방의 연간에 걸친 평균적인 기상 상태인 기후를 말하며, weather는 특정한 때, 장소에서의 기상 상태인 날씨를 말한다.

0327
cloak
[klóuk]

n. 소매 없는 외투, 망토

My *cloak* keeps slipping off.

㉚ cloakroom *n.* 휴대품 보관소

0328
closet
[klázit]

n. 벽장, 찬장, 작은 방

A woman is putting shirts in the *closet*.

㉗ a walk-in closet 사람이 들어갈 수 있는 벽장

0329
cloth
[klɔ́(ː)θ]

n. 천, 헝겊

She spread a *cloth* on the table.

㉜ clothe *v.* 옷을 입히다, 싸다, 덮다   clothes *n.* 옷, 의복   clothing *n.* (집합적) 의류

0330
cloud
[kláud]

n. 구름   *v.* 흐리게 하다, 우울하게 하다

There is not a speck of *cloud* in the sky.

㉜ cloudless *adj.* 구름 없는   cloudy *adj.* 흐린

0331
clown
[kláun]

n. 어릿광대

The man is dressed like a *clown*.

0332
clue
[klú:]

n. 단서, 실마리

Then we as readers must rely on other *clues* to understand the true sequence of events. |대수능|

㉗ have no clue 전혀 이해 못하다, 능력이 없다

0333
clump
[klʌ́mp]

n. 수풀, 덤불(= thicket)

A *clump* is a small group of trees or plants growing together.

0334
cluster
[klʌ́stər]

n. 송이, 한 덩어리

The view is obstructed by a *cluster* of trees.

㉗ a cluster of grapes 포도 한 송이

[예문 해석] **0326** 그들은 긴 오후의 낮잠이 있는 느긋한 생활방식을 좋아하고 온화한 기후를 즐긴다.   **0327** 내 망토가 자꾸 벗어진다.   **0328** 한 여자가 벽장에 셔츠를 넣고 있다.   **0329** 그녀는 식탁에 식탁보를 폈다.   **0330** 하늘에는 구름 한 점 없다.   **0331** 그 남자는 광대 차림을 하고 있다.   **0332** 그렇다면 우리는 독자로서 진정한 사건의 순서를 이해하기 위해서 다른 단서들에 의존해야만 한다.   **0333** 수풀은 함께 자라는 나무들 혹은 식물들의 작은 그룹이다.   **0334** 경치가 한 무리의 나무들에 의해 가려져 있다.

0335
coach

[kóutʃ]

n. 코치, 대형 버스

After the game, the *coach* shouted at me, "You should never do that again!" |대수능|

관련 coachman *n.* 마차꾼

0336
coal

[kóul]

n. 석탄

As the source of power, petroleum and electricity have now replaced *coal*.

관련 coal mine 탄광

0337
cock

[kák]

n. 수탉, 수컷, 마개, 꼭지

It was dawn, and I heard a *cock* crowing somewhere.

관련 cockpit *n.* 투계장, 싸움터, 조종실, 조타실   cock-a-doodle-doo *n.* 꼬끼오

0338
code

[kóud]

n. 규약, 규정, 암호, 법전

Recently new building *codes* came into effect in our city. |대수능|

관련 civil code 민법전   criminal code 형법전

0339
coexistence

[kòuigzístəns]

n. 공존

He also believed in *coexistence* with the West.

파 coexist *v.* 공존하다

0340
coffin

[kɔ́:fin]

n. 관

They are lowering the *coffin* into the ground.

표현 lower a coffin into a grave (매장하기 위해) 무덤 속으로 관을 내리다

0341
cognition

[kagníʃən]

n. 인식, 인지

Cognition is the mental process involved in knowing, learning, and understanding things.

파 cognitive *adj.* 인식의, 인식력이 있는

Tip [cogn(=know)+tion(명사형 어미)] cogn은 '알다' 의 의미이다.

0342
coincidence

[kouínsidəns]

n. 우연의 일치, 동시 발생

What a *coincidence* to meet in New York!

파 coincide *v.* 동시에 일어나다, 일치하다   coincidental *adj.* 동시에 일어나는

0343
colleague

[káli:g]

n. (같은 직장, 조직의) 동료(=coworker, associate), 동업자

He's discussing the suit with his *colleague*.

[예문 해석] 0335 그 게임이 끝난 후, 코치는 "다시는 절대 그렇게 해서는 안 돼!"라고 나에게 소리쳤다.   0336 동력 자원으로서 석유와 전력이 이제는 석탄을 대체했다.   0337 동틀녘이었고, 나는 어디선가 수탉이 우는 소리를 들었다.   0338 최근에 새로운 건축 규제가 우리 시에 실행되었다.   0339 그는 또한 서구와의 공존을 믿었다.   0340 그들은 관을 땅 속으로 내리고 있다.   0341 인지는 사물을 알고, 배우고 그리고 이해하는 데 관련된 정신적 과정이다.   0342 뉴욕에서 이렇게 우연히 만나다니!   0343 그는 그의 동료와 소송에 대해 이야기하고 있다.

0344
collection
[kəlékʃən]

n. 수집, 소장품, 모금

Our *collection* letter proceeds automatically in a series, and occasionally a payment crosses a letter. |대수능|

ⓟ **collector** *n.* 수집가, 수금원   **collect** *v.* 모으다   **collective** *adj.* 집합적인, 단체의

0345
colonel
[kə́:rnl]

n. 육군 대령, 연대장

The *colonel* returned the major's salute.

관련 **major** *n.* 육(공)군 소령

0346
colony
[kɑ́ləni]

n. 식민지

"That's nothing," said the fox, "We already sent our spaceship to start the first *colony* on Mars." |대수능|

ⓟ **colonization** *n.* 식민지화   **colonize** *v.* 식민지화하다   **colonial** *adj.* 식민지의

0347
colossus
[kəlɑ́səs]

n. 거상, 거인, 거대한 물건

He compared the statue with an unfinished marble *colossus* from the island of Naxos.

0348
column
[kɑ́ləm]

n. 원주, 기둥, 세로 줄, (신문의) 칼럼

Greek architecture made much use of *columns* and beams.

ⓟ **columnist** *n.* 특별 기고가

0349
coma
[kóumə]

n. 혼수상태

She was in a *coma* for seven weeks.

표현 **fall(go) a coma** 혼수상태에 빠지다

0350
comb
[kóum]

n. 빗

A lock of hair is in the *comb*.

표현 **a fine tooth comb** (빗살이 아주 촘촘한) 참빗

0351
combat
[kɑ́mbæt]

n. 전투(= fight)

For the hero of the film, *combat* is the ultimate experience that allows him to find his true self.

ⓟ **combatant** *adj.* 격투하는, 교전 중의, 호전적인

0352
combustion
[kəmbʌ́stʃən]

n. 연소

Combustion is the act of burning something or the process of burning.

ⓟ **combustibility** *n.* 연소성, 가연성

[예문 해석] **0344** 우리의 납부통지서는 자동으로 연속해서 처리되어서 때때로 납부가 통지서와 엇갈리기도 한다.   **0345** 대령은 소령의 경례에 답례했다.   **0346** 여우가 "그건 아무것도 아냐. 우리는 벌써 화성에 첫 번째 식민지를 개척하기 위해서 우리의 우주선을 보냈어."라고 말했다. **0347** 그는 그 조각상을 Naxos 섬의 미완성 대리석 거상과 비교했다.   **0348** 그리스 건축에는 기둥과 들보가 많이 사용되었다.   **0349** 그녀는 7주 동안 혼수상태에 있었다.   **0350** 머리카락 한 뭉치가 빗에 끼어 있다.   **0351** 그 영화의 주인공에게 전투는 자신의 진정한 자아를 찾게 해주는 궁극적 체험이다.   **0352** 연소는 무엇인가를 태우거나 타는 과정이다.

0353
comet

[kάmit]

n. 혜성

The orbit of this *comet* intersects the orbit of the Earth.

파 cometlike *adj.* 혜성 같은

0354
comfort

[kʌ́mfərt]

n. 위로, 위안, 안락(=ease)

Unfortunately, however, these *comforts* will soon be unavailable if developments are continued without paying due attention to these needs.

파 comfortable *adj.* 편안한   comfortably *adv.* 편안하게 |대수능|

표현 words of comfort 위로의 말

0355
command

[kəmǽnd]

n. 명령   *v.* 명령하다(=order)

"Come on, men, we can beat them," shouted someone in *command*. |대수능|

파 commander *n.* 지휘자   commandant *n.* 사령관, 지휘관

> Tip [com(=completely)+mand(=order)] mand는 '명령하다, 지시하다'의 의미이다.

0356
commercial

[kəmə́ːrʃəl]

n. 상업광고   *adj.* 상업의

Sometimes little children are so "sold" by *commercials* that they really believe their family must eat only one kind of cereal or use a certain brand of soap. |대수능|

파 commerce *n.* 상업, 무역   commercialism *n.* 상업주의

0357
commission

[kəmíʃən]

n. 위원회, 임무, 중개수수료

The government set up a *commission* to investigate the problem of inner city violence.

파 commissioner *n.* 위원, 이사, 국장, 장관

0358
commodity

[kəmάdəti]

n. 상품, 일용품

The shipping of *commodities* by air began in the 1920s.

표현 a basic commodity 기본 필수품

0359
commotion

[kəmóuʃən]

n. 동요, 흥분, 소동

The discovery caused a tremendous *commotion* in the scientific world.

파 commove *v.* 동요〔흥분〕시키다, 선동하다

0360
commune

[kəmjúːn]

n. 생활공동체   *v.* 이야기하다, 친하게 지내다

She went to live in a women's *commune*.

파 communal *adj.* 공동의, 공유의

[예문 해석] **0353** 이 혜성의 궤도가 지구 궤도를 가로지른다.   **0354** 그러나 불행하게도 이러한 욕구들에 대한 적절한 관심을 쏟지 않고 개발이 계속된다면 이러한 안락함들은 곧 누리기 어렵게 될 것이다.   **0355** "이보게들, 힘내. 우리는 그들을 이길 수 있다고."라고 누군가가 명령조로 소리쳤다.   **0356** 때때로 어린 아이들은 상업광고에 의해서 그렇게 '팔려' 나가 정말로 그들의 가족이 한 가지 종류의 시리얼만을 먹어야 하거나 특정한 상표의 비누만을 사용해야 한다고 믿는다.   **0357** 정부는 도시 내부의 폭력 문제를 조사하는 위원회를 설립했다.   **0358** 상품을 항공편으로 수송하기 시작한 것은 1920년대부터였다.   **0359** 그 발견은 과학계에 커다란 파란을 일으켰다.   **0360** 그녀는 여성 공동체에 살러 들어갔다.

0361
communism
[kámjunìzm]

n. 공산주의

Communism is expressed in various movements.

파 communist *n.* 공산주의자

0362
community
[kəmjú:nəti]

n. 사회, 공동체

Schools should stick to academics, leaving moral education to the parents and the *community.* |대수능|

관련 community center 마을 회관

0363
companion
[kəmpǽnjən]

n. 친구(= friend)

Books, like friends, must be carefully chosen, for bad books do more harm than bad *companions.* |대수능|

파 companionship *n.* 교제, 교우

More **companion** *n.* 일, 생활, 운명 등을 함께 하는 사람 **associate** *n.* 사업 등의 협력자 **comrade** *n.* 정신적 유대가 강한 동지 **colleague** *n.* 지적인 직업을 같이 하는 동료

0364
compartment
[kəmpá:rtmənt]

n. 칸막이, 구획

The luggage is all lined up in the storage *compartment.*

0365
compassion
[kəmpǽʃən]

n. 동정, 연민, 불쌍히 여김(= pity)

The suffering of the Cubans aroused their *compassion.*

파 compassionate *adj.* 자비로운, 동정심이 있는

0366
complement
[kámpləmənt]

n. 보충물, [문법] 보어

A good wine is a *complement* to a good meal.

파 complementary *adj.* 보충적인

0367
complexion
[kəmplékʃən]

n. 안색, 피부색

The black dress brings out the fairness of your *complexion.*

표현 a fair complexion 하얀 피부

0368
compliment
[kámpləmənt]

n. 경의, 칭찬(= praise), 아첨(= flattery)

You don't have to make such transparent *compliments.*

파 complimentary *adj.* 칭찬의, 찬사의, 우대의

0369
component
[kəmpóunənt]

n. 성분, 구성 요소

The following *components* will be installed.

파 compose *v.* 구성하다, 작곡하다 composition *n.* 구성, (음악) 작곡

[예문 해석] 0361 공산주의는 다양한 운동으로 표현된다. 0362 학교는 도덕교육을 부모들과 사회 공동체에 맡기고 학업에 충실해야 한다. 0363 나쁜 책들은 나쁜 친구보다 더 큰 해를 끼칠 수 있기 때문에 책들은 친구처럼 신중하게 선택되어야 한다. 0364 화물이 짐 싣는 곳에 모두 정렬되어 있다. 0365 쿠바 사람들의 고통이 그들의 동정심을 불러 일으켰다. 0366 좋은 술은 훌륭한 식사를 더욱 빛나게 해준다. 0367 검은 드레스는 네 피부색의 아름다움을 돋보이게 한다. 0368 너는 그렇게 속이 빤히 들여다보이는 칭찬을 할 필요가 없다. 0369 다음 구성 요소가 설치될 것이다.

0370
composite

[kəmpázit]

n. 합성물, 혼합물 *adj.* 혼성의, 합성의

Natural fiber *composites* can also have reduced weight and improved surface appearance, compared to more traditional thermoplastics.

(파) composition *n.* 구성, 합성, 혼합   compost *n.* 혼합 비료

0371
composure

[kəmpóuʒər]

n. 침착, 냉정, 평정(=calmness)

He doesn't lose his *composure* even in the most difficult situation.

(표현) lose one's composure 마음의 평정을 잃다

0372
compound

[kámpaund]

n. 합성물 *v.* 합성하다, 만들어 내다

Our analysis has found that the two *compounds* are structurally equivalent.

0373
compromise

[kámprəmàiz]

n. 타협, 화해, 양보

They reached a satisfactory *compromise*.

0374
comrade

[kámræd]

n. 동료, 동지, 친구(=friend)

Many of his *comrades* were killed in the battle.

(파) comradeship *n.* 동지애

0375
conceit

[kənsíːt]

n. 자부심, 자만

She has a great *conceit* regarding her own beauty.

(파) conceited *adj.* 자만심이 강한

0376
concept

[kánsept]

n. 개념(=notion, idea), 생각

The *concept* of beauty changes according to the times.

(파) conception *n.* 개념, 생각

> (Tip) concept는 전체적인 '개념'을, notion은 주관적인 '의향, 의지, 개념, 생각'을 뜻한다.

0377
concern

[kənsə́ːrn]

n. 관계, 관련, 관심, 염려(=anxiety) *v.* 관계하다, 관심 갖다, 염려하다

Any *concerns* you have can be directed to our public affairs committee.

(파) concerned *adj.* 걱정하는, 염려하는   concerning *prep.* ~에 관하여

0378
concord

[káŋkɔːrd]

n. 일치, 화합, 조화

He would pursue a neutral and balanced policy for the sake of national *concord*.

(반) discord *n.* 불일치, 불화

[예문 해석] 0370 천연 섬유 복합 재료는 또한 보다 전통적인 열가소성 물질과 비교하여 무게를 줄이고 외관을 향상시킬 수 있다.   0371 그는 가장 힘든 상황에서도 냉정을 잃지 않는다.   0372 우리가 분석해본 결과 그 두 화합물은 구조적으로 등가물인 것으로 밝혀졌다.   0373 그들은 만족할 만한 타협을 보았다.   0374 그의 동료 중 많은 사람들이 그 전투에서 사망했다.   0375 그녀는 자신의 미모에 큰 자부심을 가지고 있다.   0376 미의 개념은 시대에 따라 변한다.   0377 귀하의 고충이 어떤 것이든 저희 대민 업무 위원회로 보내주십시오.   0378 그는 국가적 화합을 위해서 중립적이고 균형 잡힌 정책을 추구할 것이다.

0379
concubine
[kánkjubàin]

n. 첩, 내연의 처

In former times, a *concubine* was a woman who lived with and had a sexual relationship with a man of higher social rank without being married to him.

0380
condition
[kəndíʃən]

n. 조건, 상태(= state), 병

Now his *condition* is changing for the worse. |대수능|

ⓟ conditional *adj.* 조건부의

표현 on condition that ~라는 조건으로, ~라는 조건이라면

0381
condolence
[kəndóuləns]

n. 문상, 애도, (종종 ~s) 애도의 말

Please accept my sincere *condolences*.

ⓟ condole *v.* 위로하다, 문상하다, 동정하다

0382
conduct
[kándʌkt]

n. 행위, 처리(= management) *v.* 지휘하다

Competition implies a set of rules that govern the *conduct* of the opposed parties. |대수능|

ⓟ conductor *n.* 안내자, 지휘자, 전도체   conduction *n.* [물리] 열 전도

0383
conference
[kánfərəns]

n. 회의

Mr. Newell will appear as a special guest speaker at the Second International Tourism *Conference* to be held at the Grand Hotel. |대수능|

ⓟ confer *v.* 수여하다, 상담하다

0384
confidence
[kánfədəns]

n. 자신감, 신임(= trust), 신뢰

Working in a group will give you a bit more *confidence*. |대수능|

ⓟ confident *adj.* 자신이 있는   confidential *adj.* 기밀의, 비밀의

0385
configuration
[kənfìgjuréiʃən]

n. 배치, 지형, 구성, 전체적 윤곽

You have successfully created a preinstallation *configuration* set.

ⓟ configurate *v.* ~의 모양을 만들다, 구성하다

0386
conflict
[kánflikt]

n. 투쟁(= struggle) *v.* 싸우다

When such role *conflicts* occur, you need to do more important things first. |대수능|

ⓟ conflicting *adj.* 서로 싸우는

Tip [con(=together)+flict(=strike)] flict는 '치다, 때리다'의 의미이다.

[예문 해석] **0379** 옛날에 첩이란 높은 사회적 지위의 남자와 결혼하지 않고 같이 살면서 성적 관계를 유지해왔던 여자였다.   **0380** 지금 그의 상태는 더욱 악화되고 있다.   **0381** 진심으로 애도의 뜻을 표하는 바입니다.   **0382** 경쟁은 반대편의 행동을 통제하는 일련의 규칙들을 의미한다.   **0383** Newell 씨가 그랜드 호텔에서 열리는 제2차 국제 관광업 회의에 특별 객원연사로 나타날 것입니다.   **0384** 사람들 속에서 일하는 것은 당신에게 좀 더 많은 자부심을 줄 것이다.   **0385** 사전 설치 구성 집합을 성공적으로 만들었습니다.   **0386** 그러한 역할 분쟁들이 생길 때, 당신은 더 중요한 일을 먼저 해야 한다.

0387
congestion

[kəndʒéstʃən]

n. 혼잡, 정체

Unless we take action now, traffic *congestion* will get worse and worse.

파 congest *v.* 혼잡하게 하다 |대수능|

> Tip [con(=with)+gest(=carry)+ion(명사어미)] gest는 '나르다'의 의미이다.

0388
congratulation

[kəngrætʃuléiʃən]

n. 축하

Congratulations! You did a good job. |대수능|

파 congratulate *v.* 축하하다

0389
congress

[káŋgris]

n. 회의, 의회, 국회

Congress has the power of legislation.

관련 Congressman *n.* (미국의) 하원 의원

0390
connotation

[kànətéiʃən]

n. 함축, 내포

It's just one of those words that have got so many negative *connotations*.

반 denotation *n.* (말의) 명시적[직접적] 의미

0391
conscience

[kánʃəns]

n. 양심, 도의심

He has not an atom of *conscience* in him.

파 conscientious *adj.* 양심적인, 성실한   혼 conscious *adj.* 인식하고 있는

표현 in conscience 마음에 걸려서

0392
conscript

[kánskript]

n. 징집병, 신병   *adj.* 징집된   *v.* 징병하다, 징발하다

He is an old hand at handling a new *conscript*.

파 conscription *n.* 징병 (제도)

0393
consensus

[kənsénsəs]

n. 일치, 합의, 여론의 일치

The *consensus* among the students was that the professor should be dismissed.

표현 national consensus 국민적 합의

0394
consequence

[kánsəkwèns]

n. 결과(=result), 중요성(=importance)

Although computers are in many ways raising the quality of our lives, we need also to be aware of the *consequences* of computer failure. |대수능|

파 consequent *adj.* 결과로서 일어나는, 당연한   consequently *adv.* 그 결과로서, 따라서

표현 in consequence of ~의 결과로서

> Tip [con(=with)+sequ(=follow)+ence(명사어미)] sequ는 '다음의, 연속된'의 의미이다.

[예문 해석] **0387** 우리가 지금 조치를 취하지 않으면, 교통 혼잡은 더욱 더 심해질 것이다.   **0388** 축하해! 잘 했어.   **0389** 의회는 입법권을 가진다.   **0390** 그것은 아주 많은 부정적인 내포 의미를 가진 그러한 단어들 중 하나일 뿐이다.   **0391** 그는 양심이라고는 손톱만치도 없다. **0392** 그는 신병을 다루는 데 익숙한 사람이다.   **0393** 학생들 간의 공통된 의견은 교수를 해임시켜야 한다는 것이었다.   **0394** 비록 컴퓨터가 많은 측면에서 우리의 삶의 질을 향상시키고는 있지만, 우리는 또한 컴퓨터 고장의 결과들을 알고 있어야 한다.

0395
conservation

[kὰnsərvéiʃən]

n. 보호, 관리, 보존

From the turn of the century, concern for wildlife has led to numerous international *conservation* program.

파 conserve *v.* 보존하다, 보호하다   conservative *adj.* 보수적인, 보수주의의, 보존력이 있는 conservationist *n.* 자연 보호론자   conservatism *n.* 보수주의

0396
conspiracy

[kənspírəsi]

n. 공모, 음모, 모의

He believes there probably was a *conspiracy* to kill President Kennedy in 1963.

파 conspirator *n.* 공모자, 음모자   conspire *v.* 공모하다, 작당하다

0397
constellation

[kὰnstəléiʃən]

n. 별자리

A *constellation* is a group of stars which form a pattern and have a name.

0398
consul

[kάnsəl]

n. 영사, 집정관

The *consul* briefed the new arrivals on host-country standards for business practices, conduct, and ethics.

파 consular *adj.* 영사(관)의

0399
contact

[kάntækt]

n. 접촉 *v.* 접촉하다

You could make person-to-person *contact* with your audience. |대수능|

0400
contagion

[kəntéidʒən]

n. (접촉) 전염, (접촉) 전염병

Cholera spreads by *contagion*.

파 contagious *adj.* (접촉) 전염성의, 만연하는

[예문 해석] **0395** 새로운 세기가 시작되고부터, 야생생물에 대한 우려로 수많은 국제적인 보호 프로그램이 생겼다.   **0396** 1963년에 아마도 Kennedy 대통령을 죽이고자 하는 공모가 있었을 것이라고 그는 믿는다.   **0397** 별자리는 패턴을 형성하며 이름을 가지는 별들의 무리이다. **0398** 그 영사는 새로 온 사람들에게 주최국의 사업 관행, 행동, 윤리의 기준에 대해 간단히 정보를 제공해주었다.   **0399** 당신은 당신의 청중과 일 대일 접촉을 할 수 있을 것이다.   **0400** 콜레라는 접촉 전염으로 퍼진다.

4TH LECTURE MASTERING IDIOMS

- **at most** 많아야, 기껏해야

  We expect fifty participants *at most*. 참가자는 많아야 50명일 것으로 예상한다.

- **at once** 즉시, 한번에(=immediately, in no time, in less than no time, instantly, right away, right now)

  You may a well explain *at once* what had happened. 너는 무슨 일이 일어났는지 즉시 설명하는 것이 좋다.

- **at one's leisure** 한가할 때에(=in one's spare time)

  Read this book *at your leisure*. 한가할 때에 이 책을 읽어라.

- **at other times** 다른 때에는

  He seems to be quiet *at other times*. 그가 다른 때에는 조용한 것 같다.

- **at the same time** 동시에

  At the same time the lights went out. 동시에 전등이 나갔다.

- **as well as** 뿐만 아니라(*cf.* not only A but also B A 뿐만 아니라 B도 =B as well as A)

  As well as helping the environment, energy conservation reduces your fuel bills.
  에너지 보존은 환경을 도울 뿐 아니라 연료비를 감소시킨다.

- **be about to + V** 막 ~하려고 하다(=on the point of ~ing)

  They *were about to* go to school when the accident happened.
  그 사건이 일어났을 때 그들은 막 학교를 가려고 하고 있었다.

- **be absorbed in** ~에 열중하다(=be engrossed in, be immersed in)

  She *is absorbed in* reading a book. 그녀는 독서에 열중해 있다.

- **be(get) accustomed to + N** ~에 익숙해지다(=be(get) used to + N)

  I'*m* not *accustomed to* making a speech in public.
  나는 사람들 앞에서 이야기하는 데에 익숙하지 않다.

- **be advised to + V** ~하도록 조언을 받다, ~해야 한다

  Cyclists *are advised* to wear helmets to reduce the risk of head injury.
  자전거를 타는 사람들은 머리 부상의 위험을 줄이기 위해 헬멧을 쓰라는 권고를 받는다.

- **be allowed to + V [N]** ~해도 좋다, ~할 수 있다, ~에게 허용되다(N이 올 때)

  You will not *be allowed to* travel with the group.
  당신은 그 그룹과 함께 여행하지 못하게 될 것이다.

- **be amazed at** ~에 놀라다

  He *was amazed at* the sight. 그는 그 광경에 놀랐다.

4ᵀᴴ LECTURE REVIEW TEST

● 빈칸에 알맞은 단어나 뜻을 쓰시오.

1. chauvinism	_____	26. _____	연소
2. cheek	_____	27. comet	_____
3. chef	_____	28. command	_____
4. chest	_____	29. _____	상업광고
5. _____	냉기, 한기	30. commission	_____
6. chin	_____	31. commodity	_____
7. choir	_____	32. commotion	_____
8. _____	(가정의) 잡일, 지루한 일	33. commune	_____
9. chromosome	_____	34. compartment	_____
10. chronicle	_____	35. _____	동정, 연민
11. chunk	_____	36. complement	_____
12. _____	상황, 환경, 주위의 사정	37. complexion	_____
13. claw	_____	38. _____	경의, 칭찬, 아첨
14. clergy	_____	39. composite	_____
15. cloak	_____	40. composure	_____
16. closet	_____	41. _____	타협, 화해, 양보
17. cluster	_____	42. comrade	_____
18. coexistence	_____	43. conceit	_____
19. coffin	_____	44. concord	_____
20. cognition	_____	45. concubine	_____
21. _____	우연의 일치	46. condolence	_____
22. _____	동료, 동업자	47. configuration	_____
23. colonel	_____	48. congestion	_____
24. colossus	_____	49. connotation	_____
25. coma	_____	50. conspiracy	_____

5ᵀᴴ LECTURE | ⁰⁴⁰¹ contemporary ~ ⁰⁵⁰⁰ delinquency |

SUMMA CUM LAUDE VOCABULARY

0401
contemporary

[kəntémpərèri]

n. 같은 시대의 사람(것)   *adj.* 현대의, 같은 시대의

Not all my *contemporaries* watched so much, but many did, and what's more, we watched the same programs and heard the same commercials.
표현 contemporary literature 현대 문학 |대수능|

> Tip [con(=together)+tempor(=time)+ary(명사 · 형용사어미)] tempor는 '시간, 박자'의 의미이다.

0402
contempt

[kəntémpt]

n. 경멸, 모욕

She threw a look of *contempt* at me.
파 contemptuous *adj.* 모욕적인   contemptible *adj.* 멸시할 만한

0403
contest

[kántest]

n. 대회, 투쟁(=struggle)   *v.* 경쟁하다

Some were dressed up for a fashion *contest.* |대수능|
파 contestant *n.* 경쟁자

0404
context

[kántekst]

n. (문장의) 문맥, 상황

Try and guess what it means from the *context.*
표현 in this context 이 문맥(상황)에서는

0405
continent

[kántənənt]

n. 대륙

The organization won the 1999 Nobel Peace Prize for its work on several *continents* since its foundation. |대수능|
파 continental *adj.* 대륙의

0406
contour

[kántuər]

n. 윤곽, 외형

I have vivid memories of his facial *contour.*

[예문 해석] **0401** 나와 동시대의 사람들 모두가 매우 많이 TV를 시청했다고 할 수 없지만, 많은 사람들이 많이 보았다. 더구나 우리는 똑같은 프로그램을 보았고 똑같은 광고를 들었다.   **0402** 그녀는 비웃는 얼굴로 나를 보았다.   **0403** 일부는 패션 콘테스트를 위해 옷을 차려입었다.   **0404** 이것이 무엇을 의미하는지 문맥에서 추론해보시오.   **0405** 그 조직은 설립 이후 몇몇 대륙에서의 일 때문에 1999년 노벨 평화상을 수상했다. **0406** 나는 그의 얼굴 윤곽이 뚜렷이 기억난다.

0407
contract
[kántrækt]

n. 계약, 약정   *v.* 계약하다, 수축하다

I think this *contract* is self-contradictory.

㉠ contractor *n.* 계약자   contracted *adj.* 계약된, 수축된

0408
contraction
[kəntrǽkʃən]

n. 수축, (말 따위의) 축약

Cold causes *contraction* of liquids.

0409
contrary
[kántreri]

n. 반대, 모순

On the *contrary*, they are far more likely to be viewed with pity or even anger. |대수능|

㉥ on the contrary 반대로

0410
contrast
[kántræst]

n. 대조   *v.* 대조하다

In *contrast*, television cannot stir the imagination at all, for everyone clearly sees the actions taking place. |대수능|

㉥ in contrast with ~와 대조적으로

> (Tip) contrast는 각각이 가진 차이점을 뚜렷하게 대비시키는 의미로 쓰인다.

0411
convenience
[kənví:njəns]

n. 편리함

How many of us would be willing to give up some minor *convenience* in the hope that this might extend the life of man on earth? |대수능|

㉠ convenient *adj.* 편리한   ㉯ convenience store 편의점

0412
convention
[kənvénʃən]

n. 집회, 협정, 관습

My partner and I will be attending the *convention*.

㉠ conventional *adj.* 전통적인, 관습적인, 상투적인

0413
conversation
[kànvərséiʃən]

n. 대화

In a single session you'll have the tricks enabling you to carry on a social *conversation* with a foreigner. |대수능|

㉠ converse *v.* 대화를 나누다

0414
coolant
[kú:lənt]

n. 냉각제, 냉각수

In contrast to earlier approaches, the new technique does not require the use of water as a *coolant*.

㉯ cool-headed *adj.* 침착한, 차분한   cooler *n.* 냉각기

[예문 해석] 0407 이 계약서는 잘못되었다고 생각한다.   0408 냉기는 액체의 수축을 일으킨다.   0409 반대로, 그것들은 연민이나 심지어 분노에 의해서 훨씬 더 관찰되어지기 쉽다.   0410 대조적으로, 텔레비전은 모든 사람들이 발생하고 있는 일을 분명히 보기 때문에 상상력을 전혀 자극할 수 없다.   0411 이것이 지구상의 인간의 수명을 연장시킬지도 모른다는 희망으로 우리 중 얼마나 많은 사람들이 어떤 사소한 편리함을 기꺼이 포기하려고 하겠는가?   0412 내 동업자와 나는 그 집회에 참석할 것이다.   0413 단 한 차례의 학기 안에 당신은 외국인과 사교적인 대화를 수행할 수 있게 되는 기법들을 가지게 될 것이다.   0414 이전의 접근법과는 달리 신기술을 이용하면 물을 냉각제로 사용할 필요가 없다.

0415

cooperation

[kouápərèiʃən]

n. 협력

Therefore, instead of seeking security through means of mass destruction, we should achieve it through global understanding and *cooperation* before it is too late. |대수능|

파 cooperator *n.* 협력자   cooperate *v.* 협력하다

0416

cop

[káp]

n. 경찰, 순경

The door suddenly opened and a *cop* walked in.

관련 cops-and-robbers *n.* 술래잡기

0417

copper

[kápər]

n. 구리, 동

He was thought at first to be a modern victim of a hiking accident, but scientific study has proved him to be from the *Copper* Age. |대수능|

0418

copy

[kápi]

n. 사본, 원고

To save a *copy* of the agreement on your computer, click Save *Copy*.

관련 copyright *n.* 판권, 저작권   copywriter *n.* 카피라이터, 광고 문안 작성가

0419

cord

[kɔ́:rd]

n. 새끼, 끈

The electrical *cords* have been plugged in.

파 cordless *adj.* 끈이 없는

0420

core

[kɔ́:r]

n. 핵심, 응어리, 중심

The company's *core* business is automotive mirrors.

표현 to the core 속속들이, 철두철미하게

0421

corn

[kɔ́:rn]

n. 옥수수, 낟알

The villagers cultivate mostly *corns* and beans.

0422

coronation

[kɔ̀:rənéiʃən]

n. 대관식, 즉위식

A *coronation* is the ceremony at which a king or queen is crowned.

0423

corporal

[kɔ́:rpərəl]

n. [군사] 상등병, [육군] 하사   *adj.* 육체의, 신체의

The *corporal* shouted an order at the men.

0424

corps

[kɔ́:r]

n. 군단, 부대

Mr. Broder had served four years in the Marine *Corps*.

[예문 해석] **0415** 그러므로 우리는 대량 파괴의 수단을 통해서 안보를 구하는 대신에, 너무 늦기 전에 국제적인 상호이해와 협력을 통해 안보를 이루어야 한다.   **0416** 문이 갑자기 열리더니 경찰이 걸어 들어왔다.   **0417** 그는 처음에는 하이킹 사고의 현대의 희생자라고 생각되었으나 과학적 연구는 그가 동기(銅器) 시대에서 왔음을 증명했다.   **0418** 계약서 사본을 컴퓨터에 저장하려면 복사본 저장을 클릭해라.   **0419** 전기 코드가 끼워져 있었다.   **0420** 그 회사의 핵심 사업은 자동차용 거울이다.   **0421** 그 마을 사람들은 대부분 옥수수와 콩을 재배한다.   **0422** 대관식은 왕이나 여왕이 왕관을 받는 의식이다.   **0423** 그 상병은 부하들에게 명령을 내렸다.   **0424** Broder 씨는 4년 동안 해병대에서 복무했다.

0425
corpse

[kɔ́:rps]

n. 시체, 송장

They performed an autopsy on the unidentified *corpse*.

0426
correlation

[kɔ̀:rəléiʃən]

n. 상호 관련, 상호(의존)관계, 상관(계수)

There is close *correlation* between climate and crops.

파 correlate *v.* 서로 관련하다, 상관하다

0427
cosmetic

[kɑzmétik]

n. (pl.) 화장품

The new *cosmetics* line is scheduled to be on shelves in time for the holidays.

0428
cosmopolitan

[kɑ̀zməpɑ́lətn]

n. 세계인, 세계주의자   *adj.* 세계적인, 국제적인

A *cosmopolitan* does not feel any strong connection with his own country.

파 cosmopolitanism *n.* 세계주의, 사해동포주의

0429
costume

[kɑ́stʃu:m]

n. 복식, 복장

In our play I wore a king's *costume*.

0430
cot

[kɑ́t]

n. (양, 비둘기 등의) 집, 우리

The animal is relaxing on the *cot*.

0431
cottage

[kɑ́tidʒ]

n. 오두막집

Brigid Gill was alone in her *cottage* waiting for her little son to come from school. |대수능|

파 cottager *n.* 시골사람

0432
cotton

[kɑ́tn]

n. 면, 솜

"No, no," the man said, "it is also the same color as *cotton* or wool." |대수능|

0433
couch

[káutʃ]

n. 침상, 소파

Two people are on the *couch*.

표현 couch potato 게으르고 비활동적인 사람

0434
council

[káunsəl]

n. 회의, 평의회, 지방 의회

The *council* is committed to programme of urban regeneration.

파 councilor *n.* (지방 의회의) 의원

[예문 해석] 0425 그들은 신원 미상의 사체를 부검했다.   0426 기후와 농작물 사이에는 밀접한 상호관계가 있다.   0427 신제품 화장품 라인은 연휴 기간에 맞춰 출시될 예정이다.   0428 세계주의자는 그 자신의 나라와 어떤 강력한 유대감 같은 것을 느끼지 않는다.   0429 연극에서 나는 임금 복장을 했다.   0430 그 동물은 우리에서 쉬고 있다.   0431 Brigid Gill은 그녀의 어린 아들이 학교에서 돌아오기를 기다리며 오두막에 홀로 있었다.   0432 그 남자는 "아니, 아니, 이것은 또한 면이나 울과 같은 색깔이야."라고 말했다.   0433 소파에 두 사람이 있다.   0434 그 지방 의회는 도시 쇄신 프로그램에 전념하고 있다.

0435
counsel

[káunsəl]

n. 조언, 충고(= advice) *v.* 조언하다, 권하다

Listen to the *counsel* of your elders.

파 counseling *n.* 카운슬링, 상담 counselor *n.* 카운슬러, 상담역

0436
county

[káunti]

n. [행정구역] 군

Which of the following *counties* does not have a flood warning?

0437
coup

[kú:]

n. (불시의) 일격, 대히트, 쿠데타

The president was deposed in a military *coup*.

표현 put down(foil) a coup attempt 쿠데타 시도를 진압하다

0438
courage

[kə́:ridʒ]

n. 용기(= bravery)

Thomas Jefferson once said that what matters is the *courage* of one's convictions. |대수능|

파 courageous *adj.* 용감한

> Tip courage는 정신력을, bravery는 대담한 행위를 강조한다.

0439
courtesy

[kə́:rtəsi]

n. 예의, 공손(= politeness)

There were rules of *courtesy* towards all adults. |대수능|

파 courteous *adj.* 예의 바른

0440
cousin

[kʌ́zn]

n. 사촌

His *cousin* is an automobile mechanic.

0441
coward

[káuərd]

n. 겁쟁이, 비겁한 자

We scorn *cowards* and liars.

파 cowardly *adv.* 비겁하게

0442
cradle

[kréidl]

n. 요람

In Scandinavia the welfare state has earned the famous characterization "from *cradle* to grave." |대수능|

표현 from the cradle 어린 시절부터

0443
craft

[krǽft]

n. 기술, 재주

Writers must separate themselves from their own pages so that they can apply both their caring and their *craft* to their own work. |대수능|

관련 craftsman *n.* 숙련공 craftsmanship *n.* (장인의) 솜씨, 기능

[예문 해석] **0435** 연장자들의 조언에 귀를 기울여라. **0436** 다음 중 홍수 경보가 발효되지 않은 군은 어디인가? **0437** 대통령은 군사 쿠데타로 실각당했다. **0438** Thomas Jefferson은 중요한 것은 사람의 확신에 찬 용기라고 언젠가 말했다. **0439** 모든 어른들에 대한 예의범절의 규칙이 있었다. **0440** 그의 사촌은 자동차 수리(정비)공이다. **0441** 우리는 비겁자와 거짓말쟁이를 경멸한다. **0442** 스칸디나비아의 복지 국가는 '요람에서 무덤까지'라는 유명한 평가를 얻었다. **0443** 작가들은 자기 자신의 작품에 관심과 기술을 적용할 수 있도록 자신의 작품에서 자신을 분리시켜야 한다.

0444
cramp

[krǽmp]

n. (손발 등의) 경련

A *cramp* in the legs forced him to withdraw from the contest.

(혼) cram *v.* 억지로 채워 넣다, 밀려들다, 벼락공부를 하다

0445
crash

[krǽʃ]

n. 충돌 *v.* 충돌하다(=collide)

This can stem from many sources such as having an automobile *crash*, being fired from a job, falling suddenly ill, becoming involved in a legal suit, or losing a large sum of money. |대수능|

(관련) crash-land *v.* 불시착하다

0446
crate

[kréit]

n. 나무틀, 포장용 상자, 총기상자

The man is carrying a *crate* of goods.

(표현) a crate of bananas 바나나 한 상자

0447
crater

[kréitər]

n. (화산) 분화구, 운석 구멍, 폭탄 구멍

We also took advantage of the resort's local excursion tours of the area, including a shopping trip to a village market and a breathtaking hike through a jungle up to a volcano *crater*.

0448
credential

[kridénʃəl]

n. 자격 증명서, 성적 증명서

He is a botanist with splendid *credentials*.

0449
credit

[krédit]

n. 신용, 명성, 외상

First America Bank offers a remarkable protection plan for lost or stolen *credit* cards. |대수능|

(파) creditor *n.* 채권자   credulous *adj.* 남을 쉽사리 믿는

0450
creed

[kríːd]

n. 교의, 신조, 주의, 강령

That is an article of my *creed*.

(표현) keep one's creed 신조를 지키다

0451
creek

[kríːk]

n. 시내, 샛강

After we put up our tents, we went to a *creek*.

(관련) stream *n.* 시내, 개울   brook *n.* 시내, 개천(small stream)

0452
crew

[krúː]

n. 탑승원, 승무원

The man is inspecting the *crew* of the ship.

(관련) crewman *n.* 탑승원, 부대원

[예문 해석] **0444** 다리의 경련으로 그는 시합을 그만두었다.   **0445** 이것은 자동차 충돌 사고를 당하는 것, 직장에서 해고되는 것, 갑작스럽게 아프게 되는 것, 법률 소송에 연루되는 것, 또는 많은 돈을 잃는 것과 같은 많은 원인에서 비롯될 수 있다.   **0446** 남자가 물건 한 상자를 나르고 있다.   **0447** 우리는 또한 리조트의 지역 유람 관광 프로그램을 이용해서 마을 시장에서 쇼핑도 하고 화산 분화구까지 뻗어 있는 정글을 통과하는 아슬아슬한 하이킹도 하였다.   **0448** 그는 찬란한 자격 증명서들을 가진 식물학자이다.   **0449** First America 은행은 분실되거나 도난당한 신용카드들을 위한 주목할 만한 보호 정책을 제공하고 있다.   **0450** 그것은 내 신조 중의 하나이다.   **0451** 텐트를 치고 나서, 우리는 시내로 갔다.   **0452** 그 남자는 그 배의 선원들을 조사하고 있다.

0453
crime

[kráim]

n. (법률상의) 죄, 범죄

He is a member of an underground *crime* network.

(파) criminal *adj.* 범죄의, 죄 있는, 형사상의　criminology *n.* 범죄학, 형사학

0454
crimson

[krímzn]

n. 진홍색, 피로 물들인 색　*adj.* 진홍색의

The eastern sky was tinged with *crimson*.

0455
cripple

[krípl]

n. 불구자, 지체 장애자

A person with a physical disability or a permanent injury is sometimes referred to as a *cripple*.

(파) crippled *adj.* 불구가 된

0456
crisis

[kráisis]

n. 위기, 고비

These events may hasten the occurrence of a *crisis*, both for the youngster and his parents. |대수능|

(표현) pass the crisis 고비를 넘기다, 위기를 벗어나다

0457
criteria

[kraitíəriə]

n. 기준(들)

These essays were then evaluated according to the *criteria* of purity, truthfulness, elegance, and propriety. |대수능|

(표현) evaluation criteria 평가 기준

0458
crook

[krúk]

n. 악한, 사기꾼, 굽은 것, 갈고리

The *crook* is being watched closely.

(파) crooked *adj.* 꼬부라진, 비뚤어진

0459
crop

[kráp]

n. 수확(= harvest), 농작물, 곡물

Locusts fly in a large group and eat *crops*.

(표현) a crop of 잇달은, 썩 많은

0460
crosswalk

[krɔ́:swɔ̀:k]

n. 횡단보도

Many witnesses insisted that the accident had taken place on the *crosswalk*. |대수능|

(관련) crossroads *n.* 교차로　cross *n.* 십자가　*v.* 가로지르다　crossbeam *n.* 대들보

0461
crumb

[krʌ́m]

n. 작은 조각, 빵가루, 소량

She dusted the biscuit *crumbs* from her fingers.

(관련) crumble *v.* 빻다, 부수다, 가루로 만들다

[예문 해석] **0453** 그는 비밀 범죄 조직의 일원이다.　**0454** 동천이 새빨갛게 물들었다.　**0455** 육체적인 장애나 영구적인 부상을 가진 사람은 때때로 불구자라고 불린다.　**0456** 이러한 사건들은 젊은이와 그의 부모 모두에게 위기의 발생을 재촉할지 모른다.　**0457** 그리고 나서 이러한 에세이들은 순수함, 진실함, 우아함 그리고 적절함의 기준들에 따라 평가되어졌다.　**0458** 그 사기꾼은 가까이에서 감시되고 있다.　**0459** 메뚜기는 떼를 지어 날고 농작물을 먹는다.　**0460** 많은 목격자들은 그 사고가 횡단보도에서 일어났다고 주장했다.　**0461** 그녀는 손가락에서 비스킷 조각들을 털어냈다.

0462
crusade

[kru:séid]

n. 십자군

Give an outline of the *Crusades*.

파 crusader *n.* 십자군 전사, 개혁 운동가

0463
crust

[krʌst]

n. 빵 껍질, 딱딱한 외피, 지각

I like the *crust* on French bread.

0464
crutch

[krʌtʃ]

n. 목발, 목다리

I fell off my bike and broke my leg. I'm going to be on *crutches* all summer.

0465
cub

[kʌb]

n. (곰, 여우 등의) 새끼, 애송이, 젊은이

The Bear Cam will allow scientists to study hibernation patterns such as breathing and movement, and also monitor the birth and feeding of the bear's *cubs*.

0466
cube

[kjú:b]

n. 입방체, 정 6면체

She put a *cube* of sugar into the glass.

파 cubic *adj.* 입방체의   cubism *n.* [미술] 입체파

0467
cuddle

[kʌdl]

n. 꼭 껴안음, 포옹   *v.* 꼭 껴안다, 부둥키다

Come on, let's have a *cuddle*.

0468
cue

[kjú:]

n. 신호, 단서, [당구] 큐

That was the *cue* for our departure.

0469
cuff

[kʌf]

n. 소맷부리, 수갑(=handcuffs)

When ironing shirts, I only did the collars and *cuffs*.

0470
cuisine

[kwizí:n]

n. 요리(=cooking), 요리법, 요리솜씨

This is nowhere near the taste of real French *cuisine*.

표현 the cuisine of Japan 일본 요리

0471
curator

[kjuəréitər]

n. (박물관 따위의) 관리자, 관장

The Museum of Human History is seeking an assistant *curator*.

0472
curb

[kə́:rb]

n. (인도와 차도 사이의) 연석, 재갈, 구속

Trash is sitting on the *curb*.

[예문 해석] **0462** 십자군에 대하여 약술하라.   **0463** 나는 프랑스 빵 껍질을 좋아한다.   **0464** 자전거 타다가 떨어져서 다리를 다쳤다. 여름 내내 목발을 짚고 다닐 것이다.   **0465** 베어 캠을 사용하여 과학자들은 호흡과 움직임 같은 동면 패턴을 연구하고, 새끼 곰이 태어나고 먹이를 먹는 과정을 관찰할 수도 있을 것이다.   **0466** 그녀는 유리잔 속에 각설탕 한 개를 넣었다.   **0467** 자, 이리 온. 안아보자.   **0468** 그것은 우리의 출발 신호였다.   **0469** 셔츠를 다릴 때, 나는 칼라와 소맷부리만 다렸다.   **0470** 이것은 진짜 프랑스 요리 맛과는 거리가 멀다.   **0471** 인류 역사 박물관에서는 부관장을 구하고 있다.   **0472** 쓰레기가 도로변에 놓여 있다.

0473
currency

[kə́ːrənsi]

n. 통화, 유통

When we think of money, we usually think of *currency*, or coins and bills. |대수능|

0474
current

[kə́ːrənt]

n. 흐름, 조류, 전류   *adj.* 유행의, 현재의

As the earth moves around, the *currents* twist and flow around the oceans in the huge circles.

(파) currently *adv.* 널리, 현재

0475
curriculum

[kəríkjuləm]

n. 교육과정(= course)

French is included in the *curriculum*.

(파) curricular *adj.* 교육과정의

0476
custom

[kʌ́stəm]

n. 습관, 관습

A changing *custom* that can create problems for both men and women is the question of who pays for whom on dates. |대수능|

(파) customs *n.* 관세, 관습   customary *adj.* 습관적인, 통례의

(Tip) custom에 복수화 접미사 -s를 붙인다고 모두 관세나 세관의 의미가 되는 것은 아니다.

0477
customer

[kʌ́stəmər]

n. 고객

She got up at 5:30 every morning to deliver the newspapers to her *customers*. |대수능|

(파) customize *v.* 개인의 취향에 맞추다

(Tip) customer는 상점 등에서 실제로 물건과 같은 것을 사는 사람들을 말하며, client는 전문가나 전문적인 조직으로부터 서비스를 제공받는 사람들을 말한다.

>>> 표제어 이외의 교과서 수록 어휘

cabbage [kǽbidʒ]   *n.* 양배추

cable [kéibl]   *n.* 케이블, 굵은 밧줄

cacao [kəkáːou]   *n.* 카카오

cackle [kǽkl]   *n.* 꼬꼬댁, 꽥꽥하고 우는 소리

cafeteria [kæ̀fətíəriə]   *n.* 카페테리아, 구내 식당

caffeine [kæfíːn]   *n.* 카페인

caldron [kɔ́ːldrən]   *n.* 큰 솥(냄비)

calendar [kǽləndər]   *n.* 달력, 표, 목록

calf [kǽf]   *n.* 송아지

calorie [kǽləri]   *n.* 칼로리(열량의 단위)

camcorder [kǽmkɔ̀ːrdər]   *n.* 캠코더

camel [kǽməl]   *n.* 낙타

camera [kǽmərə]   *n.* 카메라, 사진기

camp [kǽmp]   *n.* 캠프, 야영지

[예문 해석] **0473** 돈을 생각할 때, 우리는 보통 동전이나 지폐와 같은 통화를 생각한다.   **0474** 지구가 자전함에 따라, 조류는 거대한 원 형태로 바다 주위를 굽이치고 흐른다.   **0475** 교육과정에는 프랑스어가 있다.   **0476** 남자와 여자 모두에게 문제를 발생시키는 변화하는 관습은 데이트를 할 때 누가 누구를 위해서 돈을 내느냐의 문제이다.   **0477** 그녀는 고객들에게 신문을 배달하기 위해서 매일 아침 5시 30분에 일어났다.

campus [kǽmpəs]   *n.* (대학의) 교정, 구내

canoe [kənúː]   *n.* 카누, 가죽배

canvas [kǽnvəs]   *n.* 캔버스, 유화, 텐트, 덮개

cap [kǽp]   *n.* 모자

caramel [kǽrəməl]   *n.* 캐러멜, 구운 설탕

carat [kǽrət]   *n.* 캐럿(보석의 무게 단위)

caribou [kǽrəbùː]   *n.* 순록

caricature [kǽrikətʃùər]   *n.* (풍자적) 만화

caricaturist [kǽrikətʃùərist]   *n.* 풍자 만화가

carnation [kɑːrnéiʃən]   *n.* 카네이션, 연분홍

carnival [káːrnəvəl]   *n.* 카니발, 축제

carol [kǽrəl]   *n.* 기쁨의 노래, 캐롤

carpet [káːrpit]   *n.* 융단, 양탄자, 깔개

carrot [kǽrət]   *n.* 당근

cartoon [kɑːrtúːn]   *n.* 카툰, 풍자 만화

case [kéis]   *n.* 케이스, 경우, 사건, 문제

cassette [kæsét]   *n.* 카세트

caste [kǽst]   *n.* 카스트(인도의 세습적인 계급)

catalog [kǽtəlɔ̀ːg]   *n.* 목록, 카탈로그

caterpillar [kǽtərpìlər]   *n.* 애벌레

cattle [kǽtl]   *n.* 소, 가축

caw [kɔ́ː]   *n.* (까마귀 등의 울음소리) 까악까악

celadon [sélədàn]   *n.* 청자, 청자색 유약

cello [tʃélou]   *n.* 첼로

cement [simént]   *n.* 시멘트, 접합제

ceramic [sərǽmik]   *n.* 세라믹, 요업제품, 도기

chaff [tʃǽf]   *n.* 왕겨, 여물, 찌꺼기

chain [tʃéin]   *n.* 체인, 사슬, 연쇄, 일련

chalk [tʃɔ́ːk]   *n.* 분필, 초크

chameleon [kəmíːliən]   *n.* 카멜레온, 변덕쟁이

champagne [ʃæmpéin]   *n.* 샴페인

champion [tʃǽmpiən]   *n.* 챔피언, 우승자

chance [tʃǽns]   *n.* 기회, 우연

chandelier [ʃæ̀ndəlíər]   *n.* 샹들리에

cherry [tʃéri]   *n.* 버찌, 벚나무

chess [tʃés]   *n.* 체스, 서양 장기

chestnut [tʃésnʌ̀t]   *n.* 밤, 밤나무

chimpanzee [tʃìmpænzíː]   *n.* 침팬지(chimp)

chip [tʃíp]   *n.* 칩, 토막, 조각

chirp [tʃə́ːrp]   *n.* 찍찍, 짹짹

cholera [kálərə]   *n.* 콜레라

chord [kɔ́ːrd]   *n.* (악기의) 현, 심금, (특수한) 감정

chuckle [tʃʌ́kl]   *n.* 낄낄 (웃음)

chug [tʃʌ́g]   *n.* 칙칙폭폭 (소리)

church [tʃə́ːrtʃ]   *n.* 교회, 성당

cicada [sikéidə]   *n.* 매미

cigarette [sìgərét]   *n.* 담배

cinema [sínəmə]   *n.* 영화관, 영화

circle [sə́ːrkl]   *n.* 원, 원주, 범위, 집단

circus [sə́ːrkəs]   *n.* 서커스, 곡예, 원형 광장

citrus [sítrəs]   *n.* 감귤류

cladding [klǽdiŋ]   *n.* [금속] 클래딩, 피복(법)

clam [klǽm]   *n.* 대합조개

clatter [klǽtər]   *n.* 덜걱덜걱 (소리)

click [klík]   *n.* 재깍하는 소리

climax [kláimæks]   *n.* 클라이맥스, 최고조, 절정

clinic [klínik]   *n.* 클리닉, 진료소, 진찰실

clip [klíp]   *n.* 클립, 종이집게

clone [klóun]   *n.* 클론, 복제 생물, 복제품

clover [klóuvər]   *n.* 클로버, 토끼풀

club [klʌ́b]   *n.* 클럽, 곤봉, 골프채, 동호회

cobalt [kóubɔ̀ːlt]   *n.* [화학] 코발트

cockney [kákni]   *n.* 런던 토박이

cockroach [kákròutʃ]   *n.* 바퀴(벌레)

cocoa [kóukou]   *n.* 코코아

cocoon [kəkúːn]   *n.* 누에고치

cod [kád]   *n.* [어류] 대구

coil [kɔ́il]   *n.* 코일, 소용돌이, 감은 것

coke [kóuk]   *n.* 코카콜라

collar [kálər]   *n.* 칼라, 깃, 접어 젖힌 것

colon [kóulən]   *n.* 콜론

comedy [kámədi]   *n.* 코미디, 희극

comma [kámə]   *n.* 쉼표, 콤마

compass [kʌ́mpəs]   *n.* 컴퍼스, 나침반

concert [kánsə(ː)rt]   *n.* 콘서트, 음악회

condominium [kàndəmíniəm]   *n.* 콘도미니엄

cone [kóun]   *n.* 아이스크림 콘, 원뿔(체)

conjunction [kəndʒʌ́ŋkʃən]   *n.* 접속사, 연결

conservatory [kənsə́ːrvətɔ̀ːri]   *n.* 음악학교, 온실

consonant [kánsənənt]   *n.* [음성학] 자음

cookie [kúki] *n.* 쿠키	croak [króuk] *n.* 개굴개굴 우는 소리
cork [kɔ́:rk] *n.* 코르크	crocodile [krákədàil] *n.* 악어
coup d'etat [kù:deitá:] *n.* 쿠테타	crow [króu] *n.* 까마귀
coupon [kú:pɑn] *n.* 쿠폰, 회수권의 한 장	crown [kráun] *n.* 왕관
course [kɔ́:rs] *n.* 코스, 진행, 강의, 교육과정	cuckoo [kú(:)ku:] *n.* 뻐꾸기
court [kɔ́:rt] *n.* (테니스) 코트, 안뜰, 궁전, 법정	cucumber [kjú:kʌmbər] *n.* 오이
cowboy [káubɔ̀i] *n.* 카우보이, 목동	curry [kə́:ri] *n.* 카레가루, 카레요리
crab [kræb] *n.* 게, 게자리	cursive [kə́:rsiv] *n.* 초서, 흘림으로 쓰는 글
crag [krǽg] *n.* 울퉁불퉁한 바위, 험한 바위산	curtain [kə́:rtn] *n.* 커튼, (극장의) 막
crane [kréin] *n.* 두루미, 학, 기중기, 우주왕복선	curve [kə́:rv] *n.* 커브, 만곡, 굽음
crank [krǽŋk] *n.* [기계] 크랭크	custom-tailor [kʌ́stəmtéilər] *n.* 맞춤 양복점
crayon [kréiən] *n.* 크레용	cuttlefish [kʌ́tlfiʃ] *n.* 오징어
cream [krí:m] *n.* 크림	cycle [sáikl] *n.* 사이클, 순환, 주기
crescent [krésnt] *n.* 초승달	Cygnus [sígnəs] *n.* [천문학] 백조자리
crevasse [krəvǽs] *n.* (빙하의) 갈라진 틈	cylinder [sílindər] *n.* 원통, 원기둥, 실린더
cricket [kríkit] *n.* 귀뚜라미, [스포츠] 크리켓	cypress [sáiprəs] *n.* 사이프러스(삼나무의 일종)

0478
dagger
[dǽgər]

n. 단도, 칼

He always carries a *dagger* with him.

0479
dairy
[dέəri]

n. 낙농장, 낙농업

Growing numbers of nutritionists are advising people to decrease their consumption of *dairy* products.

0480
damage
[dǽmidʒ]

n. 손상, 손해(= injury, harm)

On the other hand, a young female composer suffered *damage* to the right brain. |대수능|

> (Tip) damage는 보통 물건의 손상을 나타내며, injury는 사람이나 동물의 손상을 나타낸다.

0481
dawn
[dɔ́:n]

n. 새벽

The birds, for example, start singing at *dawn*.

0482
day-care center
[dei kɛər sentər]

n. 탁아소, 보육소

People are born in state-run hospitals, and they go to state-run *day-care centers*. |대수능|

[예문 해석] **0478** 그는 단도를 항상 지니고 있다. **0479** 사람들에게 유제품 소비를 줄일 것을 권유하는 영양학자들의 수가 점점 늘고 있다. **0480** 반면에, 어떤 젊은 여성 작곡가는 오른쪽 두뇌에 손상을 입었다. **0481** 예를 들어, 새들은 새벽에 노래부르기 시작한다. **0482** 사람들은 정부가 운영하는 병원에서 태어나고 정부가 운영하는 탁아소에 간다.

0483
dean
[díːn]

n. 학장, 수석 사제

The book, written under another name, was actually the work of the *dean* of the literature department.

(표현) **dean's list** 대학 우등생 명단, 시험 잘 친 학생 명단

0484
death
[déθ]

n. 죽음

And an illness may itself be caused by an emotional crisis like the *death* of parents. |대수능|

(파) **deathly** *adj.* 죽음의, 치명적인   (관련) **death rate** 사망률

0485
debris
[dəbríː]

n. 부스러기, 파편

Debris is scattered on the shore.

(표현) **debris surge** (빌딩이 무너지면서 생기는) 파편 폭풍

0486
debt
[dét]

n. 빚, 부채

He is heavily in *debt*.

(파) **debtor** *n.* 채무자

0487
decade
[dékeid]

n. 10년, 10개

Up until about two *decades* ago, they had seldom received funds from the government or private organizations. |대수능|

(관련) **decathlon** *n.* 10종 경기

0488
deceit
[disíːt]

n. 속임, 사기, 기만(= deception)

She was too honest to be capable of *deceit*.

(파) **deceitful** *adj.* 사람을 속이는   **deceive** *v.* 속이다, 기만하다

0489
deck
[dék]

n. 갑판

Rain splashed on the boat's *deck*.

(파) **decker** *n.* 갑판 선원, 장식장, 갑판이 있는 버스

0490
decline
[dikláin]

n. 하락, 쇠퇴 *v.* 쇠퇴하다, 거절하다

For developed countries, the *decline* will mean price rises for wood products, but for developing countries the impact will be more severe.

(표현) **be on the decline** 쇠퇴하다 |대수능|

(Tip) [de(=down)+cline(=bend)] cline은 '구부러지다, 굽다, 휘어지다'의 의미이다.

[예문 해석] **0483** 다른 저자명으로 쓰인 그 책은 사실 문학부 학과장의 작품이었다.   **0484** 그리고 병 그 자체는 부모의 죽음과 같은 감정적인 위기에 의해서 발생될지 모른다.   **0485** 물가에 잔해가 흩어져 있다.   **0486** 그는 빚이 엄청나게 많다.   **0487** 약 20년 전까지 그들은 정부나 또는 민간 단체들로부터 자금을 거의 받지 못했다.   **0488** 그녀는 너무 정직해서 사기를 칠 수 없었다.   **0489** 배의 갑판 위로 빗방울이 튀겼다.   **0490** 선진국들에게 그 하락은 나무로 만든 제품의 가격 상승을 의미할지 모르나, 개발도상국에게 그 영향은 더욱 심각할 것이다.

0491
decree

[dikríː]

n. 법령, 칙령, 판결   *v.* 포고하다, 법령을 공포하다

A *decree* is an official order or decision, especially one made by the ruler of a country.

0492
deed

[díːd]

n. 행위(= action), 실행, 공적

He is a man of words, and not of *deeds*.

0493
defect

[díːfekt]

n. 결점, 결함

Some were in very good condition but others had small *defects*. |대수능|

(파) defective *adj.* 결점이 있는, 불완전한

0494
deficiency

[difíʃ ənsi]

n. 부족, 결핍, 결여

Vitamin *deficiency* can lead to illness.

(파) deficient *adj.* 부족한, 불충분한

0495
deficit

[défəsit]

n. 부족(액), 적자

We make up for the monthly *deficits* with bonuses.

0496
degree

[digríː]

n. 정도, 각도, 학위

This job demands a high *degree* of skill.

(표현) to a degree 어느 정도는

0497
delay

[diléi]

n. 지연, 연기   *v.* 미루다, 연기하다

Inquiries as to the reason for the *delay* were met with silence.

0498
delegate

[déligit]

n. 대표자   *v.* 대표로 보내다, 위임하다

Delegates are currently visiting several South American nations.

0499
delicacy

[délikəsi]

n. 섬세함, 민감, 맛있는 것

Surprise your family with freshly baked *delicacies* at 40% off the regular price.

(파) delicate *adj.* 미묘한, 섬세한, 우아한   delicately *adv.* 섬세하게

0500
delinquency

[dilíŋkwənsi]

n. 의무 불이행, 직무 태만, (청소년의) 비행(범죄)

Many criminologists believe that today's stronger family contributes to the decline in *delinquency*.

(파) delinquent *adj.* 비행의, 죄를 범한

[예문 해석] **0491** 칙령은 특히 한 나라의 통치자에 의해 이루어지는 공식적인 명령이나 결정이다. **0492** 그는 말뿐이지 실행이 없는 사람이다. **0493** 일부는 매우 좋은 상태에 있었으나 일부는 작은 결점들을 가지고 있었다. **0494** 비타민 결핍은 질병의 원인이 될 수 있다. **0495** 우리는 매달의 적자를 보너스로 메운다. **0496** 이 일은 고도의 기술을 필요로 한다. **0497** 연착 이유를 묻는 질문에 대해서는 묵묵부답이었다. **0498** 대표단은 현재 남아메리카 여러 나라를 순방하고 있다. **0499** 정규 가격의 40% 할인가에 막 구워낸 진미 제과들로 여러분의 가족을 놀라게 해주십시오. **0500** 많은 범죄학자들은 오늘날 더욱 강해진 가족 결속력 덕분에 청소년 범죄가 줄어들고 있다고 생각한다.

5TH LECTURE MASTERING IDIOMS

- **be ashamed of**　~을 부끄러워하다

  The poor girl *was ashamed of* her ragged dress. 그 가난한 처녀는 자기의 누더기 드레스를 부끄러워했다.

- **be aware of**　~을 인식하다, 알다(=be conscious of)

  He *was* not *aware of* the deviation of his car from its lane.
  그는 자기 차가 차선을 벗어난 것을 알아차리지 못했다.

- **be based on**　~에 토대를 두다

  The illogical proof *was based on* a faulty premise. 그 비논리적 논증은 그릇된 전제를 바탕으로 했다.

- **be bound for**　~로 향하다

  This train *is bound for* New York City. 이 열차는 뉴욕 행입니다.

- **be bound to + V**　~해야 한다, ~할 운명이다, ~하기로 되어 있다

  We *are bound* by our agreement *to* wait ninety days.
  계약에 의하면 우리는 90일 동안 기다려야 한다.

- **be capable of**　~할 수 있다, ~할 능력이 있다(=be able to + V)

  The governor *is capable of* handling his current difficulties.
  주지사는 현재의 어려움에 대처할 수 있는 능력이 있다.

- **be charged with**　~으로 가득 차다(=be crammed with, be filled with, be flooded with)

  This wire *is charged with* electricity. 이 전선에는 전기가 통해 있다.

- **be comparable to + N**　~에 상응하다

  They turn out goods *comparable to* those of foreign nations in both quality and quantity.
  그들은 질적으로 그리고 양적으로 외국의 물품에 뒤지지 않는 물품을 제조한다.

- **be compelled to + V**　~하도록 강요당하다, 부득이하게 ~해야 한다(=be pressed to + V)

  I *was compelled to* resign. 나는 타의에 의해서 퇴직해야 했다.

- **be composed of**　~로 구성되다

  This textbook *is composed of* ten units. 이 교과서는 10단원으로 되어 있다.

- **be concerned about**　~에 대해 걱정하다(=be anxious about, be worried about)

  Many people *are* very *concerned about* the destruction of the rainforests.
  많은 사람들이 열대우림의 파괴에 대해 몹시 우려하고 있다.

- **be concerned with**　~와 관계되다(=be connected with)

  I *am* not *concerned with* such trivial matters. 나는 그런 하찮은 문제와 관계가 없다.

5TH LECTURE REVIEW TEST

● 빈칸에 알맞은 단어나 뜻을 쓰시오.

1. _____	같은 시대의 사람(것)	26. correlation	_____
2. contempt	_____	27. cosmetic	_____
3. contest	_____	28. cosmopolitan	_____
4. _____	문맥, 상황	29. _____	복식, 복장
5. continent	_____	30. cot	_____
6. contour	_____	31. cottage	_____
7. contract	_____	32. cotton	_____
8. contraction	_____	33. couch	_____
9. on the contrary	_____	34. council	_____
10. contrast	_____	35. _____	조언, 권고
11. _____	편리함	36. county	_____
12. convention	_____	37. coup	_____
13. conversation	_____	38. courage	_____
14. coolant	_____	39. _____	예의, 공손
15. _____	협력	40. cousin	_____
16. cop	_____	41. coward	_____
17. copper	_____	42. cradle	_____
18. _____	사본, 원고	43. craft	_____
19. cord	_____	44. cramp	_____
20. core	_____	45. _____	충돌
21. corn	_____	46. crate	_____
22. coronation	_____	47. crater	_____
23. corporal	_____	48. credential	_____
24. corps	_____	49. _____	신용, 명성, 외상
25. corpse	_____	50. creed	_____

51. creek	_____	76. custom	_____
52. _____	탑승원, 승무원	77. _____	고객
53. crime	_____	78. dagger	_____
54. crimson	_____	79. dairy	_____
55. cripple	_____	80. damage	_____
56. _____	위기, 고비	81. dawn	_____
57. criteria	_____	82. day-care center	_____
58. crook	_____	83. dean	_____
59. crop	_____	84. death	_____
60. crosswalk	_____	85. debris	_____
61. crumb	_____	86. debt	_____
62. crusade	_____	87. _____	10년, 10개
63. crust	_____	88. deceit	_____
64. crutch	_____	89. deck	_____
65. cub	_____	90. _____	하락, 쇠퇴
66. cube	_____	91. decree	_____
67. cuddle	_____	92. deed	_____
68. cue	_____	93. _____	결점, 결함
69. cuff	_____	94. deficiency	_____
70. _____	요리, 요리법	95. deficit	_____
71. curator	_____	96. _____	정도, 각도, 학위
72. curb	_____	97. delay	_____
73. _____	통화, 유통	98. delegate	_____
74. current	_____	99. delicacy	_____
75. _____	교육과정	100. delinquency	_____

정답 | 기본 페이지 참조

6TH LECTURE

| 0501 demand ~ 0600 ecology |

SUMMA CUM LAUDE VOCABULARY

0501
demand

[dimǽnd]

n. 수요, 요구   *v.* 요구하다

Since these belong to needs deeply rooted in human nature, the *demand* for them will increase as we prosper. |대수능|

ⓟ demanding *adj.* 힘든

> Tip demand가 명사일 때는 뒤에 전치사 for가 오지만, 동사로 쓰일 때는 for를 쓰지 않는다.

0502
demeanor

[dimíːnər]

n. 태도, 품행, 행실(=demeanour)

She disliked his haughty *demeanor*.

0503
democracy

[dimάkrəsi]

n. 민주주의

We have the good fortune to live in a *democracy*. |대수능|

ⓟ democrat *n.* 민주주의자   democratic *adj.* 민주적인

> Tip [demo(=people)+cracy(=rule)] demo는 '사람, 민중, 대중'의 의미이고 cracy는 '규칙'의 의미이다.

0504
demon

[díːmən]

n. 악마, 귀신, 마귀(=devil)

He is a *demon* for work.

0505
den

[dén]

n. (야수의) 굴, 우리

A *den* is the home of certain types of wild animals such as lions or foxes.

0506
denim

[dénim]

n. 작업복, 진바지

The indigo *denim* used to make jeans is produced in Macedonia.

[예문 해석] **0501** 이러한 것들은 인간의 본성에 깊게 뿌리박힌 욕구에 속하기 때문에, 그것들에 대한 요구는 우리가 번영함에 따라 증가할 것이다. **0502** 그녀는 그의 거만한 태도가 싫었다.   **0503** 우리는 민주주의 사회에서 살 수 있는 행운을 가지고 있다.   **0504** 그는 일하는 데는 귀신이다.   **0505** 굴은 사자나 여우와 같은 특정한 종류의 야생동물들의 집이다.   **0506** 진을 만들 때 사용되는 인디고 데님은 마케도니아에서 생산된다.

0507
denomination

[dinὰmənéiʃən]

n. 명칭, 종파, (화폐 등의) 단위 명칭, 액면 금액

The three *denominations* are 50 won, 100 won and 500 won.

㈜ denominator *n.* 명명자, [수학] 분모

0508
dentist

[déntist]

n. 치과의사

In 1892, a *dentist* had the idea of putting toothpaste in tubes.

㈜ dental *adj.* 이의, 치과의   dentistry *n.* 치과학

0509
department

[dipá:rtmənt]

n. 과, 부서

Are you a new student in the history *department*? |대수능|

㈜련 department store 백화점

0510
deposit

[dipázit]

n. 예금, 보증금, 부착물   *v.* 아래에 놓다, 예금하다, 맡기다

You'll get the *deposit* back when you leave.

㈜ deposition *n.* [법] 선서 증언, 면직, 파면

0511
depot

[dí:pou]

n. 정거장, 역, 저장소, 창고(= warehouse)

They are being cleared out of the *depot*.

0512
depth

[dépθ]

n. 깊이, 깊은 곳

We were impressed by the *depth* of his insight.

㈜현 in depth 철저하게

0513
deputy

[dépjuti]

n. 대리인, 대의원

He will act as my *deputy*.

0514
despair

[dispέər]

n. 절망, 자포자기   *v.* 절망하다, 단념하다

His *despair* gave way to the hatred that would sustain him through his long years of imprisonment.

㈜ desperate *adj.* 자포자기의, 필사적인   desperation *n.* 필사적임, 절망

0515
destination

[dὲstənéiʃən]

n. 목적지

But the plane will arrive at its *destination*. |대수능|

0516
destiny

[déstəni]

n. 운명(= fate)

Many of them accepted their *destiny*. |대수능|

㈜ destine *v.* 예정하다, 운명으로 정해지다   destined *adj.* 운명으로 정해진

[예문 해석] **0507** 세 종류의 액면가는 50원, 100원 그리고 500원이다.   **0508** 1892년에 어떤 치과의사가 튜브 속에 치약을 넣는 생각을 해냈다.   **0509** 당신은 역사학과의 새로운 학생입니까?   **0510** 나갈 때 보증금은 다시 받으실 겁니다.   **0511** 그들이 역에서 쫓겨나고 있다.   **0512** 우리는 그의 심오한 통찰력에 탄복했다.   **0513** 그가 나의 대리역을 맡을 것이다.   **0514** 그의 절망은 장기간의 투옥 기간 내내 그를 견디게 해줄 증오로 변했다.   **0515** 그러나 비행기는 목적지에 도착할 것이다.   **0516** 많은 사람들이 그들의 운명을 받아들였다.

0517
detergent

[ditə́:rdʒənt]

n. 합성세제   *adj.* 세정하는

This synthetic *detergent* washes out dirt very well.

0518
detour

[dí:tuər]

n. 우회, 우회도로

Road construction required them to take a *detour*.

(표현) make(take) a detour 우회하다

0519
device

[diváis]

n. 장치, 고안(=plan, scheme)

Choose the *device* you want to configure.

(파) devise *v.* 고안하다, 궁리하다, 발명하다

0520
devil

[dévəl]

n. 악마

She is possessed with a *devil*.

0521
devotion

[divóuʃən]

n. 헌신, 전념

However, if you are aware of local and global issues when you are young, your *devotion* to making the world a better place will continue.

(파) devote *v.* 바치다, 헌신하다   (표현) devote oneself to ~에 열중하다 |대수능|

0522
dew

[djú:]

n. 이슬

Our life is, so to speak, a morning *dew*.

(파) dewy *adj.* 이슬에 젖은   (관련) dewdrop *n.* 이슬방울

0523
dexterity

[dekstérəti]

n. 솜씨 좋음, 기민함, 빈틈없음

I was unable to do anything which required manual *dexterity*.

(파) dexterous *adj.* 솜씨 좋은, 능란한   dexterously *adv.* 솜씨 좋게

0524
diabetes

[dàiəbí:tis]

n. 당뇨병

Diabetes is closely linked to obesity.

(파) diabetic *adj.* 당뇨병(환자)의

0525
diagnosis

[dàiəgnóusis]

n. 진단

He was hospitalized for *diagnosis* and treatment.

(파) diagnose *v.* 진단하다, 조사 분석하다

0526
diagram

[dáiəgræm]

n. 그림, 도형

He illustrated his point by using a simple *diagram*.

[예문 해석] 0517 이 합성세제는 더러운 것들을 잘 씻어낸다.   0518 도로 공사 때문에 그들은 우회해야 했다.   0519 구성하고 싶은 장치를 선택하십시오.   0520 그녀는 악마에 사로잡혀 있다.   0521 그러나 만약 당신이 어렸을 때 지역적이고 세계적인 문제들을 인식한다면, 세상을 더 좋은 곳으로 만들려는 당신의 헌신은 계속될 것이다.   0522 인생이란 이를테면 아침 이슬과 같은 것이다.   0523 나는 손의 기민함을 요구했던 어떤 것도 할 수가 없었다.   0524 당뇨병은 비만과 밀접한 관련이 있다.   0525 그는 진단과 치료를 위하여 입원했다.   0526 그는 간단한 도표를 그려 가며 요점을 설명했다.

0527
dialect
[dáiəlèkt]

n. 방언, 사투리

She speaks a broad Gyeongsang-do *dialect*.

파 dialectal *adj.* 사투리의   dialectally *adv.* 방언으로

0528
dialogue
[dáiəlɔ̀ːg]

n. 문답, 대화(=dialog, conversation)

We should get rid of possible misunderstandings through *dialogues*.

0529
diameter
[daiǽmitər]

n. 직경, 지름

The radius of a circle is half the *diameter*.

파 diametric *adj.* 직경의, 정반대의

0530
diaper
[dáiəpər]

n. 기저귀, 마름모무늬

A *diaper* is a piece of soft towel or paper, which you fasten round a baby's bottom in order to soak up its urine and feces.

0531
diary
[dáiəri]

n. 일기

Keeping a *diary* is an everyday routine of mine.

0532
dice
[dáis]

n. 주사위, 도박

He enticed his former employer into another *dice* game.

0533
dictation
[diktéiʃən]

n. 구술, 받아쓰기

You have to hand in your *dictations*.

0534
dictator
[díkteitər]

n. 독재자

He behaves as if he were *dictator* of Korea. |대수능|

파 dictatorship *n.* 독재   dictate *v.* 받아쓰게 하다, 명령하다, 지시하다

0535
dictionary
[díkʃənèri]

n. 사전

This *dictionary* contains a rich vocabulary.

0536
diesel
[díːzəl]

n. 디젤유(油), 디젤 엔진(기관)

One gallon of *diesel* fuel will haul about four times as much by rail as by truck. |대수능|

0537
diet
[dáiət]

n. 식사, 식이요법

The most effective way to lose weight is to stay on a balanced *diet*. |대수능|

[예문 해석] **0527** 그녀는 순전히 경상도 사투리를 쓴다.   **0528** 우리는 대화를 통해 있을지도 모를 오해를 없애야 한다.   **0529** 원의 반지름은 지름의 반이다.   **0530** 기저귀는 오줌이나 배설물을 빨아들이기 위해서 당신이 아이의 엉덩이에 두르는 한 장의 부드러운 타월이나 종이이다. **0531** 일기 쓰기는 나의 일상적인 일과이다.   **0532** 그는 그의 전 고용주를 충동질하여 또다른 도박 게임을 하게 하였다.   **0533** 너는 받아쓴 것을 제출해야 한다.   **0534** 그는 마치 한국의 독재자인 것처럼 행동한다.   **0535** 이 사전은 어휘가 풍부하다.   **0536** 1갤런의 디젤 연료로 기차는 트럭보다 약 4배 더 많이 운송할 수 있을 것이다.   **0537** 살을 빼는 가장 효과적인 방법은 균형 잡힌 식사를 유지하는 것이다.

0538
difficulty

[dífikʌlti]

n. 곤란, 어려움

Most people have *difficulty* in remembering even the names they heard the day before. |대수능|

(파) difficult *adj.* 어려운

> (Tip) '~하는 데 어려움을 겪다'의 표현인 have difficulty (in) ~ing를 have difficulty to + V로 쓰지 않도록 주의해야 한다.

0539
dignity

[dígnəti]

n. 존엄, 위엄

Laws should be enacted from the standpoint of individual *dignity*.

(파) dignify *v.* 위엄을 갖추다, 위엄 있게 하다

0540
dime

[dáim]

n. 10센트 동전

Deposit a *dime* and dial your number.

(표현) a dime a dozen 흔해빠진, 평범한, 헐값인

0541
dimension

[diménʃən]

n. 치수, 크기(=size), 차원

What are the *dimensions* of a full-page ad?

(파) dimensional *adj.* 치수의, 차원의

0542
dimple

[dímpəl]

n. 보조개

She has a *dimple* when she smiles.

(파) dimpled *adj.* 보조개가 생긴

0543
diploma

[diplóumə]

n. 졸업증서, 학위 수여증, 공공문서

A *diploma* is the hallmark of capacity.

(표현) get one's diploma 대학을 졸업하다

0544
diplomacy

[diplóuməsi]

n. 외교, 외교술

Skillful *diplomacy* helps to avert war.

(파) diplomat *n.* 외교관   diplomatic *adj.* 외교의

0545
dipper

[dípər]

n. 국자, 퍼내는 도구, 북두칠성

Please hand me the *dipper*.

0546
disadvantage

[dìsədvǽntidʒ]

n. 손해, 불이익

Each advantage has its own *disadvantage*.

(파) disadvantaged *adj.* 불리한 조건에 놓인   disadvantageous *adj.* 불리한

[예문 해석] **0538** 대부분의 사람들은 심지어 그 전날 들었던 이름을 기억하는 데도 어려움을 겪는다.   **0539** 법률은 개개인의 존엄성에 입각하여 제정되어야 한다.   **0540** 10센트를 넣고 번호를 돌리시오.   **0541** 전면 광고는 크기가 어떻게 되죠?   **0542** 그녀는 웃으면 보조개가 생긴다.   **0543** 졸업 증명서는 능력을 증명하는 보증서이다.   **0544** 능숙한 외교는 전쟁을 피하는 데 도움이 된다.   **0545** 그 국자 좀 주세요.   **0546** 일장일단이 있다.

0547
disaster
[dizǽstər]

n. 재난(=calamity), 재앙

Losing it was a *disaster*, not looking for another one, a shame. |대수능|

(파) disastrous *adj.* 재해(재난)의, 비참한

0548
disc
[dísk]

n. 음반, 원반, 디스크(=disk)

Each *disc* includes a brief introduction to the artist and some interesting information which gives guidance in discovering more about classical music. |대수능|

0549
discharge
[distʃάːrdʒ]

n. 방출, 유출, 발사   *v.* 배출하다, 내보내다, 이행하다

Depression has brought forth a mass *discharge* of employees.

0550
discipline
[dísəplin]

n. 훈련(=training), 교육   *v.* 훈련하다, 교육하다

Children must have guidance and consistent *discipline* to become sound citizens. |대수능|

(파) disciple *n.* 제자, 문하생   disciplinary *adj.* 강의의

0551
discord
[dískɔːrd]

n. 불화, 불일치, 내분

There is constant *discord* among the members of the party.

(파) discordant *adj.* 일치하지(조화되지) 않는

0552
discount
[dískaunt]

n. 할인   *v.* 할인하다

Finally, a cash *discount* is a lower price offered to people who pay in cash. |대수능|

(파) discountable *adj.* 할인할 수 있는

0553
discourse
[dískɔːrs]

n. 강연, 설교, 이야기, 담화(=speech)

I cannot make head or tail of his *discourse*.

(표현) hold discourse with ~와 담론하다

0554
discrepancy
[diskrépənsi]

n. 불일치, 모순

The *discrepancy* is due to the employment of different accounting methods.

0555
discussion
[diskʌ́ʃən]

n. 토론

Discussion seldom changed his mind, and disagreement was not tolerated. |대수능|

(파) discuss *v.* 토론하다

[예문 해석] **0547** 그것을 잃어버리는 것은 재앙이었고 또 다른 것을 찾지 않는 것은 부끄러운 짓이었다.   **0548** 각각의 음반은 음악가에 대한 간략한 소개와 고전음악에 대해 더 많은 것을 발견하게 안내를 해주는 약간의 재미있는 정보를 담고 있다.   **0549** 불경기로 인하여 대량 실업자 사태가 났다.   **0550** 아이들은 건전한 시민이 되기 위해서 지도와 끊임없는 훈육을 받아야 한다.   **0551** 당원들 사이에는 끊임없는 불화가 있다.   **0552** 마지막으로 현금할인은 현금을 내는 사람들에게 제공되는 보다 낮은 가격이다.   **0553** 그의 말뜻을 전혀 알 수 없다.   **0554** 수치가 일치하지 않는 것은 다른 회계 방식을 채택했기 때문이다.   **0555** 토론은 거의 그의 마음을 바꾸지 못했고 반대는 용납되지 않았다.

0556
disease

[dizíːz]

n. 질병

At first, people were worried it would carry *diseases*. |대수능|

(관련) diseased part 환부

> (Tip) [dis(=not)+ease] ease는 '편안한 것, 안락함, 평이한 것'의 의미이다.

0557
disgrace

[disgréis]

n. 치욕(=shame), 불명예, 망신

The condition of the subway is a *disgrace* to this city. |대수능|

(파) disgraceful *adj.* 수치스러운   disgracefully *adv.* 수치스럽게

> (Tip) [dis(=not)+grace] grace는 '우아함, 고결함, 고귀함'의 의미이다.

0558
disguise

[disgáiz]

n. 변장, 위장, 가장   *v.* 변장하다, 감추다(=hide)

He may be a personage in *disguise*.

(파) disguised *adj.* 변장한, 속임수의

0559
dishonesty

[disánisti]

n. 부정직, 불성실

A professor lectured for an hour on the *dishonesty* of certain dictionary editors who omitted a word from the dictionary because of moral objections. |대수능|

(파) dishonest *adj.* 부정직한, 불성실한   dishonestly *adv.* 부정직하게

0560
dismay

[disméi]

n. 낙담, 경악, 공포   *v.* 낙담시키다

To my *dismay*, the other team scored three runs. |대수능|

(표현) to one's dismay 낭패스럽게도, 놀랍게도

0561
disposition

[dìspəzíʃən]

n. 성질, 배열, 처분

He is a man of good *disposition*.

(파) dispose *v.* 배치하다, 처리하다

0562
dispute

[dispjúːt]

n. 논쟁, 분쟁   *v.* 논쟁하다, 다투다

A *dispute* arose between the management and the employees.

(표현) in dispute 논의 중인

0563
distance

[dístəns]

n. 거리, 떨어짐

Mike had no increase in the *distance* he walked from week 2 to week 3.

(파) distant *adj.* 떨어진, 먼 |대수능|

[예문 해석] **0556** 처음에 사람들은 그것이 질병들을 옮길까봐 두려워했다.   **0557** 지하철의 상태는 이 도시의 수치거리이다.   **0558** 그는 위장을 하고 있는 명사일지도 모른다.   **0559** 어떤 대학 교수가 도덕적 반감 때문에 사전에서 단어 하나를 빼버린 특정 사전 편집자들의 부정직에 대해서 한 시간 동안 강의를 했다.   **0560** 낭패스럽게도 다른 팀이 3점을 올렸다.   **0561** 그는 마음씨가 고운 사람이다.   **0562** 경영주와 종업원 간에 쟁의가 일어났다.   **0563** Mike는 2주차부터 3주차까지는 걷는 거리를 증가시키지 않았다.

0564
distress

[distrés]

n. 비탄, 걱정, 가난

He is callous about the *distress* of his neighbors.

파 distressed *adj.* 고뇌에 지친

0565
district

[dístrikt]

n. 지역, 구역, 행정구, 지방(=region)

This *district* suffers to some extent from floods every year.

0566
ditch

[dítʃ]

n. 도랑, 개천

When I came to, I found myself lying in the *ditch*.

0567
division

[divíʒən]

n. 분할, 분배, 구획, 부서

She works in the advertising *division* of a large company in New York.

파 divide *v.* 나누다

0568
divorce

[divɔ́:rs]

n. 이혼, 분리

Every third marriage ends up in *divorce* in that country nowadays.

0569
document

[dάkjəmənt]

n. 서류, 문서(=legal or official paper)

He was issued with travel *documents* which allowed him to fly back to the United States. |대수능|

파 documentary *adj.* 서류(문서)의(=documental), 사실을 기록한 *n.* 기록물

0570
dogma

[dɔ́(:)gmə]

n. 교의, 교리, 신조

Their political *dogma* has blinded them to the real needs of the country.

파 dogmatic *adj.* 독단적인, 교의의, 교리의

0571
dominance

[dάmənəns]

n. 지배, 우세

Korean electronics firms are feeling growing pressure to retain *dominance* in major IT markets.

파 dominant *adj.* 지배적인, 유력한, 우세한   dominate *v.* 지배하다, 위압하다, 우세하다

0572
doom

[dú:m]

n. 운명(=fate)

Her *doom* was inevitable.

파 doomed *adj.* 불운의

0573
dormitory

[dɔ́:rmətɔ̀:ri]

n. 기숙사

I lay in bed in the *dormitory* crying under the sheet. |대수능|

[예문 해석] **0564** 그는 이웃 사람의 고통에 대하여 무신경하다.   **0565** 이 지방은 해마다 어느 정도 수해를 입는다.   **0566** 정신을 차렸을 때, 내가 도랑에 누워있는 것을 알았다.   **0567** 그녀는 뉴욕에 있는 큰 회사의 광고 부서에서 일한다.   **0568** 요즈음 그 나라에서는 부부 세 쌍 중 한 쌍은 결국 이혼한다.   **0569** 그는 미국으로 돌아갈 수 있는 여행 서류를 발급받았다.   **0570** 그들의 정치적인 신조 때문에 그들은 그 나라에서 정말로 필요한 것들을 파악하지 못했다.   **0571** 한국의 전기 회사들은 우위를 확보하고 있는 주요 IT 시장에서 증가하는 압력을 느끼고 있다.   **0572** 그녀의 운명은 피할 수 없는 것이었다.   **0573** 나는 기숙사의 침대 시트 아래에서 누워 울고 있다.

0574
dosage

[dóusidʒ]

n. 투약, 조제, 복용량

A *dosage* is the amount of a medicine or drug that someone takes or should take.

관련 dose *n.* 약의 1회분, 한 첩

0575
doubt

[dáut]

n. 의심 *v.* 의심하다

There is no *doubt* that our education does not meet high standards in such basic skills as mathematics and language. |대수능|

파 doubtful *adj.* 의심스러운   doubtless *adv.* 의심할 여지없이
표현 beyond doubt 의심할 여지없이   in doubt 의심스러운

0576
dough

[dóu]

n. 가루 반죽, 굽지 않은 빵

Mother patted the *dough* into a flat cake.

파 doughnut *n.* 도넛, 고리 모양의 물건

0577
downtown

[dáuntáun]

n. 번화가, 도심

The *downtown* area had begun to change early in the morning. |대수능|

More   downfall *n.* 몰락   downhill *adv.* 아래쪽으로   downpour *n.* 호우   down-right *adj.* 명백한   downsize *v.* 축소하다   downstream *adv.* 하류로   down-to-earth *adj.* 현실적인, 철저한

0578
draft

[dráeft]

n. 도안, 초안, 징병, 통풍(=draught)

None of the editor's revisions were added to the final *draft*.

관련 draftsman *n.* 제도가, 도안가

0579
drape

[dréip]

n. 덮는 천, 커튼 *v.* 덮다, 꾸미다, 치다

The Steam Master works wonders on carpets, sofas, *drapes*, and car mats.

파 draper *n.* 포목상   drapery *n.* 커튼류, 포목류

0580
drawback

[drɔ́:bæ̀k]

n. 약점, 장애, 환부금

The only *drawback* to this project is that it will cost too much.

More   draw *v.* 끌다, 당기다, 잡아 뽑다, 그리다   drawbridge *n.* 도개교(위로 열리는 구조로 만든 다리)   drawer *n.* 서랍

0581
drift

[dríft]

n. 표류, 이동 *v.* 표류하다

This has been mainly caused by the *drift* of large numbers of people from the rural areas. |대수능|

[예문 해석] 0574 복용량이란 누군가가 섭취하거나 섭취해야 하는 약의 양이다.   0575 수학이나 언어와 같은 기본적인 기술에 있어서 우리의 교육이 수준 높은 표준에 도달하지 못하고 있다는 것은 의심할 여지가 없다.   0576 어머니는 반죽을 가볍게 쳐서 납작한 과자 모양을 만드셨다. 0577 도심 지역은 아침 일찍부터 변하기 시작했다.   0578 편집자의 교열 내용이 최종 원고에 하나도 첨가되지 않았다.   0579 Steam Master는 카펫, 소파, 커튼, 및 자동차 매트에 놀랄만큼 효과적이다.   0580 이 계획의 유일한 난점은 비용이 너무 많이 들 거라는 것이다.   0581 이것은 시골 지역에서부터의 많은 사람들의 이동에 의해 주로 발생되었다.

0582
drill

[dríl]

n. 송곳, 천공기, 강의, 반복 연습   *v.* 교련하다, 가르치다, 꿰뚫다

Fire *drills* are to be held at least once every six months.

(표현) drill in (요점 등을) 반복해서 가르치다

0583
drizzle

[drízl]

n. 이슬비, 가랑비

Overcast skies will persist with *drizzle* and patches of fog developing.

(파) drizzly *adj.* 이슬비가 내리는

0584
drop

[dráp]

n. 방울, 급강하, 감소   *v.* 떨어지다

The *drop* in sales is only a temporary blip.

(관련) droplet *n.* 작은 물방울   droppings *n.* 배설물

0585
drought

[dráut]

n. 가뭄(= dry weather)

Jim raised over one hundred million dollars to provide relief for the *drought* victims in Africa. |대수능|

(파) droughty *adj.* 가뭄의

0586
drug

[drʌ́g]

n. 약, 마약

Drug taking is one of the greatest problems in our modern societies.

(파) druggist *n.* 약제사   (관련) drugstore *n.* 약국

0587
duel

[djú:əl]

n. 결투, 싸움

I accepted his challenge to a *duel*.

(표현) fight a duel with a person ~와 결투하다

0588
duplicate

[djú:pləkit]

n. 사본, 복사본   *v.* 복사[복제]하다   *adj.* 이중의, 중복의

The Department of Motor Vehicles requires *duplicates* of all documents.

(표현) in duplicate 정부(正副) 두 통으로

> (Tip) duplicate가 명사로 쓰일 때는 '복사본, 복사된 것'이라는 뜻으로, '이중, 중복, 복사'란 뜻으로 쓰이는 duplication과 구분해서 알아둬야 한다.

0589
durability

[djùərəbíləti]

n. 내구성, 내구력

Buyers want *durability* and comfort first.

(파) durable *adj.* 오래 견디는, 튼튼한   duration *n.* 내구, 지속기간

0590
dusk

[dʌ́sk]

n. 땅거미, 어스름, 황혼(= twilight)

The village reposed in the *dusk*.

(파) dusky *adj.* 어둑어둑한

[예문 해석] **0582** 소방 훈련은 최소한 6개월에 한 번씩 하도록 되어 있다.   **0583** 가랑비가 내리며 곳에 따라 안개와 함께 구름 낀 날씨가 계속될 것이다.   **0584** 매출 감소는 일시적 현상일 뿐이다.   **0585** Jim은 아프리카의 가뭄 피해자들을 위한 구호를 제공하기 위해 1억 달러 이상을 모았다.   **0586** 약물 복용은 현대 사회에 있어서 가장 큰 문제 중 하나이다.   **0587** 나는 그의 결투 신청을 받아들였다.   **0588** 자동차 관리국은 모든 서류들의 사본을 요구한다.   **0589** 구매자들은 우선 견고함과 편안함을 원한다.   **0590** 그 마을은 저녁의 어스름 속에 잠들고 있는 듯했다.

0591

dust

[dʌ́st]

n. 먼지

The dirt and ash blew high up into the sky, covered the entire planet with a thin layer of *dust*, and blocked the sun for many months. |대수능|

㈜ dusty *adj.* 먼지가 많은 duster *n.* 먼지떨이

0592

duty

[djúːti]

n. 의무, 임무, (pl.) 관세

The Dean decided to do his *duty* and look into the matter. |대수능|

㈜ dutiful *adj.* 충실한, 성실한 표현 on duty 당번의 off duty 비번의

0593

dwarf

[dwɔ́ːrf]

n. 난쟁이

She was reading the story of "Snow White and the seven *Dwarfs*".

㈜ dwarfish *adj.* 난쟁이 같은

0594

dye

[dái]

n. 염료, 물감 *v.* 염색하다, 물들이다

She applied the *dye* on her hair.

0595

dynasty

[dáinəsti]

n. 왕조, 명가

The Joseon *dynasty* was founded in 1392.

>>> 표제어 이외의 교과서 수록 어휘

daffodil [dǽfədìl] *n.* (나팔)수선화

daisy [déizi] *n.* 데이지(꽃)

dam [dǽm] *n.* 댐, 둑

dandelion [dǽndəlàiən] *n.* 민들레

dandy [dǽndi] *n.* 멋쟁이

darling [dáːrliŋ] *n.* 달링, 가장 사랑하는 사람

dart [dáːrt] *n.* 다트, 던지는 창

data [déitə] *n.* 데이터, 자료

date [déit] *n.* 데이트, 날짜, (일시를 정한) 면회

dateline [déitlàin] *n.* 데이트 라인, 날짜 변경선

debut [deibjúː] *n.* 데뷔, 첫 무대 출연

decibel [désəbèl] *n.* 데시벨(음향 강도의 단위)

decimal [désəməl] *n.* 십진법

deer [díər] *n.* 사슴

delta [déltə] *n.* 삼각주, 삼각형의 것

design [dizáin] *n.* 디자인

dessert [dizə́ːrt] *n.* 디저트, 후식

dial [dáiəl] *n.* 다이얼, 문자판

diamond [dáiəmənd] *n.* 다이아몬드

Diaspora [daiǽspərə] *n.* 디아스포라(유대인의 이주)

dilemma [dilémə] *n.* 딜레마, 진퇴양난

dinosaur [dáinəsɔ̀ːr] *n.* 공룡

dioxide [daiáksaid] *n.* 이산화물

diphthong [dífθɔ̀ːŋ] *n.* 이중모음

disco [dískou] *n.* 디스코

discus [dískəs] *n.* (경기용) 원반

disk [dísk] *n.* 디스크, 원반

diskette [diskét] *n.* 디스켓(floppy disk)

dock [dák] *n.* 선착장, 조선소, 격납고

doctrine [dáktrin] *n.* 교의, 교리, 주의, 신조

[예문 해석] 0591 먼지와 재가 하늘 높이 올라가 얇은 먼지층이 지구 전체를 덮었고 수개월 동안 태양을 가렸다. 0592 학장은 그의 임무를 다해서 그 문제를 조사하기로 결정했다. 0593 그녀는 '백설공주와 일곱 난쟁이' 이야기를 읽고 있었다. 0594 그녀는 머리에 염색약을 발랐다. 0595 조선 왕조는 1392년에 세워졌다.

dolphin [dálfin] *n.* 돌고래

domain [douméin] *n.* 영토, 영역, 소유지

dome [dóum] *n.* 둥근 천장, 둥근 지붕

donkey [dáŋki] *n.* 당나귀

dowager [dáuədʒər] *n.* 귀족 미망인

dove [dʌv] *n.* 비둘기

dozen [dʌ́zn] *n.* 1다스, 12개

dragon [drǽgən] *n.* 용

dragonfly [drǽgənflài] *n.* 잠자리

drama [drá:mə] *n.* 드라마, 극

drum [drʌm] *n.* 북, 드럼

duck [dʌk] *n.* (집)오리

duke [djú:k] *n.* 공작

dummy [dʌ́mi] *n.* 동체 모형, 장식 인형, 표적 인형

duo [djú:ou] *n.* 2중창, 2중주곡, 2인조

dynamite [dáinəmàit] *n.* 다이너마이트

0596
earring

[íərìŋ]

n. 귀고리

Little girls wearing *earrings* and designer dresses are not uncommon.

관련 bracelet *n.* 팔찌 necklace *n.* 목걸이 |대수능|

0597
earthquake

[ɔ́:rθkwèik]

n. 지진

The village was destroyed by an *earthquake*.

More earth *n.* 지구, 흙 earthquake-proof 내진의, 지진에 견디는 earthenware *n.* 흙으로 만든 그릇 earthquake-resistant 지진에 견디는 earthling *n.* 인간

0598
echo

[ékou]

n. 메아리, 소리

They were the only seats not affected by the *echo*. |대수능|

0599
eclipse

[iklíps]

n. (해, 달의) 식

A total lunar *eclipse* occurs whenever the moon passes through the earths' shadow.

파 ecliptic *adj.* 일식(월식)의 관련 solar eclipse 일식 lunar eclipse 월식

0600
ecology

[i:kálədʒi]

n. 생태학

The candidate should have a doctoral degree in biophysical or social science and extensive experience in one of the following: agriculture, forestry, *ecology*, or natural resource management.

파 ecologist *n.* 생태학자 ecological *adj.* 생태학적인

[예문 해석] 0596 어린 소녀들이 귀고리를 하고 디자이너가 만든 옷을 입는 것은 드문 일이 아니다. 0597 그 마을은 지진으로 파괴되었다. 0598 그것들은 메아리에 의해서 영향을 받지 않는 유일한 좌석이었다. 0599 개기월식은 달이 지구의 그림자를 통과할 때마다 일어난다. 0600 지원자는 생물물리학, 또는 사회과학 박사 학위와 농업, 임업, 생태학, 또는 천연자원 관리 중 한 분야에 폭넓은 경험이 있어야 한다.

6TH LECTURE MASTERING IDIOMS

- **be content with** ~에 만족하다(=be gratified with, be satisfied with)

  Today a man can't *be content with* just earning a living.

  오늘날 사람들은 생계비를 버는 것만으로는 만족할 리가 없다.

- **be covered with** ~로 덮여 있다

  The bread *is covered with* mold. 빵에 곰팡이가 피었다.

- **be destined to + V** ~할 운명이다(=be doomed to + V, be fated to + V)

  They *were destined* never *to* meet again.

  그들은 다시 만날 수 없는 운명이었다.

- **be devoted to + N** ~에 헌신하다, 바치다, 전념하다(=devote oneself to + N)

  The professor *is devoted to* astronomy. 그 교수는 천문학에 전념하고 있다.

- **be different from** ~와 다르다(=differ from)

  The animals' way of living *is different from* that of humans.

  동물들의 삶의 방식은 인간의 삶의 방식과 다르다.

- **be due to + V** ~할 예정이다

  He *is due to* speak tonight. 그는 오늘 밤에 연설할 예정이다.

- **be eager to + V** ~하기를 열망하다(=long for)

  She *was* very *eager to* meet me. 그녀는 나를 몹시 만나고 싶어했다.

- **be engaged in** ~에 종사하다

  He *is engaged in* newspaper work. 그는 신문 업무에 종사하고 있다.

- **be equal to + N** ~와 같다, ~에 필적하다

  One kilometer *is equal to* 1,000 meters. 1킬로미터는 1,000미터다.

- **be expected to + V** ~할 것으로 예측되다, ~할 예정이다(=be scheduled to + V)

  She *is expected to* give birth to a child next month. 그녀는 내달에 해산할 예정이다.

- **be fit for** ~에 적합하다(=be cut out for)

  He *is fit for* the job. 그는 그 일에 적임이다.

- **be fond of** ~을 좋아하다

  He *is* too *fond of* drink. 그는 음주를 너무 좋아한다.

6TH LECTURE REVIEW TEST

● 빈칸에 알맞은 단어나 뜻을 쓰시오.

1. demeanor	_____	26. _____	불화, 불일치, 내분
2. demon	_____	27. discourse	_____
3. den	_____	28. discrepancy	_____
4. denim	_____	29. _____	질병
5. denomination	_____	30. disguise	_____
6. _____	예금, 보증금	31. dismay	_____
7. depot	_____	32. disposition	_____
8. deputy	_____	33. dispute	_____
9. _____	운명	34. distress	_____
10. detergent	_____	35. ditch	_____
11. detour	_____	36. _____	분할, 분배, 구획
12. _____	장치, 고안	37. divorce	_____
13. dexterity	_____	38. dogma	_____
14. diabetes	_____	39. dominance	_____
15. diagnosis	_____	40. _____	기숙사
16. diameter	_____	41. dosage	_____
17. diaper	_____	42. dough	_____
18. dice	_____	43. _____	도안, 초안, 징병
19. dignity	_____	44. drape	_____
20. dime	_____	45. drawback	_____
21. dimension	_____	46. drift	_____
22. dimple	_____	47. drizzle	_____
23. _____	재난, 재앙	48. duel	_____
24. discharge	_____	49. durability	_____
25. _____	훈련, 교육	50. dusk	_____

정답 | 기본 페이지 참조

7TH LECTURE

SUMMA CUM LAUDE VOCABULARY

0601
ecosystem

[íːkousìstəm]

n. 생태계

An *ecosystem*, such as a tropical rainforest, does not suddenly appear overnight. |대수능|

0602
ecstasy

[ékstəsi]

n. 무아경, 황홀, 기쁨(=rapture)

She was thrown into *ecstasy*.

⑨ ecstatic *adj.* 황홀한

0603
edge

[édʒ]

n. 가장자리(=border), 모서리

The *edge* of the sea is a strange and beautiful place. |대수능|

⑨ **on the edge of** ~의 가장자리[모서리]에

0604
effect

[ifékt]

n. 영향, 결과, 효과

Some companies use different smells to produce different *effects* in their workers according to the time of day.

⑨ effective *adj.* 효과적인, 유효한

0605
effort

[éfərt]

n. 노력(=endeavor)

But if he does something wrong, he must accept his errors frankly, make an *effort* to obtain forgiveness, and make compensation if that is possible. |대수능|

⑨ effortless *adj.* 쉬운   ⑨ **make an effort** 노력하다

0606
ego

[íːgou]

n. 자아, 자존심(=self-esteem)

It was a blow to my *ego*, and meant I would have to look for a new job.

⑨ egoism *n.* 이기주의, 이기심   egoist *n.* 이기주의자

[예문 해석] 0601 열대우림과 같은 생태계는 하룻밤 사이에 갑작스럽게 나타나는 것이 아니다.   0602 그녀는 황홀해졌다.   0603 바다의 가장자리는 이상하지만 아름다운 장소이다.   0604 일부 회사들은 하루의 시간대에 따라 근무자들에게 다른 효과를 주기 위해서 여러 가지 냄새를 사용한다.   0605 그러나 만약 그가 잘못된 일을 한다면, 그는 자신의 잘못을 솔직히 받아들이고 용서를 구하기 위한 노력을 해야 하며, 가능하다면 보상을 해야 한다.   0606 이것은 나의 자아에 대한 타격이었고, 내가 새로운 직업을 찾아야 한다는 것을 의미하는 것이었다.

0607
elation

[iléiʃən]

n. 의기양양, 득의만면

This little incident filled me with considerable *elation*.

0608
elbow

[élbou]

n. 팔꿈치

She sat with her *elbows* on the table, resting her head on her hands. |대수능|

0609
elegance

[éligəns]

n. 고상, 우아함

The paintings are permeated with grace and *elegance*.

㊟ **elegant** *adj.* 기품 있는, 우아한

0610
element

[éləmənt]

n. 요소

Their model consisted of 5 main *elements*. |대수능|

㊟ **elementary** *adj.* 기본의, 초보의, 초등교육의   ㊟ **elementary school** 초등학교

0611
embassy

[émbəsi]

n. 대사관

He is a diplomat in the Korean *Embassy* in New York.

0612
emblem

[émbləm]

n. 상징(= symbol), 표상, 전형

A dove is the *emblem* of peace.

> (Tip) 국가적인 상징과 같은 큰 의미의 표상을 뜻할 때는 emblem, 작은 의미의 표식을 뜻할 때는 token
> 을 쓴다.

0613
embryo

[émbriòu]

n. 태아

An *embryo* is an unborn animal or human being in the very early stages of development.

0614
emergency

[imə́:rdʒənsi]

n. 비상사태, 위급

Do not contact me unless it is an *emergency*.

0615
emigrant

[éməgrənt]

n. (타국 · 타지역으로의) 이주민 *adj.* (타국 · 타지역으로) 이주하는

The number of *emigrants* is increasing.

㊟ **emigrate** *v.* (타국으로) 이주하다   **emigration** *n.* 이주, 이민

㊟ **immigrant** *n.* (타국에서부터의) 이민, 이주자

0616
emissary

[éməsèri]

n. 사절, 밀사

An *emissary* is a representative sent by one government or leader to another.

[예문 해석] **0607** 이 작은 일은 나를 상당히 의기양양하게 했다.   **0608** 그녀는 손에 턱을 괸 채로, 테이블 위에 팔꿈치를 올려놓고 앉았다.
0609 그 그림들에는 우아함과 고귀함이 스며들어 있다.   **0610** 그들의 모델은 5가지의 주요한 요소로 구성되었다.   **0611** 그는 뉴욕 주재 한국
대사관의 외교관이다.   **0612** 비둘기는 평화의 상징이다.   **0613** 태아는 발달의 매우 초기 단계에 있는 태어나지 않은 동물이나 인간이다.
0614 비상사태가 아니면 내게 연락하지 마시오.   **0615** 이주민의 수가 증가하고 있다.   **0616** 사절이란 한 정부나 지도자에 의해서 다른 곳으로
보내어진 대표자이다.

0617
emotion

[imóuʃən]

n. 감정(= deep feeling)

This *emotion*, they say, causes a tooth to enter the body of the patient and create disease. |대수능|

(파) emotional *adj.* 정서적인, 감동하기 쉬운

> (Tip) [e(=out)+motion] motion은 '움직임, 동작'의 의미이다.

0618
emperor

[émpərər]

n. 황제(= ruler of an empire), 제왕

For how long was *emperor* Nero in power?

(파) emperorship *n.* 황제의 통치권

0619
emphasis

[émfəsis]

n. 강조, 강세, 역설(= stress)

Too much *emphasis* is being placed on basic research. |대수능|

(파) emphasize *v.* 강조하다   emphatic *adj.* 어조가 강한, 강조한

0620
empire

[émpaiər]

n. 제국

Those small states were absorbed into the *empire*.

0621
encouragement

[inkə́:ridʒmənt]

n. 격려, 자극

Tom gave her some *encouragement*. And Mary thanked him. |대수능|

(파) encourage *v.* 격려하다, ~하게 하다   encouraging *adj.* 격려하는

0622
encyclopedia

[insàikləpí:diə]

n. 백과사전

Multimedia programs are typically games, *encyclopedias* and training courses on CD-ROM or DVD.

0623
endeavor

[indévər]

n. 노력, 시도(= trial), 애씀   *v.* 노력하다, 애쓰다

His *endeavors* were in vain.

0624
enemy

[énəmi]

n. 적(= foe), 적군

Shouts of joy arose as the villagers saw their own children returning home after they were freed from the *enemy*. |대수능|

(표현) make an enemy of ~을 적으로 만들다

0625
engineer

[éndʒəníər]

n. 기사, 기술자

The man is working with an *engineer*.

(파) engineering *n.* 공학

[예문 해석] **0617** 그들은 이러한 감정이 이빨이 환자의 몸속에 들어가 질병을 발생하게 한다고 말한다.   **0618** Nero 황제는 얼마 동안 권좌에 있었는가?   **0619** 기본적인 연구를 너무 많이 강조하고 있다.   **0620** 그러한 작은 나라들은 그 제국에 병합되었다.   **0621** Tom은 그녀에게 약간의 격려를 해주었다. 그리고 Mary는 그에게 고마워했다.   **0622** 멀티미디어 프로그램은 일반적으로 CD-ROM이나 DVD에 있는 게임, 백과사전 및 학습 코스이다.   **0623** 그의 노력은 허사였다.   **0624** 마을 사람들이 그들의 아이들이 적으로부터 풀려난 후 집으로 돌아오는 것을 보았을 때 기쁨의 함성이 일어났다.   **0625** 그 남자는 기술자와 함께 작업을 하고 있다.

0626
enlightenment

[inláitnmənt]

n. 계발, 계몽, 깨달음

In Buddhism, *enlightenment* is a final spiritual state in which everything is understood and there is no more suffering or desire.

㉠ enlighten *v.* 계몽하다　enlightened *adj.* 계발된, 계몽된

0627
enrollment

[inróulmənt]

n. 등록

Some examples are a child's first *enrollment* in school or his transfer at a later age to a new school, marriage, or election to public office. |대수능|

㉠ enroll *v.* 명부에 올리다, 등록시키다

0628
enterprise

[éntərpràiz]

n. 기업(=undertaking), 사업, 기획, 진취적인 정신

The issue of this *enterprise* affects the very existence of the company.

㉠ enterprising *adj.* 기업심이 왕성한, 모험심이 왕성한　enterpriser *n.* 기업인

0629
enthusiasm

[inθú:ziæzm]

n. 열심, 열중(=zeal), 의욕

He has a great *enthusiasm* for reading.

㉠ enthusiast *n.* 열광자, 팬　enthusiastic *adj.* 열심인, 열광적인

0630
entrance

[éntrəns]

n. 입구, 입장

Research results indicate that pressure associated with college *entrance* exams affects the development and self-identity of teenagers and causes mental disorders. |대수능|

㉠ enter *v.* 들어가다

0631
envelope

[énvəlòup]

n. 봉투

You should write your address on the *envelope*.

㉠ envelop *v.* 봉하다, 덮어싸다

0632
environment

[invái∂rənmənt]

n. 환경, 주위(=surroundings)

When children grow up in an *environment* that accepts differences, they will become independent and have self-respect. |대수능|

㉠ environmental *adj.* 주위의, 환경의　environmentalist *n.* 환경운동가
㉤ preserve the environment 환경을 지키다

0633
epic

[épik]

n. 서사시　*adj.* 서사적인

"The Iliad" is regarded as the archetype of an *epic*.

㉠ epically *adv.* 서사시적으로

[예문 해석] **0626** 불교에서 깨달음은 모든 것이 이해되고 더 이상의 고통과 욕망이 없는 마지막 정신적인 상태이다.　**0627** 몇 가지 예는, 어린이가 처음으로 학교에 입학하는 것, 나중에 새 학교로 전학하는 것, 결혼하는 것 혹은 공직에 선출되는 것들이다.　**0628** 이 기업의 사안은 회사의 사활을 좌우한다.　**0629** 그는 대단한 독서광이다.　**0630** 연구 결과들은 대학 입학 시험과 관련된 스트레스가 십대의 발전과 자기 정체성에 영향을 끼치고 정신적인 불안을 야기한다는 것을 나타내주고 있다.　**0631** 너는 봉투에 네 주소를 써야 한다.　**0632** 아이들이 차이점을 받아들이는 환경에서 자랄 때, 그들은 독립적이 될 것이고 자존감을 가지게 될 것이다.　**0633** '일리아드' 는 서사시의 전형으로 여겨지고 있다.

0634
epidemic
[èpədémik]

n. 유행병, 전염병

The *epidemic* swept the town.

> (Tip) 보통 epidemic은 '광범한 지역으로 퍼지는 전염병'을, plague는 '한정된 지역에서의 전염병'을 말한다.

0635
epoch
[épək]

n. 시대(=era, age), 신기원, 획기적인 사건

Einstein's theory marked a new *epoch* in physics.

0636
equality
[i(:)kwáləti]

n. 평등

"This is a white hotel," he said. "We don't keep niggers! We don't want social *equality*." |대수능|

㈜ equal *adj.* 동등한   equalize *v.* 같게 하다

0637
equation
[i(:)kwéiʒən]

n. 방정식

If there is no condition given to the problem, this *equation* has many possible solutions, such as x=14 and y=6; x=12 and y=8; and so on.

㈜ equate *v.* 같게 하다, 평균 수준에 맞도록 가감하다 |대수능|

0638
equator
[ikwéitər]

n. 적도

Singapore lies on the *equator*.

0639
equilibrium
[ìːkwəlíbriəm]

n. 평형상태, 균형

Yoga is said to restore one's inner *equilibrium*.

0640
equity
[ékwəti]

n. 공평, 형평법, 주식, 재산 물건의 순가

Many would-be start-up companies are complaining that the supply of *equity* capital has dried up in recent months.

㈜ equitable *adj.* 공정한, 정당한

0641
era
[íərə]

n. 기원, 시대

It is interesting to learn that even before the Christian *era*, the Romans used the golden figure of an eagle as a symbol of their army. |대수능|

㈜ the Victorian era 빅토리아 여왕 시대

0642
errand
[érənd]

n. 심부름, 용건

Could I use your car to run an *errand*?

[예문 해석] **0634** 유행병이 그 마을을 휩쓸었다.   **0635** Einstein의 이론은 물리학의 신기원을 이룩했다.   **0636** "이곳은 백인 호텔입니다. 우리는 흑인들은 안 받습니다! 우리는 사회적 평등을 원하지 않습니다."라고 그가 말했다.   **0637** 만약 문제에 주어진 조건이 없다면, 이 방정식에는 x=14 그리고 y=6, x=12 그리고 y=8 등과 같은 가능한 해답들이 많이 있다.   **0638** 싱가포르는 적도에 위치해 있다.   **0639** 요가는 사람의 내적 균형을 회복시켜 준다고 한다.   **0640** 창업을 준비 중인 회사들의 상당수가 최근 몇 달 동안 주식 자본이 말라버렸다고 불평하고 있다.   **0641** 심지어 기원전에 로마인들이 황금 독수리 모양을 그들 군대의 상징으로 사용했다는 것을 아는 것은 흥미로운 일이다.   **0642** 심부름 가는 데 당신 차 좀 써도 돼요?

0643
estate

[estéit]

n. 토지, 재산(= property), 사유지

He left his entire *estate* to a charity.

0644
evergreen

[évərgrìːn]

n. 상록수   *adj.* 상록의

Holly, like ivy and mistletoe, is an *evergreen*.

(관련) everlasting *adj.* 영구한, 불후의

0645
evidence

[évidəns]

n. 증거

Scientists have found the first direct *evidence* that the nutrient that makes tomatoes red may protect men against cancer by making tumors smaller and slowing their spread. |대수능|

(파) evident *adj.* 명백한   evidently *adv.* 명백하게

0646
exam

[igzǽm]

n. 시험(= examination)

Tom found that she was concerned about her math *exam* next week.

(파) examine *v.* 시험(조사)하다 |대수능|

0647
example

[igzǽmpəl]

n. 예, 모범(= model)

For *example*, in the morning they use the smell of lemon to wake people up. |대수능|

(표현) for example 예를 들면

0648
excess

[ékses]

n. 초과, 과잉(= more than enough)

Drinking is all right as long as you don't do it to *excess*.

(파) excessive *adj.* 과도한, 과대한   excessively *adv.* 과도하게

0649
exercise

[éksərsàiz]

n. 운동, 연습, 사용(= use)

She followed her doctor's suggestions, did the *exercises* that the doctor recommended, and ate the right foods. |대수능|

0650
exile

[égzail]

n. 망명, 타향살이

The refugees spent more than a decade in *exile* before it was safe to return to their homelands.

0651
existence

[igzístəns]

n. 존재

They are aware of its *existence* in even the smallest part of their daily life. |대수능|

(파) exist *v.* 존재하다   existent *adj.* 존재하는, 실재하는   existentialism *n.* 실존주의

[예문 해석] **0643** 그는 자신의 전 토지를 자선단체에 남겼다.   **0644** 서양 호랑가시나무는 담쟁이나 겨우살이처럼 상록수이다.   **0645** 과학자들은 토마토를 빨갛게 만드는 영양소가 종양을 더 작게 만들고 그것들이 퍼지는 속도를 느리게 함으로써 암으로부터 사람을 보호해준다는 직접적인 첫 증거를 발견했다.   **0646** Tom은 그녀가 다음 주에 있을 수학시험에 대해서 걱정하고 있다는 것을 알았다.   **0647** 예를 들어, 아침에 그들은 사람들을 깨우기 위해서 레몬 냄새를 사용한다.   **0648** 무리하지 않는 한 음주는 괜찮다.   **0649** 그녀는 의사의 제안을 따랐고, 의사가 추천한 운동을 했고, 그리고 올바른 음식들을 먹었다.   **0650** 피난민들은 10년 이상 망명 생활을 한 후에야 안전하게 귀향했다.   **0651** 그들은 자신들의 일상 생활의 아주 작은 부분에서도 이것의 존재를 인식한다.

0652
exit

[éksit]

n. 출구, 비상구

There are two emergency *exits* on every floor.

0653
expanse

[ikspǽns]

n. 광활한 공간, 넓은 장소, 팽창, 확장

A little boat is floating lightly on the boundless *expanse* of water.

0654
expedition

[èkspədíʃən]

n. 탐험(대), 긴 여행, 원정

The *expedition* kept in touch with home by wireless.

ⓟ expeditionary *adj.* 탐험의, 해외에 파견된

0655
experience

[ikspíəriəns]

n. 경험 *v.* 경험하다(=undergo)

Speaking in front of a group is often a terrifying *experience*. |대수능|

ⓟ experienced *adj.* 경험이 있는

0656
experiment

[ikspérəmənt]

n. 실험(=trial)

In an *experiment* on their behavior, baby monkeys were separated from their mothers at birth and provided with artificial mothers. |대수능|

0657
expert

[ékspəːrt]

n. 전문가

It is not only the scientist and the computer *expert* who need special training now, but also the government official and the business manager.

ⓟ expertise *n.* 전문가의 의견, 전문 기술 |대수능|

0658
exploit

[éksplɔit]

n. 공훈, 공적, 공

This book contains various *exploits* of the explorers.

0659
export

[ékspɔːrt]

n. 수출 *v.* 수출하다

In recent years, Colombia has not received much money from its *exports*. |대수능|

ⓟ exporter *n.* 수출업자

> Ⓣⓘⓟ [ex(=out)+port(=carry)] port는 '나르다, 배송하다, 옮기다'의 의미이다.

0660
extent

[ikstént]

n. 규모, 정도(=scope, range), 범위

Poor record keeping makes it difficult to determine the full *extent* of the problem.

표현 to a certain extent 어느 정도까지는

[예문 해석] 0652 각 층마다 두 개의 비상구가 있다. 0653 망망대해에 작은 배가 두둥실 떠 있다. 0654 탐험대는 본국과 무선으로 통신을 계속했다. 0655 사람들 앞에서 말을 하는 것은 종종 겁나는 경험이다. 0656 그들의 행동에 관한 실험에서, 새끼 원숭이들은 태어나자마자 어미 원숭이로부터 분리되어서 가짜(인공의) 어미들에게 맡겨졌다. 0657 이제 특별한 훈련을 필요로 하는 사람은 과학자와 컴퓨터 전문가뿐만 아니라 정부 공무원과 비지니스 매니저들이다. 0658 이 책에는 탐험가들의 다양한 위업이 수록되어 있다. 0659 최근 몇 년간에 콜롬비아는 수출에서 많은 돈을 벌지 못했다. 0660 기록 관리가 제대로 되고 있지 않아 그 문제의 전체 규모를 파악하기가 어렵다.

0661
extinction
[ikstíŋkʃən]

n. 멸종, 소멸

In another campaign for marine animals, the Foundation helped whales because they were in great danger of *extinction.* |대수능|

㈜ **extinct** *adj.* 멸종된, 꺼진

0662
extravagance
[ikstrǽvəgəns]

n. 사치, 무절제, 낭비

He reproached me with *extravagance.*

㈜ **extravagant** *adj.* 낭비벽이 있는, 엄청난

0663
extrovert
[ékstrouvə̀:rt]

n. 외향적인 사람

If, however, you are an *extrovert,* you are quite likely to enjoy it.

㈜ **introvert** *n.* 내향적인 사람

0664
eyebrow
[áibràu]

n. 눈썹

Having a mole over one's right *eyebrow* means he or she will be lucky with money and have a successful career.

㈜ **eyelid** *n.* 눈꺼풀   **eyesight** *n.* 시력   **eye-catcher** *n.* 매력적인 여자

0665
eyewitness
[áiwìtnis]

n. 목격자, 현장(목격) 증인

The police did a lot of legwork in an effort to find an *eyewitness.*

〉〉〉 표제어 이외의 교과서 수록 어휘

eagle [íːgəl]   *n.* 독수리

earwig [íərwìg]   *n.* [곤충] 집게벌레

easel [íːzəl]   *n.* 화가(畫架), 칠판걸이

Easter [íːstər]   *n.* 부활절

eave [íːv]   *n.* (pl.) 처마, 차양

eel [íːl]   *n.* 뱀장어

electrum [iléktrəm]   *n.* 호박금(금과 은의 합금)

elegy [élədʒi]   *n.* 엘레지, 비가, 애가

elephant [éləfənt]   *n.* 코끼리

elite [ilíːt]   *n.* 엘리트

elk [élk]   *n.* 엘크(사슴의 한 종류)

ellipse [ilíps]   *n.* 타원

elm [élm]   *n.* 느릅나무

enchilada [èntʃəláːdə]   *n.* 엔칠라다(멕시코 요리)

energy [énərdʒi]   *n.* 에너지, 정력, 활기

epilogue(epilog) [épilɔ̀ːg]   *n.* 에필로그, 끝맺음말

episode [épəsòud]   *n.* 삽화, 일련의 삽화적인 사건

equinox [ékwənàks]   *n.* 주야 평분시, 춘(추)분

equinoctial [ìːkwənákʃəl]   *n.* 주야 평분선

escort [éskɔːrt]   *n.* 에스코트, 호송자, 호위자

esquire [eskwáiər]   *n.* 님, 귀하

essay [ései]   *n.* 에세이, 수필, 평론

essayist [éseiist]   *n.* 수필가, 평론가

etiquette [étikèt]   *n.* 에티켓, 예절, 예법

eve [íːv]   *n.* 이브, 전야, 전일, 직전

event [ivént]   *n.* 이벤트, 사건, 사고

[예문 해석] **0661** 해양 동물에 관한 또 다른 캠페인에서, 그 재단은 고래가 심각한 멸종 위기에 처해 있었기 때문에 고래를 도왔다.   **0662** 그는 무절제하다고 나를 비난했다.   **0663** 그러나 만약 당신이 외향적이라면, 당신은 이것을 즐기기가 훨씬 쉬울 것이다.   **0664** 오른쪽 눈썹 위에 점이 있으면, 그 사람은 재복이 있을 것이며, 성공을 누리게 될 것임을 의미한다.   **0665** 경찰은 목격자를 찾기 위해 많은 탐문 수사를 했다.

0666
fable

[féibəl]

n. 우화, 교훈적 이야기

A *fable* is a story which teaches a moral lesson.

표현 Aesop's Fables 이솝 우화

0667
fabric

[fǽbrik]

n. 천, 직물, 구조, 구성

They're sewing the *fabrics* together.

파 fabrication *n.* 제작, 구성, 꾸밈, 날조

0668
facility

[fəsíləti]

n. 용이함(= easiness), 설비

In the first place, there are many excellent *facilities* in a large city. |대수능|

파 facilitate *v.* 촉진하다   표현 with facility 쉽게, 용이하게

0669
fact

[fǽkt]

n. 사실

Pretty soon, you will have collected a lot of revealing *facts* about yourself. |대수능|

파 factual *adj.* 사실의, 사실에 입각한

0670
factor

[fǽktər]

n. 요인(= element), 요소

During the course of the flight, *factors* such as wind, rain, air traffic, or human error act upon the plane. |대수능|

0671
factory

[fǽktəri]

n. 공장(= workshop), 제조소

He worked for a shoe *factory*. |대수능|

표현 close(shut down) a factory 공장을 폐쇄하다

0672
fad

[fǽd]

n. 일시적 유행, 변덕, 취미

Old people scoff at the recent *fad*.

파 faddish *adj.* 변덕스러운, 일시적으로 열중하는

0673
failure

[féiljər]

n. 실패

For instance, we may even look at a *failure* in a bright light if we are confident of ourselves. |대수능|

파 fail *v.* 실패하다

0674
fairy

[fɛ́əri]

n. 요정

The *fairy* transformed the pumpkin into a carriage.

관련 fairy tale 동화

[예문 해석] 0666 우화란 도덕적 교훈을 가르쳐주는 이야기이다.　0667 그들은 천 조각을 꿰매어 붙이고 있다.　0668 우선, 큰 도시에는 많은 훌륭한 시설들이 있다.　0669 곧, 당신은 자신에 관한 사실을 드러내는 많은 것들을 수집하게 될 것이다.　0670 비행 도중, 바람, 비, 항공 교통 또는 인간의 실수 같은 요소들이 비행기에 영향을 끼친다.　0671 그는 신발 공장에서 일했다.　0672 나이 든 사람들은 최근의 유행을 조소한다.　0673 예를 들어, 우리가 우리 자신을 확신한다면 긍정적인 측면에서 실패를 볼 수 있을지도 모른다.　0674 요정은 호박을 마차로 둔갑시켰다.

0675
faith

[féiθ]

n. 신념, 믿음(= belief)

According to Oriental Medical theory, this is not 'blind *faith*.' |대수능|

파 faithful *adj.* 충실한   faithfully *adv.* 충실하게   faithfulness *n.* 충실함

0676
fame

[féim]

n. 명성(= good name), 명예, 평판

His work obtained him great *fame*.

0677
famine

[fǽmin]

n. 기근, 굶주림(= starvation)

Laborers in Russia expect a regular portion of meat, and Chinese peasants no longer suffer from the *famines* that in the past have swept over the land. |대수능|

파 famish *v.* 굶주리게 하다

0678
fanatic

[fənǽtik]

n. 광신자, 열광자

He went so far as to call me a *fanatic*.

파 fanaticism *n.* 열광, 열광적인 행위

0679
fare

[fέər]

n. 운임, 요금

The *fare* reduction was well received by the public.

0680
farewell

[fὲərwél]

n. 작별, 고별   *adj.* 결별의, 고별의

He left us without a single word of *farewell*.

0681
farming

[fά:rmìŋ]

n. 농업

The increased population brought more demand for food, and more money went into *farming*. |대수능|

파 farm *n.* 농장   farmer *n.* 농부

0682
fatigue

[fətí:g]

n. 피로, 피곤

She showed no signs of *fatigue*.

0683
faucet

[fɔ́:sit]

n. 수도꼭지, 주둥이

I want him to fix our kitchen *faucet* as soon as possible.

0684
fault

[fɔ́:lt]

n. 과실, 결점(= defect), 책임

I will overlook your *fault* this time, so you must be more careful in future.

[예문 해석] 0675 동양 의학 이론에 따르면, 이것은 맹목적인 신념은 아니다.   0676 그 연구로서 그는 대단한 명성을 얻었다.   0677 러시아 노동자들은 정상적인 고기의 1인분을 예상하고, 중국인 농부들은 과거에 중국을 휩쓸었던 기근으로부터 더 이상 고통을 받지 않는다.   0678 그는 심지어 나를 광신자라고까지 불렀다.   0679 운임 인하는 일반 시민으로부터 환영받았다.   0680 그는 일언반구의 인사도 없이 우리를 떠났다.   0681 증가된 인구는 식량에 대한 더 많은 수요를 가져왔고, 더 많은 돈이 농업으로 흘러들어 갔다.   0682 그녀는 피로한 기색을 보이지 않았다.   0683 그가 되도록 빨리 부엌 수도꼭지를 고쳤으면 좋겠다.   0684 이번에는 네 잘못을 용서할 테니 다음에는 좀 더 주의해야 한다.

0685
fear

[fiər]

n. 두려움(= awe)

In contrast, your *friend* might have had a negative reaction and said that the same things brought *fear* to his mind as he remembered sailing on a rough sea during a violent storm. |대수능|

파 fearful *adj.* 무서운, 두려워하는　fearfully *adv.* 무섭게

0686
feast

[fi:st]

n. 축제, 잔치, 대접

The wedding was followed by a big *feast*.

표현 a feast of colors[sounds] 색깔의[소리의] 향연

0687
feat

[fi:t]

n. 위업, 공적, 공훈, 묘기

He accomplished the splendid *feat* of winning all the major titles.

표현 accomplish[perform] a feat 공훈을 세우다, 위업을 달성하다

0688
feather

[féðər]

n. 깃털

Birds of a *feather* flock together.

0689
feature

[fí:tʃər]

n. 특징, 모양　*v.* 특종으로 게재하다

All viewers see the same spaceship with the same *features*. |대수능|

파 featureless *adj.* 특색이 없는

0690
fee

[fi:]

n. 요금, 수수료

The membership *fee* is ten thousand won a month.

관련 membership fee 회비

0691
feet

[fi:t]

n. 피트(foot의 복수형)

The larger ones have been known to grow to a length of up to 60 *feet*.

표현 rise[get] to one's feet 일어서다　　　　　　　　　　　　　　|대수능|

0692
fellow

[félou]

n. 동료, 친구, 녀석, 동지(= companion)

I realized that most of my *fellow* students had the idea that we Asian students are all smart. |대수능|

파 fellowship *n.* 우정

0693
female

[fí:meil]

n. 여성, (동물의) 암컷

The *females* and males usually spend most of their lives apart from each other. |대수능|

관련 feminine *adj.* 여성스러운　feminism *n.* 여권신장주의　feminist *n.* 여권신장론자

[예문 해석] **0685** 대조적으로 당신의 친구는 부정적인 반응을 가졌을지도 모르며, 거센 폭풍 중에 거친 바다 위로 항해했던 기억이 나기 때문에 똑같은 것이 그의 마음에 공포를 가져왔다고 말했을지도 모른다. **0686** 결혼식에 이어 큰 잔치가 벌어졌다. **0687** 그는 모든 메이저 대회에서 선수권을 획득하는 쾌거를 기록했다. **0688** 깃털이 같은 새는 끼리끼리 모인다(유유상종). **0689** 모든 시청자들은 똑같은 모습의 똑같은 우주선을 본다. **0690** 회비는 한 달에 10,000원이다. **0691** 더 큰 것들은 60피트의 높이까지 자란다고 알려져 왔다. **0692** 나는 대부분의 나의 동료 학생들이 우리 아시아 학생들은 모두 똑똑하다는 생각을 가지고 있음을 깨달았다. **0693** 암컷들과 수컷들은 일반적으로 그들 일생의 대부분을 서로 떨어져서 보낸다.

0694
fence

[féns]

n. 울타리, 담

People are painting the side of the *fence*.

관련 fend *v.* 막아내다, 방어하다

0695
ferry

[féri]

n. 나룻배, 나루터, 여객선

The sailing of the *ferry* was canceled.

관련 ferryboat *n.* 나룻배, 연락선

0696
fetter

[fétər]

n. 족쇄(=shackle), 속박

We must free ourselves from the *fetters* of feudalism.

0697
feud

[fjúːd]

n. 불화, 싸움, 반목

The people are having a *feud*.

0698
fever

[fíːvər]

n. 고열, 열병, 열중, 흥분(=excitement)

You don't seem to have a *fever*.

파 feverish *adj.* 열이 있는, 열광한

0699
fiber

[fáibər]

n. 섬유, 실, 소질, 기질

There are two primary types of *fiber*.

0700
fiction

[fíkʃən]

n. 소설(=novel)

One summer evening I was sitting by the open window, reading a good science *fiction*. |대수능|

파 fictional *adj.* 소설의, 공상의   fictitious *adj.* 가공의

[예문 해석] **0694** 사람들이 담장 벽에 페인트를 칠하고 있다.   **0695** 그 배의 항해는 취소되었다.   **0696** 우리는 봉건제도의 족쇄에서 벗어나지 않으면 안 된다.   **0697** 사람들이 반목하고 있다.   **0698** 넌 열은 없는 것 같다.   **0699** 두 가지 주요한 섬유 종류가 있다.   **0700** 어느 여름 저녁 나는 재미있는 공상 과학 소설을 읽으면서 열린 창문 옆에 앉아 있었다.

7ᵀᴴ LECTURE MASTERING IDIOMS

- **be forced to + V** ~해야 한다(=be obliged to + V, be compelled to + V, be pressed to + V)
  Promoters of the event *were forced to* postpone it.
  그 행사의 주최자들은 행사를 연기해야만 했다.

- **be good at** ~에 능숙하다, ~을 잘하다
  You should *be good at* math to study computers. 컴퓨터를 배우려면 수학을 잘해야 한다.

- **be good for** ~에 이롭다, 좋다
  I believe that laughing *is good for* our health. 나는 웃음이 우리의 건강에 좋다고 믿는다.

- **be ignorant of** ~에 대해 모르다
  To *be ignorant of* one's ignorance is the malady of the ignorant.
  자기의 무지를 모르는 것이 무지한 사람들의 폐단이다.

- **be in control of** ~을 관리하고 있다(*cf.* be under the control of ~의 관리 하에 있다)
  Who's *in control of* the project? 누가 그 사업을 관리하고 있나요?

- **be inclined to + V** ~하고 싶어하다(=feel like ~ing)
  For all your words, I *am* not *inclined to* hire her. 네가 무슨 말을 해도 난 그녀를 채용하고 싶지 않다.

- **be interested in** ~에 관심이 있다
  He *is interested in* applied math. 그는 응용수학에 관심이 있다.

- **be involved in** ~에 관련되다
  We may go to school, participate in sports, drive cars, and sometimes become *involved in* conflicts. 우리는 학교에 가고, 스포츠에 참가하고, 차를 운전하며, 때로는 분쟁에 말려들기도 한다.

- **be likely to + V** ~하는 경향이 있다, ~하기 쉽다(=tend to + V)
  Go to a fairly quiet place where you *are* not *likely to* be disturbed.
  당신이 방해 받지 않을 것 같은 가장 조용한 장소로 가라.

- **be made up of** ~로 구성되다(=be composed of, consist of)
  The flag of Australia *is made up of* three colors. 호주의 국기는 세 가지 색깔로 이루어져 있다.

- **be pleased with** ~에 만족하다
  The president *was pleased with* the news. 사장은 그 소식에 기뻐했다.

- **be poor at** ~에 서투르다
  He *is poor at* figures. 그는 숫자에 약하다.

7TH LECTURE REVIEW TEST

● 빈칸에 알맞은 단어나 뜻을 쓰시오.

1. _____	생태계	26. exit	_____
2. edge	_____	27. expanse	_____
3. effect	_____	28. expedition	탐험(대), 원정
4. _____	노력	29. expert	_____
5. ego	_____	30. exploit	_____
6. elation	_____	31. extent	_____
7. embryo	_____	32. extinction	_____
8. _____	이주민	33. extravagance	_____
9. emissary	_____	34. extrovert	_____
10. encyclopedia	_____	35. fable	_____
11. endeavor	_____	36. _____	용이함, 설비
12. enlightenment	_____	37. fad	_____
13. enrollment	_____	38. fairy	_____
14. _____	열심, 열중, 의욕	39. _____	명성, 명예, 평판
15. epic	_____	40. famine	_____
16. epidemic	_____	41. fanatic	_____
17. epoch	_____	42. fatigue	_____
18. equation	_____	43. faucet	_____
19. equator	_____	44. _____	축제, 잔치, 대접
20. equilibrium	_____	45. feather	_____
21. equity	_____	46. fetter	_____
22. era	_____	47. feud	_____
23. errand	_____	48. fever	_____
24. estate	_____	49. fiber	_____
25. _____	망명, 타향살이	50. _____	소설

정답 | 기본 페이지 참조

8ᵀᴴ LECTURE

| ⁰⁷⁰¹ **fidelity** ~ ⁰⁸⁰⁰ **grace** |

SUMMA CUM LAUDE VOCABULARY

0701
fidelity

[fidéləti]

n. 충실, 충성, 성실

In Korea, the pine symbolizes scholarly *fidelity*.

(반) infidelity *n.* 무신앙, 불신, 배신

0702
figure

[fígjər]

n. 모양, 모습(=appearance), 인물, 숫자, 도형

If your *figures* have large ears, for example, you might be very sensitive to criticism. |대수능|

(표현) figure out 계산을 통해 알아내다, 이해하다

0703
filter

[fíltər]

n. 여과기

In some countries, they make the water a little safer by passing it through a water *filter*. |대수능|

(관련) ultraviolet(infrared) filter 자외선(적외선) 필터

0704
filth

[filθ]

n. 오물, 더러움

Thousands of tons of *filth* and sewage pour into the Ganges every day.

(파) filthy *adj.* 불결한, 더러운

0705
finance

[fáinæns]

n. 금융, 재정, 자금(조달)

Obtaining *finance* from him may be vital to the whole enterprise. |대수능|

(파) financial *adj.* 재정(상)의   financially *adv.* 재정상으로

0706
fingernail

[fíŋgərnèil]

n. 손톱

Jenny had the habit of biting her *fingernails*. |대수능|

(관련) finger *n.* 손가락   fingerprint *n.* 지문

[예문 해석] 0701 한국에서는 소나무가 선비의 절개를 나타낸다.   **0702** 예를 들어, 만약 당신이 큰 귀를 가지고 있는 모습이라면, 당신은 비난에 매우 민감할지 모른다.   **0703** 몇몇 나라들에서는 물을 여과기에 통과시킴으로써 그 물을 더 안전하게 만든다.   **0704** 수천 톤의 오물과 하수가 매일 갠지스 강으로 흘러 들어간다.   **0705** 그로부터 자금을 얻어내는 것은 전체 기업에 중요할지 모른다.   **0706** Jenny는 자신의 손톱을 물어뜯는 버릇이 있었다.

0707
firm

[fə́ːrm]

n. 회사 *adj.* 굳은, 단단한(=solid)

A newly established law *firm* is seeking qualified office personnel for the following positions.

파 firmly *adv.* 굳게, 단단히   firmness *n.* 견고, 견실, 확고

0708
fisherman

[fíʃərmən]

n. 어부

On the island lived a girl named Munira and her big brother Amin, the *fisherman.* |대수능|

관련 fishing ground 어장   fishing *n.* 낚시, 어업

0709
fishery

[fíʃəri]

n. 어업

In the end, the *fishery* stopped altogether, bringing economic destruction to the village. |대수능|

파 fishy *adj.* 비린내나는, 의심스러운

0710
fist

[físt]

n. 주먹, 철권

He banged his *fist* on the table in anger.

0711
flag

[flǽg]

n. 깃발

Tonight, however, people are unusually quiet and their *flags* strangely still. |대수능|

관련 flagman *n.* 기수   flagpole *n.* 깃대

0712
flame

[fléim]

n. 불길, 불꽃, 열정(=passion)

Their smoldering discontent burst into *flame.*

파 flammable *adj.* 가연성의, 타기 쉬운

0713
flash

[flǽʃ]

n. 플래시, 번쩍임 *v.* 번쩍이다, 번개처럼 스치다

We saw occasional *flashes* of lightning in the northern sky. |대수능|

표현 in a flash 눈 깜짝할 사이에, 순식간에   관련 flashback *n.* 과거회상장면

0714
flavor

[fléivər]

n. 맛(=taste), 풍미 *v.* 맛을 내다(=season)

The way apples are handled and stored has a big effect on their *flavor.*

0715
flaw

[flɔ́ː]

n. 결점, 흠(=blemish)

Pride was the greatest *flaw* in his personality.

파 flawless *adj.* 흠 없는, 완벽한

[예문 해석] **0707** 새로 개업한 법률 회사에서 다음과 같은 자리에 적합한 능력 있는 사무직원을 찾고 있다.   **0708** 그 섬에 Munira라고 불리는 소녀와 어부였던 큰 오빠 Amin이 살았다.   **0709** 결국 경제적인 파괴를 마을에 가져 오면서 어업이 함께 중지되었다.   **0710** 그는 화가 나서 주먹으로 탁자를 쾅 쳤다.   **0711** 그러나 오늘 밤은 사람들이 유난히 조용하고 그들의 깃발은 이상하게도 움직이지 않는다.   **0712** 그들의 마음속에 쌓였던 불만이 폭발했다.   **0713** 우리는 번갯불이 북쪽 하늘에서 가끔 번쩍거리는 것을 보았다.   **0714** 사과를 처리하고 저장하는 방법에 따라 사과 맛이 크게 달라진다.   **0715** 교만이 그의 인격에서 가장 큰 결함이었다.

0716
fleck

[flék]

n. 반점, 주근깨(= freckle)

Flecks are small marks on a surface, or objects that look like small marks.

0717
fleet

[flíːt]

n. 함대, 선대

The company builds marine navigation systems for use by commercial fishing *fleets*.

(파) fleeting *adj.* 빨리 지나가는, 덧없는

0718
flesh

[fléʃ]

n. 살, 육체(= human body)

You appear to have lost *flesh*.

(표현) flesh and blood 육체, 산 사람

0719
flexibility

[flèksəbíləti]

n. 유연성, 융통성

A need for *flexibility* in the matter was recognized early on.

(파) flexible *adj.* 구부리기 쉬운, 유연성이 있는

0720
flight

[fláit]

n. 비행

Life is like the *flight* of an airplane. |대수능|

0721
flood

[flʌ́d]

n. 홍수, 범람, 만조(= high tide)

The *flood* has destroyed the railroad track.

0722
florist

[flɔ́(ː)rist]

n. 꽃장수, 꽃 가꾸는 사람

The *florist* is potting a plant.

(파) floral *adj.* 꽃의, 꽃 같은

0723
flour

[fláuər]

n. 밀가루, 곡분

We mixed butter, sugar, milk and *flour* for a cake.

0724
fluency

[flúːənsi]

n. 유창성, 능변

He speaks English with surprising *fluency*.

(파) fluent *adj.* 유창한, 능변의   fluently *adv.* 유창하게

0725
fluff

[flʌ́f]

n. 보풀, 솜털, 사소한 일[것]

He brushed some *fluff* from his jacket. |대수능|

(파) fluffy *adj.* 솜털의, 보풀이 인

[예문 해석] 0716 반점은 표면 위의 작은 얼룩 또는 작은 얼룩처럼 보이는 물체이다.   0717 그 회사는 상업용 어선들이 사용할 해양 항해시스템을 구축한다.   0718 그전보다 훨씬 마르셨습니다.   0719 그 문제에 융통성 있게 대처할 필요성이 일찍부터 인식되었다.   0720 인생은 비행기의 비행과 같다.   0721 홍수로 철도 선로가 파괴되었다.   0722 꽃장수가 화분에 화초를 심고 있다.   0723 우리는 케이크를 만들기 위해 버터와 설탕, 우유 그리고 밀가루를 섞었다.   0724 그는 놀랄 만큼 유창하게 영어를 말한다.   0725 그는 그의 재킷에서 보풀을 털어냈다.

0726
fluid
[flúːid]

n. 액체, 유동체 *adj.* 유동성의

Water and mercury are *fluids*.

㉤ fluidity *n.* 유동성

0727
flurry
[fláːri]

n. 질풍, 동요, 혼란

He went out, taking his breakfast in a *flurry*.

표현 in a flurry 허겁지겁, 허둥지둥

0728
foe
[fóu]

n. 적(=enemy), 원수

We couldn't tell whether he was friend or *foe*.

표현 friend and foe 적과 아군

0729
folly
[fáli]

n. 어리석음(=foolishness), 어리석은 행위

I'm ashamed of my *folly*.

표현 commit a folly 바보짓을 하다

0730
foothill
[fúthìl]

n. 산기슭의 작은 언덕, 구릉지대

For example, there is a folk tale that comes from the *foothills* of the Himalayas. |대수능|

관련 footnote *n.* 각주   footprint *n.* 발자국   footstep *n.* 발소리

0731
forecast
[fɔ́ːrkæst]

n. 예상, 예보 *v.* 예상하다, 예보하다

Revenues for the first quarter were $2.5 million lower than *forecast*.

㉤ forecaster *n.* 일기 예보관

0732
foreman
[fɔ́ːrmən]

n. (현장의) 감독, 공장장

Could you please tell the *foreman* I'm here?

More forefather *n.* 조상, 선조   forefinger *n.* 집게손가락   forefront *n.* 최전선

0733
forest
[fɔ́(ː)rist]

n. 산림

Most of the loss will be in tropical *forests* in developing countries and will be permanent. |대수능|

㉤ forested *adj.* 수목으로 뒤덮인, 숲을 이룬

0734
form
[fɔ́ːrm]

n. 형식, 양식, 형태(=shape) *v.* 형성하다, 만들다

If you would like to become a Contributing Supporter, please fill out the *form* below and return it to us with your donation. |대수능|

㉤ formation *n.* 형성, 조직   formless *adj.* 형태가 없는   formal *adj.* 형식상의, 정식의

[예문 해석] **0726** 물과 수은은 액체다.   **0727** 그는 조반을 먹는 둥 마는 둥 하고 외출하였다.   **0728** 우리는 그가 적인지 우리 편인지 알 수 없었다.   **0729** 나는 내 어리석은 짓을 부끄러워하고 있다.   **0730** 예를 들어, 히말라야 산맥의 구릉지대에서 유래한 민속 설화가 있다.   **0731** 1분기 수익은 예상보다 낮은 2백 5십만 달러였다.   **0732** 제가 왔다고 감독관에게 말씀해주시겠습니까?   **0733** 대부분의 손실은 개발도상국들의 열대 우림 지역에서 있을 것이고 영구적으로 될 것이다.   **0734** 당신이 금전적으로 기여하는 후원자가 되고자 한다면, 아래의 양식을 작성해서 기부금과 함께 우리에게 보내주십시오.

0735
formula

[fɔ́:rmjulə]

n. 형식적(상투적) 문구, 공식, 방식, 처방서

The teacher banged the *formula* into his pupils' head.

파 formulate *v.* 공식화하다, 처방하다   formulation *n.* 공식화

0736
fort

[fɔ́:rt]

n. 요새, 성채

In hilltop *forts* they held regal feasts and in sacred oak groves they offered human sacrifice.

파 fortify *v.* 요새화하다, 강하게 하다   fortress *n.* 요새, 성채

0737
fortitude

[fɔ́:rtətjù:d]

n. 용기, 불굴의 정신, 인내(=endurance)

Cal bore his pain with commendable *fortitude*.

0738
fossil

[fásl]

n. 화석

Scientists are still debating whether the *fossil* represents a new species, or not.

관련 fossil fuel 화석 연료

0739
fountain

[fáuntin]

n. 분수, 샘(=spring)

There is a *fountain* in the inner court.

관련 fountainhead *n.* 수원, 원천   fountain pen 만년필

0740
fowl

[fául]

n. 가금(집에서 기르는 날짐승), 닭

A *fowl* is a bird, especially one that can be eaten as food, such as a duck or a chicken.

파 fowler *n.* 들새 사냥꾼

0741
fraction

[frǽkʃən]

n. 파편, 단편, [수학] 분수, 소량

He had done only a *fraction* of his homework.

파 fractional *adj.* 소량의, 파편의

0742
fragment

[frǽgmənt]

n. 파편(=small part broken off), 조각, 단편

A plane was crushed to *fragments* against the mountain.

파 fragmentary *adj.* 파편의, 조각조각 난

0743
fragrance

[fréigrəns]

n. 향기, 방향(=pleasant smell)

Roses shed their *fragrance* around.

파 fragrant *adj.* 냄새 좋은, 향기로운

[예문 해석] **0735** 선생님은 학생들의 머리에 그 공식을 주입시켰다.   **0736** 그들은 언덕 위 요새에서 호화로운 연회를 베풀고 성스러운 참나무 숲에서는 인간을 제물로 제사를 지냈다.   **0737** Cal은 엄청난 용기로 그의 고통을 참아냈다.   **0738** 과학자들은 그 화석이 새로운 종을 나타내는지, 아닌지를 아직도 논쟁하고 있다.   **0739** 안마당에 분수가 있다.   **0740** 가금은 오리나 닭처럼 요리로 먹을 수 있는 새이다.   **0741** 그는 숙제를 조금밖에 하지 않았다.   **0742** 비행기가 산에 부딪혀 산산이 부서졌다.   **0743** 장미는 주위에 향기를 풍긴다.

0744
frame
[fréim]

n. 틀, 구조(= construction)

Early in the nineteenth century, engineers developed iron *frames* for construction. |대수능|

관련 framework *n.* 뼈대, 구성

0745
fraud
[frɔ́:d]

n. 사기(꾼), 기만

Telemarketing *fraud* has been on the increase in recent months.

파 fraudulent *adj.* 사기의, 부정한, 속이는

0746
freight
[fréit]

n. 화물 (운송), 무거운 짐

Our company also handles *freight*.

파 freighter *n.* 화물선, 수송기, 운송업자

0747
frenzy
[frénzi]

n. 광란, 열광   *v.* 흥분[격분]시키다

The last minute goal sent the crowd into a *frenzy*.

0748
friction
[fríkʃən]

n. 마찰(= rubbing), 불화

There is a perpetual *friction* between the two factions.

파 frictional *adj.* 마찰의, 불화의

0749
fri(d)ge
[frídʒ]

n. 냉장고(= refrigerator)

There's some juice in the *fridge*.

0750
front
[frʌ́nt]

n. 앞면(= forward part), 정면, [군사] 전선

Masons are meeting in *front* of the building.

파 frontier *n.* 국경, 변경   표현 in front of ~의 앞에

0751
frost
[frɔ́:st]

n. 서리

I used to think that the North Pole was the seat of *frost* and snow. |대수능|

관련 frostbite *n.* 동상   파 frosted *adj.* 서리가 내린, 냉담한

0752
fume
[fjú:m]

n. 증기, 가스, 노여움, 흥분

It is dangerous to inhale ammonia *fume*.

0753
function
[fʌ́ŋkʃən]

n. 기능, 직무(= office)

The *function* of the hand is to hold objects. |대수능|

파 functional *adj.* 기능의, 직무상의

[예문 해석] **0744** 19세기 초에, 공학자들은 건축을 위한 철 구조물을 개발했다.   **0745** 최근 몇 개월 동안 텔레마케팅 사기 건수가 늘고 있다. **0746** 우리 회사는 화물 수송도 취급한다.   **0747** 종료 1분 전의 골은 관중을 열광케 했다.   **0748** 두 파벌 사이에는 마찰이 끊이지 않는다. **0749** 냉장고에 주스가 좀 있다.   **0750** 벽돌공들이 건물 앞에서 만나고 있다.   **0751** 나는 북극이 서리와 눈으로 뒤덮인 곳이라고 생각하곤 했다.   **0752** 암모니아 가스를 들이마시는 것은 위험하다.   **0753** 손의 기능은 물건을 잡는 것이다.

0754

fund

[fʌnd]

n. 자금, 기금, 재원

Emergency *funds* are kept in a separate account.

관련 fund-raising *n.* 자금 조달

0755

funeral

[fjúːnərəl]

n. 장례식 *adj.* 장례의

Passers-by stopped to watch the *funeral.*

0756

fungus

[fʌ́ŋgəs]

n. 버섯, 균류

Researchers have identified a *fungus* that has been killing soft corals, which were at one time widespread in the Caribbean.

0757

fur

[fə́ːr]

n. 모피, 털

His fat little body is covered with soft gray *fur.*

파 furry *adj.* 모피의, 털로 덮인

0758

furnace

[fə́ːrnis]

n. 아궁이, 용광로

The *furnace* is broken again.

0759

furrow

[fə́ːrou]

n. 밭고랑, 깊은 주름살(= wrinkle)

Deep *furrows* lined the old man's forehead.

>>> 표제어 이외의 교과서 수록 어휘

falcon [fǽlkən] *n.* 송골매, 사냥용 매

fan [fǽn] *n.* 팬, 부채, 선풍기

fanfare [fǽnfɛər] *n.* [음악] 팡파르, 허세

fascism [fǽʃizəm] *n.* 파시즘(독재적 국가주의)

fascist [fǽʃist] *n.* 파시즘 신봉자

fashion [fǽʃən] *n.* 패션, 유행

fauna [fɔ́ːnə] *n.* (어떤 지역에 서식하는) 동물군

fax [fǽks] *n.* 팩시밀리(facsimile)

feedback [fíːdbæ̀k] *n.* 피드백, 돌아오는 것

fern [fə́ːrn] *n.* [식물] 양치류

fiance [fiːɑːnséi] *n.* 피앙세, 약혼자

fiddle [fídl] *n.* (구어) 바이올린

field [fíːld] *n.* 필드, 들판, 싸움터, 경기장

fig [fíg] *n.* 무화과

file [fáil] *n.* 파일, 서류꽂이, 서류철

film [fílm] *n.* 필름, 영화, 얇은 껍질

fin [fín] *n.* 지느러미, 물갈퀴

fir [fə́ːr] *n.* 전나무

firefly [fáiərflài] *n.* 개똥벌레

firework [fáiərwə̀ːrk] *n.* 불꽃(놀이), 봉화

flake [fléik] *n.* (콘) 플레이크, 얇은 조각

flea [flíː] *n.* 벼룩

floor [flɔ́ːr] *n.* 마루, (건물의) 층

flora [flɔ́ːrə] *n.* (한 지방의) 식물상, 식물군

flu [flúː] *n.* 감기(influenza)

flute [flúːt] *n.* 플루트, 피리

[예문 해석] **0754** 비상금은 별도의 계좌에 넣어둔다. **0755** 행인들은 그 장례식을 보기 위해 멈춰 섰다. **0756** 연구원들은 한때 카리브 해 지역에 넓게 퍼져 있었던 부드러운 산호초를 절멸시켜 온 균류를 확인했다. **0757** 그의 통통하고 작은 몸은 부드러운 회색 털로 덮여 있다. **0758** 난로가 또 고장 났다. **0759** 노인의 이마에는 깊은 주름이 져 있었다.

foil [fɔ́il] *n.* 포일, 박	foul [fául] *n.* 파울, 반칙
font [fɑ́nt] *n.* 폰트, 글자체	frog [frɔ́ːg] *n.* 개구리
fork [fɔ́ːrk] *n.* 포크, 삼지창, 갈퀴	froth [frɔ́ːθ] *n.* (맥주 등의) 거품
format [fɔ́ːrmæt] *n.* 포맷, 형식, 체제	fuse [fjúːz] *n.* 퓨즈, (폭탄의) 신관
forum [fɔ́ːrəm] *n.* 포럼, 공개 토론회	fusion [fjúːʒən] *n.* 용해, 융합

0760
gadget
[gǽdʒit]

n. 기계의 간단한 장치, 도구

While these in-vehicle *gadgets* may be welcome conveniences for drivers, they have public safety officials worried.

표현 electronic gadget 전자 장치

0761
galaxy
[gǽləksi]

n. 은하, 은하수(=the Milky Way)

Astronomers discovered one of the most distant *galaxies*.

0762
gale
[géil]

n. 강풍(=strong wind), 질풍

The ship was seen baffling with a *gale* from the NW.

표현 a gale warning 강풍 경보

0763
galley
[gǽli]

n. 갤리선(노예에게 노를 젓게 한 돛배), (배나 비행기의) 부엌

I went through to the tiny *galley* to wash up.

0764
gap
[gǽp]

n. 차이, 틈

The American economy now exhibits a wide *gap* between rich and poor.

표현 close a gap 격차를 줄이다, 따라붙다 |대수능|

0765
garage
[gərɑ́ːʒ]

n. 차고, 주차장, 자동차 수리소

A vehicle is being repaired in the *garage*.

관련 garage sale 중고품 염가 판매

0766
garbage
[gɑ́ːrbidʒ]

n. 쓰레기

The man is emptying the *garbage*.

관련 garbage can 쓰레기통

0767
garland
[gɑ́ːrlənd]

n. 화환, 꽃장식(=wreath)

The women put a *garland* round her neck.

표현 a garland of laurel 월계관

[예문 해석] 0760 차에 장착된 이러한 장치들이 운전자들에게는 환영받는 편리한 도구인 반면에, 공공 안전 관리들은 우려를 나타내고 있다. **0761** 천문학자들은 가장 멀리 떨어진 은하계 중 하나를 발견했다. **0762** 그 배가 강한 북서풍에 시달리고 있는 것이 보였다. **0763** 나는 씻기 위해 작은 부엌으로 내려갔다. **0764** 미국의 경제는 지금 큰 빈부의 차이를 나타내 보이고 있다. **0765** 차가 정비 공장에서 수리를 받고 있다. **0766** 남자가 쓰레기를 비우고 있다. **0767** 여자들이 그녀의 목에 화환을 걸어주었다.

0768 **garment** [gáːrmənt]	*n.* 의복 This *garment* has been treated with Litegard disinfectant.
0769 **garret** [gǽrit]	*n.* 다락방(=attic), 초라한 작은 방 I found him in a *garret* in Brixton.
0770 **gate** [géit]	*n.* 문, 입구, 통로 Please proceed to *gate* 12.
0771 **gem** [dʒém]	*n.* 보석 Her necklace was beset with *gems*.
0772 **gender** [dʒéndər]	*n.* 성, 성별 There are now various tests which can show the *gender* of a baby long before it is born. 관련 gender gap 사회여론이 남녀의 성별로 갈리는 일
0773 **gene** [dʒíːn]	*n.* 유전자 The researchers also found that these growth changes resulted from *gene* activation. |대수능| 파 genetics *n.* 유전학
0774 **genealogy** [dʒìːniǽlədʒi]	*n.* 가계, 혈통, 족보 A *genealogy* is the history of a particular family over several generations, describing who each person married and who their children were.
0775 **generation** [dʒènəréiʃən]	*n.* 세대 She visited this island on which my family had lived for *generations*. 파 generate *v.* 낳다, 산출하다, 발생시키다 generator *n.* 발전기 |대수능|
0776 **genesis** [dʒénəsis]	*n.* 발생, 기원, 창세기 I explained the *genesis* of my idea as well as I could. 파 genetic *adj.* 발생의, 기원의, 유전의
0777 **genius** [dʒíːnjəs]	*n.* 천재 If I were a *genius*, I would not mind being treated like one. |대수능|

[예문 해석] **0768** 이 옷은 라이트가드로 살균 처리되었다.   **0769** 나는 Brixton의 작은 방에서 그를 발견했다.   **0770** 12번 탑승구로 가시기 바랍니다.   **0771** 그녀의 목걸이에는 보석이 박혀 있었다.   **0772** 요즘에는 아기가 태어나기 오래 전에 성별을 알 수 있는 다양한 검사가 있다. **0773** 연구자들은 또한 이러한 성장 변화들이 유전자 활동에서 온다는 것을 발견했다.   **0774** 족보는 누가 누구와 결혼했고 그리고 그들의 아이들이 누구인지를 설명하는 여러 세대에 걸친 특정한 가족의 역사이다.   **0775** 그녀는 나의 가족들이 여러 세대 동안 살았던 이 섬을 방문했다. **0776** 나는 가능한 한 잘 나의 생각의 기원을 설명했다.   **0777** 내가 천재라면 그렇게 취급받는 것을 신경 쓰지 않을 텐데.

0778
geography

[dʒiːáɡrəfi]

n. 지리, 지리학

Try to correlate your knowledge of history with that of *geography*.

관련 geopolitics *n.* 지정학 geothermal *adj.* 지구 열학의

0779
geology

[dʒiːálədʒi]

n. 지질학

I'm going to take a *geology* course next semester.

파 geological *adj.* 지질학의 geologist *n.* 지질학자 geophysics *n.* 지구 물리학

0780
geometry

[dʒiːámətri]

n. 기하학

Would we, however, prefer to fill the developing minds of our children with hundreds of *geometry* problems or the names of all the rivers in the world? |대수능|

파 geometric(al) *adj.* 기하학적인

Tip [geo(=earth)+metry(=measure)] metry는 '측정, 측량, 계측'의 의미이다.

0781
germ

[dʒə́ːrm]

n. 세균, 병균, 미생물

This drug kills *germs* but is harmless to people.

파 germfree *adj.* 무균의 germicide *n.* 살균제

0782
gesture

[dʒéstʃər]

n. 몸짓

Every morning one chimpanzee, called Bill, saw people coming toward his cage, and started making wild *gestures*. |대수능|

표현 make(give) a gesture of ~의 몸짓을 하다

0783
geyser

[ɡáizər]

n. 간헐천

A *geyser* is a hole in the Earth's surface from which hot water and steam come out forcefully, usually at irregular intervals of time.

관련 Old Faithful Geyser 옐로우스톤 국립공원 내 유명한 간헐천

0784
giant

[dʒáiənt]

n. 거인

There was once a *giant*.

파 gigantic *adj.* 거인 같은, 거대한

0785
gift

[ɡíft]

n. 선물(=pleasant), 재능(=natural ability)

The *gift* of ten dollars astonished the little boy.

파 gifted *adj.* 타고난 재능이 있는

[예문 해석] **0778** 당신의 역사 지식을 지리 지식과 서로 관련시키도록 노력하시오. **0779** 나는 다음 학기에 지질학 과목을 수강하려 한다. **0780** 그러나 우리가 우리 아이들의 발전하고 있는 마음을 수백 개의 기하학 문제들이나 세상에 있는 모든 강들의 이름으로 채우고 싶어하는 것일까요? **0781** 이 약은 세균을 죽이지만 인간에게는 무해하다. **0782** 매일 아침 Bill이라 불리는 침팬지가 사람들이 그의 우리로 오는 것을 보고서 거친 몸짓을 취하기 시작했다. **0783** 간헐천은 뜨거운 물과 증기가 보통 불규칙적인 시간 간격으로 세차게 나오는 지구 표면의 구멍이다. **0784** 옛날에 한 거인이 있었다. **0785** 10달러를 주자 꼬마 소년은 놀랐다.

0786
gist

[dʒíst]

n. 요점, 요지

The above is the *gist* of his speech.

표현 get the gist of ～의 요점을 파악하다

0787
glacier

[gléiʃər]

n. 빙하

It rises or falls as the *glaciers* melt or grow. |대수능|

파 glacial *adj.* 빙하의

0788
gladiator

[glǽdièitər]

n. 검투사

A *gladiator* was a man who, in the time of the Roman Empire, used to have to fight against other men or wild animals in order to entertain an audience.

0789
glance

[glǽns]

n. 흘긋 봄, 한 번 봄   v. 흘긋 보다, 잠깐 언급하다

At first *glance*, it looked like an old city.

표현 at a glance 한 눈에

0790
glare

[glɛ́ər]

n. 반짝거리는 빛, 노려봄   v. 눈부시게 빛나다, 보다

Hour after hour, the changeless *glare* of the hot sky shone upon the same object. |대수능|

파 glaring *adj.* 눈부시게 빛나는   glaringly *adv.* 번쩍번쩍하게, 눈에 띄게

0791
glaze

[gléiz]

n. 유약, 유약칠   v. 판유리를 끼우다, 유리창을 달다

Instruction is free, but there is a 20-dollar materials fee, which covers clay, *glazes*, and use of the kiln.

0792
glee

[glíː]

n. 기쁨, 환희(=joy, delight, mirth), 무반주 합창곡

She opened her presents with *glee*.

파 gleeful *adj.* 기쁜   관련 glee club (남성) 합창단

0793
glimmer

[glímər]

n. 희미한(가물거리는) 빛   v. 희미하게 빛나다, 깜박이다(=flicker)

We perceived a *glimmer* of light in the window.

파 glimmering *adj.* 가물거리는

0794
glimpse

[glímps]

n. 힐끗 봄, 일별   v. 흘끗 보다

We caught a *glimpse* of the house as we drove by.

표현 catch a glimpse of ～을 힐끗(언뜻) 보다

[예문 해석] **0786** 이상은 그의 연설의 요지이다.   **0787** 이것은 빙하가 녹고 생김에 따라 높아지고 낮아진다.   **0788** 검투사는 로마 제국 시대에 관중을 즐겁게 하기 위해 다른 사람이나 야생동물과 싸우곤 했던 사람이었다.   **0789** 첫눈에 보기에도, 이곳은 오래된 도시처럼 보였다.   **0790** 매 시간, 뜨거운 하늘의 변함 없는 빛이 똑같은 사물을 비추었다.   **0791** 강의는 무료이지만, 점토와 유약 그리고 가마 사용에 대한 20달러의 재료비가 있다.   **0792** 그녀는 기쁨에 차서 그녀의 선물을 열었다.   **0793** 우리는 창에서 어렴풋한 빛을 보았다.   **0794** 우리는 차를 몰고 지나가면서 그 집을 힐끗 쳐다보았다.

0795
glue
[glú:]

n. 접착제 *v.* 접착제로 붙이다

The next step is to put the different parts together with *glue* and nails.

표현 glue up 봉하다, 밀폐하다 |대수능|

0796
goat
[góut]

n. 염소

The digestive system of the *goat* is different from that of the sheep or the cow. |대수능|

관련 goatee *n.* (사람의 턱에 난) 염소 수염

0797
goodwill
[gúdwíl]

n. 호의, 선의

But, with a little extra effort, these little coins are picked up by *goodwill* organizations. |대수능|

0798
gourd
[gúərd]

n. [식물] 호리병박, 조롱박

He drank water by using *gourd*.

0799
government
[gʌ́vərnmənt]

n. 정부

However, *government* water programs started in the 1960s in Colorado Springs, Colorado. |대수능|

파 governmental *adj.* 정부의, 정치의   govern *v.* 통치하다, 다스리다

0800
grace
[gréis]

n. 우아, 품위, 기품(= elegance)

She was an heir to her father's intelligence and her mother's *grace*.

파 gracious *adj.* 친절한, 품위 있는, 우아한

[예문 해석] **0795** 다음 단계는 접착제와 못들을 사용해서 여러 부품들을 조립하는 것이다. **0796** 염소의 소화계는 양이나 소의 소화계와는 다르다. **0797** 그러나 약간의 추가적인 노력으로, 이러한 작은 동전들은 선의를 가진 조직들에 의해서 수집된다. **0798** 그는 바가지를 이용해서 물을 마셨다. **0799** 그러나 정부 물 프로그램은 Colorado 주의 Colorado Springs에서 1960년대에 시작되었다. **0800** 그녀는 아버지의 지능과 어머니의 우아함을 이어받았다.

8ᵀᴴ LECTURE MASTERING IDIOMS

- **be obliged to + V** ~해야 한다(=be impelled to + V, be forced to + V)
  He *was obliged to* leave school. 그는 마지못해 학교를 그만두었다.

- **be reluctant to + V** ~하는 것을 꺼리다, 마지못해 ~하다
  She *was reluctant to* admit the truth. 그녀는 그 사실을 인정하기를 꺼려했다.

- **be responsible for** ~에 대한 책임이 있다(=be answerable for, be liable for, be to blame for)
  Council employees *are responsible for* the upkeep of the gardens.
  의회 고용인들은 그 정원의 관리에 책임이 있다.

- **be short of + N** ~이 부족해지다
  I'*m short of* money this week. Can you lend me some?
  이번 주에는 돈이 모자란다. 내게 좀 빌려주겠니?

- **be similar to** ~와 유사하다
  It *is similar* in color *to* the water. 그것은 물과 비슷한 빛깔이다.

- **be stocked with** ~로 가득 차다(=be full of, be crammed with)
  The store *is* well *stocked with* excellent goods. 그 상점에는 좋은 물품이 풍부하게 갖추어져 있다.

- **be subject to + N** ~ 당하기 쉽다, ~을 겪기 쉽다
  This mountain *is subject to* extreme climatic change. 이 산은 기후의 변화가 매우 심하다.

- **be supposed to + V** ~하기로 되어 있다, ~해야 한다
  As an impartial observer my analysis *is supposed to* be objective.
  공정한 관찰자로서 나의 분석은 객관적이어야 한다.

- **be sure to + V** 틀림없이 ~하다(=be bound to + V, be certain to + V)
  Be sure to study your class notes in addition to the three chapters in the text.
  교과서에 있는 세 과와 더불어 수업시간에 필기한 것까지 반드시 공부하세요.

- **be tied to + N** ~에 묶여 있다
  He *is tied to* his wife's apron-strings. 그는 완전히 공처가이다.

- **be to blame for** 비난 받을 책임이 있다(=be held responsible for, be responsible for)
  He *was* only partially *to blame for* the accident. 그는 그 사고에 대해 부분적으로만 책임이 있었다.

- **be well-known for** ~로 유명하다(=be famous for, be noted for, be renowned for)
  He *is well-known for* his sharp criticism. 그는 신랄한 비평으로 유명하다.

8TH LECTURE REVIEW TEST

● 빈칸에 알맞은 단어나 뜻을 쓰시오.

1. fidelity	_____	26. friction	_____
2. filth	_____	27. fume	_____
3. _____	금융, 재정	28. _____	장례식
4. fist	_____	29. fungus	_____
5. flame	_____	30. furnace	_____
6. flash	_____	31. furrow	_____
7. flavor	_____	32. gadget	_____
8. flaw	_____	33. gale	_____
9. fleck	_____	34. _____	차이, 틈
10. _____	함대, 선대	35. garland	_____
11. flesh	_____	36. garment	_____
12. flexibility	_____	37. garret	_____
13. _____	꽃장수	38. _____	보석
14. flour	_____	39. _____	성, 성별
15. fluency	_____	40. genealogy	_____
16. fluff	_____	41. genesis	_____
17. flurry	_____	42. geography	_____
18. foe	_____	43. geology	_____
19. _____	어리석음	44. geometry	_____
20. fortitude	_____	45. germ	_____
21. _____	화석	46. geyser	_____
22. fowl	_____	47. gist	_____
23. fraction	_____	48. _____	반짝거리는 빛, 노려봄
24. fraud	_____	49. glaze	_____
25. frenzy	_____	50. glee	_____

정답 | 기본 페이지 참조

9ᵀᴴ LECTURE

SUMMA CUM LAUDE VOCABULARY

0801
grade
[gréid]

n. 등급, 학년, 성적

My best school report was in the first *grade* from Mrs. Varulo. |대수능|

파 **gradual** *adj.* 단계적인, 점차적인

0802
grader
[gréidər]

n. …학년생

"All right, Jack," the teacher said to the first *grader*. |대수능|

> (Tip) 해당 학년의 숫자를 grader 앞에 서수로 써서 학년을 표현할 수 있다.

0803
graduate
[grǽdʒuèit]

n. 졸업생 *v.* 졸업하다

Besides, a rapid increase in the number of college *graduates* has made the competition for jobs much greater than it used to be. |대수능|

파 **graduation** *n.* 졸업   표현 **graduate from** ~을 졸업하다

0804
grain
[gréin]

n. 곡물, 낟알

Can you imagine the problems of carrying around enough livestock or *grain* to do one's weekly shopping? |대수능|

표현 **a grain of salt(sand)** 소금(모래) 알갱이

0805
granary
[grǽnəri]

n. 곡창지대, 곡물창고

North America is the *granary* of the world.

0806
grant
[grǽnt]

n. 수여, 허가, 보조금, 장려금 *v.* 수여하다, 허가하다(= allow)

They receive the state *grants* for the university, and attend state-training programs if they lose their jobs. |대수능|

파 **grantor** *n.* 양도인

[예문 해석] **0801** 나의 최고의 성적표는 Varulo 선생님으로부터 1학년 때 받은 것이었다.   **0802** "잘했어, Jack."이라고 선생님은 그 1학년 학생에게 말씀하셨다.   **0803** 게다가 대학 졸업자 수의 빠른 증가는 과거보다 직업을 위한 경쟁을 더욱 더 힘들게 하고 있다.   **0804** 한 주간의 쇼핑을 하기 위해 충분한 가축이나 곡물을 가지고 다니는 문제들을 상상할 수 있는가?   **0805** 북미는 세계의 곡창이다.   **0806** 그들은 대학 진학을 위한 정부 장학금을 받고, 직업을 잃었을 땐 정부 직업 교육 프로그램에 참여한다.

0807
grass

[grǽs]

n. 풀, 잔디, 목장(= meadow)

Dew is moisture that collects at night on the *grass*.

(파) grassy *adj.* 풀이 무성한 　(혼) glass *n.* 유리

0808
grave

[gréiv]

n. 무덤(= tomb)

It is as a pupil and admirer that I stand at the *grave* of the greatest man who taught me in college. |대수능|

(관련) graveyard *n.* 묘지 　gravestone *n.* 비석, 묘비

0809
gravel

[grǽvəl]

n. 자갈

The torrent bears along silt and *gravel*.

0810
gravitation

[grævətéiʃən]

n. 중력, 인력(작용)

The ebb and flow of the tide are due to the *gravitation* of the moon.

(파) gravity *n.* 중력, 진지함, 중대함 　gravitate *v.* 끌어당기다

0811
grease

[grí:s]

n. 기름, 유성 물질

The woman is cleaning the *grease*.

(파) greasy *adj.* 기름기 있는, 기름투성이의

0812
greed

[grí:d]

n. 탐욕, 지나친 욕심(= avarice)

There are a lot of materialism and *greed* behind the public scandals. |대수능|

(파) greedy *adj.* 탐욕스러운, 굶주린

(Tip) greed는 돈이나 먹을 것에 대한 욕심을 뜻할 때 주로 사용한다.

0813
greenhouse

[grí:nhàus]

n. 온실

We know that this gas causes a *greenhouse* effect.

(관련) greengrocer *n.* 야채 장수 　greenwood *n.* 푸른 숲

0814
grief

[grí:f]

n. 슬픔(= sorrow), 비탄

She tried to conceal her *grief* behind a forced smile.

(파) grieve *v.* 슬프게 하다, 몹시 슬퍼하다

0815
grocery

[gróusəri]

n. 식료품, 식료 잡화류

He has been selling *groceries* for over forty years. |대수능|

(파) grocer *n.* 식료품 상인

[예문 해석] **0807** 이슬은 밤에 풀잎에 모이는 습기이다. 　**0808** 대학에서 나를 가르쳤던 위대한 남자의 무덤 앞에 서 있는 것은 제자이자 찬미자로서이다. 　**0809** 급류가 모래와 자갈을 나른다. 　**0810** 조수의 간만은 달의 인력에 기인한다. 　**0811** 여자가 기름기를 닦고 있다. 　**0812** 공개적인 추문 뒤에는 많은 물질주의와 탐욕이 존재한다. 　**0813** 우리는 이 가스가 온실효과를 발생시킨다는 것을 안다. 　**0814** 그녀는 억지로 웃으며 슬픔을 숨기려고 했다. 　**0815** 그는 40년이 넘게 식료품을 팔아 왔다.

0816
groom
[grú(:)m]

n. 신랑, 마부

I'd like to propose a toast to the bride and *groom*.

0817
grove
[gróuv]

n. 작은 숲

On top of the hill was a *grove* of tall, dark trees.

0818
growth
[gróuθ]

n. 성장, 발달(=development)

In a laboratory study conducted at Stanford University, the same changes in plant *growth* patterns were brought about by touching plants twice a day. |대수능|

ⓟ grow *v.* 성장하다　　관련 grown-up *n.* 어른, 성인

0819
grub
[gráb]

n. 굼벵이, 구더기　*v.* 파다, 개간하다

Each of these eggs hatches out into a tiny *grub*.

ⓟ grubby *adj.* 구더기 따위가 끓는, 더러운

0820
grudge
[grádʒ]

n. 원한, 악의　*v.* 아까워하다, ~하기를 꺼리다

I have no cause to have a *grudge* against him.

0821
guide
[gáid]

n. 안내자　*v.* 안내하다(=lead)

Before I became a tour *guide*, I used to work at a motor company as a car salesman. |대수능|

ⓟ guidance *n.* 안내　　관련 guideline *n.* 지침, 안내

0822
guilt
[gílt]

n. 유죄, 죄

Her silence was taken as an admission of *guilt*.

ⓟ guilty *adj.* 유죄의, 죄를 범한

0823
gulf
[gálf]

n. 만, 큰 간격

Oil prices soared to their highest level since the *Gulf* War on Thursday.

0824
gust
[gást]

n. 돌풍, 질풍, 일진의 바람

A *gust* of wind shook a multitude of leaves off the trees.

ⓟ gusty *adj.* 돌풍의

0825
gutter
[gátər]

n. (지붕의) 홈통, 물받이, 배수구, 하수도

He dropped his keys in the *gutter*.

[예문 해석] **0816** 신랑 신부를 위해 축배를 들기를 제안합니다.　**0817** 언덕 위에 크고 어두운 나무들의 숲이 있었다.　**0818** 스탠포드 대학교에서 실시된 어떤 실험실 연구에서, 하루에 두 번씩 식물을 만짐으로서 식물 성장 패턴에 있어 똑같은 변화가 발생했다.　**0819** 이 알들은 각각 작은 굼벵이들로 부화한다.　**0820** 나는 그에게 원한을 품을 이유가 없다.　**0821** 나는 관광 안내원이 되기 전에 자동차 세일즈맨으로서 자동차 회사에서 일을 했었다.　**0822** 그녀의 침묵은 죄를 인정하는 것으로 여겨졌다.　**0823** 목요일에 유가가 걸프전 이래 최고가로 치솟았다.　**0824** 돌풍에 나뭇잎이 우수수 떨어졌다.　**0825** 그는 그의 열쇠들을 하수도에 빠뜨렸다.

0826 **guy** [gái]	*n.* 사내, 녀석(=fellow) No matter how often I warn that *guy*, he shows no sign of having taken it to heart.
0827 **gymnasium** [dʒimnéiziəm]	*n.* 체육관 A *gymnasium* is a building or large room which is used for physical exercise and usually has equipment such as bars, mats, and ropes in it. (파) gymnastics *n.* 체조 gymnastic *adj.* 체조의 gym *n.* 체육관

>>> 표제어 이외의 교과서 수록 어휘

gait [géit]   *n.* 걷는 모양, 걸음걸이, 진행

gallery [gǽləri]   *n.* 갤러리, 화랑, 미술관

gallon [gǽlən]   *n.* 갤런(용량의 단위)

gander [gǽndər]   *n.* 거위나 기러기의 수컷

gang [gǽŋ]   *n.* 갱, 일당, 패거리, 폭력단

garden [gáːrdn]   *n.* 정원, 공원

garlic [gáːrlik]   *n.* 마늘

gasoline [gæ̀səlíːn]   *n.* 휘발유

gauge [géidʒ]   *n.* 표준 치수, 계량기, 판단의 척도

gay [géi]   *n.* 게이, 동성애자

geep [gíːp]   *n.* 염소와 양의 교배종

Gemini [dʒémənài]   *n.* [천문학] 쌍둥이자리

genre [ʒáːnrə]   *n.* 장르, 유형

geranium [dʒəréiniəm]   *n.* [식물] 제라늄

ghetto [gétou]   *n.* 빈민가, 유대인 강제 거주 구역

ginger [dʒíndʒər]   *n.* 생강

ginkgo [gíŋkou]   *n.* 은행나무

ginseng [dʒínseŋ]   *n.* 인삼

giraffe [dʒərǽf]   *n.* 기린

glamour [glǽmər]   *n.* 성적 매력, 매력

glossary [glásəri]   *n.* 용어풀이, 권말 어휘풀이

glove [glʌ́v]   *n.* 글러브, 장갑

gnome [nóum]   *n.* (땅 속의 보물을 지킨다는) 땅 신령

gnomon [nóumɑn]   *n.* (해시계의) 바늘

goal [góul]   *n.* 골, 결승점, 득점, 목적

goblet [gáblit]   *n.* (손잡이 없는) 술잔, 받침 달린 잔

goggles [gáglz]   *n.* 고글, 보호 안경, 잠수용 보안경

goldfish [góuldfiʃ]   *n.* 금붕어

gong [gɔ́ːŋ]   *n.* 공(접시 모양의 종), 징

goose [gúːs]   *n.* (암)거위

gorilla [gərílə]   *n.* 고릴라

gospel [gáspəl]   *n.* 가스펠, 복음서, 복음

gossip [gásəp]   *n.* 가십, 잡담, 험담

gothic [gáθik]   *n.* 고딕 (양식)

gown [gáun]   *n.* 가운, 긴 웃옷

grammar [grǽmər]   *n.* 문법

granite [grǽnit]   *n.* 화강암

grape [gréip]   *n.* 포도, 포도나무

graph [grǽf]   *n.* 그래프, 도식, 도표

grasshopper [grǽshàpər]   *n.* 베짱이, 메뚜기

gravy [gréivi]   *n.* 고기국물

gray [gréi]   *n.* 회색(grey)

grid [gríd]   *n.* 격자, 쇠창살

grill [gríl]   *n.* 그릴, 석쇠

grip [gríp]   *n.* 꽉 쥠, 지배, 파악력

grizzly [grízli]   *n.* 회색의 큰 곰

ground [gráund]   *n.* 지면, 운동장, 기초, 근거

guard [gáːrd]   *n.* 가드, 경계, 경호인

guerrilla [gərílə]   *n.* 게릴라, 비정규병

guest [gést]   *n.* 게스트, 손님

[예문 해석] **0826** 내가 그 사내에게 아무리 여러 번 경고해도, 그는 진지하게 받아들일 기미를 보이지 않는다.   **0827** 체육관은 육체적 운동에 사용되고 일반적으로 평행봉, 매트 그리고 로프와 같은 장비를 가진 건물이나 큰 방이다.

guild [gíld]　　*n.* 길드, 동업 조합

guillotine [gílətìːn]　　*n.* 기요틴, 단두대

guitar [gitáːr]　　*n.* 기타

gull [gʌ́l]　　*n.* 갈매기

gum [gʌ́m]　　*n.* 껌, 고무질

gypsy [dʒípsi]　　*n.* 집시, 방랑자

0828
habit

[hǽbit]

n. 습관, 버릇

The boy has a *habit* of toying with a pencil in class.

파 habitual *adj.* 습관적인　habitually *adv.* 습관적으로

0829
habitat

[hǽbitæt]

n. 거주지, 서식지, 환경

Several years of very low rainfall have destroyed much of the crocodile's *habitat*.

파 habitation *n.* 주소, 주택, 거주　habitant *n.* 주민, 거주자

0830
hail

[héil]

n. 싸락눈, 우박

Strong winds are expected at 55 mph from the north with heavy rain and the possibility of *hail*.

관련 hailstone *n.* 싸락눈, 우박

0831
handcuff

[hǽndkʌ̀f]

n. (pl.) 수갑, 쇠고랑

The police put *handcuffs* on the suspect.

0832
handicap

[hǽndikæ̀p]

n. 결점, 장애

These changes have made the campus an easier place for people with *handicaps*. |대수능|

파 handicapped *adj.* 신체적 장애가 있는

0833
handlebar

[hǽndlbàːr]

n. (pl.) (자전거의) 핸들

I recall flying over the *handlebars* and slamming into the road head first, my shoulder hitting the pavement. |대수능|

0834
harbor

[háːrbər]

n. 항구(= port), 부두

The boat is at anchor in the *harbor*.

표현 in harbor 입항 중인, 정박 중인

0835
hardship

[háːrdʃìp]

n. 곤경, 고난(= difficulty)

They look around their neighborhoods and see people with terrible *hardships*: sickness, loneliness, and homelessness. |대수능|

[예문 해석] **0828** 그 소년은 수업 중에 연필을 가지고 장난하는 버릇이 있다. **0829** 몇 년 동안 극심한 강우량 부족으로 악어 서식지가 황폐해졌다. **0830** 북부로부터 폭우와 우박의 가능성을 지닌 시속 55마일의 강한 바람이 예상된다. **0831** 경찰이 용의자에게 수갑을 채웠다. **0832** 이러한 변화들이 장애를 가진 사람들에게 캠퍼스를 좀 더 편안한 장소로 만들었다. **0833** 나는 어깨가 포장 도로에 부딪치면서 자전거 핸들 위로 날아서 도로에 머리 먼저 쾅 부딪쳤던 기억이 난다. **0834** 배가 항구에 정박해 있다. **0835** 그들은 그들의 이웃들을 둘러보고 질병, 외로움 그리고 거처할 곳이 없는 경우와 같은 끔찍한 곤경을 겪고 있는 사람들을 본다.

0836
harmony

[háːrməni]

n. 조화(= concord)

I am happy if my wife and children live in *harmony*. |대수능|

(파) harmonize *v.* 조화시키다　harmonious *adj.* 조화된　harmoniously *adv.* 조화되어

0837
harness

[háːrnis]

n. 마구, 장치, 장비

His horse is still wearing a *harness*.

0838
harpoon

[haːrpún]

n. 작살

A *harpoon* is a weapon like a spear with a long rope attached to it, which is fired or thrown by people hunting whales or large sea fish.

0839
harvest

[háːrvist]

n. 수확(물)(= crop), 추수

Their dwindling stock of rice wouldn't last until the *harvest*. |대수능|

(파) harvester *n.* 수확자

0840
haste

[héist]

n. 서두름(= hurry)

I immediately regretted my *haste*. |대수능|

(파) hasty *adj.* 서두르는, 성급한　hasten *v.* 서두르다

0841
hat

[hǽt]

n. 모자

How much is that *hat*?

0842
hatchet

[hǽtʃit]

n. (북아메리카 원주민의) 전투용 도끼, 손도끼(= small ax)

Now that our fight was over, we were glad to bury the *hatchet*.

(표현) bury the hatchet 화해하다

0843
haunch

[hɔ́ːntʃ]

n. 허리 (부분), 궁둥이

He carried himself on his *haunches*.

(표현) sit on one's haunches 웅크리고 앉다

0844
haven

[héivən]

n. 항구(= harbor), 안식처, 피난처

A *haven* is a place where people or animals feel safe and secure.

(표현) haven of peace 안식처, 은둔지

0845
havoc

[hǽvək]

n. 대황폐(= ruin, destruction), 대파괴

The flood caused terrible *havoc* on the locality.

(표현) wreak havoc on 사정없이 파괴시키다

[예문 해석] **0836** 나는 나의 아내와 아이들이 사이좋게 살면 행복하다.　**0837** 그의 말은 여전히 마구를 단 채로 있다.　**0838** 작살은 긴 끈이 달린 창 모양의 무기인데, 고래나 큰 바다 물고기를 사냥하는 사람들에 의해서 발사되거나 던져진다.　**0839** 그들의 줄어드는 쌀의 양은 추수 때까지 지속되지는 않을 것이다.　**0840** 나는 곧 나의 성급함을 후회했다.　**0841** 저 모자는 얼마입니까?　**0842** 우리의 싸움이 끝났음으로, 우리는 기쁘게 화해했다.　**0843** 그는 앉은걸음으로 걸었다.　**0844** 안식처란 사람들이나 동물들이 편안함과 안전함을 느끼는 장소이다.　**0845** 홍수는 그 지방에 끔찍한 피해를 일으켰다.

0846
hay

[héi]

n. 건초

From gardening to cutting *hay*, I loved it all and none of it seemed like work to me. |대수능|

(관련) haystack *n.* 큰 건초더미

0847
hazard

[hǽzərd]

n. 위험(= danger)

Second-hand smoking is a big health *hazard*.

(파) hazardous *adj.* 위험한

0848
haze

[héiz]

n. 아지랑이, 안개

Haze is formed by small solid particles in the atmosphere.

(파) hazy *adj.* 흐릿한, 안개 낀

(Tip) haze는 열에 의해 발생하는 것이고, smog는 공해에 의해 발생하는 것이다. 유사어휘로 fog는 mist보다 더 짙은 일반적 안개를 말한다.

0849
headache

[hédèik]

n. 두통

This medicine will get rid of your *headache* like magic.

(표현) have a headache 두통이 있다

[More] **head** *n.* 머리, 우두머리 **headlong** *adv.* 곤두박이로, 거꾸로 **headmaster** *n.* 교장 **heading** *n.* 표제, 제목 **headquarters** *n.* 본부, 사령부, 본사 **headhunter** *n.* 인재스카우트 담당자 **headline** *n.* 주요 제목 **headlight** *n.* 전조등 **head office** 본사

0850
heap

[hí:p]

n. 쌓아올린 것, 퇴적, 많음

Stones are deposited in *heaps*.

(표현) in heaps(piles) 겹겹이

0851
heartbeat

[há:rtbì:t]

n. 고동, 박동

As she watched the race, her *heartbeat* quickened.

(관련) heart *n.* 심장   heartbreaking *adj.* 가슴이 터질 듯한, 애끓는

0852
hearth

[há:rθ]

n. 난로, 노(용광로), 난롯가(= fireside)

A bright fire was burning in the *hearth*.

(표현) hearth and home 따뜻한 가정(의 단란함)

0853
heatstroke

[hí:tstròuk]

n. 열사병, 일사병

They were affected by *heatstroke*.

(관련) heat *n.* 열, 더위

[예문 해석] **0846** 정원 가꾸기에서 건초 자르기까지 나는 그 모든 것을 좋아했고 어떤 것도 나에게는 일 같아 보이지 않았다.   **0847** 간접흡연은 건강에 매우 해롭다.   **0848** 아지랑이는 대기 중의 미세한 고체 입자들에 의해 생긴다.   **0849** 이 약은 마술처럼 두통을 없애줄 것이다.   **0850** 돌이 무더기무더기 쌓여 있다.   **0851** 경주를 보고 있을 때, 그녀의 심장 박동이 빨라졌다.   **0852** 밝은 불이 화덕에서 타오르고 있었다.   **0853** 그들은 열사병에 걸렸다.

0854
hedge
[hédʒ]

n. 산울타리, 장벽, 위험 방지책

A *hedge* separates the two gardens.

표현 a hedge of convention 인습의 장벽

0855
heed
[híːd]

n. 주의, 유의   *v.* 주의하다, 유의하다(= mind)

He gave *heed* to our advice; hence came his success.

파 heedless *adj.* 부주의한

0856
height
[háit]

n. 높이, 신장, (pl.) 고지

Men would like to change their *height* more than women. |대수능|

파 heighten *v.* 높이다

0857
heir
[ɛ́ər]

n. 상속인, 후계자

He was recognized as a lawful *heir* to the deceased.

반 heiress *n.* 여자 상속인

0858
hell
[hél]

n. 지옥

Heaven and *hell* exist in this world.

0859
helm
[hélm]

n. [배] 키, 조타 장치

He is at the *helm* of the banking business of Korea.

표현 be at the helm 실권을 쥐다

0860
hemisphere
[hémisfiər]

n. (지구나 천체의) 반구, [해부] 대뇌[소뇌] 반구

Language processing is controlled by two important regions located in the brain's left *hemisphere*: Broca's area and Wernicke's area.

0861
herd
[hə́ːrd]

n. (짐승의) 떼, 군중

The needs of large livestock *herds* kept prices surging.

0862
heredity
[hərédəti]

n. 유전, 유전적 형질, 세습

The Human Genome Project seeks nothing less than a comprehensive inventory of all 100,000 of our genes, those units of *heredity* that determine nearly every feature that makes us human.

파 hereditary *adj.* 세습의, 유전의

0863
heritage
[héritidʒ]

n. 상속[세습] 재산, 유산, 전통, 물려받은 것(= inheritance)

They are part of the Mexican *heritage*, like the stone colossus of Tlaloc.

[예문 해석] **0854** 산울타리가 두 정원을 가르고 있다.   **0855** 그는 우리의 충고에 귀를 기울였기 때문에 성공했다.   **0856** 남자들은 여자들보다 더 그들의 신장을 변화시키고 싶어한다.   **0857** 그는 고인의 법적 상속인으로 승인받았다.   **0858** 지옥도 극락도 이승에 있다.   **0859** 그는 한국 금융계에서 실권을 쥐고 있다.   **0860** 언어 처리는 좌뇌 반구에 있는 두 개의 중요한 영역, 즉 Broca 영역과 Wernicke 영역에서 관장한다. **0861** 많은 가축 떼들에 대한 필요성 때문에 물가가 계속 치솟고 있었다.   **0862** 인간 게놈 프로젝트란 우리를 인간으로 만들어주는 거의 모든 특징들을 결정짓는 십만 개에 이르는 유전의 기본 인자인 유전자들을 모두 모아 종합 목록을 얻는 것이다.   **0863** 그것들은 Tlaloc의 거대한 석상과 같은 멕시코 유산의 일부이다.

0864
hermit

[hə́ːrmit]

n. 은자, 수행자(修行者)

A *hermit* is a person who lives alone with a very simple life style, away from people and normal society, especially for religious reasons.

0865
hero

[híːrou]

n. 영웅, 주인공

He will go down in history as a *hero*.

(반) heroine *n.* 여주인공, 여걸   (파) heroic *adj.* 영웅적인

0866
hiccup

[híkʌp]

n. 딸꾹질(= hiccough)

She is still suffering with *hiccups*.

0867
hierarchy

[háiərɑ̀ːrki]

n. 계급 제도, 서열

There's a very rigid social *hierarchy* in their society.

(파) hierarchical *adj.* 계급적인

0868
hieroglyph(ic)

[háiərəglíf(ik)]

n. 상형문자

A combination of *hieroglyphics* represents place names of a conquered location.

0869
hiking

[háikiŋ]

n. 하이킹, 도보여행

This valley has more than 90 miles of touring trails which serve as horseback riding, *hiking*, and mountain biking paths.

0870
hilt

[hílt]

n. (칼 따위의) 자루, 손잡이

A *hilt* is the handle of a sword, dagger, or knife.

(표현) hilt to hilt 1대 1로

0871
hitch

[hítʃ]

n. 장애, 급정지, 매기 *v.* 매다, 걸다, 와락 잡아당기다

It is going without a *hitch*.

0872
homage

[hámidʒ]

n. 존경, 충성

Many people came to pay *homage* to the dead man.

0873
hometown

[hóumtàun]

n. 고향

During her lifetime, she may really have felt like a nobody, for few people knew her outside of her small *hometown*. |대수능|

(관련) homeland *n.* 고국

[예문 해석] **0864** 은자란 특히 종교적인 이유 때문에 사람들과 정상적인 사회로부터 떨어져서 혼자 소박한 삶을 사는 사람이다. **0865** 그는 영웅으로 역사에 기록될 것이다. **0866** 그녀는 여전히 딸꾹질로 괴로워하고 있다. **0867** 그들의 사회에는 매우 엄격한 사회 계급 제도가 있다. **0868** 상형문자 조합은 정복된 지역의 장소명을 나타낸다. **0869** 이 계곡에는 말을 타거나, 걷거나 산악 자전거 도로로 이용할 수 있는 90마일이 넘는 관광로가 있다. **0870** 자루란 검, 단도 또는 칼의 손잡이이다. **0871** 그 일은 순조로이 진행되어 간다. **0872** 많은 사람들이 고인에게 경의를 표하러 왔다. **0873** 그녀의 일생 동안, 그녀의 작은 고향 마을 밖에서는 그녀를 아는 사람이 거의 없었기 때문에 그녀는 정말로 자신이 보잘 것 없는 사람이라고 느꼈을지 모른다.

0874
honesty

[ánisti]

n. 정직, 성실(= integrity)

Honesty is the best policy. |대수능|

(파) honest *adj.* 정직한, 성실한   honestly *adv.* 정직하게

0875
honor

[ánər]

n. 명예, 경의(= esteem), 자존심(= self-respect)

I wish I could share this *honor* with my deceased mother.

(파) honorable *adj.* 훌륭한, 명예로운, 존경할 만한

0876
hood

[húd]

n. 두건, 뚜껑, 덮개

The *hood* of the car is up.

> (Tip) 한국어에서는 옷에 달린 모자나 독립적인 모자나 다 '모자'라고 부르지만 영어에서는 옷에 달린 모자의 경우 **hood**라는 단어로 표현한다.

0877
hoof

[húf]

n. 발굽

The *hoofs* of the largest cat need trimming.

(파) hoofless *adj.* 발굽이 없는

0878
hoop

[húp]

n. 동그란 굴레, 테

He fastened a basketball *hoop* over the wastebasket. |대수능|

(파) hooped *adj.* 테두리를 한

0879
horizon

[həráizn]

n. 수평선, 지평선, (pl.) 범위, 시야, 한계

Science enlarges the mental *horizon*.

(파) horizontal *adj.* 수평의, 수평선의

0880
horror

[hɔ́:rər]

n. 공포(= great fear)

These waves were rough and huge, and each wave was a *horror* to those in the boat. |대수능|

(파) horrify *v.* 소름끼치게 하다   horrible *adj.* 무서운, 끔찍한   horribly *adv.* 끔찍하게

0881
hospital

[háspitl]

n. 병원

She is just out of *hospital*.

(파) hospitalize *v.* 입원하다

0882
hospitality

[hàspitǽləti]

n. 환대, 후한 대접

Most visitors gave South Koreans high marks for *hospitality*.

(파) hospitable *adj.* 붙임성 있는, 후히 대접하는

[예문 해석] **0874** 정직은 최고의 정책이다. **0875** 이 영예를 돌아가신 어머님과 나누고 싶습니다. **0876** 자동차의 뚜껑이 열려 있다. **0877** 가장 큰 고양이의 발굽은 다듬을 필요가 있다. **0878** 그는 쓰레기통 위에 농구 굴레를 묶어 고정시켰다. **0879** 과학은 인간 정신의 한계를 넓힌다. **0880** 이러한 파도들은 거칠고 컸으며, 각각의 파도는 보트 안의 모든 사람들에게 공포였다. **0881** 그녀는 막 퇴원한다. **0882** 대부분의 방문객들은 한국 국민들의 환대에 높은 점수를 주었다.

0883
host

[hóust]

n. 주인(=landlord), 다수(다량)

You'll only worry about achieving them, and that will trigger a whole *host* of new anxieties. |대수능|

(반) hostess *n.* 여주인

0884
hostage

[hástidʒ]

n. 인질, 볼모, 담보

The *hostage* was rescued.

(표현) be held in hostage 볼모로 잡히다

0885
hostility

[hástíləti]

n. 적의(=enmity), 적개심, 전쟁행위

Both sides wanted a cessation of *hostilities*.

(파) hostile *adj.* 적의 있는, 반대의

0886
household

[háushòuld]

n. 가정, 가족(=family)

A woman may save her *household* money to carpet her bedrooms; her neighbor may save hers to buy a second car. |대수능|

More **housewife** *n.* 가정주부 **housework** *n.* 가사, 집안 일 **housewarming** *n.* 새 집 축하 잔치 **housekeeper** *n.* 주부, 가정부 **housing** *n.* 주택

0887
hub

[hʌb]

n. 바퀴통(=nave), 축, 중심

The town of Northrup, the valley's central *hub*, still looks like a Wild West film set.

Tip 원래 hub는 바퀴살이 모인 부분을 지칭하는 단어로, 그 뜻에서 '중심지'와 '핵심'의 의미로 확대되었다.

0888
hug

[hʌg]

n. 포옹 *v.* 꼭 껴안다, 품다

Give me a *hug*, darling.

(표현) hug a person tight 사람을 꼭 껴안다

0889
hull

[hʌl]

n. [항해] 선체, 껍질, 껍데기

A boiler explosion blew a hole right through the *hull*.

0890
humanity

[hjuːmǽnəti]

n. 인간성, 인간

In the first place, more people and organizations wanted to be involved in helping solve social problems out of their love for *humanity*. |대수능|

(파) human *adj.* 인간의 humane *adj.* 인도적인, 인정 있는

[예문 해석] **0883** 당신은 그것들을 달성하는 것에 대해서 걱정을 할 것이고, 그것은 새로운 수많은 걱정거리들을 생겨나게 할 것이다. **0884** 인질이 구조되었다. **0885** 양측은 적대 행위의 중지를 원했다. **0886** 어떤 여자는 그녀의 침실에 카펫을 깔기 위해서 생활비를 모을지도 모르고, 그녀의 이웃은 차를 한 대 더 구입하기 위해서 생활비를 모을지도 모른다. **0887** 계곡의 중앙에 자리한 Northrup 마을은 아직도 서부 영화 세트처럼 보인다. **0888** 여보, 포옹해줘요. **0889** 기관이 파열하여 선체에 구멍이 뚫렸다. **0890** 우선 먼저, 많은 사람들과 조직들이 인간에 대한 사랑으로 사회적 문제 해결을 돕는 데 참여하기를 원했다.

0891
hump

[hʌmp]

n. (낙타 따위의) 혹, 둥근 언덕

Her *hump* was probably due to an injury that occurred when she was young.
관련 humpbacked *adj.* 등이 굽은, 곱사등의

0892
hunger

[hʌ́ŋgər]

n. 배고픔, 굶주림(=famine)

"Nothing of the sort, sir, it is *hunger*," — and I ate. |대수능|
파 hungry *adj.* 배고픈, 갈망하는   관련 hunger strike 단식투쟁

0893
hurrah

[hərá:]

n. 만세, 만세 소리

Hurrah for the Queen!

0894
husband

[hʌ́zbənd]

n. 남편   *v.* 절약하다(=economize)

She was unfortunate to lose her *husband*.

0895
hut

[hʌt]

n. 오두막, 임시 막사

When I lived and worked in Africa, my dwelling place was a mud-and-dung *hut* with no amenities.

0896
hybrid

[háibrid]

n. 잡종, 혼혈아, 혼성물

The singer's style was a blend, a *hybrid* of all she had been playing and listening to.

0897
hydrant

[háidrənt]

n. 소화전, 급수전, 수도전

The fire *hydrant* is behind a fence.

0898
hydrogen

[háidrədʒən]

n. 수소

Water can be analyzed into oxygen and *hydrogen*.
관련 hydroelectric *adj.* 수력 전기의

0899
hygiene

[háidʒi:n]

n. 위생학, 위생상태

He doesn't care much about personal *hygiene*.
파 hygienic *adj.* 위생상의

0900
hypothesis

[haipáθəsis]

n. 가설, 가정

Let's start with this *hypothesis*.
파 hypothetical *adj.* 가설의

[예문 해석] 0891 그녀의 혹은 아마 어렸을 때 생긴 부상 때문이었을 것이다.   0892 "그런 종류의 것은 아닙니다. 이것은 배고픔입니다."라고 말하고 나는 밥을 먹었다.   0893 여왕 만세!   0894 그녀는 불행하게도 남편을 잃었다.   0895 아프리카에 살며 일했을 때, 나의 주거지는 쾌적함이라고는 전혀 없는 진흙과 오물로 지어진 오두막집이었다.   0896 그 가수의 스타일은 그녀가 연주해오고 들어왔던 모든 것들의 혼성물이었다.   0897 소화전이 울타리 뒤에 있다.   0898 물은 산소와 수소로 분해될 수 있다.   0899 그는 개인위생에 대하여 별로 신경 쓰지 않는다.   0900 이 가설에서부터 시작합시다.

>>> 표제어 이외의 교과서 수록 어휘

hair [hɛ́ər]   *n.* 머리카락, 털

half [hǽf]   *n.* 반, 절반

hall [hɔ́ːl]   *n.* 홀, 현관, 넓은 공간

hallmark [hɔ́ːlmàːrk]   *n.* 품질증명(서), 검증서

ham [hǽm]   *n.* 햄, (동물의) 넓적다리

hammer [hǽmər]   *n.* 망치

hang glider [hǽŋglàidər]   *n.* 행글라이더

hardware [háːrdwɛ̀ər]   *n.* 하드웨어, 철물, 철기류

hare [hɛ́ər]   *n.* 산토끼

harp [háːrp]   *n.* 하프

hawk [hɔ́ːk]   *n.* 매

hawthorn [hɔ́ːθɔːrn]   *n.* 산사나무

heaven [hévən]   *n.* 하늘, 천국, 신

hectare [héktɛər]   *n.* 헥타르(면적의 단위)

heel [híːl]   *n.* 뒤꿈치

helicopter [hélikàptər]   *n.* 헬리콥터

Hellenic [helínik]   *n.* 헬레닉어, 그리스어족

helmet [hélmit]   *n.* 헬멧

hen [hén]   *n.* 암탉

herb [hɔ́ːrb]   *n.* 풀잎, 약초, 향초

heroin [hérouin]   *n.* [마약] 헤로인

herring [hériŋ]   *n.* [어류] 청어

hickory [híkəri]   *n.* 히코리(북아메리카산 호두과 식물)

highway [háiwèi]   *n.* 고속도로, 간선도로, 큰길

hill [híl]   *n.* 언덕

hint [hínt]   *n.* 힌트, 암시, 넌지시 알림

hip [híp]   *n.* 엉덩이

hippie [hípi]   *n.* 히피(족)

hobby [hábi]   *n.* 취미

hockey [háki]   *n.* 하키

hole [hóul]   *n.* 구멍

holiday [hálədèi]   *n.* 휴일, 휴가

home run [hóumrʌ̀n]   *n.* 홈런

homeroom [hóumrù(ː)m]   *n.* 생활지도교실

honey [hʌ́ni]   *n.* 벌꿀

honk [hɔ́ːŋk]   *n.* 기러기의 울음소리, 경적 소리

hook [húk]   *n.* 훅, 갈고리, 걸쇠

hoot [húːt]   *n.* (올빼미 등의) 부엉부엉 울음소리

hormone [hɔ́ːrmoun]   *n.* [생화학] 호르몬

horn [hɔ́ːrn]   *n.* [악기] 호른, 뿔, 뿔피리

horoscope [hɔ́ːrəskòup]   *n.* 점성술, 12궁도

horse [hɔ́ːrs]   *n.* 말

hose [hóuz]   *n.* 호스, 긴 양말, 스타킹

hostel [hástl]   *n.* 호스텔, 숙박소

hosteler [hástələr]   *n.* 호스텔 이용자(관리자)

hot dog [hátdɔ̀g]   *n.* 핫도그

hotel [houtél]   *n.* 호텔, 여관

hound [háund]   *n.* 하운드, 사냥개

hummingbird [hʌ́miŋbə̀rd]   *n.* [조류] 벌새

humor [hjúːmər]   *n.* 유머, 해학

humpty-dumpty [hʌ́mptidʌ̀mpti]   *n.* 땅딸보

hurricane [hɔ́ːrəkèin]   *n.* 허리케인, 폭풍

hypertension [háipərtènʃən]   *n.* 고혈압

hysteria [histíəriə]   *n.* 히스테리, 병적 흥분

9TH LECTURE MASTERING IDIOMS

- **be willing to + V** 기꺼이 ~하다
  Computers *are willing to* do the same thing over and over.
  컴퓨터들은 똑같은 것을 몇 번이고 기꺼이 되풀이한다.

- **be worth ~ing** ~할 가치가 있다
  Yes, I think it's *worth pursuing*. 네, 한 번 연구해 볼 만하다고 생각합니다.

- **beat around the bush** 본론을 말하지 않다, 에둘러 말하다
  Don't *beat around the bush*. 말을 빙빙 돌리지 마라.

- **because of** ~ 때문에(=on account of, owing to + N)
  Because of the volcanic eruption, Pompeii destroyed. 화산 폭발 때문에, Pompeii가 멸망했다.

- **before everything else** 무엇보다도
  You ought to correct that habit *before everything else*. 너는 무엇보다도 먼저 그 버릇을 고쳐야 한다.

- **before long** 머지않아, 곧
  But *before long*, he began to dream of more land.
  그러나 머지않아, 그는 더 많은 땅을 갖고자 하는 꿈을 꾸기 시작했다.

- **behind the times** 시대에 뒤진
  The man is *behind the times*. 그 남자는 시대에 뒤져 있다.

- **behind time** 늦은(=late)
  The train was twenty minutes *behind time*. 기차가 20분 늦었다.

- **believe in** ~의 가치를 믿다
  I don't *believe in* true love. 나는 참사랑을 믿지 않는다.

- **belong to + N** ~에 속하다
  Do you *belong to* the tennis club? 넌 테니스 클럽에 소속되어 있니?

- **beyond one's control** 통제할 수 없는
  This child is *beyond my control*. 이 아이는 내가 다루기에는 힘에 겹다.

- **blow away** 날려버리다, 날리다
  Gusts of wind blew away everything.
  돌풍이 모든 것을 날려 버렸다.

9ᵀᴴ LECTURE REVIEW TEST

● 빈칸에 알맞은 단어나 뜻을 쓰시오.

1. grade	_____	26. guy	_____
2. grader	_____	27. gymnasium	_____
3. _____	졸업생	28. habit	_____
4. grain	_____	29. _____	거주지, 서식지
5. granary	_____	30. hail	_____
6. grant	_____	31. handcuff	_____
7. grass	_____	32. _____	결점, 장애
8. grave	_____	33. handlebar	_____
9. gravel	_____	34. harbor	_____
10. _____	중력, 인력	35. _____	곤경, 고난
11. grease	_____	36. harmony	_____
12. _____	탐욕, 지나친 욕심	37. harness	_____
13. greenhouse	_____	38. harpoon	_____
14. _____	슬픔, 비탄	39. harvest	_____
15. grocery	_____	40. _____	서두름
16. groom	_____	41. hat	_____
17. grove	_____	42. hatchet	_____
18. growth	_____	43. haunch	_____
19. grub	_____	44. haven	_____
20. grudge	_____	45. havoc	_____
21. guide	_____	46. hay	_____
22. _____	유죄, 죄	47. _____	위험
23. gulf	_____	48. haze	_____
24. gust	_____	49. headache	_____
25. gutter	_____	50. heap	_____

51. heartbeat	_____	76. hood	_____
52. hearth	_____	77. hoof	_____
53. heatstroke	_____	78. hoop	_____
54. _____	산울타리, 장벽	79. _____	수평선, 범위, 시야
55. heed	_____	80. horror	_____
56. _____	높이, 신장, 고지	81. hospital	_____
57. heir	_____	82. _____	환대
58. hell	_____	83. host	_____
59. helm	_____	84. hostage	_____
60. hemisphere	_____	85. hostility	_____
61. herd	_____	86. household	_____
62. heredity	_____	87. hub	_____
63. _____	상속 재산, 유산, 전통	88. _____	포옹
64. hermit	_____	89. hull	_____
65. hero	_____	90. _____	인간성, 인간
66. hiccup	_____	91. hump	_____
67. hierarchy	_____	92. hunger	_____
68. hieroglyph	_____	93. hurrah	_____
69. hiking	_____	94. husband	_____
70. hilt	_____	95. hut	_____
71. hitch	_____	96. _____	잡종, 혼혈아, 혼성물
72. homage	_____	97. hydrant	_____
73. hometown	_____	98. hydrogen	_____
74. _____	정직, 성실	99. hygiene	_____
75. _____	명예, 경의	100. hypothesis	_____

정답 | 기본 페이지 참조

10TH LECTURE | ⁰⁹⁰¹ identity ~ ¹⁰⁰⁰ language |

SUMMA CUM LAUDE VOCABULARY

0901
identity

[aidéntəti]

n. 정체, 신원, 동일성

The clues he left did not establish his *identity.* |대수능|

㉤ identify *v.* 동일시하다   identical *adj.* 동일한

[표현] establish(prove, recognize) one's identity ~의 신원을 밝히다, 본인임을 확인하다

0902
idiot

[ídiət]

n. 천치, 바보(=fool)

Stop behaving like an *idiot!*

㉤ idiotic *adj.* 바보 같은

0903
idol

[áidl]

n. 우상, 신상(伸像), 숭배되는 사람

He is still the *idol* of his countrymen.

㉤ idolize *v.* 우상화하다

0904
illness

[ílnis]

n. 병

The *illness* caused her to have physical disabilities. |대수능|

㉤ ill *adj.* 아픈

0905
illusion

[ilúːʒən]

n. 환영, 착각

The boss is laboring under *illusion* that the project will be completed on time.

㉤ illusionist *n.* 환상가, 요술쟁이

0906
imagination

[imǽdʒənéiʃən]

n. 상상(력)

Famous golfer Jack Nicklaus, for example, never takes a golf shot without first thinking out the shot and practicing it in his *imagination.* |대수능|

㉤ imagine *v.* 상상하다   imaginative *adj.* 상상력이 풍부한   imaginary *adj.* 상상의

[예문 해석] **0901** 그가 남긴 단서들로는 그의 신원을 확인할 수 없었다.   **0902** 바보처럼 행동하지 마라!   **0903** 그는 여전히 고향 사람들의 우상이다.   **0904** 그 병은 그녀에게 육체적인 장애가 생기도록 만들었다.   **0905** 사장은 그 계획이 정해진 시간에 끝나리라는 환상을 갖고 있다.
0906 예를 들어, 유명한 골퍼인 Jack Nicklaus는 먼저 샷에 대해 생각하고 그의 상상 안에서 그것을 연습하지 않고서는 절대 골프 샷을 하지 않는다.

0907
imbalance

[imbǽləns]

n. 불균형

There is an *imbalance* between imports and exports.

0908
impact

[ímpækt]

n. 충돌, 충격, 영향

Trade disputes have had a negative *impact* on sales.

㈜ impacted *adj.* 충돌된, 충격받은, 꽉 채워진

0909
impatience

[impéiʃəns]

n. 참을성 없음

But a few minutes later I raised the point again, with growing *impatience.* |대수능|

㈜ impatient *adj.* 성급한, 참을성 없는

0910
impediment

[impédəmənt]

n. 방해물, 장애, 신체장애(특히 언어장애)

The candidate claims that unequal access to capital is the major *impediment* to economic success for all.

㈜ impede *v.* 방해하다

0911
impetus

[ímpətəs]

n. 힘, 추진력, 원동력(= driving force)

It will serve as an *impetus* to the study of English.

0912
import

[impɔ́:rt]

n. 수입(품)   *v.* 수입하다

The objective of some taxes on foreign *imports* is to protect an industry that produces goods vital to a nation's defense. |대수능|

㈜ importer *n.* 수입업자

> (Tip) [im(=in)+port(=bring)] port는 '나르다, 배송하다, 옮기다'의 의미이다.

0913
impotence

[ímpətəns]

n. 무기력, 무능력

His fear of *impotence* had affected him physically.

㈜ importance *n.* 중요성

0914
imprint

[ímprint]

n. 날인, 흔적

It bore a stamped *imprint*: "Insufficient Funds." |대수능|

0915
impulse

[ímpʌls]

n. 추진력, 충격, 자극, 충동(= sudden desire to act)

She felt an *impulse* to cry.

㈜ impulsive *adj.* 충동적인, 추진적인

[예문 해석] **0907** 수출입의 불균형이 존재한다.   **0908** 무역 분쟁은 매출에 나쁜 영향을 미쳤다.   **0909** 그러나 몇 분 후에 나는 조바심이 나서 그 점을 다시 제기했다.   **0910** 그 후보는 자본의 불공평한 이용이 경제 성장을 가로막는 최대 걸림돌이라고 주장한다.   **0911** 그것은 영어 연구를 장려하게 될 것이다.   **0912** 외국 수입품에 붙이는 일부 세금의 목적은 한 국가의 방위에 필수적인 상품을 생산하는 산업을 보호하려는 것이다. **0913** 무기력에 대한 공포가 그에게 육체적으로 영향을 미쳤다.   **0914** 이것은 '불충분한 자금들'이라고 적힌 직인으로 찍은 날인을 가지고 있었다.   **0915** 그녀는 울고 싶은 충동을 느꼈다.

0916
inbreeding

[ínbrì:diŋ]

n. 동종 번식

Inbreeding is the repeated breeding of closely related animals.

파 inbreed *v.* 동종 번식을 시키다

0917
incarnation

[ìnkɑːrnéiʃ(ə)n]

n. 인간화, 구체화, 화신

He is the *incarnation* of avarice.

파 incarnate *v.* 육체를 갖게 하다, 구체화하다

0918
incense

[ínsens]

n. 향, 향냄새

It is presumed that the vessels functioned as ceremonial *incense* holders.

0919
incentive

[inséntiv]

n. 유발요인, 자극, 장려금

This could be achieved by providing *incentives* for people to go and work in the villages. |대수능|

표현 give(offer, provide) an incentive 장려금을 주다

0920
incidence

[ínsədəns]

n. 빈도

There's a high *incidence* of disease. |대수능|

혼 incident *n.* 사건

0921
incinerator

[insínərèitər]

n. 소각로, 화장로

We now run highly efficient garbage collecting units and high-tech *incinerators* in all the six major cities.

파 incinerate *v.* 태워서 재로 만들다

0922
inclination

[ìnklənéiʃ(ə)n]

n. 기울기, 좋아함, 경향(=tendency)

She felt no *inclination* to marry.

파 incline *v.* 기울이다, 마음이 기울다

0923
income

[ínkʌm]

n. 수입, 소득(=money coming in)

Over forty years, the government spent more than $1.5 billion buying artists' works and thereby guaranteeing their *income*. |대수능|

관련 income tax 소득세

0924
inconvenience

[ìnkənví:njəns]

n. 불편, 폐(=trouble)

We're sorry for the *inconvenience*, but there is a small fire in the snack bar. |대수능|

파 inconvenient *adj.* 불편한

[예문 해석] **0916** 동종 번식은 가까운 친척 관계에 있는 동물들의 반복되는 번식이다. **0917** 그는 탐욕의 화신이다. **0918** 그 용기들은 의식용 향(香)을 담았던 용기로서 기능했던 것으로 추정된다. **0919** 이것은 사람들이 가서 마을에서 일하게 하기 위한 장려금을 제공함으로써 달성될 수 있을 것이다. **0920** 질병의 높은 빈도가 존재한다. **0921** 우리는 현재 매우 능률적인 쓰레기 수거반과 첨단 소각로를 6대 주요 도시 모든 곳에서 운영한다. **0922** 그녀는 결혼할 마음이 나지 않았다. **0923** 40년이 넘는 기간 동안 정부는 15억 이상의 돈을 예술가의 작품을 구입하고 그들의 수입을 보증하는 데 썼다. **0924** 불편을 드려서 죄송합니다만, 매점에 작은 불이 났습니다.

0925
increment
[ínkrəmənt]

n. 증가, 증대, 이익

The rents she receives are a pure unearned *increment*, not the product of any efforts on her part.

0926
index
[índeks]

n. 찾아보기, 색인, 집게손가락(=forefinger)

The book has a very thorough *index*, so you can easily find any name you want.

관련 index finger 집게손가락

0927
indigestion
[ìndidʒéstʃən]

n. 소화 불량, (생각의) 미숙

This medicine is marvelously effective for *indigestion*.

파 indigestible *adj.* 소화가 되지 않는

0928
individualism
[ìndəvídʒuəlìzm]

n. 개인주의

An African friend of mine recently said, "You Americans always speak of *individualism* as being good." |대수능|

파 individual *n.* 개인   individualist *n.* 개인주의자   individuality *n.* 개성

0929
infant
[ínfənt]

n. 유아

We begin life as an *infant*, totally dependent on others. |대수능|

파 infancy *n.* 유년 시대   infantile *adj.* 유치한   infantry *n.* 보병

0930
influence
[ínfluəns]

n. 영향

If a sociologist, however, would list some of the most important *influences* on our generation, television would top the list. |대수능|

파 influential *adj.* 유력한, 영향을 미치는

0931
influenza
[ìnfluénzə]

n. 독감(=flu)

No less than one-hundred deaths resulted from *influenza*.

표현 have influenza 독감에 걸리다

0932
ingenuity
[ìndʒənjú:əti]

n. 발명의 재주, 현명함, 재간

With a bit of *ingenuity* you can do almost anything.

파 ingenious *adj.* 영리한, 발명의 재능이 풍부한

0933
ingredient
[ingrí:diənt]

n. 성분, 재료, 구성 요소

Many of the *ingredients* for antiseptics come from the rainforests.

[예문 해석] 0925 그녀가 받는 임대료는 그녀의 어떤 노력의 대가가 아니고 순전한 불로소득이다.   0926 그 책에는 매우 철저한 색인이 실려 있어서 원하는 이름은 무엇이든 쉽게 찾아볼 수 있다.   0927 이 약은 소화 불량에 묘약이다.   0928 나의 아프리카 친구 한 명이 최근에 "너희 미국인들은 항상 개인주의를 좋은 것이라고 말해."라고 말했다.   0929 우리는 남들에게 전적으로 의존하면서 유아로서 삶을 시작한다.   0930 그러나 사회학자가 우리 세대에 끼친 가장 중요한 영향력들의 일부를 목록으로 만든다면 텔레비전이 아마도 목록의 1등을 차지할 것이다.   0931 100명이나 되는 사상자가 독감으로부터 발생했다.   0932 약간의 재간이 있다면 당신은 거의 모든 것을 할 수 있을 것이다.   0933 방부제의 많은 성분이 열대우림에서 얻어진다.

0934
inmate
[ínmèit]

n. 입원자, 입소자, 수감자

He said that *inmates* were forced to live in dirty condition.

0935
inn
[ín]

n. 여인숙, 여관, 주막

Enjoy cozy accommodations in charming country *inns*.

0936
innocence
[ínəsəns]

n. 순결, 결백, 청정, 순진

His assertion of his *innocence* was believed by the jury.

(파) innocent *adj.* 순결한, 결백한, 순진한

0937
innovation
[ìnouvéiʃən]

n. (기술) 혁신, 쇄신

They also expect technological *innovations* to increase energy production while lowering costs.

(파) innovative *adj.* 혁신적인   innovate *v.* 혁신하다

0938
input
[ínpùt]

n. 투입, 입력, 정보

Developing new products requires *input* from many people with a variety of skills and expertise.

0939
insect
[ínsekt]

n. 곤충

No signs of life occurred near him but the sound of *insects*. |대수능|

(관련) insecticide *n.* 살충제

0940
insight
[ínsàit]

n. 통찰력

He will return home with little or no new *insights* into another culture.

(파) insightful *adj.* 통찰력이 있는 |대수능|

0941
insomnia
[insámniə]

n. 불면증

If you're like me, and millions of other adults, you know how disturbing *insomnia* can be.

(파) insomniac *n.* 불면증 환자

0942
inspiration
[ìnspəréiʃən]

n. 영감, 고취, 영감을 주는 사람[것]

Genius is one percent *inspiration* and ninety-nine percent perspiration.

(파) inspire *v.* 고무하다, 격려하다, 영감을 주다   inspirational *adj.* 영감을 주는, 자극적인

> (Tip) inspiration은 '영감'의 뜻 외에 수상 소감 등의 말에서 '격려해준 사람'의 뜻으로 많이 사용되고, inspirational은 영화나 소설이 아주 감동적임을 나타낼 때 많이 쓴다.

[예문 해석] **0934** 그는 수감자들이 더러운 환경에서 살기를 강요받고 있다고 말했다.   **0935** 아름다운 시골 여관의 아늑한 숙박 시설을 이용해보세요.   **0936** 자신은 결백하다는 그의 주장을 배심원단이 믿었다.   **0937** 또한 기술 혁신으로 연료 생산량이 증가하는 반면, 경비는 줄어들 것으로 예상하고 있다.   **0938** 새로운 제품을 개발하는 것은 다양한 기술들과 전문지식을 가진 많은 사람들로부터의 정보를 요구한다.   **0939** 곤충의 소리를 제외하고는 생명의 징조가 그의 주변에서 나타나지 않았다.   **0940** 그는 다른 문화에 대한 새로운 통찰력을 거의 가지지 못하고 고향으로 돌아올 것이다.   **0941** 여러분이 저와 같다면, 그리고 수백만의 다른 성인들과 같다면, 여러분은 불면증이 얼마나 괴로운지 아실 겁니다.   **0942** 천재는 1퍼센트의 영감과 99퍼센트의 노력으로 이루어진다.

0943
instability
[ìnstəbíləti]

n. 불안정(성)

Gold has long been used by investors as a hedge against inflation and economic *instability*.

(표현) emotional instability 정서 불안정

0944
instance
[ínstəns]

n. 실례, 사례, 경우

There are countless *instances* like that.

(파) instant *adj.* 즉각의, 즉시의

0945
instinct
[ínstiŋkt]

n. 본능

People in all walks of life are shown as having wild *instincts*. |대수능|

(파) instinctive *adj.* 본능적인   instinctively *adv.* 본능적으로

0946
institute
[ínstətjùːt]

n. 연구소, 대학, 협회(=society)   *v.* 설립하다, 제정하다

The *institute* has made a concerted effort to attract some of the world's best-known economists.

(파) institution *n.* 기관, 제도, 학회   institutionalize *v.* 제도화하다, 수용하다
institutional *adj.* 제도상의, (공공) 시설의, 규격화된

0947
instrument
[ínstrəmənt]

n. 기구, 도구, 수단(=means)

Just as painters choose different color for their works of art, composers choose the sound of different *instruments* to produce their music. |대수능|

(파) instrumental *adj.* 수단이 되는, 도움이 되는

0948
insufficiency
[ìnsəfíʃənsi]

n. 불충분, 부족, 부적당

Insufficiency is the state of something not being large enough in amount of a particular purpose.

(파) insufficient *adj.* 불충분한   insufficiently *adv.* 불충분하게

0949
insult
[ínsʌlt]

n. 모욕, 무례, 욕(=abuse)   *v.* 모욕하다

Surely I will revenge this *insult* someday.

(파) insulting *adj.* 모욕적인, 무례한

0950
interest
[íntərist]

n. 관심(=eager attention), 흥미, 중요성, 이익, 이자

I have no *interest* in such things.

(파) interested *adj.* 흥미를 가지고 있는   interesting *adj.* 재미있는
(표현) be interested in ~에 흥미가 있다

[예문 해석] **0943** 금은 오래 전부터 인플레이션과 불황에 대한 대비책으로서 투자자들에 의해 사용되어 왔다.   **0944** 그러한 예는 헤아릴 수 없이 많다.   **0945** 모든 계층의 사람들은 야생의 본능을 가지고 있는 것으로 보인다.   **0946** 그 연구소는 세계적인 경제 석학들을 유치하기 위한 노력에 힘을 모았다.   **0947** 화가들이 그들의 작품을 위해 다양한 색을 선택하는 것처럼, 작곡가들은 그들의 음악을 만들어 내기 위해서 다양한 악기들의 소리를 선택한다.   **0948** 불충분이란 특별한 목적의 양에 충분하지 않은 무엇인가의 상태이다.   **0949** 이 수모를 언젠가 반드시 보복할 것이다.   **0950** 나는 그런 일에는 흥미 없다.

0951
intermediary

[ìntərmíːdièri]

n. 매개자, 중개자

A spirit figure serves as an *intermediary* between men and the gods.

(파) intermediate *adj.* 중간의, 중급의

0952
intermission

[ìntərmíʃən]

n. 중지, 막간, 휴식 시간(= break)

An *intermission* is a short interval between two parts of a film, play, opera, etc. |대수능|

0953
interval

[íntərvəl]

n. 간격, 틈, 휴식 시간

Intervals of sunshine are likely, but there is also a high probability of an evening thunderstorm.

0954
interview

[íntərvjùː]

n. 인터뷰, 면접

Thank you for the *interview*. |대수능|

(파) interviewee *n.* 면접 받는 사람   interviewer *n.* 면접하는 사람, 회견자

0955
intestine

[intéstin]

n. [해부학] 창자, 장   *adj.* 내부의

Your *intestine* is the tube in your body that carries food from your stomach.

0956
intimacy

[íntəməsi]

n. 친밀함, 절친함

Intimacy is a close personal relationship.

(파) intimate *adj.* 친밀한, 절친한, 깊은

0957
intrigue

[intríːg]

n. 음모, 밀통, (연극 따위의) 줄거리   *v.* 음모를 꾸미다

He has much skill in *intrigue*.

0958
invective

[invéktiv]

n. 욕설, 독설, 비난

He began to assail them with every kind of *invective* he could think of.

0959
inversion

[invə́ːrʒən]

n. 전도, 정반대, 도치

She has a sexual *inversion*.

(파) invert *v.* 거꾸로 하다, 뒤집다   inverse *adj.* 반대의, 역의

0960
invitation

[ìnvətéiʃən]

n. 초대, 유인

It is impolite of you to ignore his *invitation*.

(파) invite *v.* 초청하다, 초대하다

[예문 해석] 0951 정신적인 인물은 인간들과 신들 사이에서 중간자의 역할을 한다.   0952 막간이란 영화나 연극 그리고 오페라 등의 두 부분 사이의 짧은 휴식 시간이다.   0953 간간이 해가 날 것 같지만, 저녁에는 역시 심한 뇌우도 예상된다.   0954 인터뷰에 응해주셔서 감사합니다. 0955 창자란 당신의 위에서 음식물을 나르는 당신 신체 속의 관이다.   0956 친밀함은 밀접한 개인적인 관계이다.   0957 그는 음모의 기교에 뛰어나다.   0958 그는 그가 생각할 수 있는 모든 종류의 욕설로 그들을 공격하기 시작했다.   0959 그녀는 성적으로 전도되어 있다.   0960 네가 그의 초대를 무시하는 것은 실례가 된다.

0961
irony

[áiərəni]

n. 반어, 빈정댐, 풍자

The *irony* is that many politicians agree with what he says. |대수능|

파 ironical *adj.* 반어의, 풍자적인   ironically *adv.* 빈정대듯이

0962
irregularity

[irègjulǽrəti]

n. 불규칙

This is likely to produce *irregularities* of heart rate. |대수능|

파 irregular *adj.* 불규칙한   irregularly *adv.* 불규칙하게

0963
island

[áilənd]

n. 섬(= isle)

Britain is a great *island*.

표현 a desert(uninhabited) island 무인도

0964
issue

[íʃuː]

n. 문제   *v.* 발행하다

Some universities remain silent on the important *issues* of the day, justifying their silence on the grounds that universities are neutral and should not become involved. |대수능|

파 issuance *n.* 발행, 배급   issuer *n.* 발행인

0965
itch

[itʃ]

n. 가려움, 갈망, 욕망

Scientists at the Institute for Sensory Phenomenon have found that certain spinal cord neurons are responsible for feeling *itches*.

파 itchy *adj.* 가려운

0966
itinerary

[aitínərèri]

n. 여행 안내서, 여행 일기, 여행 일정 계획서

I have attached to this memorandum a copy of Mr. Henning's *itinerary*.

표현 on our itinerary 우리의 여행 일정에 따라

>>> 표제어 이외의 교과서 수록 어휘

ideology [àidiálədʒi]   *n.* 이데올로기, 관념학

igloo [íglu:]   *n.* 이글루(iglu), 얼음집

image [ímidʒ]   *n.* 이미지, 상, 모습, 모양

inch [intʃ]   *n.* 인치(2.54cm)

ink [iŋk]   *n.* 잉크

inning [íniŋ]   *n.* 이닝, 회(야구나 크리켓 등의)

insulin [ínsəlin]   *n.* [의학] 인슐린

interferon [ìntərfíərən]   *n.* [생화학] 인터페론(바이러스 증식 억제 물질)

interjection [ìntərdʒékʃən]   *n.* 감탄, 감탄사

intern [íntə:rn]   *n.* 인턴, 수련의 실습생

internet [íntərnèt]   *n.* 인터넷

intonation [ìntənéiʃən]   *n.* 인토네이션, 억양

iodine [áiədàin]   *n.* 요오드

iron [áiərn]   *n.* 아이언, 철

isotope [áisətòup]   *n.* [화학] 동위 원소

item [áitəm]   *n.* 아이템, 항목, 조항, 품목, 상품

ivory [áivəri]   *n.* (코끼리나 하마 따위의) 어금니, 상아색

[예문 해석] **0961** 아이러니한 것은 많은 정치인들이 그가 하는 말에 동의한다는 것이다.   **0962** 이것은 심장 박동의 불규칙성을 발생시키기 쉽다.   **0963** 영국은 거대한 섬이다.   **0964** 일부 대학들은 대학들이 중립적이고 관련되어서는 안 된다는 사실을 근거로 그들의 침묵을 정당화시키면서 지금의 중요한 문제들에 대해 침묵하고 있다.   **0965** 감각현상연구소의 과학자들은 척수에 위치한 특정 신경 세포가 가려움을 유발한다는 사실을 밝혀냈다.   **0966** 이 메모에 Henning 씨의 여행 일정표 사본을 첨부했다.

0967
jail

[dʒéil]

n. 감옥(= prison), 교도소(= gaol)

He escaped from *jail*.

파 jailer *n.* 교도관

0968
jam

[dʒǽm]

n. 정체   *v.* 꽉 채우다

What do you think is the best way to solve traffic *jams* in big cities? |대수능|

표현 be jammed with ～으로 꽉 차 있다

0969
janitor

[dʒǽnətər]

n. 문지기, 수위, 관리인

The *janitors* are dismantling the stage.

반 janitress *n.* 여자 관리인

0970
jar

[dʒáːr]

n. 단지, 항아리

In some villages people use earthen *jars* that help keep the water cool.

표현 a honey jar 꿀단지 |대수능|

0971
javelin

[dʒǽvəlin]

n. 던지는 창, 투창

A *javelin* is a long spear that is used in sports competitions.

0972
jaw

[dʒɔ́ː]

n. 턱, 아래턱

GrindHalt is a headband with a tiny sensor that detects electrical current in the *jaw* muscles.

0973
jerk

[dʒə́ːrk]

n. 급격한 움직임, 세상 물정을 모르는 바보   *v.* 홱 움직이다

Some *jerk* just drove right into the back of my car.

0974
jest

[dʒést]

n. 농담(= fun), 익살, 조롱

Nobody thought my *jest* was funny.

표현 break(drop) a jest 농담을 하다

0975
jewelry

[dʒúːəlri]

n. 보석류

Many people set their watches according to the clock in the local *jewelry* store.

파 jewel *n.* 보석   jeweller *n.* 보석상

0976
joint

[dʒɔ́int]

n. 이음매, 접합 부분, 관절   *adj.* 공동의, 합동의

The *joint* has got loosened.

[예문 해석] **0967** 그는 탈옥했다.   **0968** 당신은 대도시에서 교통 정체를 해결하는 가장 좋은 방법이 무엇이라고 생각합니까?   **0969** 관리인들이 무대를 철거하고 있다.   **0970** 몇몇 마을에서 사람들은 물을 차갑게 유지하는 데 도움이 되도록 흙으로 만든 단지들을 사용한다.   **0971** 투창은 스포츠 경기에서 사용되는 긴 창이다.   **0972** GrindHalt는 턱 근육의 전류를 감지하는 조그마한 센서가 부착된 머리띠이다.   **0973** 어떤 바보가 내 차 바로 뒤를 들이받았다.   **0974** 내 농담이 재미있다고 생각하는 사람은 아무도 없었다.   **0975** 많은 사람들은 지역의 보석상의 시계에 따라 손목시계를 맞춘다.   **0976** 이음매가 느슨해졌다.

0977
journal

[dʒə́:rnəl]

n. 신문, 일지, 잡지(= magazine)

If you keep a daily *journal*, you will find yourself writing down thoughts that you carry with you all day. |대수능|

파 journalist *n.* 신문(잡지)기자, 언론인   journalism *n.* 신문업, 언론

0978
journey

[dʒə́:rni]

n. 여행(= travel), 여정

He made a *journey* to Busan on business.

0979
jug

[dʒʌg]

n. (주둥이가 넓은) 주전자, (손잡이 달린) 항아리

A man is taking milk from a *jug*.

0980
junk

[dʒʌŋk]

n. 폐물, 쓰레기

Junk yards are filled with still-usable items. |대수능|

0981
jury

[dʒúəri]

n. 배심, 심사원

The *jury* brought in a verdict of guilty.

파 juror *n.* 배심원

>>> 표제어 이외의 교과서 수록 어휘

jab [dʒæb]   *n.* [권투] 잽, 갑자기 찌르기

jacket [dʒǽkit]   *n.* 재킷, 웃옷, (책의) 커버

jade [dʒéid]   *n.* 제이드, 비취, 옥

jazz [dʒǽz]   *n.* [음악] 재즈

jean [dʒíːn]   *n.* 진, 청바지

jeep [dʒíːp]   *n.* 지프차

jellyfish [dʒélifiʃ]   *n.* 해파리

jet [dʒét]   *n.* 제트기, 분출, 분사

Jew [dʒúː]   *n.* 유대인

jockey [dʒáki]   *n.* 경마의 기수, 조종자, 운전사

joke [dʒóuk]   *n.* 농담, 익살, 장난

joy [dʒɔ́i]   *n.* 기쁨, 환희

juice [dʒúːs]   *n.* 주스, 과즙, 액

jungle [dʒʌ́ŋgl]   *n.* 정글, 밀림

junior [dʒúːnjər]   *n.* 주니어, 손아랫사람, 연소자, 후배

Jupiter [dʒúːpətər]   *n.* [로마신화] 주피터, 목성

Jurassic [dʒuərǽsik]   *n.* 쥐라기(계)

0982
ken

[kén]

n. 시야, 이해, 지식

The reason for such strange behavior is beyond my *ken*.

표현 beyond one's ken ~의 능력으로는 알 수 없는

0983
kerosene

[kérəsìːn]

n. 등유(= kerosine)

Kerosene is a clear, strong-smelling liquid which is used as a fuel, for example in heaters and lamps.

[예문 해석] **0977** 매일 일지를 쓴다면 당신은 하루 종일 지녔던 생각들을 쓰고 있는 당신 자신을 발견하게 될 것이다.   **0978** 그는 부산으로 출장을 갔다.   **0979** 한 남자가 주전자에서 우유를 따르고 있다.   **0980** 쓰레기장은 여전히 사용 가능한 물건들로 가득 차 있다.   **0981** 배심원들은 유죄 평결을 내렸다.   **0982** 그러한 이상한 행동의 이유를 나는 모르겠다.   **0983** 등유는 예를 들어 히터나 램프의 연료로 사용되는 투명하고 냄새가 강한 액체이다.

0984
kettle

[kétl]

n. 냄비, 주전자

The pot calls the *kettle* black. |대수능|

0985
kin

[kín]

n. 친족, 친척(=relatives), 가문(=family)

His next of *kin* lives somewhere in Brazil and raises coconuts for a living.

0986
kindergarten

[kíndərgà:rtn]

n. 유치원

Timmy, a *kindergarten* kid, had a great liking for sword dance shows on TV. |대수능|

0987
kite

[káit]

n. 연, 솔개

I was watching my *kite* fly away into the sky.

0988
knack

[nǽk]

n. 기교, 솜씨, 요령

Practice will give you the *knack* of it.

0989
knee

[ní:]

n. 무릎

She sat with Sam by her side and Maria on her *knee*. |대수능|

파 kneel *v.* 무릎을 꿇다   관련 knee-deep *adj.* 무릎 깊이의, 깊이 빠져 분주한

0990
knell

[nél]

n. 종소리, 불길한 징조

The tax increase sounded the death *knell* for the business.

0991
knight

[náit]

n. 기사, [체스] 나이트

The *knight* belted his sword on.

관련 knighthood *n.* 기사도

>>> 표제어 이외의 교과서 수록 어휘

kangaroo [kæ̀ŋgərú:] *n.* 캥거루

kelp [kélp] *n.* 켈프(해초의 일종)

key [kí:] *n.* 키, 열쇠

khaki [kɑ́:ki] *n.* 카키색

kilt [kílt] *n.* 킬트(스코틀랜드 남자 스커트)

kinesics [kinísiks] *n.* 동작학

kit [kít] *n.* 키트, 연장통, 도구 한 벌

kitchen [kítʃin] *n.* 부엌

kitty [kíti] *n.* 새끼 고양이

knife [náif] *n.* 나이프, 식칼

knoll [nóul] *n.* 작은 산, 둥그런 언덕, 야산

knot [nát] *n.* 매듭, 혹, [항해] 노트

knuckle [nʌ́kl] *n.* 손가락 관절, 마디

[예문 해석] 0984 냄비가 솥보고 검다고 한다(똥 묻은 개가 겨 묻은 개 나무란다). 0985 그의 가까운 친척 한 분은 브라질 어딘가에 살면서 생계를 위해 코코넛을 재배하고 있다. 0986 유치원생인 Timmy는 텔레비전에 나오는 칼춤 쇼를 매우 좋아했다. 0987 나는 내 연이 하늘로 날아가는 것을 바라보고 있었다. 0988 연습하면 요령을 알게 된다. 0989 그녀는 옆에 Sam을 그리고 무릎에 Maria를 두고 앉아 있었다. 0990 세금 인상은 그 사업에 몰락을 알렸다. 0991 기사는 허리에 칼을 차고 있었다.

0992
labor
[léibər]

n. 노동 *v.* 일하다

One pig might have been worth five chickens in trade; a week's *labor* might have yielded one goat, and so on. |대수능|

파 laborious *adj.* 힘 드는, 일 잘하는 laboriously *adv.* 힘들여 laborer *n.* 노동자

0993
laboratory
[lǽbərətɔ̀:ri]

n. 실험실, 연구소(=lab)

The botanist works 12 hours per day at his *laboratory*.

0994
labyrinth
[lǽbərìnθ]

n. 미궁, 미로

He wandered through the *labyrinths* of the Old Town.

0995
lad
[lǽd]

n. 젊은이, 소년

The *lads* are scrubbing the windows.

반 lady *n.* 여성, 숙녀 lass *n.* 젊은 여자, 소녀

0996
ladder
[lǽdər]

n. 사다리

The clerk got a *ladder* and climbed halfway up. |대수능|

0997
landmark
[lǽndmà:rk]

n. 경계표, 획기적인 사건

She couldn't pick out any *landmarks* in the dark.

0998
landscape
[lǽndskèip]

n. 경치

The smiling *landscape* of last summer is gone. |대수능|

Tip [land+scape(=shape)] scape는 '형태, 모양, 생김새'의 의미이다.

0999
landslide
[lǽndslàid]

n. 산사태, 압도적 승리

The *landslide* tied up railroad service for several hours.

1000
language
[lǽŋgwidʒ]

n. 언어

Do you want to speak a foreign *language*? |대수능|

파 linguistics *n.* 언어학

[예문 해석] 0992 한 마리의 돼지는 거래시 다섯 마리의 닭의 가치가 있었고, 한 주간의 노동은 한 마리의 염소 등으로 산출될 수도 있었다. 0993 그 식물학자는 자기 실험실에서 매일 12시간씩 연구한다. 0994 그는 그 오래된 도시의 미로 속을 헤맸다. 0995 청년들이 창문을 박박 닦고 있다. 0996 그 점원은 사다리를 가져와서는 반쯤 올라갔다. 0997 그녀는 어둠 속에서 경계 표지판을 식별할 수 없었다. 0998 작년 여름의 미소 짓는 듯한 경치는 사라지고 없다. 0999 산사태로 철도 서비스가 여러 시간 불통되었다. 1000 외국어를 말하고 싶습니까?

10TH LECTURE MASTERING IDIOMS

- **break down**   고장 나다(=be out of order)

  I don't know why, but my car seems to *break down* at least once a month.

  어찌된 일인지 차가 한 달에 적어도 한 번씩은 고장이 나는 것 같다.

- **break into**   끼어들다(=break in, cut in)

  Don't *break into* other people's conversation. 남의 이야기에 끼어들지 마라.

- **break into pieces**   산산조각 나다

  They *break into pieces* and explode very effectively. 그것들은 산산조각이 나서 아주 효과적으로 폭발한다.

- **bring about**   초래하다, 야기하다(=cause)

  They made every endeavor to *bring about* peace.

  그들은 평화를 가져오기 위해 모든 노력을 다했다.

- **bring up**   양육하다, 제기하다(=foster, raise, rear)

  It is hard work to *bring up* children. 어린 애를 기른다는 것은 어려운 일이다.

- **build up**   (건강을) 증진시키다

  They *build up* their health by walking.

  그들은 산보로 건강을 증진시킨다.

- **by all means**   반드시

  Take the examination *by all means*. 반드시 시험을 보십시오.

- **by no means**   결코 ~하지 않은(=anything but, never)

  Such things are *by no means* common. 그런 물건은 결코 흔하지 않다.

- **by oneself**   홀로, 스스로

  He lives *by himself* in an old cottage. 그는 낡은 오두막집에서 혼자 산다.

- **by the way**   그런데

  By the way, who did you go with? 그런데, 누구와 함께 갔니?

- **call off**   취소하다(=cancel)

  As it was rainy, the game was *called off*. 비가 와서, 경기가 취소되었다.

- **call on**   방문하다(=pay a visit to + N)

  I will *call on* you at the first opportunity.

  기회가 닿는 대로 찾아뵙겠습니다.

10TH LECTURE REVIEW TEST

● 빈칸에 알맞은 단어나 뜻을 쓰시오.

1. idiot	_____	26. intermediary	_____
2. _____	충돌, 충격, 영향	27. intestine	_____
3. _____	참을성 없음	28. _____	친밀함, 절친함
4. impediment	_____	29. intrigue	_____
5. impetus	_____	30. invective	_____
6. impotence	_____	31. inversion	_____
7. imprint	_____	32. _____	초대, 유인
8. _____	추진력, 충격, 자극	33. itch	_____
9. inbreeding	_____	34. itinerary	_____
10. incarnation	_____	35. jail	_____
11. incense	_____	36. _____	정체
12. incentive	_____	37. janitor	_____
13. incinerator	_____	38. javelin	_____
14. inclination	_____	39. jerk	_____
15. increment	_____	40. jest	_____
16. indigestion	_____	41. _____	폐물, 쓰레기
17. infant	_____	42. ken	_____
18. ingenuity	_____	43. kerosene	_____
19. _____	성분, 재료	44. kin	_____
20. inmate	_____	45. knack	_____
21. innocence	_____	46. knell	_____
22. _____	불면증	47. labyrinth	_____
23. instinct	_____	48. lad	_____
24. institute	_____	49. _____	경치
25. insufficiency	_____	50. landslide	_____

정답 | 기본 페이지 참조

11TH LECTURE

| ¹⁰⁰¹**lap** ~ ¹¹⁰⁰**matter** |

SUMMA CUM LAUDE VOCABULARY

1001
lap

[lǽp]

n. 무릎

Some boxes are on the man's *lap*.

1002
latecomer

[léitkÀmər]

n. 지각자

We were disturbed by *latecomers* at the theater. |대수능|

관련 late *adv.* 늦게　lately *adv.* 최근에

1003
lather

[lǽðər]

n. 흥분 (상태), 초조, 비누 거품, 거품 같은 땀

She was in a real *lather*.

표현 in a lather 흥분한

1004
latitude

[lǽtətjùːd]

n. 위도

The temperature never drops below freezing at that *latitude*.

표현 the 38th parallel of latitude 38선

1005
laughter

[lǽftər]

n. 웃음, 웃음 소리

Some people say that *laughter* is the best medicine.

파 laugh *v.* 웃다

1006
laundry

[láːndri]

n. 세탁물, 세탁소

The woman is doing *laundry*.

표현 do (the) laundry 빨래하다

1007
lava

[láːvə]

n. 용암

A torrent of *lava* pours out of the volcano.

[예문 해석] 1001 상자 몇 개가 남자의 무릎 위에 있다.　1002 우리는 극장에서 지각자들에 의해 방해를 받았다.　1003 그녀는 몹시 흥분해 있었다.　1004 그 위도에서 기온은 결코 영하로 떨어지는 않는다.　1005 어떤 사람들은 웃음이 제일 좋은 약이라고 말한다.　1006 여자가 세탁을 하고 있다.　1007 화산에서 용암이 분출한다.

1008
lavatory

[lǽvətɔ̀:ri]

n. 화장실, 세면장

A *lavatory* is the same as a toilet.

파 lave *v.* 씻다, 목욕하다

1009
law

[lɔ́:]

n. 법, 법률

All men are equal in the eyes of the *law*.

파 lawful *adj.* 합법적인, 법적인   관련 lawgiver *n.* 입법자   law-abiding *adj.* 준법의

1010
lawn

[lɔ́:n]

n. 잔디

The men are mowing the *lawn*.

관련 lawn mower 잔디 깎는 기계

1011
laxative

[lǽksətiv]

n. 설사약, 배변에 도움을 주는 음식   *adj.* 대변을[설사를] 나오게 하는

Foods that ferment quickly in the stomach are excellent natural *laxatives*.

1012
layer

[léiər]

n. 층(層), 겹, 칠하기[입히기]

The weather turned cold and people wore many *layers* of clothing.

파 layered *adj.* 층을 이루고 있는

1013
layman

[léimən]

n. 속인, 평신도, 아마추어, 문외한

A *layman* is a person who is not trained, qualified, or experienced in a particular subject or activity.

1014
leak

[líːk]

n. 누출, 샘 *v.* 새다, 새어 나오다

He detected a gas *leak*.

파 leaky *adj.* 새기 쉬운

1015
lease

[líːs]

n. 임대차 계약 *v.* 임대[임차] 하다

I have lived in this apartment for the last ten years and the *lease* has been renewed three times. |대수능|

파 leaser *n.* 임대인   leasable *adj.* 임대할 수 있는   leaseless *adj.* 임대할 수 없는

1016
leather

[léðər]

n. 가죽

The men and women walking down the main street were wearing *leather* jackets as if they had just arrived in a time machine. |대수능|

파 leathery *adj.* 가죽 같은

[예문 해석] **1008** 세면장은 화장실과 같은 것이다.   **1009** 모든 사람은 법의 입장에서 보면 똑같다.   **1010** 남자들이 잔디를 깎고 있다.   **1011** 위에서 빨리 발효되는 음식들은 좋은 자연 배변에 도움을 주는 음식이다.   **1012** 날씨가 추워지자 사람들은 옷을 많이 껴입었다.   **1013** 속인이란 특별한 주제나 활동에 있어서 훈련을 받지 않고, 자질이나 경험이 없는 사람이다.   **1014** 그는 가스가 새는 것을 탐지했다.   **1015** 나는 이 아파트에서 지난 10년간 살아왔고 임대차 계약은 세 번 갱신되었다.   **1016** 중심가를 걸어 내려오던 남자들과 여자들은 마치 타임머신을 타고 막 도착한 것처럼 가죽 재킷을 입고 있었다.

1017
lecture

[léktʃər]

n. 강의, 강연(= speech)

In fact the teachers seldom give *lectures*. |대수능|

㊲ lecturer *n.* 연사, 강사

1018
ledge

[lédʒ]

n. (벽에서 튀어나온) 선반, 바위 턱

She had climbed onto the *ledge*.

1019
leftover

[léftòuvər]

n. (pl.) 나머지, 잔존물, 남은 것

The dog ate up all the *leftovers*.

1020
legacy

[légəsi]

n. 유산, 물려받은 것

Disease and famine are *legacies* of war.

1021
legend

[lédʒənd]

n. 전설

According to *legend*, a storm hit a large tree in northwestern England in the mid-1500s, and a mysterious black substance was discovered among its roots. |대수능|

㊲ legendary *adj.* 전설의, 전설적인

> (Tip) legend는 입으로 전해진 이야기로 역사적인 근거가 있기도 하고 없기도 하다. myth는 신에 관한 이야기이며, anecdote는 유명인의 숨은 일면을 나타내는 행위나 사건을 말한 짧은 이야기이다.

1022
leisure

[líːʒər]

n. 여가, 한가한 시간

It is in the *leisure* or sports clothes that the greatest revolution has taken place. |대수능|

㊲ leisurely *adj.* 느긋한, 여유 있는

1023
length

[léŋkθ]

n. 길이, 기간

The total *length* of this river is 2,400 kilometers.

㊲ lengthen *v.* 길게 하다   lengthy *adj.* 긴, 장황한

1024
leper

[lépər]

n. 문둥이, 나병 환자, 배척당하는 사람

The building was supposed to be haunted by the ghost of a *leper*.

㊲ leprosy *n.* 나병, 한센병, 부패, 타락

1025
lethargy

[léθərdʒi]

n. 혼수상태, 무기력

The woman was roused from a long *lethargy*.

[예문 해석] **1017** 사실 그 선생님들은 거의 강의를 하지 않는다.   **1018** 그녀는 바위 턱에 올라갔다.   **1019** 개는 남은 음식을 다 먹어버렸다.   **1020** 질병과 기근은 전쟁이 남기는 유산이다.   **1021** 전설에 따르면, 어떤 폭풍이 1500년대 중반에 영국 북서쪽 지방의 큰 나무를 강타했고 신비로운 검은색 물질이 그 뿌리들 사이에서 발견되었다.   **1022** 가장 큰 변혁이 일어난 곳은 레저와 스포츠 의류에서이다.   **1023** 이 강은 총길이가 2,400킬로에 이른다.   **1024** 그 빌딩은 문둥병자의 귀신이 출몰하는 것으로 여겨졌다.   **1025** 그 여자는 긴 혼수상태에서 깨어났다.

1026
level
[lévəl]

n. 수준 *v.* 평평하게 하다 *adj.* 평평한(= flat)

This separates men from other animals, but this also reduces them to the *level* of animals. |대수능|

훈 lever *n.* 지렛대   관련 levelheaded *adj.* 온건한

1027
lewdness
[lúːdnis]

n. 음란함, 추잡함

The critics condemned the play for *lewdness*.

파 lewd *adj.* 음란한, 추잡한

1028
liar
[láiər]

n. 거짓말쟁이

"More than any other student I have ever had," she wrote, "Lisa is a born *liar*." |대수능|

1029
liaison
[líːəzɑ̀n]

n. 연락, 접촉, 간통

It is suspected that there was a *liaison* between the two.

1030
liberty
[líbərti]

n. 자유(= freedom)

The Statue of *Liberty* is in New York.

표현 at liberty 자유로이, 마음대로

1031
license
[láisəns]

n. 면허(증)

When Ms. Taylor applied for a driver's *licence*, a police officer hastily thrust a paper across the desk. |대수능|

훈 licentious *adj.* 방탕한, 부도덕한

1032
lid
[líd]

n. 뚜껑(= cover), 눈꺼풀(= eyelid)

The woman is lifting the *lid* off of the pot.

파 lidded *adj.* 뚜껑이 있는   lidless *adj.* 뚜껑이 없는

1033
lieutenant
[luːténənt]

n. 중위, 부관

He has been advanced from *lieutenant* to captain.

1034
lifestyle
[láifstàil]

n. 생활방식

For example, you will begin to make choices of your own about your *lifestyle*. |대수능|

More life-size *adj.* 실물 크기의   lifeboat *n.* 구명정   life expectancy 평균 수명 lifespan *n.* 수명

[예문 해석] **1026** 이것은 다른 인간을 동물과 구별짓지만, 또한 인간을 동물의 수준으로 격하시킨다.   **1027** 평론가들은 그 연극이 음란하다고 비난했다.   **1028** "내가 본 어느 다른 학생보다도 Lisa는 타고난 거짓말쟁이입니다."라고 그녀는 썼다.   **1029** 둘 사이에 내통관계가 있었던 것 같다.   **1030** 자유의 여신상은 뉴욕에 있다.   **1031** Taylor 양이 운전면허증을 신청했을 때, 한 경찰관이 서류를 책상 너머로 급히 내밀었다.   **1032** 여자가 냄비의 뚜껑을 열고 있다.   **1033** 그는 중위에서 대위로 승진했다.   **1034** 예를 들어, 당신은 당신의 생활방식에 대해 스스로 선택을 하기 시작할 것이다.

1035
lifetime

[láiftàim]

n. 생애, 일생

Sometimes it may take a *lifetime* to make the world around you change.

표현 during(in) one's lifetime 일생 동안 |대수능|

1036
lighthouse

[láithàus]

n. 등대

The *lighthouse* is covered by clouds.

관련 lighthouse keeper 등대지기

1037
limb

[lím]

n. 팔다리, 수족

He rested his tired *limbs*.

파 limbless *adj.* 수족이 없는

1038
lime

[láim]

n. [과일] 라임, 석회(石灰)

These include orange, lemon, *lime* and grapefruit juices.

관련 limestone *n.* 석회암

1039
linguist

[líŋgwist]

n. 어학자, 언어학자

He is both a *linguist* and musician.

파 lingual *adj.* 혀의, 언어의   linguistic *adj.* 언어학의

1040
lip

[líp]

n. 입술, (pl.) 입

Her conduct was on everybody's *lips*.

관련 lipstick *n.* 립스틱, 연지

1041
liquid

[líkwid]

n. 액체   *adj.* 액체의, 유동체의

The doctor advised me to drink plenty of *liquids*.

> Tip liquid는 일반적인 '액체' 라는 뜻이며, fluid는 '유동체' 라는 과학적인 뉘앙스의 어휘이다. 그리고 liquor는 '알코올 음료' 라는 의미이다.

1042
liquor

[líkər]

n. 독한 증류주, 술

The sale of *liquors* to minors is prohibited.

표현 be in liquor 술에 취해 있다

1043
list

[líst]

n. 목록, 명부(=roll)

And no matter what *list* of courses would be offered, it would not be approved by all students. |대수능|

파 listlessly *adv.* 무관심하게, 나른하게

[예문 해석] **1035** 때때로 당신 주변의 세상을 바꾸는 것은 일생이 걸릴지도 모른다.   **1036** 등대가 구름에 덮여있다.   **1037** 그는 피로해진 팔다리를 쉬게 했다.   **1038** 이것들에는 오렌지, 레몬, 라임 그리고 자몽즙이 포함된다.   **1039** 그는 언어학자이기도 하고 또 음악가이기도 하다. **1040** 그녀의 행실이 남의 입에 오르내렸다.   **1041** 의사 선생님은 내게 물을 많이 마실 것을 권하셨다.   **1042** 미성년자에게 주류를 판매하는 것은 금지되어 있다.   **1043** 그리고 어떤 과목의 목록이 제공되던, 이것은 모든 학생들에 의해서 승인되지는 않을 것이다.

1044
literacy

[lítərəsi]

n. 읽고 쓸 줄 아는 능력

Don't be surprised if you start hearing the term "information *literacy*" a lot. |대수능|

㈜ literal *n*. 문자 그대로의　literary *adj*. 문학(상)의　literate *adj*. 글을 읽고 쓸 수 있는

㈝ illiteracy *n*. 읽고 쓰지 못함, 문맹

1045
literature

[lítərətʃər]

n. 문학

For example, when asked about their reading, some businessmen often reply, "I keep up with the professional *literature*, but I don't have time for books." |대수능|

1046
litter

[lítər]

n. 잡동사니, 쓰레기　v. 어지럽히다, 더럽히다

The men are picking up *litter*.

㈜ No litter. 쓰레기를 버리지 마시오.

1047
livestock

[láivstàk]

n. 가축(= cattle)

An estimated one hundred thousand *livestock* have also perished.

㈘ livestock farming 목축

1048
load

[lóud]

n. 짐, 부담

The good news took a *load* off my mind.

㈜ loaded *adj*. 짐을 실은, 탄환을 넣은

1049
loaf

[lóuf]

n. 덩어리　v. 빈둥거리고 지내다

One *loaf* contained the usual amount, one *loaf* 10% less, and one 20% less. |대수능|

㈜ loafer *n*. 게으름뱅이

1050
loan

[lóun]

n. 대부(금), 대여, 융자

The *loan* payments must be sent to the *loan* department by the ninth.

㈘ loanword *n*. 외래어, 차용어

1051
lobster

[lάbstər]

n. 바닷가재

For romantic dinners, however, they choose shrimp and *lobster*. |대수능|

1052
lock

[lάk]

n. 자물쇠, 머리채, 머리털 묶음

Please check the *lock*.

[예문 해석] **1044** 만약 당신이 '정보 활용 능력'이라는 말을 많이 듣게 되기 시작한다고 하더라도 놀라지 마라. **1045** 예를 들어, 독서에 대해 질문을 받을 때 일부 기업인들은 종종 "나는 전문적인 학술지는 읽습니다만, 책을 읽을 시간은 없습니다."라고 대답한다. **1046** 남자들이 쓰레기를 줍고 있다. **1047** 약 10만 마리의 가축도 죽었다. **1048** 그 희소식이 마음의 짐을 벗겨주었다. **1049** 한 덩어리는 보통의 양을 담고 있었고, 한 덩어리는 10% 적은 양을, 그리고 다른 하나는 20% 적은 양을 담고 있었다. **1050** 대출 상환금은 9일까지 대출과에 송금해야 한다. **1051** 그러나 낭만적인 정찬을 위해 그들은 새우와 바닷가재를 선택한다. **1052** 자물쇠가 잠겨 있는지 점검하세요.

1053
log

[lɔ́(:)g]

n. 통나무

We stayed in a charming *log* cabin on the beach side adjacent to the main resort complex.

표현 log off(out) 컴퓨터를 끄다

1054
logic

[ládʒik]

n. 논리, 논리학

Your *logic* doesn't hold water.

파 logical *adj.* 논리적인   logician *n.* 논리학자

1055
logograph

[lɔ́:gəgræf]

n. 상형문자

Preparation took years, since candidates were required to know thousands of *logographs* merely to read the classics. |대수능|

More   **logogram** *n.* 어표(語標)(dollar를 $로 나타내는 따위); 약호)   **logotype** *n.* 합자 활자   **logo** *n.* 로고, 문자

1056
longitude

[lándʒətjùːd]

n. 경도, 세로, 길이

The nation's capital is at *longitude* 21 degrees east.

1057
loom

[lúːm]

n. 베틀, 직기(織機)

From somewhere distant he heard the clatter of a *loom*.

1058
lord

[lɔ́ːrd]

n. 지배자, 군주(=ruler), 하느님

Our country's *lord* affects most of nation affairs.

1059
lore

[lɔ́ːr]

n. (전승적) 지식, 민간 전승

The Indian *lore* that's found in the Grand Canyon region attests to the Canyon's importance in human history.

1060
lorry

[lɔ́(:)ri]

n. 화물 자동차, 트럭

A *lorry* is a large vehicle that is used to transport goods by road.

표현 drive(operate) a lorry 화물차를 운전하다

1061
loss

[lɔ́(:)s]

n. 손실, 손해

If done regularly and over a long period of time, exercise can help prevent osteoporosis, a gradual process of bone *loss* that occurs naturally as people age. |대수능|

파 lose *v.* 잃다, 지다   표현 at a loss 어쩔 줄 모르고, 난처하여

[예문 해석] **1053** 우리는 가장 큰 리조트 단지에 인접한 멋진 해변가 통나무집에 머물렀다. **1054** 네 논리는 타당성이 결여되어 있다. **1055** 지원자들은 고전 문학작품을 읽기 위해서만 수천 개의 상형문자들을 알아야 했기 때문에 준비에 수년이 걸렸다. **1056** 그 국가의 수도는 경도 상으로 동경 21도에 위치하고 있다. **1057** 그는 어딘가 멀리서 베틀의 덜거덕하는 소리를 들었다. **1058** 우리나라의 군주는 대부분의 국정에 영향을 미친다. **1059** 그랜드 캐니언에서 발견된 인디언 전설은 인간 역사에 있어서 캐니언의 중요성을 증명하고 있다. **1060** 화물 자동차는 도로로 물건을 나르기 위해서 사용되는 큰 차량이다. **1061** 규칙적으로 그리고 오랜 시기 동안 행해진다면, 운동은 사람들이 나이가 들어감에 따라 자연적으로 발생하는 뼈 손실의 과정인 골다공증을 예방하는 데 도움을 줄 것이다.

1062
lot
[lát]

n. 많음, 운명(= destiny), 추첨

In short, there is a *lot* of disagreement about the best way to punish children.

(파) lottery *n.* 복권, 추첨

1063
lounge
[láundʒ]

n. 라운지, 휴게실 *v.* 빈둥거리다

She went and sat in the *lounge.* |대수능|

(관련) loungewear *n.* 실내복

1064
louse
[láus]

n. 이, 기생충(pl. lice)

Lice are small insects that live on the bodies of people or animals and bite them in order to feed off their blood.

(파) lousy *adj.* 이투성이의, 불결한, 더러운

1065
loyalty
[lɔ́iəlti]

n. 충의, 충성, 성실

Don't let political *loyalty* affect your judgment.

(파) loyal *adj.* 충성스러운, 성실한

1066
luck
[lʌk]

n. 운, 행운(= fortune)

A clover with four leaves is the symbol of *luck.*

(파) lucky *adj.* 운 좋은   luckily *adv.* 운 좋게

1067
luggage
[lʌ́gidʒ]

n. 수화물(= baggage)

The man is putting his *luggage* on a cart.

1068
lullaby
[lʌ́ləbài]

n. 자장가

A *lullaby* is a quiet song which is intended to be sung to babies and young children to help them go to sleep.

(표현) sing a lullaby to ~에게 자장가를 불러주다

1069
lumber
[lʌ́mbər]

n. 목재, 재목(= timber)

Lumber is stacked up behind the fence.

(관련) lumberjack *n.* 벌채 노동자, 재목 벌채인   lumberyard *n.* 목재 집하장

1070
luminescence
[lù:mənésns]

n. 발광, [물리] 냉광(열이 없음)

The sky became suffused with a pale, milky *luminescence.*

(파) luminous *adj.* 빛을 내는, 빛나는

[예문 해석] **1062** 간단히 말해서, 아이들에게 벌을 주는 가장 좋은 방법에 대하여 많은 의견의 불일치가 있다.   **1063** 그녀는 라운지에 가서 앉았다.   **1064** 이는 사람이나 동물의 신체에 살면서 피를 빨기 위해서 그것들을 깨무는 작은 곤충이다.   **1065** 정치적 충성심이 당신 판단에 영향을 미치게 하지는 마라.   **1066** 네잎 클로버는 행운의 상징이다.   **1067** 남자가 짐을 카트에 싣고 있다.   **1068** 자장가란 아기들이나 어린 아이들이 잠을 자는 데 도움을 주기 위해 불러지도록 하는 의도의 조용한 노래이다.   **1069** 목재가 울타리 뒤쪽에 쌓여 있다.   **1070** 하늘이 창백하고 뿌연 빛으로 가득했다.

1071
lump

[lʌ́mp]

n. 덩어리(=shapeless mass), 혹

There were *lumps* in the sauce.

1072
lung

[lʌ́ŋ]

n. [해부학] 허파, 폐

Organ transplanting includes replacing a kidney, heart or *lung*.

1073
lyric

[lírik]

n. 서정시, 가사(歌詞)

Yes, I know exactly what you mean. It's not so much the *lyrics*, but the way she sings them. It's like she really does feel what she's singing about.

ⓟ lyrical *adj.* 서정적인

>>> 표제어 이외의 교과서 수록 어휘

label [léibəl] *n.* 라벨, 딱지, 상표

lace [léis] *n.* 레이스, 가장자리 장식

ladybug [léidibʌ̀g] *n.* 무당벌레

lake [léik] *n.* 호수, 연못

lamb [lǽm] *n.* 어린 양

lamp [lǽmp] *n.* 램프, 등불, (정신적) 광명

lane [léin] *n.* 좁은 길, 차선

lantern [lǽntərn] *n.* 랜턴, 호롱등

lapel [ləpél] *n.* (양복 저고리 등의) 접은 옷깃

lard [lɑ́ːrd] *n.* 돼지기름

lark [lɑ́ːrk] *n.* 종달새

laser [léizər] *n.* 레이저

lash [lǽʃ] *n.* 채찍질, 속눈썹(eyelash)

laver [léivər] *n.* 김, 파래, [성서] 놋대야

leaf [líːf] *n.* 잎, 나뭇잎

league [líːg] *n.* 리그, 연맹, 동맹

lemon [lémən] *n.* 레몬

lemonade [lèmənéid] *n.* 레모네이드, 레몬수

lens [lénz] *n.* 렌즈, 수정체

lettuce [létis] *n.* 상추

lever [lévər] *n.* 레버, 지레

Libra [liːbrə] *n.* 천칭자리, 천칭궁

lily [líli] *n.* 백합

limbo [límbou] *n.* 림보, 지옥의 변방

line [láin] *n.* 라인, 선

linebacker [láinbæ̀kər] *n.* [미식축구] 2열 수비수

linen [línin] *n.* 리넨, 아마포, 내의류

link [líŋk] *n.* 링크, 고리, 사슬의 고리

lion [láiən] *n.* 사자

liter [líːtər] *n.* 리터(1,000cc)

liver [lívər] *n.* 간

lizard [lízərd] *n.* 도마뱀

lobby [lɑ́bi] *n.* 로비, 넓은 복도

loop [lúːp] *n.* 매듭, 고리, 고리 장식

lotion [lóuʃən] *n.* 로션, 바르는 물약, 화장수

lotus [lóutəs] *n.* 연꽃

Lyra [láiərə] *n.* 거문고자리

lyre [láiər] *n.* 칠현금

1074
machine

[məʃíːn]

n. 기계, 기계장치, 기관(=organization)

A washing *machine* is one of the most convenient domestic appliances.

ⓟ machinery *n.* 기계류   관련 machine gun 기관총

[예문 해석] 1071 소스 속에 덩어리들이 있었다.   1072 신장이나 심장, 폐 등을 바꾸는 것이 장기 이식에 포함된다.   1073 네, 당신이 뜻하는 바를 전 정확하게 알아요. 가사가 아니라 그녀의 창법을 말하는 거죠. 그녀는 어떤 노래인지 정말 알고 부르는 것 같아요.   1074 세탁기는 가장 편리한 가전용품 중 하나이다.

1075
macrocosm

[mǽkrəkɑ̀zm]

n. 대우주, 대세계

A *macrocosm* is a complex organized system such as the universe or a society, considered as a single unit.

1076
magistrate

[mǽdʒəstrèit]

n. 행정장관, 지사, 치안 판사

A *magistrate* is an official who acts as a judge in law courts which deal with minor crimes or disputes.

1077
magnet

[mǽgnit]

n. 자석

A *magnet* attracts iron.
  (파) magnetic *adj.* 자석의, 마음을 끄는   magnetize *v.* 자력을 띠게 하다, 매혹하다

1078
maid

[méid]

n. 하녀, 소녀

The *maid* will bring you your wine in a moment. |대수능|
  (파) maiden *adj.* 소녀의, 처녀적의

1079
major

[méidʒər]

n. 전공 (과목), 소령, [음악] 장조   *adj.* 대다수의, 주요한, 전공의

Explain why you have chosen your *major*.
  (파) majority *n.* 대다수

1080
male

[méil]

n. 남성, 수컷   *adj.* 남성의, 수컷의

The females generally travel less than the *males* and are very social. |대수능|

1081
malnutrition

[mæ̀lnju:tríʃən]

n. 영양실조

By most estimates, more than 500 million people — roughly one out of every nine — suffer from serious *malnutrition* today, compared with 100 million to 200 million — one out of every 14 to 25 people — in the 1950's. |대수능|
  (반) nutrition *n.* 영양, 자양물

1082
mammal

[mǽməl]

n. 포유동물

Humans, dogs, and elephants are all *mammals*.

1083
mankind

[mæ̀nkáind]

n. 인류

Despite these similarities with other creatures, however, the evolution of *mankind* differs from that of other species. |대수능|

> (Tip) mankind는 인간 전체를 하나의 단일체로 나타내는 표현이다. 관사 없이 쓰이는 man과 men도 같은 의미를 가지는 경우가 있다.

[예문 해석] **1075** 대우주는 우주나 사회처럼 하나의 단위로 간주되는 복잡하게 조직된 체계이다.   **1076** 행정장관은 작은 범죄나 분쟁들을 다루는 법정의 판사로서 일하는 공무원이다.   **1077** 자석은 철을 끌어당긴다.   **1078** 하녀가 금방 당신에게 와인을 가져다 줄 것입니다.   **1079** 전공 과목을 선택한 이유를 설명하시오.   **1080** 암컷들은 일반적으로 수컷들보다 이동을 적게 하고 매우 사교적이다.   **1081** 대부분의 추정에 의하면, 1950년대에 1억에서 2억 정도의 사람들(매 14명에서 25명 중 한 명)과 비교해 볼 때 5억 이상의 사람들이(대략 매 9명 중 한 명) 오늘날 심각한 영양실조로 고통을 받고 있다.   **1082** 인간, 개 그리고 코끼리는 모두 포유류이다.   **1083** 그러나 다른 종들과의 이러한 유사성에도 불구하고, 인류의 진화는 다른 종들의 진화와는 다르다.

1084
manner
[mǽnər]

n. 방법, 태도(= behavior), 예의 범절, 풍습

Today introductions are made in an unclear *manner* so that it is very hard to remember other's names. |대수능|

(파) mannerless *adj.* 예의 없는 mannerly *adv.* 예의 바르게

1085
mansion
[mǽnʃən]

n. 대저택

The museum was an actor's *mansion*.

(관련) manor *n.* 영주의 저택, 장원

1086
manual
[mǽnjuəl]

n. 안내서 *adj.* 손으로 하는

I can't learn how to use a computer just by reading an instruction *manual*.

(파) manually *adv.* 손으로

(Tip) [manu(=hand)+al(명사 · 형용사어미)] manu는 '손, 맨손, 일손'의 의미이다.

1087
manuscript
[mǽnjuskrìpt]

n. 원고

I read his novel in *manuscript*.

1088
map
[mǽp]

n. 지도

They start work with their underwater metal detectors in the areas marked on the old *maps* they have. |대수능|

1089
marathon
[mǽrəθàn]

n. 마라톤

"I made a serious commitment to myself to give it my best every time I competed," says Paula Fraser, 1989 World *Marathon* winner. |대수능|

(파) marathoner *n.* 마라톤 선수

1090
marble
[mɑ́:rbl]

n. 대리석, 공깃돌

Marble is soft, and can be scratched with a knife.

1091
margin
[mɑ́:rdʒin]

n. 가장자리(= border, edge), 여지, 차이

Reds should have won by a huge *margin*.

(파) marginal *adj.* 가장자리의, 한계의

1092
marriage
[mǽridʒ]

n. 결혼, 결혼식(= wedding)

Marriage as well as birth is a time of joy. |대수능|

(파) marry *v.* 결혼하다 marital *adj.* 결혼의, 부부간의

[예문 해석] **1084** 오늘날 소개들은 너무 불분명한 방법으로 이루어져서 다른 사람의 이름을 기억하는 것도 매우 어렵다. **1085** 그 박물관은 어느 배우의 저택이었다. **1086** 나는 단순히 설명서를 읽는 것만 가지고는 컴퓨터를 사용하는 방법을 배울 수 없다. **1087** 나는 그의 소설을 원고로 읽었다. **1088** 그들은 그들이 가진 오래된 지도 위에 표시된 지역에서 수중 금속 탐지기를 가지고 일을 시작한다. **1089** "나는 시합에 임할 때마다 최선을 다하기 위해서 진지한 노력을 했습니다."라고 1989년 세계 마라톤 우승자인 Paula Fraser는 말한다. **1090** 대리석은 물러서 칼로 잘 그어진다. **1091** 붉은 악마들은 큰 차이로 이겼어야 했다. **1092** 탄생뿐만 아니라 결혼도 기쁨의 시간이다.

1093
marrow

[mǽrou]

n. 골수, 정수, 알짜(= essential part)

The news sent a chill to the *marrow* of my bones.

1094
marsh

[máːrʃ]

n. 습지, 소택지, 늪(= swamp)

Biologists and conservationists have expressed concern that the animal, which lives in the *marshes* of the North Coast, is nearing extinction.

1095
martyr

[máːrtər]

n. 순교자

A *martyr* is someone who is killed or made to suffer greatly because of their religious or political beliefs, and is admired and respected by people who share those beliefs.

파 martyrdom *n.* 순교

1096
mason

[méisn]

n. 석수, 벽돌공, 프리메이슨(Freemason)의 축약형

A *mason* builds with stone, brick or similar materials.

1097
mass

[mǽs]

n. 덩어리(= lump), 모임, 다량, 부피, 일반 대중

It actually helps increase bone *mass*, and is said to be the best preventive measure to avoid osteoporosis. |대수능|

파 massive *adj.* 부피가 큰, 대량의   관련 mass communication 매스컴, 대중 전달

1098
master

[mǽstər]

n. 주인, 석사, 달인, 교장

He has a *master's* degree in engineering. |대수능|

관련 masterpiece *n.* 걸작   mastery *n.* 우세, 숙련

1099
mate

[méit]

n. 상대, 배우자, 동료(= companion)

She was my best *mate*.

1100
matter

[mǽtər]

n. 문제, 사건   *v.* 중요하다

Recognizing the healing power of humor, many hospitals are starting to take laughing *matters* seriously. |대수능|

[예문 해석] **1093** 그 말을 들으니 뼛속까지 소름이 끼친다.   **1094** 생물학자들과 환경 보호론자들은 북부 해안의 늪지대에 서식하는 이 동물이 멸종 위기에 처해 있다고 염려해왔다.   **1095** 순교자란 그들의 종교적이거나 정치적인 신념 때문에 살해당하거나 고통을 받고, 그러한 신념을 공유하는 사람들에 의해서 추앙받거나 존경되는 사람이다.   **1096** 석공은 돌, 벽돌 혹은 유사한 재료로 건축을 한다.   **1097** 이것은 실제로 뼈의 질량을 증가시키는 데 도움이 되며, 골다공증을 피하는 데 가장 좋은 예방책이라고 한다.   **1098** 그는 공학 분야에 석사 학위를 가지고 있다.   **1099** 그녀는 나의 가장 좋은 동료였다.   **1100** 유머의 치유력을 인식하고서, 많은 병원들은 웃는 문제를 진지하게 받아들이기 시작하고 있다.

11ᵀᴴ LECTURE MASTERING IDIOMS

- **call up**   전화를 걸다(=ring up)
  She *called* me *up* to protest. 그녀는 나에게 항의하기 위해 전화했다.

- **calm down**   진정하다, 차분하게 하다(=cool down, come down)
  The wind has *calmed down*. 바람이 그쳤다.

- **can afford to + V**   ～할 여유가 있다
  Do you think we *can afford to* get it? 그걸 살 수 있을까요?

- **can't help ~ing**   ～하지 않을 수 없다
  I *can't help falling* in love with you. 당신과 사랑에 빠지지 않을 수 없어요.

- **carry on**   계속하다
  Carry on with your sweeping. 계속 빗자루질을 하세요.

- **carry out**   수행하다, 실행하다(=perform)
  They will *carry out* their duties. 그들은 각자 임무를 수행할 것이다.

- **catch up with**   따라잡다(=keep abreast of, keep up with, overtake)
  Korea is making efforts to *catch up with* America in this field.
  이 분야에서 한국은 미국을 따라잡으려고 애쓰고 있다.

- **change for the better**   (날씨·병세 등이) 좋아지다, 좋은 변화, 개선
  The weather is *changing for the better*.
  날씨가 차차 좋아지고 있다.

- **change for the worse**   (날씨·병세 등이) 나빠지다, 나쁜 변화, 악화
  His new appointment is a *change for the worse*. 그의 이번 발령은 좌천이다.

- **come a long way**   진보하다, 성공을 거두다
  We have *come a long way* because of technology. 우리는 기술 덕에 성공을 거두었다.

- **come across**   우연히 만나다(=dump into, happen to meet, meet by chance, meet with)
  I've never *come across* such a fool in my life. 내 평생 그런 바보를 만난 적이 없다.

- **come into effect**   발효되다, 시행되다
  The new law will *come into effect* next month.
  새 법률은 다음 달에 시행될 것이다.

11TH LECTURE REVIEW TEST

● 빈칸에 알맞은 단어나 뜻을 쓰시오.

1. lather	_____	26. logograph	_____
2. latitude	_____	27. longitude	_____
3. lava	_____	28. loom	_____
4. lavatory	_____	29. lorry	_____
5. laxative	_____	30. louse	_____
6. layman	_____	31. lullaby	_____
7. _____	임대차 계약	32. luminescence	_____
8. _____	가죽	33. _____	덩어리, 혹
9. ledge	_____	34. lung	_____
10. legacy	_____	35. lyric	_____
11. _____	전설	36. macrocosm	_____
12. length	_____	37. magistrate	_____
13. leper	_____	38. malnutrition	_____
14. lethargy	_____	39. _____	포유동물
15. lewdness	_____	40. mansion	_____
16. liaison	_____	41. manual	_____
17. lieutenant	_____	42. _____	원고
18. limb	_____	43. marble	_____
19. liquid	_____	44. margin	_____
20. liquor	_____	45. marrow	_____
21. _____	읽고 쓸 줄 아는 능력	46. _____	습지, 소택지, 늪
22. literature	_____	47. martyr	_____
23. litter	_____	48. mason	_____
24. loaf	_____	49. _____	덩어리, 모임, 다량
25. _____	대부(금), 대여	50. mate	_____

정답 | 기본 페이지 참조

12TH LECTURE | 1101 **maxim** ~ 1200 **novelist** |

SUMMA CUM LAUDE VOCABULARY

1101
maxim
[mǽksim]

n. 격언, 금언(=proverb), 좌우명

I believe in the *maxim* 'if it ain't broke, don't fix it.'

1102
maximum
[mǽksəməm]

n. 최대한(도)(=max)

Drivers must not exceed a *maximum* of 55 miles an hour.

㈜ maximize *v.* 극대화하다

1103
mayor
[méiər]

n. 시장

The *mayor* negated his previous statements.

1104
maze
[méiz]

n. 미로, 미궁(=labyrinth), 혼란, 당황

The palace has extensive gardens, a *maze*, and tennis courts.

1105
meadow
[médou]

n. 목초지(=grassy field)

A *meadow* is a field which has grass and flowers growing in it. |대수능|

1106
meal
[mí:l]

n. 식사

We always had three *meals* a day.

1107
measles
[mí:zlz]

n. 홍역

Measles spread to a neighboring village.

㈜ measly *adj.* 홍역의(에 걸린), 사소한, 하찮은

1108
meat
[mí:t]

n. 고기, 육류

The farmer raises poultry for *meat* and eggs.

[예문 해석] **1101** '고장 난 것이 아니라면 고치지 마.'라는 격언을 나는 믿고 있다. **1102** 운전자들은 시속 55마일의 최고 속도를 초과하지 말아야 한다. **1103** 시장은 먼저 한 말들을 부인했다. **1104** 그 궁전은 광대한 정원과 미로 그리고 테니스 코트를 가지고 있다. **1105** 목초지는 그 안에 풀과 꽃이 자라고 있는 들판이다. **1106** 우리는 항상 하루에 세끼를 먹었다. **1107** 홍역이 이웃 마을로 번졌다. **1108** 그 농부는 고기와 알을 얻기 위해 가금류를 기른다.

1109 **mechanic** [məkǽnik]	*n.* 기계공, 정비사

However, reading is not enough to make you a good *mechanic*. |대수능|

⑪ mechanism *n.* 기계장치, 기구, 구조   mechanical *adj.* 기계적인

1110 **media** [míːdiə]	*n.* 매체, 언론(medium의 복수형)

Today, however, TV, computers, and the *media* are pushing children into adult roles. |대수능|

1111 **medicine** [médəsin]	*n.* 약, 의학

They are active in various areas from law to *medicine*. |대수능|

1112 **medium** [míːdiəm]	*n.* 매개물, 수단(= means) *adj.* 중간의

Money is merely a convenient *medium* of exchange — nothing more and nothing less. |대수능|

⑪ medium-sized *adj.* 중간 크기의, 중형의

1113 **melody** [mélədi]	*n.* 선율, 멜로디

That was to write down the beautiful musical thoughts which seemed to flow from his brain in an endless rush of *melody*. |대수능|

⑪ melodic *adj.* 선율의   melodious *adj.* 선율이 아름다운, 음악적인

1114 **menace** [ménis]	*n.* 협박, 위협(= threat) *v.* 위협하다

In dry weather, forest fires are a great *menace*.

⑪ menacingly *adj.* 위협하듯, 험악하게   menacing *adj.* 위협하는

1115 **mentor** [méntɔːr]	*n.* 조언자, 좋은 지도자, 스승

A *mentor* is someone who gives them help and advice over a period of time, especially help and advice related to their job.

⑪ mentorial *adj.* 좋은 조언자의, 스승의

1116 **merchant** [mə́ːrtʃənt]	*n.* 상인

Honest *merchants* do not swindle their customers.

⑪ merchandise *n.* 상품

1117 **mercury** [mə́ːrkjuri]	*n.* 수은(= quicksilver), 수성(水星)

Most thermometers contain *mercury* in a narrow tube.

⑪ mercuric *adj.* 수은을 함유한(= mercurial)

[예문 해석] **1109** 그러나 좋은 정비사가 되기 위해서는 읽는 것만으로는 충분하지가 않다.   **1110** 그러나 오늘날 텔레비전과 컴퓨터 그리고 언론은 아이들을 성인의 역할 쪽으로 밀어내고 있다.   **1111** 그들은 법에서 의학까지 다양한 분야에서 활동하고 있다.   **1112** 돈은 단순히 편리한 교환 수단이고 그 이상도 이하도 아니다.   **1113** 그것은 끊임없이 멜로디가 떠오르는 그의 머리로부터 계속해서 흘러나오는 것처럼 보이는 아름다운 음악적 생각을 적어 내려간 것이었다.   **1114** 건조한 날씨에는 산불이 큰 위협이 된다.   **1115** 멘토는 오랜 시간에 걸쳐서 도움과 조언을 주는 사람인데, 특히 일과 관련된 도움이나 조언을 해주는 사람이다.   **1116** 정직한 상인은 자신의 고객들을 속이지 않는다.   **1117** 대부분의 온도계는 좁은 관 안에 수은이 들어 있다.

1118
mercy

[mə́:rsi]

n. 자비, 연민(= pity), 인정

The judge showed *mercy* to the young offender.

파 merciful *adj.* 자비로운, 인정 많은   merciless *adj.* 무자비한, 잔인한

1119
meridian

[mərídiən]

n. [천문학] 자오선, 절정, 전성기

Meridians are drawn on maps to help you describe the position of a place.

1120
merit

[mérit]

n. 장점, 가치(= worth)

Have they got sufficient artistic *merit*? |대수능|

파 merited *adj.* 가치 있는, 당연한

1121
mermaid

[mə́:rmèid]

n. 인어

Students are talking about the movie, "The Little *Mermaid*."

1122
mess

[més]

n. 혼란, 뒤죽박죽(= confusion), 어수선함

I know the place is a *mess*, but make yourself at home. |대수능|

표현 in a mess 뒤죽박죽이 되어, 혼란에 빠져서

1123
metaphor

[métəfɔ̀:r]

n. 은유, 암유

A *metaphor* is an imaginative way of describing something by referring to something else which is the same in a particular way.

파 metaphorical *adj.* 은유적인

1124
meteor

[mí:tiər]

n. 유성, 운석, 별똥별(= shooting star)

A *meteor* enters the earth's atmosphere from outer space with enormous speed.

파 meteorite *n.* 운석, 유성체

1125
method

[méθəd]

n. 방법, 순서(= order)

There have been many recent innovations in printing *methods*.

파 methodical *adj.* 질서 있는, 조직적인

1126
metropolis

[mitrápəlis]

n. 중심 도시, 대도시, 수도(= capital)

Sapporo, capital of the northern island of Hokkaido and the fifth largest city in Japan, is a modern *metropolis*.

파 metropolitan *adj.* 수도의, 대도시의

[예문 해석] 1118 판사는 젊은 범인에게 자비를 베풀었다.   1119 자오선은 어떤 장소의 위치를 묘사하는 데 도움이 되기 위해서 지도 위에 그려진다.   1120 그들이 충분한 예술적 장점을 가지고 있습니까?   1121 학생들은 '인어 공주'라는 영화에 대해 이야기하고 있다.   1122 장소가 어질러져 있는 것을 압니다만, 집처럼 편하게 지내십시오.   1123 은유란 특별한 방식으로 비슷한 어떤 것을 인용해서 어떤 것을 묘사하는 가상의 방식이다.   1124 유성은 외계로부터 지구의 대기 속으로 엄청난 속도로 진입한다.   1125 최근에 인쇄술에 있어서 많은 혁신이 있었다.   1126 북해도 홋카이도의 수도이며 일본에서 다섯 번째로 큰 도시인 삿포로는 현대식 대도시이다.

1127
microbe

[máikròub]

n. 세균(=germ), 미생물

This toilet cleaner gets rid of germs and *microbes*.

(파) microbiology *n.* 미생물학   microbiologist *n.* 미생물학자

1128
micrometer

[maikrámətər]

n. 마이크로미터(=micron), 측미계(測微計)

The woman is using a *micrometer*.

More   **microphone** *n.* 마이크   **microscope** *n.* 현미경   **microwave** *n.* 극초단파, 전자레인지   **microworld** *n.* (현미경 아래 펼쳐지는) 미세한 세계

1129
midday

[míddèi]

n. 한낮, 정오

At *midday* they are a narrow line and they gradually become rounder until sunset. |대수능|

(관련) mid *adj.* 중간의, 중앙의

1130
midst

[mídst]

n. 중앙, 한가운데

In the *midst* of the post-race celebration, a royal escort arrived to inform him that King Harald of Norway wanted to congratulate him. |대수능|

(표현) in the midst of ~의 한가운데에

1131
midwife

[mídwàif]

n. 산파, 조산사

A *midwife* is a nurse who is trained to deliver babies and to advise pregnant women.

1132
mill

[míl]

n. 방앗간, 맷돌, 공장

They still use a water *mill*.

(파) miller *n.* 방앗간 주인, 제분업자

1133
millionaire

[mìljənέər]

n. 백만장자

A check was once returned to a *millionaire* from a bank.

(파) million *n.* 백만

1134
minister

[mínəstər]

n. 목사, 장관

She wrote to me all about the great day, adding that the *minister* told some funny stories at the party. |대수능|

(관련) ministry *n.* 내각, (정부의) 부

1135
minority

[mainɔ́:rəti]

n. 소수(파)

Applications from women and *minorities* are strongly encouraged.

(파) minor *adj.* 보다 작은

[예문 해석] **1127** 이 변기용 세제는 병원균과 미생물을 제거한다.   **1128** 그 여자는 측미계를 사용하고 있다.   **1129** 한낮에 그들은 하나의 좁은 선이고 점진적으로 해가 질 때까지 둥글어진다.   **1130** 경기 후 축연 중간에, 왕의 호위병이 그에게 노르웨이의 Harald 왕이 그를 축하하기 원한다는 것을 알리기 위해 도착했다.   **1131** 조산사란 애를 낳는 데 도움을 주고 임신한 여자들에게 조언을 하도록 교육받은 간호사이다.   **1132** 그들은 아직도 물방아를 사용한다.   **1133** 수표가 한때 은행으로부터 백만장자에게 반환되었다.   **1134** 그녀는 그 파티에서 목사가 재미있는 이야기를 했던 것을 포함해서 나에게 그 멋진 날의 모든 것에 대해 썼다.   **1135** 여성들과 소수 민족으로부터의 신청은 강력히 장려된다.

1136
minstrel

[mínstrəl]

n. 음유시인, 시인, 가수

In medieval times, a *minstrel* was a singer and musician who travelled around and entertained noble families.

1137
mischief

[místʃif]

n. 해악, 손해(=damage), 장난

He was a wild boy, always getting into *mischief*.

(파) mischievous *adj.* 해로운, 장난이 심한

> (Tip) [mis(=ill)+chief(=end)] chief는 '목적'의 의미이다.

1138
misconception

[mìskənsépʃən]

n. 오해, 그릇된 생각

He is laboring under *misconception*.

(파) misconceive *v.* 오해하다

1139
miser

[máizər]

n. 구두쇠, 수전노

We call a man like him a *miser*.

(파) miserly *adj.* 인색한

1140
mission

[míʃən]

n. 임무, 전도, 사절단

Our *mission* is to promote peace among the nations.

(파) missionary *n.* 전도사, 사자(=messenger) *adj.* 전도의, 선교의

1141
mist

[míst]

n. 안개

The night grew darker and the *mist* began to spread around him. |대수능|

(파) misty *adj.* 안개가 자욱한, 흐릿한 mistily *adv.* 흐릿하게

1142
mistake

[mistéik]

n. 실수

As youth, we need not feel ashamed of making *mistakes* in trying to find or win our place in a social group. |대수능|

(파) mistaken *adj.* 틀린, 오해한 mistakenly *adv.* 틀리게, 실수로

1143
mitten

[mítn]

n. 벙어리장갑

Those *mittens* are mine.

1144
mob

[máb]

n. 군중, 폭도

An excited *mob* rushed to the palace.

(혼) mop *n.* 자루걸레

[예문 해석] **1136** 중세 시대에 음유시인은 여행하고 다니면서 귀족들을 즐겁게 해주었던 가수이자 음악가였다. **1137** 그는 항상 장난을 치는 거친 소년이었다. **1138** 그는 오해를 받아 고생하고 있다. **1139** 그와 같은 사람을 가리켜 구두쇠라고 한다. **1140** 국가들 간의 평화를 촉진하는 것이 우리의 사명이다. **1141** 밤은 어두워져 갔고 안개가 그의 주변에 퍼지기 시작했다. **1142** 젊을 때는 우리가 사회 집단에서 자신의 자리를 찾거나 얻으려고 노력하다 생긴 실수에 대해서 부끄러워할 필요가 없다. **1143** 저 벙어리장갑은 내 것이다. **1144** 흥분한 폭도들이 궁전으로 몰려갔다.

1145
mode

[móud]

n. 방법(=method), 양식, 형태

Different *modes* of consumer behavior — different ways of spending money — do not surprise us. |대수능|

1146
mole

[móul]

n. 사마귀, 점

Almost everyone has at least one *mole*.

1147
molecule

[máləkjùːl]

n. 분자, 미분자

A *molecule* of water consists of two atoms of hydrogen and one atom of oxygen.

ⓟ molecular *adj.* 분자의

1148
monarch

[mánərk]

n. 군주(=king, ruler)

The *monarch* of a country is the king, queen, emperor, or empress.

ⓟ monarchy *n.* 군주제, 군주국

1149
monastery

[mánəstèri]

n. (주로 남자의) 수도원

A *monastery* is a building or collection of buildings in which monks live.

1150
monitor

[mánətər]

n. 모니터, 감시자, 충고자   *v.* 감시하다

That is, a keyboard will never be able to replace the warmth of a handshake, or a *monitor* the smile of another student. |대수능|

1151
monk

[mʌ́ŋk]

n. 수(도)사

Monks lead a life of renunciation.

1152
monologue

[mánəlɔ̀ːg]

n. 독백(=monolog)

It is stocked with a variety of humorous books and *monologues* recorded by famous comedians. |대수능|

[More]   **monopoly** *n.* 독점(판매)   **monorail** *n.* 단궤철도   **monotone** *n.* [음악] 단조음   **monotonous** *adj.* 단조로운

1153
monument

[mánjumənt]

n. 기념비, 기념물

The splendid National *Monument* was erected in memory of the country's founders.

ⓟ monumental *adj.* 기념비적인

[예문 해석] **1145** 소비자의 여러 행태들, 즉 돈을 쓰는 여러 방식은 우리를 놀라게 하지 않는다.   **1146** 사람은 누구나 점을 최소한 한 개는 가지고 있다.   **1147** 물의 분자는 2개의 수소 원자와 1개의 산소 원자로 구성되어 있다.   **1148** 한 나라의 군주는 왕, 여왕, 황제 또는 여황제이다.   **1149** 수도원은 수도사들이 사는 건물이나 건물의 집합체이다.   **1150** 즉, 키보드는 악수의 따뜻함을 결코 대신할 수 없을 것이고, 모니터는 다른 학생의 미소를 대신할 수 없을 것이다.   **1151** 수도사는 금욕 생활을 한다.   **1152** 이것은 다양한 해학적인 책들과 유명한 코미디언들에 의해서 녹음된 독백들로 가득 차 있다.   **1153** 그 멋진 국립 기념비는 그 나라의 시조들을 기려 세워졌다.

1154
mood

[mú:d]

n. 기분, 심정, 분위기

Through it, they express their ideas, *moods*, problems, and personalities to other people.

파 **moody** *adj.* 우울한, 기분이 나쁜   **moodily** *adv.* 우울하게

1155
mop

[máp]

n. 자루걸레 *v.* 자루걸레로 닦다

The man is using a *mop* to wipe the walls.

1156
mores

[mɔ́:ri:z]

n. (사회적) 관행, 습속, 관습

The *mores* of a particular place or group of people are the customs and behavior that are typically found in that place or group.

1157
moron

[mɔ́:rɑn]

n. 얼간이, 멍텅구리

I used to think that Gordon was a *moron*.

파 **moronic** *adj.* 저능의, 저능한

1158
mortgage

[mɔ́:rgidʒ]

n. 저당(권), 주택 금융[융자]

If you fail to repay the *mortgage*, the bank will repossess your house.

1159
moss

[mɔ́(:)s]

n. 이끼

Mosses have small stems and numerous narrow leaves.

파 **mossy** *adj.* 이끼가 낀, 이끼 같은

1160
moth

[mɔ́(:)θ]

n. 나방

Moths have less brightly colored wings than butterflies.

1161
motion

[móuʃən]

n. 동작

What about *motion* that is too slow to be seen by the human eye? |대수능|

파 **motionless** *adj.* 움직임이 없는   관련 **motion picture** 영화

1162
motive

[móutiv]

n. 동기, 자극

I urge you to question his *motives*. |대수능|

파 **motivation** *n.* 동기 부여, 자극   **motivate** *v.* 동기를 부여하다

1163
motor

[móutər]

n. 모터, 발동기

This pump is powered by a small electric *motor*.

More **motorbike** *n.* 소형 오토바이   **motorboat** *n.* 모터보트   **motorcycle** *n.* 오토바이   **motorist** *n.* 자동차 운전자   **motorize** *v.* 동력 설비를 하다   **motorway** *n.* 고속도로

[예문 해석] 1154 그것을 통해 그들은 그들의 생각과 감정, 문제, 그리고 성격을 다른 사람들에게 표현한다.   1155 남자가 긴 자루가 달린 걸레를 써서 벽을 훔치고 있다.   1156 특별한 장소나 일단의 사람들의 습속이란 그 장소나 단체에서 전형적으로 발견되는 관습이나 행동이다.   1157 나는 Gordon이 얼간이라고 생각했었다.   1158 만약 당신이 주택 융자를 갚지 못한다면, 은행은 당신의 집을 회수해갈 것이다.   1159 이끼는 작은 줄기들과 좁고 많은 잎을 가지고 있다.   1160 나방은 나비보다 날개 색깔이 덜 밝다.   1161 너무나 느려서 인간의 눈에 의해 관찰될 수 없는 동작은 어떻게 하는가?   1162 나는 그의 동기에 대해서 의심해볼 것을 당신에게 촉구합니다.   1163 이 펌프는 작은 모터로 움직인다.

1164
mountain

[máuntən]

n. 산, 산악

The Ural *mountains* mark the boundary between Europe and Asia.

㈜ mountaineer *n.* 산악인   관련 mountain range 산맥

1165
moustache

[mʌ́stæʃ]

n. 콧수염(= mustache)

He was short and bald and had a *moustache*.

1166
movement

[múːvmənt]

n. 움직임, 운동

I scan the village, and there is no sign of *movement*. |대수능|

㈜ move *v.* 움직이다   movable *adj.* 움직일 수 있는

1167
mud

[mʌd]

n. 진흙

When the seed falls, the root may be pushed into the *mud*. |대수능|

㈜ muddy *adj.* 진흙투성이의

1168
mummy

[mʌ́mi]

n. 미라

We became so interested in the *mummies* that we lost track of the time.

㈜ mummify *v.* 미라로 만들다 |대수능|

1169
mural

[mjúərəl]

n. 벽화   *adj.* 벽의, 벽화의

A *mural* is a picture painted on a wall.

㈜ muralist *n.* 벽화가

1170
murder

[mə́ːrdər]

n. 살인

There were many blood stains at the scene of *murder*.

㈜ murderer *n.* 살인자

1171
muscle

[mʌ́sl]

n. 근육

He relaxed his *muscles*.

㈜ muscular *adj.* 근육의

1172
museum

[mjuːzíːəm]

n. 박물관

I went with my father to the movie theater or to a *museum*. |대수능|

1173
mushroom

[mʌ́ʃru(ː)m]

n. 버섯

When the foreign delegates visited La Fleur Restaurant, they were served a special *mushroom* appetizer.

[예문 해석] 1164 우랄 산맥은 유럽과 아시아의 경계를 이룬다.   1165 그는 키가 작고 머리가 벗겨졌고 콧수염을 기르고 있었다.   1166 나는 마을을 자세히 보지만 움직임의 어떤 징조도 없다.   1167 씨가 떨어지면, 뿌리가 진흙 속으로 뻗어나갈 것이다.   1168 우리는 미라에 너무 빠져들어서 시간 가는 줄도 몰랐다.   1169 벽화는 벽에 그려진 그림이다.   1170 살인 현장에는 핏자국이 많았다.   1171 그는 근육의 긴장을 풀었다.   1172 나는 아버지와 극장이나 박물관에 갔다.   1173 외국 사절단이 La Fleur 식당을 방문했을 때, 그들은 특별 버섯 전채 요리를 대접받았다.

1174
mutter
[mʌ́tər]

n. 중얼거림(=murmur) *v.* 중얼거리다

They made no more than a *mutter* of protest.

1175
muzzle
[mʌ́zl]

n. 입마개, 재갈, (동물의) 주둥이, 부리

A *muzzle* is an object that is put over a dog's nose and mouth so that it cannot bite people or make a noise.

1176
mystery
[místəri]

n. 미스터리, 신비, 불가사의

The detective solved the *mystery*.
(파) mysticism *n.* 신비, 신비주의   mystification *n.* 신비화   mystic *adj.* 신비로운

1177
myth
[míθ]

n. 신화, 전설

In Roman *myth*, Mercury was the messenger of the gods.
(파) mythology *n.* 신화, 신화학

>>> 표제어 이외의 교과서 수록 어휘

mackerel [mǽkərəl]   *n.* 고등어(북대서양산)

madam [mǽdəm]   *n.* 마님, 부인

magazine [mæ̀gəzíːn]   *n.* 잡지, 탄약고

mail [méil]   *n.* 메일, 우편

mall [mɔ́ːl]   *n.* 쇼핑센터, 상점가

mammoth [mǽməθ]   *n.* 매머드(고대 생물)

manganese [mǽŋgənìːz]   *n.* 망간

mannequin [mǽnikin]   *n.* 마네킹, 모델 인형

mantra [mǽntrə]   *n.* (힌두교의) 기도, 주문

mantua [mǽntʃuə]   *n.* 맨츄어(옛날 여성용 외투)

maple [méipl]   *n.* 단풍나무

market [máːrkit]   *n.* 마켓, 장, 시장

marmalade [máːrməlèid]   *n.* 마멀레이드(오렌지로 만든 잼 종류)

maroon [mərúːn]   *n.* 탈주 노예

Mars [máːrz]   *n.* 화성, 마르스(군신)

mascot [mǽskət]   *n.* 마스코트, 행운의 신(부적)

mask [mǽsk]   *n.* 마스크, 가면, 탈

massage [məsáːʒ]   *n.* 마사지, 안마

mast [mǽst]   *n.* 돛대, 기둥

mat [mǽt]   *n.* 매트, 돗자리, 멍석

matador [mǽtədɔ̀ːr]   *n.* 투우사

mathematics [mæ̀θəmǽtiks]   *n.* 수학

matinee [mæ̀tənéi]   *n.* 마티네, (연극 등의) 주간 흥행

mattress [mǽtris]   *n.* 매트리스, 침대요

mayonnaise [mèiənéiz]   *n.* 마요네즈

medal [médl]   *n.* 메달, 상패

melon [mélən]   *n.* 멜론

Mencius [ménʃiəs]   *n.* 맹자

menu [ménjuː]   *n.* 메뉴, 식단, 차림표

meow [miáu]   *n.* 야옹(고양이 울음 소리)

mercer [mə́ːrsər]   *n.* 포목상, 비단 장수

message [mésidʒ]   *n.* 메시지, 전갈, 통신문

metal [métl]   *n.* 금속, 쇠붙이

mew [mjúː]   *n.* 야옹(고양이나 갈매기 울음소리)

millennium [miléniəm]   *n.* 밀레니엄, 천년(간)

milometer [mailámətər]   *n.* 주행거리계

mineral [mínərəl]   *n.* 미네랄, 광물, 무기물

miniature [míniətʃər]   *n.* 소형 모형, 축소형

minus [máinəs]   *n.* 마이너스 부호, 음수, 부족

[예문 해석] **1174** 그들은 중얼거리며 항의만 했다.   **1175** 입마개는 개가 사람을 물거나 소음을 내지 못하게 하기 위해서 개의 코와 입 위에 씌우는 물건이다.   **1176** 그 탐정은 그 미스터리를 해결했다.   **1177** 로마 신화에서 Mercury는 신들의 사자였다.

miracle [mírəkl] *n.* 기적, 경이	Moslem [mázləm] *n.* 이슬람교도
mirror [mírər] *n.* 거울	mosquito [məskí:tou] *n.* 모기
model [mádl] *n.* 모델, 본보기	motto [mátou] *n.* 표어, 좌우명, 금언
modem [móudem] *n.* 모뎀	mound [máund] *n.* 흙무더기, 둑, 작은 언덕
module [mádʒu:l] *n.* 모듈, 기본 단위	mouse [máus] *n.* 생쥐
mold [móuld] *n.* 형, 틀	mug [mʌ́g] *n.* 머그잔, 원통형 컵
Mongol [máŋgəl] *n.* 몽골 사람(어)	mugwort [mʌ́gwə̀:rt] *n.* 산쑥속의 식물
mongoose [máŋgù:s] *n.* 몽구스	mulberry [mʌ́lbèri] *n.* 뽕나무, 짙은 자주색
monkey [mʌ́ŋki] *n.* 원숭이	mule [mjú:l] *n.* 노새
monsieur [məsjə́:r] *n.* … 씨, … 님, … 귀하	multimedia [mʌ̀ltimí:diə] *n.* 멀티미디어, 다중매체
monster [mánstər] *n.* 몬스터, 괴물	Muse [mjú:z] *n.* 뮤즈(음악의 여신)
moor [múər] *n.* 황무지, 습지	musk [mʌ́sk] *n.* 사향(의 냄새), 사향 노루
moose [mú:s] *n.* 무스(미국 북부의 큰 사슴)	mustard [mʌ́stərd] *n.* 겨자
mortar [mɔ́:rtər] *n.* 모르타르, 회반죽	mutton [mʌ́tn] *n.* 양고기, 양

1178
nap
[nǽp]

n. 낮잠, 선잠(= short sleep)

She had a restful *nap*.

표현 have(take) a nap 낮잠을 자다

1179
nausea
[nɔ́:ziə]

n. 메스꺼움, 뱃멀미

Symptoms can include *nausea*, stomach cramps, and headache with a low fever.

1180
navy
[néivi]

n. 해군

Every year the army and *navy* hold maneuver for practice.

파 naval *adj.* 해군의

1181
negro
[ní:grou]

n. 흑인

There were two *negro* boys sitting behind me on the bus. |대수능|

1182
nephew
[néfju:]

n. 조카

He left his *nephew* a fortune by will.

반 niece *n.* 여자조카

1183
nest
[nést]

n. 둥지, 보금자리

The squirrels are storing nuts in their *nest*.

[예문 해석] **1178** 그녀는 평안한 낮잠을 잤다.　**1179** 속이 메스껍거나 위경련, 미열을 동반한 두통 등의 증상이 나타날 수 있다.　**1180** 해마다 육군과 해군은 기동 작전 훈련을 한다.　**1181** 버스에서 나의 뒤에 두 명의 흑인 소년들이 앉아 있었다.　**1182** 그는 조카에게 재산을 유증했다. **1183** 다람쥐들이 둥지에 견과류를 보관하고 있다.

1184
newbie

[njúːbi]

n. 신출내기, 미숙자

All *newbies* are offered an individually tailored training and development programme.

1185
niece

[níːs]

n. 조카딸

His *niece* is sociable and mature for her age.

1186
nigger

[nígər]

n. (경멸적으로) 흑인, 검둥이(=negro)

"But you're a *nigger*, aren't you?" he asked.

1187
nirvana

[nəːrváːnə]

n. 열반, 해탈

Entering the realm of *Nirvana* is only possible for those who have become pure.

1188
noble

[nóubl]

n. (중세) 귀족 *adj.* 고귀한, 고상한

Soon all the yangban *nobles* bought shares, and Kim Son-dal became rich. |대수능|

(파) nobility *n.* 귀족(계급), 고결함　(관련) noble-minded *adj.* 고상한, 고결한

1189
nodule

[nádʒuːl]

n. 작은 마디[혹], 결절

A *nodule* is a small round lump that can appear on your body and is a sign of an illness.

1190
nomad

[nóumæd]

n. 유목민, 방랑자

A *nomad* is a member of a group of people who travel from place to place rather than living in one place all the time.

1191
nonresistance

[nànrizístəns]

n. 무저항(주의)

Have you heard the principle of *nonresistance*?

(파) resistance *n.* 저항

1192
nonviolence

[nɑnváiələns]

n. 비폭력(주의)

Gandhi was an advocate of *nonviolence*.

(파) nonviolent *adj.* 비폭력적인

1193
noodle

[núːdl]

n. 국수, 바보, 멍청이

I was sick and tired of eating *noodles* every day.

[예문 해석] **1184** 모든 신출내기들은 개인적으로 맞추어진 훈련과 개발 프로그램을 제공받는다.　**1185** 그의 조카딸은 사교적이며 나이에 비해 어른스럽다.　**1186** "그렇지만 너는 흑인이잖아, 그렇지 않니?"라고 그가 물었다.　**1187** 열반의 경지에 이르는 것은 순수해진 사람에게만 오직 가능하다.　**1188** 곧 모든 양반들이 주식을 샀고 김선달은 부자가 되었다.　**1189** 결절은 당신의 신체에 나타나는 작고 둥근 덩어리이고 병의 징조이다.　**1190** 유목민은 항상 한 장소에서 머물지 않고 이곳저곳을 돌아다니는 사람들의 무리 중 한 명이다.　**1191** 당신은 무저항주의에 대해 들어본 적이 있습니까?　**1192** 간디는 비폭력의 주창자였다.　**1193** 나는 날마다 국수만 먹는 데 질렸다.

1194
norm

[nɔ́ːrm]

n. 기준, 규범, 모범

It depends on social *norms* and the structure of the workforce.

파 normal *adj.* 표준적인, 정상의   normalize *v.* 표준화하다

1195
nostalgia

[nɑstǽldʒiə]

n. 향수(병)(= homesickness)

Nostalgia is an affectionate feeling you have for the past, especially for a particularly happy time.

파 nostalgic *adj.* 향수어린, 회고하는

1196
nostrum

[nɑ́strəm]

n. (가짜) 특효약, 만병 통치약, 묘책

A *nostrum* is a kind of medicine which is prepared and sold by someone who is not properly qualified.

1197
notation

[noutéiʃən]

n. 기호법, 표시법, 각서, 기록

It was impossible to write down in the usual musical *notation*.

파 note *n.* 메모, 기록   notate *v.* 기록하다, 적어두다   notable *adj.* 주목할 만한

1198
notch

[nɑ́tʃ]

n. (V자 모양의) 홈, 새김눈   *v.* 금을 내다

He cut a *notch* on the pole to tie a rope around it.

1199
notion

[nóuʃən]

n. 관념, 생각, 의향, 개념(= idea)

I have only a vague *notion* of what she does for a living.

파 notional *adj.* 관념적인

1200
novelist

[nάvəlist]

n. 소설가

Please welcome the world-famous *novelist*, Mrs. Watson. |대수능|

파 novel *n.* 소설

[예문 해석] **1194** 이는 사회적 기준과 노동 인구의 구조에 따라 다르다.   **1195** 향수는 당신이 과거, 특히 행복했던 때에 대해 가지고 있는 애정 어린 감정이다.   **1196** 묘약은 적절한 자격이 없는 사람에 의해서 준비되고 팔리는 일종의 약이다.   **1197** 보통의 음계로 적는 것은 불가능했다.   **1198** 그는 밧줄을 매기 위해 막대에 홈을 냈다.   **1199** 그녀가 생계를 위해 어떤 일을 하는지 나는 그저 어렴풋이 알고 있을 따름이다.
1200 세계적으로 유명한 소설가인 Watson 여사를 환영해주십시오.

12ᵀᴴ LECTURE MASTERING IDIOMS

- **come of age** 성년이 되다

  Asia has *come of age*. 아시아는 성년이 되었다.

- **come to an agreement** 합의점에 도달하다

  Have they *come to an agreement* yet? 그들이 벌써 합의를 보았습니까?

- **come to + V** ~하게 되다

  Scientists often *come to* believe strongly the validity of their own theories.
  과학자들은 자신의 이론의 타당성을 종종 강하게 믿게 된다.

- **come true** 실현되다

  At last her dream has *come true*. 마침내 그녀의 꿈이 실현되었다.

- **come up to + N** 이르다, 다가오다

  The results did not *come up to* my expectations. 결과는 내 기대에 미치지 못했다.

- **come up with** (의견 등을) 내놓다, 생각해 내다

  How did you *come up with* such a brilliant idea? 어떻게 그런 기발한 생각이 떠올랐니?

- **compared with** ~와 비교해 볼 때(=compared to)

  Ad pages were down 15.9 percent, *compared with* a year earlier.
  광고 페이지들이 1년 전에 비해 15.9% 줄었다.

- **compete with** ~와 경쟁하다

  No painting can *compete with* this one. 이것에 필적할 만한 그림은 없다.

- **concentrate on** 집중하다(=focus on)

  He was *concentrating on* checking the oven.
  그는 오븐을 점검하는 일에 집중하고 있었다.

- **contribute to + N** 공헌하다, 기여하다

  He seldom *contributes to* our conversation. 그는 우리의 대화에 공헌하는 경우가 거의 없다.

- **cool off** 서늘하게 하다, 가라앉다

  Let's wait until his anger *cools off*. 그의 노여움이 가라앉을 때까지 기다리자.

- **cut back on** 줄이다

  Cut back on your activities and get more exercise.
  지금 하고 있는 일들을 좀 줄이고 운동을 더 해 보세요.

12TH LECTURE REVIEW TEST

● 빈칸에 알맞은 단어나 뜻을 쓰시오.

1. maxim	_____	26. mole	_____
2. mayor	_____	27. molecule	_____
3. _____	미로, 미궁	28. monarch	_____
4. meadow	_____	29. monastery	_____
5. measles	_____	30. monk	_____
6. menace	_____	31. _____	기념비, 기념물
7. mentor	_____	32. mop	_____
8. _____	상인	33. mores	_____
9. mercury	_____	34. moron	_____
10. mercy	_____	35. mortgage	_____
11. _____	자오선, 절정	36. _____	이끼
12. mermaid	_____	37. moth	_____
13. mess	_____	38. mummy	_____
14. metaphor	_____	39. mural	_____
15. meteor	_____	40. mushroom	_____
16. _____	방법, 순서	41. _____	중얼거림
17. _____	중심 도시, 대도시	42. muzzle	_____
18. microbe	_____	43. _____	신화, 전설
19. midwife	_____	44. nausea	_____
20. mill	_____	45. newbie	_____
21. minister	_____	46. nigger	_____
22. miser	_____	47. nirvana	_____
23. _____	안개	48. _____	귀족
24. mitten	_____	49. nodule	_____
25. mob	_____	50. nomad	_____

정답 | 기본 페이지 참조

13ᵀᴴ LECTURE | ¹²⁰¹ novelty ~ ¹³⁰⁰ percussion |

SUMMA CUM LAUDE VOCABULARY

1201
novelty

[návəlti]

n. 신기함, 새로운 것

The *novelty* of her poetry impressed me.

(파) novel *adj.* 신기한, 새로운

1202
nuisance

[njúːsns]

n. 성가심, 폐, 난처한 것, 방해물

He keeps making a *nuisance* of himself.

(표현) What a nuisance! 아이 성가셔라!

1203
nun

[nʌ́n]

n. 수녀

The *nun* was a mother to orphans.

(파) nunnery *n.* 수녀원

1204
nursery

[nə́ːrsəri]

n. 육아실, 탁아소, 보육원

My wife is a *nursery* school teacher.

(파) nurse *n.* 유모, 간호사, 간호인

1205
nutrition

[njuːtríʃən]

n. 영양, 영양 섭취(공급)

Because of his poor *nutrition*, he has grown weaker and weaker. |대수능|

(파) nutrient *n.* 영양소   nutritious *adj.* 영양가 있는   nutritional *adj.* 영양의, 자양의

>>> 표제어 이외의 교과서 수록 어휘

nail [néil]   *n.* 손톱, 발톱, 못

napkin [nǽpkin]   *n.* 냅킨, 작은 수건

narcissism [náːrsəsìzm]   *n.* 나르시시즘, 자기도취

nebula [nébjulə]   *n.* 성운

Neptune [néptjuːn]   *n.* 넵튠(바다의 신), 해왕성

net [nét]   *n.* 네트, 그물, 통신망

network [nétwəˋːrk]   *n.* 네트워크, 방송망, 그물 (제품)

nickel [níkəl]   *n.* 니켈

[예문 해석] **1201** 그녀의 시의 참신함은 내게 깊은 인상을 주었다.   **1202** 그는 성가신 일만 저지른다.   **1203** 그 수녀는 고아들에게 어머니와 같은 존재였다.   **1204** 내 아내는 유아원 선생님이다.   **1205** 그의 형편없는 영양 섭취 때문에 그는 더욱 더 약해져 갔다.

nicotine [níkətìːn]　*n.* 니코틴

nitrate [náitreit]　*n.* 질산염

nocturne [náktəːrn]　*n.* 녹턴, 야상곡

non-fiction [nànfikʃən]　*n.* 논픽션, 실화

noun [náun]　*n.* 명사

nova [nóuvə]　*n.* 신성(新星)

nuance [njúːɑːns]　*n.* 뉘앙스, 미묘한 차이

nut [nʌt]　*n.* (호두·밤 등의) 견과

nylon [náilɑn]　*n.* 나일론, 나일론 제품

nymph [nimf]　*n.* (그리스·로마신화) 님프, 미소녀

1206
oath
[óuθ]

n. 맹세, 서약

I swear by Apollo that I will carry out this *oath* to the best of my ability and judgment.

표현 take(swear) an oath 선서하다

1207
obesity
[óubíːsəti]

n. 비만, 비대

Overeating is surely the main cause of *obesity*.

파 obese *adj.* 살찐, 뚱뚱한

1208
object
[ábdʒikt]

n. 물체, 대상, 목적, 목적어　*v.* ~에 반대하다

The *object* of their expedition was to discover the source of the River Nile.

파 objection *n.* 반대, 이의　objective *n.* 목적, 목표　*adj.* 객관적인　objectively *adv.* 객관적으로

1209
obstacle
[ábstəkl]

n. 장애(물)(=hindrance)

But my love for books was so strong that I overcame even this *obstacle*.

표현 obstacle race 장애물 경주　　　　　　　　　　|대수능|

1210
occasion
[əkéiʒən]

n. 경우(=case), 기회, 행사, 이유

Tell him to say so and so on such and such an *occasion*.

파 occasional *adj.* 이따금씩의, 임시의　occasionally *adv.* 가끔, 때때로

1211
occupation
[àkjupéiʃən]

n. 직업

Since Sam has never been unhappy with his *occupation*, he cannot understand the attitude of those who have no desire to take up any *occupation*. |대수능|

파 occupy *v.* 차지하다, 점령하다, 종사시키다

> Tip occupation은 규칙적으로 종사하고 업무를 위해 훈련이 필요한 직업을 말하고, profession은 변호사나 의사처럼 전문적인 지식을 필요로 하는 직업을 말한다. 일반적인 직업은 job이다.

[예문 해석] 1206 나는 Apollo의 이름으로 나의 능력과 판단력을 다해 이 서약을 지킬 것을 맹세합니다. 1207 과식은 분명히 비만의 주요한 원인이다. 1208 그들의 탐험의 목적은 나일 강의 원류를 찾는 것이었다. 1209 그러나 책에 대한 나의 사랑이 너무 강해 나는 심지어 이러한 장애도 극복할 수 있었다. 1210 이러이러한 경우에는 이러저러하게 말하라고 그에게 일러두시오. 1211 Sam은 한 번도 그의 직업에 불만을 가져본 적이 없기 때문에 그는 어떤 직업도 차지하고자 하는 욕망이 없는 사람들의 태도를 이해할 수가 없다.

1212
occurrence

[əkə́:rəns]

n. 사건, 발생, 생긴 일

A motor accident is a common *occurrence*.

(파) occur *v.* (사건 따위가) 일어나다, (머리에) 떠오르다

1213
ocean

[óuʃən]

n. 대양, 해양

The scientists explored the depths of the *ocean*.

(파) oceanography *n.* 해양학

1214
officer

[ɔ́(:)fisər]

n. 공무원, 장교

When he walked in, the office was empty except for three *officers* behind the counter. |대수능|

(파) office *n.* 사무실, 직무, 관공서

1215
offspring

[ɔ́(:)fsprìŋ]

n. 자식, 자손, 후예

Everyone of his *offspring* had red hair just like his son.

(표현) produce offspring 아이를 낳다

1216
ointment

[ɔ́intmənt]

n. 연고

An *ointment* is a smooth thick substance that is put on sore skin or a wound to help it heal.

(표현) apply(put on, rub in, rub on) (an) ointment 연고를 바르다

1217
oligarchy

[áləgà:rki]

n. 과두(寡頭)정치, 소수 독재정치

An *oligarchy* is a small group of people who control and run a particular country or organization.

(반) polyarchy *n.* 다두(多頭)정치

1218
omen

[óumən]

n. 전조(=prophetic sign), 징조, 예언

Is it true that the call of a crow is a bad *omen*?

(파) ominous *adj.* 전조의, 불길한, 나쁜 징조의

1219
omission

[oumíʃən]

n. 생략, 탈락

There are many *omissions*.

(파) omit *v.* 빼다, 빠뜨리다

1220
onlooker

[ánlùkər]

n. 방관자(=bystander), 구경꾼(=spectator)

There is a difference between being an *onlooker* and being a true observer of art. |대수능|

[예문 해석] **1212** 교통사고는 흔한 일이다. **1213** 과학자들은 해저를 탐험했다. **1214** 그가 들어 왔을 때, 사무실은 카운터 뒤에 세 명의 공무원을 제외하고는 비어 있었다. **1215** 그의 자손 모두가 그의 아들과 같이 붉은색 머리를 하고 있었다. **1216** 연고는 아픈 피부나 상처에 발라 그것의 치유를 돕는 부드럽고 반고형의 물질이다. **1217** 과두란 특정한 나라나 조직을 통제하고 운영하는 소수 집단의 사람들이다. **1218** 까마귀의 울음소리는 불길하다는 것이 사실입니까? **1219** 누락이 많다. **1220** 방관자가 되는 것과 진정한 예술의 관찰자가 되는 것 사이에는 차이점이 있다.

1221
opinion

[əpínjən]

n. 의견, 견해(= view)

His *opinion* is opposite to mine.

(표현) opinion poll 여론 조사

1222
opponent

[əpóunənt]

n. 적수, 상대, 대항자　*adj.* 반대하는, 적대하는

He was my *opponent* in the debate.

(파) oppose *v.* 반대하다　opposition *n.* 반대, 대립　opposite *adj.* 정반대의

1223
opportunity

[àpərtjúːnəti]

n. 기회

Based on this analysis, the manager can build into each job the *opportunity* to satisfy both sides. |대수능|

(표현) opportunity cost 기회 비용

> (Tip) opportunity는 자기의 실력이나 능력을 발휘할 수 있는 '기회'를, chance는 뜻밖에 찾아온 '기회'를 뜻한다.

1224
optimism

[áptəmìzm]

n. 낙관주의, 낙관론

There was a definite air of *optimism* at the headquarters. |대수능|

(파) optimist *n.* 낙천주의자　optimistic *adj.* 낙관적인

1225
option

[ápʃən]

n. 선택(권)

These two possibilities are presented to us as *options*. |대수능|

(파) optional *adj.* 선택의, 임의의

1226
oracle

[ɔ́(ː)rəkl]

n. 신탁을 전하는 사람, 신탁, 예언자

In ancient Greece, an *oracle* was a priest or priestess who made statements about future events or about the truth.

1227
oration

[ɔːréiʃən]

n. 연설, 식사(式辭)

An *oration* is a formal speech made in public.

(파) orator *n.* 연설자　oratorical *adj.* 연설(가)의

1228
orbit

[ɔ́ːrbit]

n. 궤도

The spacecraft went into *orbit* around the earth.

(파) orbital *adj.* 궤도의

1229
orchard

[ɔ́ːrtʃərd]

n. 과수원

People pick fruit at an *orchard*.

[예문 해석] **1221** 그의 견해는 나의 견해와 정반대다. **1222** 그는 나의 논쟁 상대였다. **1223** 이 분석에 근거해서, 경영자는 각 직무가 양쪽을 모두 만족시키는 기회로 만들 수도 있다. **1224** 사령부에는 명백한 낙관주의의 분위기가 있었다. **1225** 이 두 가지 가능성들은 우리에게 선택안들로 제시된다. **1226** 고대 그리스에서, 신탁자는 미래의 일이나 진실에 대해 말을 했던 성직자나 여자 성직자였다. **1227** 연설은 대중 앞에서 행해지는 정형적인 연설이다. **1228** 우주선은 지구 주변의 궤도에 진입했다. **1229** 사람들이 과수원에서 과일을 딴다.

1230
orchestra

[ɔ́ːrkəstrə]

n. 관현악단

The state-of-the-art, legendary recordings feature world-renowned artists and *orchestras*. |대수능|

(파) orchestral *adj.* 관현악의

1231
ordeal

[ɔːrdíːl]

n. 호된 시련, 고된 체험

Everyone expected that the *ordeal* would soon be over.

(표현) go through(undergo) an ordeal 시련을 겪다

1232
ordinance

[ɔ́ːrdənəns]

n. 법령, 포고, 조례

An *ordinance* is an official rule or order.

(표현) issue an ordinance 법령을 발표하다

1233
organ

[ɔ́ːrgən]

n. 기관

Organ transplants are common today. |대수능|

(파) organism *n.* 생물, 유기체   organic *adj.* 유기체의, 장기의

1234
orient

[ɔ́ːriənt]

n. 동양

The eastern part of Asia is sometimes referred to as the *Orient*.

(파) oriental *adj.* 동양의

1235
ornament

[ɔ́ːrnəmənt]

n. 꾸밈, 장식, 장식품(= decoration)   *v.* 꾸미다, 장식하다

The dictionary was bought for use, not for *ornament*.

(파) ornate *adj.* 잘 꾸민, 화려하게 장식한

> (Tip) ornament는 집이나 정원, 가구 등을 꾸미는 '장식품'의 의미로 보통 쓰이며, 옷이나 신체를 꾸미는 데 사용되는 '장신구'의 의미로는 adornment를 더 자주 쓴다.

1236
orphan

[ɔ́ːrfən]

n. 고아

He has a deep affection for the *orphans*.

(파) orphanage *n.* 고아원, (집합적) 고아

1237
osteoporosis

[àstioupəróusis]

n. 골다공증

Consult index six for questions about *osteoporosis*.

1238
outbreak

[áutbrèik]

n. 발발, 발생, 폭동

There was a mass *outbreak* of food poisoning.

(표현) outbreak of war 전쟁 발발

[예문 해석] **1230** 최신의 전설적인 음반들이 세계적으로 유명한 예술가들과 관현악단들을 특징으로 하고 있다.   **1231** 모두들 시련이 곧 끝날 것이라고 예상했다.   **1232** 조례란 공식적인 규칙이나 명령이다.   **1233** 장기 이식은 오늘날 흔하다.   **1234** 아시아의 동부는 때때로 동양이라고 일컬어진다.   **1235** 사전은 장식용이 아니라 쓰기 위해서 구매되었다.   **1236** 그는 고아들에게 깊은 애착을 느끼고 있다.   **1237** 골다공증에 관한 문제는 색인 6을 참조하라.   **1238** 식중독이 집단 발생했다.

1239
outcome
[áutkʌm]

n. 결과, 성과

Mr. Song said he was pleased with the *outcome*.

1240
outfit
[áutfìt]

n. (여행 등의) 채비, 장비 일습, 단체, 의복

Please take off that ridiculous *outfit* before you go outside.

1241
outlaw
[áutlɔ̀:]

n. 무법자, 상습범   *v.* 금지하다, 불법화하다

David Lester's latest novel is based on the true story of an 18th-century Australian *outlaw*.

1242
outlook
[áutlùk]

n. 조망, 전망, 예측, 견해(= view)

The *outlook* for a summit meeting between two Koreas is very dim.
표현 on the outlook 경계하여, 조심하여

1243
output
[áutpùt]

n. 생산, 산출, 출력

Productivity, a measure of *output* per hour of work, has increased in each of the last sixteen quarters.

1244
outset
[áutsèt]

n. 착수, 시작, 최초

At the *outset*, it looked like a nice day.

1245
overdose
[óuvərdòus]

n. 과다 복용, 과잉 투여

She took an *overdose* of a nervine.

1246
over-exertion
[óuvərigzə́:rʃən]

n. 지나친(과도한) 노력

He also developed charley horses from *over-exertion* and he got poor grades in climbing and running. |대수능|

1247
overpopulation
[òuvərpɑpjuléiʃən]

n. 인구 과잉

People know that *overpopulation* is a big problem. |대수능|

1248
overture
[óuvərtʃər]

n. 서곡, 도입 부분, 신청, 건의

I sensed that this was the *overture* to an argument.

1249
oxygen
[áksidʒən]

n. 산소

The time may soon come when we have to take an *oxygen* tank with us wherever we go. |대수능|

[예문 해석] **1239** 송 선생님은 결과에 만족한다고 말씀하셨다.   **1240** 밖에 나가기 전에 그 우스꽝스러운 옷 좀 떼어 벗어라.   **1241** David Lester의 최신 소설은 18세기 오스트레일리아 무법자에 관한 실화에 근거하고 있다.   **1242** 남북한 정상회담 개최 전망은 매우 어둡다.   **1243** 근로 시간당 생산량을 가리키는 생산성은 지난 16분기 동안 매 분기마다 상승해왔다.   **1244** 처음에는 날씨가 좋은 것 같았다.   **1245** 그녀는 신경 안정제를 과다 복용했다.   **1246** 그는 또한 과도한 노력 때문에 근육경련도 생겼고 오르기와 달리기에서 낮은 성적을 받았다.   **1247** 사람들은 인구 과잉이 큰 문제라는 것을 안다.   **1248** 나는 이것이 논쟁의 시작이라는 것을 알아차렸다.   **1249** 우리가 어디에 가든지 간에 산소통을 들고 다녀야 할 때가 곧 올 것이다.

1250
ozone

[óuzoun]

n. 오존

Sunspots can change the weather, too, by increasing the amount of *ozone.* |대수능|

(표현) the ozone layer 오존층

>>> 표제어 이외의 교과서 수록 어휘

oak [óuk]　　*n.* 오크나무

oar [ɔ́ːr]　　*n.* 노, 노 젓는 사람

oasis [ouéisis]　*n.* 오아시스, 휴식처

oat [óut]　　*n.* 귀리

octopus [áktəpəs]　*n.* 문어, 낙지

ode [óud]　　*n.* 오드, 송시(특정 인물이나 사물을 읊은
　　　　　　　고상한 서정시)

oil [ɔ́il]　　*n.* 기름, 석유

olive [áliv]　　*n.* 올리브(나무)

Olympic [əlímpik]　*n.* 올림픽, 올림포스의 신

omelette [áməlit]　*n.* 오믈렛

onion [ʌ́njən]　　*n.* 양파

opera [ápərə]　　*n.* 오페라, 가극

opus [óupəs]　　*n.* [음악] 작품 번호, 저작

orange [ɔ́(ː)rindʒ]　*n.* 오렌지

orangutan [ɔːrǽŋutæ̀n]　*n.* 오랑우탄

orchid [ɔ́ːrkid]　　*n.* 난초, 연보라색

otter [átər]　　*n.* 수달

ounce [áuns]　　*n.* 온스(중량의 단위)

outlet [áutlet]　　*n.* 배출구, 배수구, 대리점

outline [áutlàin]　　*n.* 윤곽, 개요

oven [ʌ́vən]　　*n.* 오븐, 가마, 솥

overtone [óuvərtòun]　*n.* [음악] 배음(倍音), 말의 함축

owl [ául]　　*n.* 올빼미

ox [áks]　　*n.* 황소

oyster [ɔ́istər]　　*n.* [패류] 굴

1251
pace

[péis]

n. 걸음, 보조, 속도

However, late evening walks can actually be bad for a good night's sleep, particularly if you're moving at a fast *pace.* |대수능|

(관련) pacemaker *n.* 속도 조정자, 맥박 조정기

1252
pacific

[pəsífik]

n. 태평양　*adj.* 평화로운, 태평한, 잔잔한

Typhoons occur mainly in the western *Pacific.*

(파) pacify *v.* 달래다, 진정시키다, 평화를 회복하다　　(관련) Pacific Ocean 태평양

1253
package

[pǽkidʒ]

n. 포장, 꾸러미, 소포(= parcel)

I want to send this *package* to my friend.

(표현) deliver a package 소포를 배달하다

1254
paddle

[pǽdl]

n. (짧고 폭 넓은) 노, 물갈퀴　*v.* 노를 젓다

The man is using a *paddle* to steer the boat.

(표현) paddle across the river 노를 저어 강을 건너다

[예문 해석] **1250** 태양 흑점은 오존의 양을 증가시킴으로써 날씨 또한 변화시킬 수 있다.　**1251** 그러나 늦은 저녁의 보행은, 특히 당신이 빠른 속도로 움직인다면 실제로 밤에 숙면을 방해할 지도 모른다.　**1252** 태풍은 주로 서태평양에서 발생한다.　**1253** 내 친구에게 이 소포를 보내고 싶습니다.　**1254** 남자가 노를 사용하여 보트를 조종하고 있다.

1255
paddy
[pǽdi]

n. 쌀(=rice), 벼

We have finished plowing the *paddy* field and are waiting for rain.

1256
pagan
[péigən]

n. 이교도

They burnt thousands of *pagans* and heretics.

1257
pageant
[pǽdʒənt]

n. 야외극, 화려한 행렬

All parents are expected to participate in the elementary school *pageant* this year.

1258
pail
[péil]

n. 양동이(=bucket), 원통형 용기

She was standing with a *pail* in each hand.

1259
pain
[péin]

n. 아픔(=ache), 고통, (pl.) 노고, 노력

The *pain* from a severe toothache is unbearable.

파 painful *adj.* 아픈, 고통스러운, 힘든　　관련 painkiller *n.* 진통제

Tip pain은 갑자기 오는 쑤시는 듯한 아픔을 말하고, ache는 보통 오래 계속되는 예리한 또는 무거운 아픔을 말한다.

1260
pair
[pέər]

n. 한 쌍(켤레, 벌), 한 쌍의 남녀

She saw a *pair* of old boots. |대수능|

1261
palm
[páːm]

n. 손바닥

One of the boys is resting his chin on his *palm*.

표현 read one's palm 손금을 보다

1262
pang
[pǽŋ]

n. (갑자기 일어나는) 격통, 고통, 고민

She had a *pang* of sorrow when she remembered her lost dog.

1263
panic
[pǽnik]

n. 돌연한 공포, 공황, 당황　*adj.* 당황케 하는

They were in a *panic* over the news.

1264
par
[páːr]

n. 동등, 액면 동가, 기준 타수, 평균

His knowledge of English is on a *par* with mine.

표현 above(below) par 액면 이상(이하)의　be on a par with ~와 똑같다

[예문 해석] **1255** 우리는 논을 갈아 놓고 비를 기다리고 있다. **1256** 그들은 수천 명의 이교도들과 이단자들을 태워 죽였다. **1257** 올해 초등학교 가장행렬에는 모든 학부모가 참석할 것으로 예상된다. **1258** 그녀는 양손에 양동이를 들고 서 있었다. **1259** 심한 치통으로 인한 고통은 참을 수가 없다. **1260** 그녀는 오래된 부츠 한 켤레를 보았다. **1261** 그 소년들 중 한 명이 손바닥으로 턱을 괴고 있다. **1262** 잃어버린 개를 생각하면서 그녀는 가슴 아파했다. **1263** 그들은 그 소식을 듣고 공황상태에 빠졌다. **1264** 그의 영어 지식은 나와 마찬가지다.

1265
parable

[pǽrəbl]

n. 우화, 비유담

A *parable* is a short story, which is told in order to make a moral or religious point, like those in the Bible.

1266
parade

[pəréid]

n. 행렬, 행진(=marching) *v.* 행진하다

There is a constant *parade* of tiny decisions that await your action and that certify you as skilled and needed. |대수능|

1267
paradise

[pǽrədàis]

n. 천국, 극락(=heaven), 낙원

Mexico is not a *paradise* for old people. |대수능|

1268
paralysis

[pərǽləsis]

n. 마비, 활동불능

The war caused a *paralysis* of trade.

(파) paralyze *v.* 마비시키다, 활동불능이 되게 하다   paralyzed *adj.* 마비된

1269
parasite

[pǽrəsàit]

n. 기생충, 기생 (동)식물

The *parasite* has infected almost 300 million people world wide.

(파) parasitic *adj.* 기생(의존)하는

1270
parcel

[páːrsəl]

n. 소포, 꾸러미(=bundle), 소화물

How much does it cost to send this *parcel*?

(표현) by parcels 조금씩

1271
parenthesis

[pərénθəsis]

n. 괄호, 삽입구

Parentheses are a pair of curved marks that you put around words or numbers to indicate that they are additional, separate, or less important.

(파) parenthetic *adj.* 삽입구의, 설명적인, 괄호의

1272
parish

[pǽriʃ]

n. 교구, 본당, 행정 교구

A *parish* is a village or part of a town which has its own church and priest.

(파) parishioner *n.* 교구민

1273
parliament

[páːrləmənt]

n. 의회, 국회

The annals of the British *Parliament* are recorded in a publication called Hansard.

(파) parliamentary *adj.* 의회의, 국회의

[예문 해석] **1265** 우화는 성경에 있는 것들과 같은 도덕적이거나 종교적인 점을 강조하기 위해 말해지는 짧은 이야기이다.   **1266** 당신의 행동을 기다리고 당신이 기술이 있고 필요하다는 것을 입증해주는 세세한 결정의 행렬이 끊임없이 있다.   **1267** 멕시코는 노인들의 천국이 아니다. **1268** 전쟁 때문에 무역이 정체되어 버렸다.   **1269** 이 기생충은 전 세계에 걸쳐 거의 3억 명의 사람들을 감염시켰다.   **1270** 이 소포를 보내는 데 요금이 얼마나 들까요?   **1271** 괄호는 추가적이거나 분리되거나 또는 덜 중요하다는 것을 나타내는 단어나 숫자 주변에 씌우는 구부러진 한 쌍의 마크이다.   **1272** 교구란 그 자체의 성당과 성직자를 가진 마을이거나 시내의 일부이다.   **1273** 영국 의회 연보는 'Hansard(핸서드)'라고 불리는 인쇄물에 기록된다.

1274
parlor

[pá:rlər]

n. 거실(= sitting room), 응접실(= parlour), …가게, …점

She was lying on a small settee in the *parlor*.

1275
particle

[pá:rtikl]

n. 입자, 극소량

One example is the virus, a *particle* that can be stored like chemicals in a bottle but, when inside a living cell, can reproduce more of itself. |대수능|

1276
passion

[pǽʃən]

n. 열정, 격정

My *passion* for books continued throughout my life. |대수능|

Ⓟ passionate *adj.* 열렬한, 정열적인

1277
past

[pǽst]

n. 과거 *adj.* 과거의

We learn about the *past* in history lessons.

1278
pasteurization

[pæ̀stʃəraizéiʃən]

n. 저온 살균(법)

Pasteurization kills off any harmful bacteria that may be present.

Ⓟ pasteurize *v.* 저온 살균하다

1279
pastime

[pǽstàim]

n. 기분 전환, 취미, 오락

In 1866, America's favorite *pastime* was the game of billiards.

1280
pasture

[pǽstʃər]

n. 목장, 목초지

Sheep and cows were grazing in the *pasture*.

Ⓗ pastor *n.* 목사, 정신적 지도자   pastoral *n.* 목가, 전원시, 전원곡

1281
patent

[pǽtənt]

n. 특허(권)

Also, *Patent* Office regulations forbid registered practitioners to advertise their services.

표현 grant(issue) a patent 특허를 주다

1282
path

[pǽθ]

n. 길, 좁은 길, 보도(= footpath)

There was a *path* through the meadow.

> Tip path는 산 속이나 들판에 나 있는 좁고 긴 포장되지 않은 길이고, lane은 특히 시골의 좁고 작은 길 또는 도로의 차선을 말한다. alley는 건물 사이의 좁은 골목길이다.

1283
patience

[péiʃəns]

n. 인내

Through it all, my father gave words of advice and support with *patience*. |대수능|

[예문 해석] **1274** 그녀는 거실의 작은 긴 의자에 누워 있었다.   **1275** 한 예가 화학물질처럼 병 속에 저장될 수 있지만, 살아있는 세포 안에서는 스스로 더 많이 번식할 수 있는 입자인 바이러스이다.   **1276** 책에 대한 나의 열정은 나의 일생동안 계속되었다.   **1277** 우리는 그 과거를 역사 수업에서 배운다.   **1278** 저온 살균은 존재할지도 모르는 해로운 박테리아를 죽인다.   **1279** 1866년에 미국인들이 가장 좋아하는 취미 활동은 당 구였다.   **1280** 양과 소들이 목장에서 풀을 뜯고 있었다.   **1281** 또한, 특허청 규정은 공인 변리사가 자신의 서비스에 대해 광고하는 것을 금하고 있다.   **1282** 초원을 가로질러 길이 나 있었다.   **1283** 이 모든 것을 통해서, 아버지는 인내심을 가지고 조언과 후원의 말을 해주셨다.

1284
patient

[péiʃənt]

n. 환자   *adj.* 참을성이 있는

A medical center reported that a larger portion of their *patients* were people who did not have an organic disease but were seeking psychological help. |대수능|

㈜ patiently *adv.* 참을성 있게

1285
patriotism

[péitriətìzm]

n. 애국심

Her *patriotism* would not permit him to buy a foreign car. |대수능|

㈜ patriot *n.* 애국자   patriotic *adj.* 애국의, 애국적인

1286
patron

[péitrən]

n. 보호자, 후원자, 단골 손님

These spaces are reserved for handicapped *patrons* only.

㈜ patronage *n.* 보호, 후원

1287
pattern

[pǽtərn]

n. 무늬, 양식, 모범(=example)

Some people change their eating *patterns* to meet the needs of different situations. |대수능|

1288
paunch

[pɔ́ːntʃ]

n. 배, 위, 올챙이배

He finished his dessert and patted his *paunch*.

㈜ paunchy *adj.* 배가 불뚝하게 나온

1289
pauper

[pɔ́ːpər]

n. 극빈자, 빈민

He did die a *pauper* and is buried in an unmarked grave.

1290
pause

[pɔ́ːz]

n. 중지, 중단   *v.* 중단하다, 숨을 돌리다(=rest)

What we all need is a 'pause button' — something that enables us to stop between what happens to us and our response to it. |대수능|

㈜ pauseless *adj.* 중단 없는, 지체 없는

1291
paw

[pɔ́ː]

n. (발톱 있는 동물의) 발

The dog licked its *paws*.

1292
peak

[píːk]

n. 산꼭대기, 절정, 최고점

He probably travels at a *peak* time when the airports are crowded and unpleasant. |대수능|

㈜ peaked *adj.* 뾰족한

[예문 해석] **1284** 한 의료센터는 그들의 환자들 중 더 많은 사람들이 기질성 질환을 가진 것이 아니라 심리적인 도움을 찾고자 하는 사람들이라고 보고했다.   **1285** 그녀의 애국심은 그가 외제차를 사도록 하지 않을 것이다.   **1286** 이곳은 장애인 고객들을 위한 공간입니다.   **1287** 일부 사람들은 여러 상황에서의 필요에 맞도록 식사 패턴을 바꾼다.   **1288** 그는 그의 후식을 다 먹었고 그의 나온 배를 두드렸다.   **1289** 그는 극빈자로 죽었고 이름 없는 무덤에 묻혀 있다.   **1290** 우리 모두가 필요로 하는 것은 우리에게 발생되는 일과 그에 대한 우리의 반응 사이에서 우리를 멈출 수 있도록 해주는 '일시 정지 버튼'이다.   **1291** 그 개가 자기 발을 핥았다.   **1292** 그는 아마도 공항이 붐비고 불쾌한 절정기에 여행을 하는 모양이다.

1293
peasant

[péznt]

n. 농부, 소작농

On each page are little pictures of medieval *peasants* carrying out daily tasks.

1294
pebble

[pébl]

n. 조약돌, 자갈

He walked on the *pebbles* with naked feet.

1295
pedestrian

[pədéstriən]

n. 보행자(= walker)

One day a truck hit a *pedestrian* on the street. |대수능|

(관련) pedestrian bridge 육교　pedestrian crossing 횡단보도

> (Tip) [pedestr(=on foot)+ian(명사 · 형용사어미)] pedestr는 '보행의, 걷는'의 의미이다.

1296
peer

[píər]

n. 동료, 친구　v. 응시하다, 자세히 보다

Easily influenced by their *peers*, young people are often led astray by the wrong companions.

1297
pendulum

[péndʒuləm]

n. 추, 진자

Then, in 1656, Dutch astronomer Christian Huygens constructed the first *pendulum* clock, revolutionizing timekeeping. |대수능|

(파) pendulous *adj.* 매달린, 흔들리는　pendular *adj.* 진자의

1298
peninsula

[pənínsjulə]

n. [지리학] 반도

People speaking Korean have long been limited mostly to those from the *peninsula*. |대수능|

1299
penny

[péni]

n. 페니(돈의 단위)

Ten *pence* isn't a lot of money. |대수능|

(파) penniless *adj.* 무일푼의　(관련) penny-wise *adj.* 푼돈을 아끼는

> (Tip) penny의 복수형은 pennies와 pence이다. pennies는 화폐의 개수에 쓰고, pence는 금액에 쓴다.

1300
percussion

[pəːrkʌ́ʃən]

n. 충격, 충돌, 진동

Percussion instruments are musical instruments that you hit, such as drums.

[예문 해석] 1293 페이지마다 일상적인 일을 하고 있는 중세 농부들의 작은 그림들이 있다.　1294 그는 맨발로 자갈길을 걸었다.　1295 어느 날 어떤 트럭이 거리에서 보행자를 치었다.　1296 친구의 영향을 쉽게 받기 때문에, 청소년들은 나쁜 친구들과 어울리면서 탈선하는 일이 자주 있다.　1297 그 후 1656년에 네덜란드의 천체학자인 Christian Huygens가 시계를 대폭 변형하여 최초의 추시계를 만들어냈다.　1298 한국어를 말하는 사람들은 주로 오랫동안 한반도 출신에 한정되어 왔다.　1299 10펜스는 많은 돈이 아니다.　1300 타악기는 드럼처럼 당신이 두드리는 악기이다.

13ᵀᴴ LECTURE MASTERING IDIOMS

- **cut off** 차단하다

  A telephone is *cut off*. 전화가 끊어져 있다.

- **cut short** 줄이다, 단축하다

  The meeting was *cut short* when the speaker became ill. 그 회의는 연설자가 아파서 단축되었다.

- **deal in** 거래하다

  He *deals in* real estate. 그는 부동산을 매매한다.

- **deal with** 취급하다, 처리하다(=treat)

  This ambulance is equipped to *deal with* any emergency.
  이 앰뷸런스는 어떤 긴급사태에도 대처할 수 있는 장비를 갖추고 있다.

- **depend on** ~에 의존하다, ~에 달려 있다(=be dependent on, count on, rely on, rest on)

  Losing weight *depends on* changing eating habits. 체중 감량은 식생활 습관에 따라 좌우된다.

- **deprive A of B** A에게서 B를 빼앗다

  They *deprived* the person *of* his right to a trial. 그들은 그 사람에게서 재판받을 권리를 박탈했다.

- **dispose of** 처리하다, 처분하다

  Let's *dispose of* this problem first. 이 문제부터 우선 처리합시다.

- **do harm** 해를 입히다(=do damage)

  This dog *does* no *harm* to man. 이 개는 사람에게 위해를 가하지 않는다.

- **dress up** 정장하다, 깔끔하게 차려입다

  Should I *dress up* for the cocktail party?
  칵테일 파티에 정장을 입고 가야 하니?

- **drive me crazy** 나를 화나게 하다(=drive me up the wall)

  You *drive me crazy*. 너는 나를 화나게 한다.

- **drop it in the mail** 우편으로 부치다

  I'll *drop it in the mail*. 내가 이것을 우편으로 부치겠다.

- **drop out of** ~에서 탈락하다, 중퇴하다

  Many people have *dropped out of* the race. 많은 사람들이 경주에서 탈락했다.

13TH LECTURE REVIEW TEST

● 빈칸에 알맞은 단어나 뜻을 쓰시오.

1. novelty	_____	26. osteoporosis	_____
2. nuisance	_____	27. outfit	_____
3. nun	_____	28. outlaw	_____
4. nursery	_____	29. _____	과다 복용
5. _____	영양	30. over-exertion	_____
6. oath	_____	31. overture	_____
7. _____	비만, 비대	32. _____	노, 물갈퀴
8. _____	장애(물)	33. paddy	_____
9. occasion	_____	34. pagan	_____
10. occupation	_____	35. pageant	_____
11. occurrence	_____	36. pail	_____
12. offspring	_____	37. pang	_____
13. ointment	_____	38. parable	_____
14. oligarchy	_____	39. paralysis	_____
15. omen	_____	40. parasite	_____
16. omission	_____	41. parenthesis	_____
17. onlooker	_____	42. parish	_____
18. _____	적수, 상대, 대항자	43. parlor	_____
19. _____	낙관주의	44. _____	열정, 격정
20. oracle	_____	45. pasteurization	_____
21. oration	_____	46. pasture	_____
22. orchard	_____	47. _____	특허(권)
23. ordeal	_____	48. _____	보호자, 단골 손님
24. ordinance	_____	49. paunch	_____
25. ornament	_____	50. pauper	_____

14TH LECTURE

| [1301] perfume ~ [1400] principle |

SUMMA CUM LAUDE VOCABULARY

1301
perfume
[pə́:*r*fjuːm]

n. 향수, 향료, 향기(=scent, fragrance)

I bought my girlfriend some duty-free *perfume*.
(표현) put(spray) on perfume 향수를 뿌리다

1302
peril
[pérəl]

n. 위험(=danger), 모험

The arms race is the greatest single *peril* now facing the world.
(파) perilous *adj.* 위험한, 위험이 많은

1303
permission
[pəːmíʃən]

n. 허락, 허가

Now you cannot climb Mount Everest without special *permission* from the government of Nepal. |대수능|
(파) permissible *adj.* 허용할 수 있는   permit *v.* 허락하다

1304
perseverance
[pə̀ː*r*səvíərəns]

n. 인내(력), 참을성

Perseverance is the first essential to success.
(파) persevere *v.* 참다, 견디다

1305
personality
[pə̀ː*r*sənǽləti]

n. 인격, 성격, 개성

If you ask most people to explain why they like someone when they first meet, they'll tell you it's because of the person's *personality*, intelligence, or sense of humor. |대수능|
(파) person *n.* 사람   personify *v.* 의인화하다   personal *adj.* 개인의, 사적인

1306
personnel
[pə̀ːrsənél]

n. 인력, 직원

Send your resume and salary requirements to director of *personnel*. |대수능|

[예문 해석] **1301** 나는 내 여자친구에게 면세 향수 몇 개를 사줬다.   **1302** 무기 경쟁은 지금 세계가 직면하고 있는 가장 큰 단일 위험 요소이다.
1303 이제 당신은 네팔 정부로부터의 특별한 허가 없이는 에베레스트 산에 올라갈 수 없다.   **1304** 성공에는 인내가 제일 필수적이다.   **1305** 만약 당신이 대부분의 사람들에게 처음 만났을 때 누군가를 좋아하는 이유를 설명해달라고 요청한다면, 그들은 그 사람의 성격, 지성 또는 유머 감각 때문이라고 당신에게 말할 것이다.   **1306** 당신의 이력서와 월급 요구사항을 인사 관리자에게 보내주십시오.

1307
perspective

[pəːrspéktiv]

n. 원근법, 전망, 관점

In 15th-century Italy, artists rediscovered the rules of *perspective*.

> (Tip) perspective 자체에 '균형 잡힌 관점'이라는 긍정적인 의미가 있기 때문에 in perspective라고 하면 '올바른 견해로'라는 긍정적인 의미로 해석된다. 전치사 in 대신 out of를 넣어 out of perspective 라고 하면 '불균형하게'라는 부정적인 뜻이 된다.

1308
perspiration

[pəːrspəréiʃən]

n. 발한(작용)(= sweating), 땀

His hands were wet with *perspiration*.

(파) perspire v. 땀을 흘리다

1309
pessimism

[pésəmìzm]

n. 비관주의(론), 염세관

Pessimism, when you get used to it, is just as agreeable as optimism.

(파) pessimist n. 비관론자, 염세주의자   pessimistic adj. 비관적인, 염세적인

1310
pest

[pést]

n. 해충, 유해물

Agricultural inspectors will examine fruits, vegetables and plants for *pests* and diseases.

(파) pesticide n. 살충제, 농약

1311
pestle

[péstl]

n. 빻는 기계, 막자, 절굿공이

A *pestle* is used for crushing herbs, grain, etc in a bowl called a mortar.

1312
pet

[pet]

n. 애완동물 v. 귀여워하다

Farmers don't like using chemicals to control weeds because such poisons can kill wild animals or even *pets*, like dogs. |대수능|

(혼) petite adj. 작은, 몸집이 작은

1313
petition

[pətíʃən]

n. 청원(서), 탄원(서)

The right of *petition* is one of the fundamental privileges of free people.

(파) petitioner n. 청원자

1314
petroleum

[pətróuliəm]

n. 석유

Petrol and paraffin are obtained from *petroleum*.

1315
phantom

[fǽntəm]

n. 유령(= ghost), 환영, 환각

The *phantom* hound loomed suddenly out of the mist.

[예문 해석] 1307 15세기 이탈리아에서 예술가들은 원근법의 규칙을 재발견했다.   1308 그의 손은 땀으로 젖었다.   1309 비관주의도, 익숙해지면, 낙관주의와 마찬가지로 마음에 든다.   1310 농산물 검사관이 해충 및 질병 여부에 대하여 과일, 채소, 농작물을 검사하게 될 것이다.   1311 막자는 절구라고 불리는 그릇 속에서 풀과 곡물 등을 빻기 위해 사용된다.   1312 농부들은 농약이 야생동물이나 심지어 개와 같은 애완동물들을 죽일 수 있기 때문에 잡초의 만연을 막기 위해 화학물질을 사용하는 것을 좋아하지 않는다.   1313 탄원의 권리는 자유민의 기본 특권 중 하나이다.   1314 휘발유와 파라핀은 석유에서 얻어진다.   1315 유령 사냥개가 안개 속에서 불쑥 모습을 나타냈다.

1316

pharmacy

[fɑ́ːrməsi]

n. 약학, 조제술, 약국(= dispensary)

Please take this prescription to the *pharmacy*.

파 pharmacist *n.* 약사　pharmacology *n.* 약물학

1317

phase

[féiz]

n. 단계, 국면, 면, 양상(= aspect)

The first *phase* of the project was completed without mishap.

관련 phasedown *n.* 단계적 축소

1318

phenomenon

[finɑ́mənɑ̀n]

n. 현상, 사건

Hurricane is a violent natural *phenomenon*.

파 phenomenal *adj.* 놀라운, 굉장한, 현상에 관한

1319

philanthropist

[filǽnθrəpist]

n. 박애가, 자선가

A *philanthropist* is someone who freely gives money and help to people who need it.

파 philanthropy *n.* 박애, 자선

1320

philosopher

[filɑ́səfər]

n. 철학자, 현인

The *philosopher* speculated about time and space.

파 philosophy *n.* 철학　philosophical *adj.* 철학의

1321

phonograph

[fóunəgræ̀f]

n. 축음기

Stereo *phonographs* were capable of the undistorted reproduction of sound.

관련 phone *n.* 전화기　phonetic *adj.* 음성의, 음성상의

1322

phony

[fóuni]

n. 가짜, 위조품　*v.* 위조하다, 속이다　*adj.* 가짜의, 사기인

He can tell it's a *phony*.

1323

photograph

[fóutəgræ̀f]

n. 사진

She has kept those old *photographs* by sentimental reasons.

파 photographer *n.* 사진사　photography *n.* 사진술, 사진 촬영

1324

phrase

[fréiz]

n. 구(句), 숙어, 말씨

The term "law," as used in the *phrases* "a human law" and "a law of nature," has two different meanings. |대수능|

파 phrasal *adj.* 어구의

[예문 해석] **1316** 이 처방전을 약국으로 가져 가세요. **1317** 프로젝트의 1단계는 무사히 끝났다. **1318** 허리케인은 격렬한 자연 현상이다. **1319** 박애가란 필요한 사람에게 거리낌없이 돈을 주고 도움을 주는 사람이다. **1320** 그 철학자는 시간과 공간에 대해 숙고했다. **1321** 스테레오 전축은 음을 원음에 충실하게 재생해낼 수 있었다. **1322** 그는 그것이 가짜라는 것을 알 수 있다. **1323** 그녀는 감정적인 이유 때문에 그 오래된 사진들을 간직해왔다. **1324** '법'이라는 용어는 '인간법'이나 '자연법'이라는 어구에서 사용될 때 두 가지 다른 의미를 가진다.

1325
piece

[píːs]

n. 조각, 단편, 작품, 소곡

The gradation in tempo in this *piece* of music is very subtle.

혼 peace *n.* 평화

1326
pier

[píər]

n. 부두, 방파제, 교각

The ship is moored at the *pier*.

1327
piety

[páiəti]

n. 경건, 신앙심, 충성심, 효심

Filial *piety* is the source of all virtues.

반 impiety *n.* 신앙심이 없음, 불경, 불효

1328
pigment

[pígmənt]

n. 그림물감, 안료

A *pigment* is a substance that gives something a particular color.

1329
pilgrim

[pílgrim]

n. 순례자, 성지 참배자, 나그네

Pilgrims flock to Mecca every year.

1330
pill

[píl]

n. 알약, 환약

These *pills* will help to ease the pain.

1331
pillar

[pílər]

n. 기둥, 기둥 모양의 것

A vine wraps round the *pillar*.

1332
pillow

[pílou]

n. 베개

The hotel provides soft *pillows* so you can sleep in comfort.

1333
pilot

[páilət]

n. 조종사, 수로 안내인

A *pilot* is steering the helicopter.

1334
pimple

[pímpl]

n. 여드름, 뾰루지

You had better not pop the *pimple*. It'll leave a scar.

파 pimpled *adj.* 여드름투성이의, 뾰루지가 난

1335
pine

[páin]

n. 소나무

There is neither the smell of the warm grass nor the scent of flowers and *pines*. |대수능|

[예문 해석] **1325** 이 악곡에서 템포의 단계적 변화는 매우 미묘하다. **1326** 배는 부두에 정박되어 있다. **1327** 효도는 모든 덕행의 근본이다. **1328** 안료는 무엇인가에 특별한 색을 부여하는 물질이다. **1329** 순례자는 매년 Mecca에 몰려온다. **1330** 이 알약은 통증을 완화시키는데 도움을 줄 것이다. **1331** 덩굴이 기둥을 감고 있다. **1332** 그 호텔은 여러분이 편안하게 잠들 수 있도록 푹신한 베개를 제공하고 있다. **1333** 조종사가 헬리콥터를 조종하고 있다. **1334** 여드름은 짜지 않는 것이 좋다. 그것은 흉터를 남긴다. **1335** 따뜻한 잔디의 냄새도 꽃과 소나무의 향기도 없다.

1336 **pioneer** [pàiəníər]	*n.* 개척자, 선구자 She will continue to be a *pioneer* in the field of genetics at Bio2000.

1337 **pirate** [páiərət]	*n.* 해적, 해적선 *Pirates* pillaged the towns along the coast.

1338 **pit** [pít]	*n.* (땅의) 구덩이, 구멍 The man is digging a *pit*.

1339 **pity** [píti]	*n.* 연민, 안타까운 일 *v.* 불쌍히 여기다 It really is a *pity* that they did not. |대수능| (파) piteous *adj.* 애처로운, 측은한

1340 **plague** [pléig]	*n.* 전염병, 역병 *v.* 괴롭히다, 성가시게 하다 Europe suffered many *plagues* in the Middle Ages. (관련) plague-stricken *adj.* 역병이 유행하는

1341 **plaintiff** [pléintif]	*n.* 원고, 고소인 The judge ruled in favor of the *plaintiff*.

1342 **planet** [plǽnit]	*n.* 행성, 지구 Nuclear weapons are said to be devastating enough to wipe out our *planet*. (파) planetary *adj.* 행성의, 지구상의

1343 **plank** [plǽŋk]	*n.* 두꺼운 판자, 널빤지 The man is walking along a *plank*.

1344 **plaster** [plǽstər]	*n.* 회반죽, (분말) 석고 *v.* 회반죽을 바르다 The *plaster* will have to dry out before you can paint the room.

1345 **plate** [pléit]	*n.* 접시 Growing up in Holland, he was taught to clear his *plate*. |대수능| (혼) plat *n.* (칸 막은) 토지, 작은 땅

1346 **plateau** [plætóu]	*n.* 고원, 대지 A *plateau* is a large area of high and fairly flat land.

[예문 해석] 1336 바이오2000에서 그녀는 유전학 분야의 선구적인 역할을 계속 해오고 있다. 1337 해적들이 연안의 도시들을 노략질하였다. 1338 남자가 구덩이를 파고 있다. 1339 그들이 그러지 않았다는 것은 정말로 안타깝다. 1340 유럽은 중세에 많은 전염병으로 고초를 겪었다. 1341 재판관은 원고에게 승소판결을 내렸다. 1342 핵무기는 지구를 괴멸시킬 만큼의 파괴력을 가졌다고 한다. 1343 남자가 널빤지 위를 걷고 있다. 1344 방에 페인트칠을 하기 전에 회반죽이 완전히 말라야 한다. 1345 네덜란드에서 자란 그는 그의 접시를 깨끗이 비우라고 교육받았다. 1346 고원은 높고 매우 평평한 넓은 지역의 땅이다.

1347
platform
[plǽtfɔ̀:rm]

n. 승강장, 연단

The master sat throned in his great chair upon a raised *platform*, with the blackboard behind him. |대수능|

1348
plea
[plíː]

n. 탄원(=entreaty), 청원, 변명, 구실(=excuse)

Mr. Nicholas made his emotional *plea* for help in solving the killing.

(파) plead *v.* 탄원하다, 변호하다

1349
pleasure
[pléʒər]

n. 즐거움, 유쾌

One reward of teaching may be the *pleasure* derived from training a young mind. |대수능|

(파) please *v.* 기쁘게 하다　(표현) with pleasure 기꺼이　for pleasure 재미로

1350
pledge
[plédʒ]

n. 맹세, 서약　*v.* 서약하다, 맹세하다

Millions of people, watching Jim's concert on television, were asked to phone in *pledges* of money to give to African relief. |대수능|

1351
plenty
[plénti]

n. 많음, 다수, 풍부(=abundance)

The doctor advised me to drink *plenty* of liquids.

(파) plentiful *adj.* 많은, 풍부한

1352
plethora
[pléθərə]

n. 과다, 과잉

Now there are a *plethora* of print technologies. |대수능|

1353
plight
[pláit]

n. 곤경, 궁지

We must not look on unconcernedly at the *plight* of the refugees.

1354
plot
[plát]

n. 음모(=conspiracy), 줄거리

The *plot* of this story is very intricate.

1355
plow
[pláu]

n. 쟁기(=plough)

The ox pulled the *plow* through the field.

(관련) plowboy *n.* 농부, 시골 젊은이

1356
plumber
[plʌ́mər]

n. 배관공

The *plumber* is coming tomorrow to install the new washing machine.

(파) plumbing *n.* 배관 공사

[예문 해석] **1347** 선생님은 칠판을 뒤로 한 채 솟아올라 있는 연단의 큰 의자에 왕처럼 앉아 계셨다. **1348** Nicholas는 그 살인 사건을 해결하는 데 도움이 되도록 감정적으로 청원을 했다. **1349** 가르침의 한 가지 보상은 젊은이들을 교육시키는 것에서 오는 즐거움일지도 모른다. **1350** 수백만의 사람들은 텔레비전에서 Jim의 콘서트를 보면서 아프리카인의 구제를 위해서 돈을 내겠다는 서약으로 전화를 하도록 요청받았다. **1351** 의사선생님은 내게 물을 많이 마시라고 권했다. **1352** 지금은 과다한 인쇄 기술들이 존재한다. **1353** 우리는 난민들의 곤경을 좌시해서는 안 된다. **1354** 이 소설의 줄거리는 매우 복잡하다. **1355** 그 황소는 쟁기를 끌어 밭을 갈았다. **1356** 배관공이 내일 새 세탁기를 설치하러 올 것이다.

1357
plume

[plú:m]

n. 깃털(= feather), (연기 등의) 기둥

The rising *plume* of black smoke could be seen all over Kabul.

1358
podium

[póudiəm]

n. 연단, 지휘대

The speaker walked toward the *podium* to deliver his speech.

1359
poetry

[póuitri]

n. 시

It gives a teacher great satisfaction to teach boys and girls the true meaning of *poetry* or the love for knowledge. |대수능|

⑪ poet *n.* 시인   poem *n.* (한 편의) 시   poetic *adj.* 시적인

1360
poison

[pɔ́izn]

n. 독약

Unlike the old *poisons* and tools to catch the insects, the Waveinsect gives very strong sounds which can make the rats, mice and fleas run away from your home. |대수능|

⑪ poisonous *adj.* 독이 있는, 해로운

1361
pole

[póul]

n. 막대기, (천체·지구의) 극

This wind, which has traveled from the North *Pole* toward which I am going, gives me a taste of the icy climate. |대수능|

관련 polestar *n.* 북극성

1362
policy

[pάləsi]

n. 정책, 방침

At the outbreak of war in Europe, President Wilson declared a *policy* of neutrality. |대수능|

⑪ politic *adj.* 정치상의, 분별 있는

1363
pollen

[pάlən]

n. 꽃가루

Pollen sticks to clothes and is brought into the house with you.

⑪ pollinate *v.* 수분하다, 가루받이 하다   pollination *n.* (식물의) 수분작용

1364
pond

[pάnd]

n. 연못

The thirsty monkeys rushed to the *pond* to drink water. |대수능|

Tip pond는 pool보다 크고, lake보다 작은 인공의 것을 지칭한다.

1365
pope

[póup]

n. 로마 교황, 총주교, 교구 성직자

Barriers have been erected all along the route that the *Pope* will take.

[예문 해석] **1357** 솟아오르는 검은 연기 기둥이 Kabul 전 지역에서 보였다.   **1358** 연사는 연설을 하기 위해 연단 쪽으로 걸어갔다.   **1359** 소년들과 소녀들에게 시의 진정한 의미와 지식에 대한 사랑을 가르치는 것은 선생님에게 큰 만족감을 준다.   **1360** 곤충을 잡는 오래된 독약이나 도구들과는 다르게 Waveinsect는 쥐나 생쥐나 벼룩을 집에서 나가게 만드는 강한 소리를 낸다.   **1361** 내가 가고 있는 북극에서 불어오는 이 바람은 나에게 북극의 쌀쌀한 기후를 느끼게 해준다.   **1362** 유럽에서 전쟁이 발발했을 때, Wilson 대통령은 중립정책을 선언했다.   **1363** 꽃가루는 옷에 들러붙어 당신과 함께 집 안으로 들어온다.   **1364** 목마른 원숭이들이 물을 마시기 위해서 연못으로 돌진했다.   **1365** 교황이 지나갈 길목을 따라 방책이 세워졌다.

1366
popularity

[pὰpjulǽrəti]

n. 인기, 평판

Electric cars are now regaining *popularity* for two main reasons. |대수능|

(파) popular *adj.* 인기 있는, 평판이 좋은　popularly *adv.* 일반적으로, 널리

1367
population

[pὰpjuléiʃən]

n. 인구, 주민

English is being used more and more in most southeast Asian countries, although it is not the first language of most of the *population*. |대수능|

(파) populate *v.* 사람을 거주케 하다

1368
porcelain

[pɔ́:rsəlin]

n. 자기(=china), 자기 제품

There is a fine exhibit of Chinese *porcelain* in the museum.

1369
port

[pɔ́:rt]

n. 항구(=harbor)

No ship can leave *port* in stormy weather.

1370
porter

[pɔ́:rtər]

n. 문지기(=gatekeeper), 운반인(=redcap), 짐꾼

A *porter* is a person whose job is to be in charge of the entrance of a building such as a hotel.

(파) portal *n.* 입구, 현관

1371
portion

[pɔ́:rʃən]

n. 부분, 일부, 몫(=share), 운명

This is your *portion*.

(표현) a portion of 약간의, 얼마 안 되는

1372
portrait

[pɔ́:rtrit]

n. 초상화, 초상

The man is painting a *portrait*.

(파) portray *v.* (인물 따위를) 그리다, 묘사하다

1373
position

[pəzíʃən]

n. 위치, 자세(=pose), 입장

I'm calling about the *position* for a tour guide. Is it still open? |대수능|

(Tip) [posit(=place)+ion(명사어미)] posit는 '위치, 장소'의 의미이다.

1374
possession

[pəzéʃən]

n. 소유(물), 재산

A job, however unpleasant or poorly paid, was a man's most precious *possession*.

(파) possess *v.* 소유하다　possessive *adj.* 소유의　possessor *n.* 소유자

[예문 해석] **1366** 전기 자동차들은 지금 두 가지 주된 이유 때문에 다시 인기를 얻고 있다.　**1367** 영어는 동남아시아 사람들에게 모국어가 아님에도 불구하고 대부분의 동남아시아 국가들에서 점점 더 많이 사용되고 있다.　**1368** 박물관에는 정교한 중국 도자기가 진열되어 있다.　**1369** 폭풍우 치는 날씨에는 어떤 배도 출항할 수 없다.　**1370** 문지기는 하는 일이 호텔과 같은 건물의 입구를 지키는 사람이다.　**1371** 이것은 네 몫이다.　**1372** 남자가 초상화를 그리고 있다.　**1373** 저는 여행 가이드 자리 때문에 전화드렸습니다. 여전히 자리가 비어 있나요?　**1374** 아무리 불쾌하고 형편없이 돈을 받는 것이라도 직업은 인간의 가장 귀중한 소유물이었다.

1375
posterity

[pɑstérəti]

n. 후손, 자손(= descendants)

His fame will go down to *posterity*.

1376
postscript

[póustskrìpt]

n. (편지의) 추신

P.S. stands for "*postscript*."

1377
posture

[pɑ́stʃər]

n. 자세(= attitude), 자태, 태도

Be careful of your *posture*.

(파) posturize *v.* 자세(태도)를 취하다

1378
pot

[pɑ́t]

n. 단지, (깊은) 냄비

You will need a large *pot* and the ingredients listed on the recipe card.

(표현) a melting pot 도가니(여러 인종이나 문화가 뒤섞인 장소, 즉 미국을 가리킴)　|대수능|

1379
potential

[pəténʃəl]

n. 잠재력, 가능성　*adj.* 잠재적인, 가능한(= possible)

Most people realize only a small part of their *potential*.

(파) potentiality *n.* 가능성, 가망　potentially *adv.* 잠재적으로

1380
potter

[pɑ́tər]

n. 도공, 도예가

A *potter* is someone who makes pottery.

(파) pottery *n.* 도기(류)

1381
poverty

[pɑ́vərti]

n. 가난, 빈곤, 결핍(= scarcity)

In spite of his fame his whole life was marked by *poverty*. |대수능|

(반) wealth *n.* 부, 재산, 풍부

1382
practice

[prǽktis]

n. 연습, 실행　*v.* 연습하다, 개업하다

If you are learning to fix an automobile engine, both knowledge and *practice* are important. |대수능|

(파) practitioner *n.* 개업 의사, 변호사　practicality *n.* 실용성　practical *adj.* 실제적인

1383
precaution

[prikɔ́:ʃən]

n. 조심, 경계, 예방책

You should take special *precautions* to prevent fire.

(파) precautionary *adj.* 조심하는, 예방의

1384
precursor

[pri:kə́:rsər]

n. 선구자, 전조, 예고

He said that the deal should not be seen as a *precursor* to a merger.

[예문 해석] **1375** 그의 명성은 후손 대대로 전해질 것이다.　**1376** P.S.는 '추신'을 나타낸다.　**1377** 자세에 주의하라.　**1378** 당신은 큰 냄비와 요리법 카드에 나와 있는 재료들을 필요로 할 것이다.　**1379** 대부분의 사람들은 자신의 잠재 능력의 작은 부분만을 인식한다.　**1380** 도공은 도자기를 만드는 사람이다.　**1381** 명성에도 불구하고 그의 일생은 가난으로 점철되어 있었다.　**1382** 당신이 자동차 엔진을 고치는 방법을 배우고 있다면 지식과 실습 모두가 중요하다.　**1383** 화재를 예방하기 위해서는 특별히 조심해야 한다.　**1384** 그는 이 거래가 합병의 선행단계로 보여서는 안 된다고 말했다.

1385
predator

[prédətər]

n. 약탈자, 육식동물

A *predator* is an animal that kills and eats other animals.

파 predatory *adj.* 약탈하는, 육식(성)의

1386
predecessor

[prédisèsər]

n. 전임자, 선배

Customers who bought the new equipment commented that they had expected that it would perform much better than its *predecessor*.

반 successor *n.* 후임자, 상속자

1387
prejudice

[prédʒudis]

n. 선입견, 편견(=bias)

I try very hard to overcome my *prejudice*, because I realize it limits me.

파 prejudicial *adj.* 편파적인, 불리한   prejudiced *adj.* 편견을 가진 |대수능|

Tip [pre(=before)+judice(=judge)] judice는 '판단, 판사, 정의'의 의미이다.

1388
preoccupation

[prìːɑkjupéiʃən]

n. 선취, 선점

He was capable of total *preoccupation*.

파 preoccupy *v.* 선취하다, 마음을 빼앗다   preoccupied *adj.* 선취하는, 몰두한, 열중한

1389
preparation

[prèpəréiʃən]

n. 준비

In short, careful *preparation* is the key to a fruitful job interview. |대수능|

파 prepare *v.* 준비하다   preparatory *adj.* 준비의

1390
preschooler

[príːskúːlər]

n. 취학 전 아동

Researchers say that playing with a computer will not increase a *preschooler's* reading scores or train him or her in computer science.

파 preschool *n.* 유치원, 보육원 |대수능|

1391
preservation

[prèzərvéiʃən]

n. 보존, 저장

As we all know, our future success relies on our ability to balance economic development and *preservation* of our natural resources.

파 preserve *v.* 보존하다, 보호하다   preservative *n.* 방부제   *adj.* 보존력이 있는, 방부의

표현 wildlife preservation 야생생물의 보호

1392
president

[prézidənt]

n. 대통령, 사장, 학장

The old saying is true. 'A *President* never escapes from his office.' |대수능|

파 presidential *adj.* 대통령(사장, 학장)의   presidency *n.* 대통령(사장, 학장)의 직

[예문 해석] **1385** 육식동물은 다른 동물들을 죽이고 먹는 동물이다.   **1386** 새로운 그 장비를 산 소비자들은 이 제품이 그 전 제품보다 훨씬 더 나은 성능을 발휘할 것을 예상했었다고 말했다.   **1387** 나는 선입견을 극복하기 위해서 노력한다. 왜냐하면 그것이 나를 제한한다는 사실을 알았기 때문이다.   **1388** 그는 완전히 선점할 수 있었다.   **1389** 간단히 말해, 꼼꼼한 준비는 성공적인 구직 인터뷰의 핵심이다.   **1390** 연구자들은 컴퓨터를 가지고 노는 것이 취학 전 아이들의 독서 점수를 증가시키거나 컴퓨터 과학에서 아이들을 훈련시킬 수 없을 것이라고 말한다.   **1391** 모두 알다시피, 우리의 성공적인 미래는 경제 발전과 천연자원의 보존을 균형 있게 유지하는 능력에 달려 있다.   **1392** '대통령은 결코 자기 직무로부터 도망갈 수 없다.'는 옛 속담은 사실이다.

1393
pressure

[préʃər]

n. 압력, 스트레스

Plants are known to react to environmental *pressures* such as wind, rain, and even human touch. |대수능|

파 press *v.* 누르다, 강요하다

1394
prestige

[prestí:dʒ]

n. 위신(=credit), 명성

The school has immense *prestige*.

파 prestigious *adj.* 명성 있는, 유명한

1395
preview

[prí:vjù:]

n. 예비 검사, 시연 *v.* 시연을 보이다

Use the *preview* pane to quickly view a message without opening a separate window.

관련 previous *adj.* 이전의, 앞의 previously *adv.* 이전에, 미리

1396
prey

[préi]

n. 먹이, 희생

Investors must now consider that even a highly rated issuer might fall *prey* to a hostile takeover.

1397
pride

[práid]

n. 자랑, 자만심, 자부(=self-conceit)

His rude manner injured her *pride*.

1398
priest

[prí:st]

n. 신부, 성직자, 목사(=minister), 수도자

The *priest* smiled. "But, Miss Smith," he reminded her, "it's dry in the church." |대수능|

관련 priesthood *n.* 성직

1399
principal

[prínsəpəl]

n. 장관, 교장 *adj.* 주요한(=chief), 중요한

As your *principal*, I have the pleasure of welcoming you to our awards ceremony.

1400
principle

[prínsəpl]

n. 원리, 원칙

The underlying *principle* is simple: we cannot allow people to do whatever they want if those actions are likely to cause serious harm.

표현 in principle 원칙적으로, 대체로 |대수능|

[예문 해석] **1393** 식물은 바람이나 비, 심지어 인간의 접촉과 같은 환경적인 스트레스에 반응한다고 알려져 있다. **1394** 그 학교는 엄청난 명성을 지니고 있다. **1395** 창을 따로 열지 않고 메시지 내용을 빨리 보기 위해서 미리보기 창을 사용하라. **1396** 이제 투자자들은 신용도가 높은 사채(社債) 발행 기업조차도 적대적인 매수에 희생될 수 있다는 것을 고려해야 한다. **1397** 그의 무례한 태도는 그녀의 자존심에 상처를 주었다. **1398** 그 신부님은 미소지었다. "그러나, Smith 양, 교회는 건조하지요."라고 그는 그녀에게 상기시켰다. **1399** 여러분의 교장으로서, 저는 시상식에 오신 여러분을 기쁘게 환영합니다. **1400** 기본적인 원칙은 간단하다. 만약 그러한 행동들이 심각한 해를 야기하기 쉽다면 우리는 사람들이 그들이 원하는 것은 무엇이든지 다 하도록 허용할 수 없다는 것이다.

14TH LECTURE MASTERING IDIOMS

* **even if**   비록 ~일지라도(=although, even though, though, when, while)
  Even if you do not like it, you must do it. 싫더라도 그것을 해야 한다.

* **ever since**   그 이후로 줄곧
  I have lived here *ever since*. 그 후 줄곧 여기서 살아왔다.

* **except for**   ~을 제외하고(=aside from)
  My grades were not good, *except for* math.
  수학을 제외하면, 내 성적은 그다지 좋지 않았다.

* **face to face**   얼굴을 맞대고, 직면하여
  They sat *face to face* and looked at each other.
  그들은 얼굴을 맞대고 앉아 서로 쳐다봤다.

* **fall (a) prey to**   희생자가 되다(=fall a victim to)
  He *fell a prey to* his own ambition.
  그는 자신의 야망의 희생물이 되었다.

* **fall off**   ~에서 떨어지다
  She's going to *fall off* his back. 그녀는 그의 등에서 떨어지려 하고 있다.

* **feed on**   ~을 먹고 살다
  Cattle *feed on* grass. 소들은 풀을 먹고 산다.

* **be(feel) ashamed of**   부끄러워하다
  I *am ashamed of* my folly. 나는 어리석은 짓을 해서 부끄럽다.

* **feel like (~ing)**   ~하고 싶다
  Do you *feel like* playing tennis tonight? 너는 오늘 밤 테니스 치고 싶니?

* **feel stressed**   스트레스를 받다
  When do you *feel stressed* on your job? 일할 때에 있어서 언제 스트레스를 받는가?

* **figure out**   계산하다, 이해하다, 해결하다(=make out, work out)
  Let me just *figure out* your bill here. 여기에서 계산해드리겠습니다.

* **fill in**   서류를 작성하다(=fill out)
  Here, just *fill in* this form. 여기, 이 양식에 기입해주세요.

14TH LECTURE REVIEW TEST

● 빈칸에 알맞은 단어나 뜻을 쓰시오.

1. perfume	_____	26. pier	_____
2. peril	_____	27. piety	_____
3. _____	허락, 허가	28. pigment	_____
4. perseverance	_____	29. pilgrim	_____
5. personality	_____	30. pill	_____
6. personnel	_____	31. pillar	_____
7. _____	원근법, 전망, 관점	32. pillow	_____
8. perspiration	_____	33. _____	조종사
9. _____	비관주의, 염세관	34. pimple	_____
10. pest	_____	35. pine	_____
11. pestle	_____	36. _____	개척자, 선구자
12. pet	_____	37. pirate	_____
13. petition	_____	38. pit	_____
14. petroleum	_____	39. _____	연민
15. phantom	_____	40. _____	전염병, 역병
16. pharmacy	_____	41. plaintiff	_____
17. phase	_____	42. planet	_____
18. _____	현상, 사건	43. plank	_____
19. philanthropist	_____	44. plaster	_____
20. philosopher	_____	45. plate	_____
21. phonograph	_____	46. plateau	_____
22. phony	_____	47. platform	_____
23. photograph	_____	48. plea	_____
24. _____	구(句), 숙어, 말씨	49. _____	즐거움, 유쾌
25. piece	_____	50. pledge	_____

51. plenty	_____	76. postscript	_____
52. plethora	_____	77. _____	자세, 태도
53. plight	_____	78. pot	_____
54. plot	_____	79. _____	잠재력, 가능성
55. plow	_____	80. potter	_____
56. plumber	_____	81. poverty	_____
57. plume	_____	82. practice	_____
58. podium	_____	83. precaution	_____
59. poetry	_____	84. precursor	_____
60. _____	독약	85. predator	_____
61. pole	_____	86. predecessor	_____
62. _____	정책, 방침	87. _____	선입견, 편견
63. pollen	_____	88. preoccupation	_____
64. pond	_____	89. preparation	_____
65. pope	_____	90. preschooler	_____
66. _____	인기, 평판	91. _____	보존, 저장
67. population	_____	92. president	_____
68. _____	자기, 자기 제품	93. pressure	_____
69. port	_____	94. _____	위신, 명성
70. porter	_____	95. preview	_____
71. portion	_____	96. prey	_____
72. _____	초상화, 초상	97. pride	_____
73. position	_____	98. priest	_____
74. _____	소유(물)	99. principal	_____
75. posterity	_____	100. principle	_____

정답 | 기본 페이지 참조

15TH LECTURE

| 1401 **prison** ~ 1500 **reliability** |

SUMMA CUM LAUDE VOCABULARY

1401
prison
[prízn]

n. 감옥, 교도소(= jail)

A pianist in China who had been in *prison* for seven years played as well as ever soon after he was set free. |대수능|

㈜ prisoner *n.* 죄수, 포로

1402
privacy
[práivəsi]

n. 사생활

English speakers, like most Westerners, value their *privacy* highly. |대수능|

㈜ private *adj.* 사적인

1403
privilege
[prívəlidʒ]

n. 특권, 특전(= special favor, right)

Senior students are usually allowed certain *privileges*.

㈜ privileged *adj.* 특권 있는, 특별 허가(면제)된

1404
prize
[práiz]

n. 상, 상품, 상금, 경품

The *prize* is a round-trip airplane ticket to any destination in the world.

㈜ win a prize 상을 타다 |대수능|

1405
probation
[proubéiʃən]

n. 검정, 시험, 수습, 보호 관찰

Following a two week training course, all new employees were placed on *probation*.

㈜ probationary *adj.* 시험의, 수습 기간 중인, 보호 관찰 중인

1406
probe
[próub]

n. 탐침, 탐사선

Russia will launch a series of increasingly sophisticated unmanned Mars *probes*.

㈜ launch a probe 우주 탐사용 로켓을 쏘아 올리다

[예문 해석] **1401** 7년간 감옥에 있었던 중국의 한 피아니스트는 석방되자마자 그 전만큼 연주를 잘했다. **1402** 대부분의 서양인들처럼 영어 사용자들은 그들의 사생활을 대단히 중요시 여긴다. **1403** 상급생들에게는 보통 어떤 특권이 부여된다. **1404** 상품은 이 세상 어디로든지 왕복으로 갈 수 있는 비행기표이다. **1405** 2주간의 연수 코스가 끝나고 모든 신입 사원들은 수습에 들어갔다. **1406** 러시아는 일련의 더욱 정교한 무인 화성 탐사선을 발사할 것이다.

1407
procedure
[prəsí:dʒər]

n. 절차, 진행, 순서

They followed the usual *procedures*.

파 **proceed** *v.* 나아가다, 계속하여 행하다, 착수하다

1408
process
[práses]

n. 과정, 경과(= course)

We can hardly expect to learn without making a good many mistakes in the *process*. |대수능|

파 **processor** *n.* 처리 장치 **procession** *n.* 행진, 행렬

1409
prodigy
[prádədʒi]

n. 천재(= genius), 경이, 불가사의

A *prodigy* is someone young who has a great natural ability for something such as music, mathematics, or sport.

파 **prodigious** *adj.* 비범한, 경이적인

1410
productivity
[pròudʌktívəti]

n. 생산성

Others say America's relatively low wages reflect the slow growth of *productivity* in recent decades. |대수능|

파 **product** *n.* 생산물, 제품 **productive** *adj.* 생산적인 **produce** *n.* 농산물

1411
professor
[prəfésər]

n. 교수

A *professor* of business studied employment patterns in Korea and the United States. |대수능|

1412
proficiency
[prəfíʃənsi]

n. 숙달, 능숙

They also have only a limited *proficiency* in English.

파 **proficient** *adj.* 숙달된, 능숙한

1413
profit
[práfit]

n. 이윤, 이익(= gain)

The owner has a right to all *profits*. |대수능|

파 **profitable** *adj.* 유리한, 이익이 있는

1414
prognosis
[prɑgnóusis]

n. 예지, 예측, [의학] 예후

A *prognosis* is an estimate of the future of someone or something, especially about whether a patient will recover from an illness.

1415
progress
[prágres]

n. 전진, 진보 *v.* 전진하다, 진보하다(= improve)

Although she's recovering from her illness, her rate of *progress* is quite slow.

[예문 해석] **1407** 그들은 일반적인 절차를 따랐다. **1408** 우리는 그 과정에서 꽤 많은 실수를 저지르지 않고 배운다는 것은 거의 기대할 수 없다. **1409** 영재란 음악이나 수학 또는 스포츠 등에 대한 천부적 능력을 가진 젊은이다. **1410** 다른 사람들은 미국의 상대적으로 낮은 임금이 최근 몇십 년간의 느린 생산성의 증가를 반영하고 있다고 말한다. **1411** 한 경영학 교수가 한국과 미국에서의 고용 형태를 연구했다. **1412** 그들은 또 한정적인 영어 실력만을 가지고 있다. **1413** 소유주는 모든 이익에 대한 권리를 가진다. **1414** 예후란 특히 환자가 병에서 회복될 수 있을까 없을까에 관한, 누군가 또는 어떤 것에 대한 미래의 추측이다. **1415** 그녀는 병에서 회복되고 있긴 하지만, 회복 진행 속도는 상당히 늦다.

1416 **proof** [prúːf]	*n.* 증명, 증거(= evidence) The *proof* of a change in children has been increasing steadily. |대수능| (파) prove *v.* 증명하다, 시험하다
1417 **propaganda** [pràpəgǽndə]	*n.* 선전, 선전 활동 *Propaganda* is information, often inaccurate information, which a political organization publishes or broadcasts in order to influence people.
1418 **property** [prápərti]	*n.* 재산(= wealth), 부동산 It is beautiful to see people coming together to help others and save lives, possessions, and *property*. |대수능|
1419 **prophecy** [práfəsi]	*n.* 예언(= prediction), 예언 능력 Your *prophecy* came true. (파) prophet *n.* 예언자 prophesy *v.* 예언하다, 예측하다
1420 **proportion** [prəpɔ́ːrʃ∂n]	*n.* 비율(= ratio), 크기, 부분 The *proportion* of girls to boys in this class is one to five. (파) proportional *adj.* 비례의, 균형이 잡힌
1421 **proposal** [prəpóuzəl]	*n.* 제안, 신청, 제의 The *proposal* must be acceptable at both the state and federal levels. (파) propose *v.* 신청하다, 제안하다, 청혼하다 proposition *n.* 제안, 계획
1422 **proprietor** [prəpráiətər]	*n.* 소유자, 소유주(= owner), 경영자 The *proprietor* of that shoes store waits on customers himself.
1423 **propriety** [prəpráiəti]	*n.* 타당, 적당, 예의 바름 I doubt the *propriety* of the measures.
1424 **propulsion** [prəpʌ́lʃ∂n]	*n.* 추진력 *Propulsion* is the power that moves something, especially a vehicle, in a forward direction.
1425 **prose** [próuz]	*n.* 산문, 지루한 이야기 He translated the Latin poem into English *prose*.

[예문 해석] 1416 아이들이 변화하고 있다는 증거는 꾸준히 증가해왔다. 1417 선전 활동이란 흔히 부정확한 정보인데, 정치적인 조직이 사람들에게 영향을 끼치기 위해서 발행하거나 방송하는 정보이다. 1418 사람들이 다른 사람들을 돕고 생명과 소유물과 재산을 구하기 위해 함께 모인 것을 목격하는 것은 아름다운 일이다. 1419 네 예언이 들어맞았다. 1420 이 교실의 여학생 대 남학생의 비율은 1대 5이다. 1421 그 제안은 국가와 연방 차원 양쪽에서 받아들여질 만한 것임에 틀림없다. 1422 저 신발 가게에서는 주인이 직접 손님을 모신다. 1423 나는 그 조치가 타당한지 의심스럽다. 1424 추진력은 특히 차와 같은 무엇인가를 앞 방향으로 움직이는 힘이다. 1425 그는 라틴어 시를 영어의 산문으로 번역했다.

1426 **prospect** [práspekt]	*n.* 조망, 예상, 기대(= expectation)
	There is no *prospects* of success.
	(파) prospective *adj.* 장래의, 가망이 있는 prospector *n.* 시굴자, 답사자

| 1427 **protein** [próuti:n] | *n.* 단백질 |
| | You had better take high quality *protein* food. |

| 1428 **proverb** [právə:rb] | *n.* 속담, 격언, 금언 |
| | The appetite, says the *proverb*, grows with eating. |

1429 **province** [právins]	*n.* 지방, 지역
	Britain was once a Roman *province*.
	(파) provincial *adj.* 지방의, 시골의

1430 **provision** [prəvíʒən]	*n.* 예비, 설비, 규정, (pl.) 식량
	You'd better save as much of your *provisions*.
	(파) provisional *adj.* 일시적인, 임시의

1431 **provocation** [prὰvəkéiʃən]	*n.* 성나게 함, 도발, 자극
	He gets angry on the slightest *provocation*.
	(파) provoke *v.* 성나게 하다, 유발시키다 provocative *adj.* 성나게 하는

| 1432 **proximity** [prɑksíməti] | *n.* 근접, 가까움 |
| | Rapid economic development, high oil revenues, few trade barriers, and geographic *proximity* make Venezuela an extremely attractive market for U.S. manufacturers of communications equipment. |

1433 **proxy** [práksi]	*n.* 대리, 대리인, 대용물
	A large number of people voted by *proxy*.
	(표현) stand(be) proxy for ~의 대리가 되다, ~을 대표하다

1434 **psychology** [saikálədʒi]	*n.* 심리학, 심리(상태)
	Art reflects not only the political values of a people, but also religious beliefs, emotions, and *psychology*. |대수능|
	(파) psychologist *n.* 심리학자 psychologically *adv.* 심리학적으로

(Tip) [psycho(=soul)+logy(=study)] psycho는 '심리, 심정, 정신'의 의미이다.

[예문 해석] **1426** 성공할 가망은 없다.   **1427** 당신은 고단백질 음식물을 섭취하는 게 좋다.   **1428** 속담에 따르면, 식욕은 먹을수록 늘어난다.   **1429** 영국은 예전에 로마의 한 지방이었다.   **1430** 될 수 있는 대로 양식을 모아두는 게 좋다.   **1431** 그는 사소한 일에도 화를 낸다. **1432** 급속한 경제 성장과 높은 석유 판매 수입, 낮은 무역 장벽을 비롯해 지리적으로 근접해 있기 때문에 베네수엘라는 미국의 통신 장비 생산업자들에게는 굉장히 매력 있는 시장이 되고 있다.   **1433** 많은 사람들이 대리를 시켜 투표했다.   **1434** 예술은 한 민족의 정치적인 가치관을 반영할 뿐만 아니라 종교적인 신념과 정서, 그리고 심리상태도 반영한다.

1435
pub

[pʌ́b]

n. 술집, 선술집

You don't need to dress up just to go to *pub*. Jeans and T-shirt will do.

1436
puberty

[pjúːbərti]

n. 사춘기, [식물] 개화기

A boy's voice changes and becomes deeper at *puberty*.

(표현) reach the age of puberty 사춘기 연령에 달하다

1437
publicity

[pʌblísəti]

n. 널리 알려짐, 명성, 평판

She sought out *publicity*. |대수능|

(파) public *adj.* 공공의, 대중의   publicly *adv.* 공공연하게, 공개적으로

1438
pump

[pʌ́mp]

n. 펌프 *v.* 펌프질하다

In some Asian countries water is often taken from a well using a hand *pump*. |대수능|

(표현) pump A into B B에 A를 투입하다

1439
pup

[pʌ́p]

n. 강아지, 풋내기

A *pup* is romping about in the snow.

1440
pupil

[pjúːpəl]

n. 학생, 제자, 동공(=apple of the eye)

Although he himself did no writing, many of his teachings have been handed down to us through the writings of his *pupils*. |대수능|

(관련) pupil teacher (초등학교의) 교생

1441
puppet

[pʌ́pit]

n. 꼭두각시, 작은 인형

He behaves just like a *puppet*.

1442
purity

[pjúərəti]

n. 순수, 깨끗함, 청결

A lily is the symbol of *purity*.

(파) pure *adj.* 순수한   purify *v.* 청결하게 하다, 정화하다

1443
purpose

[pə́ːrpəs]

n. 목적(=aim), 의도(=intent)

Certain smells can be used for special *purposes*. |대수능|

(파) purposely *adv.* 고의로   (표현) on purpose 일부러, 고의로

1444
purse

[pə́ːrs]

n. 지갑

The girl looked in her *purse* and counted her money. |대수능|

[예문 해석] **1435** 단지 선술집에 가려고 차려입을 필요는 없다. 청바지와 티셔츠면 충분하다.   **1436** 소년의 목소리는 사춘기에 변하고 굵어진다.   **1437** 그녀는 명성을 쫓았다.   **1438** 몇몇 아시아 나라들에서 물은 종종 손 펌프를 사용해서 우물에서 길어 올려진다.   **1439** 강아지가 눈 위를 뛰어다니고 있다.   **1440** 그가 직접 쓴 작품은 없지만, 그의 가르침 중 많은 것들이 제자들의 작품을 통해 우리에게 전해지고 있다.   **1441** 그는 꼭두각시처럼 행동한다.   **1442** 백합은 순결의 상징이다.   **1443** 특정한 냄새들은 특별한 목적들을 위해 사용되어질 수 있다.   **1444** 그 소녀는 지갑을 들여다보고 돈을 세었다.

>>> 표제어 이외의 교과서 수록 어휘

pad [pǽd]　*n.* 패드, 덧대는 것, 메워 넣는 것

page [péidʒ]　*n.* 페이지, 쪽

paint [péint]　*n.* 페인트, 그림물감

pajamas [pədʒɑ́ːməz]　*n.* 파자마, 잠옷

pal [pǽl]　*n.* 동아리, 단짝, 친구, 동료

palace [pǽlis]　*n.* 궁전, 왕궁

palate [pǽlət]　*n.* [해부학] 구개, 입천장

palette [pǽlit]　*n.* 팔레트, 조색판

pallet [pǽlit]　*n.* (창고의) 짐 나르는 받침대

pamphlet [pǽmflət]　*n.* 팸플릿, 소책자

pan [pǽn]　*n.* 프라이팬, 납작한 냄비

pancake [pǽnkèik]　*n.* 팬케이크

panda [pǽndə]　*n.* 판다

panel [pǽnl]　*n.* 패널, 네모꼴의 물건, 토론자단

panelist [pǽnəlist]　*n.* 패널리스트, 토론자

panorama [pæ̀nərǽmə]　*n.* 파노라마, 회전 그림

pantomime [pǽntəmàim]　*n.* 팬터마임, 무언극

pants [pǽnts]　*n.* 팬츠, 바지

pantyhose [pǽntihòuz]　*n.* 팬티스타킹

papaya [pəpɑ́ːjə]　*n.* 파파야 나무

paper [péipər]　*n.* 종이, 논문

papyrus [pəpáiərəs]　*n.* 파피루스

parachute [pǽrəʃùːt]　*n.* 낙하산

paradigm [pǽrədàim]　*n.* 패러다임, 모범, 범례

paragraph [pǽrəgræf]　*n.* (문장의) 절, 단락

parasol [pǽrəsɔ̀ːl]　*n.* 파라솔, 양산

park [pɑ́ːrk]　*n.* 공원, 주차장

partner [pɑ́ːrtnər]　*n.* 파트너, 짝, 동료

party [pɑ́ːrti]　*n.* 파티

pasta [pɑ́ːstə]　*n.* 파스타 (요리)

paste [péist]　*n.* 반죽, 풀

patch [pǽtʃ]　*n.* 헝겊(가죽, 금속)조각, 부스러기

patio [pǽtiòu]　*n.* 파티오(스페인식 집의 안뜰)

patrol [pətróul]　*n.* 패트롤, 순찰(대)

pea [píː]　*n.* 완두콩

peach [píːtʃ]　*n.* 복숭아

peal [píːl]　*n.* (종, 천둥 등의) 울림, 울리는 소리

peanut [píːnʌ̀t]　*n.* 땅콩

pear [péər]　*n.* (서양)배

pearl [pə́ːrl]　*n.* 진주, 귀중한 물건

peat [píːt]　*n.* 토탄, 토탄 덩어리(연료용)

pedal [pédl]　*n.* 페달, 발판

pediment [pédəmənt]　*n.* [건축] 박공(벽)

pen [pén]　*n.* 펜, 만년필

pen pal [pénpæ̀l]　*n.* 펜팔, 편지로 사귄 친구

pencil [pénsəl]　*n.* 연필

penguin [péŋgwin]　*n.* 펭귄

penicillin [pènəsílin]　*n.* 페니실린

pentagon [péntəgàn]　*n.* 5각형, 펜타곤

pepper [pépər]　*n.* 후추

percentage [pərséntidʒ]　*n.* 백분율, 비율

persimmon [pərsímən]　*n.* 감(나무)

peso [péisou]　*n.* 페소(화폐 단위)

petal [pétl]　*n.* 꽃잎

petticoat [pétikòut]　*n.* 페티코트(치마 속에 입는 옷)

Pharaoh [fɛ́ərou]　*n.* 파라오(이집트 왕의 칭호)

philharmonic [filhɑːrmánik]　*n.* 교향악단

phoenix [fíːniks]　*n.* 피닉스, 불사조

phosphorus [fɑ́sfərəs]　*n.* [화학] 인

piano [piǽnou]　*n.* 피아노

pickle [píkl]　*n.* 피클, 오이지

picnic [píknik]　*n.* 피크닉, 소풍

pie [pái]　*n.* 파이

pig [píg]　*n.* 돼지

pigeon [pídʒən]　*n.* 비둘기

pike [páik]　*n.* 창, 창끝, 미늘창

pin [pín]　*n.* 핀, 장식 바늘

pineapple [páinæ̀pl]　*n.* 파인애플

ping-pong [píŋpàŋ]　*n.* 탁구

pink [píŋk]　*n.* 핑크색, 분홍색

pint [páint]　*n.* 파인트(액량의 단위)

pipe [páip]　*n.* 파이프, 관

pipeline [páiplàin]　*n.* 파이프라인, 수송관

piper [páipər]　*n.* (관으로 된) 피리를 부는 사람

Pisces [páisiːz]　*n.* 어류(총칭), 물고기자리

pistol [pístl]　*n.* 피스톨, 권총

plankton [plǽŋktən]　*n.* 플랑크톤

plastic [plǽstik]　*n.* 플라스틱

platinum [plǽtənəm] *n.* 플래티늄, 백금	potassium [pətǽsiəm] *n.* 칼륨
plaza [plá:zə] *n.* 광장, 쇼핑센터	potato [pətéitou] *n.* 감자
plug [plʌ́g] *n.* 플러그, 마개, 틀어막는 것	pound [páund] *n.* 파운드(무게의 단위)
plum [plʌ́m] *n.* 서양 자두, 건포도	powder [páudər] *n.* 가루, 분말, 화약
plutonium [plu:tóuniəm] *n.* 플루토늄	prairie [prέəri] *n.* 대초원, 목장
pneumonia [nju:móunjə] *n.* 폐렴	prawn [prɔ́:n] *n.* 참새우
pocket [pákit] *n.* 포켓, 호주머니	predicate [prédikət] *n.* 술어, 술부
polio [póuliòu] *n.* 소아마비	prefix [prí:fiks] *n.* 접두사
polka [póulkə] *n.* 폴카(댄스의 일종)	prelude [prélju:d] *n.* [음악] 전주곡, 서곡
poll [póul] *n.* 투표, 여론조사	premium [prí:miəm] *n.* 프리미엄, 할증금, 수수료
polystyrene [pàlistáiəri:n] *n.* 폴리스티렌	primrose [prímròuz] *n.* [식물] 앵초
pomato [pəméitou] *n.* 포마토(감자와 토마토를 세포 융합시켜 만든 신종 식물)	prism [prízm] *n.* 프리즘, 분광기
pomegranate [páməgrὰnət] *n.* 석류	profile [próufail] *n.* 옆모습, 윤곽, 인물 소개
pony [póuni] *n.* 조랑말	program [próugræm] *n.* 프로그램, 계획
pool [pú:l] *n.* 풀장, 웅덩이, 수영장	project [prádʒekt] *n.* 프로젝트, (사업) 계획
porch [pɔ́:rtʃ] *n.* 현관, 입구	prong [prɔ́:ŋ] *n.* 포크 모양의 물건, 갈퀴, 쇠스랑
porcupine [pɔ́:rkjupàin] *n.* 고슴도치	pronoun [próunàun] *n.* 대명사
pork [pɔ́:rk] *n.* 돼지고기	pudding [púdiŋ] *n.* 푸딩
portfolio [pɔ:rtfóuliòu] *n.* 포트폴리오, 서류첩(서류 가방), 대표 작품 선집	pulse [pʌ́ls] *n.* 맥박, 고동
	pumpkin [pʌ́mpkin] *n.* 호박
pose [póuz] *n.* 포즈, 자세	puncture [pʌ́ŋktʃər] *n.* 펑크, 찌르기
poster [póustər] *n.* 포스터, 큰 전단	purple [pɔ́:rpl] *n.* 자주색
postmodernism [pòustmádərnìzm] *n.* 포스트모더니즘	purr [pɔ́:r] *n.* 고양이가 가르랑거리는 소리
	puzzle [pʌ́zl] *n.* 퍼즐, 수수께끼
	pyramid [pírəmìd] *n.* 피라미드

1445
quantity

[kwántəti]

n. 양(= amount), 액

The manager can identify the particular level of need that each worker is trying to satisfy, by analyzing the quality and *quantity* of work. |대수능|
㈜ quantitative *adj.* 양적인   quantify *v.* ~의 양을 정하다   ㈫ quality *n.* 질, 품질
㈜ a quantity of 많은, 다수의

1446
quest

[kwést]

n. 탐색(= search), 탐구, 추구

Their *quest* for valuable minerals was in vain.
㈜ in quest of ~을 찾아서

[예문 해석] 1445 관리자는 일의 질과 양을 분석함으로써 각각의 근로자가 충족시키고자 하는 특별한 욕구의 수준을 확인할 수 있다.   1446 그들의 유용 광물 탐색은 헛수고였다.

1447
queue

[kjúː]

n. (순서를 기다리는) 줄, 열, 땋아 늘인 머리

Behind him was a long *queue* of angry motorists.

표현 in a queue 줄을 서서

1448
quill

[kwíl]

n. 깃촉, 큰 깃

He dipped a *quill* in ink, then began to write.

1449
quilt

[kwílt]

n. 누비이불 *v.* 모아서 편집하다

His old coat had been mended so many times it was beginning to resemble a patchwork *quilt*.

1450
quorum

[kwɔ́ːrəm]

n. (의결에 필요한) 정족수

The meeting was adjourned for want of a *quorum*.

1451
quotation

[kwoutéiʃən]

n. 인용(구)

This is a *quotation* apt for the occasion.

파 quote *v.* 인용하다, 따다 쓰다

>>> 표제어 이외의 교과서 수록 어휘

quack [kwǽk]   *n.* 꽥꽥(오리 우는 소리)

quart [kwɔ́ːrt]   *n.* 쿼트(액량의 단위)

quarter [kwɔ́ːrtər]   *n.* 쿼터(4분의 1)

quarterback [kwɔ́ːrtərbæ̀k]   *n.* [미식축구] 쿼터백

quasar [kwéizɑːr]   *n.* [천문학] 퀘이사, 준항성체

1452
race

[réis]

n. 경주, 경쟁(= contest), 인종, 민족(= tribe)

I'm training hard to set a new world record in the 100 meter *race*. |대수능|

파 racer *n.* 경주자, 경주용말   racial *adj.* 인종의   racist *n.* 인종차별주의자

1453
rack

[rǽk]

n. 선반, 걸이, 고정대

The bikes are in a bike *rack*.

1454
radius

[réidiəs]

n. (원, 구의) 반경, 반지름

The explosion was heard within a *radius* of ten miles.

1455
rag

[rǽg]

n. 넝마, 누더기

The tramp was dressed in *rags*.

파 ragged *adj.* 누더기 옷을 입은, 남루한

[예문 해석] **1447** 그의 뒤에는 성난 자동차 운전자들이 길게 줄을 짓고 있었다.   **1448** 그는 깃촉을 잉크에 담그고 나서 쓰기 시작했다.   **1449** 그의 낡은 코트는 하도 여러 번 수리해서 이젠 거의 누더기 이불을 방불케 했다.   **1450** 정족수 부족으로 회의가 연기되었다.   **1451** 이것이 그 경우에 적절한 인용구이다.   **1452** 나는 100미터 경기에서 새로운 세계 기록을 세우기 위해서 열심히 훈련하고 있다.   **1453** 자전거들이 자전거 고정대에 있다.   **1454** 폭발 소리가 반경 10마일 내에서 들렸다.   **1455** 부랑자는 누더기를 입고 있었다.

1456 **rage** [réidʒ]	*n.* 격노(=violent anger, fury), 분노, 격정 His face had contorted with bitterness and *rage*.
1457 **raiment** [réimənt]	*n.* 의류, 의상 I want nothing but *raiment* and daily bread.
1458 **rainforest** [réinfɔːrist]	*n.* 열대 우림 Many people are opposed to developing *rainforests* without thought for the environment.
1459 **rake** [réik]	*n.* 갈퀴 *v.* (갈퀴로) 긁어모으다 He's removing the leaves with a *rake*.
1460 **rally** [ræli]	*n.* 집회, 재집결, 대회(=meeting) *v.* 다시 모으다, 집중시키다 We should send a delegation to the *rally*.
1461 **ramp** [ræmp]	*n.* (높이가 서로 다른 두 곳을 잇는) 경사로, 비탈길 "I'm terrified we might not get there in time," she said anxiously. "Suppose the car breaks down or we skid into a *ramp* or run over a dog?" |대수능|
1462 **ranch** [ræntʃ]	*n.* 목장(=pasture), 농장 I once worked for your great-grandfather, Robert Wemyss, when he had the sheep *ranch* here. |대수능| ㈜ rancher *n.* 목장주, 농장주
1463 **range** [réindʒ]	*n.* 범위, 산맥 *v.* 정렬시키다, 범위에 걸치다 This candidate has an impressively diverse *range* of interests and experience. ㈜ ranger *n.* (국유림의) 순찰경비대원, 방랑자
1464 **rapture** [ræptʃər]	*n.* 큰 기쁨, 환희, 황홀(=ecstasy) He gazed at the woman in *rapture*.
1465 **rate** [réit]	*n.* 비율(=ratio), 요금, 속도 The postwar birth *rate* increased rapidly. 표현 at any rate 하여튼, 적어도

[예문 해석] 1456 그의 얼굴은 괴로움과 분노로 일그러졌다.   1457 나는 단지 옷과 매일의 빵만을 원한다.   1458 대부분의 사람들은 환경에 대한 생각 없이 열대 우림을 개발하는 것에 반대한다.   1459 그는 갈퀴를 이용해 나뭇잎을 치우고 있다.   1460 우리는 집회에 대표단을 파견해야 한다.   1461 "우리가 제 시간에 도착하지 못할까봐 걱정돼요. 차가 고장이 난다거나 우리가 경사로에서 미끄러지거나 개를 친다고 생각해보세요." 라고 그녀가 걱정스럽게 말했다.   1462 나는 한때 당신의 증조부님이신 Robert Wemyss께서 이곳에 양목장을 가지고 계셨을 때 일했습니다.   1463 이 후보는 인상 깊게도 다양한 범위의 관심과 경험을 가지고 있다.   1464 그는 황홀해서 그 여자를 바라보았다.   1465 전후의 출생률은 급속히 증가했다.

1466
ratification

[rætəfikéiʃən]

n. 비준, 재가

Early reports suggested that there were indeed enough votes cast for *ratification*.

파 ratify *v.* 비준하다

1467
ratio

[réiʃiòu]

n. 비(=proportion), 비율

For example, if there are ten boys and thirty girls in a room, the *ratio* of boys to girls is 1:3, or one to three.

표현 in the ratio of ~의 비율로

1468
ration

[ræʃən]

n. 정량, 배급(량)

Ten days' *ration* of rice was distributed.

1469
ravage

[rævidʒ]

n. 파괴, 황폐(=ruin)

The building was secure from *ravage* by fire.

1470
ray

[réi]

n. 광선

I'm still walking on a great big cloud, so when I meet you at the station, don't be surprised if you can't see me for the *rays* of happiness surrounding me. |대수능|

1471
razor

[réizər]

n. 면도칼, (전기) 면도기

I have to buy the *razor* to shave fuzz on the leg.

관련 razor blade 면도날

1472
realm

[rélm]

n. 왕국(=kingdom), 국토, 영역, 범위

Spiritual heroes usually have their spiritual *realms*.

1473
realty

[ríːəlti]

n. 부동산

Call Thompson *Realty* for more information.

1474
rear

[ríər]

n. 뒤, 후면, 후위

Seriously wounded soldiers were sent back to the *rear*.

1475
rebel

[rébəl]

n. 반역자, 모반자

Government troops have succeeded in capturing the *rebel* leader.

파 rebellion *n.* 반역, 반란, 폭동   rebellious *adj.* 반역하는, 반항적인

[예문 해석] **1466** 초기 보고서를 보면 실제로 비준할 수 있을 만큼 충분하게 찬성표가 나왔다는 것을 알 수 있다.   **1467** 예를 들어, 만약 10명의 소년과 30명의 소녀가 한 방에 있다면, 소년 대 소녀의 비율은 1:3이다.   **1468** 열흘치 쌀이 배급되었다.   **1469** 그 건물은 화재의 피해로부터 안전했다.   **1470** 나는 여전히 큰 구름 위를 걷고 있습니다. 그래서 내가 역에서 당신을 만날 때 당신이 나를 둘러싸고 있는 행복의 광채로 나를 볼 수 없더라도 놀라지 마십시오.   **1471** 나는 다리의 잔털을 면도하기 위해 면도기를 사야 한다.   **1472** 정신적인 영웅들은 보통 그들의 정신적인 영지를 가지고 있다.   **1473** 더 자세한 내용을 알고 싶으신 분은 Thompson 부동산으로 연락주십시오.   **1474** 중상을 입은 병사들은 후송되었다.   **1475** 정부군은 반군 지도자를 붙잡는 데 성공했다.

1476

receipt

[risíːt]

n. 수령, 영수증

In addition, please attach copies of all *receipts*, as well as a copy of the warranty.

1477

reception

[risépʃən]

n. 받아들임, 응접, 환영회

Their wedding *reception* was held in the garden.

ⓟ **receive** *v.* 받다, 수령하다

1478

recess

[ríːses]

n. 쉼, 휴식, 휴회

Our school has an hour's *recess* at noon.

ⓟ **recession** *n.* 후퇴, 반환   **recessive** *adj.* 퇴행의, 역행의

1479

recipe

[résəpìː]

n. 조리법, 처방전

All vegetables used in this *recipe* are to be minced very fine.

1480

recluse

[rékluːs]

n. 은둔자   *adj.* 속세를 떠난, 은둔한, 쓸쓸한

I'm not a *recluse*.

1481

reconciliation

[rèkənsìliéiʃən]

n. 조정, 화해, 조화

Reconciliation between two people or countries who have quarrelled is the process of their becoming friends again.

ⓟ **reconcile** *v.* 화해시키다, 중재하다

1482

reconstruction

[rìːkənstrʌ́kʃən]

n. 재건, 개조, 부흥

Reconstruction means the activity of constructing something again.

ⓟ **reconstruct** *v.* 재건하다, 재구성하다

1483

recourse

[ríːkɔːrs]

n. 의지, 의뢰

Industrial action is the only *recourse* we have.

1484

recruit

[rikrúːt]

n. 신병, 신입사원   *v.* 신병을 들이다, 보충하다

Most of the new *recruits* have advanced degrees which pertain to their jobs.

ⓟ **recruitment** *n.* 신병(신입사원) 모집, 보충

1485

rectangle

[réktæ̀ŋgl]

n. 직사각형

The school playground was a large *rectangle*.

ⓟ **rectangular** *adj.* 직사각형의

[예문 해석] **1476** 추가로 보증서 사본 1통과 모든 영수증의 사본을 첨부해주십시오.   **1477** 그들의 결혼 피로연은 정원에서 열렸다.   **1478** 우리 학교는 정오에 한 시간 휴식을 한다.   **1479** 이 조리법에 쓰이는 모든 야채들은 아주 잘게 다져야 한다.   **1480** 나는 은둔자가 아니다.   **1481** 싸움을 한 두 사람이나 나라 간의 화해는 그들이 다시 친구가 되어가는 과정이다.   **1482** 재건이란 무엇인가를 다시 짓는 활동을 의미한다.   **1483** 산업적인 조치는 우리가 가진 유일한 의지가 되는 것이다.   **1484** 대부분의 신입사원들은 자신들의 직업에 맞는 고급 학위를 소지하고 있다.   **1485** 학교 운동장은 커다란 직사각형이었다.

1486
reflex

[ríːfleks]

n. 반사작용[행동]   *adj.* 반사(작용)의, 반사된

The ability to act quickly and without conscious thought is called a *reflex*.

🔳 reflexive *adj.* 반사적인, [문법] 재귀의

1487
refraction

[rifrǽkʃən]

n. 굴절(작용)

The colors are separated by *refraction*.

🔳 refract *v.* 굴절시키다

1488
refuge

[réfjuːdʒ]

n. 피난(처)(= shelter), 은신처

Many people escaping persecution are seeking *refuge* in this country.

🔳 refugee *n.* 피난자, 난민

1489
refund

[ríːfʌnd]

n. 반환, 상환, 환불   *v.* 반환하다, 환불하다

Yes, I see. However, I'm not allowed to make exchanges or give *refunds* for items bought on sale.

🔳 refundable *adj.* 갚을[반환할] 수 있는

1490
regard

[rigɑ́ːrd]

n. 안부   *v.* 간주하다, 생각하다(= consider)

Take care of yourself, and give my best *regards* to your parents. |대수능|

🔳 regarding *prep.* ~에 관하여   regardless *adj.* 무관심한, 부주의한

1491
regime

[reiʒíːm]

n. 정권, 체제(= system)

Analysts believe that the *regime* will take steps to bring in more foreign investment.

🔳표현 establish a regime 정권을 세우다

1492
regiment

[rédʒəmənt]

n. [군사] 연대

The whole *regiment* was annihilated.

1493
region

[ríːdʒən]

n. 지역(= area), 지방, 영역

Most plantations are in tropical or semitropical *regions*.

🔳 regional *adj.* 지방의, 지역적인

1494
regularity

[règjulǽrəti]

n. 규칙성, 질서

A person who feels bad with reasonable *regularity* will enjoy the occasional period of feeling good. |대수능|

🔳 regular *adj.* 규칙적인, 정규의   regularize *v.* 규칙적으로 하다   regularly *adv.* 규칙적으로

[예문 해석] **1486** 재빨리 그리고 무의식적으로 행동할 수 있는 능력을 반사작용이라 한다.   **1487** 색깔들은 굴절에 의해서 분리된다.   **1488** 박해에서 도망친 많은 사람들이 이 나라에서 도피처를 찾고 있다.   **1489** 아, 그러세요. 하지만 세일 때 구입하신 물건에 대해서는 교환이나 환불이 안 되는데요.   **1490** 몸조심하고, 당신의 부모님께 안부 전해주세요.   **1491** 분석가들은 그 정권이 더 많은 외국 투자를 유치하기 위한 조치를 취할 것이라 믿고 있다.   **1492** 전 연대가 전멸했다.   **1493** 대부분의 농원은 열대나 아열대 지방에 있다.   **1494** 적당히 규칙적으로 나쁜 기분을 느끼는 사람은 때때로의 좋은 기분을 즐길 것이다.

1495
rehearsal

[rihə́ːrsəl]

n. 리허설, 예행 연습, 암송

We held many *rehearsals* before the presentation of our school play.

ㅍ rehearse *v.* 예행 연습하다, 시연하다

1496
reign

[réin]

n. 치세, 통치(=sway), 지배

It happened in the *reign* of Queen Victoria.

1497
rein

[réin]

n. 고삐, 통제, 구속

She used to keep her family on a tight *rein*.

1498
reinforcement

[rìːinfɔ́ːrsmənt]

n. 강화, 보강, (pl.) 증원 부대

Reinforcements were rushed for the relief of the army.

ㅍ reinforce *v.* 강화하다, 보강하다

1499
relative

[rélətiv]

n. 친척 *adj.* 상대적인, 비교상의

The Ndembu people of Central Africa believe that illness is often the result of the anger of a *relative*, friend, or enemy towards the patient.

표현 a distant relative 먼 친척 |대수능|

1500
reliability

[rilàiəbíləti]

n. 신뢰성, 확실성

The car is impeccably manufactured with unparalleled *reliability* and safety, not to mention its conservative, appealing and luxurious design.

ㅍ reliable *adj.* 믿음직한, 확실한

[예문 해석] **1495** 우리는 학교 연극의 상연에 앞서 여러 번 연습했다.   **1496** 그것은 빅토리아 여왕 시대에 일어났다.   **1497** 그녀는 가족을 엄하게 통제하곤 했다.   **1498** 부대를 구원하기 위해 지원군이 급파되었다.   **1499** 중앙 아프리카의 Ndembu 족은 질병이 종종 환자에 대한 친척이나 친구 또는 적들의 분노의 결과라고 믿는다.   **1500** 그 차는 전통적이고 사람의 눈길을 끄는 화려한 디자인은 말할 것도 없고 견줄 데 없는 신뢰성과 안전도를 가지고 완벽히 제조된다.

15TH LECTURE MASTERING IDIOMS

- **fill up**   가득 채우다
  Fill it *up* with supreme, please. 고급으로 꽉 채워 주십시오.

- **first of all**   무엇보다도(=above all, most of all, more than anything else, to begin with)
  First of all, the maps are all wrong. 무엇보다도 지도가 모두 엉망이다.

- **focus on**   ~에 집중하다(=concentrate on)
  The group is *focusing on* the plan. 그 집단은 그 계획에 초점을 맞추고 있다.

- **fool around**   만지작거리다, 장난치다, 빈둥빈둥 지내다
  Don't *fool around* with the watch. 시계를 가지고 만지작거리지 마라.

- **for nothing**   수포로, 공짜로(=at no cost, for free, free of charge, without payment)
  All my efforts went *for nothing*. 내 모든 노력은 수포로 돌아갔다.

- **for one thing**   우선 첫째로
  For one thing, they say that the cost of free galleries is so high that visitors should pay admission.
  우선 첫째로, 무료 미술관에 드는 비용이 너무 높아서 방문객들은 입장료를 지불해야 한다고 그들은 말한다.

- **for the first time**   처음으로
  Yesterday I saw him *for the first time*. 난 그를 어제 처음 봤다.

- **for the sake of**   ~을 위해서(=for the good of, for the purpose of)
  Change *for the sake of* change is usually not a good thing.
  변화를 위한 변화는 대개 좋은 일이 아니다.

- **for this purpose**   이 같은 목적으로
  Sun's XDR and OSI's ASN are two protocols used *for this purpose*.
  Sun의 XDR과 OSI의 ASN은 이 같은 목적으로 사용되는 두 가지 프로토콜들이다.

- **force A to B(V)**   A가 B하게 하다(=compel A to B(V), cause A to B(V), encourage A to B(V), enable A to B(V), urge A to B(V), allow A to B(V))
  They *forced* him *to* sign the paper. 그들은 그가 서류에 서명하게 했다.

- **from A to B(N)**   A에서 B까지
  Monsoon blows from the southwest *from* April *to* October and from the northeast *from* October *to* April.
  계절풍은 4월부터 10월까지는 남서쪽에서, 10월부터 4월까지는 북동쪽에서 불어온다.

15TH LECTURE REVIEW TEST

● 빈칸에 알맞은 단어나 뜻을 쓰시오.

1. prison	_____	26. _____	조망, 예상, 기대
2. privacy	_____	27. protein	_____
3. _____	특권, 특전	28. proverb	_____
4. prize	_____	29. province	_____
5. probation	_____	30. provision	_____
6. probe	_____	31. provocation	_____
7. procedure	_____	32. proximity	_____
8. process	_____	33. proxy	_____
9. prodigy	_____	34. _____	심리학, 심리(상태)
10. productivity	_____	35. pub	_____
11. professor	_____	36. puberty	_____
12. proficiency	_____	37. publicity	_____
13. _____	이윤, 이익	38. pump	_____
14. prognosis	_____	39. pup	_____
15. _____	전진, 진보	40. _____	학생, 제자, 동공
16. proof	_____	41. puppet	_____
17. propaganda	_____	42. purity	_____
18. _____	재산, 부동산	43. _____	목적, 의도
19. prophecy	_____	44. purse	_____
20. proportion	_____	45. _____	양, 액
21. _____	제안, 신청, 제의	46. quest	_____
22. proprietor	_____	47. queue	_____
23. propriety	_____	48. quill	_____
24. propulsion	_____	49. quilt	_____
25. prose	_____	50. quorum	_____

51. quotation	_____	76. receipt	_____
52. race	_____	77. _____	받아들임, 응접
53. rack	_____	78. _____	쉼, 휴식, 휴회
54. radius	_____	79. recipe	_____
55. rag	_____	80. recluse	_____
56. _____	격노, 분노, 격정	81. reconciliation	_____
57. raiment	_____	82. reconstruction	_____
58. rainforest	_____	83. recourse	_____
59. rake	_____	84. recruit	_____
60. rally	_____	85. rectangle	_____
61. ramp	_____	86. reflex	_____
62. _____	목장, 농장	87. refraction	_____
63. range	_____	88. refuge	_____
64. rapture	_____	89. refund	_____
65. rate	_____	90. regard	_____
66. ratification	_____	91. regime	_____
67. _____	비, 비율	92. regiment	_____
68. ration	_____	93. _____	지역, 지방, 영역
69. ravage	_____	94. _____	규칙성, 질서
70. ray	_____	95. rehearsal	_____
71. razor	_____	96. reign	_____
72. realm	_____	97. rein	_____
73. _____	부동산	98. reinforcement	_____
74. rear	_____	99. _____	친척
75. _____	반역자, 모반자	100. reliability	_____

정답 | 기본 페이지 참조

16ᵀᴴ LECTURE

SUMMA CUM LAUDE VOCABULARY

1501
reliance

[riláiəns]

n. 믿음, 의지, 신뢰

Heavy *reliance* on imported fuels has left the nation vulnerable to manipulation by foreign interests.

파 reliant *adj.* 믿을 만한   rely *v.* 의지하다, 신뢰하다

1502
relic

[rélik]

n. 유물(=remains), 유적

That replica was sold to a gullible tourist as ancient *relics*.

표현 historic relics 역사적 유물

1503
religion

[rilídʒən]

n. 종교

On the other hand, some people value their *religion*, or their intelligence, or their health. |대수능|

파 religious *adj.* 종교적인

1504
relish

[réliʃ]

n. 맛(=taste), 풍미, 흥미

There was a *relish* of malice in his remark.

반 disrelish *n.* 싫음, 혐오

1505
reluctance

[rilʌ́ktəns]

n. 마음이 내키지 않음, 마지못해 함, (하기)싫음

He showed the greatest *reluctance* to make a reply.

파 reluctant *adj.* 마음 내키지 않는, 꺼리는

1506
remark

[rimáːrk]

n. 주목, 의견, 비평   *v.* 언급하다, 알아차리다

He didn't comprehend the significance of the teacher's *remark*.

파 remarkable *adj.* 주목할 만한, 현저한   remarkably *adv.* 주목할 만하게, 현저하게
표현 pass without remark 묵과(묵인)하다

[예문 해석] **1501** 그 나라는 지나치게 수입 연료에 의존한 결과 외국의 이익 집단에 의한 시장 조작에 취약해졌다.   **1502** 모조품은 고대 유물이라고 쉽게 믿는 여행객에게 팔렸다.   **1503** 반면에, 일부 사람들은 그들의 종교 또는 그들의 지성 또는 그들의 건강을 귀중하게 여긴다.   **1504** 그의 말에는 약간의 악의 같은 것이 있었다.   **1505** 그는 대답하기가 몹시 못마땅하다는 태도를 보였다.   **1506** 그는 선생님 말씀의 중대성을 이해하지 못했다.

1507
remedy

[rémədi]

n. 치료(법)(=cure), 의약, 구제책

Knowledge is the best *remedy* for superstition.

1508
remembrance

[rimémbrəns]

n. 기억, 기념물

I took the photos as a pictorial *remembrance* of the trip. |대수능|

(파) remember *v.* 기억하다

1509
remnant

[rémnənt]

n. 나머지(=remainder), 잔여, 찌꺼기, 유물(=relic)

Beneath the present church were *remnants* of Roman flooring.

(파) remnantal *adj.* 나머지의, 잔여의

1510
renown

[rináun]

n. 명성(=fame)

She used to be a singer of some *renown*.

(파) renowned *adj.* 유명한

1511
replica

[réplikə]

n. (저작물의) 복제, 복제물, (예술품의) 모사

A *replica* of something such as a statue, building, or weapon is an accurate copy of it.

1512
representative

[rèprizéntətiv]

n. 대표자, 대표물　*adj.* 대표적인, 표시하는

The shark is the best known *representative* of man-eating fish. |대수능|

(파) represent *v.* 대표하다, 나타내다　representation *n.* 대표, 표시

1513
reptile

[réptail]

n. 파충류(의 동물)

Alligator is a large *reptile*.

1514
republic

[ripʌ́blik]

n. 공화국

The French Revolution changed France from a monarchy to a *republic*.

(반) monarchy *n.* 군주국, 군주정치

1515
reputation

[rèpjutéiʃən]

n. 평판, 명성

He acquired a good *reputation*.

(파) repute *n.* 평판, 명성　*v.* ~이라고 평하다

1516
request

[rikwést]

n. 요구, 요망　*v.* 요청하다, 부탁하다

There was some opposition to the workers' *request* for higher wages.

(파) require *v.* 요구하다　requirement *n.* 요구사항　required *adj.* 필수의

[예문 해석] **1507** 지식은 미신에 대한 최선의 구제책이다.　**1508** 나는 그 여행의 생생한 기념물로 사진들을 찍었다.　**1509** 현재의 성당 아래 로마시대 마루의 유물이 있었다.　**1510** 그녀는 어느 정도 인기 있던 가수였다.　**1511** 조각상, 건물 또는 무기 등과 같은 것의 복제물이란 그것의 정교한 복사본이다.　**1512** 상어는 인간을 잡아먹는 어류 중 가장 잘 알려진 표본이다.　**1513** 악어는 몸집이 큰 파충류이다.　**1514** 프랑스 혁명은 프랑스를 군주제로부터 공화제로 변화시켰다.　**1515** 그는 훌륭한 명성을 얻었다.　**1516** 근로자들의 임금 인상 요구에 대한 약간의 반대가 있었다.

1517
research

[risə́:rtʃ]

n. 연구, 조사(= investigation)   *v.* 연구하다, 조사하다

Research was done to examine the difference in taste between bread with standard and reduced salt content. |대수능|

㊙ **researcher** *n.* 연구자, 조사자

1518
resemblance

[rizémbləns]

n. 유사(성), 닮음

There was a remarkable *resemblance* between him and Pete.

㊙ **resemble** *v.* 닮다, 공통점이 있다

1519
reservoir

[rézərvwɔ́:r]

n. 저수지, 저장소

The *reservoir* dried up completely during the drought.

㊙ **reserve** *v.* 예약하다, 남겨두다   **reservation** *n.* 예약, 보류

㊟ **a great reservoir of knowledge** 많은 지식의 축적

1520
residence

[rézidəns]

n. 거주, 주거

Years ago they thought these houses had been very smart *residences*.

㊙ **reside** *v.* 살다, 거주하다   **resident** *n.* 거주자   **residential** *adj.* 주거의 |대수능|

> ⓣ house는 '집' 자체를 뜻하고 residence는 '살고 있는 곳'을 강조한다.

1521
resolution

[rèzəlú:ʃən]

n. 결의(안), 결심(= determination), 해결

The *resolution* was adopted unanimously.

㊙ **resolve** *v.* 분해하다, 결심하다   **resolute** *adj.* 결심이 굳은, 단호한

1522
resort

[rizɔ́:rt]

n. 휴양지   *v.* 의지하다, 호소하다

The third group is attracted by the *resort* with its colorful night life. |대수능|

1523
resource

[rí:sɔːrs]

n. 자원, 재원, 수단(= means)

The country has plentiful natural *resources*.

㊙ **resourceful** *adj.* 자원이 풍부한, 지략이 있는

1524
respiration

[rèspəréiʃən]

n. 호흡, 한번 숨쉼

Artificial *respiration* was tried upon him.

㊙ **respirational** *adj.* 호흡의

1525
responsibility

[rispὰnsəbíləti]

n. 책임, 의무

People try not to take *responsibility* for their actions. |대수능|

㊙ **responsible** *adj.* 책임 있는

[예문 해석] 1517 정상적인 소금 함량의 빵과 감소된 소금 함량의 빵 사이의 맛의 차이를 조사하기 위해서 연구가 행해졌다.   1518 그와 Pete 사이에는 상당한 유사점이 있었다.   1519 저수지는 그 가뭄 중에 완전히 말라버렸다.   1520 수년 전에 그들은 이러한 집들이 매우 멋있는 주거지였다고 생각했다.   1521 결의안은 만장일치로 채택되었다.   1522 세 번째 그룹은 다채로운 야간의 생활이 있는 휴양지에 매료되어 있다.   1523 그 나라는 천연 자원이 풍부하다.   1524 인공호흡이 그에게 시행되었다.   1525 사람들은 그들의 행동에 대해 책임을 지려고 하지 않는다.

1526
restoration

[rèstəréiʃən]

n. 복구, (건강의) 회복

The *restoration* work progressed rapidly.

(파) restore v. 복구하다, 회복시키다

1527
result

[rizʌ́lt]

n. 결과(= effect), 성과

The predicted *results* and the actual *results* are very different.

(표현) as a result of ~의 결과로서

1528
resurrection

[rèzərékʃən]

n. 부활, 소생, 재유행

This is a *resurrection* of an old story from the mid-70s.

1529
retailer

[rí:teilər]

n. 소매상

Gears is the largest *retailer* in the country. |대수능|

(파) retail adj. 소매의

1530
retrospect

[rétrəspèkt]

n. 회고, 회상, 소급력

In *retrospect*, I wish that I had thought about alternative courses of action.

(파) retrospective adj. 회고적인, 소급 적용되는

> (Tip) [retro(=back)+spect(=look)] '뒤로 생각하다'에서 '회상, 회고'라는 의미이다.

1531
revenge

[rivéndʒ]

n. 복수 v. 복수하다

He did it in *revenge* for the loss of his job. |대수능|

(파) revengeful adj. 복수심에 불타는

1532
reverse

[rivə́:rs]

n. 역, 반대 adj. 역의, 반대의 v. 거꾸로 하다, 반대로 하다

The car has four forward gears and one *reverse* gear.

(파) reversible adj. 거꾸로 할 수 있는   reversion n. 역전, 전환   reversal n. 전도, 역전

(표현) in reverse order 역순으로

1533
revival

[riváivəl]

n. 소생, 재생, 부활

Our economy is undergoing a *revival*.

(파) revive v. 소생시키다, 부활하다

1534
revolt

[rivóult]

n. 반란(= rebellion), 폭동 v. 반란을 일으키다

It was undeniably a *revolt* by ordinary people against their leaders.

(파) revolting adj. 불쾌감을 일으키는, 반항하는

[예문 해석] 1526 복구공사는 빠른 속도로 진척되었다.   1527 예상했던 결과와 실제의 결과는 매우 다르다.   1528 이것은 70년대 중반의 오래된 이야기의 재유행이다.   1529 Gears는 나라에서 가장 큰 소매상이다.   1530 회상해볼 때 나는 행동의 다른 대안을 생각했어야 한다.   1531 그는 직업을 잃은 복수심에서 이것을 했다.   1532 그 자동차는 네 개의 전진 기어와 한 개의 후진 기어가 있다.   1533 우리 경제가 소생하고 있다.   1534 이것은 그들 지도자들에 대항하는 보통 사람들에 의해 일어난 부정할 수 없는 반란이었다.

1535
revolution

[rèvəlúːʃən]

n. 혁명, 회전

The Industrial *Revolution* took place in 18th century.

파 revolutionize *v.* 혁명을 일으키다   revolve *v.* 회전하다   revolver *n.* 연발권총

1536
reward

[riwɔ́ːrd]

n. 보수, 보상(금)   *v.* 보답하다, 보상하다

Mr. Dave is offering a *reward* of $25,000 for any information leading to the arrest of the thieves. |대수능|

파 rewarding *adj.* 보답이 있는, ~할 만한 가치가 있는

> Tip **reward**는 행위·노력 따위에 대한 유형·무형의 보수를, **prize**는 경쟁·승부·추첨 따위에 입상하고 받는 유형의 것을 말한다.

1537
rhythm

[ríðm]

n. 리듬, 장단

Two Colombian *rhythms* have a foreign origin. |대수능|

파 rhythmical *adj.* 율동적인

1538
rib

[ríb]

n. [의학] 늑골, 갈빗대, 갈비

Your *ribs* are the 12 pairs of curved bones that surround your chest.

1539
rice

[ráis]

n. 쌀, 밥

The consumption of *rice* per person steadily decreased over the 15-year period.

표현 boil(cook) rice 밥을 짓다

1540
riddle

[rídl]

n. 수수께끼(= puzzle)

Can you guess the answer to this *riddle*?

1541
rider

[ráidər]

n. 타는 사람

I thought the *rider* would stop at the T-junction. |대수능|

파 ride *v.* 타다   riding *n.* 승마(= horseback riding)

1542
ridge

[rídʒ]

n. 산마루, 산등성이

The moon is hanging on the *ridge* of a mountain.

1543
rig

[ríg]

n. 장치, 용구 한 벌, (유정의) 굴착 장비

Any future missions will be unmanned because, once set up, the drilling *rig* can be maintained by robots.

[예문 해석] 1535 산업 혁명은 18세기에 일어났다.   1536 Dave 씨는 범인을 잡게 해주는 정보에 대해서 2만 5천 달러의 보상금을 제시하고 있다.   1537 두 개의 콜롬비아 리듬은 외국에 기원을 가지고 있다.   1538 당신의 갈빗대는 당신의 가슴을 둘러싼 구부러진 12쌍의 뼈이다.   1539 1인당 쌀 소비는 15년 동안 꾸준하게 감소하였다.   1540 이 수수께끼의 답을 알 수 있겠니?   1541 나는 T자형 교차로에서 그 운전자가 멈출 것이라고 생각했다.   1542 달이 산마루에 걸려 있다.   1543 앞으로 남은 임무들은 모두 무인으로 하게 되는데, 일단 설치가 끝나면 천공 장비가 로봇에 의해서 조종될 수 있기 때문이다.

1544 **rim** [rím]	*n.* 가장자리, 테(=edge) The School offers its highly-regarded International Executive MBA program not only at its main U.S. campus, but also in a small number of major cities in the Pacific *Rim*. 파 rimless *adj.* 가장자리(테)가 없는

1545 **riot** [ráiət]	*n.* 폭동, 소동, 다채로움, 가지각색 The garden is a *riot* of colors with a variety of flowers in full bloom. 파 rioter *n.* 폭도 표현 a riot of color 다채로운 색깔 |대수능|

1546 **ripple** [rípl]	*n.* 잔물결(=small wave), 파문 *v.* 잔물결(파문)을 일으키다 The bank crash has had a *ripple* effect on the whole community.

1547 **risk** [rísk]	*n.* 위험(=danger) *v.* 위험에 내맡기다 Cyclists are advised to wear helmets to reduce the *risk* of head injury. 파 risky *adj.* 위험한

1548 **rite** [ráit]	*n.* 의식(=ceremony) It makes perfect sense, therefore, that getting a driver's license has become the *rite* of passage to the adult world. |대수능|

1549 **ritual** [rítʃuəl]	*n.* (종교적) 의식 *adj.* 의식의, 관례의 These *rituals* put the body in the right condition to receive food. |대수능|

1550 **rivalry** [ráivəlri]	*n.* 경쟁, 대항 The focus on money and position tends to foster *rivalry* between workers. 파 rival *n.* 라이벌, 경쟁자

1551 **robe** [róub]	*n.* 길고 품이 넓은 겉옷, 의복 The woman is wearing a flowery *robe*.

1552 **rod** [rád]	*n.* 장대, 막대, 낚싯대 I rested my fishing *rod* against a pine bough.

1553 **role** [róul]	*n.* 역할, 임무, 배역 A parent's *role* is not easy to perform.

[예문 해석] **1544** 이 학교는 고품질의 국제 경영 실무 MBA 프로그램을 미국 본교에서뿐만 아니라 환태평양 지역에 있는 몇 개 주요 도시에서도 제공한다.   **1545** 정원에 가지각색의 다양한 꽃들이 활짝 피어 있다.   **1546** 그 은행의 파산은 전 사회에 파급 효과를 가져왔다.   **1547** 자전거를 타는 사람들은 머리 부상의 위험을 줄이기 위해 헬멧을 쓸 것을 권고받는다.   **1548** 그러므로 운전면허증을 취득하는 것이 어른 세계로 통과하는 의식이 되었다는 것은 완전히 이치에 닿는 말이다.   **1549** 이런 의식들은 신체를 음식을 받아들이기에 적절한 상태로 만들어준다.   **1550** 돈과 지위에 관한 집중은 근로자들 사이에 경쟁심을 조장하는 경향이 있다.   **1551** 여자가 꽃무늬 가운을 입고 있다.   **1552** 나는 낚싯대를 소나무의 큰 가지에 기대두었다.   **1553** 부모 노릇을 하는 것은 쉬운 건 아니다.

1554
romance
[rouména s]

n. 낭만

Then what about "Romeo and Juliet" a *romance*? |대수능|

(파) romantic *adj.* 낭만적인   romanticist *n.* 낭만주의자   romanticism *n.* 낭만주의

1555
romp
[rɔ́mp]

n. 떠들며 뛰어놀기, 떠들썩한 유희   *v.* 뛰어놀다

His lastest film is an enjoyable *romp*.

1556
roof
[rúːf]

n. 지붕

The fire officers used a hydraulic platform to get to the *roof*.

1557
root
[rúːt]

n. 뿌리, 근원

My true *roots* were there. |대수능|

1558
rote
[róut]

n. 기계적 방법, 기계적인 암기(법)

Children learn things like grammar by *rote*.

(표현) by rote 기계적으로 (암기하여)

1559
routine
[ruːtíːn]

n. 판에 박힌 일, 일상

She wants to escape from the same *routine*.

(표현) according to routine 늘 하는 순서(절차)에 따라, 관례대로

1560
row
[róu]

n. 줄, 열(= line, rank), 노젓기, 소동(= disturbance)

Three *rows* of benches on each side and six *rows* in front of him were occupied by the respectable people of the town and by the parents of the pupils.

(파) rower *n.* 노젓는 사람   (관련) rowboat *n.* 노로 젓는 배

(Tip) row는 '옆으로 늘어서는 것'을 말하고 queue는 '앞뒤로 늘어서는 것'을 말한다.

1561
rubber
[rʌ́bər]

n. 고무

I insulated a wire with a *rubber* tube.

1562
rubbish
[rʌ́biʃ]

n. 쓰레기(= waste, refuse), 폐물

He dumped all his *rubbish* in front of our house.

1563
rubble
[rʌ́bəl]

n. 잡석, 깨진 돌 조각, 파편

Injured people still lay among the *rubble*.

[예문 해석] 1554 그럼 로맨틱 영화인 '로미오와 줄리엣'은 어때?   1555 그의 최근 영화는 유쾌하고 가볍게 즐길 수 있는 것이다.   1556 그 소방관들은 지붕에 올라가기 위해서 수압 갑판을 이용했다.   1557 나의 진정한 뿌리는 거기에 있었다.   1558 아이들은 문법 같은 것들을 암기하여 배운다.   1559 그녀는 똑같은 일상사에서 벗어나고 싶어했다.   1560 양 옆의 세 줄과 그의 앞에 있는 여섯 줄의 벤치들은 마을의 덕망있는 사람들과 학생들의 부모들에 의해서 채워져 있었다.   1561 나는 전선을 고무 피복으로 절연하였다.   1562 그는 쓰레기를 모두 우리 집 앞에다 내버렸다.   1563 부상을 당한 사람들이 여전히 파편들 사이에 누워 있었다.

1564
rudiment
[rú:dəmənt]

n. 기본, 기초(원리), 조짐

He was teaching them the *rudiments* of Christianity.

ⓟ rudimental *adj.* 원리의, 기본의

1565
rug
[rʌ́g]

n. 깔개, 융단

The ink was spilled on the *rug* through negligence.

1566
ruin
[rú:in]

n. 파멸(= destruction), 파산, (pl.) 폐허   *v.* 파괴하다

Farmer's insurance will safeguard against financial *ruin* due to unforeseen occurrences.

ⓟ ruined *adj.* 파멸한, 멸망한   ruinous *adj.* 파괴적인

1567
rust
[rʌ́st]

n. (금속의) 녹

I had to remove *rust* from the bookshelf.

ⓟ rusty *adj.* 녹슨

〉〉〉 표제어 이외의 교과서 수록 어휘

rabbi [rǽbai]	*n.* 랍비, (유대의) 율법 학자	Renaissance [rènəsá:ns]	*n.* 르네상스, 문예부흥
rabbit [rǽbit]	*n.* 집토끼, 토끼	rendezvous [rá:ndəvù:]	*n.* 랑데뷰, 만날 약속
racket [rǽkit]	*n.* (테니스용 등의) 라켓	repertoire [répərtɔ̀:ri]	*n.* 레퍼토리, 상연 목록
radar [réidɑ:r]	*n.* 레이더, 전파 탐지기	restaurant [réstərənt]	*n.* 레스토랑, 식당
radio [réidiòu]	*n.* 라디오	rhapsody [rǽpsədi]	*n.* 랩소디, 서사시
radish [rǽdiʃ]	*n.* 무	ribbon [ríbən]	*n.* 리본, 띠
rail [réil]	*n.* 난간, (대문 따위의) 가로대, 철도(의 레일)	rifle [ráifl]	*n.* 라이플총, 소총
rainbow [réinbòu]	*n.* 무지개	ring [ríŋ]	*n.* 고리, 반지
ram [rǽm]	*n.* 숫양, 양자리	rink [ríŋk]	*n.* (실내) 스케이트장, 아이스하키장
rank [rǽŋk]	*n.* 열, 줄, 계급, 지위	rinse [ríns]	*n.* 린스, 헹구기, 씻어내기
rat [rǽt]	*n.* 쥐	rivet [rívit]	*n.* 리벳, 대갈못
rattle [rǽtl]	*n.* 덜걱덜걱 소리, 딸랑 소리	roach [róutʃ]	*n.* 잉어과(科)의 물고기
raven [réivən]	*n.* 큰 까마귀, 까마귀자리	robot [róubət]	*n.* 로봇
record [rékərd]	*n.* 음반, 기록, 기입	rocket [rákit]	*n.* 로켓
recreation [rèkriéiʃən]	*n.* 기분전환, 휴양	rooster [rú:stər]	*n.* 수탉
rector [réktər]	*n.* 교구 목사, 수도원장, 교장	rope [róup]	*n.* 로프, 줄, 끈, 새끼
reed [rí:d]	*n.* 갈대	rose [róuz]	*n.* 장미
reindeer [réindìər]	*n.* 순록	rouge [rú:ʒ]	*n.* 루즈, 입술 연지
relay [rí:lei]	*n.* (스포츠) 릴레이 경주, 교대	roulette [ru:lét]	*n.* 룰렛(도박의 일종)

[예문 해석] **1564** 그는 그들에게 기독교의 기본원리를 가르치고 있었다.   **1565** 부주의로 잉크가 융단 위에 쏟아졌다.   **1566** Farmer's 보험은 예기치 못한 사건으로 인한 금융 파멸로부터 보호해줄 것이다.   **1567** 나는 책장의 녹을 제거해야만 했다.

route [rúːt]   *n.* 길, 통로, (일정한) 노선

rugby [rʌ́gbi]   *n.* 럭비

royalty [rɔ́iəlti]   *n.* 특허권 사용료, 왕권, 왕의 위엄

rule [rúːl]   *n.* 규칙, 통례

ruble(rouble) [rúːbl]   *n.* 루블(러시아의 화폐 단위)

rumor [rúːmər]   *n.* 소문

ruby [rúːbi]   *n.* 루비

rye [rái]   *n.* 호밀

1568
sack

[sǽk]

n. 마대, 자루, 부대

I helped him heave a *sack*.

관련 sackcloth *n.* (뉘우치는 표시로 입던) 삼베옷   표현 get the sack 해고당하다

1569
sacrifice

[sǽkrəfàis]

n. 희생, 제물   *v.* 희생하다

I will make any *sacrifice* to save her.

표현 at the sacrifice of ~을 희생하여

1570
saddle

[sǽdl]

n. 안장

She mounted the horse and rode off even without the *saddle*.

1571
sage

[séidʒ]

n. 현인, 현자   *adj.* 슬기로운, 현명한

A *sage* is a person who is regarded as being very wise.

1572
saint

[séint]

n. 성인, 성자

A *saint* is someone who has died and been officially recognized and honoured by the Christian church because his or her life was a perfect example of the way Christians should live.

반 saintess *n.* 성녀

1573
sake

[séik]

n. 위함, 이익, 이유

For the *sake* of historical accuracy, please permit us to state the true facts.

표현 for the sake of ~을 위해서

1574
salary

[sǽləri]

n. 봉급, 급료

He was contented with a low *salary*.

관련 salaryman *n.* 월급쟁이

1575
salutation

[sæ̀ljutéiʃən]

n. 인사

The old man moved away, raising his hand in *salutation*.

파 salute *n.* 인사, 경례   *v.* 인사하다, 경례하다

[예문 해석] **1568** 나는 그가 자루를 들어 올리는 것을 도와주었다.   **1569** 그녀를 구하기 위해 어떤 희생이라도 치르겠다.   **1570** 그녀는 안장조차 없는 말을 걸터타고 달렸다.   **1571** 현자는 매우 현명하다고 여겨지는 사람이다.   **1572** 성인은 그나 그녀의 삶이 그리스도인들이 살아야 하는 방식의 완벽한 예였기 때문에 기독교 교회들에 의해서 죽은 뒤 공식적으로 인정되고 존경받는 사람이다.   **1573** 역사적 정확성을 위해서 진실을 언급하도록 허락해주십시오.   **1574** 그는 낮은 급료에 만족했다.   **1575** 그 노인은 인사로 손을 들면서 사라졌다.

1576
sanctuary
[sǽŋktʃuèri]

n. 신성한 장소, 성역, 은신처

His church became a *sanctuary* for thousands of people who fled the civil war.

1577
sanitation
[sæ̀nətéiʃən]

n. (공중) 위생, 위생 시설

Unfortunately, however, poor conditions in the urban areas, such as lack of housing, worsening *sanitation* and unemployment, bring about an increase in poverty, disease and crime. |대수능|

㉤ sanitary *adj.* (공중) 위생의, 위생적인

> (Tip) sanitation은 하수처리 시스템을 제공하거나 깨끗한 물 공급 시설의 제공에 의해 특정 장소들을 깨끗하고 건전하게 만드는 처리나 처리시설을 뜻한다.

1578
sap
[sǽp]

n. 수액, 활력

The *sap* is beginning to rise in the maple trees.

㉤ sapling *n.* 묘목, 어린 나무

1579
satellite
[sǽtəlàit]

n. 위성, 인공위성

The *satellite* can measure minute movements of the earth's surface from far away in space.

㉣ satellite dish 위성 안테나

1580
satire
[sǽtaiər]

n. 풍자(문학), 빈정거림

Her play was a cruel *satire* on life in the 80s.

㉤ satirical *adj.* 풍자적인, 빈정대는

1581
satisfaction
[sæ̀tisfǽkʃən]

n. 만족

Also, they will have the personal *satisfaction* of having contributed to their own education. |대수능|

㉤ satisfy *v.* 만족시키다   satisfactory *adj.* 만족한, 충분한

1582
sauce
[sɔ́:s]

n. 소스, 양념

Hunger is the best *sauce*. |대수능|

㉣ saucepan *n.* (자루 달린) 스튜냄비   saucer *n.* (컵의) 받침 접시

1583
savage
[sǽvidʒ]

n. 미개인, 야만인   *adj.* 야만의, 미개한

Some of the early explorers thought of the local people as benighted *savages* who could be exploited.

㉤ savagely *adv.* 야만스럽게

[예문 해석] **1576** 그의 교회는 내전을 피해 달아난 수천 명의 사람들에게 은신처가 되었다.   **1577** 그러나 불행하게도 주택 부족, 악화되는 위생 그리고 실업과 같은 도심지역의 형편없는 상황들은 가난과 질병과 범죄의 증가를 가져온다.   **1578** 단풍나무에서 진액이 나오기 시작한다.   **1579** 이 위성은 멀리 우주에서 지표면의 작은 움직임까지 측정할 수 있다.   **1580** 그녀의 연극은 80년대의 삶에 관한 신랄한 풍자였다.   **1581** 또한 그들은 그들 자신의 교육에 기여했다는 개인적인 만족감을 가질 것이다.   **1582** 시장은 최고의 반찬이다.   **1583** 초창기 탐험가 중 몇 사람은 현지인을 이용해도 되는 미개한 야만인이라고 생각했다.

1584
savanna

[səvǽnə]

n. 사바나, 대초원

A *savannah* is a large area of flat, grassy land, usually in Africa.

1585
scab

[skǽb]

n. (상처의) 딱지

A *scab* formed over the boil.

1586
scale

[skéil]

n. 규모, 저울, (물고기의) 비늘

It is offered to the shops or businesses that buy goods on a large *scale* and sell them. |대수능|

(파) scaly *adj.* 비늘이 있는   (표현) on a large scale 대규모로

1587
scar

[skáːr]

n. 상처 자국, 흉터

There still remain a few *scars* on the face.

1588
scarcity

[skɛ́ərsəti]

n. 희소성, 결핍

If *scarcity* exists, the choices must be made by individuals and societies.

(파) scarce *adj.* 모자라는, 드문   scarcely *adv.* 겨우, 간신히 |대수능|

1589
scene

[síːn]

n. 장면, 광경, 현장

A knife was found at the *scene* of the crime.

(표현) on the scene 현장에, 그 자리에

1590
scent

[sént]

n. 향기, 냄새

No songs of birds were in the air, no pleasant *scents*, and no moving lights and shadows from swift passing clouds. |대수능|

1591
scheme

[skíːm]

n. 계획(=plan), 음모   *v.* 계획하다, 음모를 꾸미다

They formed a *scheme* of building a new bridge.

1592
scholar

[skálər]

n. 학자

An eighteenth-century *scholar* said, "Water, which is essential for life, costs nothing." |대수능|

(파) scholarly *adj.* 학자다운, 박식한

1593
scholarship

[skálərʃ̀ip]

n. 학문, 학식, 장학금

"One's personal morality must never get in the way of *scholarship*," he thundered. |대수능|

(표현) a scholarship student 장학생

[예문 해석] **1584** 사바나는 평평하고 풀이 많은 일반적으로 아프리카의 넓은 지역이다. **1585** 종기에 딱지가 앉았다. **1586** 그것은 큰 규모로 물건들을 사고파는 가게들이나 기업들에 제공된다. **1587** 아직도 얼굴에 몇 군데 상처가 남아 있다. **1588** 만약 희소성이 존재한다면 선택은 개인들이나 사회들에 의해서 행해져야 한다. **1589** 범죄 현장에서 칼이 발견되었다. **1590** 새들의 노래 소리도 공중에 전혀 없었고, 상쾌한 향기도 전혀 없었고 빠르게 지나가는 구름에서 오는 움직이는 빛과 그림자도 전혀 없었다. **1591** 그들은 새 교량 건설 계획을 세웠다. **1592** 18세기 어떤 학자는 "생명에 필수적인 물은 공짜이다."라고 말했다. **1593** 그는 "사람의 개인적인 도덕성이 학문활동에 결코 방해가 되어서는 안 된다."고 큰 소리로 말했다.

1594
scissors

[sízərz]

n. 가위

The keys are between the pencils and the *scissors*.

1595
scope

[skóup]

n. 범위(= range), 영역

I still have several questions regarding the *scope* of the project.

1596
scorn

[skɔ́ːrn]

n. 경멸(= contempt), 멸시, 웃음거리

He is the *scorn* of his neighbors.

파 scornful *adj.* 경멸하는, 비웃는

1597
scoundrel

[skáundrəl]

n. 악당(= rascal), 깡패

He is the greatest *scoundrel* alive!

1598
scrap

[skrǽp]

n. 작은 조각(= small piece), 오려낸 것

Be sure to put the *scraps* of paper in the wastepaper basket.

관련 scrapbook *n.* 스크랩북

1599
scribble

[skríbəl]

n. 갈겨쓰기, 악필, 난필   *v.* 갈겨쓰다, 낙서하다

There were *scribbles* around the edges of the paper.

파 scribbler *n.* 휘갈겨 쓰는 사람

1600
script

[skrípt]

n. 손으로 쓴 글(= handwriting), 대본, 각본

Producers select plays or *scripts*, arrange financing, and decide on the size, cost, and content of a production.

파 scripter *n.* (영화·방송의) 각본가, 각색자

[예문 해석] **1594** 열쇠가 연필들과 가위 사이에 있다.   **1595** 나는 그 프로젝트의 범위에 관해서는 아직도 몇 가지 궁금한 점이 있다.   **1596** 그는 이웃의 웃음거리이다.   **1597** 그는 살아있는 최대의 악당이다!   **1598** 종이 조각들은 꼭 휴지통에 버려라.   **1599** 그 종이 가장자리 주변에 낙서들이 있었다.   **1600** 제작자는 작품이나 시나리오를 선정하고, 제작비용을 조달하며, 작품의 규모, 비용 및 내용을 결정한다.

16ᵀᴴ LECTURE MASTERING IDIOMS

- **from hour to hour**   순간순간, 시시각각(=from moment to moment)

  The weather varies *from hour to hour*. 날씨가 시시각각으로 변한다.

- **from morning to(till) night**   하루 종일

  He worked *from morning to night*. 그는 하루 종일 일했다.

- **gain weight**   살이 찌다

  You used to be thin, but you've *gained weight*.

  너는 전에는 말랐는데, 지금은 몸무게가 늘었구나.

- **get a haircut**   머리를 깎다

  The man is *getting a haircut*. 남자가 머리를 깎고 있다.

- **get a suntan**   피부를 그을리다

  They have *got a suntan*. 그들은 선탠을 한다.

- **get along**   사이좋게 지내다

  I think we'll *get along* well. 우리가 잘 지낼 수 있을 거라고 생각합니다.

- **get back**   돌아오다

  They'll *get back* this week. 그들은 이번 주에 다시 돌아올 것이다.

- **get by**   옆을 빠져나가다

  I can't believe he let that grounder *get by* him.

  그가 저런 땅볼을 놓치다니 믿을 수 없다.

- **get caught up in**   ~에 휘말려 들다, 열중(몰두)하다

  You *get caught up in* the moment. 당신은 그 순간에 푹 빠져든다.

- **get in the way of**   ~하는 버릇이 들다, 방해하다

  I *got in the way of* not locking the door. 나는 문을 잠그지 않는 버릇이 들었다.

- **get in touch with**   연락을 취하다(=get in contact with)

  I have to *get in touch with* Mr. Kim right away. 당장 김 선생님에게 연락을 취해야 한다.

- **get into mischief**   장난을 치다

  He's always *getting into mischief*.

  그는 항상 장난을 친다.

16TH LECTURE REVIEW TEST

● 빈칸에 알맞은 단어나 뜻을 쓰시오.

1. _____	믿음, 의지, 신뢰	26. romp	_____
2. relic	_____	27. _____	판에 박힌 일, 일상
3. relish	_____	28. rubbish	_____
4. _____	마지못해 함, 싫음	29. rubble	_____
5. remnant	_____	30. rudiment	_____
6. renown	_____	31. rug	_____
7. replica	_____	32. _____	파멸, 파산, 폐허
8. reptile	_____	33. rust	_____
9. request	_____	34. _____	희생, 제물
10. _____	저수지, 저장소	35. saddle	_____
11. respiration	_____	36. sage	_____
12. restoration	_____	37. salutation	_____
13. resurrection	_____	38. sanctuary	_____
14. retrospect	_____	39. sanitation	_____
15. revenge	_____	40. sap	_____
16. _____	역, 반대	41. _____	위성, 인공위성
17. revolt	_____	42. satire	_____
18. rib	_____	43. savage	_____
19. riddle	_____	44. scab	_____
20. ridge	_____	45. scarcity	_____
21. rig	_____	46. scheme	_____
22. rim	_____	47. scope	_____
23. ripple	_____	48. _____	경멸, 멸시
24. _____	의식	49. scoundrel	_____
25. robe	_____	50. scrap	_____

17TH LECTURE

| 1601 scroll ~ 1700 spectacle |

SUMMA CUM LAUDE VOCABULARY

1601
scroll
[skróul]

n. 두루마리, 족자

Ancient *scrolls* were found in caves by the Dead Sea.

1602
sculpture
[skʌ́lptʃər]

n. 조각, 조소(= sculpt)

He teaches *sculpture* at an art school.

(파) sculptor *n.* 조각가

1603
scurvy
[skə́:rvi]

n. 괴혈병   *adj.* 상스러운, 천한

Scurvy is a disease that is caused by a lack of vitamin C.

1604
seal
[síːl]

n. 바다표범

Several countries like Norway and Denmark joined in the campaign to protect whales and *seals* in their national parks. |대수능|

1605
secretary
[sékrətèri]

n. 비서

The *secretary* told me that Mr. Harmsworth would see me. |대수능|

(파) secretarial *adj.* 비서의, 서기관의

1606
sect
[sékt]

n. 분파, 당파

A *sect* is a group of people that has separated from a larger group and has a particular set of religious or political beliefs.

1607
section
[sékʃən]

n. 부분(= part), 구역

The purpose of a symphony orchestra is not to play *section* by section.

(파) sectional *adj.* 부분의, 단면의 |대수능|

[예문 해석] **1601** 고대 두루마리가 사해 근처에 있는 동굴들에서 발견되었다.   **1602** 그는 예술 학교에서 조각을 가르친다.   **1603** 괴혈병은 비타민 C의 부족에 의해서 발생되는 질병이다.   **1604** 노르웨이나 덴마크와 같은 몇몇 나라들이 국립 공원 내의 고래와 바다표범을 보호하기 위한 캠페인에 참여했다.   **1605** 비서는 나에게 Harmsworth 씨가 나를 보고자 한다고 말했다.   **1606** 분파는 큰 그룹과 분리되어 있고, 일련의 특별한 종교적이거나 정치적인 신념을 가진 사람들의 무리이다.   **1607** 교향악단의 목적은 부분 부분으로 연주하는 것이 아니다.

1608
sector

[séktər]

n. 부채꼴, 분야, 방면

Most of the newly created jobs are in the service *sector*.

Ⓟ sector(i)al *adj.* 부채꼴의

1609
security

[sikjúərəti]

n. 안전, 안보, 보안

Then, in an international crisis, the nation might find itself in short supply of products essential to national *security*. |대수능|

Ⓟ secure *v.* 안전하게 하다, 지키다   *adj.* 안전한, 확실한

1610
seed

[síːd]

n. 씨, 종자 *v.* 씨를 뿌리다

He got up early to plant *seeds* in his field.

Ⓟ seedling *n.* 묘목(높이 1m 이하의 어린 나무)   seedy *adj.* 씨가 많은

1611
segment

[ségmənt]

n. 단편, 조각

Different *segments* of the panel are painted different colors.

Ⓟ segmentation *n.* 분할, 구분

1612
self-discipline

[sélfdísəplin]

n. 자기 훈련, 자기 수양

However, you can avoid such unexpected losses through strong *self-discipline*. |대수능|

1613
self-expression

[sélfikspréʃən]

n. 자기 표현

Do we really want to frustrate their opportunities for *self-expression*?

|대수능|

1614
self-portrait

[sélfpɔ́ːrtrit]

n. 자화상

A *self-portrait* is a drawing, painting, or written description that you do of yourself.

1615
semester

[siméstər]

n. 한 학기, 반년

There's only one *semester* left before graduation.

1616
semiconductor

[sèmikəndʌ́ktər]

n. 반도체

The team blazed a trail in the field of *semiconductor* research.

1617
seminary

[sémənèri]

n. 신학교, (종교 단체가 경영하는) 학교

A *seminary* is a college where priests, ministers, or rabbis are trained.

[예문 해석] **1608** 새로이 창출되어진 일자리들은 대부분 서비스 분야의 것이다.   **1609** 그러면 국제적인 위기 시에 그 나라는 나라의 안보에 필수적인 제품들의 공급이 부족한 것을 발견하게 될지도 모른다.   **1610** 그는 밭에 씨를 뿌리기 위해 일찍 일어났다.   **1611** 패널의 다른 부분들이 다른 색깔들로 칠해져 있다.   **1612** 그러나 당신은 강인한 자기 훈련을 통해서 그러한 예상치 못했던 손실들을 피할 수 있다.   **1613** 우리는 정말로 그들의 자기 표현의 기회를 좌절시키길 원하는가?   **1614** 자화상은 당신이 당신 자신을 그린 그림이나 회화 또는 글로 적은 묘사이다.   **1615** 졸업이 한 학기 밖에 남지 않았다.   **1616** 그 팀은 반도체 연구의 새 분야를 개척했다.   **1617** 신학교는 성직자들과 목사들 또는 랍비들이 훈련을 받는 대학이다.

1618
senate
[sénət]

n. 상원, 입법부

The petition will be presented to the *Senate*.

파 senator *n.* 상원의원

1619
sensation
[senséiʃən]

n. 감각(=sense), 느낌, 큰 관심(거리)

I had the odd *sensation* that someone was following me.

파 sensational *adj.* 선풍적 인기의, 감각의

1620
sentence
[séntəns]

n. 문장, 판결, 선고   *v.* 판결을 내리다, 형에 처하다

He received a light *sentence*.

1621
sentiment
[séntəmənt]

n. 감정, 소감, 정서

He was unable to find the exact words to express his *sentiments*.

파 sentimental *adj.* 감정적인, 감상적인

1622
sepulcher
[sépəlkər]

n. 무덤, 매장소

A *sepulcher* is a large tomb in which a dead person is buried.

1623
sequence
[síːkwəns]

n. 연속(=succession), 잇달아 일어남, 순서, 결과

The *sequence* of events led up to the war.

표현 in sequence 차례로, 잇달아

1624
seraph
[sérəf]

n. [신학] 치품 천사(제 1계급의 천사)

In the Bible, a *seraph* is a kind of angel.

1625
serf
[sə́ːrf]

n. 농노

In former times, *serfs* were a class of people who had to work on a particular person's land and could not leave without that person's permission.

1626
sergeant
[sáːrdʒənt]

n. 하사관

A *sergeant* is a non-commissioned officer of middle rank in the army, marines, or air force.

1627
series
[síəriːz]

n. 연속, 일련

Then a big *series* of problems happens. |대수능|

파 serial *n.* 연속물   *adj.* 연속적인, 일련의   serially *adv.* 연속적으로

[예문 해석] **1618** 그 탄원서는 상원에 제출될 것이다.   **1619** 나는 누군가 따라오고 있다는 이상한 느낌이 들었다.   **1620** 그는 가벼운 판결을 받았다.   **1621** 그는 자신의 감정을 표현할 정확한 말을 생각해 낼 수 없었다.   **1622** 매장소는 죽은 사람들이 묻혀 있는 큰 무덤이다.   **1623** 일련의 사건들이 전쟁을 야기했다.   **1624** 성경 속에서 치품 천사는 일종의 천사이다.   **1625** 옛날에, 농노들은 특별한 사람의 농지에서 일을 해야 했고 그 사람의 허락이 없이는 떠날 수 없었던 계층의 사람들이었다.   **1626** 하사관은 육군이나 해병 또는 공군의 중간 지위의 비위임 간부이다.   **1627** 그리고 나면 연속되는 큰 문제들이 발생한다.

1628
sermon

[sə́ːrmən]

n. 설교, 교훈, 잔소리

A good example is the best *sermon*. |대수능|

1629
session

[séʃən]

n. 회기, 학년, 학기, 기간

The National Assembly is expected to ratify the treaty during this *session*.

1630
sewage

[súːidʒ]

n. (하수의) 오물, 오수

This river was polluted with industrial *sewage*.

1631
shade

[ʃéid]

n. 그늘, 블라인드　*v.* 그늘지게 하다

I took a nap on the bench under the *shade* of trees.
　(파) shadow *n.* 그림자　shadowy *adj.* 그늘진, 희미한

1632
shame

[ʃéim]

n. 부끄럼, 치욕(= disgrace), 유감

He turned red with *shame*.
　(파) shameful *adj.* 부끄러운, 창피스러운　shameless *adj.* 부끄러움을 모르는

1633
shape

[ʃéip]

n. 모양, 형상, 외관(= appearance)　*v.* 형성하다, 구체화하다

A snail's shell has a spiral *shape*.
　(파) shapeless *adj.* 형태가 없는, 볼품없는

1634
shear

[ʃíər]

n. (pl.) 큰 가위

He handled the *shears* with skill and speed.

1635
sheet

[ʃíːt]

n. (얇은 종이나 천) 한 장

First, you will receive your answer *sheet* then the test booklet. |대수능|

1636
shelf

[ʃélf]

n. 선반

Billy took a book from the *shelf*.

1637
shell

[ʃél]

n. 조개(껍데기), 조가비, 포탄

He's picking up a *shell* on the beach.

1638
shelter

[ʃéltər]

n. 피난처(= refuge), 주거, 보호 시설

A tidal wave brought on by a powerful earthquake created floods that left some 3,000 people without adequate *shelter*.

[예문 해석] **1628** 좋은 본보기가 가장 훌륭한 훈계이다.　**1629** 국회는 이번 회기 중에 그 조약을 비준할 예정이다.　**1630** 이 강은 공장 폐수로 오염되었다.　**1631** 나는 나무 그늘 밑 벤치에서 낮잠을 잤다.　**1632** 그는 창피해서 얼굴이 빨개졌다.　**1633** 달팽이 껍질은 나선형이다.　**1634** 그는 기술 좋게 그리고 속도감 있게 가위를 다루었다.　**1635** 먼저 여러분은 답안지를 받은 다음 시험 책자를 받게 될 것입니다.　**1636** Billy는 선반에서 책을 가져갔다.　**1637** 그는 바닷가에서 조개껍질을 줍고 있다.　**1638** 강력한 지진으로 발생한 해일로 인해 홍수가 나 약 3천 명이 적당한 집을 잃었다.

1639
shepherd

[ʃépərd]

n. 양치는 사람, 목동   v. 안내하다, 이끌다

A *shepherd* is a person, especially a man, whose job is to look after sheep.

1640
sheriff

[ʃérif]

n. [미국] 보안관, [영국] 주(州) 장관

In Scotland, a *sheriff* is a legal officer whose chief duty is to act as judge in a Sheriff Court.

1641
shield

[ʃiːld]

n. 방패, 보호물   v. 보호하다(= protect), 숨기다

A sun *shield* is available at extra cost.

1642
shin

[ʃín]

n. 정강이, 정강이뼈

She punched him on the nose and kicked him in the *shins*.

1643
shipwreck

[ʃíprèk]

n. 난파, 조난 사고

Prior to the construction of the lighthouse, the rocky coastline around Cape Brown had been the site of dozens of *shipwrecks*.

관련 shipbuilding *n.* 조선(업)   shipment *n.* 선적   shipyard *n.* 조선소

1644
shock

[ʃák]

n. 충격

The news is a *shock* to us.

파 shocking *adj.* 충격적인   관련 shock absorber 충격흡수장치

1645
shore

[ʃɔ́ːr]

n. 바닷가, 해안

I came out quietly into the sweet outdoors and started out in the boat along the *shore*. |대수능|

관련 shoreline *n.* 해안선

1646
shortage

[ʃɔ́ːrtidʒ]

n. 부족, 결핍, 부족량

The *shortage* of munitions resulted in the defeat.

관련 shortcoming *n.* 결점, 단점

1647
short-cut

[ʃɔ́ːrtkʌt]

n. 지름길

Will you show me that *short-cut* to Korea University?

1648
shortstop

[ʃɔ́ːrtstɑ̀p]

n. [야구] 유격수

In baseball, a *shortstop* is a player who tries to stop balls that go between second and third base.

[예문 해석] **1639** 목동은 직업이 양을 돌보는 특히 남자인 사람이다.   **1640** 스코틀랜드에서 주 장관은 주된 임무가 주 법원에서 판사로 일하는 것인 법률 공무원이다.   **1641** 따로 돈을 더 내시면 일광 차단막도 구입이 가능하다.   **1642** 그녀는 그의 코를 주먹으로 치고 그의 정강이를 발로 찼다.   **1643** 등대가 세워지기 전까지만 해도 Cape Brown 주변의 암초로 이루어진 해안선은 수많은 선박들이 난파되던 곳이었다.   **1644** 그 소식은 우리에게 충격적인 것이다.   **1645** 나는 달콤한 야외로 조용히 나와 배를 타고 해안을 따라 나아가기 시작했다.   **1646** 탄약의 부족이 패인이 되었다.   **1647** 고려대학교로 가는 지름길을 알려주시겠습니까?   **1648** 야구에서 유격수는 2루와 3루 사이로 지나가는 공들을 잡기 위해 노력하는 선수이다.

1649
shoulder

[ʃóuldər]

n. 어깨

The soldiers are standing *shoulder* to *shoulder*.

표현 shoulder to shoulder 어깨를 나란히 하고, 협력하여

1650
shovel

[ʃʌ́vəl]

n. 삽(=spade) , 부삽

The worker has a *shovel* in his hand.

1651
shrine

[ʃráin]

n. 사원, 사당, 성소

Visitors were asked to wait patiently while others who had come before were shown the *shrine*.

파 enshrine *v.* 사당에 모시다, 간직하다

1652
shrub

[ʃrʌ́b]

n. 키 작은 나무, 관목(=bush)

The man is pruning a *shrub*.

파 shrubby *adj.* 관목의, 관목이 무성한

1653
shuttle

[ʃʌ́tl]

n. 정기 왕복 버스[열차, 비행기] *v.* (정기적으로) 왕복하다

The French TGV and the space *shuttles* are all going faster and faster.

관련 shuttle service 근거리 왕복 운행 |대수능|

1654
sibling

[síbliŋ]

n. 형제, 자매

How many *siblings* do you have?

1655
sidewalk

[sáidwɔ̀:k]

n. 보도, 인도

He drove through a town and saw a drunken man on the *sidewalk*. |대수능|

관련 side effect 부작용   sideways *adv.* 측면으로, 비스듬히

1656
siege

[sí:dʒ]

n. 포위 공격, 공성(攻城), 끈덕진 권유

The castle was forced to yield after a long *siege*.

관련 regular siege 정공법

1657
signal

[sígnəl]

n. 신호

First, always observe the traffic *signals*. |대수능|

파 sign *n.* 기호, 표지

1658
significance

[signífikəns]

n. 중요성(=importance), 의미, 의의

I did not know the *significance* of family togetherness.

파 significant *adj.* 중요한, 의미 있는   signify *v.* 의미하다, 뜻하다

[예문 해석] **1649** 군인들이 어깨를 나란히 하고 서 있다.   **1650** 인부가 손에 삽을 들고 있다.   **1651** 방문객들은 먼저 온 사람들을 사당에 안내하는 동안 인내심을 가지고 기다려 달라는 부탁을 받았다.   **1652** 남자가 관목을 가지치기하고 있다.   **1653** 프랑스 테제베와 우주 왕복선들은 모두 점점 더 빠르게 움직이고 있다.   **1654** 형제자매가 몇 명이예요?   **1655** 그는 마을을 운전하면서 지나가다가 보도 위에 있는 술에 취한 남자를 보았다.   **1656** 그 성은 오랜 포위 공격 후에 굴복하지 않을 수 없었다.   **1657** 첫 번째로 항상 교통 신호들을 준수하십시오.   **1658** 나는 가족이 함께 한다는 것의 중요성을 몰랐다.

1659
sin

[sín]

n. 죄

The wages of *sin* is death.

파 sinner *n.* 죄인 sinful *adj.* 죄 많은

> Tip sin은 특히 종교상, 도덕상의 죄를 말하며, crime은 법률을 어기는 죄로, 강도, 사기, 상해 등의 행위를 말한다. vice는 부도덕한 습관 또는 행위로서 음주, 방탕, 거짓말 등의 뉘앙스를 가지고 있다.

1660
sip

[síp]

n. 한 모금 *v.* 홀짝이다

Give it back to me after one *sip*.

1661
situation

[sìtʃuéiʃən]

n. 상황, 위치, 장소(=place)

But the *situation* is different with today's parents and children. |대수능|

파 situate *v.* (어느 장소에) 놓다, 설치하다

1662
skeleton

[skélətn]

n. 골격, 해골

He was as bony as a *skeleton*.

1663
skeptic

[sképtik]

n. 회의론자, 무신론자

Skeptics are everywhere in this nation.

파 skepticism *n.* 회의론, 무신론

1664
skin

[skín]

n. 피부

Remove the *skins* from the tomatoes and discard them.

1665
skull

[skʌ́l]

n. 두개골

Skull is a bony framework of the head.

1666
skyscraper

[skàiskréipər]

n. 마천루, 고층건물

The *skyscraper* stood against a background of blue sky.

1667
slang

[slǽŋ]

n. 속어, 은어

"Cop" is *slang* for policeman.

1668
slave

[sléiv]

n. 노예

The 'cumbia' was created by African *slaves* who were brought to the hot regions of the country to work in the gold mines. |대수능|

파 slavery *n.* 노예 제도 slaver *n.* 노예 상인(무역선) 관련 slave-trader *n.* 노예 상인

[예문 해석] **1659** 죄의 대가는 죽음이다. **1660** 한 모금만 마시고 제게 돌려주세요. **1661** 그러나 상황은 오늘날의 부모와 아이들과는 다르다. **1662** 그는 피골이 상접하도록 말랐었다. **1663** 회의론자들이 이 나라에는 흔하다. **1664** 토마토에서 껍질을 제거하고 그것을 버리시오. **1665** 두개골이란 머리의 골격이다. **1666** 그 마천루는 푸른 하늘을 배경으로 서 있었다. **1667** cop은 policeman의 속어이다. **1668** cumbia는 금광에서 일하기 위해 이 나라의 더운 지역으로 끌려온 아프리카 노예들에 의해 만들어졌다.

1669
sleet

[slíːt]

n. 진눈깨비

Sleet is falling.

(파) sleety *adj.* 진눈깨비가 내리는

1670
sleeve

[slíːv]

n. 소매

The *sleeve* ripped away from the coat.

(파) sleeveless *adj.* 소매 없는

1671
slice

[sláis]

n. 얇은 조각(= piece), 한 조각

I had a great big *slice* of chocolate cake.

1672
slide

[sláid]

n. 미끄러짐, 하락 *v.* 미끄러지다

In the short term, Europe faces the effect of Germany's *slide* into recession.

1673
slob

[sláb]

n. 지저분한 사람, (물가의) 진흙(땅)

My boyfriend used to call me a fat *slob*.

1674
slope

[slóup]

n. 비탈, 경사(= inclination) *v.* 경사지다

The team brought down 2,850 kilos of waste from the highest *slopes* of the mountains. |대수능|

1675
slumber

[slʌ́mbər]

n. 선잠, 무기력 상태 *v.* 선잠을 자다

Because the camera is infrared, it will disturb neither the bear's *slumber* nor her delivery.

(파) slumberous *adj.* 졸린

1676
smash

[smǽʃ]

n. 분쇄, 충돌 *v.* 때려 부수다, 충돌하다

There was a horrible *smash* on the railway here yesterday.

(파) smashing *adj.* 맹렬한, 굉장한

1677
smell

[smél]

n. 냄새 *v.* 냄새를 맡다, 냄새가 나다

This *smell* disgusts me.

(파) smelly *adj.* 불쾌한 냄새의

1678
snag

[snǽg]

n. 뜻하지 않은 장애, 쓰러진 나무

A *snag* is a small problem or disadvantage.

(표현) hit a snag 문제에 봉착하다, 뜻밖의 장애에 부딪히다

[예문 해석] **1669** 진눈깨비가 내리고 있다.   **1670** 코트에서 소매가 찢어져 나갔다.   **1671** 나는 아주 큼직한 초콜릿 케이크 한 조각을 먹었다. **1672** 단기적으로 유럽은 독일의 경기 침체로의 하락의 영향을 받고 있다.   **1673** 나의 남자친구는 나를 뚱뚱이라고 부르곤 했다.   **1674** 그 팀은 2,850kg의 폐물을 그 산맥의 가장 높은 비탈에서 가지고 내려왔다.   **1675** 적외선 카메라이기 때문에 곰의 동면이나 분만에는 지장을 주지 않을 것이다.   **1676** 어제 여기서 끔찍한 열차 충돌 사고가 있었다.   **1677** 이 냄새는 정말 역겹다.   **1678** 장애란 작은 문제이거나 불리한 점이다.

1679

sneeze

[sníːz]

n. 재채기

That disease spreads through coughs and *sneezes*, causing a flulike respiratory condition that sometimes progresses to pneumonia.

1680

soap

[sóup]

n. 비누

It is also used in drugs, paints, ink, and *soaps*. |대수능|

1681

soil

[sɔ́il]

n. 흙, 땅(=earth) *v.* 더럽히다, 얼룩을 묻히다

The soybean is a hardy plant that does not need special *soil* or climate to grow. |대수능|

1682

solace

[sáləs]

n. 위안(=comfort), 위로

The reason why he attends church is to find *solace*.

1683

soldier

[sóuldʒər]

n. 군인, 병사

The captain assigned two *soldiers* to guard the gate.

㊓ soldierly *adj.* 군인다운, 용감한

1684

soot

[sút]

n. 검댕, 매연

The chimney was choked with *soot*.

1685

sop

[sáp]

n. 뇌물, 미끼 *v.* 담그다, 흠뻑 적시다

This is an obvious *sop* to the large Irish-American audience.

1686

sorrow

[sárou]

n. 슬픔(=sadness)

Death is a time of *sorrow*. |대수능|

㊓ sorrowful *adj.* 슬픈, 비탄에 잠긴   sorrowfully *adv.* 슬프게

1687

sort

[sɔ́ːrt]

n. 종류(=kind) *v.* 분류하다

"Oh," the blind man said, "then it must be a wet *sort* of color." |대수능|

1688

soul

[sóul]

n. 영혼(=spirit), 정신

Body and *soul* are indivisible relation.

1689

sound

[sáund]

n. 소리, 음 *adj.* 건전한, 건강한

A hummingbird's wings flutter so fast that they make a humming *sound*.

㈘ sound effect 음향효과   sound wave 음파   soundproof *adj.* 방음의

[예문 해석] **1679** 그 병은 기침과 재채기를 통해 퍼지며, 때로는 폐렴으로 발전하는 독감 같은 호흡기 질환을 일으킨다.   **1680** 이것은 또한 약이나 페인트, 잉크 그리고 비누에 사용된다.   **1681** 콩은 자라기 위한 특별한 토양이나 기후를 필요로 하지 않는 내한성(耐寒性) 식물이다.   **1682** 그가 교회에 다니는 이유는 위안을 찾기 위해서이다.   **1683** 대위는 두 병사를 지명하여 정문에 보초를 서도록 했다.   **1684** 굴뚝이 검댕으로 막혀 있었다.   **1685** 이것은 많은 아일랜드계 미국인 청중을 위한 명백한 뇌물이다.   **1686** 죽음은 슬픔의 시간이다.   **1687** "오, 그렇다면, 이것은 젖은 종류의 색깔이 틀림없겠구나."라고 그 앞이 안 보이는 남자는 말했다.   **1688** 육체와 영혼은 불가분의 관계이다.   **1689** 벌새의 날개는 아주 빠르게 퍼덕거려 윙윙거리는 소리가 난다.

1690
source

[sɔ́:rs]

n. 원천, 출처, 원인(=cause)

Journalists often refuse to disclose the *sources* of their information.

1691
souvenir

[sù:vəníər]

n. 기념품, 선물

The tourists are shopping for *souvenirs*.

표현 a souvenir hunter 기념품 수집가

1692
soybean

[sɔ́ibì:n]

n. 콩

Soybeans are the main ingredient of bean curd.

관련 soy sauce 간장

1693
span

[spǽn]

n. 길이, 기간

The average life *span* of Korean people is eighty.

1694
spark

[spá:rk]

n. 불꽃(=sparkle), 불똥　*v.* 불꽃을 튀기다

Her teacher's praise kindled a *spark* of hope inside her.

1695
spear

[spíər]

n. 창(=lance), 투창

A *spear* is a primitive weapon.

관련 spearhead　*n.* 창끝, (공격의) 선봉

1696
species

[spí:ʃi(:)z]

n. 종류(=kind, sort), 종(種)

Stop supporting the hunting of our endangered *species*.

1697
specification

[spèsifikéiʃən]

n. 상술, 열거, (pl.) 명세서, 내역

Enclosed is a list of part *specifications*.

파 specify　*v.* 명기(명시)하다, 일일이 열거하다

1698
specimen

[spésəmən]

n. 견본(=sample), 표본

He's still a fine *specimen* of health.

1699
speck

[spék]

n. 작은 반점, 얼룩(=stain), 오점, 소량

The airplane dwindled to a *speck*.

1700
spectacle

[spéktəkl]

n. 광경(=sight), 구경거리, (pl.) 안경

This is one of planet Earth's greatest *spectacles*.

파 spectator　*n.* 구경꾼, 관객　spectacular　*adj.* 구경거리의　spectacled　*adj.* 안경 쓴

[예문 해석] **1690** 언론인들은 종종 그들의 정보원을 밝히기를 거부한다. **1691** 관광객들이 기념품을 사고 있다. **1692** 두부의 주재료는 콩이다. **1693** 한국 사람의 평균 수명은 80세이다. **1694** 선생님의 칭찬이 그녀 안에 있는 희망의 불꽃에 불을 붙였다. **1695** 창은 원시적인 무기이다. **1696** 멸종 위기에 놓인 종(種)의 사냥을 지원하지 마십시오. **1697** 부품 내역에 관한 상세한 설명이 실린 목록을 동봉했습니다. **1698** 그는 여전히 건강의 좋은 표본이다. **1699** 비행기는 점점 작아지다가 하나의 점이 되었다. **1700** 이것은 지구상에서 가장 훌륭한 장관 중 하나이다.

17ᵀᴴ LECTURE MASTERING IDIOMS

- **get into trouble**   곤란해지다, 곤경에 빠지다

  You'll *get into* deep *trouble* if you continue being late for work.

  직장에 계속 늦으면 당신은 크게 곤란해질 것이다.

- **get lost**   길을 잃다(=lose one's way)

  They *got lost* in the desert and starved to death. 그들은 사막에서 길을 잃고 굶어 죽었다.

- **get paid**   보수를 받다

  Do you *get paid* on an hourly basis? 급료는 시간당으로 받으시나요?

- **get rescheduled**   일정이 다시 정해지다

  A baseball game will *get rescheduled* because of rain.

  우천 때문에 야구 경기는 일정이 다시 정해질 것이다.

- **get rid of**   제거하다(=remove, eliminate)

  A bad habit is easy to get into and hard to *get rid of*.

  나쁜 버릇은 붙기는 쉬워도 없애기는 힘들다.

- **get to know**   알게 되다

  It takes time to really *get to know* a person. 사람을 아는 데는 시간이 걸린다.

- **get worse and worse**   더욱 악화되다

  His unruly conduct is *getting worse and worse*. 그의 난행이 점점 악화되고 있다.

- **give a lecture**   강의하다

  She will *give a lecture* in English. 그녀는 영어로 강의를 할 것이다.

- **give a speech**   연설을 하다

  I have to *give a speech* about the economy to my class tomorrow.

  난 내일 수업에서 경제에 관한 연설을 해야 한다.

- **give it a try**   시도하다(=attempt)

  I just want to *give it a try*. 한번 시도는 해보고 싶습니다.

- **give up**   포기하다, 그만두다(=abandon)

  My cousin finally agreed to *give up* gambling. 나의 사촌은 마침내 도박에서 손을 떼는 데 동의했다.

- **go against**   ～에 어긋나다

  The food *goes against* my stomach. 그 음식은 내 비위에 맞지 않는다.

17ᵀᴴ LECTURE REVIEW TEST

● 빈칸에 알맞은 단어나 뜻을 쓰시오.

1. sculpture	_____	26. siege	_____
2. secretary	_____	27. _____	중요성, 의미
3. sect	_____	28. skeleton	_____
4. _____	안전, 안보	29. skeptic	_____
5. segment	_____	30. skyscraper	_____
6. _____	자기 훈련, 자기 수양	31. slave	_____
7. self-expression	_____	32. sleet	_____
8. self-portrait	_____	33. slob	_____
9. semester	_____	34. slumber	_____
10. sensation	_____	35. _____	분쇄, 충돌
11. sentiment	_____	36. snag	_____
12. sepulcher	_____	37. sneeze	_____
13. _____	연속, 순서, 결과	38. solace	_____
14. seraph	_____	39. soot	_____
15. sergeant	_____	40. sop	_____
16. sermon	_____	41. source	_____
17. session	_____	42. _____	기념품, 선물
18. sewage	_____	43. span	_____
19. _____	피난처, 주거	44. spark	_____
20. shepherd	_____	45. spear	_____
21. shield	_____	46. species	_____
22. shipwreck	_____	47. specification	_____
23. short-cut	_____	48. _____	견본, 표본
24. shrine	_____	49. speck	_____
25. _____	형제, 자매	50. _____	광경, 구경거리, 안경

정답 | 기본 페이지 참조

18TH LECTURE

| 1701 **sphere** ~ 1800 **synonym** |

SUMMA CUM LAUDE VOCABULARY

1701
sphere

[sfíər]

n. 구체, 영역, 범위

Women everywhere are invading the *spheres* of men.

㈜ spherical *adj.* 구형의

1702
spice

[spáis]

n. 양념(=condiment), 향신료, 풍미(=flavor)

The cook is adding a *spice* to the dish.

㈜ spicy *adj.* 양념을 넣은, 향긋한

1703
spine

[spáin]

n. 등뼈, 척추(=backbone)

A cold shiver ran down my *spine*.

㈜ spinal *adj.* 등뼈의, 척추의

1704
spire

[spáiər]

n. 뾰족탑, (탑의) 뾰족한 꼭대기

The *spire* of a building such as a church is the tall pointed structure on the top.

1705
spite

[spáit]

n. 악의(=malice), 심술, 앙심

In *spite* of the gloomy economic forecasts, manufacturing output has risen slightly.

㈜ in spite of ~에도 불구하고

1706
spokesman

[spóuksmən]

n. 대변인(=spokesperson)

A *spokesman* for the group confirmed that negotiations were progressing smoothly.

㈜ presidential spokesman 대통령 대변인(비서관)

[예문 해석] **1701** 각 분야에서 여자가 남자의 영역을 침범하고 있다. **1702** 요리사가 음식에 양념을 첨가하고 있다. **1703** 오한이 등골을 타고 내렸다(등골이 오싹해졌다). **1704** 교회와 같은 건물의 뾰족탑은 높고 끝이 뾰족한 꼭대기의 구조물이다. **1705** 침울한 경제 전망에도 불구하고 제조업의 생산량은 약간 증가했다. **1706** 그 단체의 대변인은 협상이 순조롭게 진행 중이라고 밝혔다.

1707
spot
[spát]

n. 장소, 점

But what appeared in the telescope looked more like large black *spots*.

㈜ spotless *adj.* 오점이 없는   표현 on the spot 그 자리에서, 즉석에서 |대수능|

1708
spouse
[spáus]

n. 배우자

Fifty representatives will attend, 20 of whom will be bringing a *spouse*.

1709
spur
[spə́:r]

n. 박차, 자극

He decided to leave on the *spur* of the moment.

표현 on(upon) the spur of the moment 갑자기, 충동적으로

1710
square
[skwέər]

n. 정사각형, (네모진) 광장

In the afternoon, I am going to shop in Union *Square*. |대수능|

㈜ squarely *adv.* 네모지게

1711
squint
[skwínt]

n. 눈을 가늘게 뜨고 보기, 사시, 곁눈질   *adj.* 사시의   *v.* 곁눈질로 보다

Clint Eastwood's trademark is his *squint*.

1712
squirrel
[skwə́:rəl]

n. 다람쥐

It is easy to make friends with gray *squirrels*. |대수능|

1713
stability
[stəbíləti]

n. 안정(성)

The plane lost its *stability* in the turbulent air.

㈜ stabilize *v.* 안정시키다   stable *adj.* 안정된

1714
stack
[stǽk]

n. 더미, 퇴적(=pile)   *v.* 쌓아 올리다

I have *stacks* of affairs to settle today.

1715
stadium
[stéidiəm]

n. 경기장

Overnight, fans slept outside the *stadium* to make certain they could get tickets. |대수능|

1716
stain
[stéin]

n. 얼룩(=blot), 오점(=spot)   *v.* 더럽히다

I think this *stain* will come off.

㈜ stainless *adj.* 얼룩이 없는, (강철이) 녹슬지 않는

1717
stair
[stέər]

n. 계단(=stairway)

Uncle Dave went up the *stairs*.

[예문 해석] **1707** 그러나 망원경에 나타난 것은 거대한 검은 점처럼 보였다.   **1708** 대의원 50명이 참석할 것이고, 그 중 20명은 배우자를 데리고 올 것이다.   **1709** 그는 갑자기 떠나기로 결정했다.   **1710** 오후에 나는 Union 광장에서 쇼핑을 할 것이다.   **1711** Clint Eastwood의 트레이드마크는 가늘게 뜨는 눈이다.   **1712** 회색 다람쥐들과 친구가 되는 것은 쉽다.   **1713** 비행기는 난기류로 안정(평형)을 잃었다.   **1714** 난 오늘 처리해야 할 일이 산더미이다.   **1715** 밤새 팬들은 표를 확실히 구하려고 경기장 밖에서 잠을 잤다.   **1716** 이 얼룩은 빠질 것 같다.   **1717** Dave 아저씨는 계단을 올라갔다.

1718
stake
[stéik]

n. 말뚝(= post), 막대기, 내기

He tied his horse to a *stake*.

표현 at stake 위태로워, 내기에 걸려서

1719
stalemate
[stéilmèit]

n. 교착상태, [체스] 수의 막힘

Stalemate is a situation in which neither side in an argument or contest can win or in which no progress is possible.

관련 stale *adj.* 상한, 진부한

1720
stall
[stɔ́:l]

n. 마구간, 매점(= stand), 노점

All the street *stalls* were pulled down simultaneously.

1721
stamp
[stǽmp]

n. 우표, 도장, 소인 *v.* 날인하다, 우표를 붙이다

Give me ten *stamps* and two postcards, please. |대수능|

1722
standpoint
[stǽndpɔ̀int]

n. 입장, 견지, 관점(= viewpoint)

From a corporate *standpoint*, it was a good media opportunity for us to put our name in front of the public.

표현 from all standpoints 모든 관점에서

1723
standstill
[stǽndstìl]

n. 정지, 멈춤

During the rush hour, traffic often slows to a *standstill*.

표현 come to a standstill 멈추다, 막히다

1724
starch
[stá:rtʃ]

n. 녹말, 전분, (세탁용) 풀

Avoid fatty foods and *starches*.

파 starchy *adj.* 녹말의, 풀을 먹인   starched *adj.* 풀을 먹인

1725
state
[stéit]

n. 상태(= condition), 형편, 국가 *v.* 말하다, 진술하다

A great man can maintain his dignity in any *state*.

파 statement *n.* 진술, 성명(서)

1726
statesman
[stéitsmən]

n. 정치가

He is famous as a *statesman*.

관련 statesmanship *n.* 정치적 수완

1727
static
[stǽtik]

n. 정전기, 전파 방해, 잡음 *adj.* 정적인, 정지 상태의

The radio is affected by *static*.

[예문 해석] **1718** 그는 자신의 말을 말뚝에 묶었다. **1719** 교착상태란 어떤 논쟁이나 대회에서 어느 쪽도 이길 수 없는 또는 진전이 가능하지 않은 상황이다. **1720** 거리의 노점은 일제히 철거되었다. **1721** 우표 10장과 엽서 2장을 주십시오. **1722** 회사 입장에서 보면, 그것은 대중들 앞에 우리 이름을 선전할 수 있는 좋은 광고 기회였다. **1723** 러시아워에는 교통이 느리다 못해 정지 상태일 때가 종종 있다. **1724** 지방이 많은 음식과 전분이 많은 음식을 피하라. **1725** 위인은 어떤 상태에서도 위엄을 유지할 수 있다. **1726** 그는 정치가로 유명하다. **1727** 라디오는 정전기의 영향을 받고 있다.

1728
statistic

[stətístik]

n. 통계치, 통계량

Consider the chilling *statistic* that teenagers spend on average some three hours a day watching TV, and about five minutes a day alone with their fathers.

㈜ statistical *adj.* 통계의, 통계학의　statistician *n.* 통계학자　statistics *n.* 통계(학)

1729
statue

[stǽtʃuː]

n. 조각상, 조상

A *statue* is a large sculpture of a person or an animal, made of stone or metal.

1730
stature

[stǽtʃər]

n. 키, 신장

They are all about the same in *stature*.

1731
status

[stéitəs]

n. 상태, 지위(= rank)

Please generate a *status* report that details our cost per contact and cost per sale.

㈎ statute *n.* 법령, 법규, 규칙

1732
stead

[stéd]

n. 대신, 대리

We hope you will consent to act in his *stead*.

1733
steamboat

[stíːmbòut]

n. 증기선

A *steamboat* is a boat or ship that has an engine powered by steam.

㈜ steamer *n.* 증기선, 증기기관　steamship *n.* 증기선

1734
stem

[stém]

n. 줄기　*v.* 생기다, 유래하다

An ivy plant can spread its *stems* along a brick wall to a height of six or seven stories. |대수능|

㈜ stem from ~에서 유래하다

1735
stereotype

[stériətàip]

n. 고정관념, 상투 문구, [인쇄] 연판

A *stereotype* is a fixed general image or set of characteristics that a lot of people believe represent a particular type of person or thing.

㈜ the ethnic stereotype 민족 고유의 고정관념

1736
steward

[stjúːərd]

n. 집사, 지배인, 승무원

A *steward* demonstrates how to put on a life jacket.

㈜ stewardess *n.* 여승무원

[예문 해석] **1728** 10대들이 TV 시청에 하루 평균 3시간 정도를 보내는 반면, 아버지와는 고작 5분 정도를 보낸다는 섬뜩한 통계를 고려하십시오.　**1729** 조각상이란 돌이나 금속으로 만들어진 사람이나 동물의 큰 조각품이다.　**1730** 그들은 신장이 대체로 같다.　**1731** 고객 접촉 비용 및 구매 대비 비용을 상세히 설명한 상황 보고서를 만드시오.　**1732** 우리는 당신이 그를 대신해 행동할 것을 동의해주기 바랍니다.　**1733** 증기선은 증기에 의해서 움직이는 엔진을 가진 보트나 배이다.　**1734** 담쟁이 넝쿨은 벽돌담을 따라 그 줄기를 6층 또는 7층 높이로 퍼지게 할 수 있다.　**1735** 고정관념이란 고정된 일반적인 이미지이거나 사람이나 사물의 특별한 유형을 나타낸다고 많은 사람들이 믿는 일련의 특징이다.　**1736** 승무원이 구명재킷 착용법을 시범해 보인다.

1737
stick

[stík]

n. 막대기, 지팡이   *v.* 찌르다(=thrust), 고수하다, 붙이다

People living in caves probably learned that animal fat could be coated on *sticks* and burned. |대수능|

1738
sting

[stíŋ]

n. 찌르기, 찔린 상처[자리]

The *sting* of an insect has swollen up.

(파) stinging *adj.* 쏘는, (풍자 따위가) 신랄한   stingy *adj.* 인색한

1739
stitch

[stítʃ]

n. 한 바늘, 한 땀

A *stitch* in time saves nine.

(표현) a cross stitch 십자수

1740
stockpile

[stákpàil]

n. 비축(량), 재고

They have a *stockpile* of weapons and ammunition that will last several months.

(관련) stock *v.* 비축하다

1741
stomach

[stʌ́mək]

n. 위, 복부, 배(=belly)

The doctor operated on my *stomach*.

(관련) stomachache *n.* 복통

1742
stool

[stúːl]

n. (등 없는) 의자

Carry this *stool* back to its place.

1743
stopover

[stápòuvər]

n. 도중하차(지), (여행 중의) 단기 체재지

No *stopover* is allowed on this ticket.

(관련) stoppage *n.* 정지, (쟁의 중의) 휴업   stopper *n.* 마개

1744
storage

[stɔ́ːridʒ]

n. 저장, 보관

Reservoir is a natural or artificial pond or lake used for the *storage*.

(파) store *v.* 저장하다   (관련) storehouse *n.* 창고

1745
strain

[stréin]

n. 긴장, 피로, 큰 부담   *v.* 잡아당기다

The *strain* is hard to bear. It grows harder as time passes. |대수능|

(파) strained *adj.* 긴장된, 무리한

1746
strait

[stréit]

n. 해협(=channel)

She crossed the *Straits* of Dover by the ship.

[예문 해석] **1737** 동굴 속에서 살고 있는 사람들은 아마도 동물의 기름을 막대기에 입혀 태울 수 있다는 것을 배웠을 것이다.   **1738** 벌레에 물린 자리가 부었다.   **1739** 제때의 한 바늘은 나중에 아홉 바늘을 던다.   **1740** 그들은 몇 달 동안 견딜 무기와 탄약의 비축량을 가지고 있다.   **1741** 의사는 내 위를 수술했다.   **1742** 이 의자를 제자리에 도로 갖다 놓아라.   **1743** 이 표는 도중하차가 안 된다.   **1744** 저수지는 물의 저장을 위해 사용되는 자연적 또는 인공적인 연못이다.   **1745** 긴장은 참기 힘들다. 이것은 시간이 갈수록 점점 심해진다.   **1746** 그녀는 배를 타고 Dover 해협을 건넜다.

1747
straitjacket

[stréitdʒǽkit]

n. (정신병자 · 광포한 죄수에게 입히는) 구속복

A *straitjacket* is a special jacket used to tie the arms of a violent person tightly around their body.

1748
strap

[strǽp]

n. 가죽 끈, 혁대, (전차 등의) 가죽 손잡이

Better hold on to the *strap* so you don't get hurt.

1749
strategy

[strǽtədʒi]

n. 전략, 작전, 용병학

They anticipated the enemy's *strategy*.

(파) strategic *adj.* 전략상의   strategist *n.* 전략가

1750
straw

[strɔ́:]

n. 짚, 밀짚, 빨대

Do you sell *straw* hats, too?

1751
streak

[stríːk]

n. 줄(=stripe), 연속, 경향

With this loss, the Sharks extend their losing *streak* to six games.

(표현) a losing streak 연패

1752
stream

[stríːm]

n. 시내, 개울

On the other hand, the water for the fields is taken from a number of small ponds or *streams*. |대수능|

1753
strength

[stréŋkθ]

n. 힘, 세력

For example, these people choose fruit and vegetables to give them *strength* for physical activity. |대수능|

(파) strengthen *v.* 강하게 하다, 강화하다   strenuous *adj.* 정력적인, 노력을 요하는

1754
stride

[stráid]

n. 큰 걸음, 활보, (pl.) 진보, 발전

The industry has made great *strides*.

(표현) at(in) a stride 한 걸음에

1755
string

[stríŋ]

n. 끈, 줄, 일련

The package is tied with a red *string*.

(표현) a piece of string 한 가닥

1756
stripe

[stráip]

n. 줄무늬, 줄 *v.* 줄무늬를 넣다

Zebras have black and white *stripes* on their bodies.

(파) striped *adj.* 줄무늬가 있는

[예문 해석] **1747** 구속복은 폭력적인 사람의 팔을 몸 둘레에 꽉 묶는 데 사용되는 특별한 재킷이다.   **1748** 다치지 않도록 손잡이를 잡는 게 좋겠다.   **1749** 그들은 적의 전략을 예상했다.   **1750** 밀짚모자도 파시나요?   **1751** 이번 패배로 Sharks 팀은 6연패를 기록하게 된다.   **1752** 반면에, 들판을 위한 물은 많은 작은 연못이나 하천에서 끌어올려진다.   **1753** 예를 들어, 이러한 사람들은 육체적 활동을 위한 근력을 얻기 위해 과일이나 야채를 선택한다.   **1754** 그 산업은 크게 발달하였다.   **1755** 그 소포는 빨간 끈으로 묶여 있다.   **1756** 얼룩말은 몸에 검은색과 흰색 줄무늬가 있다.

1757
stripling

[strípliŋ]

n. 애송이, 풋내기

He was a *stripling*, a boy of nineteen.

1758
stroke

[stróuk]

n. 일격, 타격(=blow), (뇌졸중 등의) 발작

He suffered a *stroke* and partial paralysis.
표현 at a stroke 단숨에, 일격에

1759
stroll

[stróul]

n. 산책, 거닐기　*v.* 산책하다

I took a *stroll* this morning and listened to the birds.

1760
structure

[strʌ́ktʃər]

n. 구조, 구성(=constitution)

The plant has broad leaves with a reticulated vein *structure*.
파 structural *adj.* 구조적인

1761
struggle

[strʌ́gl]

n. 투쟁, 몸부림　*v.* 투쟁하다

We witness their *struggles*, triumphs and failures. |대수능|

1762
stub

[stʌ́b]

n. (나무의) 그루터기(=stubble), 토막

Stubs of trees stand out here and there.
파 stubby *adj.* 그루터기 같은, 땅딸막한

1763
stuff

[stʌ́f]

n. 재료, 물건, 잡동사니　*v.* 채우다

His room is full of old *stuff*.
파 stuffy *adj.* 통풍이 나쁜, 숨 막힐 듯한

1764
stump

[stʌ́mp]

n. (나무의) 그루터기(=stub), 동강, 꽁초

A *stump* is a small part of something that remains when the rest of it has been removed or broken off.

1765
stupor

[stjú:pər]

n. 무감각, 인사불성

While in a drunken *stupor*, he became abusive and violent.

1766
stutter

[stʌ́tər]

n. 말더듬기　*v.* 말을 더듬다

She has spoken with a *stutter* since she was a little girl.

1767
subcommittee

[sʌ́bkəmìti]

n. 분과 위원회, 소위원회

A *subcommittee* is a small committee made up of members of a larger committee.

[예문 해석] **1757** 그는 19살 밖에 되지 않은 애송이였다.　**1758** 그는 뇌졸중을 앓아 부분 마비가 왔다.　**1759** 나는 오늘 아침에 산책을 했고 새소리를 들었다.　**1760** 그 식물은 그물형 잎맥 구조의 넓은 잎을 갖고 있다.　**1761** 우리는 그들의 투쟁과 승리와 실패를 본다.　**1762** 나무 그루터기가 여기저기 서 있다.　**1763** 그의 방은 낡은 물건들로 가득 차 있다.　**1764** 동강은 나머지가 제거되거나 잘려 나가고 남은 무엇인가의 작은 부분이다.　**1765** 술에 취해 인사불성인 동안 그는 욕설을 해대며 난폭하게 굴었다.　**1766** 그녀는 어렸을 때부터 줄곧 더듬으면서 말을 했다.　**1767** 분과 위원회는 큰 위원회의 구성원들로 구성되는 작은 위원회이다.

1768
subject
[sʌ́bdʒikt]

n. 주제(=theme), 학과, 국민, 피실험자

Such *subjects* are not within the scope of this book.

ⓟ subjective *adj.* 주관적인

1769
submarine
[sʌ́bmərìːn]

n. 잠수함

A missile was launched from the *submarine*.

1770
submission
[səbmíʃən]

n. 복종, 순종, 제출

Credit card orders are processed immediately upon *submission* of application.

ⓟ submit *v.* 제출하다, 복종하다

1771
subordinate
[səbɔ́ːrdənət]

n. 부하직원 *adj.* 하위의, 종속하는

You must not be partial in dealing with your *subordinates*.

1772
subsidiary
[səbsídièri]

n. 보조자, 자회사 *adj.* 보조의, 부차적인

The European *subsidiary* has already submitted its sales totals, but we have not finished calculating ours yet.

1773
subsidy
[sʌ́bsədi]

n. (국가의) 보조금, 지원금

European farmers are planning a massive demonstration against farm *subsidy* cuts.

1774
subspecies
[sʌ́bspìːsiːz]

n. [생물] 아종(생물 분류에서 종의 하위 분류계급)

Several other *subspecies* of gull are found in the region.

1775
substance
[sʌ́bstəns]

n. 물질(=matter, material), 내용, 실체

Keep dangerous *substances* out of the reach of the children.

ⓟ substantial *adj.* 상당한, 실질적인

1776
suburb
[sʌ́bəːrb]

n. 교외, 도시 근교

Does Mr. Sanders commute from the *suburbs*?

ⓟ suburban *adj.* 교외의, 도시 주변의

1777
suicide
[súːəsàid]

n. 자살, 자살 행위

Climbing those mountains alone is nothing short of *suicide*.

ⓟ suicidal *adj.* 자살적인, 자포자기한

[예문 해석] **1768** 그러한 주제들은 이 책의 범위 안에 없다. **1769** 잠수함으로부터 미사일이 발사되었다. **1770** 신용카드 주문은 신청서를 제출하는 즉시 처리된다. **1771** 당신은 아랫사람을 다룰 때 편파적이어서는 안 된다. **1772** 유럽 지사는 이미 판매 종합보고서를 제출했는데, 우리는 아직도 우리 지사의 판매액 계산을 끝내지 못했다. **1773** 유럽의 농부들은 농업 보조금의 삭감에 대항하는 대규모의 시위를 계획 중이다. **1774** 몇몇 다른 갈매기의 아종들이 이 지역에서 발견된다. **1775** 위험 물질을 아이들의 손이 닿지 않는 곳에 두어라. **1776** Sanders 씨는 교외에서 출퇴근하나요? **1777** 그러한 산에 단독으로 오르는 것은 자살 행위나 다름없다.

1778
suit

[súːt]

n. 소송, (복장의) 한 벌 *v.* 적합하다, 맞다

They wore surgical *suits*, masks and caps.

(파) suitor *n.* 제소인, 원고　suitable *adj.* 적당한, 적절한　suitability *n.* 적합, 적당

1779
sum

[sʌ́m]

n. 합계(=total), 금액

The whole is more than the *sum* of its parts. |대수능|

1780
summary

[sʌ́məri]

n. 요약, 개요

Would you write me a *summary* of this report?

(파) summarize *v.* 요약하다

1781
summit

[sʌ́mit]

n. (산의) 정상, 꼭대기(=top), 절정, 정상회담

At last we saw the *summit* of the mountain.

1782
superstition

[sùːpərstíʃən]

n. 미신, 미신적 관습

According to *superstition*, if you walk under a ladder, it brings you bad luck.

(파) superstitious *adj.* 미신적인

1783
supervision

[sùːpərvíʒən]

n. 관리, 감독, 지휘

A toddler requires close *supervision* and firm control at all times.

(파) supervisor *n.* 감독(자), 관리자

1784
supper

[sʌ́pər]

n. 저녁 식사, 만찬

She prepared a good *supper* for us.

1785
support

[səpɔ́ːrt]

n. 지지(대), 원조 *v.* 지지하다, 후원하다

Norman's tin legs were his only *supports*. |대수능|

(파) supporter *n.* 지지자, 후원자　supportive *adj.* 지지하는, 격려하는

1786
surf

[sə́ːrf]

n. 밀려드는 파도

Surf is the mass of white bubbles that is formed by waves as they fall upon the shore.

(파) surfing *n.* 파도타기　(관련) surfboat *n.* 구명용 보트

1787
surface

[sə́ːrfis]

n. 표면, 외부, 외관(=outward appearance)

Magma is called lava when it reaches the earth's *surface*.

[예문 해석] **1778** 그들은 수술복에 마스크와 모자를 쓰고 있었다.　**1779** 전체는 부분의 합보다 크다.　**1780** 이 보고서의 개요를 써주시겠어요?　**1781** 마침내 우리는 산 정상을 보았다.　**1782** 미신에 따르면 사다리 밑을 걸어가면 운이 나빠진다고 한다.　**1783** 걸음마를 하는 아이는 항상 밀접한 감독과 확고한 통제를 필요로 한다.　**1784** 그녀는 우리에게 맛있는 저녁 식사를 차려주었다.　**1785** Norman의 양철로 된 다리가 그의 유일한 지지대였다.　**1786** 연안쇄파(surf)는 파도가 해안에 들이닥칠 때 파도에 의해서 만들어지는 거대한 하얀색 거품들이다.　**1787** 마그마가 지표면에 도달했을 때 용암이라고 한다.

1788
surgeon

[sə́:rdʒən]

n. 외과의사

The company developed a robotic arm that *surgeons* can operate using a voice-controlled computer.

파 surgery *n.* 외과, (외과) 수술

1789
surname

[sə́:rnèim]

n. 성(= family name)

Your *surname* is the name that you share with other members of your family.

1790
surplus

[sə́:rplʌs]

n. 나머지, 잔여, 과잉(= excess)

To make a profit, the capitalist appropriates '*surplus* value'.

1791
survey

[sə:rvéi]

n. 조사, 측량   *v.* 자세히 조사하다, 측량하다

100 questionnaires were sent out for the *survey*. |대수능|

파 surveyor *n.* (토지의) 측량기사, 조사관

1792
suspicion

[səspíʃən]

n. 혐의, 의심

He was arrested on the *suspicion* of theft.

파 suspicious *adj.* 의심스러운, 혐의를 두는

1793
swamp

[swámp]

n. 늪(= bog), 소택지(= marsh)   *v.* 밀어닥치다, 압도하다

The *swamp* was too moist for cultivation.

1794
sweat

[swét]

n. 땀

His face was covered with *sweat*.

1795
sword

[só:rd]

n. 검, 칼

Those who live by the *sword* also die by the sword. |대수능|

관련 sword-law 계엄령, 무력정치

1796
symmetry

[símətri]

n. (좌우)대칭, 균형(미)

I loved the house because it had perfect *symmetry*.

파 symmetric *adj.* 대칭적인

1797
sympathy

[símpəθi]

n. 동정(= compassion), 공감

Then *sympathy* for Great Britain and France increased. |대수능|

파 sympathize *v.* 동정하다, 공감하다   sympathetic *adj.* 동정심이 있는, 공감시키는

[예문 해석] 1788 그 회사는 외과의사들이 음성 조절 컴퓨터를 이용해 작동할 수 있는 로봇 팔을 개발했다.   1789 당신의 성은 당신과 당신의 가족이 공유하는 이름이다.   1790 이익을 얻기 위해 자본가는 '잉여 가치'를 독차지한다.   1791 100개의 설문지들이 조사를 위해 발송되었다.   1792 그는 절도 혐의로 체포되었다.   1793 그 습지는 경작하기엔 너무 습했다.   1794 그의 얼굴은 땀으로 뒤범벅이었다.   1795 칼로 사는 사람은 또한 칼에 의해 죽는다.   1796 그 집은 완벽한 좌우대칭을 가지고 있었기 때문에 나는 그 집을 좋아했다.   1797 그리고 나서 영국과 프랑스에 대한 동정심이 증가했다.

1798
symphony

[símfəni]

n. 교향곡, 심포니

He wrote a *symphony* at eight and at thirteen he published an opera. |대수능|

㉤ symphonic *adj.* 교향곡의

1799
symptom

[símptəm]

n. 징후(=sign), 증상

Quaking knees and paleness are *symptoms* of fear.

1800
synonym

[sínənìm]

n. 동의어

His name has become a *synonym* for cowardice.

㉰ antonym *n.* 반의어

[예문 해석] **1798** 그는 8세 때 교향곡을 썼으며 13세 때 오페라를 발표했다. **1799** 두 무릎을 덜덜 떨고 창백해지는 건 두려움의 징후이다.
1800 그의 이름은 겁쟁이와 동의어가 되었다.

18TH LECTURE MASTERING IDIOMS

- **go back**   ~로 돌아가다
  I *go back* home at a quarter to 6. 나는 6시 15분 전에 집에 간다.

- **go broke**   무일푼이 되다
  You will *go broke* if you date her so often. 그녀와 자주 데이트하면 무일푼이 될 것이다.

- **go for broke**   모든 것을 걸고 최선을 다하다, 이판사판 해보다
  I'd *go for broke*. 나는 모든 것을 걸었다.

- **go on**   계속되다(=carry on, keep on)
  Things *go on* smoothly. 만사가 원활히 진행된다.

- **go steady with**   ~와 계속해서 사귀다
  Jane *goes steady with* him. Jane은 그와 계속 사귄다.

- **go through**   지내다, 경험하다
  You cannot *go through* the winter without an overcoat.
  당신은 외투 없이는 겨울을 지낼 수 없을 것이다.

- **grow up**   성장하다, 자라다
  Where did you *grow up*? 당신은 어디서 자랐습니까?

- **had better + V**   ~하는 게 낫다
  You *had better* see a doctor at once. 곧 병원에 가보는 게 좋겠다.

- **hang out with**   ~와 어울리다, 함께 시간을 보내다
  She *hangs out with* her coworkers. 그녀는 직장 동료들과 어울려 다닌다.

- **hang up**   걸다, 전화를 끊다
  Hang up your jacket on the hanger. 네 재킷을 옷걸이에 걸어라.

- **have a bad cold**   독감에 걸리다
  I *have a bad* cold. 나는 독감에 걸렸다.

- **have an effect on**   ~에 영향을 미치다(=affect, have an impact on, have an influence on, influence)
  In a restaurant, the smell of smoke may *have a* bad *effect on* the taste of other diners' food.
  음식점에서, 담배 냄새는 식사하는 다른 사람들의 음식 맛에 나쁜 영향을 미칠 수 있다.

18TH LECTURE REVIEW TEST

● 빈칸에 알맞은 단어나 뜻을 쓰시오.

1. _____ 구체, 영역

2. spice _____

3. spine _____

4. spire _____

5. spite _____

6. spokesman _____

7. spot _____

8. spouse _____

9. spur _____

10. _____ 정사각형, 광장

11. squint _____

12. squirrel _____

13. _____ 안정(성)

14. stack _____

15. stadium _____

16. _____ 얼룩, 오점

17. stair _____

18. stake _____

19. stalemate _____

20. stall _____

21. stamp _____

22. _____ 입장, 견지, 관점

23. standstill _____

24. starch _____

25. state _____

26. statesman _____

27. static _____

28. statistic _____

29. _____ 조각상, 조상

30. stature _____

31. status _____

32. stead _____

33. steamboat _____

34. stem _____

35. stereotype _____

36. steward _____

37. stick _____

38. sting _____

39. stitch _____

40. stockpile _____

41. _____ 위, 복부, 배

42. stool _____

43. stopover _____

44. _____ 저장, 보관

45. _____ 긴장, 피로

46. strait _____

47. straitjacket _____

48. strap _____

49. _____ 전략, 작전

50. straw _____

51. streak	_____	76. suburb	_____
52. _____	시내, 개울	77. _____	자살, 자살 행위
53. _____	힘, 세력	78. suit	_____
54. stride	_____	79. sum	_____
55. string	_____	80. summary	_____
56. stripe	_____	81. _____	(산의) 정상, 꼭대기, 절정
57. stripling	_____	82. superstition	_____
58. stroke	_____	83. supervision	_____
59. stroll	_____	84. supper	_____
60. _____	구조, 구성	85. support	_____
61. struggle	_____	86. surf	_____
62. stub	_____	87. _____	표면, 외부, 외관
63. stuff	_____	88. surgeon	_____
64. stump	_____	89. surname	_____
65. stupor	_____	90. surplus	_____
66. stutter	_____	91. survey	_____
67. subcommittee	_____	92. suspicion	_____
68. subject	_____	93. _____	늪, 소택지
69. submarine	_____	94. sweat	_____
70. _____	복종, 순종, 제출	95. sword	_____
71. bomb	_____	96. symmetry	_____
72. subsidiary	_____	97. _____	동정, 공감
73. subsidy	_____	98. symphony	_____
74. subspecies	_____	99. symptom	_____
75. _____	물질, 내용, 실체	100. synonym	_____

정답 | 기본 페이지 참조

19ᵀᴴ LECTURE

| ¹⁸⁰¹ synthesis ~ ¹⁹⁰⁰ truce |

SUMMA CUM LAUDE VOCABULARY

1801
synthesis

[sínθəsis]

n. 종합, 합성

One such breakthrough was the first *synthesis* of vitamin C.
(파) synthesize *v.* 종합하다, 합성하다　synthetic *adj.* 종합적인

1802
syringe

[səríndʒ]

n. 주사기

Syringes are used for putting liquids into things and for taking liquids out, for example for injecting drugs or for taking blood from someone's body.

>>> 표제어 이외의 교과서 수록 어휘

saki [sáːki]　*n.* 굵은 꼬리 원숭이
salad [sǽləd]　*n.* 샐러드, 생채 요리
salmon [sǽmən]　*n.* 연어
samba [sáːmbə]　*n.* 삼바(브라질의 댄스)
sample [sǽmpl]　*n.* 샘플, 견본
sandal [sǽndl]　*n.* 샌들, (짚신 같은) 가죽신
sandalwood [sǽndlwùd]　*n.* [식물] 백단향
sandwich [sǽndwitʃ]　*n.* 샌드위치
Sanskrit [sǽnskrit]　*n.* 산스크리트, 범어(梵語)
sapphire [sǽfaiər]　*n.* 사파이어, 청옥(靑玉)
sardine [saːrdíːn]　*n.* 정어리
sari [sáːri(ː)]　*n.* 사리(인도 여성이 두르는 옷)
Satan [séitn]　*n.* 사탄, 악마
satin [sǽtn]　*n.* 새틴, 견수자, 공단

Saturn [sǽtərn]　*n.* 토성, 농업의 신
sauna [sáunə]　*n.* 사우나, 증기욕
sausage [sɔ́ːsidʒ]　*n.* 소시지, 순대
saxophone [sǽksəfòun]　*n.* 색소폰
scandal [skǽndl]　*n.* 스캔들, 추문, 불명예
scarf [skáːrf]　*n.* 스카프, 목도리
scarlet [skáːrlit]　*n.* 주홍색
scenario [sinέəriòu]　*n.* 시나리오, 각본, 극본
schedule [skédʒu(ː)l]　*n.* 스케줄, 일정, 시간표
score [skɔ́ːr]　*n.* 스코어, 득점, 이유
Scorpio [skɔ́ːrpiòu]　*n.* 전갈자리
scorpion [skɔ́ːrpiən]　*n.* 전갈
screen [skríːn]　*n.* 스크린, 칸막이, 망, 영화
screw [skrúː]　*n.* 나사

[예문 해석] **1801** 그러한 업적 가운데 하나가 최초의 비타민 C 합성이었다.　**1802** 주사기는 예를 들어 약을 넣거나 누군가의 신체에서 피를 빼내는 것처럼 액체를 넣거나 액체를 빼내기 위해 사용된다.

screwdriver [skrú:dràivər]   *n.* 스크루 드라이버

scuba [skjú:bə]   *n.* 스쿠버(잠수용 수중 호흡기)

sedan [sidǽn]   *n.* 세단형 자동차

seesaw [sí:sɔ̀:]   *n.* 시소

seminar [sémənà:r]   *n.* 세미나, 연구

senorita [sèinjərí:tə]   *n.* …양, 스페인 아가씨

serenade [sèrənéid]   *n.* 세레나데, 소야곡

serge [sə́:rdʒ]   *n.* 서지, 세루(양복지)

serpent [sə́:rpənt]   *n.* 뱀, 뱀자리

sesame [sésəmi]   *n.* 참깨

shaman [ʃá:mən]   *n.* 샤먼, 마술사, 무당

shark [ʃá:rk]   *n.* 상어

shawl [ʃɔ́:l]   *n.* 숄, 어깨 걸치개

sheep [ʃí:p]   *n.* 양

she-goat [ʃí:gòut]   *n.* 암염소

shirt [ʃə́:rt]   *n.* 와이셔츠, 셔츠

shriek [ʃrí:k]   *n.* 날카로운 소리, 비명 소리

shrimp [ʃrímp]   *n.* 작은 새우

silk [sílk]   *n.* 실크, 비단

silver [sílvər]   *n.* 은

silver bath [sílvərbǽθ]   *n.* [사진] 감광액

sinfonia [sìnfouní:ə]   *n.* 교향곡, 심포니

siren [sáiərən]   *n.* [그리스 신화] 사이렌

sirloin [sə́:rlɔin]   *n.* 소 허리고기의 윗부분

site [sáit]   *n.* 사이트, 위치, 장소

size [sáiz]   *n.* 사이즈, 크기, 치수

skate [skéit]   *n.* 스케이트화(靴)

sketch [skétʃ]   *n.* 스케치, 사생화

skirt [skə́:rt]   *n.* 스커트, 치마

skylark [skáilɑ̀:rk]   *n.* 종달새

slab [slǽb]   *n.* 두꺼운 판

slate [sléit]   *n.* 슬레이트, 점판암

slicker [slíkər]   *n.* (길고 헐거운) 레인코트

slippers [slípərz]   *n.* 슬리퍼, (가벼운) 실내화

slogan [slóugən]   *n.* 슬로건, 표어

slot [slát]   *n.* 가늘고 긴 구멍(홈)

slug [slʌ́g]   *n.* 민달팽이

sluggard [slʌ́gərd]   *n.* 게으름뱅이

slum [slʌ́m]   *n.* 슬럼가, 빈민굴

slump [slʌ́mp]   *n.* 슬럼프, 침체, 부진

smallpox [smɔ́:lpàks]   *n.* 천연두

smile [smáil]   *n.* 미소

smithy [smíθi]   *n.* 대장간

smog [smág]   *n.* 스모그, 연무

smoke [smóuk]   *n.* 연기

snack [snǽk]   *n.* 스낵, 가벼운 식사

snail [snéil]   *n.* 달팽이

snake [snéik]   *n.* 뱀

snapshot [snǽpʃàt]   *n.* 스냅(사진)

snarl [sná:rl]   *n.* 으르렁거리는 소리

snowbird [snóubə̀:rd]   *n.* 흰멧새

soccer [sákər]   *n.* 축구

socks [sáks]   *n.* 양말

soda [sóudə]   *n.* 소다, 사이다

sofa [sóufə]   *n.* 소파, 긴 의자

software [sɔ́(:)ftwɛ̀ər]   *n.* 소프트웨어

solo [sóulou]   *n.* 솔로, 독주곡, 독창곡

solstice [sálstis]   *n.* [천문학] 지점(하지, 동지)

sombrero [sambrɛ́ərou]   *n.* 솜브레로(멕시코의 중절모)

sonata [səná:tə]   *n.* 소나타, 주명곡

soprano [səprǽnou]   *n.* 소프라노

soup [sú:p]   *n.* 수프, 고깃국

spade [spéid]   *n.* 삽, 가래

spaghetti [spəgéti]   *n.* 스파게티

spaniel [spǽnjəl]   *n.* 스패니얼(개의 종류)

sparrow [spǽrou]   *n.* 참새

sparrow hawk [spǽrouhɔ̀:k]   *n.* 새매

spearmint [spíərmìnt]   *n.* 양박하, 스피어민트

specialist [spéʃəlist]   *n.* 전문가

spectrum [spéktrəm]   *n.* 스펙트럼, 분광

speed [spí:d]   *n.* 속력, 속도

spider [spáidər]   *n.* 거미, 삼발이

spin [spín]   *n.* 스핀, 회전

spinach [spínitʃ]   *n.* 시금치

sponge [spʌ́ndʒ]   *n.* 스펀지, 해면

sponsor [spánsər]   *n.* 스폰서, 보증인, 후원자

spoon [spú:n]   *n.* 스푼, 숟가락

sport [spɔ́:rt]   *n.* 스포츠, 운동

spray [spréi]   *n.* 스프레이, 물보라, 분무

spring [spríŋ]   *n.* 봄, 샘, 용수철

spy [spái]　　*n.* 스파이, 첩자

squad [skwád]　　*n.* [군사] 분대

squawk [skwɔ́:k]　　*n.* 꽥꽥, 깍깍(새 따위의 울음소리)

squeak [skwí:k]　　*n.* (쥐 따위가) 찍찍 우는 소리

squeal [skwí:l]　　*n.* 끽끽 (우는 소리), 비명

squid [skwíd]　　*n.* 오징어

staff [stǽf]　　*n.* 직원, 참모, 막대기, 지팡이

stage [stéidʒ]　　*n.* 무대, 단계

stamina [stǽmənə]　　*n.* 정력, 원기

stance [stǽns]　　*n.* (골퍼·타자의) 발의 자세

stanza [stǽnzə]　　*n.* 시의 연(운율)

starfish [stá:rfiʃ]　　*n.* 불가사리

steak [stéik]　　*n.* 스테이크

steam [stí:m]　　*n.* 스팀, 증기

steel [stí:l]　　*n.* 강철

step [stép]　　*n.* 스텝, 걸음

stereo [stériòu]　　*n.* 스테레오, 입체 음향

stew [stjú:]　　*n.* 스튜(요리)

stocking [stákiŋ]　　*n.* 스타킹, 긴 양말

stone [stóun]　　*n.* 돌

stork [stɔ́:rk]　　*n.* 황새

story [stɔ́:ri]　　*n.* 이야기

stove [stóuv]　　*n.* 스토브, 난로

strawberry [strɔ́:bèri]　　*n.* 딸기

streptomycin [strèptəmáisn]　　*n.*스트렙토마이신(결핵 등에 듣는 항생물질)

studio [stjú:diòu]　　*n.* 스튜디오, 작업장

style [stáil]　　*n.* 스타일, 문체, 방식

styrofoam [stàiərəfóum]　　*n.* 스티로폼

subway [sʌ́bwèi]　　*n.* 지하철

suffix [sʌ́fiks]　　*n.* 접미사, 추가물

sugar [ʃúgər]　　*n.* 설탕

sulfa [sʌ́lfə]　　*n.* 술파제(항균성 약제)

sulfanilamide [sʌ̀lfəníləmàid]　　*n.* [약학] 술파닐아미드

sulfur [sʌ́lfər]　　*n.* 황, 유황

surge [sə́:rdʒ]　　*n.* 큰 파도, 격동

swan [swán]　　*n.* 백조

sweeny [swí:ni]　　*n.* (말 어깨의) 근육 위축증

swish [swíʃ]　　*n.* 휙휙(날개나 채찍 따위의 소리)

swoosh [swúʃ]　　*n.* 분사, 분출, 쉭 하는 소리

syllable [síləbl]　　*n.* 음절, 한마디

symposium [simpóuziəm]　　*n.* 심포지엄, 토론회

syndicate [síndikət]　　*n.* 신디케이트, 기업 연합

syndrome [síndroum]　　*n.* 증후군

synergy [sínərdʒi]　　*n.* 시너지, 협력 작용, 상승 작용

syntax [síntæks]　　*n.* 구문론

syrup [sírəp]　　*n.* 시럽

system [sístəm]　　*n.* 시스템, 체계, 계통, 방식

1803
tablet

[tǽblit]

n. 판, 현판, 정제(알약)

Take two *tablets* as soon as you feel pain, but don't take more than 6 in one day.

1804
tack

[tǽk]

n. 납작한 못, 압정, 방침, 정책

A *tack* is a short nail with a broad, flat head, especially one that is used for fastening carpets to the floor.

1805
tactics

[tǽktiks]

n. 전술, 전략

You should be aware of proper negotiation *tactics*.

㈜ tactical *adj.* 전술상의, 수완이 좋은　　tact *n.* 재치, 기지, 솜씨　　tactician *n.* 전술가

[예문 해석] **1803** 통증을 느낄 때 2정을 드시면 되는데, 하루에 6정 이상 복용하지 마십시오.　　**1804** 압정은 넓고 평평한 머리를 가진 짧은 못으로, 특히 마루에 카펫을 고정시키기 위해 사용된다.　　**1805** 당신은 적절한 협상 전략을 알고 있어야 한다.

1806

tail

[téil]

n. 꼬리

A mermaid is a woman in stories who has a fish's *tail* instead of legs.

관련 tail coat 연미복　tail light (자동차 따위의) 미등

1807

tailor

[téilər]

n. 재봉사, 재단사

A *tailor* must take precise measurements before making a suit.

관련 tailor-made *adj.* 양복점에서 맞춘

1808

tale

[téil]

n. 이야기(=story), 설화

The *tale* is long, nor have I heard it out.

1809

talent

[tǽlənt]

n. (타고난) 재주, 재능

He insisted that his son go to a special school for the gifted where he could develop his *talent* for mathematics. |대수능|

파 talented *adj.* 재능 있는　talentless *adj.* 무능한

1810

tan

[tǽn]

n. 햇볕에 그을림

Many make a point of getting to the beach to get a *tan*. |대수능|

파 tanned *adj.* 햇볕에 그을린

1811

tantrum

[tǽntrəm]

n. 발끈 화내기, 울화

He immediately threw a *tantrum*, screaming and stomping up and down.

표현 throw(have) a tantrum 성질을 부리다, 짜증을 내다

1812

target

[tá:rgit]

n. 목표(=aim), 표적(=mark)

The second goal was reached by the *target* date. |대수능|

1813

tariff

[tǽrif]

n. 관세(제도)

He is recognized internationally as an expert on import *tariffs*.

관련 tariff wall(barrier) 관세 장벽

1814

task

[tǽsk]

n. 일, 임무

But truly improving ourselves or our lot is a superhuman *task*. |대수능|

관련 task force 기동 부대, 특별 대책 본부

1815

taste

[téist]

n. 미각, 맛(=flavor), 취향, 시식

The medicine has a bitter *taste*.

파 tasteful *adj.* 멋있는, 고상한　tasteless *adj.* 맛없는, 품위 없는　tasty *adj.* 맛있는

[예문 해석] **1806** 인어는 다리 대신 물고기의 꼬리를 가진 이야기 속의 여인이다.　**1807** 재단사는 옷을 만들기 전에 정확한 치수를 재야 한다.
1808 그 이야기는 너무 길어서 끝까지 다 들은 적이 없다.　**1809** 그는 자신의 아들이 수학에 대한 재능을 개발할 수 있는 영재들을 위한 특수 학교에 가야 한다고 주장했다.　**1810** 많은 사람들이 선탠을 하기 위해 으레 해변에 간다.　**1811** 그는 소리를 지르고 발을 동동 구르며 즉각 화를 냈다.　**1812** 두 번째 목표는 목표일에 달성되었다.　**1813** 그는 수입 관세에 대한 전문가로서 국제적으로 인정받고 있다.　**1814** 그러나 우리 자신이나 우리의 운명을 진정으로 개선하는 것은 초인적인 일이다.　**1815** 그 약은 쓴 맛이 난다.

| 1816 **tavern** [tǽvərn] | *n.* 선술집, 여인숙(=inn) |
| | A *tavern* is a bar or pub. |

| 1817 **tear** [tíər] | *n.* 눈물 *v.* 찢다 |
| | There were *tears* and laughter. |

1818
teenager
[tíːnèidʒər]

n. (13세에서 19세까지의) 10대의 청소년(=teen)

As you become a *teenager*, however, you may sometimes begin to question adults' ideas, instead of blindly accepting their ideas as you did when you were a small child. |대수능|

파 teenage *adj.* 10대의

1819
telegram
[téligræm]

n. 전보, 전신(=telegraph)

The President received a briefing by *telegram*.

파 telegraphy *n.* 전신술, 전신

1820
telescope
[téləskòup]

n. 망원경

In 1601, Galileo looked through his *telescope* at the sun and saw something that surprised him. |대수능|

파 telescopic *adj.* 망원경의

> (Tip) [tele(=far off)+scope(=see)] scope는 '시야, (시야의) 범위, (볼 수 있는) 영역'의 의미이다.

1821
temper
[témpər]

n. 화, 기질(=disposition), 기분(=mood)

In situations like this, I used to lose my *temper* when I was much younger. |대수능|

표현 lose one's temper 화를 내다

1822
temperature
[témpərətʃər]

n. 온도, 기온

The *temperature* dropped suddenly.

1823
temple
[témpl]

n. 사원, 신전, 절

It's one of the most beautiful *temples* I have ever visited.

1824
temptation
[temptéiʃən]

n. 유혹

To protect yourself against the *temptation* to delay your projects, create your own pressure system. |대수능|

파 tempt *v.* 유혹하다   tempting *adj.* 유혹하는

[예문 해석] **1816** 선술집은 바 또는 대중 술집이다.   **1817** 눈물과 웃음이 있었다.   **1818** 그러나 당신이 십대가 됨에 따라 당신은 당신이 어렸을 때 그랬던 것처럼 어른들의 생각들을 맹목적으로 받아들이는 대신에 그들의 생각에 때때로 의문을 갖기 시작할지도 모른다.   **1819** 대통령은 전보로 상황 설명을 받았다.   **1820** 1601년에 갈릴레오는 그의 망원경으로 태양을 관찰하다가 그를 놀라게 하는 무엇인가를 발견했다.   **1821** 이와 같은 상황에서, 나는 훨씬 더 어렸을 때에는 화를 내곤 했다.   **1822** 기온이 급강하했다.   **1823** 이곳은 내가 지금까지 방문해 본 가장 아름다운 절들 중의 하나이다.   **1824** 당신 계획을 지체하게 하는 유혹으로부터 스스로를 보호하려면, 당신 자신의 압박 체계를 만들어내라.

1825
tenacity

[tənǽsəti]

n. 고집, 끈기

I think this has nothing to do with how smart you are. You just need *tenacity*.

1826
tenant

[ténənt]

n. (가옥 · 건물 등의) 세입자

It is wrong to ask the *tenants* to pay a large increase when nothing has been done to improve the condition of the apartments. |대수능|

(파) tenancy *n.* (가옥 · 건물 등의) 차용, 차용 기간

1827
tentacle

[téntəkl]

n. (하등 동물의) 촉수, 촉각

The *tentacles* of an animal such as an octopus are the long thin parts that are used for feeling and holding things, for getting food, and for moving.

1828
term

[tə́:rm]

n. 용어, 기간, 학기, 조건

The landlady has modified the *terms* of lease.

(표현) in terms of ~에 관하여

1829
terminal

[tə́:rmənl]

n. 종착역, 터미널, 말단

Work has started on the construction of a container *terminal*. |대수능|

(파) termination *n.* 종결, 결말   terminate *v.* 끝나다

1830
terrain

[təréin]

n. 지대, 지역, 지형

The *terrain* changed quickly from arable land to desert.

(표현) glacial terrain 빙하 지형

1831
territory

[térətɔ̀:ri]

n. 영토, 지역

The plane has violated the *territory* of another country.

(파) territorial *adj.* 영토의, 지역적인

1832
textile

[tékstail]

n. 직물, 옷감

Animal hair is widely used to make *textiles*.

1833
theater

[θí(:)ətər]

n. 극장(= playhouse)

A glamorous movie star arrived at the *theater*.

(파) theatrical *adj.* 극장의, 연극의

1834
theft

[θéft]

n. 도둑질(= stealing), 절도죄

He accused Tom of *theft*.

[예문 해석] **1825** 내 생각에 이 일은 당신이 얼마나 똑똑한가와는 아무 상관이 없어요. 당신은 바로 끈기가 필요해요.   **1826** 아파트의 상태를 개선하기 위해서 이루어진 것이 아무것도 없는 경우에 세입자에게 그렇게 큰 인상액을 내라고 요구하는 것은 잘못된 일이다.   **1827** 문어와 같은 동물의 촉수는 물체를 느끼거나 잡기 위해, 먹을 것을 잡기 위해 그리고 움직이기 위해 사용되는 길고 가는 부분이다.   **1828** 집주인 여자는 임대 조건을 변경했다.   **1829** 컨테이너 터미널의 건설을 위한 작업이 시작되었다.   **1830** 그 지역은 경작에 알맞은 지역에서 사막으로 빠르게 변했다.   **1831** 그 비행기는 타국의 영역을 침범했다.   **1832** 동물의 털은 직물을 만드는 데 널리 사용된다.   **1833** 매혹적인 영화배우가 극장에 도착했다.   **1834** 그는 Tom을 절도죄로 고발했다.

1835
theory

[θíəri]

n. 학설, 이론

I demonstrated my new *theory*.

(파) theorist *n.* 이론가   theoretical *adj.* 이론(상)의, 이론뿐인

1836
therapy

[θérəpi]

n. 치료, 요법

Do you recommend massage *therapy* for sports injuries?

(파) therapist *n.* 치료 전문가

1837
thermodynamics

[θə̀:rmoudainǽmiks]

n. 열역학

Thermodynamics is the branch of physics that is concerned with the relationship between heat and other forms of energy.

(관련) thermos *n.* 보온병

1838
thermometer

[θərmámətər]

n. 온도계

When *thermometer* is below zero, water will freeze.

(관련) thermostat *n.* 서모스탯, (자동) 온도 조절 장치

1839
thesis

[θí:sis]

n. 논제, 주제, 졸업(학위) 논문

She is writing a *thesis* on Irish legend and mythology.

1840
thicket

[θíkit]

n. 수풀, 덤불

A *thicket* is a small group of trees or bushes which are growing closely together.

1841
thief

[θí:f]

n. 도둑, 절도범

The policeman tackled the *thief* and threw him.

(표현) a band(gang) of thieves 도둑의 무리

(Tip) thief는 폭력을 행사하지 않고 몰래 훔치는 도둑이며, robber는 은행이나 가게 등에서 남의 소유물을 빼앗는 폭력성이 강한 강도이다. burglar나 housebreaker는 남의 집이나 건물에 몰래 불법적으로 침입하는 강도이며, mugger는 거리에서 어두울 때 습격하는 폭력적 강도이다.

1842
thigh

[θái]

n. 허벅지

Both men and women are least concerned with their *thighs*. |대수능|

1843
thorn

[θɔ́:rn]

n. (식물의) 가시

The *thorn* went deep into the flesh.

(파) thorny *adj.* 가시가 많은, 고통스러운

[예문 해석] **1835** 나는 내 새로운 이론을 증명해 보였다.   **1836** 운동하다 다친 데 마사지 요법을 권장하십니까?   **1837** 열역학은 열과 다른 에너지 형태 사이의 관계와 관련된 물리학의 한 분야이다.   **1838** 온도계가 영도 아래로 내려가면 물은 얼 것이다.   **1839** 그녀는 아일랜드의 전설과 신화에 관한 논문을 쓰고 있다.   **1840** 수풀은 빽빽하게 함께 자라는 나무들이나 관목들의 작은 그룹이다.   **1841** 경찰이 도둑에게 달려들어 그를 내동댕이쳤다.   **1842** 남자들과 여자들은 모두 그들의 허벅지에 가장 적은 관심을 가지고 있다.   **1843** 가시가 살 속에 깊이 박혔다.

1844
thread
[θréd]

n. 실, 바느질 실

The needle-eye is too small to hold the *thread*.

㈜ thready *adj.* 실 같은, 가느다란

1845
threshold
[θréʃhòuld]

n. 문지방, 입구, 발단

He stopped at the *threshold* of the bedroom.

표현 cross the threshold 문지방을 넘다, 집에 들어가다

1846
thrift
[θríft]

n. 검약(= economy), 검소

They were rightly praised for their *thrift* and enterprise.

㈜ thrifty *adj.* 절약하는, 검소한

1847
thrill
[θríl]

n. 전율, 설렘 *v.* 전율시키다, 감동시키다

However, after experiencing the *thrill* of cultures other than her own for a while, she would eventually begin to long for her native land. |대수능|

㈜ thriller *n.* (소설 · 영화 등의) 스릴러물   thrilling *adj.* 짜릿한, 설레임을 주는

1848
throat
[θróut]

n. 목구멍

Not very well. My *throat* hurts. |대수능|

표현 full to the throat 목구멍까지 차도록, 배불리

1849
throne
[θróun]

n. 왕위, 왕좌

She came to the *throne* when she was a very small child. |대수능|

㈜ throneless *adj.* 왕좌가 없는, 국왕이 없는

1850
thumb
[θʌ́m]

n. 엄지손가락

It's difficult to gather between finger and *thumb*, and the reward seems hardly worth the effort. |대수능|

관련 thumbnail *n.* 엄지 손톱   thumbtack *n.* 압정

1851
thunder
[θʌ́ndər]

n. 천둥, 벼락

The lightning flashed and the *thunder* filled the air.

관련 thunderstorm *n.* (천둥을 수반한 일시적) 폭풍우   thunderbolt *n.* 천둥번개

1852
tide
[táid]

n. 조수, 세월

The *tides* wash in and out of harbors twice a day, following the pull of the sun and the moon. |대수능|

㈜ tidal *adj.* 조수의

[예문 해석] **1844** 바늘귀가 너무 작아서 실이 잘 꿰어지지 않는다.   **1845** 그는 침실의 문지방에 멈춰 섰다.   **1846** 그들은 그들의 검소함과 진취적 정신 때문에 당연한 칭찬을 받았다.   **1847** 그러나 그녀 자신의 문화가 아닌 다른 문화들에서 오는 설레임을 잠시 동안 경험하고 나면, 그녀는 결국 고국을 그리워하게 되곤 했다.   **1848** 별로 좋지 않아요. 목이 아픕니다.   **1849** 그녀는 매우 어린 아이였을 때 왕위에 올랐다.   **1850** 엄지와 손가락으로 집는 것이 어려울 뿐더러, 그 대가도 노력한 것에 비하면 그만한 가치가 없어 보인다.   **1851** 번개가 번쩍했고 천둥 소리가 울렸다.   **1852** 조수는 태양과 달의 인력에 따라 하루에 두 번씩 항구에 밀려오고 나간다.

1853
timber

[tímbər]

n. 목재, 재목(=lumber)

Heavy *timbers* supported the floor above.

1854
tin

[tín]

n. [금속] 주석, 양철

Tin shines like silver but is softer and cheaper.

파 tinker *n.* 땜장이

1855
tint

[tínt]

n. 색조, 엷은 빛깔(=faint color)

The hills are ablaze with autumnal *tints*.

1856
toe

[tóu]

n. 발가락, 발끝

The owner studied Ed from head to *toe*.

1857
toilet

[tɔ́ilit]

n. 화장실

Honey, can you fix the broken *toilet* bowl?

1858
toll

[tóul]

n. 사용료, 통행료

The *tolls* are remaining stable.

관련 toll-free *adj.* 무료 장거리 전화의

1859
tomb

[túːm]

n. 무덤, 묘(=grave)

The Pyramids were built as *tombs* of the kings of ancient Egypt.

관련 tombstone *n.* 묘석, 묘비

1860
tomboy

[támbɔ̀i]

n. 말괄량이

A *tomboy* is a girl who likes playing rough or noisy games.

1861
tone

[tóun]

n. 음질, 어조, 기풍

I found myself irritated by the adulatory *tone* of her biography.

관련 tone-deaf *adj.* 음치의

1862
tongue

[tʌ́ŋ]

n. 혀

My *tongue* burns with red peppers.

표현 hold one's tongue 잠자코 있다

1863
tonnage

[tʌ́nidʒ]

n. (선박의) 용적 톤수

Tonnage is the total number of tons that something weighs.

[예문 해석] **1853** 굵은 목재들이 위층을 지탱하고 있었다. **1854** 주석은 은처럼 빛나지만 은보다 부드럽고 값도 더 싸다. **1855** 산들은 가을 빛으로 타오른다. **1856** 주인은 Ed를 머리끝에서 발끝까지 살펴보았다. **1857** 여보, 고장난 변기 좀 고칠 수 있겠어요? **1858** 통행료는 변동이 없다. **1859** 피라미드는 고대 이집트 왕의 무덤으로 만들어졌다. **1860** 말괄량이는 거칠고 시끄러운 게임을 하면서 노는 것을 좋아하는 소녀이다. **1861** 나는 그녀의 아부하는 투의 전기에 짜증이 났다. **1862** 고추를 먹었더니 혀가 얼얼하다. **1863** 용적 톤수는 어떤 것의 무게가 나가는 전체 톤수이다.

1864
tool

[túːl]

n. 도구(= instrument), 연장

An axe is a *tool* used to cut down trees.

1865
tooth

[túːθ]

n. 이, 치아

Oh, did you have a decayed *tooth*?

(관련) toothpick *n.* 이쑤시개   toothsome *adj.* 맛있는, 만족스러운

1866
torrent

[tɔ́ːrənt]

n. 급류, (pl.) 억수(같은 물줄기)

Torrents of water gushed into the reservoir.

(파) torrential *adj.* 급류의, (기세가) 맹렬한

1867
torture

[tɔ́ːrtʃər]

n. 고문, 심한 고통

Torture is used to make people confess.

(파) torturer *n.* 고문하는 사람

1868
total

[tóutl]

n. 합계, 총계

Add the *total* of the right column to that of the left.

(파) totalize *v.* 합계하다   totally *adv.* 완전히, 모두

1869
tourist

[túərist]

n. 관광객

Imagine a typical *tourist* who goes to another country on a group tour.

(파) tour *n.* 여행, 견학   tourism *n.* 관광업 |대수능|

1870
tract

[trǽkt]

n. 넓은 지역, [해부학] 관(管), 기관계

The flu is caused by viruses that infect the respiratory *tract*.

1871
tradeoff

[tréidɔ̀ːf]

n. 교환, 거래

These choices involve "*tradeoffs*" and necessitate an awareness of consequences of those *tradeoffs*. |대수능|

(관련) trade *n.* 장사, 무역, 거래   trader *n.* 상인, 무역업자   trade wind 무역풍

1872
tradition

[trədíʃən]

n. 전통, 전승

Keep your family *tradition*.

(파) traditional *adj.* 전통적인, 관습적인

1873
traffic

[trǽfik]

n. 교통(량), 통행

He violated the *traffic* regulations.

[예문 해석] **1864** 도끼는 나무를 자르는 데 사용되는 도구이다.   **1865** 오, 충치가 하나 있었습니까?   **1866** 급류가 저수지로 세차게 흘러 들어 갔다.   **1867** 고문은 사람들로 하여금 자백하게 하기 위해 이용된다.   **1868** 왼쪽 난의 합계에 오른쪽 난의 합계를 더하시오.   **1869** 다른 나라로 그룹을 지어 여행을 가는 전형적인 여행객을 상상해 보아라.   **1870** 독감은 호흡기를 감염시키는 바이러스에 의해 일어난다.   **1871** 이러한 선택들은 '거래'를 포함하며, 이러한 거래의 결과에 대한 인식을 필요로 한다.   **1872** 네 가족의 전통을 지켜라.   **1873** 그는 교통 법규를 위반했다.

1874
tragedy
[trǽdʒədi]

n. 비극, 참사

On September 19, 1985, there was a terrible *tragedy* in Mexico City.

㈜ tragic *adj.* 비극의, 비극적인 |대수능|

1875
trait
[tréit]

n. 특성, 특징

It is a human *trait* to try to define and classify the things we find in the world. |대수능|

1876
traitor
[tréitər]

n. 배반자, 반역자

They condemned him as a *traitor*.

1877
tram
[trǽm]

n. 시가 전차

The *tram* collided in the intersection.

1878
transaction
[trænsǽkʃən]

n. 거래, (업무의) 처리, 취급

I made a profit of a thousand dollars on the *transaction*.

㈜ transact *v.* 집행하다, 처리하다, 거래하다

1879
transference
[trænsfɔ́:rəns]

n. 이전, 이동, 양도

It is a struggle for a *transference* of power.

㈜ transfer *v.* 옮기다, 이동하다   transferable *adj.* 양도 가능한

1880
transformation
[trænsfərméiʃən]

n. 변화, 변형

Then, in the last ten to fifteen years, changes in society brought about a *transformation* of volunteerism. |대수능|

㈜ transform *v.* 변형시키다, 바꿔놓다   transformational *adj.* 변형(변화)의

1881
transfusion
[trænsfjú:ʒən]

n. 옮겨 붓기, 주입, 수혈

A blood *transfusion* saved his life.

1882
transition
[trænzíʃən]

n. 변천, 과도기

China is now in the *transition* to the market economy.

㈜ transitional *adj.* 과도기적인

1883
transmission
[trænsmíʃən]

n. 전달, 전송, 변속기

Heterosexual contact is responsible for the bulk of HIV *transmission*.

㈜ transmit *v.* 전하다, 옮기다

[예문 해석] **1874** 1985년 9월 19일 멕시코 시티에서는 끔찍한 비극이 있었다.　**1875** 우리가 세상에서 발견하는 것들을 정의하고 분류하려고 시도하는 것은 인간의 특성이다.　**1876** 그들은 그를 배신자라고 비난했다.　**1877** 전차가 교차로에서 충돌했다.　**1878** 나는 그 거래에서 1,000달러의 이익을 보았다.　**1879** 이것은 권력 이동을 위한 투쟁이다.　**1880** 그런데 지난 10년에서 15년 사이에 사회의 변화가 자원봉사 활동에도 변화를 가져왔다.　**1881** 수혈이 그의 생명을 구했다.　**1882** 중국은 현재 시장 경제로 이행중이다.　**1883** 이성간의 접촉이 대부분의 에이즈 바이러스 전파의 원인이다.

1884
trash

[trǽʃ]

n. 쓰레기(= rubbish)

Trash is floating in the water.

(파) **trashy** *adj.* 쓰레기의, 폐물의   (관련) **trash can** 쓰레기통

1885
tray

[tréi]

n. 쟁반, 음식 접시

The students are cleaning off their *trays*.

1886
treason

[tríːzn]

n. 반역(죄), 배신

They were condemned of *treason*.

1887
treasure

[tréʒər]

n. 보물, 보배, 부(富)

The art *treasures* were restored to Korea.

(파) **treasurer** *n.* 회계 담당자   **treasury** *n.* 재무부, 보고(寶庫)

1888
treatment

[tríːtmənt]

n. 대접, 대우, 치료(법)

New medical *treatments* have offered hope and even life itself to severely ill people. |대수능|

(파) **treat** *v.* 다루다, 취급하다, 치료하다

1889
trek

[trék]

n. 길고 고된 여행   *v.* 고된 여행을 하다

He is on a *trek* through the South Gobi desert.

1890
trial

[tráiəl]

n. 재판, 시도, 시련(= hardship)

In general, every achievement requires *trial* and error.

(파) **try** *v.* 재판에 부치다, 시도하다, 노력하다

1891
tribe

[tráib]

n. 종족, 부족

Many *tribes* became extinct when they came into contact with Western illnesses.

(파) **tribal** *adj.* 종족의, 부족의   (관련) **tribesman** *n.* 부족민, 원주민

1892
tribulation

[trìbjuléiʃən]

n. 고난, 시련

It should also teach you that life is uncertain and full of *tribulation*.

1893
tribute

[tríbjuːt]

n. 공물, 조세, 찬사

The spectators rose to their feet to pay *tribute* to the outstanding performance.

[예문 해석] **1884** 물에 쓰레기가 떠 있다.   **1885** 학생들이 그들의 접시를 치우고 있다.   **1886** 그들에게 반역죄가 선고되었다.   **1887** 그 귀중 미술품들은 한국에 반환되었다.   **1888** 새로운 의료 치료법들이 심각한 병에 걸린 사람들에게 희망과 생명 그 자체까지도 제공해주었다.   **1889** 그는 남고비사막을 통과해서 여행 중이다.   **1890** 일반적으로 모든 업적은 시행착오를 거치게 된다.   **1891** 많은 종족들이 서양의 질병과 접촉하면서 절멸하게 되었다.   **1892** 이것은 또한 당신에게 삶은 불확실하고 고난으로 가득 차 있다는 사실을 가르쳐 줄 것이다.   **1893** 관중들은 멋진 공연에 찬사를 보내기 위해 일어섰다.

1894
trifle

[tráifl]

n. 하찮은 것[일], 소량

You need not shout at such a *trifle*.

(파) trifling *adj.* 하찮은, 사소한

1895
trillion

[tríljən]

n. 1조

Every year the gross national product fluctuates between five and seven *trillion* dollars.

1896
trinity

[trínəti]

n. [신학] 삼위일체(성부 · 성자 · 성령을 일체로 봄)

He explained the basis for the doctrine of the *Trinity*.

1897
trinket

[tríŋkit]

n. (값싼 보석 따위의) 자질구레한 장신구, 방물

A *trinket* is a pretty piece of jewellery or small ornament that is inexpensive.

1898
tripod

[tráipɑd]

n. 삼각대

A 35mm camera and a *tripod* are required.

1899
troop

[trú:p]

n. 무리, 대(隊), 부대

Ground *troops* and air squadrons attacked the enemy in concert.

1900
truce

[trú:s]

n. 정전, 휴전(= armistice)

They made a *truce* to avoid further bloodshed.

(파) truceless *adj.* 정전(휴전)이 없는

[예문 해석] **1894** 그런 사소한 일에 언성을 높일 필요는 없다. **1895** 매년 국민 총생산은 5조에서 7조 달러 사이를 오르내린다. **1896** 그는 삼위일체론의 기본 원리를 설명했다. **1897** 방물이란 비싸지 않은 예쁜 보석 조각이나 작은 장식물이다. **1898** 35mm 카메라와 삼각대가 필요하다. **1899** 지상 부대와 비행 중대가 일제히 적을 공격했다. **1900** 그들은 더 이상의 유혈을 피하려고 휴전을 했다.

19TH LECTURE MASTERING IDIOMS

- **have(take) a great liking for(to)**   ～이 마음에 들다
  Seems she's *taken a great liking to* me. 아무래도 그녀는 내가 아주 마음에 드나 봐.

- **have a hard time ~ing**   ～하는 데 어려움을 겪다(=have difficulty ~ing, have a tough time ~ing)
  I *had a hard time* sitting through the concert. 연주회를 끝까지 앉아서 듣느라고 혼났다.

- **have a sense of**   ～을 알다
  I *have a sense of* shame. 나는 부끄럼을 안다.

- **have a tendency to**   ～하는 경향이 있다(=tend to + V)
  Koreans *have a tendency to* overstudy. 한국 사람들은 너무 많이 알려고 한다.

- **have been to**   가 본 적이 있다, 갔다 왔다
  I *have been to* London. 나는 런던에 갔다 왔다.

- **have consideration for**   고려하다(=take into consideration)
  He *has* never shown much *consideration for* his wife's feelings.
  그는 아내의 기분을 깊이 생각해 본 적이 없다.

- **have contact with**   ～와 접촉하다(=come(get) in contact with, get in touch with)
  Having contact with an overhead electric line can have life-threatening consequences for workers.
  머리 위의 전력선과 접촉하는 것은 작업자 자신의 생명을 위협하는 결과를 가져올 수도 있다.

- **have got to**   ～해야 한다(=have to)
  I *have got to* be in school by 8:20 at the latest. 나는 늦어도 8시 20분까지 학교에 도착해야 한다.

- **have in common**   공유하다
  We two *have* many things *in common*. 우리 둘은 공통점이 많다.

- **have in mind**   생각하다, 명심하다
  Do you *have* anything special *in mind*? 뭐 특별히 생각해 둔 것이 있니?

- **have no choice but to**   ～해야 한다, ～하지 않을 수 없다(=have no alternative(other way) but to)
  I *have no choice but to* go. 나는 싫건 좋건 가야 한다.

- **have no control over**   ～을 관리(제어)하지 못하다
  We realize that you *have no control over* the behavior of others.
  당신이 다른 사람들의 행동을 통제할 수 없음을 압니다.

19ᵀᴴ LECTURE REVIEW TEST

● 빈칸에 알맞은 단어나 뜻을 쓰시오.

1. synthesis	_____		26. _____	세입자	
2. syringe	_____		27. tentacle		_____
3. tablet	_____		28. term		_____
4. tack	_____		29. terminal		_____
5. _____	전술, 전략		30. terrain		_____
6. tail	_____		31. _____	영토, 지역	
7. tailor	_____		32. textile		_____
8. tale	_____		33. theater		_____
9. talent	_____		34. theft		_____
10. tan	_____		35. theory		_____
11. tantrum	_____		36. _____	치료, 요법	
12. _____	목표, 표적		37. thermodynamics		_____
13. tariff	_____		38. thermometer		_____
14. task	_____		39. thesis		_____
15. _____	미각, 취향, 시식		40. thicket		_____
16. tavern	_____		41. thief		_____
17. tear	_____		42. thigh		_____
18. teenager	_____		43. thorn		_____
19. telegram	_____		44. thread		_____
20. _____	망원경		45. threshold		_____
21. temper	_____		46. _____	검약, 검소	
22. temperature	_____		47. thrill		_____
23. temple	_____		48. _____	목구멍	
24. _____	유혹		49. throne		_____
25. tenacity	_____		50. thumb		_____

51. thunder	_____	76. traitor	_____
52. tide	_____	77. tram	_____
53. timber	_____	78. transaction	_____
54. tin	_____	79. transference	_____
55. _____	색조, 엷은 빛깔	80. _____	변화, 변형
56. toe	_____	81. transfusion	_____
57. toilet	_____	82. transition	_____
58. toll	_____	83. _____	전달, 전송
59. _____	무덤, 묘	84. trash	_____
60. tomboy	_____	85. tray	_____
61. tone	_____	86. treason	_____
62. tongue	_____	87. treasure	_____
63. tonnage	_____	88. _____	대접, 대우, 치료(법)
64. tool	_____	89. trek	_____
65. tooth	_____	90. trial	_____
66. torrent	_____	91. _____	종족, 부족
67. torture	_____	92. tribulation	_____
68. total	_____	93. tribute	_____
69. tourist	_____	94. trifle	_____
70. tract	_____	95. trillion	_____
71. tradeoff	_____	96. trinity	_____
72. _____	전통, 전승	97. trinket	_____
73. traffic	_____	98. tripod	_____
74. _____	비극, 참사	99. _____	무리, 부대
75. _____	특성, 특징	100. truce	_____

정답 | 기본 페이지 참조

20TH LECTURE

SUMMA CUM LAUDE VOCABULARY

1901
trunk

[trʌ́ŋk]

n. 줄기, 몸통, (코끼리의) 코

However, elephant babies do not know how to use their *trunks*, just as human babies are not born with the ability to walk. |대수능|

1902
trust

[trʌ́st]

n. 신뢰(=faith, confidence), 신용   *v.* 신뢰하다

I have absolute *trust* in him.

⑪ trustee *n.* 피신탁인, 보관인   trusting *adj.* 믿는   관련 trustworthy *adj.* 믿을 수 있는

1903
tuition

[tju:íʃən]

n. 교수, 수업, 수업료

For information about *tuition* fees and registration procedures, press 1 now.

1904
tune

[tjú:n]

n. 곡조(=melody), 선율, 장단

He played a popular *tune* on the violin.

⑪ tuneful *adj.* 선율이 아름다운   tuneless *adj.* 음조가 맞지 않는, 무음의

1905
turmoil

[tə́:rmɔil]

n. 소란, 소동, 혼란

He was so nervous that his stomach was in a *turmoil*.

표현 in (a) turmoil 혼란 상태인

1906
tutor

[tjú:tər]

n. 가정교사

All the rich children had private *tutors*.

⑪ tutorial *adj.* 개별 지도의

1907
twig

[twíg]

n. 잔가지

A little bird perched on a *twig*.

[예문 해석] **1901** 그러나 인간의 아기가 걷는 능력을 지니고 태어나지 않는 것처럼 코끼리 새끼들도 코를 사용하는 방법을 모른다.   **1902** 나는 그를 절대적으로 믿는다.   **1903** 수업료와 등록 절차에 관한 정보는 1번을 누르십시오.   **1904** 그는 바이올린으로 대중음악을 연주했다.   **1905** 그는 너무나 신경과민이어서 위가 안 좋았다.   **1906** 부유한 애들은 모두 개인 가정교사를 두었다.   **1907** 작은 새가 잔가지에 앉았다.

1908
twilight
[twáilàit]

n. 땅거미, 황혼

Twilight is the small amount of light that there is outside just after the sun has gone down.

1909
tyranny
[tírəni]

n. 폭정, 전제 정치

Where laws end, *tyranny* begins.

(파) tyrant *n.* 폭군, 압제자

>>> 표제어 이외의 교과서 수록 어휘

tab [tǽb]   *n.* 탭, 색인표, 꼬리표

tabby [tǽbi]   *n.* 얼룩 고양이

table [téibl]   *n.* 테이블, 탁자

taboo [təbú:]   *n.* 터부, (종교상의) 금기

tackle [tǽkl]   *n.* 도구, 연장, 스포츠 태클

taco [tá:kou]   *n.* 옥수수빵(멕시코 음식)

tag [tǽg]   *n.* 꼬리표, 늘어진 끝(장식)

tank [tǽŋk]   *n.* 탱크, 전차, 수조

Taoism [táuizm]   *n.* 도교(노자의 유교철학)

Taoist [táuist]   *n.* 도교 신자

tape [téip]   *n.* 테이프, 납작끈

tar [tá:r]   *n.* 타르(석탄 등에서 나온 검은 점액)

taxi [tǽksi]   *n.* 택시(taxicab)

tea [tí:]   *n.* 차

team [tí:m]   *n.* 팀, 조(組)

telepathy [təlépəθi]   *n.* 텔레파시, 정신 감응

tempo [témpou]   *n.* 템포, 속도

tennis [ténis]   *n.* 테니스

tenor [ténər]   *n.* 테너, 테너 가수, 방침

tent [tént]   *n.* 텐트, 천막

tern [tá:rn]   *n.* 제비갈매기

terrace [térəs]   *n.* 테라스, 넓은 베란다

terrier [tériər]   *n.* 테리어개(사냥개나 애완견)

terror [térər]   *n.* 공포, 테러

test [tést]   *n.* 시험, 테스트, 조사, 검사

text [tékst]   *n.* 본문, 원문, 교재, 교과서

theme [θí:m]   *n.* 주제, 테마

thrush [θrʌ́ʃ]   *n.* 개똥지빠귀

thump [θʌ́mp]   *n.* 탁, 쿵 (소리)

tick [tík]   *n.* (시계 등의) 똑딱똑딱 소리

ticket [tíkit]   *n.* 표, 입장권

tiger [táigər]   *n.* 호랑이

tile [táil]   *n.* 타일, 기와

tinkle [tíŋkl]   *n.* 딸랑딸랑 소리

tip [típ]   *n.* 팁, 사례금, 끝, 첨단

tissue [tíʃu:]   *n.* 조직, 부드러운 종이, 티슈

title [táitl]   *n.* 표제, 권리, 타이틀

toast [tóust]   *n.* 토스트, 구운 빵

token [tóukən]   *n.* 표시, 상징, 토큰

tomato [təméitou]   *n.* 토마토

ton [tʌ́n]   *n.* 톤(중량 단위)

topic [tápik]   *n.* 화제, 주제

topmast [tápmæst]   *n.* [항해] 톱마스트, 중간 돛대

torch [tɔ́:rtʃ]   *n.* 횃불, 회중전등

tornado [tɔ:rnéidou]   *n.* 토네이도

tortilla [tɔ:rtí:ə]   *n.* 얇게 구운 옥수수빵(멕시코 음식)

tortoise [tɔ́:rtəs]   *n.* 거북

totem [tóutəm]   *n.* 토템(숭배 대상의 상징물)

touch [tʌ́tʃ]   *n.* 접촉, 감촉

tournament [túərnəmənt]   *n.* 토너먼트, 승자 진출전

towel [táuəl]   *n.* 수건, 타월

tower [táuər]   *n.* 탑, 타워

[예문 해석] **1908** 땅거미는 해가 막 진 후에 밖에 비치는 적은 양의 빛이다.   **1909** 법이 끝나는 곳에서 폭정이 시작된다.

town [táun]	*n.* 시내, 읍내		trout [tráut]	*n.* 송어
toy [tɔ́i]	*n.* 장난감		truck [trʌ́k]	*n.* 트럭, 화물 자동차
track [trǽk]	*n.* 트랙, 지나간 자국, 통로		trumpet [trʌ́mpit]	*n.* 트럼펫
tractor [trǽktər]	*n.* 트랙터, 견인차		t-shirt [tíːʃə̀ːrt]	*n.* 티셔츠
transept [trǽnsept]	*n.* [건축] 트랜셉트, 수랑		tube [tjúːb]	*n.* 튜브, 관
transistor [trænzístər]	*n.* [전기] 트랜지스터		tuberculosis [tjuːbə̀ːrkjulóusis]	*n.* 결핵
transit [trǽnsit]	*n.* 통과, 운반		tulip [tjúːlip]	*n.* 튤립(꽃)
trap [trǽp]	*n.* 덫, 함정		tuna [tjúːnə]	*n.* 다랑어, 참치
treatise [tríːtis]	*n.* (학술) 논문, 보고서		tunnel [tʌ́nl]	*n.* 터널, 굴, 지하도
trend [trénd]	*n.* 경향, 추세, 유행		turbine [tə́ːrbain]	*n.* [기계] 터빈
triangle [tráiæ̀ŋgl]	*n.* 삼각형, 트라이앵글		turkey [tə́ːrki]	*n.* 칠면조
triathlon [traiǽθlən]	*n.* 트라이애슬론, 3종 경기		turnip [tə́ːrnip]	*n.* 순무(의 뿌리)
trick [trík]	*n.* 책략, 장난, 속임수		turtle [tə́ːrtl]	*n.* 바다거북
trio [tríːou]	*n.* 3중주, 3중창		twins [twínz]	*n.* 쌍둥이, 짝
trip [tríp]	*n.* 여행, 소풍		twitter [twítər]	*n.* 지저귐, 찍찍 울음
trophy [tróufi]	*n.* 트로피, 전리품		type [táip]	*n.* 타입, 형(型), 전형
trouble [trʌ́bl]	*n.* 문제, 고생, 근심, 분쟁		typhoid [táifɔid]	*n.* 장티푸스
trousers [tráuzərz]	*n.* 바지		typhoon [taifúːn]	*n.* 태풍

1910
UFO

[júːèfóu]

n. 미확인 비행 물체(= Unidentified Flying Object)

He insists that he saw a *UFO*.

1911
ulcer

[ʌ́lsər]

n. [의학] 궤양, 종기

An *ulcer* is a sore area on the outside or inside of your body which is very painful and may bleed or produce an unpleasant poisonous substance.

표현 have an ulcer (위)궤양 증세가 있다

1912
ultraviolet

[ʌ̀ltrəváiəlit]

n. 자외선(= UV)

But today there is evidence that regular exposure to the *ultraviolet* rays of sunlight, especially if it results in burns, can be harmful to health.

관련 infrared *n.* 적외선   ultrasonic *n.* 초음파 |대수능|

1913
unanimity

[jùːnəníməti]

n. (전원의) 합의, 만장일치

All decisions would require *unanimity*.

파 unanimous *adj.* 만장일치의, 합의의

[예문 해석] **1910** 그는 자기가 비행접시를 보았다고 우긴다.   **1911** 궤양은 매우 아프거나 피를 흘리거나 불유쾌한 독성 물질을 내뿜는 당신 신체의 내부나 외부에 있는 아픈 부분이다.   **1912** 그러나 오늘날에는 햇빛의 자외선에 정기적으로 노출하는 것은, 특히 그것이 화상을 초래하면 건강에 해로울 수 있다는 증거가 있다.   **1913** 모든 결정은 만장일치를 요구할 것이다.

1914
underling
[ʌ́ndərliŋ]

n. (경멸적인 말) 아랫사람, 부하, 졸개

He expected his *underlings* to stand respectfully when he entered the room.

1915
undersecretary
[ʌ̀ndərsékrətèri]

n. 차관(次官)

An *undersecretary* is a senior official with an important post in a government department.

1916
unemployment
[ʌ̀nimplɔ́imənt]

n. 실업, 실직

The rise in *unemployment* has coincided with a drastic cutback in large-scale government funding for families with dependent children, state-funded medical assistance and food stamps.
파 unemployed *adj.* 실직한

1917
unison
[júːnəsn]

n. 조화, 일치

After the congratulations, we sang the national anthem in *unison*.
표현 in unison 제창으로, 일제히

1918
unrest
[ʌ̀nrést]

n. 불안, 소요(= disturbance)

All through the long history of Earth it has been an area of *unrest*. |대수능|

1919
update
[ʌpdéit]

n. 최신 정보 *v.* 새롭게 하다, 최신의 것으로 하다

Stay tuned for an *update* in twenty minutes.

1920
upheaval
[ʌphíːvəl]

n. 들어올림, 격동, 격변

Wherever there is political *upheaval*, invariably there are refugees.

1921
upholstery
[ʌphóulstəri]

n. (의자, 소파의) 커버, 씌우개

Upholstery is the soft covering on chairs and seats that makes them more comfortable to sit on.

1922
upset
[ʌ́psèt]

n. 전복, 혼란 *v.* 뒤엎다 *adj.* 흥분한

There was great *upset* in the land after the king died.

1923
usher
[ʌ́ʃər]

n. 안내원, 접수원, 수위(= doorkeeper) *v.* 안내하다

Our *ushers*, stationed at sides of each seating section, are available, should you require assistance.

[예문 해석] **1914** 그는 자신이 방에 들어갈 때 그의 부하들이 존경심을 보이며 서 있기를 기대했다.　**1915** 차관은 정부부서의 중요한 위치를 가진 고위 간부이다.　**1916** 실업 증가는 부양 자녀가 있는 가족들에 대한 연방정부의 대규모 자금과 주정부의 의료 지원 자금 그리고 식권에 대한 대폭적인 삭감과 맞물려 일어났다.　**1917** 축사가 끝난 후에 우리는 애국가를 제창했다.　**1918** 지구의 오랜 역사에 걸쳐 이곳은 불안정한 지역이었다.　**1919** 20분 있다 알려드릴 최신 정보를 위해 채널을 고정시켜주시기 바랍니다.　**1920** 정치적인 격변이 있는 곳에는 어디서나, 변함없이 난민들이 있다.　**1921** 커버는 의자나 시트들에 앉기 더 편하게 만드는 부드러운 덮개이다.　**1922** 왕이 죽은 후에 그 땅에는 큰 혼란이 있었다.　**1923** 안내원이 각 좌석 구역마다 배치되어 필요하신 분께 도움이 되어드릴 것입니다.

1924
utensil

[ju:ténsəl]

n. 가정용품, (특히 가정용) 기구, 도구

Utensils are tools or objects that you use in order to help you to cook or to do other tasks in your home.

1925
utility

[ju:tíləti]

n. 유용, 효용, 공익 사업[설비]

The percentage of CO_2 emissions is greater from power *utilities* than from transportation. |대수능|

파 utilize *v.* 이용하다, 활용하다

>>> 표제어 이외의 교과서 수록 어휘

unicorn [júːnəkɔ̀ːrn]   *n.* 유니콘, 일각수

uniform [júːnəfɔ̀ːrm]   *n.* 유니폼, 제복

university [jùːnəvə́ːrsəti]   *n.* 대학교

uranium [juəréiniəm]   *n.* 우라늄(방사성 금속 원소)

1926
vacation

[veikéiʃən]

n. 휴가

Summer *vacation* is just around the corner.

표현 take a vacation 휴가를 얻다

1927
vacuum

[vǽkjuəm]

n. 진공, 공백

Nature abhors a *vacuum*.

1928
vale

[véil]

n. 계곡(=valley), 골짜기, 현세, 속세

A *vale* is a long depression in the surface of the land that usually contains a river.

1929
vantage

[vǽntidʒ]

n. 유리(=advantage), 우월, 이익

From a concealed *vantage* point, he saw a car arrive.

1930
vapor

[véipər]

n. 증기, 수증기

When cooled, *vapor* is condensed into water.

파 vaporize *v.* 증발시키다

1931
variety

[vəráiəti]

n. 변화, 다양(성)(=diversity)

You will see an amazing *variety* of plants and animals there.

파 various *adj.* 가지가지의, 다양한

1932
varnish

[váːrniʃ]

n. 니스, 유약

A *varnish* leaves a hard, glossy film when it dries.

[예문 해석] 1924 가정용품은 당신의 집에서 당신이 요리를 하거나 다른 일을 하는 데 도움을 주기 위해 당신이 사용하는 도구나 물건들이다. 1925 전력 설비에서 배출되는 이산화탄소의 비율이 운송 부문에서 배출되는 이산화탄소의 비율보다 더 크다. 1926 여름 방학이 코앞으로 다가왔다. 1927 자연은 진공을 싫어한다. 1928 골짜기는 보통 강을 낀 지표면에서 길게 움푹 파인 곳이다. 1929 보이지 않는 유리한 곳에서 그는 차가 도착하는 것을 보았다. 1930 냉각되면 수증기는 물로 응축된다. 1931 당신은 그곳에서 놀라울 정도로 다양한 동식물들을 보게 될 것이다. 1932 니스칠은 그것이 마를 때, 단단하고 윤기나는 막을 남긴다.

1933
vase

[véis]

n. 꽃병, 항아리

The *vase* is valued at a million won today.

1934
vegetable

[védʒətəbl]

n. 야채

The prices of *vegetables* vary with the seasons.

파 vegetarian *n.* 채식주의자   vegetation *n.* 식물, 초목

1935
vehicle

[víːikəl]

n. 탈 것, 수송 수단, 매개물, 전달 수단

Vehicles idling in traffic are said to account for at least 60 percent of the city's pollution.

관련 motor vehicle 자동차   space vehicle 우주선

1936
vein

[véin]

n. 정맥, 기질, 기분

The nurse injected some drug into his *vein*.

반 artery *n.* 동맥

1937
velocity

[vəlásəti]

n. 속력, 속도(= speed)

A typhoon is approaching at a *velocity* of 20km per hour.

1938
vengeance

[véndʒəns]

n. 복수(심), 앙갚음

He swore *vengeance* on everyone involved in the murder.

1939
vent

[vént]

n. 구멍, 배출구

He's cleaning the *vents*.

파 ventilate *v.* 환기시키다, 통풍시키다   ventilation *n.* 환기, 통풍

1940
venture

[véntʃər]

n. 모험적 사업, 벤처

Raising that kind of money is difficult for someone without a business record because the flow of *venture* capital has dried up. |대수능|

파 venturesome *adj.* 대담한   venturous *adj.* 모험을 좋아하는

1941
venue

[vénjuː]

n. 범행지, 재판지, 사건의 현장, 행사장소

Air shows are considered important *venues* for demonstrating the latest in aviation technology and for generating sales.

1942
verdict

[vɔ́ːrdikt]

n. 평결, 판단

The judge directed the jury to deliver a *verdict* of unlawful killing.

[예문 해석] **1933** 그 꽃병은 오늘날 100만 원의 값어치를 한다.   **1934** 채솟값은 계절에 따라 다르다.   **1935** 이 도시 공해의 적어도 60% 정도는 교통체증으로 정체되는 차량들이 그 원인이라고 한다.   **1936** 간호사는 어떤 약물을 그의 정맥에 주사했다.   **1937** 태풍이 시속 20km의 속도로 접근하고 있다.   **1938** 그는 그 살인 사건과 관련된 모든 사람들에게 복수를 맹세했다.   **1939** 그는 통풍구를 청소하고 있다.   **1940** 그 만큼의 돈을 모은다는 것은 벤처 자본의 흐름이 말라버렸기 때문에 사업 경력이 없는 사람에게는 어렵다.   **1941** 에어쇼는 최첨단 항공 기술을 선보이고 판로를 찾기 위한 중요한 행사장으로 여겨진다.   **1942** 판사는 배심원단에게 불법적 살인에 대한 평결을 내리라고 지시했다.

1943
verdure

[və́:rdʒər]

n. (초목의) 푸름, 신선함(=freshness)

In spring, the fields and hills are clothed in fresh *verdure*.

1944
verge

[və́:rdʒ]

n. 가장자리(=edge), 경계

This company is on the *verge* of bankruptcy.

표현 on the verge of ~하기 직전에, 금방 ~하려고 하여

1945
verification

[vèrəfikéiʃən]

n. 확인, 증명

When you install new software, the following *verification* settings will be used.

파 verify *v.* 확인하다, 증명하다

1946
verse

[və́:rs]

n. 운문, 시

His publications include a book of short stories and several volumes of *verse*.

반 prose *n.* 산문(체)

1947
vessel

[vésəl]

n. (대형) 배, 선박, 용기, 그릇

Pirates boarded the *vessels* and robbed the passengers.

1948
vest

[vést]

n. 조끼, 내의

A *vest* is a piece of underwear which you can wear on the top half of your body in order to keep warm.

1949
veterinarian

[vètərənέəriən]

n. 수의사(=vet)

A *veterinarian* is a person who is qualified to treat sick or injured animals.

1950
vice

[váis]

n. 악덕, 부도덕

Virtue leads to happiness, and *vice* to misery.

파 vicious *adj.* 사악한, 악의 있는

1951
vice-president

[vàisprézədənt]

n. 부통령, 부사장

He was promoted to *vice president* after only two years with the company.

1952
vicinity

[visínəti]

n. 근접, 근처(=neighborhood)

There are many historical remains in Gyeongju and its *vicinity*.

[예문 해석] **1943** 봄이 되면 들과 산은 신록으로 뒤덮인다. **1944** 이 회사는 파산 직전에 있다. **1945** 새 소프트웨어를 설치할 때 다음의 확인 설정들이 사용될 것이다. **1946** 그의 출판물에는 단편 소설집 한 권과 시집 몇 권이 포함된다. **1947** 해적들이 배에 승선하여 승객들을 노략질했다. **1948** 조끼는 따뜻하게 하기 위해 상체에 입을 수 있는 일종의 속옷이다. **1949** 수의사는 아프거나 부상당한 동물들을 돌볼 자격이 있는 사람이다. **1950** 덕행은 행복으로 이어지고, 악덕은 불행으로 이어진다. **1951** 그는 회사에 근무한 지 불과 2년 만에 부사장으로 승진했다. **1952** 경주와 그 부근에는 역사적 유적들이 많이 있다.

1953
victim

[víktim]

n. 희생(자), 피해자

The *victims* of the war were children.

파 victimize *v.* 희생시키다

1954
victory

[víktəri]

n. 승리

Both sides estimate that the margin of *victory* will be slim.

파 victorious *adj.* 승리를 거둔, 승리의

1955
viewer

[vjú:ər]

n. 관찰자, 텔레비전 시청자

Television viewing limits the workings of the *viewer's* imagination. |대수능|

파 view *v.* 바라보다 *n.* (바라)봄, 시력 관련 viewpoint *n.* 견해, 관점

1956
vigil

[vídʒəl]

n. 철야, 밤샘, 불침번(=watch)

A *vigil* is a period of time when people remain quietly in a place, especially at night, for example because they are praying or are making a political protest.

파 vigilance *n.* 조심, 경계, 불침번 서기 vigilant *adj.* 감시하는, 방심하지 않는

1957
vigor

[vígər]

n. 활기(=strength), 정력

Her voice lost its old *vigor*.

파 vigorous *adj.* 정력이 왕성한, 활발한

1958
village

[vílidʒ]

n. 마을, 촌락

Ten years ago this was primarily a fishing *village*.

파 villager *n.* 마을 사람

1959
vine

[váin]

n. 덩굴, 포도나무(=grapevine)

The wall is overgrown with *vines*.

관련 vineyard *n.* 포도원, 포도밭

1960
vinegar

[vínigər]

n. 식초

We need sugar, salt, and some *vinegar*.

파 vinegary *adj.* 신, 시큼한

1961
virgin

[və́:rdʒin]

n. 처녀(=maid)

The *virgin* forest was damaged.

파 virginity *n.* 처녀성, 순결

[예문 해석] 1953 그 전쟁의 희생자들은 어린이들이었다. 1954 양측 모두 득표차가 근소할 것으로 짐작한다. 1955 텔레비전 시청은 시청자의 상상력의 활동을 제한한다. 1956 철야는 예를 들어 기도를 하거나 정치적인 항의를 하기 위해 특히 밤에 사람들이 한 장소에 가만히 남아 있는 기간이다. 1957 그녀의 목소리에는 이전의 활기가 없었다. 1958 10년 전 이곳은 주로 어촌이었다. 1959 담에는 담쟁이가 무성하게 덮여 있다. 1960 우리는 설탕과 소금 그리고 식초가 조금 필요하다. 1961 원시림(처녀림)이 훼손되었다.

1962
virtue

[vɔ́:rtʃuː]

n. 미덕, 장점

Everybody extolled his supreme *virtue*.

파 **virtuous** *adj.* 덕행이 있는, 고결한

1963
vision

[víʒən]

n. 시력, 광경, 상상력, 환상

Glasses improved the man's *vision* but did not correct it entirely.

파 **visual** *adj.* 시각의, 시력의   **visibility** *n.* 눈에 보임, 가시성   **visible** *adj.* 눈에 보이는

1964
visitor

[vízitər]

n. 방문객

Some *visitors* throw some kinds of cookies and peanuts to the elephants.

파 **visit** *v.* 방문하다 |대수능|

1965
vitamin

[váitəmin]

n. 비타민

Eat fruit high in *vitamin* C and drink a lot of fluids. |대수능|

1966
vocabulary

[voukǽbjulèri]

n. 어휘

There are many ways to improve your *vocabulary* in English. |대수능|

1967
vocation

[voukéiʃən]

n. 직업(=occupation), 천직, 적성

Medicine is my *vocation*.

파 **vocational** *adj.* 직업(상)의, 천직의

1968
voice

[vɔ́is]

n. 목소리, 발언

He heard a *voice* in the outer room.

1969
volcano

[vɑlkéinou]

n. 화산

The *volcano* shot lava high into the air.

파 **volcanic** *adj.* 화산의

1970
volume

[váljuːm]

n. 책, 부피, 음량

The Society has already published its own scholarly *volume* on the Granite Tower. |대수능|

파 **voluminous** *adj.* 저서가 많은, 부피가 큰

1971
volunteer

[vàləntíər]

n. 지원자, 자원봉사자

The early *volunteers* worked alone and did hard and unpleasant tasks.

파 **voluntary** *adj.* 자발적인   **voluntarily** *adv.* 자발적으로 |대수능|

[예문 해석] **1962** 모든 사람이 그의 높은 덕행을 칭찬했다.   **1963** 안경이 남자의 시력을 향상시켰지만 완전히 교정하지는 못했다.   **1964** 일부 방문객들은 코끼리들에게 몇몇 종류의 쿠키와 땅콩을 던진다.   **1965** 비타민 C가 풍부한 과일을 드시고 물을 많이 마시십시오.   **1966** 영어에서 당신의 어휘력을 향상시키는 많은 방법이 있다.   **1967** 의학은 나의 천직이다.   **1968** 그는 바깥쪽 방에서 나는 어떤 목소리를 들었다.   **1969** 그 화산은 용암을 하늘 높이 내뿜었다.   **1970** 그 협회는 이미 석탑에 관한 독특한 학문적인 책을 발행했다.   **1971** 초기의 자원봉사자들은 혼자서 일했고 힘들고 불쾌한 일들을 했다.

1972
voyage

[vɔ́iidʒ]

n. 항해, 긴 배 여행

Life is often compared to a *voyage*.

파) voyager *n.* 항해자

>>> 표제어 이외의 교과서 수록 어휘

vaccine [vǽksi(:)n]   *n.* 백신, 우두종

van [vǽn]   *n.* 밴, 경화물 자동차

vanilla [vənílə]   *n.* 바닐라

Vega [víːgə]   *n.* [천문학] 베가, 직녀성

veil [véil]   *n.* 베일, 면사포, 덮개

verb [və́ːrb]   *n.* 동사

verbal [və́ːrbəl]   *n.* 준동사

version [və́ːrʒən]   *n.* 버전, 번역, 각색, …판

video [vídiòu]   *n.* 비디오, 영상

vinyl [váinl]   *n.* 비닐

violin [vàiəlín]   *n.* 바이올린

Virgo [və́ːrɡou]   *n.* 처녀자리

virus [váiərəs]   *n.* 바이러스

visa [víːzə]   *n.* 비자, 사증

viva [víːvə]   *n.* 만세 (소리)

volleyball [válibɔ̀ːl]   *n.* 배구

vowel [váuəl]   *n.* 모음

1973
wad

[wád]

n. 뭉치, 다발

She handed over a *wad* of forms and leaflets.

표현) a wad of bills 지폐 뭉치

1974
wage

[wéidʒ]

n. 임금(= salary), 급료

We demand an increase in our *wages*.

표현) make(get, obtain) good wages 좋은 급료를 받다

1975
waist

[wéist]

n. 허리

Her *waist* measures 58 centimeters around.

1976
wall

[wɔ́ːl]

n. 벽, 담

They knocked down a couple of internal *walls*.

관련) wallpaper *n.* 벽지

1977
wallet

[wálit]

n. 지갑(= pocketbook)

The man is taking a card out of his *wallet*.

1978
warehouse

[wɛ́ərhàus]

n. 창고, 저장소

The lumber is being put in the *warehouse*.

[예문 해석] **1972** 인생은 종종 항해에 비유된다. **1973** 그녀는 서류와 전단지 뭉치를 넘겨주었다. **1974** 우리는 임금 인상을 요구한다. **1975** 그녀의 허리 둘레는 58센티미터다. **1976** 그들은 내벽 두 개를 허물었다. **1977** 남자가 지갑에서 카드를 꺼내고 있다. **1978** 목재를 창고 안으로 들이고 있다.

1979
warfare
[wɔ́:rfɛ̀ər]

n. 전투 (행위), 교전 (상태)

Air power is the decisive factor in modern *warfare*.

(관련) warlike *adj.* 호전적인

1980
warrior
[wɔ́(:)riər]

n. 전사(=soldier), 무사

A *warrior* would choose death before dishonor.

1981
wart
[wɔ́:rt]

n. 사마귀, (나무 줄기의) 혹

A *wart* is a small lump which grows on your skin.

1982
waterfall
[wɔ́:tərfɔ̀:l]

n. 폭포

We camped five miles above the *waterfall*.

(관련) waterproof *adj.* 방수의, 물이 스며들지 않는

1983
wave
[wéiv]

n. 파도, 물결   *v.* 손을 흔들다

High *waves* and strong winds are expected, causing a sea level rise.

(관련) wavelength *n.* 파장, 주파수

1984
wayfarer
[wéifɛ̀ərər]

n. (도보) 여행자

Walking, I met another *wayfarer*. |대수능|

1985
wealth
[wélθ]

n. 부(=riches), 재산

Tourism has brought a huge influx of *wealth* into the country.

(파) wealthy *adj.* 부유한

1986
weapon
[wépən]

n. 무기, 병기(=arms)

We should renounce nuclear *weapons*.

(파) weaponry *n.* 무기류

1987
wedge
[wédʒ]

n. 쐐기

He split the wood with a *wedge*.

1988
weed
[wí:d]

n. 잡초

Goats like eating *weeds*. |대수능|

(파) weedy *adj.* 잡초가 많은   (관련) weed-killer *n.* 제초제

1989
welfare
[wélfɛ̀ər]

n. 복지, 후생, 복지사업

National *welfare* is the object of politics.

[예문 해석] **1979** 공군력은 현대전의 결정적 요소이다.   **1980** 전사는 불명예보다는 죽음을 택한다.   **1981** 사마귀는 당신의 피부에서 자라는 작은 혹이다.   **1982** 우리는 폭포에서 상류 쪽으로 5마일 되는 곳에서 야영했다.   **1983** 해수면의 상승을 일으키는 높은 파도와 강풍이 예상된다. **1984** 걸어가면서 나는 다른 도보 여행자를 만났다.   **1985** 관광 산업은 그 나라에 많은 부를 가져다 주었다.   **1986** 우리는 핵무기를 폐기해야 한다.   **1987** 그는 쐐기를 가지고 목재를 쪼갰다.   **1988** 염소는 잡초 먹는 것을 좋아한다.   **1989** 국민의 복지가 정치의 목적이다.

1990
wheel

[hwíːl]

n. 수레바퀴, (자동차의) 핸들

The woman is behind the *wheel*.

1991
whim

[hwím]

n. 변덕(=caprice), 일시적 기분

We decided, more or less on a *whim*, to sail to Morocco.

파 whimsical *adj.* 변덕스러운

1992
whip

[hwíp]

n. 채찍 *v.* 채찍질하다, 매로 때리다(=lash)

A *whip* is a long thin piece of material such as leather or rope, fastened to a stiff handle.

1993
whisker

[hwískər]

n. (pl.) 구레나룻

He's cutting the *whiskers*.

1994
whistle

[hwísl]

n. 휘파람, 호각 *v.* 휘파람을 불다

There is only a matter of four or five minutes before the final *whistle*.

표현 a referee's whistle 심판의 호각소리　　　　　|대수능|

1995
whodun(n)it

[hùːdʌ́nit]

n. 탐정(추리)소설, 스릴러(=Who did it?)

A *whodunnit* is a novel, film, or play which is about a murder and which does not tell you who the murderer is until the end.

1996
wicker

[wíkər]

n. (버들 따위의) 흐느적거리는 가는 가지

Wickers are long thin sticks, stems, or reeds that have been woven together to make things such as baskets and furniture.

1997
widow

[wídou]

n. 미망인, 과부

The *widow* entrusted her financial affairs to her accountant.

파 widowed *adj.* 미망인이 된　　　반 widower *n.* 홀아비

1998
wildlife

[wáildlàif]

n. 야생생물

These chemicals would destroy crops and all *wildlife*. |대수능|

관련 wild *adj.* 야생의　　wilderness *n.* 황야, 황무지

1999
will

[wíl]

n. 의지, 의도, 소원

Will is the determination to do something.

표현 at will 뜻대로, 마음 내키는 대로

[예문 해석] **1990** 여자가 운전석에 앉아 있다.　**1991** 우리는 다소 충동적으로 Morocco로 항해하기로 결정했다.　**1992** 채찍은 단단한 손잡이에 고정된 가죽이나 끈과 같은 길고 가는 물질이다.　**1993** 그는 구레나룻을 깎고 있다.　**1994** 최종 호각이 울리기 전까지 겨우 4~5분의 문제일 뿐이다.　**1995** 스릴러는 끝날 때까지 살인자가 누구인지를 당신에게 알려주지 않는 어떤 살인 사건에 관한 소설이나 영화 또는 연극이다.　**1996** 잔가지는 바구니나 가구 같은 것을 만들기 위해서 함께 짜여진 길고 가느다란 막대기나 줄기 또는 갈대들이다.　**1997** 그 미망인은 회계사에게 재정 업무를 일임했다.　**1998** 이 화학물질들은 농작물과 모든 야생생물을 파괴시킬 것이다.　**1999** 의지는 무엇인가를 하기 위한 결심이다.

2000
wisp

[wísp]

n. (머리털 따위) 술, (짚 따위의) 작은 다발

She smoothed away a *wisp* of hair.

(파) wispy *adj.* 작게 묶은, 희미한

2001
witch

[wítʃ]

n. 마녀, 여자 마법사

The old *witch* whispered, then let out a cackle.

(관련) witchcraft *n.* 마법, 요술 　(반) wizard *n.* 남자 마법사

2002
woe

[wóu]

n. 비애, 비통, 고뇌(=affliction)

Woe is very great sadness.

(파) woeful *adj.* 슬픔에 가득 찬, 비참한

2003
womb

[wúːm]

n. 자궁

A woman's *womb* is the part inside her body where a baby grows before it is born.

2004
workshop

[wə́ːrkʃɑ̀p]

n. 일터, 작업장, 연수회

Wood chips covered the floor of the *workshop*.

2005
worm

[wə́ːrm]

n. 벌레

The early bird catches the *worm*.

2006
wound

[wúːnd]

n. 부상, 상처　*v.* 상처를 입히다(=injure)

The *wound* healed all by itself.

(파) wounded *adj.* 상처를 입은, 부상당한

2007
wrath

[rǽθ]

n. 격노(=rage), 분노

He was inflamed with *wrath*.

(파) wrathful *adj.* 몹시 화를 낸, 격분한

2008
wreath

[ríːθ]

n. 화환, 화관

Poets were proud to be crowned with the laurel *wreath*.

(파) wreathe *v.* (화환 따위로) 장식하다

2009
wrinkle

[ríŋkl]

n. 주름, 구김살(=fold)　*v.* 주름을 잡다, 주름살이 지다

Don't sit on it. It will leave *wrinkles*.

(파) wrinkled *adj.* 주름진, 주름이 잡힌

[예문 해석]　**2000** 그녀는 머릿다발을 부드럽게 쓸어내렸다.　**2001** 늙은 마녀는 속삭이더니 킬킬거렸다.　**2002** 비애는 매우 큰 슬픔이다. **2003** 여자의 자궁은 아이가 태어나기 전에 그 속에서 자라는 여자 신체 일부이다.　**2004** 나무 조각들이 작업장의 바닥을 뒤덮었다.　**2005** 일찍 일어나는 새가 벌레를 잡는다.　**2006** 상처는 자연적으로 모두 아물었다.　**2007** 그는 분노로 불타올랐다.　**2008** 시인들은 월계관을 쓰는 것을 영광으로 여겼다.　**2009** 거기에 앉지 마라. 그것은 주름을 남길 것이다.

2010
wrist
[ríst]

n. 손목

I combed the house for the missing *wrist* watch.

(관련) wristwatch   *n.* 손목시계

>>> 표제어 이외의 교과서 수록 어휘

wagon [wǽgən]   *n.* 4륜차, 짐마차

wasp [wásp]   *n.* 말벌

watermelon [wɔ́:tərmèlən]   *n.* 수박

wax [wǽks]   *n.* 왁스, 밀랍

web [wéb]   *n.* 웹, 직물, 거미집

wedding [wédiŋ]   *n.* 혼례, 결혼식

weir [wíər]   *n.* 둑(물레방아용)

whale [hwéil]   *n.* 고래

wheat [hwíːt]   *n.* 밀, 소맥

whew [hwjúː]   *n.* 어휴(하는 소리)

wife [wáif]   *n.* 아내, 부인

willow [wílou]   *n.* 버드나무 (제품)

wine [wáin]   *n.* 와인, 포도주

wing [wíŋ]   *n.* 날개

wink [wíŋk]   *n.* 윙크, 눈을 깜박임

wire [wáiər]   *n.* 철사, 전선

wolf [wúlf]   *n.* 이리, 늑대

woodchuck [wúdtʃʌk]   *n.* [동물] 북미산 마멋류

woodcock [wúdkàk]   *n.* 누른도요새

woodpecker [wúdpèkər]   *n.* 딱따구리

wool [wúl]   *n.* 양털, 모직물

wrench [réntʃ]   *n.* [기계] 렌치, 비틀기

2011
yard
[jáːrd]

n. 안뜰, 마당

I let my dog loose in the *yard*.

2012
yolk
[jóuk]

n. 노른자위, 난황

One egg *yolk* contains a full day's supply of cholesterol.

>>> 표제어 이외의 교과서 수록 어휘

yacht [ját]   *n.* 요트

Yankee [jǽŋki]   *n.* 양키, 미국인

yeast [jíːst]   *n.* 이스트, 효모

yen [jén]   *n.* 엔(일본의 화폐 단위), 열망, 동경

2013
zeal
[zíːl]

n. 열의, 열심(= eagerness, keenness)

"When choosing between a purely competent person without interest and a less competent person with *zeal*, I always choose *zeal* over ability," he added. |대수능|

>>> 표제어 이외의 교과서 수록 어휘

zebra [zíːbrə]   *n.* 얼룩말

zodiac [zóudiæ̀k]   *n.* 황도대, 12궁도

[예문 해석] 2010 나는 없어진 손목시계를 찾느라고 온 집안을 샅샅이 뒤졌다.   2011 나는 개를 마당에 풀어 놓았다.   2012 계란 노른자 한 개에는 하루 섭취분의 콜레스테롤이 함유되어 있다.   2013 "관심이 없는 아주 유능한 사람과 열정이 있는 덜 유능한 사람 사이에서 선택할 때 나는 항상 능력보단 열정을 선택한다."고 그는 덧붙였다.

20TH LECTURE MASTERING IDIOMS

- **have no sense of** ～을 모르다(=have no idea of)

  They *have no sense of* hygiene. 그들은 위생 관념이 없다.

- **head for** ～을 향하다(=make for)

  They will *head for* America. 그들은 미국으로 향할 것이다.

- **hold on to + N** ～에 매달리다, 고수하다(=cling to + N, adhere to + N, stick to + N)

  Better *hold on to* the strap so you don't get hurt.

  다치지 않도록 손잡이를 잡는 게 좋다.

- **hurry up** 서두르다(=be in a hurry, be in a rush, be in haste)

  Please *hurry up*. There's no time to lose. 서두르세요. 우물쭈물할 시간이 없어요.

- **in a different direction** 다른 방향으로

  Depending on your reference point, a moving object can be seen as moving *in a different direction*.

  당신의 판단 기준에 따라, 움직이고 있는 물체는 다른 방향으로 움직이고 있는 것처럼 보일 수 있다.

- **in a friendly manner** 친절하게

  She smiled again *in a friendly manner*. 그녀는 친절하게 다시 미소 지어 주었다.

- **in a hurry** 급히, 서둘러(=in haste)

  Jinho was *in a hurry*, so he had to cross the street at a red light.

  진호는 급했기 때문에 빨간 불에 길을 건너야 했다.

- **in a poor light** 어두운 데에서

  Reading *in a poor light* taxes the eyes. 어두운 데에서 독서하면 눈이 지친다.

- **in a straight line** 직선으로

  The distance between them is 5 miles *in a straight line*.

  그 사이의 거리는 직선으로 5마일이다.

- **in addition** 또한, 게다가(=besides)

  In addition, you should study hard. 게다가 너는 공부도 열심히 해야 한다.

- **in addition to + N** ～에 덧붙여, ～ 외에도

  In addition to tea, animals' teeth, shells, and even salt were once used as money.

  차 이외에도 동물들의 이빨, 조개껍데기, 심지어 소금도 한때는 돈으로 사용되었다.

20TH LECTURE REVIEW TEST

● 빈칸에 알맞은 단어나 뜻을 쓰시오.

1. _____	교수, 수업, 수업료	26. vicinity	_____
2. turmoil	_____	27. _____	희생(자), 피해자
3. tyranny	_____	28. vigil	_____
4. ultraviolet	_____	29. vigor	_____
5. unanimity	_____	30. vine	_____
6. _____	실업, 실직	31. vinegar	_____
7. unrest	_____	32. virtue	_____
8. upheaval	_____	33. _____	직업, 천직
9. upholstery	_____	34. volume	_____
10. usher	_____	35. _____	자원봉사자
11. utensil	_____	36. voyage	_____
12. _____	유용, 공익 사업(설비)	37. wad	_____
13. vacuum	_____	38. warrior	_____
14. vantage	_____	39. wart	_____
15. vapor	_____	40. wayfarer	_____
16. vehicle	_____	41. _____	무기, 병기
17. _____	속력, 속도	42. wedge	_____
18. vengeance	_____	43. welfare	_____
19. venue	_____	44. whim	_____
20. _____	평결, 판단	45. whip	_____
21. verdure	_____	46. whisker	_____
22. verge	_____	47. _____	휘파람, 호각
23. verification	_____	48. whodun(n)it	_____
24. vessel	_____	49. wicker	_____
25. veterinarian	_____	50. wisp	_____

SUMMA CUM LAUDE
WORD MANUAL

*The most glorious moments in your life
are not the so-called days of success,
but rather those days when out of dejection and despair
you feel the rise in you a challenge to life,
and the promise of future accomplishment.*

- Gustave Flaubert

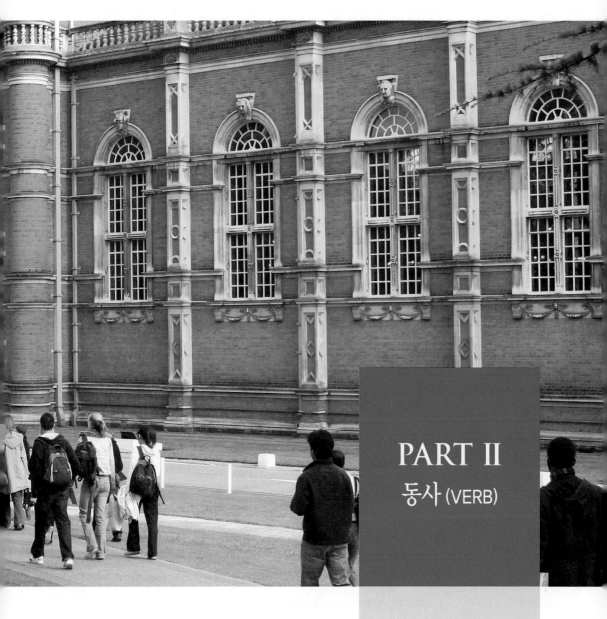

PART II
동사 (VERB)

숨마쿰라우데®
[워드 매뉴얼]

21ST LECTURE
~
33RD LECTURE

21ST LECTURE

| ²⁰¹⁴**abandon** ~ ²¹⁰⁰**assent** |

SUMMA CUM LAUDE VOCABULARY

2014
abandon

[əbǽndən]

v. 버리다(=give up, forsake), 단념하다

We gave up our wasteful diet of meat, *abandoned* all pleasure driving, and cut back on every use of energy. |대수능|

파 abandonment *n.* 포기, 버림 　 abandoned *adj.* 버림받은, 버려진

표현 abandon oneself to ~에 빠지다(탐닉하다)

2015
abbreviate

[əbríːvièit]

v. 요약해서 쓰다, 단축하다(=shorten)

This dictionary *abbreviates* the word 'verb' by using 'v.'.

파 abbreviation *n.* 생략(형), 약어

2016
abduct

[æbdʌ́kt]

v. 유괴하다(=kidnap)

He was afraid of being *abducted* by a rival gang.

> Tip [ab(=away)+duct(=lead)] duct는 '데리고 가다, 이끌다'의 의미이다.

2017
abide

[əbáid]

v. 참다, 견디다(=endure), 머무르다, 살다(=live)

I can't *abide* the hot weather.

파 abiding *adj.* 지속적인, 불변의 　 표현 abide by (규칙 · 약속 등을) 지키다

2018
abolish

[əbáliʃ]

v. 폐지하다, 철폐하다(=do away with)

We must *abolish* unnecessary punishments.

파 abolition *n.* 폐지, 철폐, 노예 폐지

2019
abort

[əbɔ́ːrt]

v. 유산하다, 중단하다

We *aborted* a trip because of my brother's illness.

파 abortion *n.* 유산, 낙태

[예문 해석] **2014** 우리는 비경제적인 고기 음식을 포기했고 재미삼아 하는 모든 운전을 단념했고 모든 에너지의 사용을 줄였다. 　 **2015** 이 사전은 '동사'를 'v.'로 생략해서 쓴다. 　 **2016** 그는 라이벌 갱에 의해서 납치될 것을 두려워했다. 　 **2017** 나는 무더운 날씨를 참을 수가 없다. 　 **2018** 우리는 불필요한 형벌을 폐지해야 한다. 　 **2019** 우리는 내 남동생이 아파서 여행을 중단했다.

2020
abound

[əbáund]

v. (사물 · 사람이) 많이 있다, (물건 · 장소가) 풍부하다(= be plentiful)

Fish *abound* in the river.

표현 abound with ~이 풍부하다, 많이 있다

2021
absorb

[əbsɔ́ːrb]

v. 흡수하다, 열중시키다

The surface of a particular object will *absorb* some of this light's wavelengths and reflect others. |대수능|

파 absorption *n.* 흡수, 전념, 몰두   absorbed *adj.* 열중한   absorbing *adj.* 열중케 하는
표현 be absorbed in ~에 몰두하다

> Tip [ab(=away)+sorb(=suck)] sorb은 '빨아들이다, 흡수하다, 당기다'의 의미이다.

2022
abstain

[əbstéin]

v. 삼가다(= refrain), 그만두다

You had better *abstain* from smoking.

파 abstainer *n.* 절제가, 금주가

2023
abuse

[əbjúːz]

v. 남용하다, 오용하다(= misuse), 학대하다   *n.* 남용, 오용, 학대

The politician *abused* his position in order to enrich himself.

파 abusive *adj.* 남용하는, 욕하는

2024
accelerate

[æksélərèit]

v. 가속하다, 빨라지다, 촉진하다(= hasten)

The government *accelerated* the pace of reform.

파 acceleration *n.* 가속(도), 촉진   accelerator *n.* 가속 장치, 액셀러레이터

2025
accept

[æksépt]

v. 받아들이다(= approve)

Please *accept* our sincere excuses. |대수능|

파 acceptance *n.* 받아들임, 수용   acceptable *adj.* 받아들일 수 있는

2026
accommodate

[əkámədèit]

v. 편의를 도모하다, 숙박시키다, 수용하다(= admit)

We will be *accommodated* in a nearby hotel.

파 accommodation *n.* 숙박시설, 편의, 적응   accommodating *adj.* 남의 편의를 잘 봐주는

2027
accompany

[əkʌ́mpəni]

v. 동행하다(= go with), 반주하다

"In that case, you'll have to *accompany* me." |대수능|

파 accompanist *n.* 동반자, 반주자

2028
accumulate

[əkjúːmjulèit]

v. 모으다, 축적하다(= amass)

By investing in stocks he *accumulated* a fortune.

파 accumulation *n.* 축적, 누적   accumulative *adj.* 누적적인

[예문 해석] **2020** 그 강에는 물고기가 많이 있다.   **2021** 어떤 특별한 물체의 표면은 이러한 빛의 파장 중 일부를 흡수하고 일부를 반사시킬 것이다.   **2022** 당신은 흡연을 삼가는 것이 좋다.   **2023** 그 정치인은 자신의 부를 챙기기 위해 자신의 지위를 남용했다.   **2024** 정부는 개혁의 속도를 가속화했다.   **2025** 우리의 진심어린 사과를 받아주십시오.   **2026** 우리는 근처 호텔에 머물게 될 것이다.   **2027** "그러한 경우에 당신은 저와 동행하셔야 할 거예요."   **2028** 그는 주식에 투자하여 재산을 모았다.

2029
accuse

[əkjúːz]

v. 고소[고발]하다(= charge), 비난하다

For example, according to American law, if someone is *accused* of a crime, he is considered innocent until the court proves that the person is guilty. |대수능|

ⓟ accused *adj.* 고발당한, 비난받는   accusation *n.* 고소, 비난   accuser *n.* 원고

> Ⓣ「accuse+사람+of+범죄」나 be accused of의 형태로 사용된다. 정관사와 형용사의 관용 표현
> 인 the accused는 the rich 등이 거의 복수로만 취급되는 것과는 다르게 문맥에 따라 단수 또는 복수
> 로 취급된다. 즉 The accused is/are가 모두 쓰인다.

2030
accustom

[əkʌ́stəm]

v. 익숙하게 하다

We are so *accustomed* to a varied diet that we usually take it for granted that other people also have a variety of foods. |대수능|

표현 accustom oneself to ~에 익숙해지다

2031
achieve

[ətʃíːv]

v. 이루다, 달성하다(= accomplish)

No lasting results can be *achieved* unless the individual convinces himself that loneliness is just a state of mind. |대수능|

ⓟ achievement *n.* 달성, 성취   achievable *adj.* 성취할 수 있는

2032
acknowledge

[æknɑ́lidʒ]

v. 인정하다(= admit), (호의에) 감사하다

He *acknowledged* that he was wrong.

ⓟ acknowledged *adj.* 일반적으로 인정된   acknowledgment *n.* 승인, 감사(의 표시)

2033
acquaint

[əkwéint]

v. 알리다(= inform), 정통하게 하다

I *acquainted* myself with my new neighborhood.

ⓟ acquaintance *n.* 지식, 아는 사람   표현 be acquainted with ~에 정통하다

2034
acquire

[əkwáiər]

v. 획득하다(= gain)

So those seeking a job — the young and the unskilled — realize that the best way to get hired is to *acquire* some experience from volunteer work. |대수능|

ⓟ acquired *adj.* 획득한, 후천적인   acquirement *n.* 취득, 습득

> Ⓣ [ac(=to)+quire(=seek)] quire는 '추구하다, 찾다, 살피다'의 의미이다.

2035
acquit

[əkwít]

v. 무죄를 선고하다, 석방하다

He was *acquitted* after a long trial.

ⓟ acquittal *n.* 무죄 판결, 석방   acquittance *n.* 면제, 해제

[예문 해석] 2029 예를 들어, 미국 법에 의하면 어떤 사람이 범죄로 고발되어도 법정이 그 사람이 유죄라는 것을 입증할 때가지 그는 무죄로 간주된다.   2030 우리는 너무 다양한 음식에 익숙해져서 다른 사람들도 또한 다양한 음식을 먹는다는 것을 보통 당연하게 여긴다.   2031 만약 개인이 외로움이 단지 정신상태의 하나라는 것을 스스로에게 인식시키지 못한다면 어떤 지속적인 결과도 성취될 수 없다.   2032 그는 자신이 틀렸다는 것을 인정했다.   2033 나는 새 이웃과 알게 되었다.   2034 그래서 직업을 구하는 사람들은 젊은이들이건 기술이 없는 사람들이건 고용되기 위한 가장 좋은 방법이 자원봉사 활동으로 다소의 경험을 얻는 것이라는 것을 깨닫고 있다.   2035 그는 긴 재판 끝에 석방되었다.

2036
activate

[ǽktəvèit]

v. 활성화시키다

It cannot produce enough heat to *activate* the electrons. |대수능|

ⓟ activation *n.* 활성화

2037
adapt

[ədǽpt]

v. 적응시키다(=fit)

For example, the giraffe has *adapted* to grazing on treetops but it is specialized and thus restricted to grazing on trees. |대수능|

ⓟ adaptation *n.* 적응   adaptable *adj.* 적응할 수 있는   adaptability *n.* 적응성

2038
adhere

[ædhíər]

v. 들러붙다, 고수하다(=stick)

Mud *adhered* to his clothes.

ⓟ adherent *n.* 자기편, 지지자   adherence *n.* 고수, 집착

2039
adjourn

[ədʒə́ːrn]

v. 휴회하다, 연기하다(=put off)

The meeting was *adjourned* for a month.

ⓟ adjournment *n.* 휴회, 연기

2040
adjust

[ədʒʌ́st]

v. 맞추다, 조정하다, 적응하다

Your tie needs *adjusting*.

ⓟ adjustment *n.* 조정   adjustability *n.* 조정성   adjustable *adj.* 조정할 수 있는

2041
administer

[ædmínistər]

v. 관리하다, 집행하다, (약을) 복용시키다

The doctor *administered* medicine to the patient.

ⓟ administration *n.* 관리, 경영, 행정(부), 행정기관   administrative *adj.* 관리의, 행정상의
administrator *n.* 관리자, 행정관

2042
admit

[ædmít]

v. 인정하다(=recognize)

So after bothering my wife throughout the first part of the movie, I finally prevailed upon her to *admit* it was off, and very annoying. |대수능|

ⓟ admission *n.* 승인, 입학, 입장료   admittance *n.* 입장 (허가), 입학

2043
adopt

[ədápt]

v. 입양하다, 채택하다(=accept)

They *adopted* a curriculum consisting of running, climbing, swimming and flying. |대수능|

ⓟ adoption *n.* 입양, 채용   adopted *adj.* 입양된, 채용된

Ⓣ Tip [ad(=to)+opt(=wish)] opt는 '(원하는 것의) 선택, 택일'의 의미이다.

[예문 해석] 2036 그것은 전자들을 활성화시킬 정도로 충분한 열을 만들어내지 못한다.   2037 예를 들어, 기린은 나무 꼭대기에 있는 풀을 뜯는 일에 적응해왔으나 그것은 특수화되어 나무 위에 있는 풀을 뜯는 일에만 국한되었다.   2038 진흙이 그의 옷에 묻었다.   2039 그 회합은 한 달 동안 연기되었다.   2040 네 넥타이를 바로 해야겠다.   2041 의사가 환자에게 약을 주었다.   2042 그래서 영화의 초반부 내내 아내를 귀찮게 한 후에, 나는 마침내 그녀를 설복시켜 그것(영화)의 초점이 빗나가 있으며 매우 짜증난다는 것을 인정하게 했다.   2043 그들은 달리기, 오르기, 수영 그리고 날기로 이루어진 학습과정을 채택했다.

2044
adore

[ədɔ́ːr]

v. 숭배하다, 사모하다(=admire)

She *adores* her parents.

(파) adoration *n.* 숭배, 동경   adorer *n.* 숭배자   adorable *adj.* 숭배할 만한, 존경할 만한

2045
adorn

[ədɔ́ːrn]

v. 꾸미다(=decorate), 장식하다

She *adorned* herself with jewels.

(파) adornment *n.* 꾸밈, 장식(품)

2046
advance

[ædvǽns]

v. 나아가다(=move forward)   *n.* 진보

Not only do the tides *advance* and retreat in their eternal rhythms, but the level of the sea itself is never at rest. |대수능|

(파) advancement *n.* 진보, 승진   advanced *adj.* 진보된, 고등의

(표현) in advance 미리, 앞서

2047
advertise

[ǽdvərtàiz]

v. 광고하다

Do you have a little brother or sister who listens to commercials on television and then tries to get your mother to buy every product he or she has seen *advertised*? |대수능|

(파) advertiser *n.* 광고주   advertisement *n.* 광고   advertising *n.* 광고(업)

2048
affect

[əfékt]

v. 영향을 주다, 감동시키다(=move), ~인 체하다

All human beings are *affected* by these events, and all societies share common characteristics. |대수능|

(파) affection *n.* 애정, 사랑   affectionate *adj.* 애정 깊은, 다정한   affectation *n.* 꾸밈, 뽐냄

(Tip) affect는 동사이고, effect는 '영향, 결과'의 의미를 가지며 주로 명사로 쓰인다. effect는 have a particular effect on의 숙어적 표현으로도 많이 쓰이는데, 이때 effect 대신에 affect를 잘못 쓰지 않도록 주의해야 한다.

2049
affirm

[əfə́ːrm]

v. 단언하다, 주장하다, 확인하다

He *affirmed* his innocence.

(파) affirmation *n.* 단언, 확언   affirmative *adj.* 확언(단언)적인, 긍정의

(Tip) [af(=to)+firm] firm은 '~에게 단단하게 하다', 즉 '확실히 (말)하다'의 의미이다.

2050
afflict

[əflíkt]

v. 괴롭히다(=distress)

A person *afflicted* with loneliness will realize, in the long run, that only he can find his own cure. |대수능|

(파) affliction *n.* 고난, 고통

[예문 해석] **2044** 그녀는 부모님을 정말 사랑한다.   **2045** 그녀는 보석으로 치장했다.   **2046** 조수는 끊임없이 반복적으로 밀려오고 밀려갈 뿐만 아니라 바다 자체의 해수면도 결코 정지해 있지 않는다.   **2047** 텔레비전의 광고에 귀를 기울이고 나서 광고에서 보았던 모든 상품들을 보고 어머니에게 사달라고 조르는 어린 동생이 있습니까?   **2048** 모든 인간은 이러한 사건들에 영향을 받으며 모든 사회도 공통적인 특징을 공유한다.   **2049** 그는 자기가 무죄임을 강력히 주장했다.   **2050** 외로움으로 괴로워하는 사람은 결국 오직 그만이 그 자신의 치료법을 찾을 수 있다는 것을 알게 될 것이다.

2051
afford

[əfɔ́ːrd]

v. ~할 여유가 있다

He told me that the firm could not *afford* to pay such large salaries. |대수능|
(파) affordable *adj.* (값이) 알맞은, 감당할 수 있는   (표현) can afford to + V ~할 여유가 있다

> (Tip) afford는 혼자서는 잘 쓰이지 않으며, 대부분 can afford, could afford, be able to afford 의 형태로 쓰인다. 뒤에는 명사 상당어구가 올 수 있으나 동명사(ing) 형태는 오지 않는다. 또한 수동태 형태로도 쓰이지 않는다.

2052
affront

[əfrʌ́nt]

v. 모욕하다, 창피 주다, 무례한 짓을 하다   n. 모욕

The boy *affronted* the girl by pulling her hair.

2053
aggravate

[ǽgrəvèit]

v. 악화시키다, 괴롭히다, 화나게 하다

Stop *aggravating* the cat!

2054
aggregate

[ǽgrigèit]

v. 모으다, 집합하다   adj. 집합한, 합계의

He *aggregated* much wealth.
(파) aggregation *n.* 집합, 집단

> (Tip) [ag(=to)+greg(=group, gather)+ate(서술형접미사)] greg는 '모이다' 의 의미이다.

2055
ail

[éil]

v. 괴롭히다, 아픔을 느끼다

Find out what *ails* that crying child.

2056
alarm

[əlɑ́ːrm]

v. 놀라게 하다(=frighten)

I tried to explain that we did not want to *alarm* her; we just wanted her to be aware. |대수능|
(파) alarming *adj.* 놀라게 하는

2057
alienate

[éiljənèit]

v. 멀리하다, 소원하게 하다, 양도[매각]하다

Frequent arguments *alienated* him from his friends.
(파) alien *n.* 외국인, 우주인   *adj.* 외국의, 이질의, 우주 밖의   alienation *n.* 소원해짐

2058
alight

[əláit]

v. (말 · 탈것에서) 내리다(=get down)   adj. 불타고 있는, 빛나는

Two men *alighted* from the vehicle.

2059
allocate

[ǽləkèit]

v. 할당하다, 배분하다, 배치하다

The government should *allocate* more jobs to people.
(파) allocation *n.* 할당, 배당, 배치

[예문 해석] **2051** 그는 내게 회사는 그렇게 많은 월급을 줄 여유가 없다고 말했다.   **2052** 그 소년은 소녀의 머리카락을 잡아당기는 것으로 그녀에게 무례한 짓을 했다.   **2053** 고양이를 괴롭히지 마!   **2054** 그는 많은 재산을 모았다.   **2055** 저 울고 있는 아이를 괴롭히는 것이 무엇인지 알아내라.   **2056** 나는 우리가 그녀를 놀라게 하려고 했던 것이 아니었다고 설명하려고 했다. 우리는 단지 그녀가 알고 있기를 원했을 뿐이었다.   **2057** 그는 빈번한 말다툼으로 친구들과 멀어졌다.   **2058** 두 남자가 차에서 내렸다.   **2059** 정부는 국민들에게 보다 많은 일자리를 만들어주어야 한다.

2060
allot

[əlát]

v. 할당[배당]하다, (용도에) 충당하다

Each candidate is *allotted* ten minutes to make a speech.

(파) allotment *n.* 할당, 분배, 배당

2061
allow

[əláu]

v. 허락하다(= permit), ~을 하게 하다

This *allows* kids to build up self-confidence. |대수능|

(파) allowance *n.* 수당, 용돈

> (Tip) allow와 permit 그리고 let 동사의 차이를 구별해 두어야 한다. 이 동사들 중 permit은 상당히 딱딱한 느낌의 격식을 차린 단어이고 나머지는 흔히 쓰이는 단어이다. 또한 이 동사들 중 allow와 permit은 뒤에 '목적어+to부정사'의 형태를 취하나 let은 '목적어+원형부정사'의 형태를 쓴다. 또한 allow와 permit은 be (not) allowed (to부정사), be (not) permitted (to부정사)의 형태로 사용될 수 있으나 let은 수동태 형태로 쓰이지 않는다.

2062
allude

[əlúːd]

v. 언급하다(= refer to), 넌지시 내비치다

She *alluded* to her problems over a cup of coffee.

(파) allusion *n.* 내비침, 암시

2063
alter

[ɔ́ːltər]

v. 바꾸다(= change), 변경하다, 개조하다

I *altered* my plan.

(파) alteration *n.* 변경, 개조   (혼) altar *n.* 제단, 제대(祭臺)

2064
alternate

[ɔ́ːltərnèit]

v. 번갈아 일어나다[나타나다]   *adj.* 교대의

His moods *alternated* between happiness and gloom. |대수능|

(파) alternately *adv.* 번갈아, 교대로

2065
amaze

[əméiz]

v. 놀라게 하다

Now when you walk into a sports store, you may be *amazed* at hundreds of different styles. |대수능|

(파) amazement *n.* 놀람   amazing *adj.* 놀라운   (표현) be amazed at ~에 깜짝 놀라다

2066
amend

[əménd]

v. 개정하다, 수정하다

The members of the National Assembly made an effort to *amend* the evil laws.

(파) amendment *n.* 수정, 개정   amends *n.* 배상, 벌충

2067
amputate

[ǽmpjutèit]

v. (손이나 발을) 절단하다

He had to have one leg *amputated*.

(파) amputation *n.* 절단(수술), 정리

[예문 해석] 2060 각 후보자는 연설을 하기 위해 10분을 할당받았다.   2061 이것은 아이들이 자신감을 형성하도록 해준다.   2062 그녀는 커피를 마시면서 그녀의 문제들을 넌지시 말했다.   2063 나는 계획을 변경했다.   2064 그의 기분은 행복과 우울이 번갈아 찾아왔다.   2065 요즘은 스포츠 상점에 들어서면, 수백 가지의 서로 다른 스타일에 놀랄지도 모른다.   2066 국회의원들은 악법을 개정하려고 애썼다.   2067 그는 한 다리를 절단해야 했다.

2068
amuse

[əmjúːz]

v. 즐겁게 하다(= entertain)

They *amused* themselves with toys.

(파) amusement *n.* 즐거움, 재미   amused *adj.* 즐거워하는

(관련) amusement park 유원지, 놀이동산

2069
analyze

[ǽnəlàiz]

v. 분석하다

Instead, be a reader who *analyzes*, evaluates, and judges an author's ideas and style. |대수능|

(파) analysis *n.* 분석, 분해   analyst *n.* 분석가   analytic *adj.* 분석적인

2070
animate

[ǽnəmèit]

v. 생명을 불어넣다, 만화 영화화하다

Her kind words *animated* him with fresh hope.

(파) animation *n.* 생기, 만화 영화   animator *n.* 만화 영화 제작자, 활력소

2071
annex

[ənéks]

v. 부가(추가)하다, 합병하다   *n.* 부가물, 부록

The United States *annexed* Texas in 1845.

(파) annexation *n.* 부가, (영토의) 합병

2072
announce

[ənáuns]

v. 발표하다(= publish), 알리다

Due to serious smog caused by the recent forest fires, the Ministry of Education has *announced* that all schools will be closed until further notice. |대수능|

(파) announcement *n.* 알림, 발표   announcer *n.* 아나운서, 알리는 사람

(Tip) [an(=to)+nounce(=report)] nounce는 '말하다, 전하다, 포고하다'의 의미이다.

2073
annoy

[ənɔ́i]

v. 성가시게 굴다(= trouble)

I *annoyed* my teacher with hard questions.

(파) annoyance *n.* 성가심, 귀찮음   annoying *adj.* 성가신, 귀찮은

2074
anticipate

[æntísəpèit]

v. 예상하다(= expect)

The excellent Christmas season we've *anticipated* has begun. |대수능|

(파) anticipation *n.* 예상, 기대

2075
apologize

[əpálədʒàiz]

v. 사과하다

In my country, when getting on a bus, people will *apologize* if they touch a person. |대수능|

(파) apology *n.* 사과, 변명

[예문 해석] **2068** 그들은 장난감을 가지고 즐거운 시간을 보냈다.   **2069** 대신에, 작가의 생각과 스타일을 분석하고 평가하고 판단하는 독자가 되어라.   **2070** 그녀의 친절한 말은 그에게 새 희망을 불어넣었다.   **2071** 미국은 1845년에 텍사스를 병합했다.   **2072** 최근 산불로 인한 심각한 스모그 때문에, 교육부는 모든 학교가 추후 통지가 있을 때까지 휴교를 할 것이라고 발표했다.   **2073** 나는 어려운 질문으로 선생님을 성가시게 했다.   **2074** 우리가 기대했던 멋진 크리스마스 시즌이 시작되었다.   **2075** 우리나라에서는 버스에 탈 때 사람들이 만약 다른 사람을 건드린다면 사과를 할 것이다.

2076
appall

[əpɔ́:l]

v. 오싹[섬뜩]하게 하다, 놀라게 하다(= terrify)

People were *appalled* by the news.

ⓟ appalling *adj.* 소름끼치는, 섬뜩한

2077
appeal

[əpí:l]

v. 호소[간청]하다, 흥미를 끌다, 상소[탄원]하다   *n.* 호소, 상소

Moreover it *appeals* not only to those who can read but to those who can't. |대수능|

ⓟ appealing *adj.* 마음을 끄는, 호소하는

2078
appear

[əpíər]

v. 나타나다(= come out), ~처럼 보이다

The leaves of a tree, for instance, *appear* green because all other wavelengths of the light hitting them are absorbed. |대수능|

ⓟ appearance *n.* 출현, 외관, 풍채

2079
appease

[əpí:z]

v. 달래다, 진정시키다

The sight *appeased* his anger.

ⓟ appeasement *n.* 진정, 완화

2080
append

[əpénd]

v. 부가[추가]하다, (부록으로) 덧붙이다

I *append* Mr. Tom's letter herewith.

ⓟ appendix *n.* 부록, 추가, 맹장   appendant *adj.* 부가의, 부수의

2081
applaud

[əplɔ́:d]

v. (박수)갈채를 보내다(= cheer, praise)

When it was over, she *applauded* his passionate performance and clapped for a long time. |대수능|

ⓟ applause *n.* 박수갈채, 칭찬

2082
apply

[əplái]

v. 적용하다, 신청하다, 바르다

So *apply* the same logic to your own behavior and get rid of the fear of failure. |대수능|

ⓟ application *n.* 적용, 신청, 지원   applicant *n.* 지원자   applicable *adj.* 적용할 수 있는

2083
appoint

[əpɔ́int]

v. 임명하다, 지정하다(= fix)

We have decided to *appoint* a new director. |대수능|

ⓟ appointment *n.* 임명, 지정, 약속

ⓣ[ap(=to)+point] point는 '지적하다, 지정하다, 고르다' 의 의미이다.

[예문 해석] 2076 사람들은 그 소식에 오싹해 했다.   2077 게다가 이것은 읽을 수 있는 사람들뿐만 아니라 읽을 수 없는 사람들에게도 흥미를 끌게 된다.   2078 예를 들어, 나무의 잎들은 나뭇잎에 부딪히는 빛의 모든 다른 파장이 흡수되기 때문에 녹색으로 보인다.   2079 그 광경을 보고 그는 화가 가라앉았다.   2080 여기에 Mr. Tom의 편지를 첨부합니다.   2081 그것이 끝났을 때, 그녀는 그의 열정적인 연주에 갈채를 보냈고 오랫동안 박수를 쳤다.   2082 따라서 똑같은 논리를 당신 자신의 행동에 적용하여 실패의 두려움을 없애라.   2083 우리는 새로운 감독을 임명하기로 결정했다.

2084 **appraise** [əpréiz]	*v.* (품질 · 크기 · 무게 등을) 평가하다, (자산 등을) 감정하다 I had an expert *appraise* the house beforehand. 파 appraisal *n.* (재산 등의) 평가, 감정
2085 **appreciate** [əpríːʃièit]	*v.* 감사하다, 감상하다, 평가하다 No, not at all. I *appreciate* your kindness. |대수능| 파 appreciation *n.* 감사, 감상, 평가 appreciative *adj.* 감사하는, 감상할 줄 아는

> (Tip) [ap(=to)+preci(=price)+ate(동사어미)] preci는 '가격, 가치'의 의미이다.

2086 **apprise** [əpráiz]	*v.* 알리다, 통지하다 We must *apprise* them of the dangers that may be involved.
2087 **approach** [əpróutʃ]	*v.* 접근하다(=come near) *n.* 접근(법) I *approached* the shooting line, remembering all the hard training. |대수능| 파 approachable *adj.* 가까이하기 쉬운
2088 **argue** [áːrgjuː]	*v.* 논쟁하다(=discuss) When I was a girl, I never *argued* my parents about differences between their attitudes and mine. |대수능| 파 argument *n.* 논쟁, 논의
2089 **arise** [əráiz]	*v.* 일어나다, 발생하다, 일어서다(=rise) Two-thirds of CO_2 emissions *arise* from transportation and industry. |대수능| 표현 arise from ~에서 생겨나다, ~에서 기인하다
2090 **arouse** [əráuz]	*v.* 깨우다(=awaken), 자극하다 We were *aroused* from our sleep by a strange sound. 파 arouser *n.* 격려자, 자극을 주는 사람
2091 **arrange** [əréindʒ]	*v.* (미리) 정하다, 준비하다(=prepare), 정렬하다 Would it be convenient if I called you next Monday and we *arranged* a time to talk over lunch? |대수능| 파 arrangement *n.* 정돈, 준비, 합의

> (Tip) [ar(=to)+range(=put into line)] range는 '정렬하다, 일렬로 놓다, 길게 연결하다'의 의미이다.

2092 **array** [əréi]	*v.* 정렬시키다, 차려 입히다 *n.* 정렬, 배열 They all *arrayed* themselves in ceremonial robes.

[예문 해석] 2084. 나는 사전에 전문가에게 그 가옥을 감정하게 했다. 2085 아니요, 별말씀을요. 저는 당신의 친절함에 감사드립니다. 2086 우리는 그들이 연루되었을지도 모르는 위험들을 그들에게 알려주어야 한다. 2087 나는 모든 힘든 훈련을 기억하면서 발사선에 접근했다. 2088 내가 소녀였을 때, 나는 부모님의 태도와 나의 태도 사이의 차이점에 대해 부모님과 논쟁한 적이 없다. 2089 이산화탄소 방출의 3분의 2는 운송과 공업 부문에서 발생한다. 2090 우리는 이상한 소리에 잠에서 깨어났다. 2091 다음 주 월요일에 당신께 전화해서 점심이나 하면서 이야기를 나눌 수 있는 시간을 정해도 괜찮겠습니까? 2092 그들은 모두 예복을 차려 입고 있었다.

2093 **arrest** [ərést]	*v.* 체포[구속]하다(= seize) *n.* 체포, 구속 The policeman *arrested* him for murder.

2094 **arrive** [əráiv]	*v.* 도착하다(= get to) We *arrived* on the island at three o'clock on a Saturday afternoon. |대수능| ⓟ arrival *n.* 도착, 도달

> (Tip) arrive와 reach를 구별해 사용해야 한다. reach는 타동사로서 직접목적어를 바로 취하나, arrive 는 자동사로서 전치사를 필요로 한다. 또한 '목적지에 도착하다' 는 의미 이외에 '어떠한 결론이나 결정에 이 르다' 라는 의미로 쓰일 때에는 arrive at a decision, reach a decision, come to a decision 의 표현을 사용한다.

2095 **articulate** [ɑːrtíkjulèit]	*v.* 분명히 말하다, 똑똑히 발음하다 *adj.* 발음이 똑똑한, 분명한 *n.* 관절 동물 The man is *articulating* a point. ⓟ articular *adj.* 관절이 있는

2096 **ascend** [əsénd]	*v.* 올라가다, 오르다(= climb) The balloon *ascended* high up in the sky. ⓟ ascent *n.* 상승, 등반 ascendant *adj.* 올라가는, 상승하는

2097 **ascribe** [əskráib]	*v.* ~으로 돌리다, ~의 탓으로 하다 He *ascribes* his success to hard work.

2098 **assassinate** [əsǽsənèit]	*v.* 암살하다 President Kennedy was *assassinated* in 1963. ⓟ assassination *n.* 암살

2099 **assemble** [əsémbl]	*v.* 집합시키다, 조립하다 The factory now under construction will *assemble* 3000 VCR units per day. ⓟ assembly *n.* 집회, (자동차 등의) 조립 assembled *adj.* 모인, 조립된

2100 **assent** [əsént]	*v.* 동의하다(= agree), 찬성하다 *n.* 동의, 찬성 He may *assent* to the doctrine.

[예문 해석] 2093 경찰이 살인 혐의로 그를 체포했다.   2094 우리는 토요일 오후 3시에 섬에 도착했다.   2095 남자가 요점을 분명하게 말하고 있다.   2096 그 열기구는 하늘 높이 올라갔다.   2097 그는 자기가 성공한 것은 노력한 덕택이라고 보고 있다.   2098 Kennedy 대통령은 1963년에 암살당했다.   2099 현재 건설 중인 그 공장은 하루에 3,000대의 비디오를 조립할 것이다.   2100 그는 그 학설에 찬성할지도 모른다.

21ST LECTURE MASTERING IDIOMS

- **in all cases** 모든 경우에
  In all cases, tricks and physical threats are prohibited.
  모든 경우에 속임수와 신체적 위협은 금지되고 있다.

- **in any case** 어떠한 경우에도, 여하튼
  In any case, I'll go there tomorrow. 여하튼 저는 내일 거기 가겠습니다.

- **in brief** 간단히 말해서, 요컨대(=in short)
  In brief, you must give as much as you take. 간단히 말하면 당신은 당신이 받은 것만큼 주어야 한다.

- **in comparison to** ~에 비교하여
  How were orders for semiconductor chips in October *in comparison to* September?
  10월의 반도체 칩 주문량은 9월에 비해서 어떠했나?

- **in contrast** 대조적으로(=by contrast)
  In contrast to Britain, France has benefited from a decade-long effort.
  영국과는 대조적으로, 프랑스는 10년에 걸친 노력의 덕을 보았다.

- **in danger** 위험에 처한
  He sensed that his life was *in danger*. 그는 자기의 생명이 위험에 처해 있음을 감지했다.

- **in detail** 세부적으로, 자세히(=at length)
  The incident is reported *in detail* in today's newspaper. 그 사건은 오늘 신문에 자세히 나와 있다.

- **in different ways** 여러 가지 방법으로
  People gather and remember information *in different ways*.
  사람들은 여러 가지 방법으로 정보를 모으고 기억한다.

- **in emergencies** 위급할 때
  Is there somebody we can contact *in an emergency*?
  위급할 때 우리가 연락을 취할 수 있는 사람이 있나요?

- **in fact** 사실
  In fact, I've never been in a farm before. 사실 나는 전에 농장에 한 번도 가본 적이 없다.

- **in favor of** ~을 찬성하는
  I am *in favor of* his opinion. 나는 그의 견해에 찬성한다.

- **in fear** 두려움에 차서
  In fear she seized him by the arm. 그녀는 무서워서 그의 팔을 꽉 붙잡았다.

21ST LECTURE REVIEW TEST

● 빈칸에 알맞은 단어나 뜻을 쓰시오.

1. _____	버리다, 단념하다		26. adjourn	_____
2. abbreviate	_____		27. _____	맞추다, 조정하다
3. abduct	_____		28. administer	_____
4. abide	_____		29. admit	_____
5. _____	폐지하다, 철폐하다		30. adore	_____
6. abort	_____		31. adorn	_____
7. abound	_____		32. advance	_____
8. absorb	_____		33. advertise	_____
9. abstain	_____		34. _____	영향을 주다
10. abuse	_____		35. affirm	_____
11. accelerate	_____		36. afflict	_____
12. accept	_____		37. _____	~할 여유가 있다
13. _____	숙박시키다		38. affront	_____
14. _____	동행하다, 반주하다		39. _____	악화시키다, 괴롭히다
15. accumulate	_____		40. aggregate	_____
16. accuse	_____		41. ail	_____
17. accustom	_____		42. alarm	_____
18. achieve	_____		43. alienate	_____
19. acknowledge	_____		44. alight	_____
20. acquaint	_____		45. allocate	_____
21. _____	획득하다		46. allot	_____
22. acquit	_____		47. allow	_____
23. activate	_____		48. allude	_____
24. adapt	_____		49. _____	바꾸다, 변경하다
25. adhere	_____		50. alternate	_____

51. amaze	_____	69. _____	임명하다, 지정하다
52. amend	_____	70. appraise	_____
53. amputate	_____	71. _____	감사(감상, 평가)하다
54. _____	즐겁게 하다	72. apprise	_____
55. analyze	_____	73. approach	_____
56. animate	_____	74. argue	_____
57. annex	_____	75. arise	_____
58. _____	발표하다, 알리다	76. arouse	_____
59. annoy	_____	77. _____	준비하다, 정렬하다
60. _____	예상하다	78. array	_____
61. _____	사과하다	79. arrest	_____
62. appall	_____	80. arrive	_____
63. appeal	_____	81. articulate	_____
64. appear	_____	82. _____	올라가다, 오르다
65. _____	달래다, 진정시키다	83. ascribe	_____
66. append	_____	84. assassinate	_____
67. applaud	_____	85. _____	집합시키다, 조립하다
68. apply	_____	86. assent	_____

정답 | 기본 페이지 참조

22ND LECTURE

| 2101 assert ~ 2200 cause |

SUMMA CUM LAUDE VOCABULARY

2101
assert [əsə́ːrt]
v. 단언하다(=declare), 주장하다
He *asserted* his innocence.
㊅ assertion *n.* 주장, 단언 assertive *adj.* 단정적인, 우기는

2102
assess [əsés]
v. 평가하다, 사정하다
Tony is so lazy that it's difficult to *assess* his ability.
㊅ assessment *n.* 평가, 사정

2103
assign [əsáin]
v. 할당하다(=allot), 배당하다, 지명하다
He passed the physical examination and was *assigned* to the infantry.
㊅ assignment *n.* 할당, 숙제 assignable *adj.* 할당할 수 있는

2104
assimilate [əsíməlèit]
v. 동화하다, 소화[흡수]하다, 받아들이다
They rapidly *assimilated* into the American way of life.
㊅ assimilation *n.* 동화(작용), 흡수

2105
assist [əsíst]
v. 돕다(=aid)
Color coding by musical genre further *assists* in the choice of purchase. |대수능|
㊅ assistance *n.* 원조, 도움 assistant *n.* 조수

Tip [as(=to)+sist(=stand)] assist는 '~에게 가서 서다', 즉 '돕다'의 의미이다.

2106
associate [əsóuʃièit]
v. 연합시키다, 연상하다, 교제하다 *n.* (일, 사업 등의) 동료, 친구
Most people *associate* haze with pollution, but it's not just pollution.
㊅ association *n.* 연합, 교제, 협회

[예문 해석] **2101** 그는 자신의 결백을 주장했다. **2102** Tony는 너무 게을러서 그의 능력을 평가하기는 어렵다. **2103** 그는 신체검사를 통과했고 보병에 배속되었다. **2104** 그들은 미국의 생활 방식에 빠르게 동화했다. **2105** 음악 장르에 따른 색의 부호화는 구매 선택에 훨씬 도움을 준다. **2106** 대부분의 사람들이 연무를 공해와 관련지어 생각하지만, 그것이 단지 오염은 아니다.

2107
assort
[əsɔ́:rt]

v. 분류하다, 구색을 갖추다, 어울리다

It well *assorts* with his character.

🔘 assortment *n.* 분류, 유별, 각종 구색   assorted *adj.* 다채로운, 조화를 이룬

2108
assume
[əsjúːm]

v. 추정하다, 떠맡다, (태도 등을) 취하다, ~인 체하다(= pretend)

She was with an elderly man and woman, whom I *assumed* to be her grandparents. |대수능|

🔘 assumed *adj.* 가정된   표현 assuming that ~이라고 가정한다면

> Tip [as(=to)+sume(=take)] sume은 '가져오다, (마음속으로) 취하다'의 의미이다.

2109
assure
[əʃúər]

v. 확신시키다

She *assured* us of her ability to solve the problem. |대수능|

🔘 assurance *n.* 보증, 확신, 보장   assuredly *adv.* 확실히
표현 assure oneself of(that) ~을 확신하다

2110
astonish
[əstániʃ]

v. 놀라게 하다

The incredible ability of these children *astonishes* everyone.

🔘 astonishment *n.* 놀람, 경악

2111
astound
[əstáund]

v. 몹시 놀라게 하다

She sat for a moment too *astounded* for speech.

🔘 astounding *adj.* 몹시 놀라게 하는

2112
attach
[ətǽtʃ]

v. 붙이다

He *attached* a check to the order form. |대수능|

🔘 attachment *n.* 부착, 애착   attachable *adj.* 붙일 수 있는

2113
attack
[ətǽk]

v. 공격하다(= assail, assault)

They have the means to obtain food, build nests, *attack* other animals, defend themselves or hide away. |대수능|

🔘 attacker *n.* 공격수, 공격기

2114
attain
[ətéin]

v. 이르다, 도달하다, 달성하다(= complete)

This is the time of all times to *attain* our long-cherished desire.

🔘 attainment *n.* 달성   attainable *adj.* 달성할 수 있는

> Tip [at(=to)+tain(=touch)] tain은 '건들다, 접촉하다, 닿다'의 의미이다.

[예문 해석] **2107** 그것은 그의 성격과 잘 맞는다.   **2108** 그녀는 나이가 지긋한 남자, 여자와 함께 있었는데, 나는 그들이 그녀의 조부모님들이라고 추측했다.   **2109** 그녀는 자기가 그 문제를 풀 수 있는 능력이 있다고 우리에게 확신시켰다.   **2110** 이 어린이들의 놀라운 기량에 모든 사람들이 깜짝 놀란다.   **2111** 그녀는 너무 놀라 말을 잊고 잠시 앉아 있었다.   **2112** 그는 주문서에 수표를 붙였다.   **2113** 그들은 먹이를 구하고, 둥지를 틀고, 다른 동물들을 공격하고, 스스로를 방어하고 숨을 수 있는 수단을 가지고 있다.   **2114** 지금이 오랜 세월 동안 품어온 우리의 소망을 달성할 가장 좋은 때이다.

2115
attempt

[ətémpt]

v. 시도하다(= try)   *n.* 시도

When you *attempt* to do something and fail, you have to ask yourself why you have failed to do what you intended. |대수능|

표현 make an attempt to + V ~을 하려고 시도하다

2116
attend

[əténd]

v. 참석하다, 돌보다, 시중들다

Before you decide to *attend* a language institute in a foreign country, there are a number of things you should take into account. |대수능|

파 attendance *n.* 출석, 참석   attendant *n.* 수행원, 출석자

2117
attenuate

[əténjuèit]

v. 묽게 하다, 약하게 하다

His fortunate circumstances *attenuate* the merit of his achievement.

파 attenuator *n.* 감쇠기   attenuant *adj.* 묽게(희박하게) 하는

2118
attract

[ətrǽkt]

v. 끌다, 매혹하다

In this way, they will *attract* public attention and show the product to be advertised in a good light. |대수능|

파 attraction *n.* 인력, 매력, 구경거리   attractive *adj.* 매력 있는

Tip [at(=to)+tract(=draw)] tract는 '(손을 뻗어) 그리다, 당기다'의 의미이다.

2119
attribute

[ətríbjuːt]

v. ~의 탓으로 하다   *n.* 속성, 특성, 특질

Doctors *attributed* the cause of his illness to his overdrinking.

파 attributable *adj.* ~에 돌릴 수 있는(기인하는)

2120
audit

[ɔ́ːdit]

v. 회계감사하다   *n.* 회계감사, 감사 보고서

The accountant is being *audited*.

파 auditor *n.* 회계감사관, 감사

2121
avenge

[əvéndʒ]

v. 원수를 갚다, 복수하다

I will *avenge* my father's death on them.

파 avenger *n.* 보복자

2122
avoid

[əvɔ́id]

v. 피하다(= keep away from)

Naturally, a wise person will try to *avoid* feelings of guilt by *avoiding* the acts that cause them. |대수능|

파 avoidance *n.* 회피   avoidable *adj.* 피할 수 있는

2123
await

[əwéit]

v. 기다리다(= wait for), 대기하다

We *await* your answer.

[예문 해석] 2115 당신이 무엇인가를 시도해보고 실패하면, 당신은 당신 자신에게 왜 당신이 의도했던 일을 하는 데 실패했는지 물어봐야 한다. 2116 외국에 있는 어학원에 다니기로 결정하기 전에, 당신이 고려해야 할 것들이 많이 있다. 2117 부유한 그의 환경이 오히려 그의 성공의 가치를 떨어뜨린다. 2118 이런 식으로 그들은 대중의 관심을 끌 것이고 제품이 좋은 측면에서 광고되도록 보여줄 것이다. 2119 의사는 그의 병을 과음 탓으로 돌렸다. 2120 그 회계사는 감사를 받고 있다. 2121 나는 그들에게 아버지의 죽음에 대한 복수를 할 것이다. 2122 당연히 현명한 사람은 죄책감을 야기시키는 행동을 피함으로써 죄책감을 피하려 할 것이다. 2123 우리는 당신의 답장을 기다린다.

2124
awake
[əwéik]

v. 깨우다, 각성시키다(= awaken)

He *awoke* me at six.
파 awaken *v.* 깨다, 깨우다

2125
award
[əwɔ́:rd]

v. 수여하다, 상을 주다　*n.* 상, 상품(= prize)

A medal will be *awarded* for good conduct.

2126
babble
[bǽbəl]

v. 떠듬거리며 말하다, 지저귀다, 옹알이하다

He was *babbling* like an idiot.

2127
bake
[béik]

v. 굽다

Marsha brought baskets of muffins she *baked* from scratch.
파 baker *n.* 빵 굽는 사람　bakery *n.* 제과점, 제빵소

2128
balk
[bɔ́:k]

v. 방해하다, 실망시키다　*n.* 장애, 방해

His carelessness *balked* me in my plan.

2129
banish
[bǽniʃ]

v. 추방하다(= exile), 내쫓다

Banish all troubles from your mind.
파 banishment *n.* 추방

2130
bark
[bá:rk]

v. 짖다, 고함치다

In the dead silence of midnight, he could even hear a watchdog *barking* from the opposite shore of the river. |대수능|

2131
beam
[bí:m]

v. 빛을 발하다, 방송하다　*n.* 광선

Seven satellites *beamed* the event to over one hundred countries. |대수능|
파 beaming *adj.* 빛나는, 웃음을 띤

2132
bear
[bέər]

v. 참다(= suffer), 낳다　*n.* 곰

Every spring groups of these animals swim hundreds of kilometers to the warm places to *bear* their young. |대수능|
파 bearable *adj.* 참을 수 있는　표현 bear in mind 명심하다, 기억하다

2133
beat
[bí:t]

v. 때리다, 이기다, 패배시키다

"We can *beat* you both," said the pig. "We're going to send a rocket straight to the sun." |대수능|

[예문 해석] 2124 그는 나를 6시에 깨웠다.　2125 선행에는 메달이 수여될 것이다.　2126 그는 바보처럼 중얼거리고 있었다.　2127 Marsha는 있는 재료로 구운 머핀 바구니를 가져왔다.　2128 그의 부주의가 내 계획을 방해했다.　2129 마음으로부터 모든 근심 걱정을 떨쳐버리시오.　2130 죽은 듯한 자정의 침묵 속에서, 그는 강의 반대편 물가에서 들리는 감시견의 짖는 소리조차 들을 수 있었다.　2131 7대의 인공위성이 100개도 넘는 나라에 그 행사를 방송했다.　2132 매년 봄 이러한 동물들의 무리들은 그들의 새끼를 낳을 수 있는 따뜻한 곳으로 수백 킬로미터를 헤엄쳐 간다.　2133 우리는 너희 둘 모두를 이길 수 있어. 우리는 바로 태양에 로켓을 보낼 거야."라고 돼지가 말했다.

2134
befall

[bifɔ́ːl]

v. 일어나다, (나쁜 일 등이) 닥치다

We prayed that no harm should *befall* them.

2135
beg

[bég]

v. 청하다, 빌다

I *begged* and *begged* my friends to lend me a million won.

㉙ beggar *n.* 거지

2136
behave

[bihéiv]

v. (예절 바르게) 행동하다

Children speak, dress, and *behave* more like adults than in the past. |대수능|

2137
behold

[bihóuld]

v. 보다(= look at), 주시하다

My heart leaps up when I *behold* a rainbow in the sky.

㉙ beholder *n.* 보는 사람, 구경꾼

2138
belch

[béltʃ]

v. 트림을 하다, 내뱉다

A volcano *belches* out smoke and ash.

2139
bellow

[bélou]

v. (소가) 큰 소리로 울다, 고함지르다, 으르렁거리다(= roar)

He *bellowed* at his servant.

2140
belong

[bilɔ́(ː)ŋ]

v. ~에 속하다

This car *belongs* to my uncle.

㉙ belongings *n.* 소지품

2141
bend

[bénd]

v. 구부리다, 굴복하다(= yield)

Sometimes the weight of the snow causes some trees to *bend* to the ground. |대수능|

2142
besiege

[bisíːdʒ]

v. 포위 공격하다

His house was *besieged* by the police.

2143
bestow

[bistóu]

v. 주다, 수여하다, 증여하다

The Queen has *bestowed* a knighthood on him.

㉙ bestowal *n.* 증여, 선물

2144
bet

[bét]

v. 돈 따위를 걸다, 단언하다   *n.* 내기

I *bet* he will come back.

㉤ You bet! 당연하지!

[예문 해석] **2134** 우리는 그들에게 나쁜 일이 일어나지 않게 해달라고 기도했다.   **2135** 나는 100만원을 빌려달라고 친구들에게 사정사정을 했다.   **2136** 아이들은 과거보다 더 어른처럼 말하고, 옷을 입으며, 행동한다.   **2137** 하늘에서 무지개를 보면 내 마음은 설렌다.   **2138** 화산이 연기와 재를 토해낸다.   **2139** 그는 하인에게 호통쳤다.   **2140** 이 자동차는 우리 삼촌의 것이다.   **2141** 때때로 눈의 무게 때문에 일부 나무들이 땅 쪽으로 구부러진다.   **2142** 그의 집은 경찰에 의해 포위되었다.   **2143** 여왕은 그에게 기사자격을 수여했다.   **2144** 나는 그 사람이 올 것을 장담한다.

2145
betray
[bitréi]

v. 배반하다, 누설하다(= reveal), 무심코 드러내다

Her appearance *betrayed* her character.

파 betrayal *n.* 배반, 폭로, 밀고   betrayer *n.* 배신자

2146
beware
[biwέər]

v. 조심하다, 경계하다

Beware lest you should fail.

표현 beware of ~을 조심하다

2147
bewilder
[biwíldər]

v. 어리둥절케 하다, 당황케 하다

She was *bewildered* by their questions.

파 bewilderment *n.* 어리둥절

2148
bewitch
[biwítʃ]

v. 마법을 걸다, 매혹하다(= charm)

Marylin Monroe *bewitched* men around the world with her sex appeal.

2149
bind
[báind]

v. 묶다(= tie), 동여매다

Don't *bind* it with a string.

파 binder *n.* 바인더   binding *adj.* 속박하는

2150
bite
[báit]

v. 물다, 물어뜯다

Stay away from the Tiger. He will *bite* off your hand.

표현 bite off 물어 끊다

2151
blame
[bléim]

v. 비난하다, 책망하다(= accuse), 책임지우다

The driver argued that the careless pedestrian was to *blame* for the accident. |대수능|

파 blameless *adj.* 비난할 점이 없는, 결백한

> Tip to blame의 의미는 '비난 받을 책임이 있다' 는 뜻이며, 숙어화된 표현이다. to be blamed와 같은 표현이라고 보아도 좋으나, to be blamed보다 더 많이 사용되고 있다. 주요 사전에서 to be blamed의 용례를 찾아보기 어려우나, 그렇다고 틀린 표현은 아니다.

2152
blare
[blέər]

v. (나팔을) 울리다, 울려 퍼지다, 불다

I *blared* my horn.

2153
bleed
[blí:d]

v. 피를 흘리다

The wound was *bleeding* profusely.

표현 bleed to death 출혈이 심하여 죽다

[예문 해석] 2145 그녀의 외모는 그녀의 성격을 드러내주었다.   2146 실패하지 않도록 주의해라.   2147 그녀는 그들의 질문 공세에 당황하게 되었다.   2148 Marylin Monroe는 성적 매력으로 온 세상의 남성을 매혹했다.   2149 그것을 끈으로 묶지 마라.   2150 호랑이한테서 멀리 떨어져 있어라. 호랑이가 너의 손을 물지도 모른다.   2151 그 운전자는 부주의한 보행자에게 그 사고에 대한 책임이 있다고 주장했다.   2152 나는 나의 나팔을 불었다.   2153 상처에서 피가 많이 흐르고 있었다.

2154
blend

[blénd]

v. (뒤)섞다(= mix), 어울리다

The new curtains do not *blend* with the white wall.

㈜ blender *n.* 믹서

2155
bless

[blés]

v. 은총을 내리다, 찬양하다(= praise)

(May) God *bless* you!

㈜ blessing *n.* 축복의 말, 신의 은총　blessed *adj.* 축복받은

2156
blink

[blíŋk]

v. 깜작이다, 눈을 깜박거리다

She *blinked* at the sudden light.

⟮표현⟯ blink one's eyes 눈을 깜박이다

2157
blot

[blát]

v. 더럽히다, 얼룩지게 하다　*n.* (잉크 등의) 얼룩(= spot, stain)

An inkfish *blotted* out its traces with its ink.

⟮표현⟯ blot out 지우다, 감추다

2158
blow

[blóu]

v. 불다, 바람에 날리다　*n.* 강타, 충격

When you feel the wind *blow*, you are feeling the movement of the cooler air pushing in to take the place of the warm air. |대수능|

㈜ blowy *adj.* 바람이 부는

2159
blur

[bláːr]

v. 희미해지다, 흐리게 하다(= dim)　*n.* 더러움, 얼룩

When she saw her boy, she was *blurred* with tears.

㈜ blurry *adj.* 더러워진, 흐릿한　blurred *adj.* 흐려진

2160
blurt

[bláːrt]

v. 불쑥 말하다, 누설하다

Don't *blurt* it out.

2161
blush

[bláʃ]

v. 얼굴을 붉히다, 부끄러워하다(= be ashamed)

She *blushed* with shame.

㈜ blusher *n.* 볼연지

2162
boast

[bóust]

v. 자랑하다, 큰소리치다　*n.* 허풍, 자랑

He *boasts* that he can swim well.

㈜ boastful *adj.* 허풍떠는

2163
bode

[bóud]

v. 전조[징조]가 되다, 예감하다

The crow's cry *bodes* rain.

[예문 해석] **2154** 새 커튼은 흰 벽과 어울리지 않는다.　**2155** 그대에게 신의 축복이 있기를!　**2156** 그녀는 갑자기 비친 빛에 눈을 깜박거렸다.　**2157** 오징어가 먹물로 자신의 자취를 흐렸다.　**2158** 바람이 부는 것을 느낄 때, 당신은 따뜻한 공기를 대신하여 더 차가운 공기가 밀려들어오는 움직임을 느끼고 있는 것이다.　**2159** 그녀는 자기 아들을 보자 눈물이 앞을 가렸다.　**2160** 그것을 누설하지 말아라.　**2161** 그녀는 부끄러움에 얼굴이 붉어졌다.　**2162** 그는 자신이 수영을 잘할 수 있다고 자랑한다.　**2163** 까마귀가 우는 것은 비가 올 징조다.

2164
bog

[bág]

v. 수렁 [궁지]에 빠지게 하다, 꼼짝 못하게 하다   *n.* 소택지, 습지, 수렁

The project get *bogged* down by complicated bureaucratic procedures.

2165
bolt

[bóult]

v. 뛰어나가다, 빗장을 지르다   *n.* 볼트, 빗장(= bar)

I saw a man *bolt* out of our garden.

2166
book

[búk]

v. 예약하다, 기입하다

While we were on the mainland we had already *booked* a jeep, so we went to meet the driver of the jeep. |대수능|

More   **bookcase** *n.* 책장   **bookkeeper** *n.* 부기원   **bookkeeping** *n.* 부기
booklet *n.* 소책자

2167
boost

[bú:st]

v. 밀어올리다

That one was about how to *boost* domestic sales.

(파) **booster** *n.* 후원자, 로켓 보조 추진장치

2168
bore

[bɔ́:r]

v. 지루하게 하다, 싫증나게 하다(= tire)

He was *bored* in class and tried to do as little work as possible. |대수능|

(파) **boredom** *n.* 지루함   **boring** *adj.* 지루하게 하는   **bored** *adj.* 지루한

2169
borrow

[bɔ́(:)rou]

v. 빌리다, 차용하다

Could I *borrow* the most recent issue of the journal you subscribe to?

(파) **borrower** *n.* 차용인

2170
bother

[báðər]

v. 귀찮게 하다, 괴롭히다(= worry)

I really like this country but there's one little thing that *bothers* me. |대수능|

(파) **bothersome** *adj.* 번거로운, 귀찮은

2171
bounce

[báuns]

v. (공이) 튀다, 뛰어오르다

The ball *bounced* back from the wall.

(파) **bouncy** *adj.* 탄력 있는, 활기 있는

2172
bound

[báund]

v. [수동형으로] 경계를 짓다, 제한하다   *adj.* (열차 등이) ~행(行)의, 의무가 있는

Our knowledge is *bounded* by our experience.

(표현) **be bound for** ~행이다   **be bound to + V** ~해야 한다, ~할 것이다

2173
bow

[bóu]

v. 인사하다, 굽히다   *n.* 활

While holding a fishing rod on the river bank, a little girl suddenly felt something and saw the fishing rod *bowing* like a question mark. |대수능|

[예문 해석] **2164** 그 일은 복잡한 행정 절차로 인해 수렁에 빠져 있다.   **2165** 나는 한 남자가 우리 정원에서 뛰어나가는 것을 보았다.   **2166** 우리가 본토에 있었을 때 우리는 이미 지프차 한 대를 예약했었다. 그래서 우리는 지프차의 운전자를 만나기 위해 나갔다.   **2167** 그것은 국내 영업을 증진하는 방법에 관한 것이었다.   **2168** 그는 수업을 지루해했고 가능한 한 공부를 하지 않으려고 했다.   **2169** 당신이 구독하고 있는 잡지의 가장 최신호를 빌릴 수 있을까요?   **2170** 나는 이 나라를 정말로 좋아하지만 나를 괴롭히는 한 가지 사소한 일이 있다.   **2171** 공이 벽에 맞고 튕겨 나갔다.   **2172** 지식은 경험에 의하여 한정되어 있다.   **2173** 강둑에서 낚싯대를 들고 있는 동안, 작은 소녀는 갑자기 뭔가를 느꼈고 물음표처럼 구부러진 낚싯대를 보았다.

2174
boycott

[bɔ́ikɑt]

v. 보이콧하다, 불매동맹을 하다

He urged all citizens to *boycott* the polls.

2175
brace

[bréis]

v. 버티다, 대비하다   *n.* 버팀대

We'd better *brace* ourselves for a big chill tonight.

표현 brace oneself for ~에 대비하다   brace oneself up 분발하다

2176
brag

[bræg]

v. 자랑[자만]하다, 허풍떨다

He *bragged* about his skill.

파 braggart *n.* 허풍선이, 자랑꾼

2177
breathe

[brí:ð]

v. 숨 쉬다, 호흡하다

They are warm-blooded mammals and need air to *breathe*. |대수능|

파 breath *n.* 숨   관련 breathtaking *adj.* 깜짝 놀랄 만한

2178
breed

[brí:d]

v. 낳다, 기르다(=raise)

Farmers have long *bred* crop strains to resist cold, pests, and disease.

파 breeder *n.* 사육사   관련 breeding ground 사육장

2179
brighten

[bráitn]

v. 밝게 하다

The sun *brightens* the eastern side of the trees and casts their shadows to the west. |대수능|

파 bright *adj.* 밝은   brightly *adv.* 밝게

2180
broaden

[brɔ́:dn]

v. 넓어지다, 확장하다

Travel *broadens* the mind.

파 broad *adj.* 넓은, 광대한   관련 broad-leaved *adj.* 잎이 넓은

2181
brood

[brú:d]

v. 알을 품다, 골똘히 생각하다   *n.* 한 배의 병아리, 종족

Don't *brood* over such trifles.

2182
browse

[bráuz]

v. (풀을) 뜯어 먹다, 띄엄띄엄 읽다, 검색하다   *n.* 어린 잎, 새싹

Someone is *browsing* through the books.

표현 browse one's way 마음내키는 대로 읽어 나가다

2183
bulge

[bʌ́ldʒ]

v. 불룩하다, 부풀다   *n.* 부푼 것

His pocket *bulged* with candy.

파 bulgy *adj.* 부푼, 불룩한

[예문 해석] **2174** 그는 전 시민들이 투표를 보이콧하도록 촉구했다.   **2175** 오늘 밤은 굉장히 추워질 것 같으니까 단단히 대비하는 게 좋겠다.
2176 그는 자기의 기술에 대해 자랑했다.   **2177** 그들은 온혈 포유류이고 숨을 쉬기 위해서 공기를 필요로 한다.   **2178** 농부들은 추위와 전염병 그리고 질병에 내성이 있는 곡물 품종들을 오랫동안 재배해왔다.   **2179** 태양이 나무의 동쪽에서 비치고 나무의 그림자를 서쪽에 드리우게 한다.   **2180** 여행은 시야를 넓혀준다.   **2181** 그런 하찮은 일에 신경 쓰지 마라.   **2182** 어떤 사람이 책을 대충 훑어보고 있다.   **2183** 그의 호주머니는 사탕으로 불룩했다.

2184
bulldoze

[búldòuz]

v. 위협하다, 괴롭히다, 불도저로 밀다

She defeated developers who wanted to *bulldoze* her home to build a supermarket.

파 bulldozer *n.* 불도저, 협박자

2185
bump

[bʌmp]

v. 부딪치다, 충돌하다

The truck has *bumped* into the car.

More **bumper** *n.* 범퍼, 완충장치 **bumper-to-bumper** *adj.* 자동차가 줄지은
bumpy *adj.* 울퉁불퉁한

2186
burst

[bə́:rst]

v. 파열하다(= break), 폭발하다

She *burst* into tears.

표현 burst into 갑자기 ~하기 시작하다

2187
bury

[béri]

v. 파묻다

Does an ostrich *bury* its head in the sand to hide from an enemy? |대수능|

파 burial *n.* 매장, 장례(식)   반 dig up 파내다, 캐내다

2188
bustle

[bʌsl]

v. 크게 소동하다, 부산떨다

Vast crowds *bustled* up in the market place.

파 bustling *adj.* 떠들썩한, 설치는

2189
buzz

[bʌz]

v. 윙윙거리다   *n.* 윙윙거리는 소리

The mosquitoes *buzzed* about my ears.

파 buzzer *n.* 부저

2190
calculate

[kǽlkjulèit]

v. 계산하다, 산정하다

How should we *calculate* our prices?

파 calculator *n.* 계산기   calculation *n.* 계산   calculating *adj.* 타산적인

2191
calm

[kɑ́:m]

v. 진정시키다   *adj.* 고요한(= quiet), 차분한

Laughter is the most powerful and constructive force for *calming* tension. |대수능|

파 calmness *n.* 고요함   calmly *adv.* 고요히, 고요하게

2192
cancel

[kǽnsəl]

v. 취소하다, 삭제하다

If we *cancel* our reservation, will we have to pay a penalty?

파 cancellation *n.* 취소

[예문 해석] **2184** 그녀는 슈퍼마켓을 건설하기 위해서 그녀의 집을 밀어버리기 원했던 건설업자를 이겼다.   **2185** 트럭이 승용차를 들이받았다.
2186 그녀는 갑자기 울음을 터뜨렸다.   **2187** 타조는 적으로부터 숨기 위해서 모래 속에 머리를 파묻는가?   **2188** 많은 사람들이 시장에서 북적
거렸다.   **2189** 모기가 내 귓가에서 앵앵댔다.   **2190** 우리 제품 가격을 어떻게 산정해야 하나요?   **2191** 웃음은 긴장을 완화시키는 데 가장 강
력하고 건설적인 힘이다.   **2192** 예약을 취소하면 위약금을 물어야 하나요?

2193	
canvass	*v.* 부탁하고 다니다, 간청하다, 유세하다
[kǽnvəs]	I was *canvassing* for the Democrats.

2194	
capsize	*v.* 뒤집히다, 전복시키다
[kǽpsaiz]	The boat *capsized* and many were drowned.

2195	
captivate	*v.* 마음을 사로잡다, 넋을 빼앗다, 현혹시키다
[kǽptivèit]	There is something in her eyes that *captivates* us.
	匣 captive *n.* 포로 captivating *adv.* 매혹적인

2196	
capture	*v.* 잡다(=take by force), 생포하다 *n.* 포획, 빼앗음
[kǽptʃər]	Our troops retook the island which had been *captured* by the enemy.

2197	
caress	*v.* 애무하다, 어루만지다 *n.* 애무
[kərés]	He was gently *caressing* her golden hair.

2198	
carve	*v.* 새기다, 파다, 조각하다
[ká:rv]	He *carved* a statue of wood.
	匣 carver *n.* 조각사 carving *n.* 조각(술)

2199	
cast	*v.* 던지다(=throw), (금속을) 주조하다, 내던져버리다
[kǽst]	The mountain *casts* its sharply defined reflection on the waters.

2200	
cause	*v.* ~의 원인이 되다, 야기하다(=bring about) *n.* 원인
[kɔ́:z]	To begin with, many different pieces of bicycle equipment can become defective, and *cause* bike accidents. |대수능|
	匣 causeless *adj.* 원인이 없는 causative *adj.* 원인이 되는, 사역의

[예문 해석] 2193 나는 민주당을 위해 유세를 하고 있었다. 2194 배가 전복되어 많은 사람이 익사했다. 2195 그녀의 눈에는 우리의 마음을 사로잡는 무언가가 있다. 2196 아군은 적군에 점령되었던 섬을 탈환했다. 2197 그는 부드럽게 그녀의 금발 머리를 어루만지고 있었다. 2198 그는 목상을 조각했다. 2199 산이 아주 선명한 그림자를 물 위에 드리우고 있다. 2200 우선, 자전거의 많은 다른 부품들이 결함이 있을 수 있어서 자전거 사고를 일으킬 수 있다.

22ND LECTURE MASTERING IDIOMS

- **in front of** ~앞에서
  There is a chair *in front of* the desk. 책상 앞에는 의자가 있다.

- **in general** 일반적으로(=all in all)
  In general, every achievement requires trial and error.
  일반적으로 모든 업적은 시행착오를 거치게 된다.

- **in half** 반으로
  Cut the pie *in half* and enjoy it. 파이를 반으로 잘라 맛있게 먹어라.

- **in harmony** 조화로운, 화목한
  The result is bold, yet *in harmony* with the environment.
  결과는 대담하지만, 주위 환경과 조화를 이룬다.

- **in order to + V** ~하기 위하여(=so as to + V, with a view to + V)
  The road has been dug up *in order to* lay cables.
  도로는 피복전선을 부설하기 위해 파였다.

- **in other words** 즉, 다시 말하면
  In other words, we see what we desire. 다시 말해서, 우리는 우리가 바라는 것을 보게 되는 것이다.

- **in print** 인쇄되어 있는, 발간되어 있는
  We mail any book currently *in print* to any address in the United States and Canada.
  저희들은 현재 발간되어 있는 책은 어떤 책이라도 미국과 캐나다 어디든지 우송해 드립니다.

- **in response to + N** ~에 반응하여
  An old woman opened the door *in response to* my ring.
  내가 벨을 울렸더니 노파가 문을 열었다.

- **in return** 회답으로, 답례로
  What shall I give him *in return* for his present?
  선물에 대한 답례로 그에게 무엇을 줄까요?

- **in short** 간단히 말해서, 그러므로, 요컨대(=in brief, in a word, in summary, to make a long story short)
  In short, exercise is necessary for good health. 요약하자면, 운동은 건강을 위해 필요하다.

- **in some degree** 어느 정도
  Each may, in some circumstances, have to be sacrificed *in some degree* for the sake of a greater degree of some other good.
  각각의 것은 어떤 상황 안에서 보다 큰 어떤 다른 이익을 위해 어느 정도 희생되어야 한다.

22ND LECTURE REVIEW TEST

● 빈칸에 알맞은 단어나 뜻을 쓰시오.

1. assert	_____	26. babble	_____
2. assess	_____	27. bake	_____
3. assign	_____	28. balk	_____
4. assimilate	_____	29. _____	추방하다, 내쫓다
5. assist	_____	30. bark	_____
6. _____	연합시키다, 교제하다	31. beam	_____
7. assort	_____	32. bear	_____
8. _____	추정하다, 떠맡다	33. beat	_____
9. assure	_____	34. befall	_____
10. _____	놀라게 하다	35. beg	_____
11. astound	_____	36. _____	행동하다
12. attach	_____	37. behold	_____
13. attack	_____	38. belch	_____
14. attain	_____	39. bellow	_____
15. _____	시도하다	40. belong	_____
16. attend	_____	41. bend	_____
17. attenuate	_____	42. _____	포위 공격하다
18. attract	_____	43. bestow	_____
19. _____	~의 탓으로 하다	44. bet	_____
20. audit	_____	45. betray	_____
21. avenge	_____	46. _____	조심하다, 경계하다
22. avoid	_____	47. bewilder	_____
23. await	_____	48. bewitch	_____
24. awake	_____	49. bind	_____
25. award	_____	50. bite	_____

51. ＿＿＿＿＿＿	비난하다, 책망하다	76. brag	＿＿＿＿＿＿
52. blare	＿＿＿＿＿＿	77. ＿＿＿＿＿＿	숨 쉬다, 호흡하다
53. bleed	＿＿＿＿＿＿	78. breed	＿＿＿＿＿＿
54. ＿＿＿＿＿＿	(뒤)섞다, 어울리다	79. brighten	＿＿＿＿＿＿
55. bless	＿＿＿＿＿＿	80. ＿＿＿＿＿＿	넓어지다, 확장하다
56. blink	＿＿＿＿＿＿	81. brood	＿＿＿＿＿＿
57. blot	＿＿＿＿＿＿	82. browse	＿＿＿＿＿＿
58. ＿＿＿＿＿＿	불다	83. bulge	＿＿＿＿＿＿
59. blur	＿＿＿＿＿＿	84. bulldoze	＿＿＿＿＿＿
60. blurt	＿＿＿＿＿＿	85. bump	＿＿＿＿＿＿
61. blush	＿＿＿＿＿＿	86. burst	＿＿＿＿＿＿
62. ＿＿＿＿＿＿	자랑하다, 큰소리치다	87. bury	＿＿＿＿＿＿
63. bode	＿＿＿＿＿＿	88. bustle	＿＿＿＿＿＿
64. bog	＿＿＿＿＿＿	89. buzz	＿＿＿＿＿＿
65. bolt	＿＿＿＿＿＿	90. ＿＿＿＿＿＿	계산하다, 산정하다
66. book	＿＿＿＿＿＿	91. calm	＿＿＿＿＿＿
67. boost	＿＿＿＿＿＿	92. cancel	＿＿＿＿＿＿
68. bore	＿＿＿＿＿＿	93. canvass	＿＿＿＿＿＿
69. ＿＿＿＿＿＿	빌리다, 차용하다	94. capsize	＿＿＿＿＿＿
70. bother	＿＿＿＿＿＿	95. captivate	＿＿＿＿＿＿
71. ＿＿＿＿＿＿	(공이) 튀다, 뛰어오르다	96. ＿＿＿＿＿＿	잡다, 생포하다
72. bound	＿＿＿＿＿＿	97. caress	＿＿＿＿＿＿
73. bow	＿＿＿＿＿＿	98. ＿＿＿＿＿＿	새기다, 파다
74. boycott	＿＿＿＿＿＿	99. cast	＿＿＿＿＿＿
75. brace	＿＿＿＿＿＿	100. cause	＿＿＿＿＿＿

정답 | 기본 페이지 참조

23ᴿᴰ LECTURE

| ²²⁰¹ **cease** ~ ²³⁰⁰ **covet** |

SUMMA CUM LAUDE VOCABULARY

2201
cease

[síːs]

v. 중지하다(= stop)

The most basic reason, put simply, is that America itself is *ceasing* to exist as an economic system separate from the rest of the world. |대수능|

파 ceaseless *adj.* 끊임없는 ceaselessly *adv.* 끊임없이

관련 cease-fire *n.* 사격 중지 표현 cease to exist 죽다, 소멸하다

2202
celebrate

[sélǝbrèit]

v. 축하하다

The only difference among societies is the way these events are *celebrated*. |대수능|

파 celebration *n.* 축하, 찬양

2203
charge

[tʃáːrdʒ]

v. (요금 등을) 청구하다, 고발하다, (책임을) 지우다

How much do you *charge* for it?

표현 in charge of ~을 맡고 있는, ~ 담당의

2204
chase

[tʃéis]

v. 뒤쫓다, 추적하다(= run after)

Hundreds of police are *chasing* dozens of robbers. |대수능|

파 chaser *n.* 추적자, 추적기

2205
chasten

[tʃéisn]

v. 벌하여 바로잡다, 단련하다

He has clearly not been *chastened* by his thirteen days in detention.

파 chastened *adj.* 징벌을 받은

2206
chat

[tʃǽt]

v. 잡담하다, 담화하다 *n.* 담소, 한담

They began to *chat* to relieve the boredom of the flight.

파 chatter *v.* 재잘재잘 지껄이다 chatty *adj.* 수다스러운 chatterbox *n.* 수다쟁이

[예문 해석] **2201** 간단히 말해, 가장 근본적인 이유는 미국 스스로가 세계 나머지 나라들과 분리된 경제 체제로서 존재하지 않는다는 것이다. **2202** 여러 사회들 사이에서의 유일한 차이점은 이러한 사건들이 축하되는 방식이다. **2203** 이것은 얼마에 팝니까? **2204** 수백 명의 경찰들이 수십 명의 강도들을 쫓고 있다. **2205** 그는 13일간의 구류로도 똑똑히 정신을 차리지 못했다. **2206** 그들은 비행의 지루함을 달래기 위해 잡담을 하기 시작했다.

2207 **cheat** [tʃíːt]	v. 속이다(=deceive) n. 속임수, 사기꾼
	Employees often steal from their employers, and students *cheat* in their exams. |대수능|
	파 cheater n. 속이는 사람, 사기꾼

2208 **check** [tʃék]	v. 조사하다, 확인하다, 점검하다 n. 수표 , 점검, 억제
	I didn't *check* the time left, so I missed some questions.
	표현 check in 투숙하다, 탑승 수속을 하다　check out 계산하고 나오다, (책 등을) 대출하다

2209 **cherish** [tʃériʃ]	v. 소중히 하다
	He will *cherish* the memory of this visit to Seoul.
	파 cherished adj. 소중한

2210 **chew** [tʃúː]	v. 씹다
	Tender meat is easy to *chew*.
	표현 chew over 심사숙고하다

2211 **choke** [tʃóuk]	v. 질식시키다(=suffocate) v. 질식
	A coin almost *choked* the baby.
	파 choking adj. 숨 막히는

2212 **chop** [tʃáp]	v. 자르다(=cut)
	By 400 B.C., food was *chopped* into small pieces so it could be cooked quickly. |대수능|
	파 chopper n. 자르는 도구, 헬리콥터　관련 chopstick n. (pl.) 젓가락

2213 **cite** [sáit]	v. 인용하다(=quote), 소집하다
	Tim *cited* a history book and a Web page in his report on civil rights.
	파 citation n. 인용, 인용문구

2214 **claim** [kléim]	v. 요구하다, 주장하다(=maintain) n. 요구, 권리
	Some people *claim* that the whaling industry constitutes an important part of the economy. |대수능|
	파 claimant n. 요구자, 청구자　관련 claim check 물품 보관증

2215 **clamp** [klǽmp]	v. 고정시키다, 강제로 시키다 n. 꺾쇠, 죔쇠(=clasp)
	The Japanese trade minister said that China had agreed to *clamp* down on software and entertainment piracy.
	표현 clamp down 강력히 단속하다, 압박하다

[예문 해석] **2207** 직원들은 종종 그들 고용주들로부터 횡령을 하고, 학생은 시험에서 부정행위를 한다.　**2208** 남은 시간을 확인하지 못해서 나는 몇 문제를 놓쳤다.　**2209** 그는 이번 서울 방문의 기억을 소중히 간직할 것이다.　**2210** 연한 고기는 씹기 쉽다.　**2211** 동전이 그 아이를 거의 질식시킬 뻔했다.　**2212** 기원전 400년 쯤에 음식은 빨리 조리될 수 있도록 작은 조각으로 잘려졌다.　**2213** Tim은 시민권리에 관한 자신의 리포트에서 역사책과 웹페이지를 인용했다.　**2214** 일부 사람들은 고래잡이 산업이 경제의 중요한 부분을 구성한다고 주장한다.　**2215** 일본 무역부 장관은 중국이 소프트웨어 및 오락물 불법 복제 단속에 동의했다고 말했다.

2216
clap

[klǽp]

v. 박수치다, 찰싹 때리다

The excited crowd *clapped* loudly.

2217
clarify

[klǽrəfài]

v. 분명하게 하다, 해명하다

I would like to *clarify* what is considered professional attire.

(파) clarification n. 정화, 설명, 해명

2218
clash

[klǽʃ]

v. 쨍그렁 소리가 나다, 충돌하다   n. 충돌, 격돌

This plan *clashes* with his interests.

2219
classify

[klǽsəfài]

v. 분류하다(= assort, systematize), 나누다

The recent discovery of a set of nerves that respond only to itchy stimuli has bolstered the case to *classify* itching as a sensation separate from others.

(파) classification n. 분류   classified adj. 분류된, 항목별의

2220
clench

[kléntʃ]

v. 이를 악물다, 꽉 쥐다

He *clenched* his teeth, barely able to contain his feelings.

2221
climb

[kláim]

v. 오르다(= go up)   n. 등반, 오름

With great difficulty, he *climbed* into the shop window to get the dress.

(파) climbing n. 오르기, 등산   climber n. 등산가 |대수능|

(Tip) climb은 노력해서 높은 곳에 오르는 것을 나타내는 반면에, ascend에는 노력이나 곤란의 뜻이 내포되어 있지 않다.

2222
cling

[klíŋ]

v. 달라붙다, 집착하다, 매달리다

The children love her and just *cling* to her.

2223
clog

[klɑ́g]

v. 방해하다, 막다   n. 방해물, 장애물

The drain got *clogged* up completely.

2224
clutch

[klʌ́tʃ]

v. 꽉 잡다, 붙들다   n. (꽉) 붙잡음, (자동차의) 클러치

A drowning man will *clutch* at a straw.

2225
collaborate

[kəlǽbərèit]

v. 공동으로 일하다, 협력하다

He *collaborated* with Oppenheimer on the atomic bomb.

(파) collaborator n. 공동자, 합작자, 공저자   collaboration n. 협동, 합작, 공동 연구

[예문 해석] 2216 흥분한 관중은 크게 박수를 쳤다.   2217 나는 근무 복장이 어떤 것인지에 대해 분명히 하고자 한다.   2218 이 계획은 그의 이익과 상충한다.   2219 오직 가려움의 자극에만 반응하는 일련의 신경에 관한 최근의 발견은 다른 것들로부터 분리된 감각으로서 가려움을 분류하려는 주장을 뒷받침해오고 있다.   2220 그는 이를 꽉 깨물고 간신히 그의 감정을 참을 수 있었다.   2221 매우 힘들게 그는 옷을 얻기 위해서 진열창으로 올라갔다.   2222 아이들은 그녀를 몹시 따르며 그녀에게 그냥 딱 달라붙어 있다.   2223 하수구가 완전히 막혀 있다.   2224 물에 빠진 사람은 지푸라기라도 잡는다.   2225 그는 원자 폭탄을 만들 때에 Oppenheimer와 공동으로 일했다.

2226
collapse

[kəlǽps]

v. 붕괴하다, 무너지다　n. 붕괴, 파탄

He *collapsed* with exhaustion.

(파) collapsible *adj.* 접을 수 있는, 조립식의

2227
collide

[kəláid]

v. 충돌하다, 일치하지 않다

Two motorcars *collided*.

(파) collision *n.* 충돌

2228
combine

[kəmbáin]

v. 결합하다(=join together), 협력하다

Educational programs, job opportunities, recreational facilities, adult counseling — all these projects and many more must be *combined* in a comprehensive program. |대수능|

(파) combination *n.* 결합, 협력　combined *adj.* 결합한

2229
commemorate

[kəmémərèit]

v. 기념하다, 축하하다(=celebrate)

The award was named after him to *commemorate* his accomplishments.

(파) commemoration *n.* 기념(식), 축하

2230
commence

[kəméns]

v. 시작하다(=start), 개시하다

We may now *commence* the meeting.

(파) commencement *n.* 시작, 개시, (대학) 졸업식

2231
commend

[kəménd]

v. 칭찬하다(=praise), 추천하다

She *commended* the steadfast courage of families caring for handicapped children.

(파) commendation *n.* 칭찬, 상장　commendable *adj.* 칭찬할 만한, 훌륭한

2232
comment

[kámənt]

v. 논평하다(=remark), 말하다　n. 논평, 견해

Mrs. Varulo was so impressed with my vocabulary that she *commented*. "I don't know where Lisa has picked up some of the words she uses, certainly not in my classroom." |대수능|

(파) commentator *n.* 뉴스 해설자　commentary *n.* 논평, 비평, 주석서

(표현) No comment! 아무 할 말이 없습니다!

2233
commit

[kəmít]

v. (죄, 과실을) 저지르다, 맡기다(=entrust)

66 percent of murders are *committed* between 6 p.m. and 6 a.m. |대수능|

(파) commitment *n.* 범행, 위임, 헌신　committee *n.* 위원회

(표현) commit oneself to ~에 전념하다

[예문 해석] **2226** 그는 기진맥진해서 쓰러졌다.　**2227** 두 대의 자동차가 충돌했다.　**2228** 교육 프로그램과 취업 기회, 여가 시설들과 성인 상담 등 이러한 모든 기획들과 더 많은 것들이 종합적인 프로그램으로 결합되어야 한다.　**2229** 이 상은 그의 업적을 기리기 위해 그의 이름을 따서 지어졌다.　**2230** 이제 회의를 시작해도 되겠군요.　**2231** 그녀는 장애 아동을 돌보는 가정들의 확고한 용기를 칭찬했다.　**2232** Varulo 선생님은 나의 어휘에 매우 감명을 받으셔서 "나는 Lisa가 사용하는 몇몇 단어들을 어디서 들었는지 모르지만 확실히 내 수업에서 배운 것은 아닙니다."라고 언급했다.　**2233** 66%의 살인 사건들이 저녁 6시에서 새벽 6시 사이에 저질러진다.

2234

communicate

[kəmjúːnəkèit]

v. 의사 소통하다, 통신하다(= convey news)

Each whale has its own song and *communicates* with other whales using the song.

파 communication *n.* 통신   반 miscommunicate *v.* 잘못 전달하다

2235

commute

[kəmjúːt]

v. 통근하다   *n.* 통근 (거리)

Thirty miles is too far to *commute* to work every day.

파 commuter *n.* 통근자

2236

compare

[kəmpɛ́ər]

v. 비교하다, 비유하다

The population in 1970 was up 100% *compared* with that in 1950. |대수능|

파 comparison *n.* 비교, 대조   comparable *adj.* 비교할 수 있는, 필적하는

2237

compel

[kəmpél]

v. 강제하다, 억지로 ~하게 하다

His bravery *compelled* applause even from his enemy.

2238

compensate

[kámpənsèit]

v. 보상하다(= make up for), 벌충하다

I know that new ones cannot *compensate* for those you have lost. |대수능|

파 compensation *n.* 보상, 배상   compensatory *adj.* 보상의, 보충의

2239

compete

[kəmpíːt]

v. 경쟁하다(= contend)

For those who fail to *compete* successfully, their very survival can be in question. |대수능|

파 competition *n.* 경쟁   competitor *n.* 경쟁자   competitive *adj.* 경쟁력 있는, 경쟁의   competence *n.* 능력, 자격   competent *adj.* 유능한, 자격 있는

2240

compile

[kəmpáil]

v. 편집하다, 수집하다

We must protect citizens against the *compiling* of personal data and the unrestricted use and distribution of such data. |대수능|

파 compiler *n.* 편집자, 편찬자   compilation *n.* 편집, 편찬

2241

complain

[kəmpléin]

v. 불평하다(= grumble)

But even they *complain* that some professors talk too fast. |대수능|

파 complaint *n.* 불평, 항의

2242

complicate

[kámpləkèit]

v. 복잡하게 하다, 악화시키다

To *complicate* matters further, there was no power for over 3 hours.

파 complication *n.* 복잡(한 문제), 합병증   complicated *adj.* 복잡한, 어려운

[예문 해석] **2234** 각각의 고래는 자기 자신만의 노랫소리를 가지고 있는데 이 노랫소리를 이용해서 다른 고래들과 의사소통을 한다.   **2235** 30마일은 매일 출근하기에 너무 먼 거리이다.   **2236** 1970년의 인구는 1950년의 인구와 비교해볼 때 100% 증가했다.   **2237** 그의 용기는 심지어 적에게서도 탄성을 불러냈다.   **2238** 나는 새로운 것들이 당신이 잃어버린 것들을 보상할 수 없다는 것을 알고 있다.   **2239** 성공적으로 경쟁하지 못한 사람들에게는 다름 아닌 그들의 생존이 의문시될 수 있다.   **2240** 우리는 개인 자료의 수집과 그런 자료의 무제한적 사용 및 배포에 맞서 시민들을 보호해야 한다.   **2241** 그러나 심지어 그들은 일부 교수들이 말을 너무 빨리 한다고 불평한다.   **2242** 일이 더욱 복잡하게도 세 시간이 넘도록 정전이 되었다.

2243
comply

[kəmplái]

v. 동의하다(= agree), 따르다

Failure to *comply* with the above requirement will result in immediate deportation.

(표현) comply with ~을 준수하다, 지키다

2244
compose

[kəmpóuz]

v. 구성하다(= make up), 작곡하다, 가라앉히다

One group is *composed* of artists. |대수능|

(파) composer *n.* 작곡가, 구성자　composition *n.* 구성, 작곡　composed *adj.* 침착한

> (Tip) compose는 시를 쓰거나 작곡할 때, write는 리포트 등을 작성할 때, draw up은 법이나 계약서를 작성할 때 쓴다.

2245
comprehend

[kàmprihénd]

v. 이해하다(= understand), 파악하다

He didn't *comprehend* the significance of the teacher's remark.

(파) comprehension *n.* 이해(력)　comprehensive *adj.* 포괄적인, 이해력이 있는

2246
compress

[kəmprés]

v. 압축하다, (말·사상 등을) 요약하다(= condense)

Poor posture *compresses* the body's organs.

(파) compression *n.* 압축, 요약　compressive *adj.* 압축력 있는　compressor *n.* 압축기

2247
comprise

[kəmpráiz]

v. 포함하다(= contain), 의미하다, 구성하다

The committee is *comprised* of eight members.

2248
compute

[kəmpjú:t]

v. 계산하다(= calculate)

It is difficult to *compute* the loss in revenue. |대수능|

(파) computation *n.* 계산

2249
conceal

[kənsí:l]

v. 숨기다(= hide), 비밀로 하다

It helps to *conceal* the personal taste and financial status of children's parents. |대수능|

(파) concealment *n.* 은폐, 숨기기

2250
concede

[kənsí:d]

v. 인정[시인]하다(= grant), 양보하다(= yield)

We must *concede* that this is true.

2251
conceive

[kənsí:v]

v. (생각·감정 등을) 마음에 품다, 상상하다(= imagine)

I *conceived* that something must be wrong with him.

(파) conception *n.* 개념, 생각

[예문 해석] **2243** 이상의 요구사항을 따르지 않는 경우 즉시 추방될 것이다.　**2244** 한 그룹은 예술가들로 구성되어 있다.　**2245** 그는 선생님 말씀의 중대성을 이해하지 못했다.　**2246** 자세가 나쁘면 내장기관이 압박을 받는다.　**2247** 위원회는 8명의 회원으로 구성되어 있다.　**2248** 수익의 손실을 계산하는 것은 어렵다.　**2249** 그것은 개인의 성향과 아이 부모들의 재정상태를 숨기는 데 도움이 된다.　**2250** 우리는 이것이 사실임을 인정해야 한다.　**2251** 나는 그에게 뭔가 잘못된 게 틀림없다고 생각했다.

2252
concentrate

[kánsəntrèit]

v. 집중하다

Most general history classes *concentrate* on politics, economics, and war. |대수능|

㈜ concentration *n.* 집중, 전념　　관련 concentration camp 강제 수용소

2253
conclude

[kənklú:d]

v. 결론짓다, 끝내다, 결정하다(=decide)

Biologists studying sleep have *concluded* that it makes little difference whether a person habitually sleeps during the day or during the night.

㈜ conclusion *n.* 결론, 말말　conclusive *adj.* 결정적인, 명확한　　　　　|대수능|

2254
concoct

[kɑnkákt]

v. 혼합하여 만들다, 조합하다, 조작하다

He'd *concocted* the most amazing dish from all sorts of unlikely ingredients.

표현 concoct an alibi 알리바이를 조작하다

2255
condemn

[kəndém]

v. 비난하다(=blame), 유죄 판결을 내리다

Condemn the offense and not its perpetrator.

㈜ condemnation *n.* 비난　condemned *adj.* 비난받은, 유죄를 선고받은

2256
condense

[kəndéns]

v. 응축시키다(=compress), 요약하다, 집광하다

Light is *condensed* by means of lenses.

㈜ condenser *n.* 응결기, 응축기　condensation *n.* 압축, 응축

2257
condone

[kəndóun]

v. 묵과하다, 용서하다

I have never encouraged nor *condoned* violence.

2258
confess

[kənfés]

v. 고백하다, 자인하다, 고해성사하다

He must be made to *confess*.

㈜ confession *n.* 고백, 자백, 고해성사

2259
confine

[kənfáin]

v. 제한하다, 가두다(=shut, keep in)

Please *confine* your remarks to the fact.

㈜ confinement *n.* 제한, 감금

2260
confirm

[kənfə́:rm]

v. 확인하다, 승인하다

This letter is to *confirm* that you will be dismissed from the company effective October 14, 1992. |대수능|

㈜ confirmation *n.* 확인, 승인

[예문 해석] 2252 대부분의 일반적인 역사 수업들은 정치, 경제 그리고 전쟁에 중점을 두고 있다.　2253 수면을 연구해온 생물학자들은 사람이 습관적으로 낮에 잠을 자거나 밤에 잠을 자는 것은 거의 차이가 없다고 결론내렸다.　2254 그는 전혀 어울릴 것 같지 않은 온갖 종류의 재료를 섞어 가장 놀라운 요리를 만들어냈다.　2255 죄인을 미워하지 말고 죄를 미워하라.　2256 빛은 렌즈들을 통해서 모인다.　2257 나는 절대 폭력을 조장하거나 묵과한 적이 없다.　2258 그의 자백을 받아내야 한다.　2259 당신의 말을 사실에 국한시켜 발언하시오.　2260 이 편지는 당신이 1992년 10월 14일부로 회사로부터 해고될 것임을 확인하려는 것이다.

2261
conform

[kənfɔ́ːrm]

v. 일치하다, (규칙 등에) 따르다

Such a change would not *conform* to the present wishes of the great majority of people. |대수능|

㉤ conformity n. 일치, 순응　conformable adj. 적합한, 일치된, 유순한

2262
confront

[kənfrʌ́nt]

v. 직면하다(=face), 마주 대하다, 대조하다

She finally *confronted* her accuser.

㉤ confrontation n. 직면, 대립, 대결

2263
confuse

[kənfjúːz]

v. 혼란시키다, 혼동하다(=mix up)

That's because when speaking English we are often *confused* by our mother tongue.

㉤ confusion n. 혼란, 혼동

2264
connect

[kənékt]

v. 연결하다

Many people think of crisis as being *connected* only with unhappy events. |대수능|

㉤ connection n. 연결, 관계

> (Tip) [con(=together)+nect(=join)] nect는 '연결하다, 접속하다' 의 의미이다.

2265
conquer

[káŋkər]

v. 정복하다(=defeat)

And they were mostly soldiers who came to *conquer* the unfortunate Indians. |대수능|

㉤ conqueror n. 정복자　conquest n. 정복

2266
consent

[kənsént]

v. 동의하다(=agree), 승낙하다　n. 동의, 허가

It is quite silly of you to try to force him to *consent*.

2267
consider

[kənsídər]

v. 고려하다, 간주하다

There are, to be sure, regional differences in what are *considered* suitable clothes. |대수능|

㉤ consideration n. 고려, 배려　considerate adj. 사려 깊은　considerable adj. 상당한

2268
consist

[kənsíst]

v. 이루어져 있다, 존재하다

Nineteenth-century trade *consisted* principally in luxuries such as silk, spices and ivory. |대수능|

㉤ consistency n. 일관성　consistent adj. 일치하는

[예문 해석] **2261** 이러한 변화는 대다수 사람들의 현재의 희망과 일치하지 않았을 것이다.　**2262** 그녀는 마침내 자신을 고발한 사람과 마주했다. **2263** 그것은 영어로 말할 때 우리가 모국어로 인해 종종 혼동을 느끼기 때문이다.　**2264** 많은 사람들이 위기를 오직 불행한 사건들과 관련된 것으로만 생각한다.　**2265** 그리고 그들은 대부분 불행한 인디언들을 정복하기 위해서 온 군인들이었다.　**2266** 억지로 그의 승낙을 받으려는 것은 아주 어리석은 일이다.　**2267** 확실히 적절한 옷으로 간주되는 것에 있어서는 지역적인 차이가 있다.　**2268** 19세기 무역은 주로 비단이나 향신료 그리고 상아와 같은 사치품들로 구성되어 있었다.

2269
console

[kənsóul]

v. 위로하다(= solace), 달래다

That *consoled* me for the loss.

파 consolation *n.* 위안, 위로　consolable *adj.* 위안이 되는

2270
constitute

[kánstətjùːt]

v. 구성하다(= compose)

There is considerable speculation as to whether these sounds *constitute* a language. |대수능|

파 constitution *n.* 구성, 조직, 헌법　constituent *n.* (구성) 요소, 성분　*adj.* 구성하는
constitutional *adj.* 구성상의, 조직상의, 헌법의

2271
constrain

[kənstréin]

v. 억제하다, 강요하다

That is even more damaging in the way it tends to *constrain* our thinking.

파 constraint *n.* 강제, 구속, 압박

2272
constrict

[kənstríkt]

v. 압축하다, 수축시키다

Cold water applied to the head *constricts* the blood vessels.

파 constriction *n.* 압축, 수축, 속박감

2273
construct

[kənstrʌ́kt]

v. 건설하다(= build)

Special buildings were *constructed* to allow ropemakers to work all year round. |대수능|

파 construction *n.* 건설, 건축　constructor *n.* 건설자　constructive *adj.* 건설적인

2274
construe

[kənstrúː]

v. 해석하다, 추론하다, 번역하다

His speech was *construed* as an attack on the government.

2275
consult

[kənsʌ́lt]

v. 상담하다

If cough lasts more than a week, *consult* your doctor. |대수능|

파 consultant *n.* 상담자, 고문　consultation *n.* 상담, 진찰　consulting *adj.* 상담의

2276
consume

[kənsúːm]

v. 소비하다

Nine-tenths of the wood *consumed* in the Third World is used for cooking and heating. |대수능|

파 consumer *n.* 소비자　consumption *n.* 소비　consumptive *adj.* 소모성의

2277
contain

[kəntéin]

v. 담고 있다(= hold), 내포하다

Meat can supply protein and iron, but *contains* little calcium.

파 container *n.* 용기, 그릇, (화물 수송용) 컨테이너

[예문 해석] **2269** 그것은 내게 손실에 대한 위안이 되었다.　**2270** 이러한 소리들이 언어를 구성하는가에 관해서 무시하지 못할 추측이 있다. **2271** 그것이 우리의 사고를 억누르는 경향이 있다는 면에서 더욱 더 해롭다.　**2272** 머리에 뿌려진 차가운 물은 혈관을 수축시킨다.　**2273** 밧줄을 만드는 사람들이 일 년 내내 작업할 수 있도록 특별한 건물이 건설되었다.　**2274** 그의 연설은 정부에 대한 공격으로 해석되었다.　**2275** 기침이 1주일 이상 계속된다면 의사와 상담하십시오.　**2276** 제3세계에서 소비되는 목재의 10분의 9가 조리와 난방용이다.　**2277** 고기는 단백질과 철분을 제공할 수 있지만, 칼슘은 거의 없다.

2278 **contaminate** [kəntǽmənèit]	v. 더럽히다, 오염시키다 Much of the coast has been *contaminated* by nuclear waste. ㈜ contamination n. 더러움, 오염

| 2279 **contemplate** [kántəmplèit] | v. 심사숙고하다(= think about), 찬찬히 보다 She *contemplates* leaving for the sake of the kids. ㈜ contemplation n. 심사숙고　contemplative adj. 명상적인, 관조적인 |

| 2280 **contend** [kənténd] | v. 싸우다, 다투다(= struggle) My husband and I have to *contend* with radical differences between what our children think about a given situation and what we think about it. |대수능| ㈜ contention n. 논쟁, 투쟁　contentious adj. 논쟁하기를 좋아하는 |

> Tip [con(=together)+tend(=stretch)] tend는 '차지하려고 손을 내뻗다'에서 즉 '서로 자기 주장을 내뻗다'의 의미이다.

| 2281 **continue** [kəntínju:] | v. 계속하다(= keep on) In some cases, the money may be the only reason these people *continue* in such jobs. |대수능| ㈜ continuous adj. 연속의, 계속되는　continuously adv. 연속적으로 |

| 2282 **contradict** [kàntrədíkt] | v. 부정(부인)하다(= deny), 반박하다, 모순되다 Congress officially *contradicted* the statement. ㈜ contradiction n. 부인, 반박　contradictory adj. 모순된, 반박하는 |

| 2283 **contribute** [kəntríbju:t] | v. 기여하다, 공헌하다 Anything that *contributes* to stress during mealtime can interfere with the digestion of food. |대수능| ㈜ contribution n. 기여, 공헌 |

| 2284 **control** [kəntróul] | v. 통제하다, 지배하다 In business, competition *controls* the market by making companies develop new ideas to ensure survival. |대수능| ㈜ controllable adj. 통제 가능한 |

| 2285 **converge** [kənvə́:rdʒ] | v. 한 점(곳)에 모이다, 수렴하다 Marchers *converged* on Washington for the great Peace March. ㈜ convergent adj. 한데 모이는, 수렴하는 |

[예문 해석] 2278 해안의 많은 지역이 핵 폐기물로 오염되었다.　2279 그녀는 아이들을 위해 떠날 것을 숙고하고 있다.　2280 나의 남편과 나는 주어진 상황에 대해 우리 아이들이 생각하는 것과 우리가 생각하는 것과의 기본적인 차이점들과 싸워야 한다.　2281 몇몇 경우에 돈은 그러한 사람들이 그런 일을 계속하는 유일한 이유일지도 모른다.　2282 의회는 그 성명을 공식 부인했다.　2283 식사 시간 동안 스트레스에 기여하는 어떠한 것이라도 음식물의 소화를 방해할 수 있다.　2284 사업에서 경쟁은 회사들로 하여금 생존을 보장해주는 새로운 아이디어를 개발하게 함으로써 시장을 조절한다.　2285 데모 참가자들은 평화 행진을 위해 워싱턴에 모였다.

2286
convert

[kənvə́:rt]

v. 바꾸다(=change), 전환하다, 개조하다

Try *converting* them to another file format before you send them.

파 conversion *n.* 변환, 전환　convertible *adj.* 개조할 수 있는

2287
convey

[kənvéi]

v. 나르다(=carry, transport), 전달하다

He *conveyed* his sentiment into pantomime.

파 conveyer *n.* 컨베이어, 운송업자　conveyance *n.* 운반, 전달

2288
convict

[kənvíkt]

v. 유죄를 입증하다, 유죄를 선언하다

There is enough evidence to *convict* him.

파 conviction *n.* 유죄 판결, 신념

2289
convince

[kənvíns]

v. 납득시키다, 확신시키다

I cannot *convince* him of his error.

파 convinced *adj.* 확신을 가진, 신념이 있는

2290
cook

[kúk]

v. 요리하다　*n.* 요리사

Barb is cute when she *cooks* outside.

Tip cook은 '삶다, 찌다, 끓이다, 굽다, 지지다, 볶다, 튀기다' 등과 같이 열을 이용하여 요리하는 것이며, bake는 빵이나 과자 등을 오븐에 구워서 요리하는 것이다. broil은 고기를 석쇠 등을 이용해 굽고, fry는 기름에 튀기거나 볶고, boil은 뜨거운 물에 삶고, stew는 약한 불로 천천히 끓이는 것이다. 마지막으로 steam은 증기로 쪄서 요리하는 것이다.

2291
coordinate

[kouɔ́:rdənèit]

v. 대등하게 하다, 조정하다　*adj.* 동등한, 동격의

An office was established to *coordinate* distribution.

파 coordination *n.* 동등, 대등　coordinator *n.* 조정자, 제작진행 보조자

2292
cope

[kóup]

v. 대처하다, 극복하다, 대항하다

However, we hope that you will be able to quickly *cope* with this change.

2293
correspond

[kɔ̀:rəspánd]

v. 일치하다, 대응하다, 소식[편지]을 주고받다

His actions do not *correspond* with his words.

파 correspondence *n.* 일치, 대응, 통신　correspondent *n.* 통신원, 특파원

2294
corrode

[kəróud]

v. 부식하다, 침식하다

This metal is apt to *corrode* quickly.

파 corrosion *n.* 부식(침식) 작용

[예문 해석] **2286** 파일을 보내기 전에 다른 파일 형식으로 바꿔보십시오. **2287** 그는 자기 감정을 무언극으로 전달했다. **2288** 그가 유죄임을 입증할 만한 충분한 증거가 있다. **2289** 나는 그가 틀렸다는 것을 납득시킬 수가 없다. **2290** Barb는 밖에서 요리할 때 귀엽다. **2291** 유통을 조정하기 위해 부서를 신설했다. **2292** 그러나 우리는 하루빨리 당신이 이러한 변화에 대처하시기를 바랍니다. **2293** 그의 행동은 그의 말과 일치하지 않는다. **2294** 이 금속은 빨리 부식되기 쉽다.

2295
cost

[kɔ́:st]

v. 비용이 들다   *n.* 비용(= expense), 값(= price)

It would *cost* twice as much as that.

㈜ costly *adj.* 값비싼, 비용이 많이 드는

2296
cough

[kɔ́(:)f]

v. 기침을 하다   *n.* 기침

The woman is *coughing* hard.

2297
count

[káunt]

v. 세다, 중요하다

I'll be *counting* the minutes till I see you Friday. |대수능|

㈜ countable *adj.* 셀 수 있는

2298
counteract

[kàuntərǽkt]

v. ~와 반대로 행동하다, 중화하다

My husband has to take several pills to *counteract* high blood pressure.

㈜ counteraction *n.* 중화 작용, 방해, 반작용   관련 counterattack *n.* 반격, 역습

2299
counterfeit

[káuntərfit]

v. 위조하다, 모조하다(= imitate)   *n.* 모조품   *adj.* 모조의, 가짜의

Due to recent increases in *counterfeiting*, the government has asked merchants to heighten their vigilance.

2300
covet

[kʌ́vit]

v. 몹시 탐내다, 갈망하다(= desire eagerly)

Don't *covet* what is not yours.

[예문 해석] **2295** 그렇게 하면 비용이 배가 들 것이다.　**2296** 그 여자는 심하게 기침을 하고 있다.　**2297** 나는 금요일에 널 만날 때까지 손꼽아 기다리고 있을 거야.　**2298** 나의 남편은 고혈압을 낮추기 위해서 여러 개의 알약을 먹어야 한다.　**2299** 최근 (화폐) 위조 사건이 증가하자 정부 당국은 상인들에게 경계를 강화할 것을 당부했다.　**2300** 남의 것을 탐내지 마라.

23ᴿᴰ LECTURE MASTERING IDIOMS

- **in spite of** ~에도 불구하고(=despite, with all)

  In spite of his age, he is in the pink of health. 나이에도 불구하고, 그는 아직 펄펄하다.

- **in sum** 요컨대, 결국(=in conclusion, to conclude)

  In sum, classical music and jazz both aim to provide a depth of expression and detail, but they achieve their goal through different approaches.
  요약하자면, 고전음악과 재즈는 모두 깊이 있는 표현과 세부사항을 제공하려고 하지만, 그것들은 다른 접근법을 통해 그것들의 목표를 성취한다.

- **in terms of** ~의 관점에서

  One may think of job satisfaction *in terms of* salary. 직업에 대한 만족도를 월급의 관점에서 생각하는 사람도 있다.

- **in the end** 결국, 마침내(=finally, eventually, after all, in the long run, in the final analysis, ultimately)

  In the end, they triumphed over the enemy. 결국 그들은 적을 이겼다.

- **in the first place** 우선, 먼저(=for one thing, above all, to begin with, first of all, most of all)

  Why didn't say that *in the first* place? 왜 먼저 그것을 말하지 않았는가?

- **in the form of** ~의 형태로

  I made a cake *in the form of* a rabbit. 나는 토끼 모양의 케이크를 만들었다.

- **in the light of** ~에 비추어서, ~로 미루어 보아

  He explained the phenomenon *in the light of* recent scientific knowledge.
  그는 그 현상을 최근의 과학 지식에 비추어서 설명했다.

- **in the middle of the night** 한밤중에

  Sometime *in the middle of the night*, Holmes wakes Watson up.
  한밤중 어느 시간에 Holmes는 Watson을 깨운다.

- **in the midst of** ~의 한복판에

  I find myself alone *in the midst of* isolation. 나는 고독의 한가운데에 홀로 있는 자신을 발견한다.

- **in the order of** ~의 순서로

  Where does Lincoln stand *in the order of* the American presidents?
  Lincoln은 미국의 몇 대 대통령입니까?

- **in the past** 과거에

  People move from place to place more often than *in the past*.
  과거에 비해 사람들은 더 빈번히 여기저기로 이동한다.

- **in the same way** 마찬가지로(=similarly, in the same fashion)

  You and your brother act *in the same way*. 너와 네 형은 똑같이 행동한다.

23RD LECTURE REVIEW TEST

● 빈칸에 알맞은 단어나 뜻을 쓰시오.

1. _____	중지하다	26. comply	_____
2. chasten	_____	27. _____	구성하다, 작곡하다
3. chat	_____	28. compress	_____
4. _____	소중히 하다	29. comprise	_____
5. _____	질식시키다	30. concede	_____
6. choke	_____	31. _____	마음에 품다
7. cite	_____	32. conclude	_____
8. clap	_____	33. concoct	_____
9. clarify	_____	34. _____	비난하다
10. classify	_____	35. condense	_____
11. clench	_____	36. condone	_____
12. cling	_____	37. confess	_____
13. clog	_____	38. conform	_____
14. clutch	_____	39. confront	_____
15. collaborate	_____	40. _____	혼란시키다
16. _____	붕괴하다, 무너지다	41. consent	_____
17. collide	_____	42. console	_____
18. commemorate	_____	43. constrain	_____
19. commence	_____	44. construe	_____
20. commend	_____	45. contaminate	_____
21. commit	_____	46. contemplate	_____
22. commute	_____	47. converge	_____
23. compel	_____	48. convert	_____
24. _____	경쟁하다	49. _____	일치하다, 대응하다
25. compile	_____	50. corrode	_____

정답 | 기본 페이지 참조

24TH LECTURE

SUMMA CUM LAUDE VOCABULARY

2301
crack

[krǽk]

v. 찰싹 소리를 내다, 금가다, 쪼개지다

The city government has decided to *crack* down on people who spit on the street.

파 cracker *n.* 크래커(과자), 폭죽　표현 crack down (on) 단호한 조치를 취하다

2302
cram

[krǽm]

v. 억지로 채워 넣다, 밀어 넣다, 벼락 공부를 하다

The room was *crammed* with people.

파 crammed *adj.* 가득한, 넘치는

2303
crave

[kréiv]

v. 열망〔갈망〕하다(= yearn for), 간청하다

I *crave* that she should come.

2304
crawl

[krɔ́:l]

v. 기어가다, 포복하다

A snake *crawled* out of the hole.

표현 go for a crawl 어슬렁어슬렁 산책에 나서다

2305
create

[kriéit]

v. 창조하다

The Energy Conservation Coalition challenged the auto industry to *create* an electric car.

파 creativity *n.* 창조성, 독창력　creature *n.* 창조물, 피조물, 생물　creation *n.* 창작, 창설　creator *n.* 창조자　creative *adj.* 창의적인

2306
creep

[krí:p]

v. 기다(= crawl), 포복하다, 살금살금 걷다

Prices will continue to *creep* higher.

파 creeper *n.* 덩굴식물, 기는 동물　creepy *adj.* 기어다니는

[예문 해석] **2301** 시 당국은 거리에 침을 뱉는 사람들을 단속하기로 결정했다.　**2302** 그 방은 사람들로 가득했다.　**2303** 나는 그녀가 오기를 열망한다.　**2304** 뱀이 구멍에서 기어 나왔다.　**2305** 에너지 보존 연합은 전기 자동차를 만들어내라고 자동차 업계에 요구했다.　**2306** 물가는 계속해서 더 높이 오를 것이다.

2307
cringe

[kríndʒ]

v. 움츠리다, 아첨하다   *n.* 아첨, 비굴한 태도

He *cringed* to his superior to make him happy.

2308
criticize

[krítisàiz]

v. 비난하다, 비평하다

They are quick to *criticize* something and quick to defend themselves.

(파) **critic** *n.* 비평가   **criticism** *n.* 비평 |대수능|

2309
crouch

[kráutʃ]

v. 몸을 쭈그리다, 웅크리다(= bend down)

The woman is *crouching* in front of the cabinet.

2310
crowd

[kraúd]

v. 붐비다, 군집하다   *n.* 군중

It was a warm summer day and the station was *crowded* with people on their way to the seaside. |대수능|

(파) **crowded** *adj.* 혼잡한   (표현) **be crowded with** ~으로 붐비다

2311
crucify

[krúːsəfài]

v. 십자가에 못 박다, 박해하다

If he catches us, he'll *crucify* us.

(파) **crucifixion** *n.* (십자가에) 못 박힘, 괴로운 시련

2312
cruise

[krúːz]

v. 순항하다(= sail)

The motorboat is *cruising* through the harbor.

(파) **cruiser** *n.* 대형선박

2313
crumple

[krʌ́mpl]

v. 구겨지다, 쭈글쭈글하게 하다

That dress will *crumple* if you pack it in the case.

2314
crush

[krʌ́ʃ]

v. 눌러서 뭉개다, 궤멸시키다, 부서지다

Our basketball team *crushed* the other team with a score of 110 to 75.

(표현) **crush down** 뭉개다, 진압하다

2315
crystallize

[krístəlàiz]

v. 결정화(結晶化)하다, 구체화하다

Water *crystallizes* to form ice.

(파) **crystal** *n.* 수정   **crystallization** *n.* 구체화

2316
culminate

[kʌ́lmənèit]

v. 정점에 이르다, 최고점에 달하다

Misfortunes *culminated* in bankruptcy.

(파) **culmination** *n.* 최고점

[예문 해석] **2307** 그는 상관의 비위를 맞추느라고 굽실거린다.   **2308** 그들은 재빨리 어떤 것을 비난하고 재빨리 그들 자신을 방어한다.   **2309** 여자는 캐비닛 앞에서 웅크리고 앉아 있다.   **2310** 따뜻한 여름날이었고 역은 바닷가로 가는 사람들로 붐볐다.   **2311** 그가 우리를 잡는다면 그는 우리를 박해할 것이다.   **2312** 모터보트가 항구를 순항하고 있다.   **2313** 당신이 그 드레스를 상자 안에 집어넣는다면 그것은 구겨질 것이다.   **2314** 우리 농구팀은 110대 75의 점수로 상대팀을 무찔렀다.   **2315** 물이 결정하여 얼음이 만들어진다.   **2316** 불운 끝에 파산하고 말았다.

2317
cultivate

[kʌ́ltəvèit]

v. 경작하다, 재배하다, 양성하다

The villagers *cultivate* mostly corns and beans.

파 cultivation *n.* 경작, 재배, 양성

2318
cure

[kjúər]

v. 치료하다(=heal), 고치다　*n.* 치료, 치료법

Quite a few illnesses make us feel sleepy so that our body can get on with *curing* us.

관련 cure-all *n.* 만병통치약

2319
curl

[kə́:rl]

v. 곱슬곱슬하게 하다, 둥글게 말다

Remember to exhale as you *curl* your stomach.

파 curly *adj.* 곱슬곱슬한

2320
curse

[kə́:rs]

v. 저주하다, 욕하다(=swear)

He always *curses* when he is drunk.

2321
cushion

[kúʃən]

v. 충격을 완화하다, 쿠션으로 받치다　*n.* 방석, 쿠션

A special *cushioning* system provides exceptional shock absorption.

관련 air cushion 에어백(완충 장치)　|대수능|

2322
dare

[dɛ́ər]

v. 감히 ~하다

She *dared* to go there all alone.

표현 dare I say it 굳이[감히] 말하자면

2323
dash

[dǽʃ]

v. 내던지다, 돌진하다

The angry girl *dashed* the plates against the wall.

관련 dashboard *n.* 운전석 앞 계기판

2324
daze

[déiz]

v. 현혹시키다, 눈부시게 하다, 멍하게 하다

The punch *dazed* him, but he stayed on his feet.

2325
deal

[dí:l]

v. 거래하다, 다루다　*n.* 거래

One definition says intelligence is the ability to *deal* with new situations. |대수능|

파 dealer *n.* 매매업자, 중개상

> Tip　deal with는 어떤 행동이나 주의를 요하는 상황이나 문제를 '다루다, 처리하다' 라는 뜻이며, deal in은 '사고 팔다(buy and sell)' 의 의미로 보통 쓰인다.

[예문 해석] **2317** 그 마을 사람들은 대부분 옥수수와 콩을 재배한다.　**2318** 우리의 몸이 우리를 계속해서 치료하도록 매우 많은 질병이 우리를 졸립게 만든다.　**2319** 몸을 굽힌 후에 숨을 내쉬는 것을 기억하십시오.　**2320** 그는 술에 취하면 항상 욕설을 한다.　**2321** 특수한 충격완화 시스템이 특별한 충격 흡수력을 제공한다.　**2322** 그녀는 대담하게도 혼자 거기에 갔다.　**2323** 화가 난 소녀는 벽에다 접시들을 내던졌다.　**2324** 그 펀치는 그를 멍하게 했지만, 그는 계속 서 있었다.　**2325** 한 가지 정의에 따르면 지능은 새로운 상황을 다루는 능력이다.

2326 **debate**	*v.* 논쟁하다, 토론하다 *n.* 논쟁
[dibéit]	The committee *debated* the pros and cons of the deal for most of the afternoon.
	파 debater *n.* 토론자

2327 **decay**	*v.* 썩다(=rot), 부패하다 *n.* 부패
[dikéi]	In summer fruits tend to *decay*.
	파 decayed *adj.* 부패한, 썩은

2328 **decide**	*v.* 결심[결정]하다(=determine), 해결하다
[disáid]	He could not *decide* where to go.
	파 decision *n.* 결정

| 2329 **decipher** | *v.* (암호·수수께끼를) 풀다, 해독[번역]하다 |
| [disáifər] | Archaeologists labored to *decipher* the clay tablets. |

2330 **declare**	*v.* 선언[공표]하다(=proclaim), (세관에서) 신고하다
[diklέər]	Passengers must *declare* all goods purchased abroad.
	파 declaration *n.* 선언, 공표, 신고

2331 **decode**	*v.* (암호문을) 해독하다
[di:kóud]	The last word of the message, when it was *decoded*, read 'goodbye'.
	반 encode *v.* 암호문으로 바꾸어 쓰다

2332 **decompose**	*v.* 분해[부패]시키다, 분석하다
[dì:kəmpóuz]	A prism *decomposes* sunlight into its various colors.
	파 decomposition *n.* 부패, 분해

2333 **decorate**	*v.* 장식하다
[dékərèit]	The hall was brilliantly lighted, and *decorated* with flowers. |대수능|
	파 decorator *n.* 장식가 decoration *adj.* 장식, 훈장

2334 **decrease**	*v.* 감소하다 *n.* 감소
[di:krí:s]	As they grow older, the quantity of argument *decreases* but the quality increases. |대수능|
	반 increase *v.* 증가하다 *n.* 증가

Tip [de(=down)+crease(=grow)] crease는 '자라다, (길이가) 늘다'의 의미이다.

[예문 해석] 2326 위원회는 오후 내내 그 거래에 대한 찬반 논쟁을 벌였다.   2327 여름에는 과일이 상하기 쉽다.   2328 그는 어디로 가야 할지 결정할 수 없었다.   2329 고고학자들은 그 점토판을 해독하기 위해서 노력했다.   2330 승객들은 외국에서 산 물건들을 모두 세관에 신고해야 한다.   2331 메시지의 마지막 단어는 해독되었을 때 '안녕'이라고 적혀 있었다.   2332 프리즘은 일광을 여러 색으로 분해한다.   2333 그 방은 찬란하게 불이 켜져 있었고 꽃들로 장식되어 있었다.   2334 그들이 나이가 들어감에 따라 논쟁의 수는 줄어들지만 그 질은 높아진다.

2335
dedicate

[dédikèit]

v. 헌신하다, 바치다

Greenpeace is an international non-profit organization *dedicated* to the protection of the natural world. |대수능|

㉣ dedication *n.* 헌신   dedicator *n.* 헌납자

2336
defeat

[difít]

v. 패배시키다   *n.* 패배

This witty remark *defeated* the musician. |대수능|

㉣ defeatist *n.* 패배주의자   defeatism *n.* 패배주의

2337
defend

[difénd]

v. 방어하다, 지키다, 옹호하다

They are fighting to *defend* their rights.

㉣ defender *n.* 방어자   defendant *n.* 피고인   defense *n.* 방어, 방위

2338
define

[difáin]

v. 정의하다

"I don't believe that only the colleges have the right to *define* what an educated person is," protested a student when his university revised its programs. |대수능|

㉣ definition *n.* 정의   definite *adj.* 명확한, 뚜렷한   definitive *adj.* 한정적인, 결정적인

2339
deflect

[diflékt]

v. 빗나가게 하다, 편향하다, 방향을 돌리다(틀다)

They gave the police misleading information, *deflecting* attention from planned crimes.

2340
deform

[difɔ́:rm]

v. 변형시키다, (모양을) 흉하게 하다, 불구로 만들다

Heat *deforms* plastic.

㉣ deformation *n.* 모양을 망침, 기형, 불구   deformity *n.* 모양이 흉함, 기형물, 불구자

2341
defuse

[di(:)fjú:z]

v. (폭탄, 지뢰의) 신관을 제거하다, 긴장을 완화시키다

It is up to you to *defuse* the situation.

2342
defy

[difái]

v. 도전하다(= challenge), 무시하다, 허용하지 않다

There are many things in nature which *defy* human ingenuity to imitate them.

㉣ defiant *adj.* 도전적인, 반항적인

2343
degenerate

[didʒénərèit]

v. 퇴보하다, 타락하다

Liberty often *degenerates* into lawlessness.

㉣ degeneration *n.* 퇴보

[예문 해석] 2335 Greenpeace는 전 세계 자연의 보호에 헌신하는 국제적인 비영리 조직이다.   2336 이 재치 있는 말은 그 음악가를 패배시켰다.   2337 그들은 자신들의 권리를 지키기 위해 싸우고 있다.   2338 한 학생이 그가 다니는 대학이 학교 프로그램을 개정했을 때, "나는 대학들만이 교육받은 사람이 어떤 것인지 정의할 권리를 가지고 있다고 생각하지 않는다."라고 항의했다.   2339 그들은 계획된 범죄로부터 주의를 돌리도록 경찰에게 잘못된 정보를 알려줬다.   2340 열은 플라스틱을 변형시킨다.   2341 상황을 진정시키는 것은 너에게 달려 있다.   2342 자연계에는 인간의 솜씨로 모방할 수 없는 것이 많이 있다.   2343 자유는 종종 무법 상태로 전락한다.

2344
deject

[didʒékt]

v. 기를 죽이다, 낙담시키다(= discourage)

The bad state of her child's health *dejects* her.

파 dejection *n.* 낙담   dejected *adj.* 기가 죽은, 기운 없는

2345
delight

[diláit]

v. 즐겁게 하다(= please)   *n.* 기쁨

Despite my earlier fear of danger and death that I might face, this wind of promise *delights* me. |대수능|

파 delightful *adj.* 즐거운, 기쁜

2346
deliver

[dilívər]

v. 배달하다, 넘겨 주다, 구해내다

These so-called non-governmental organizations *deliver* social services.

파 delivery *n.* 배달   deliverance *n.* 구출, 구조 |대수능|

Tip [de(=from)+liver(=free)] liver는 '벗어나게 하다, 자유롭게 하다' 의 의미이다.

2347
delude

[dilú:d]

v. 속이다(= deceive), 미혹시키다

Sometimes you can be *deluded* into thinking that everything is going well.

파 delusion *n.* 미혹, 기만

2348
demolish

[dimáliʃ]

v. 부수다, 분쇄하다

The old train station was *demolished* so the new station could be built.

파 demolition *n.* 해체, 파괴, 타파

2349
demonstrate

[démənstrèit]

v. 증명〔논증〕하다, 설명하다, 시위하다

Demonstrate that the earth goes round the sun.

파 demonstration *n.* 시연, 증명, 시위

2350
denote

[dinóut]

v. 표시하다, 나타내다(= indicate), 의미하다

His angry tone *denoted* extreme displeasure.

파 denotation *n.* 표시, 지시

2351
deny

[dinái]

v. 부인〔부정〕하다, 거절하다(= refuse)

There is no *denying* the effect of my good looks. |대수능|

파 denial *n.* 부인, 부정   deniable *adj.* 부정할 수 있는

Tip deny는 타동사로 뒤에 목적어를 꼭 써줘야 한다. 자동사로는 쓰이지 않으며, 목적어로서는 (대)명사, that절, 동명사형이 올 수 있으나 to부정사는 오지 않는다.

[예문 해석] 2344 아이의 나쁜 건강 상태는 그녀를 낙담시킨다.   2345 예전에 느꼈던 내가 직면할지도 모르는 위험과 죽음의 두려움에도 불구하고, 이 약속의 바람은 나를 즐겁게 해준다.   2346 이러한 소위 비정부 조직들은 사회 복지 서비스를 제공한다.   2347 때때로 당신은 모든 것이 잘 진행되고 있다고 믿기 쉬울 것이다.   2348 오래된 기차역이 철거되어서 새 역사가 준공될 수 있었다.   2349 지구가 태양 주위를 돈다는 것을 증명하라.   2350 그의 성난 어조는 심한 불쾌감을 드러냈다.   2351 나의 멋진 외모의 영향을 부인할 수는 없다.

2352
depart
[dipá:rt]

v. 출발하다, 떠나다(= go away)

Then, your flight will *depart* from gate #13. |대수능|
㉙ departure n. 출발

2353
depend
[dipénd]

v. 의지하다, 의존하다

An animal is bound to *depend* on other living creatures, ultimately plants, for its food supply; it must also *depend* upon the activities of plants for a continued oxygen supply for its respiration. |대수능|
㉙ dependable adj. 신뢰할 수 있는   dependent adj. 의존하고 있는

2354
depict
[dipíkt]

v. 그리다, 묘사하다(= describe)

Dickens vividly *depicted* the various social phenomena of his time.
㉙ depiction n. 묘사

2355
deplete
[diplí:t]

v. 고갈시키다, 소모시키다

The stock is expected to be *depleted* before new supplies can be found.
㉙ depletion n. 감소, 고갈

2356
depose
[dipóuz]

v. 면직하다, 증언하다

He *deposed* that he had seen the boy on the day of the fire.
㉙ deposition n. 면직, 파면, 공탁

2357
depreciate
[deprí:ʃièit]

v. 평가절하하다, 얕보다

A car begins to *depreciate* from the moment it is bought.
㉙ depreciation n. 가치 하락

2358
depress
[diprés]

v. 억압하다, 우울하게 하다

As I remember, my friends and I didn't realize we were "*depressed*" until high school. |대수능|
㉙ depression n. 의기소침, 저하, 불경기   depressed adj. 억압된, 우울한
㉆ cheer v. 응원(격려)하다, 기분좋게 하다

2359
deprive
[dipráiv]

v. 빼앗다, 박탈하다

We must show every young person, no matter how *deprived* his background may be, that he has a genuine opportunity to fulfill himself and play a constructive role in our society. |대수능|
㉙ deprivation n. 박탈, 손해

2360
derive
[diráiv]

v. 끌어내다, 획득하다, ~에서 유래하다

We couldn't *derive* the prospective benefits from the business.

[예문 해석] **2352** 그러시다면 당신의 비행기는 13번 탑승구에서 출발할 것입니다.   **2353** 동물은 먹이 공급을 위해 궁극적으로 식물과 같은 다른 생명체에 의존할 수밖에 없다. 동물은 또한 호흡을 위한 계속적인 산소의 공급을 위해 식물들의 활동에 의존해야만 한다.   **2354** Dickens는 그 당시 다양한 사회 현상들을 생생하게 그렸다.   **2355** 새로 물품을 받기 전에 재고가 고갈될 것으로 예상된다.   **2356** 그는 화재가 나던 날 그 소년을 보았다고 증언했다.   **2357** 자동차는 매입되는 순간부터 가치가 하락하기 시작한다.   **2358** 내가 기억하기로는, 내 친구들과 나는 고등학교 때까지 우리가 '우울하다'는 것을 느껴보지 못했다.   **2359** 우리는 모든 젊은이들에게 그의 배경이 썩 좋지 않다고 하더라도 그가 자신의 역량을 충분히 발휘하고 우리 사회에서 건설적인 역할을 할 수 있는 진정한 기회를 가지고 있다는 것을 보여주어야 한다.   **2360** 우리는 그 사업에서 예상된 이익을 거둘 수 없었다.

2361
descend
[disénd]

v. 내려가다, 전해지다

They *descended* the stairs. |대수능|

파 descendant *n.* 자손   descent *n.* 하강, 세습   반 ascend *v.* 올라가다

> Tip [de(=down)+scend(=climb)] scend는 '오르다, 올라가다' 의 의미이다.

2362
describe
[diskráib]

v. 묘사하다(=depict)

She named a village by the sea and then went on to *describe* a view that was unknown to me. |대수능|

파 description *n.* 묘사, 서술   descriptive *adj.* 묘사적인   describable *adj.* 묘사할 수 있는   표현 describe A as B A를 B로 묘사하다

> Tip [de(=down)+scribe(=write)] scribe는 '쓰다, 그리다, 묘사하다' 의 의미이다.

2363
desert
[dizə́:rt]

v. 버리다   *n.* 사막

Charlie Chaplin's father was an alcoholic and *deserted* the family. |대수능|

파 deserter *n.* 탈영병   deserted *adj.* 버림받은

2364
deserve
[dizə́:rv]

v. ~할 만하다, 가치가 있다

I still believe old people *deserve* respect for their experience and wisdom. |대수능|

2365
designate
[dézignèit]

v. 가리키다, 지시하다, 임명하다(=appoint)

They *designated* him for the office.

파 designation *n.* 지시, 지적, 임명

2366
desire
[dizáiər]

v. 바라다   *n.* 욕망, 욕구

The way to wealth, if you *desire* it, is as plain as the way to market. |대수능|

파 desirable *adj.* 바람직한   desirably *adv.* 바람직하게

2367
despise
[dispáiz]

v. 경멸하다(=scorn), 멸시하다

You should not *despise* him because he is poor.

2368
destine
[déstin]

v. 운명짓다, 예정하다

It is the males, after all, who are *destined* to hold jobs that require learning; the females — well, a measure of common sense is sufficient for bringing up children. |대수능|

파 destiny *n.* 운명   표현 be destined to + V 운명적으로 ~하다, ~할 운명이다

[예문 해석] **2361** 그들은 계단에서 내려왔다.   **2362** 그녀는 바닷가의 한 마을의 이름을 말하고는 내가 모르는 광경을 계속해서 묘사했다.   **2363** Charie Chaplin의 아버지는 알코올 중독자였고 가족을 버렸다.   **2364** 나는 여전히 노인들은 그들의 경험과 지혜로 존경을 받을 만하다고 믿는다.   **2365** 그들은 그를 그 직책에 임명했다.   **2366** 원한다면 부자가 되는 길은 시장에 가는 것만큼이나 쉽다.   **2367** 그가 가난하다고 해서 얕보아서는 안 된다.   **2368** 결국 배움을 요하는 직업을 가지도록 운명지어진 사람은 남자들이다. 그런데, 여자들은 상식 정도의 수준이면 아이들을 양육하는 데 충분하다.

2369
destroy

[distrɔ́i]

v. 파괴하다

The villagers were busy rebuilding their old houses which had been *destroyed* during the war. |대수능|

ⓟ destruction *n.* 파괴, 파멸   destructive *adj.* 파괴적인

> (Tip) [de(=down)+stroy(=build)] stroy는 '건설하다, 짓다, 건물을 만들다' 의 의미이다.

2370
detach

[ditǽtʃ]

v. 떼어내다, 분리하다(=separate), 파견하다

You must *detach* the coupon before using it.

ⓟ detachment *n.* 분리, 이탈, 초연함, 파견(대)   detached *adj.* 분리된, 초연한, 파견된

2371
detail

[díːteil]

v. 상술하다, 열거하다   *n.* 세부 항목, 상세함

Specific instances were *detailed* in the letters mentioned and in our recent discussions. |대수능|

(표현) in detail 상세히, 자세히

2372
detain

[ditéin]

v. 붙들다, 억류하다, 지체시키다

The police *detained* him as a suspect.

2373
detect

[ditékt]

v. 발견하다, 간파하다

He *detected* a note of urgency in her voice.

ⓟ detective *n.* 탐정, 형사   detector *n.* 감지기, 탐지기

> (Tip) [de(=away)+tect(=cover)] tect는 '덮다 감추다' 의 의미로 덮인 것을 '분리' 시킨 것이므로 detect는 '숨겨져 있는 것을 노출시킨다' 는 의미이다.

2374
deteriorate

[ditíəriərèit]

v. 나쁘게 하다, 악화[저하]시키다

We should not *deteriorate* the quality of education.

ⓟ deterioration *n.* 악화, 저하, 노후화

2375
determine

[ditə́ːrmin]

v. 결정하다(=fix), 결심하다(=decide)

The point is that the situation or the relationship between the people involved *determines* its meaning. |대수능|

ⓟ determination *n.* 결심, 결정

2376
detest

[ditést]

v. 몹시 싫어하다, 혐오하다

My mother *detests* going out alone.

ⓟ detestation *n.* 증오, 혐오

[예문 해석] **2369** 그 마을 사람들은 전쟁 중에 파괴된 오래된 집들을 재건하느라고 분주했다.   **2370** 그 쿠폰은 사용하기 전에 떼어내야 한다.
2371 구체적인 예들은 언급된 편지와 최근 우리의 토론에서 자세히 설명되었다.   **2372** 경찰은 그를 용의자로서 구치시켰다.   **2373** 그는 그녀의 목소리에서 다급한 기색을 느꼈다.   **2374** 우리는 교육의 질을 악화시켜서는 안 된다.   **2375** 그 요점은 관련된 사람들의 상황이나 관계가 그것의 의미를 결정한다는 것이다.   **2376** 어머니는 혼자 나다니시는 것을 아주 싫어하신다.

2377
devastate
[dévəstèit]

v. 유린하다, 황폐화하다

The king's dominion was *devastated* by the invading army.

파 devastation *n.* 황폐화, 유린

2378
develop
[divéləp]

v. 발전시키다, 개발하다

Farming began about 12,000 years ago and it has *developed* very quickly. |대수능|

파 development *n.* 발달, 발전

2379
devour
[diváuər]

v. 게걸스럽게 먹다

The lion *devoured* its prey.

2380
differ
[dífər]

v. 다르다, 틀리다

These men *differ* in nationality, but their interests are indistinguishable.

파 difference *n.* 다름, 차이   different *adj.* 다른, 상이한

2381
dig
[díg]

v. (땅 등을) 파다, (정보 등을) 캐다, 찾다

Journalists are always trying to *dig* the dirt on celebrities.

2382
digest
[daidʒést]

v. 소화하다, 잘 이해하다, 요약하다   *n.* 요약

The old people cannot *digest* meat easily.

파 digestion *n.* 소화 (작용), 동화흡수

2383
diminish
[dimíniʃ]

v. 감소하다(= lessen), 줄이다

By the year 2010, the area of the earth's forests is expected to *diminish* by a fifth. |대수능|

파 diminution *n.* 감소

2384
dine
[dáin]

v. 식사하다, 정찬을 먹다

The following day I *dined* with the President and a dozen members of Congress. |대수능|

파 dining *n.* 식사, 정찬   dinner *n.* 정찬, 저녁 식사

2385
dip
[díp]

v. 담그다, 가라앉다

All of the men knew the colors of the sea. The horizon narrowed and widened, and *dipped* and rose. |대수능|

표현 dip into the future 장래의 일을 생각하다

[예문 해석] 2377 그 왕의 영지는 침략군에게 짓밟혔다.   **2378** 농업은 약 12,000년 전에 시작되었고 매우 빠르게 발전해 왔다.   **2379** 사자는 그의 먹잇감을 게걸스럽게 먹었다.   **2380** 이 사람들은 국적은 다르지만 이해관계는 한 가지다.   **2381** 기자들은 언제나 유명인들의 추한 정보를 파헤치려고 한다.   **2382** 노인들은 고기를 쉽게 소화시킬 수 없다.   **2383** 2010년쯤이면, 지구의 산림 지역이 5분의 1 정도 감소될 것으로 예상된다.   **2384** 그 다음 날 나는 대통령과 12명의 의회 의원들과 정찬을 했다.   **2385** 모든 사람들은 바다의 색깔을 알았다. 수평선은 좁아졌다 넓어졌고 가라앉았다가 올라왔다.

2386
direct

[dirékt]

v. 지시하다, (길 등을) 알려주다 *adj.* 직접적인(=immediate)

Then, I met a man and asked him to *direct* me. |대수능|

파 direction *n.* 방향   directness *n.* 솔직함, 똑바름

2387
disabuse

[dìsəbjúːz]

v. ~의 어리석음을 깨우치다, 깨닫게 하다

Well, I think I can *disabuse* you of superstition.

2388
disagree

[dìsəgríː]

v. 반대하다

Also, Mom, I walked the dog four times a day just because you said it was very important that she be out that many times — I *disagreed*, as you'll recall, but nonetheless I walked her. |대수능|

파 disagreement *n.* 불일치, 불화

2389
disappear

[dìsəpíər]

v. 사라지다(=vanish), 없어지다

The ship *disappeared* in the fog.

반 appear *v.* 나타나다

2390
disappoint

[dìsəpɔ́int]

v. 실망시키다

She wasn't surprised — *disappointed*, but not surprised. |대수능|

파 disappointment *n.* 실망, 낙심

2391
disapprove

[dìsəprúːv]

v. 인가하지 않다, 찬성하지 않다

She wanted to go out but her mother *disapproved*.

파 disapproval *n.* 반대, 불만, 비난

2392
discard

[diskáːrd]

v. 버리다(=throw away)

They've even invented items that are meant to be used once and *discarded*. |대수능|

반 keep *v.* (계속) 보유하다, 붙잡고 있다

2393
discern

[disə́ːrn]

v. 분별[식별]하다, 인식하다

A ship is faintly *discerned* far out at sea.

파 discernment *n.* 식별, 인식

2394
disclose

[disklóuz]

v. 드러내다, 나타내다, 폭로하다(=reveal)

His weakness has been mercilessly *disclosed*.

파 disclosure *n.* 폭로, 발각

[예문 해석] 2386 그러고 나서 나는 한 남자를 만났고 그에게 길을 안내해 달라고 요청했다.   2387 글쎄, 나는 너에게 미신이 어리석다는 것을 깨닫게 해줄 수 있을 것 같은데.   2388 또한 엄마, 저는 단지 엄마가 개가 자주 나가는 것이 매우 중요하다고 말씀하셨기 때문에 하루에 4번씩 개를 산책시켰어요. 엄마도 기억하시겠지만, 저는 반대했으나, 그럼에도 불구하고 저는 그 개를 산책시켰어요.   2389 그 배는 안개 속으로 사라졌다.   2390 그녀는 놀라지 않았다. 실망만 했을 뿐 놀라지는 않았다.   2391 그녀는 외출하고 싶었지만 어머니가 허락하지 않았다.   2392 그들은 심지어 한번 사용하고 버려지도록 의도된 상품들을 발명했다.   2393 배가 먼 바다 위에 희미하게 보였다.   2394 그의 약점이 가차없이 폭로되었다.

2395
discourage

[diskə́:ridʒ]

v. 낙담시키다

But don't be *discouraged* because there are some things you can try.

㉤ discouragement *n.* 낙담, 낙심 |대수능|

2396
discover

[diskʌ́vər]

v. 발견하다(= find out)

When he *discovered* that he would be sitting right next to Jane Brightman, he nearly fainted with joy. |대수능|

㉤ discovery *n.* 발견　discoverer *n.* 발견자

> (Tip) [dis(= take off)+cover] cover는 '덮다', '감추다'의 의미이다.

2397
discriminate

[diskrímənèit]

v. 구별하다(= distinguish), 차별 대우하다

It is difficult to *discriminate* between real and pretended cases of poverty.

㉤ discrimination *n.* 구별, 차별

2398
disembark

[dìsembá:rk]

v. (배나 비행기 등에서) 내리다, 상륙하다[시키다]

The passengers are *disembarking* from the bus.

㉥ embark *v.* (배나 비행기 등에) 타다, 착수하다

2399
disgust

[disgʌ́st]

v. 싫어지게 하다, 불쾌하게 하다(= displease)　*n.* 싫증, 혐오, 구역질

I am *disgusted* by his habit of lying.

2400
dislike

[disláik]

v. 싫어하다(= feel aversion to)

It is small wonder that people *dislike* changing. |대수능|

[예문 해석] **2395** 그러나 당신이 시도할 수 있는 것들이 있으니 낙담하지 마라.　**2396** 그가 Jane Brightman의 바로 옆에 앉게 될 것을 알게 되었을 때, 그는 기뻐서 거의 기절할 뻔했다.　**2397** 진짜 가난과 위장된 가난을 구별하기는 어렵다.　**2398** 승객들이 버스에서 내리고 있다.　**2399** 나는 그의 습관적인 거짓말에 넌더리가 난다.　**2400** 사람들이 변화를 싫어하는 것은 당연하다.

24ᵀᴴ LECTURE MASTERING IDIOMS

- **in time** 제때에

  I'm afraid Jane won't come *in time* for the movie.

  Jane이 영화 시간에 맞춰 오지 못할 것 같아.

- **in truth** 사실(=in fact)

  This is *in truth* one of life's tragedies. 이것은 실로 인생의 비극이다.

- **in turn** 번갈아, 차례로(=by turns)

  I shall say something about each *in turn*. 난 차례대로 각각에 대해 무엇을 말하고자 한다.

- **in wonder** 놀라서

  Ed looked up at the building *in wonder*. Ed는 놀라워하며 건물을 올려다보았다.

- **insist on** 주장하다

  He *insisted on* doing business over lunch. 그는 점심을 먹으면서 거래를 하자고 우겼다.

- **instead of** ~대신에(=in place of)

  I'll have tea *instead of* coffee, please. 커피 대신에 차를 마실게요.

- **interfere with** 방해하다

  The sound of the radio upstairs *interferes with* my work.

  위층의 라디오 소리가 내 작업을 방해한다.

- **into the bargain** 게다가, 그 위에(=besides, as well)

  I have a headache and a cough *into the bargain*. 나는 두통이 있고, 게다가 기침도 난다.

- **it is a pity that S + V** 유감스럽게도 S가 V하다

  It is a pity that he can't come to the party. 그가 파티에 올 수 없다니 애석한 일이다.

- **it is estimated that S + V** S가 V하는 것으로 추정되다

  It is estimated that over 3 million children starve to death in the world each year.

  매년 전 세계적으로 3백만 명 이상의 어린이들이 기아로 사망하는 것으로 추정되고 있다.

- **it's up to you** 너에게 달려 있다

  It's up to you. Pick anyplace you want. 당신이 정하시는 대로요. 좋아하시는 곳으로 아무 데나 정하세요.

- **keep A from B** A가 B하지 못하게 하다

  Take care to *keep* the wound *from* being infected.

  상처에 균이 들어가지 않도록 주의하시오.

24TH LECTURE REVIEW TEST

● 빈칸에 알맞은 단어나 뜻을 쓰시오.

1. crave	_____	26. depart	_____
2. crawl	_____	27. _____	그리다, 묘사하다
3. creep	_____	28. deplete	_____
4. _____	비난하다, 비평하다	29. depress	_____
5. crouch	_____	30. _____	빼앗다, 박탈하다
6. crumple	_____	31. derive	_____
7. culminate	_____	32. descend	_____
8. cultivate	_____	33. desert	_____
9. dash	_____	34. designate	_____
10. _____	논쟁하다, 토론하다	35. despise	_____
11. decay	_____	36. destine	_____
12. decipher	_____	37. detach	_____
13. _____	선언하다, 발표하다	38. detain	_____
14. decode	_____	39. _____	발견하다, 간파하다
15. _____	헌신하다, 바치다	40. determine	_____
16. defeat	_____	41. detest	_____
17. defend	_____	42. devastate	_____
18. _____	정의하다	43. digest	_____
19. deflect	_____	44. _____	감소하다, 줄이다
20. deform	_____	45. discard	_____
21. defy	_____	46. discern	_____
22. degenerate	_____	47. _____	드러내다, 나타내다
23. delude	_____	48. discourage	_____
24. demolish	_____	49. discriminate	_____
25. demonstrate	_____	50. disgust	_____

정답 | 기본 페이지 참조

25TH LECTURE

SUMMA CUM LAUDE VOCABULARY

2401
dismiss

[dismís]

v. 해산하다, 해고하다(= send away)

An individual cannot now be *dismissed* for non-membership of a union.
ⓟ dismissal *n.* 면직, 해고 |대수능|

> Tip [dis(=away)+miss(=send)] miss는 '보내다, 전송하다' 의 의미이다.

2402
dispatch

[dispǽtʃ]

v. 발송하다, 파견하다, 신속히 처리하다

A truck was *dispatched* yesterday to pick up the materials you ordered.

2403
dispel

[dispél]

v. 쫓아버리다, (근심 등을) 없애다

Work *dispels* boredom.

2404
dispense

[dispéns]

v. 분배하다, 베풀다, (약을) 조제하다

This vending machine *dispenses* hot coffee.

2405
display

[displéi]

v. 전시하다, 보이다(= show)   *n.* 전시, 진열

There were cakes *displayed* in the front window. |대수능|

2406
disprove

[disprú:v]

v. ~의 오류를 증명하다, 반증을 들다

This trend *disproves* the idea that Austria's audience of 40 million would only tune in for light entertainment.

2407
disrupt

[disrʌ́pt]

v. (사회 등을) 혼란에 빠뜨리다, (통신 등을) 두절시키다

The train schedule has been *disrupted* by the heavy snowfall.
ⓟ disruptive *adj.* 분열시키는, 파괴적인

[예문 해석] **2401** 지금은 개인이 조합의 구성원이 아니라는 이유로 해고되지는 않는다.   **2402** 주문하신 물건들을 운반하기 위해 어제 트럭 한 대를 보냈습니다.   **2403** 일은 지루함을 쫓아버린다.   **2404** 이 자판기에서는 뜨거운 커피가 나온다.   **2405** 앞 진열장에는 전시된 케이크가 있었다.   **2406** 이러한 추세는 4천만 오스트리아 시청자가 가벼운 오락거리만을 즐겨 시청한다는 생각이 틀렸음을 증명하는 것이다.   **2407** 심한 폭설로 기차 운행이 두절되었다.

2408
dissatisfy

[dissǽtisfài]

v. 불만족스럽게 하다

These people have become *dissatisfied* with the traditional life of farming, and have come to the cities hoping for better work and pay.

(파) dissatisfaction *n.* 불만(족), 불평 |대수능|

(Tip) [dis(=not)+satisfy] satisfy는 '만족시키다' 의 의미이다.

2409
dissect

[disékt]

v. 해부하다, 절개하다, 상세히 분석하다

Each specimen is carefully *dissected*.

(파) dissection *n.* 해부, 절개

2410
dissolve

[dizálv]

v. 녹이다, 용해시키다, 해체하다

I *dissolved* some sugar in water.

(파) dissolution *n.* 용해, 해체   (표현) dissolve A into B A를 B로 분해하다

2411
dissuade

[diswéid]

v. (설득하여) 단념시키다

I have *dissuaded* him from running such a risk.

(파) dissuasion *n.* 마음을 돌리게 함, 말림   (반) persuade *v.* 설득하다

2412
distill

[distíl]

v. 증류하다, 불순물을 제거하다

They *distill* seawater into freshwater.

(파) distillation *n.* 증류, 정제   distillery *n.* 증류소

2413
distinguish

[distíŋgwiʃ]

v. 구별하다

In written language, on the other hand, the same word is always spelt in the same way, so different words are easy to *distinguish* in print. |대수능|

(파) distinguishable *adj.* 구별할 수 있는   distinguished *adj.* 두드러진, 특히 뛰어난

(표현) distinguish A from B A와 B를 구별하다

2414
distort

[distó:rt]

v. 일그러지게 하다, 왜곡하다

You must not *distort* the facts in order to make your report more exciting.

(파) distortion *n.* 일그러뜨림, 왜곡

2415
distract

[distrǽkt]

v. (마음 · 주의를) 흐트러뜨리다, 기분을 전환시키다(= divert)

The construction noise is very *distracting*!

(파) distraction *n.* 주의 산만, 기분전환

[예문 해석] **2408** 이러한 사람들은 전통적인 농촌의 삶에 불만족하게 되었고 더 좋은 작업과 급료를 바라면서 도시로 왔다.   **2409** 각각의 표본은 조심스럽게 절개된다.   **2410** 나는 약간의 설탕을 물에 녹였다.   **2411** 나는 그를 설득해서 그런 모험을 못하게 했다.   **2412** 그들은 바닷물을 증류해서 민물로 만든다.   **2413** 반면에 문어에서는 같은 단어가 항상 똑같은 방식으로 표기되므로 인쇄물에서 서로 다른 단어들을 구별하는 것은 쉽다.   **2414** 보다 흥미 있는 보도를 하기 위해서 사실을 왜곡해서는 안 된다.   **2415** 공사 소음 때문에 아주 혼란스럽다!

2416
distribute

[distríbjuːt]

v. 분배하다, 나누어주다

We will *distribute* exam papers face down.

(파) distribution *n.* 분배, 분포

2417
disturb

[distə́ːrb]

v. 방해하다(= hinder)

"It will be all right in a minute," she said in a low voice so as not to *disturb* the audience around. |대수능|

(파) disturbance *n.* 소란, 혼란, 방해

2418
diverge

[divə́ːrdʒ]

v. 갈라지다, 빗나가다, [수학] 발산하다, 무한대가 되다

His interests increasingly *diverged* from those of his colleagues.

(파) divergence *n.* 갈라짐, 상이   divergent *adj.* 갈라지는, 다른, 벗어나는

2419
diversify

[divə́ːrsəfài]

v. 다양화하다, 분산시키다

We need to *diversify* our products so as to meet new demands.

(파) diversity *n.* 다양성   diversification *n.* 다양화, 변화   diverse *adj.* 다양한

2420
divide

[diváid]

v. 나누다, 분할하다

Elements of culture can be *divided* into two categories. |대수능|

(파) dividend *n.* 배당(금)   division *n.* 분할, 분배

2421
divulge

[divʌ́ldʒ]

v. (비밀을) 누설하다, 폭로하다

He refused to *divulge* the secret to me.

2422
dodge

[dádʒ]

v. 몸을 휙 피하다, 교묘하게 피하다

He always manages to *dodge* the issue of salary increase.

2423
donate

[dóuneit]

v. 기부하다, 기증하다

It seemed unfair to ask my family to *donate* money to such a project.

(파) donation *n.* 기부(금), 기증(품)   donator *n.* 기부자, 기증자 |대수능|

2424
douse

[dáus]

v. (등불 등을) 끄다, 물에 처넣다, (모자 등을) 벗다

He *doused* the lamp, and we made our way back to the house.

2425
doze

[dóuz]

v. 졸다

He *dozed* off during a TV program.

(파) dozy *adj.* 졸리는

[예문 해석] **2416** 우리는 시험지 뒷면을 위로 해서 나눠줄 것이다.   **2417** "잠시 후면 곧 괜찮아질 거예요."라고 그녀는 주위의 청중들을 방해하지 않기 위해서 낮은 목소리로 말했다.   **2418** 그의 관심사들은 점점 더 그의 동료들의 관심사들과 빗나갔다.   **2419** 우리는 새로운 수요에 대응하기 위해서 제품을 다각화할 필요가 있다.   **2420** 문화의 요소들은 두 가지 범주로 나눌 수 있을 것이다.   **2421** 그는 나에게 그 비밀을 밝히는 것을 거부했다.   **2422** 그는 언제나 어떻게든 봉급 인상 문제를 피하려고 한다.   **2423** 나의 가족에게 그러한 계획에 돈을 기부해 달라고 요구하는 것은 불공평해 보였다.   **2424** 그는 등불을 끄고 우리는 집으로 돌아갔다.   **2425** 그는 TV 프로를 보면서 꾸벅꾸벅 졸았다.

2426
drag

[drǽg]

v. 끌다, (그물 따위로) 찾다, 담배를 깊이 들이마시다

The stranded ship was *dragged* by that tugboat.

> (Tip) drag은 온 힘을 다하여 끌 경우에, pull은 손으로 간단히 끌 경우에, tow은 어떤 도구를 이용하여 끌 때 쓴다.

2427
drain

[dréin]

v. 배수하다, 물을 빼다, 다 써버리다   *n.* 배수관, 하수구

In some cases, you may have to pay for the dehumidifier to be *drained*.
ⓟ drainage *n.* 배수(법), 배수 설비

2428
dread

[dréd]

v. 두려워하다, 무서워하다(=fear greatly)   *n.* 두려움, 공포

They *dread* that the volcano may erupt again.
ⓟ dreadful *adj.* 무서운, 무시무시한

2429
drench

[dréntʃ]

v. 흠뻑 적시다

He was caught in a shower and *drenched* to the skin.

2430
dribble

[dríbl]

v. (공을) 드리블하다, (물방울이) 똑똑 떨어지다

He *dribbled* the ball between his legs, around his back, and took the ball to the basket. |대수능|

2431
drip

[dríp]

v. (액체가) 똑똑 떨어지다, 흠뻑 젖다

Water continued to *drip* from his hair.

2432
drive

[dráiv]

v. 몰다, ~하게 내몰다, 운전하다

What *drives* the consumer to consume?
(관련) drive-through *n.* 차를 탄 채로 서비스를 받는 음식점

2433
droop

[drúːp]

v. 축 늘어지다, (고개 등을) 수그리다

His shoulders *drooped* with tiredness.

2434
drown

[dráun]

v. 물에 빠지다, 익사하다

She was about to be *drowned* by the creature. |대수능|

2435
dub

[dʌ́b]

v. 작위를 주다, ~라고 부르다, 재녹음[더빙]하다

The king *dubbed* him a knight.
ⓟ dubbing *n.* 더빙, (영화 · TV) 재녹음

[예문 해석] **2426** 좌초된 배는 저 예인선에 의해 끌려갔다.   **2427** 어떤 경우에는, 제습기에서 물을 빼내기 위해서 비용을 지불해야 하는 경우도 있다.   **2428** 그들은 화산이 다시 폭발하지 않을까 두려워하고 있다.   **2429** 그는 소나기를 만나 흠뻑 젖었다.   **2430** 그는 다리 사이로, 등 뒤로 공을 드리블해서 공을 바구니에 넣었다.   **2431** 그의 머리카락에서는 물이 계속 떨어졌다.   **2432** 무엇이 소비자로 하여금 소비하도록 만드는 가?   **2433** 그는 피곤해서 어깨가 축 늘어졌다.   **2434** 그녀는 그 동물 때문에 막 물에 빠져 죽게 될 지경이었다.   **2435** 국왕은 그에게 기사 작위를 주었다.

2436 **dump** [dʌ́mp]	*v.* 내버리다, 투매하다, 덤핑하다 *n.* 쓰레기 더미 The company *dumped* surplus goods on the overseas market. 파 dumping *n.* (쓰레기 등을) 내버리기
2437 **dunk** [dʌ́ŋk]	*v.* (살짝) 담그다, 덩크 슛하다 He used to *dunk* his biscuits in his tea.
2438 **dwell** [dwél]	*v.* 살다, 거주하다 Seoul's ongoing effort not to *dwell* on the past is making for rapid changes in recent bilateral relations between Seoul and Tokyo. 파 dweller *n.* 거주자 dwelling *n.* 집, 주거, 주소
2439 **dwindle** [dwíndl]	*v.* 줄다, 작아지다(=diminish), 약화되다 The airplane *dwindled* to a speck. 표현 dwindle down to ~로까지 줄어들다
2440 **earn** [ə́ːrn]	*v.* 벌다, 획득하다 This figure was only $1 million less than what the movie 'Fishermen' *earned*. |대수능| 파 earnings *n.* 수입, 소득
2441 **ease** [íːz]	*v.* (긴장 등을) 완화시키다 *n.* 편안(=comfort), 평이 Our feelings of despair and anger can be *eased* if we act instead of just thinking over problems. |대수능| 파 easy *adj.* 쉬운, 편한 easily *adv.* 용이하게, 쉽게 표현 with ease 쉽게, 용이하게
2442 **edit** [édit]	*v.* 편집하다, 교정하다 We *edited* the film together. |대수능| 파 editor *n.* 편집자, 교정자 editorial *n.* (신문의) 사설, 논설
2443 **educate** [édʒukèit]	*v.* 교육하다 Many more schools are needed to *educate* the young. |대수능| 파 education *n.* 교육 educational *adj.* 교육(상)의
2444 **eject** [idʒékt]	*v.* 쫓아내다, 추방하다, 분출하다 The 1980 eruption of Mount St. Helens *ejected* millions of tons of ash into the atmosphere. 파 ejection *n.* 내쫓기, 추방, 분출 ejective *adj.* 분출하는

[예문 해석] **2436** 그 회사는 잉여 상품들을 해외 시장에 덤핑 판매했다. **2437** 그는 그의 비스킷을 차에 담가 먹곤 했다. **2438** 과거에 안주하지 않기 위해 한국이 진행 중인 노력으로 최근 한일 양국 관계에 급격한 변화가 조성되고 있다. **2439** 비행기는 점점 작아지다가 하나의 점이 되었다. **2440** 이 수치는 영화 '어부들'이 벌어들인 것보다 단지 1백만 달러 적은 것이었다. **2441** 우리의 좌절과 분노의 감정들은 만약 우리가 문제들에 대해 단지 생각만 하는 대신에 행동을 취한다면 완화될 수 있다. **2442** 우리는 그 필름을 함께 편집했다. **2443** 더 많은 학교들이 젊은 이들을 교육하기 위해서 필요하다. **2444** 1980년에 St. Helens 산이 분화하면서 수백만 톤의 화산재를 대기 중으로 분출했다.

2445
elapse
[ilǽps]

v. (시간이) 경과하다

Several years *elapsed*.

2446
elect
[ilékt]

v. 뽑다(=choose), 선거하다

This morning I was *elected* president of my class. |대수능|

파 election *n.* 선거

> (Tip) [e(=out)+lect(=choose)] lect는 '뽑다, 선발하다, 고르다'의 의미이다.

2447
elevate
[éləvèit]

v. 올리다(=raise), 높이다

It took a special hydraulic lift to *elevate* the gigantic granite blocks into place.

파 elevation *n.* 높이, 고도

2448
eliminate
[ilímənèit]

v. 제거하다(=remove)

The quality control process did not completely *eliminate* defective products.

파 elimination *n.* 제거, 삭제

2449
elude
[ilú:d]

v. 교묘히 피하다, 회피하다

He *eluded* the vigilance of the guard.

파 elusive *adj.* 파악하기 어려운, 교묘히 빠져나가는

2450
embark
[embá:rk]

v. (배나 비행기 등에) 타다, 착수하다

He's *embarking* on a new career as a writer.

반 disembark *v.* (배나 비행기 등에서) 내리다

2451
embarrass
[imbǽrəs]

v. 난처하게 하다

The question she asked was an invidious effort to *embarrass* and discredit the speaker.

파 embarrassment *n.* 당황, 난처

2452
embed
[imbéd]

v. 깊숙이 박다, 깊이 새겨 두다

One of the bullets passed through Andrea's chest before *embedding* itself in a wall.

2453
embrace
[imbréis]

v. 포옹하다(=hold in the arms), 채택[신봉]하다

The talks *embraced* a wide range of issues.

[예문 해석] **2445** 몇 해가 흘렀다. **2446** 오늘 아침에 나는 우리 반의 반장으로 선출되었다. **2447** 거대한 화강암 석재를 들어올리는 데는 특수 수압 승강기가 필요했다. **2448** 품질관리 과정은 불량품을 완벽하게 제거하지는 못했다. **2449** 그는 위병의 경계망을 교묘히 피했다. **2450** 그는 작가로 새로운 경력을 시작하고 있다. **2451** 그녀가 한 질문은 연사를 난처하게 하고 깎아내리려는 불쾌한 시도였다. **2452** 총알 중 하나가 벽에 박히기 전에 Andrea의 가슴을 관통했다. **2453** 그 회담은 광범위한 문제들을 채택했다.

2454
emend
[iménd]

v. 교정하다, 수정하다(= correct)

To *emend* a piece of writing means to remove mistakes.

2455
emerge
[imə́:rdʒ]

v. 출현하다, 나타나다(= appear)

The sun *emerged* from behind the clouds.

파 emergence *n.* 출현, 발생

2456
emit
[imít]

v. (빛·열 등을) 발하다, 방출하다

We conduct emission tests to detect whether the products we use *emit* harmful gasses.

파 emission *n.* 방출, (자동차 엔진 따위의) 배기

2457
empathize
[émpəθàiz]

v. 감정이입을 하다, 공감하다

At last he *empathized* with the woman's dilemma.

혼 emphasize *v.* 강조하다, 강세를 두다

2458
employ
[implɔ́i]

v. 고용하다, 소비하다

The firm *employs* several free-lancers.

파 employee *n.* 종업원   employer *n.* 고용주   employment *n.* 고용, 채용

2459
emulate
[émjulèit]

v. 흉내 내다, 경쟁하다

He is forever trying to *emulate* people like Howard Hawks.

2460
enable
[inéibl]

v. 할 수 있게 하다

The textbook might *enable* you to increase your knowledge, and the date might mean an evening of merriment. |대수능|

Tip [en(=make)+able] able은 '할 수 있는, 능력 있는'의 의미이다.

2461
enact
[inǽkt]

v. (법률을) 제정하다, 상연하다

A comic scene was *enacted* on the spot.

2462
enchant
[intʃǽnt]

v. 매혹하다, 마법을 걸다

Venice *enchanted* me instantly.

2463
encircle
[insə́:rkl]

v. 에워[둘러]싸다(= surround), 일주하다

The police *encircled* the demonstrators.

[예문 해석] 2454 작문을 교정한다는 것은 실수를 제거한다는 것을 의미한다.   2455 해가 구름 뒤에서 나왔다.   2456 우리는 우리가 사용하는 제품들이 유해 가스를 방출하는지 여부를 조사하기 위해 방출 검사를 실시한다.   2457 마침내 그는 그 여자의 딜레마에 공감했다.   2458 그 회사는 몇 사람의 프리랜서를 고용한다.   2459 그는 Howard Hawks와 같은 사람들의 흉내를 내려고 언제나 노력하고 있다.   2460 교재는 당신이 당신의 지식을 늘리는 것을 가능하게 해줄 것이고, 데이트는 즐거운 저녁 시간을 의미할 것이다.   2461 즉석에서 희극장면이 벌어졌다.   2462 나는 베니스에 즉각적으로 매혹되었다.   2463 경찰이 시위대를 포위했다.

2464
enclose

[inklóuz]

v. 동봉하다(= inclose), 둘러싸다

I urge you to peruse the *enclosed* literature at your leisure.

파 enclosure *n.* 에워싸기, 동봉

2465
encompass

[inkʌ́mpəs]

v. 포위하다, 포함하다, 달성하다

New York's public education system *encompasses* nearly 900 schools.

2466
encounter

[inkáuntər]

v. (우연히) 만나다(= meet with), (위험 · 곤란 등에) 직면하다

The river banks were low and flat; the settlements and log cabins fewer in number; their inhabitants more wretched than any we had *encountered* yet. |대수능|

2467
endanger

[indéindʒər]

v. 위태롭게 하다

However, some by-products of these conveniences can actually damage or *endanger* our quality of life.

파 endangered *adj.* 멸종 위기에 처한

2468
endorse

[indɔ́:rs]

v. 배서하다, 승인하다

Would you *endorse* your name on the check?

2469
endow

[indáu]

v. 주다, 기부[기증]하다, 부여하다

Nature has *endowed* her with wit and intelligence.

파 endowment *n.* 기증, 기부금

2470
endure

[indjúər]

v. 견디다, 참다

I can't *endure* it any more.

파 endurance *n.* 인내(력)   endurable *adj.* 참을 수 있는

2471
engage

[ingéidʒ]

v. 종사시키다, 약혼하다, 약속하다(= promise)

Her English friends, Betty and Joan, were *engaged* in a serious conversation. |대수능|

파 engagement *n.* 약혼, 약속   표현 be engaged in ~에 종사하다

Tip '약혼하다'의 의미일 경우는 be engaged를 쓴다. '~와 약혼하다'는 표현은 be engaged with 를 쓰는 것이 아니라 be engaged to를 쓴다.

2472
engrave

[ingréiv]

v. 조각하다, 새기다(= carve)

He *engraved* his name on the stone.

[예문 해석] 2464 시간 있으실 때 동봉한 안내 책자를 잘 살펴보실 것을 권합니다.   2465 뉴욕의 공공 교육 시스템은 거의 900개의 학교들을 포함한다.   2466 강둑은 낮고 평평했다. 촌락과 통나무집의 수는 더욱 적었다. 거주자들은 우리가 지금까지 만났던 그 어떤 사람들보다도 더욱 비참했다.   2467 하지만 이런 문명의 이기로 인해 생기는 일부 부산물은 실제로 우리의 삶의 질을 훼손하고 위태롭게 할 수 있다.   2468 수표에 배서해주시겠습니까?   2469 조물주는 그녀에게 기지와 지성을 부여했다.   2470 나는 더 이상 그것을 참을 수 없다.   2471 그녀의 영국 친구들인 Betty와 Joan은 심각한 대화를 하고 있었다.   2472 그는 돌에 자기 이름을 새겼다.

2473

engross

[ingróus]

v. 열중하게 하다, (마음을) 빼앗다

He was *engrossed* in the subject.

㊤ engrossed *adj.* 열중한, 몰두한

2474

engulf

[ingʌ́lf]

v. 삼켜버리다

The waves *engulfed* the vessel.

2475

enhance

[inhǽns]

v. 강화하다, 높이다, 올리다

They remain among the most amazing of human achievements, for they *enhance* our intelligence. |대수능|

2476

enlist

[inlíst]

v. 입대하다, 가입하다, 협력을 얻다

He *enlisted* as a private in the Mexican War.

2477

ennoble

[inóubl]

v. 고상하게 하다, 품위를 높이다

To *ennoble* someone or something means to make them more dignified and morally better.

2478

enrich

[inrítʃ]

v. 풍부하게 하다

Art *enriches* our spirit. Reading stories and poetry, for instance, can help us to understand and improve our own situations. |대수능|

㊤ enrichment *n.* 부유, 비옥

2479

enshrine

[inʃráin]

v. 안치하다, 모시다, 마음속에 간직하다

Her memory is *enshrined* in his heart.

2480

enslave

[insléiv]

v. 노예로 만들다, 예속시키다, 사로잡다

He was *enslaved* by her beauty.

2481

ensue

[insú:]

v. 뒤따르다, 뒤이어 일어나다

Heated discussions *ensued.*

> (Tip) [en(=on)+sue(=follow)] sue는 '뒤따르다' 의 의미이다.

2482

ensure

[inʃúər]

v. 보장하다, 확실하게 하다

It is the company's responsibility to *ensure* the safety of its workers.

2483

entangle

[intǽŋgl]

v. 얽히게 하다, 말려들게 하다

A long thread is easily *entangled.*

[예문 해석] **2473** 그는 그 문제에 몰두했다. **2474** 파도가 배를 삼켜버렸다. **2475** 그것들은 우리의 지능을 향상시키기 때문에 가장 놀랄만한 인간의 업적 중의 하나로 남아 있다. **2476** 그는 멕시코 전쟁 때 사병으로 입대했다. **2477** 어떤 사람이나 어떤 것을 고상하게 한다는 것은 그것들을 더욱 위엄 있게 하고 도덕적으로 더 좋게 만든다는 것을 의미한다. **2478** 예술은 우리의 정신을 풍부하게 한다. 예를 들어, 소설이나 시를 읽는 것은 우리가 우리 자신의 상황들을 이해하고 개선시키는 데 도움을 줄 수 있다. **2479** 그녀에 대한 추억이 그의 가슴 속에 남아 있다. **2480** 그는 그녀의 미모에 사로잡혔다. **2481** 격론이 뒤따라 일어났다. **2482** 근로자들의 안전을 보장하는 것은 회사 측의 책임이다. **2483** 긴 실은 쉽게 얽힌다.

2484
entertain

[èntərtéin]

v. 즐겁게 하다(=amuse), 대접하다

They are entirely free to talk among themselves, occasionally *entertained* by the sweet sounds of trees and small animals. |대수능|

파 entertainer *n.* 연예인   entertainment *n.* 연예, 접대, 오락

2485
enthral(l)

[inθrɔ́:l]

v. 매혹하다, 마음을 사로잡다(=enslave)

Daniel was *enthralled* by the book.

2486
enthrone

[inθróun]

v. 왕좌에 앉히다, 경애하다, 떠받들다

Washington was *enthroned* in the hearts of his countrymen.

파 enthronement *n.* 즉위(식)

2487
entreat

[intrí:t]

v. ~에게 탄원(간청)하다(=pray, beg), 원하다

I *entreat* you to let me go.

파 entreaty *n.* 탄원, 간청, 애원

2488
equip

[ikwíp]

v. 설비를 갖추다

Some clever fishermen in the village bought bigger and better *equipped* boats, and began to catch all the fish they could find. |대수능|

파 equipment *n.* 설비, 장비   표현 be equipped with ~을 갖추고 있다

2489
eradicate

[irǽdəkèit]

v. 뿌리째 뽑다, 근절하다(=root out), 박멸하다

The most popular theory suggests it may be result of a chronic infection caused by a common bacteria or virus that the body is unable to *eradicate*.

파 eradication *n.* 근절, 박멸

2490
erase

[iréis]

v. 지우다, 삭제하다

The man is *erasing* the picture on the whiteboard.

파 eraser *n.* 지우개

2491
erect

[irékt]

v. 세우다, 직립시키다 *adj.* 똑바로 선(=upright)

A new statue will be *erected* downtown next year.

파 erection *n.* 직립, 설립

2492
erode

[iróud]

v. 부식하다 , 침식하다

The weather is *eroding* the driveway.

파 erosion *n.* 부식, 침식

[예문 해석] **2484** 그들은 때때로 나무나 작은 동물들의 달콤한 소리에 즐거워하면서 서로 완전히 자유롭게 이야기를 한다.   **2485** Daniel은 그 책에 사로잡혔다.   **2486** 워싱턴은 국민들의 마음속에서 떠받들여졌다.   **2487** 제발 가게 해주십시오.   **2488** 그 마을에서 일부 영리한 어부들은 더 크고 더 개량된 장비를 갖춘 보트를 사서 그들이 찾을 수 있는 물고기를 다 잡기 시작했다.   **2489** 가장 인기 있는 이론은 인체가 박멸하지 못하는 평범한 박테리아나 바이러스에 의한 만성적인 감염이 원인일 것임을 시사한다.   **2490** 그 남자가 화이트보드의 그림을 지우고 있다.   **2491** 내년에 새로운 동상이 중심가에 세워질 것이다.   **2492** 날씨 때문에 도로가 침식되고 있다.

2493
err

[ɔ́ːr]

v. 잘못하다, 실수하다

Man is prone to *err*.

ⓟ error *n.* 실수

2494
erupt

[irʌ́pt]

v. (화산 등이) 분출하다, (피부가) 발진하다

My nettle rash has *erupted* again.

ⓟ eruption *n.* 폭발, 분출

2495
escalate

[éskəlèit]

v. 단계적으로 확대〔상승〕하다

The tension is *escalating* to a higher level.

ⓟ escalator *n.* 에스컬레이터, 단계적 상승

2496
escape

[iskéip]

v. 탈출하다(=get free), 벗어나다   *n.* 도망, 탈출

Then we can *escape* the danger of making the same mistake as Susan made. |대수능|

표현 escape from ~에서 달아나다

> Tip) escape는 현실적으로 위험·추적·속박 따위에 부닥치지만 그로부터 벗어나는 것을, avoid는 위험이나 원하지 않는 일에 처음부터 접근하지 않도록 피하는 것을, flee는 쫓아오는 사람으로부터 피하는 것을, evade는 세금 같은 부담을 피하는 것을 뜻한다.

2497
establish

[istǽbliʃ]

v. 설립하다, 확립하다

Many companies have to pay millions of dollars to *establish* their trademarks as symbols of reliability and value.

ⓟ establishment *n.* 설립, 확립   established *adj.* 확립된

2498
esteem

[istíːm]

v. 존경하다, (높이) 평가하다, ~로 생각하다(=regard)

I *esteem* him for his diligence.

표현 esteem greatly〔highly〕 매우 존경하다

2499
estimate

[éstəmèit]

v. 추정하다, 평가하다   *n.* 평가, 견적(서)

How do most people *estimate* the value of their computer? |대수능|

ⓟ estimation *n.* 판단, 추정   estimated *adj.* 추측의, 견적의

2500
etch

[étʃ]

v. 새기다, 선명하게 그리다

It will remain permanently *etched* on my memory.

ⓟ etching *n.* 에칭, 부식 동판술

[예문 해석] **2493** 인간은 과오를 범하기 쉽다.   **2494** 또 두드러기가 났다.   **2495** 긴장이 점점 고조되고 있다.   **2496** 그러고 나면 우리는 Susan이 저지른 것과 똑같은 실수를 하는 위험에서 벗어날 수 있을 것이다.   **2497** 많은 회사들이 신뢰도와 가치의 상징으로서 그들의 상표를 설립하는 데 수백만 달러를 지불해야 한다.   **2498** 나는 그의 근면함을 높이 평가한다.   **2499** 대부분의 사람들이 어떻게 그들의 컴퓨터의 가치를 평가할까요?   **2500** 그것은 영원히 내 기억 속에 남아 있을 것이다.

25TH LECTURE MASTERING IDIOMS

- **keep in mind**　명심하다(=have in mind)

  Keep in mind the importance of balancing reading with outside experiences.

  독서를 외부의 경험과 균형지게 하는 것이 중요함을 명심하라.

- **keep off**　출입을 금하다, 떨어져 있다

  No, don't! The sign says, "*Keep off* the grass."

  안 돼! "잔디밭에 들어가지 마시오."라고 표지판에 써 있잖아.

- **keep up with**　~와 보조를 맞추다, 뒤지지 않다

  In mass production, it is impossible to *keep up with* America.

  대량 생산에 있어서는 미국을 따라가는 것은 불가능하다.

- **last of all**　마지막으로

  Last of all, despite all the crowds, it is still possible to feel very lonely in a city.

  마지막으로, 많은 군중에도 불구하고 여전히 도시에서는 심한 고독감을 느낄 수도 있다.

- **lead to + N**　초래하다, 야기하다(=result in, bring about, effect, cause)

  Oppression of the poor often *leads to* revolution.

  가난한 사람들의 압박이 흔히 혁명을 초래한다.

- **learn ~ by heart**　~을 외다, 암기하다

  I cannot *learn* such a long sentence *by heart*. 나는 그렇게 긴 문장을 암기할 수 없다.

- **long for**　갈망하다, 열망하다(=be eager for)

  As time goes on, I *long for* home more and more. 시간이 갈수록 나는 고향이 점점 더 그립다.

- **look after**　돌보다(=care for, take care of, tend)

  One should *look after* one's own business. 자기 일은 자기가 해야 한다.

- **look around**　둘러보다

  Don't hesitate to *look around*. 망설이지 말고 구경하세요.

- **look forward to + N**　고대하다, 기대하다(=anticipate)

  I *look forward to* meeting you. 나는 너를 만나기를 손꼽아 기다리고 있다.

- **look like**　~처럼 보이다

  The woman *looks like* she's going to faint.

  그 여자는 의식을 잃을 것처럼 보인다.

25TH LECTURE REVIEW TEST

● 빈칸에 알맞은 단어나 뜻을 쓰시오.

1. _____	해산하다, 해고하다		26. drag	_____
2. dispatch	_____		27. _____	배수하다, 물을 빼다
3. dispel	_____		28. dread	_____
4. dispense	_____		29. drench	_____
5. display	_____		30. dribble	_____
6. disprove	_____		31. drip	_____
7. disrupt	_____		32. drive	_____
8. dissatisfy	_____		33. droop	_____
9. dissect	_____		34. _____	물에 빠지다
10. dissolve	_____		35. dub	_____
11. dissuade	_____		36. dump	_____
12. distill	_____		37. dunk	_____
13. _____	구별하다		38. _____	살다, 거주하다
14. distort	_____		39. dwindle	_____
15. distract	_____		40. earn	_____
16. _____	분배하다, 나누어주다		41. ease	_____
17. disturb	_____		42. edit	_____
18. diverge	_____		43. educate	_____
19. diversify	_____		44. eject	_____
20. _____	나누다, 분할하다		45. elapse	_____
21. divulge	_____		46. _____	뽑다, 선거하다
22. dodge	_____		47. elevate	_____
23. _____	기부하다, 기증하다		48. _____	제거하다
24. douse	_____		49. elude	_____
25. doze	_____		50. embark	_____

51. _____ 난처하게 하다

52. embed _____

53. embrace _____

54. emend _____

55. _____ 출현하다, 나타나다

56. emit _____

57. empathize _____

58. employ _____

59. emulate _____

60. enable _____

61. enact _____

62. enchant _____

63. encircle _____

64. _____ 동봉하다, 둘러싸다

65. _____ 포위하다, 달성하다

66. encounter _____

67. endanger _____

68. endorse _____

69. endow _____

70. endure _____

71. engage _____

72. engrave _____

73. engross _____

74. engulf _____

75. _____ 강화하다, 높이다

76. enlist _____

77. ennoble _____

78. _____ 풍부하게 하다

79. enshrine _____

80. enslave _____

81. ensue _____

82. ensure _____

83. entangle _____

84. _____ 즐겁게 하다

85. enthrall _____

86. enthrone _____

87. entreat _____

88. equip _____

89. eradicate _____

90. erase _____

91. erect _____

92. erode _____

93. err _____

94. _____ 분출하다, 발진하다

95. escalate _____

96. escape _____

97. _____ 설립하다, 확립하다

98. esteem _____

99. _____ 추정하다, 평가하다

100. etch _____

정답 | 기본 페이지 참조

26ᵀᴴ LECTURE

| ²⁵⁰¹ **evade** ~ ²⁶⁰⁰ **groan** |

SUMMA CUM LAUDE VOCABULARY

2501
evade
[ivéid]

v. 피하다, 면하다, 벗어나다(= escape)

You always laugh and *evade* the question.

㉤ evasive *adj.* 회피하는, 둘러대는

2502
evaluate
[ivǽljuèit]

v. 평가하다, 가치를 검토하다

Then, on the basis of your knowledge of the situation, you can *evaluate* the problem and come up with the best way to solve it. |대수능|

㉤ evaluation *n.* 평가, 가치산정

2503
evaporate
[ivǽpərèit]

v. 증발하다, 소실하다

All the water in the dish has *evaporated*.

㉤ evaporation *n.* 증발

2504
evoke
[ivóuk]

v. 불러일으키다, 환기하다

Her letter in the newspaper *evoked* a storm of protest.

㉤ evoker *n.* 생각나게 하는 사람(것)

> (Tip) [e(=out)+voke(=call)] voke는 '부르다, 소리치다' 의 의미이다.

2505
evolve
[iválv]

v. 진화하다, 발전시키다

For that reason humans have *evolved* rituals of eating, such as a drink before dinner or the saying of grace, that have survived for thousands of years. |대수능|

㉤ evolution *n.* 진화, 발전   evolutionism *n.* 진화론   evolutionary *adj.* 발전의, 진화의

> (Tip) [e(=out)+volve(=roll)] volve는 '회전시키다, 돌리다, 회전해서 나아가다' 의 의미이다.

[예문 해석] **2501** 너는 항상 웃으며 질문을 피한다.   **2502** 그리고 나면, 상황에 대한 당신의 지식에 기초해서 당신은 문제를 평가할 수 있고 그것을 풀기 위한 최고의 방법을 제안할 수 있다.   **2503** 접시의 물이 모두 증발했다.   **2504** 신문에 실린 그녀의 서한은 빗발치는 항의를 불러일으켰다.   **2505** 그러한 이유 때문에 사람들은 식사 전에 음료수를 마시거나 감사기도 같은 식사 의식을 발전시켜왔고, 이런 의식은 수천 년 동안 이어져 오고 있다.

2506
exaggerate

[igzǽdʒərèit]

v. 과장하다, 과대하게 보이다

She has a propensity to *exaggerate*.

⑪ exaggeration *n.* 과장, 과대시

2507
exalt

[igzɔ́:lt]

v. 높이다, 승진시키다, 찬양하다

Some historians *exalt* Churchill as a war leader.

2508
exceed

[iksí:d]

v. 능가하다

It is estimated that World population will *exceed* 6 billion and possibly approach 8 billion unless there is a major reduction in birth rates. |대수능|

⑪ excess *n.* 초과, 여분, 과도   excessive *adj.* 과도한, 극단의

2509
excel

[iksél]

v. 뛰어나다

It is in this area of running that women *excel*. |대수능|

⑪ excellence *n.* 탁월, 장점, 뛰어남   excellent *adj.* 뛰어난, 훌륭한

2510
excerpt

[éksəːrpt]

v. 발췌하다, 인용하다   *n.* 발췌, 초록, 인용구

Blake McEwan's previous books have been *excerpted* in The Western Business Journal and Lane's Trade Update.

⑪ excerpter *n.* 발췌자, 인용자   excerptible *adj.* 발췌할 수 있는

2511
exchange

[ikstʃéindʒ]

v. 교환하다(=give and take)

For example, the seashell was used for people to *exchange* things. |대수능|

⑪ exchangeable *adj.* 교환할 수 있는

2512
excite

[iksáit]

v. 흥분시키다

We are *excited* by the fact that space can now be entered. |대수능|

⑪ excitement *n.* 자극, 흥분

2513
exclaim

[ikskléim]

v. 탄성을 지르다, 외치다(=cry out)

Seeing Timmy carry a sword, his startled teacher *exclaimed*, "A sword! Whatever do you need a sword in this paint class for?" |대수능|

⑪ exclamation *n.* 외침, 감탄

2514
exclude

[iksklú:d]

v. 배척하다, 제외하다, 추방하다

They *excluded* her from the meeting.

⑪ exclusion *n.* 제외, 추방   exclusive *adj.* 배타적인, 독점적인

[예문 해석] **2506** 그녀는 과장해서 말하는 경향이 있다.   **2507** 일부 역사가들은 Churchill을 전쟁 지도자로 찬양한다.   **2508** 출생률에서 큰 감소가 없다면 세계인구가 60억을 초과해서 아마도 80억에 이를 것으로 추정되어진다.   **2509** 이 달리기 분야에서는 여성들이 뛰어나다.   **2510** Blake McEwan이 이전에 출간한 책들은 더 웨스턴 비즈니스 저널과 레인즈 트레이드 업데이트에 발췌되었다.   **2511** 예를 들어, 조개껍질은 사람들이 물건을 교환하기 위해서 사용되었다.   **2512** 우리는 이제 우주공간에 들어갈 수 있다는 사실로 흥분하고 있다.   **2513** Timmy가 칼을 가지고 온 것을 보고 깜짝 놀란 선생님은 "칼이잖아! 너는 도대체 미술시간에 칼이 왜 필요하니?"라고 외쳤다.   **2514** 그들은 모임에서 그녀를 제외시켰다.

2515
excuse
[ikskjúːz]

v. 용서하다(= forgive), 변명하다, 면제하다   n. 변명, 구실

Excuse me. Which is Bob Scott's house? |대수능|

㉕ accuse v. 고발하다, 비난하다

2516
execute
[éksikjùːt]

v. 실행[집행]하다(= carry out), 처형하다

John makes the plans and Dick *executes* them.

㉕ execution n. 실행, 집행   executioner n. 실행자, 집행자   executive n. 간부, 경영진

> (Tip) 특정한 지시사항을 집행할 때는 execute, 정책을 집행할 때는 implement, 법령을 집행할 때는 administer를 사용할 수 있다.

2517
exempt
[igzémpt]

v. 면제하다

Beginning next year, students who receive high scores on internationally authorized English tests, such as the Test of English for International Communication(TOEIC), will be *exempted* from taking mandatory English courses.

㉕ exemption n. 면제

2518
exert
[igzə́ːrt]

v. 발휘하다, 노력하다

His teachings still *exert* a strong influence on his former students. |대수능|

㉕ exertion n. 노력, 분발

2519
exhale
[ekshéil]

v. (숨을) 내쉬다, 내뿜다

He *exhaled* another great billow of cigar smoke.

㉕ exhalation n. 숨을 내쉬기, 발산   ㉕ inhale v. 들이쉬다, 흡입하다

2520
exhaust
[igzɔ́ːst]

v. 다 써버리다(= use up), 지치게 하다

We have *exhausted* our money.

㉕ exhausted adj. 소모된, 지친   exhausting adj. 지치게 하는

2521
exhibit
[igzíbit]

v. 전시하다, 나타내 보이다(= show)

Although viruses can reproduce, they do not *exhibit* most of the other characteristics of life. |대수능|

㉕ exhibition n. 박람회, 전시회

2522
expand
[ikspǽnd]

v. 확장하다, 팽창하다, 펼치다(= spread out)

Even when investment *expands* and social wealth grows, the rich can grow richer and the poor can grow poorer.

㉕ expansion n. 확장, 팽창, 확대   ㉕ contract v. 수축시키다, 줄어들다

[예문 해석] **2515** 실례합니다. 어느 집이 Bob Scott씨 댁인가요?   **2516** John은 계획을 세우고 Dick은 그것들을 실행한다.   **2517** 내년부터, 토익(TOEIC)과 같은 국제적으로 공인된 영어 시험에서 높은 점수를 받은 학생들은 필수 영어 과목의 이수를 면제받게 될 것이다.   **2518** 그의 가르침은 여전히 그의 예전 학생들에게 강한 영향력을 발휘하고 있다.   **2519** 그는 또 다른 긴 담배 연기를 내뿜었다.   **2520** 우리는 돈을 다 써버렸다.   **2521** 바이러스들이 번식할 수 있지만, 그것들은 생명체의 다른 특성 대부분을 보여주지 못한다.   **2522** 투자가 확장되고 사회적 부가 증대되어도, 부자는 더 부유해질 수 있고 가난한 사람은 더 가난해질 수 있다.

2523
expect
[ikspékt]

v. 예상하다, 기대하다(=look forward to)

I truly *expected* it to occur, but nothing happened. |대수능|

㉺ expectation *n.* 기대, 가망

2524
expel
[ikspél]

v. 쫓아내다, 방출하다

He was *expelled* from the school.

㉺ expulsion *n.* 추방, 배제

2525
explain
[ikspléin]

v. 설명하다, 분명하게 하다

Explain the situation briefly.

㉺ explanation *n.* 설명, 해설

2526
explode
[iksplóud]

v. 폭발(파멸)하다, 터뜨리다

In 1974 India *exploded* a nuclear device.

㉺ explosion *n.* 폭발   explosive *adj.* 폭발하기 쉬운, 폭발성의

2527
explore
[iksplɔ́:r]

v. 탐험하다(=search into), 탐구하다

The book *explores* the relationship between religion and civilization.

㉺ explorer *n.* 탐험가

2528
expose
[ikspóuz]

v. 노출시키다(=uncover), 드러내다, 폭로하다(=disclose)

When people are *exposed* to high levels of noise, the effects are both immediate and noticeable.

㉺ exposure *n.* 노출, 드러냄

2529
express
[iksprés]

v. 표현하다

Parents should be very careful when *expressing* opinions. |대수능|

㉺ expression *n.* 표현

2530
extend
[iksténd]

v. 뻗다, 넓히다, 연장하다

The enterprise is planning to *extend* its business abroad.

㉺ extension *n.* 연장, 확대   extensive *adj.* 넓은, 광범위한

㉐ extend one's power 세력을 확대하다

2531
exterminate
[ikstə́:rmənèit]

v. 근절하다, 전멸시키다

This poison will *exterminate* the rats.

㉺ extermination *n.* 근절, 전멸

[예문 해석] **2523** 나는 그것이 일어나길 정말로 기대했지만, 아무것도 일어나지 않았다.   **2524** 그는 퇴학 처분을 받았다.   **2525** 그 상황을 간단하게 설명해라.   **2526** 1974년에 인도는 핵폭탄을 폭파시켰다.   **2527** 그 책은 종교와 문명의 관계를 탐구한다.   **2528** 사람들이 높은 수위의 소음에 노출될 때, 그 효과는 즉각적이고 두드러진다.   **2529** 부모들은 의견을 표현할 때 매우 신중해야 한다.   **2530** 그 기업은 사업을 해외로 넓힐 계획이다.   **2531** 이 독약은 쥐를 근절시킬 것이다.

2532 **extinguish** [ikstíŋgwiʃ]	*v.* 끄다(= put out) An air hostess made him *extinguish* his cigar. |대수능| (파) extinguisher *n.* 소화기
2533 **extract** [ikstrǽkt]	*v.* 뽑아내다(= take out), 발췌하다 We *extract* oil from olives. (파) extraction *n.* 뽑아냄, 추출
2534 **fade** [féid]	*v.* 흐릿해지다, 꺼져가다, 바래다(= lose color) Old soldiers never die; they just *fade* away.
2535 **faint** [féint]	*v.* 기절하다 *adj.* 희미한 He was so shocked by the robbery that he *fainted*. |대수능| (파) faintly *adv.* 소심하게, 힘없이, 희미하게
2536 **falter** [fɔ́ːltər]	*v.* 비틀거리다, 말을 더듬다, 망설이다 She never once *faltered* during her testimony.
2537 **fascinate** [fǽsənèit]	*v.* 황홀케 하다, 매혹시키다(= charm) I was always *fascinated* by the acrobats at the circus. (파) fascination *n.* 매혹, 매력
2538 **fasten** [fǽsn]	*v.* 묶다, 고정시키다, 붙들어 매다 Could you tell me how to *fasten* this seat belt, please? (반) loose *v.* 풀어주다, 해방하다
2539 **feed** [fiːd]	*v.* 먹을 것을 주다, 부양하다 Birds starve if we don't *feed* them in winter.
2540 **fetch** [fétʃ]	*v.* 가서 가져오다, 나오게 하다 *Fetch* a doctor at once.
2541 **flap** [flǽp]	*v.* 퍼덕거리다, 찰싹 때리다 The pigeon *flapped* away. (표현) flap away 날개를 퍼덕이며 날아가다
2542 **flare** [flέər]	*v.* 불이 너울거리다, 확 타오르다 *n.* 너울거리는 불길, 흔들거리는 빛 A flame *flares* up.

[예문 해석] 2532 승무원이 그에게 담배를 끄도록 했다. 2533 우리는 올리브에서 기름을 추출한다. 2534 노병은 죽지 않는다. 다만 사라질 뿐이다. 2535 그는 강도에 의해서 너무나 충격을 받아 기절했다. 2536 그녀는 증언하는 동안 결코 한 번도 망설이지 않았다. 2537 나는 늘 서커스단의 곡예사에게 매료되었다. 2538 이 안전벨트 매는 법 좀 알려주시겠어요? 2539 우리가 겨울에 먹이를 주지 않으면 새들은 굶어 죽는다. 2540 즉시 의사를 데려와라. 2541 비둘기는 날개치며 날아가 버렸다. 2542 불길이 타오른다.

2543
flatter

v. 아첨하다, 우쭐해 하다, (사진 등이) 실물보다 좋게 나타나다

[flǽtər]

This picture *flatters* her.

㈜ flattery *n.* 아첨   flatterer *n.* 아첨꾼

2544
flee

v. 달아나다(= run away), 도망가다

[flíː]

Thousands of refugee *fled* across the border.

2545
flicker

v. 깜박이다   *n.* 빛이 깜박임, 명멸

[flíkər]

The candle *flickered* in the wind.

2546
fling

v. 던지다, 내던지다(= throw)

[flíŋ]

He *flung* his books on the desk.

2547
flip

v. (손톱 등으로) 튀기다, 홱 던지다, 스위치를 누르다(돌리다)

[flíp]

To initiate the automatic startup procedure, *flip* the power switch to the closed position.

2548
float

v. 떠다니다, 떠오르다

[flóut]

Approaching the tree in which many soldiers had been hanged, he thought he saw something white *floating* in the middle of the tree. |대수능|

㈜ floating *adj.* 떠 있는

2549
flock

v. 떼 지어 오다(가다), 모이다   *n.* 무리, 떼

[flák]

People *flocked* into a market place.

2550
flourish

v. 번영(번성)하다(= thrive), 잘 자라다

[fló:riʃ]

Grass-eating animals *flourish* in this region.

㈜ flourishing *adj.* 번창하는, 우거진

2551
flow

v. 흐르다(= overflow)

[flóu]

They relax the body and get the proper juices *flowing* for the digestion of food. |대수능|

2552
flunk

v. 낙제하다   *n.* 낙제, 실패

[flʌ́ŋk]

Work harder; otherwise you'll *flunk*.

2553
flush

v. 붉어지다, 물을 내리다

[flʌ́ʃ]

The professor *flushed* and faltered. |대수능|

[예문 해석] **2543** 이 사진은 그녀의 실물보다 잘 나왔다.   **2544** 수천 명의 난민들이 국경선을 건너 도망쳤다.   **2545** 촛불이 바람에 깜박거렸다.   **2546** 그는 책상에 책을 내던졌다.   **2547** 자동 시동을 걸기 위해서는 파워 스위치를 잠금 위치로 해두어라.   **2548** 많은 군인들이 교수형을 당한 그 나무에 다다랐을 때, 그는 나무의 한 가운데에 뭔가 하얀 것이 떠 있는 것을 보았다고 생각했다.   **2549** 사람들이 장터로 몰려들었다.   **2550** 이 지역에서는 초식동물이 잘 자란다.   **2551** 그것들은 신체를 완화시키고 음식의 소화를 위한 적절한 (소화)액들이 분비되게 한다.   **2552** 더 열심히 공부해라. 그렇지 않으면 너는 낙제할 것이다.   **2553** 그 교수는 얼굴이 붉어지고 말을 더듬거렸다.

2554
flutter

[flʌ́tər]

v. 펄럭이다

A white butterfly *flutters* across the yard. |대수능|

(파) fluttering *adj.* 퍼덕거리는, 펄럭이는

2555
foam

[fóum]

v. 거품이 일다   n. 거품

These waves were *foaming* white. |대수능|

(파) foamy *adj.* 거품투성이의

2556
focus

[fóukəs]

v. 집중하다(= concentrate)   n. 논점

These will help you *focus* on your problems, and ultimately solve them.

(파) focal *adj.* 초점의, 초점에 있는 |대수능|

2557
fold

[fóuld]

v. 접다, (양팔에) 안다, 싸다(= wrap)   n. 주름

The man has *folded* the towels on the table.

2558
forbid

[fərbíd]

v. 금하다(= prohibit), 허락하지 않다

In northeastern Spain, the Catalan language, *forbidden* during the dictatorship of Franco, has been reinstalled as the official language. |대수능|

(반) permit *v.* 허락하다   n. 허가(증), 면허

2559
force

[fɔ́:rs]

v. 강요하다(= press), ~하게 하다   n. 힘

"Sir," said he, "do you wish to *force* your company on those who do not want you?" |대수능|

(파) forceful *adj.* 힘찬, 강력한   forcefully *adv.* 힘차게, 강력하게

2560
foretell

[fɔ́:rtél]

v. 예언하다(= prophesy), 예고하다

Moles are also believed to *foretell* the future.

2561
forfeit

[fɔ́:rfit]

v. 상실하다, 몰수하다   n. 벌금, 상실

He has *forfeited* the right to be the leader of this nation.

2562
forge

[fɔ́:rdʒ]

v. 쇠를 불리다, 만들어내다(= invent), 위조하다   n. 용광로, 제철소

I learned how to *forge* someone else's signature.

(파) forger *n.* 위조범   forgery *n.* 위조, 위조품

2563
forget

[fərgét]

v. 잊다, 소홀히 하다(= neglect)

Just *forget* about the homework and let's party. |대수능|

(파) forgetful *adj.* 잘 잊는, 부주의한   (관련) forget-me-not *n.* 물망초

[예문 해석] **2554** 흰 나비가 마당을 가로질러 훨훨 날아다닌다.   **2555** 이러한 파도는 하얀 거품을 일으키고 있었다.   **2556** 이러한 것들은 당신이 당신의 문제에 집중하고, 궁극적으로는 그것들을 해결하는 데 도움을 줄 것이다.   **2557** 남자가 탁자 위의 수건들을 개고 있다.   **2558** 북동 스페인에서 Franco의 독재 기간 동안 사용이 금지되었던 카탈로니아어는 공식 언어로 다시 자리를 잡았다.   **2559** "선생, 당신은 원하지 않는 사람들에게 당신과 동석하기를 강요하고 싶으신가요?"라고 그가 말했다.   **2560** 점은 또한 미래를 예언해준다고 믿어진다.   **2561** 그는 이 나라의 지도자가 될 수 있는 권리를 상실했다.   **2562** 나는 다른 사람의 서명을 위조하는 방법을 배웠다.   **2563** 숙제는 잠시 잊고 파티하자.

2564
forgive

[fərgív]

v. 용서하다(= pardon, excuse)

Please *forgive* me one more time. |대수능|

파 forgiveness n. 용서

2565
forsake

[fərséik]

v. (친구 등을) 저버리다(= desert), 내버리다

He was cold-hearted enough to *forsake* a friend in need.

2566
foster

[fɔ́(:)stər]

v. 조장하다, 기르다(= nurse), 돌보다

Facilities in the rural areas, such as a transport, health, and education services, should be improved to *foster* a more positive attitude to rural life. |대수능|

표현 foster parents 양부모

2567
found

[fáund]

v. 설립하다, 창설하다

The guide said that the city was *founded* in 1845 and its name came from Portland, Maine. |대수능|

파 founder n. 설립자   foundation n. 설립

2568
freeze

[fríːz]

v. 얼다, 몹시 춥게 느끼다

It's still minus 20 degrees centigrade, so the transfer must be done quickly or else the egg will *freeze*.

파 freezer n. 냉동고   freezing adj. 몹시 추운

2569
frighten

[fráitn]

v. 겁주다, 놀라게 하다

In the Middle East, Arabs often paint the doors of their houses blue to *frighten* away demons.

파 fright n. 공포, 경악   frightening adj. 섬뜩한, 놀라게 하는

2570
frown

[fráun]

v. 눈살을 찌푸리다

Lydia looked at her watch and *frowned*; it was already two o'clock. |대수능|

2571
frustrate

[frʌ́streit]

v. 좌절시키다

When you are young, it is easy to feel impatient and *frustrated* with the delays and seemingly stupid hitches that take place. |대수능|

파 frustration n. 좌절, 욕구 불만   frustrated adj. 실망한

2572
fry

[frái]

v. (기름으로) 튀기다, 프라이로 하다

Uncle Carl is *frying* an egg.

[예문 해석] **2564** 저를 한 번 더 용서해주세요. **2565** 그는 곤경에 빠진 친구를 저버릴 정도로 냉담했다. **2566** 교통, 보건, 그리고 교육 제도와 같은 시골 지역의 시설들은 시골 생활에 대한 좀 더 긍정적인 태도를 조장하기 위해서 개선되어야 한다. **2567** 안내원은 그 도시가 1845년에 설립되었으며, Maine 주의 Portland 시에서 이름을 따왔다고 말했다. **2568** 여전히 기온이 영하 20도이므로 알을 재빨리 옮기지 못하면 얼어버릴 것이다. **2569** 중동의 아랍인들은 악령을 겁주어 쫓아내기 위해 종종 자기 집의 문을 푸른색으로 칠한다. **2570** Lydia는 시계를 보고선 눈살을 찌푸렸다. 벌써 2시였다. **2571** 당신이 어릴 때는, 발생하는 지체와 얼핏 보기에 어리석은 장애들에 대해 조바심을 느끼고 좌절하기 쉽다. **2572** Carl 삼촌이 달걀 프라이를 만들고 있다.

2573
fulfill
[fulfíl]

v. 이행하다, 완료하다, 충족시키다

The request could not be *fulfilled.*
㉫ fulfillment *n.* 충족, 이행

2574
fumble
[fʌ́mbl]

v. 더듬어 찾다, 만지작거리다

I *fumbled* in my pockets for change.

2575
furnish
[fə́ːrniʃ]

v. 비치[설치]하다, 공급하다(= provide)

He wanted to be moved to a nursing home where he could *furnish* his own room. |대수능|
㉫ furnishings *n.* 세간, 비품   furnished *adj.* 가구가 비치된

2576
gain
[géin]

v. 얻다, 늘리다, (시계가) 빠르다

Therefore, we should fight to *gain* freedom from foreign control. |대수능|
㉫ gainer *n.* 획득자   gainful *adj.* 이익이 있는, 유급인
㉤ No gains without pains. 수고 없이 소득은 없다(고생 끝에 낙이 온다).

2577
gallop
[gǽləp]

v. 전속력으로 질주하다   *n.* (말 따위의) 가장 빠른 걸음, 질주

He *galloped* his horse in an open field.

> ⓣ Tip walk 〈 amble 〈 trot 〈 canter 〈 gallop의 차례대로 빨라진다.

2578
gamble
[gǽmbəl]

v. 도박을 하다

He never *gambles*, as a matter of principle.
㉫ gambler *n.* 도박꾼, 노름꾼   gambling *n.* 도박, 내기

2579
gargle
[gáːrgəl]

v. 양치질하다

He *gargled* a sore throat.

2580
gasp
[gǽsp]

v. 헐떡거리다, 숨이 차다, 헐떡거리며 말하다

She *gasped* a few words.
㉤ gasp for breath 숨이 가빠서 헐떡거리다

2581
gather
[gǽðər]

v. 모으다, 집합하다

Gather your personal belongings and leave the theater immediately, please. |대수능|
㉫ gathering *n.* 모임, 회합, 집회

[예문 해석] 2573 그 요청은 수행될 수 없다.   2574 나는 잔돈을 꺼내려고 주머니를 뒤적거렸다.   2575 그는 자신의 방에 가구를 비치할 수 있는 요양원으로 옮기고 싶어했다.   2576 그러므로 우리는 외국의 지배로부터 자유를 얻기 위해서는 싸워야만 한다.   2577 그는 드넓은 들판에서 전속력으로 말을 달렸다.   2578 그는 신조에 따라 절대로 도박을 하지 않는다.   2579 그는 아픈 목구멍을 양치질했다.   2580 그녀는 헐떡거리며 몇 마디 말을 했다.   2581 개인 소지품들을 모아서 즉시 극장을 떠나 주십시오.

2582
gaze

[géiz]

v. 지켜보다, 응시하다   n. 응시, 주시

She *gazed* at the sunset.

> (Tip) gaze는 흥미, 기쁨을 가지고 바라볼 때 쓰며, stare는 호기심, 놀람, 경멸 등의 표정으로 응시할 때 주로 쓴다.

2583
gear

[gíər]

v. 장치하다   n. 기어

The shutter is *geared* to take only one shot per second, or one per minute, or even per hour depending upon the kind of movement that is being photographed. |대수능|

2584
generate

[dʒénərèit]

v. 낳다, 발생시키다, 일으키다(=produce)

'Using wind power to *generate* electricity for a home' is a better main idea. |대수능|

(파) generator *n.* 발전기   generation *n.* 세대

2585
gleam

[glí:m]

v. 빛나다, 번쩍이다   n. 어렴풋한 빛, 번득임

He polished the silver spoon until it *gleamed*.

(파) gleamy *adj.* 번득이는, 빛나는, 어렴풋한

2586
glean

[glí:n]

v. (이삭을) 줍다, 수집하다

Much of the information he *gleaned* was of no practical use.

2587
glide

[gláid]

v. 활주하다, 활공하다   n. 활주, 활공

I watched the skiers *glide* down the slope.

(파) glider *n.* 글라이더, 활공기   gliding *n.* 활공, 활주

2588
glitter

[glítər]

v. 반짝이다(=shine)

All that *glitters* is not gold. |대수능|

2589
glow

[glóu]

v. 빛을 내다, 붉어지다   n. 백열, 달아오름

Ours are guaranteed to *glow* for more than ten years.

(파) glower *n.* 발광체

2590
gnarl

[ná:rl]

v. 마디(혹)지게 하다, 비틀다   n. (나무의) 마디, 혹

She was 75 years old, wrinkled and *gnarled*.

(파) gnarled *adj.* 마디(혹) 투성이의, 울퉁불퉁한

[예문 해석] **2582** 그녀는 일몰을 지켜보았다.   **2583** 셔터는 사진이 찍히는 동작의 종류에 따라 1초당 또는 1분당 또는 심지어 1시간당 한 장씩 사진이 찍히도록 장치된다.   **2584** '가정용 전기를 만들기 위해서 풍력을 사용하는 것'이 더 좋은 요지이다.   **2585** 그는 은수저를 빛이 날 때까지 닦았다.   **2586** 그가 수집한 많은 정보는 실용적인 용도로 쓰이지 못했다.   **2587** 나는 스키 타는 사람들이 비탈 아래로 활주하는 것을 보았다.   **2588** 반짝이는 모든 것이 금인 것은 아니다.   **2589** 저희 제품은 10년 넘게 사용해도 여전히 빛을 발한다는 점을 보증합니다.   **2590** 그녀는 75세였고 주름지고 마디졌다.

2591 **gnaw** [nɔ́ː]	*v.* 갉아먹다, 물어뜯다, 괴롭히다 The kitten *gnawed* the slippers.
2592 **gobble** [gábl]	*v.* 게걸스레 먹다, 꿀떡 삼키다 The child *gobbled* up the sweet his mother gave him.
2593 **goof** [gúːf]	*v.* 바보짓을 하다 *n.* 바보, 멍청이, 실수 I *goofed* up the whole exam!
2594 **grab** [grǽb]	*v.* 움켜잡다, 붙잡다 An eagle *grabbed* a chick.
2595 **grasp** [grǽsp]	*v.* 잡다 She *grasped* it tightly as a powerful fish took her line. |대수능|
2596 **graze** [gréiz]	*v.* 풀을 뜯어 먹다 Only with great difficulty can it bend down to *graze* on the ground. |대수능|
2597 **greet** [gríːt]	*v.* 인사하다(=salute), 환영하다 The audience *greeted* her with thunderous applause.
2598 **grin** [grín]	*v.* 씩 웃다 *n.* 씩 웃음 I don't like the job, but I have to *grin* and bear it.
2599 **grind** [gráind]	*v.* 갈다, 가루로 만들다 They were *grinding* white flour for the people of Norfolk. ㈜ grinder *n.* 분쇄기
2600 **groan** [gróun]	*v.* 신음하다, 신음소리를 내다 The wounded *groaned* for medicine.

[예문 해석] 2591 새끼고양이가 슬리퍼를 물어뜯었다. 2592 어린애는 엄마가 준 과자를 납작 받아먹었다. 2593 나는 시험을 몽땅 망쳤어! 2594 독수리가 병아리를 움켜잡았다. 2595 그녀는 힘 좋은 물고기가 그녀의 낚싯줄을 당길 때 낚싯대를 꽉 쥐었다. 2596 큰 힘을 들여야만 그것은 땅 위에 있는 풀을 뜯어 먹기 위해 구부릴 수 있다. 2597 청중은 우레 같은 박수로 그녀를 맞았다. 2598 나는 그 일이 싫지만 씩 웃으며 그것을 참아야 한다. 2599 그들은 Norfolk 사람들을 위해서 밀가루를 갈고 있었다. 2600 부상자들은 신음하며 약을 찾았다.

26TH LECTURE MASTERING IDIOMS

- **lose one's temper**   화를 내다(=get angry, hit the ceiling, hit the roof)
  Don't *lose your temper* so quickly. 그렇게 빨리 화내지 마라.

- **lose one's way**   길을 잃다
  They *lost their way* in the woods. 그들은 숲에서 길을 잃었다.

- **lose sight of**   보지 못하다
  Consequently, men are blind to their own faults but never *lose sight of* their neighbor's.
  결과적으로, 인간은 자신의 잘못은 못 보지만 자기 이웃의 잘못은 반드시 본다는 것이다.

- **lose track of**   ~을 놓치다, 길을 잃다
  It's easy to *lose track of* time in here. 여기 있으면 시간 가는 걸 잊기 십상이다.

- **lose weight**   체중을 줄이다
  How did she *lose weight* so quickly?
  그녀가 어떻게 그렇게 빨리 체중을 줄일 수 있었죠?

- **major in**   전공하다
  What did you *major in* at the university?
  대학에서 무엇을 전공하셨습니까?

- **make a contribution**   기여하다, 기부하다
  Nonetheless, they could one day *make a* significant *contribution* to the domestic energy supply.
  그럼에도 불구하고, 이런 것들이 언젠가는 가정용 에너지 공급원으로 크게 이바지하는 날이 올지도 모른다.

- **make a decision**   결정하다
  Now is the time when we have to *make a decision*. 지금이야말로 우리가 결정해야 할 때다.

- **make a lot of money**   많은 돈을 벌다
  Maybe I can enjoy meeting many people and also *make a lot of money*.
  아마도 난 많은 사람을 만나고 돈도 많이 벌 수 있을 거야.

- **make a phone call**   전화 걸다(=ring up)
  The man is about to *make a phone call*. 남자는 막 전화를 하려고 한다.

- **make a point of ~ing**   (항상, 습관적으로) ~하다
  She *makes a point of* being on time. 그녀는 항상 정시에 도착한다.

26ᵀᴴ LECTURE REVIEW TEST

● 빈칸에 알맞은 단어나 뜻을 쓰시오.

1. evade	_____	26. explode	_____
2. _____	평가하다	27. _____	탐험하다, 탐구하다
3. evaporate	_____	28. expose	_____
4. evoke	_____	29. express	_____
5. evolve	_____	30. extend	_____
6. exaggerate	_____	31. exterminate	_____
7. exalt	_____	32. _____	끄다
8. _____	능가하다	33. _____	뽑아내다, 발췌하다
9. excel	_____	34. fade	_____
10. excerpt	_____	35. faint	_____
11. exchange	_____	36. falter	_____
12. excite	_____	37. _____	황홀케 하다, 매혹시키다
13. _____	탄성을 지르다, 외치다	38. fasten	_____
14. exclude	_____	39. feed	_____
15. excuse	_____	40. fetch	_____
16. _____	실행하다, 처형하다	41. flap	_____
17. exempt	_____	42. flare	_____
18. exert	_____	43. flatter	_____
19. exhale	_____	44. flee	_____
20. _____	다 써버리다	45. flicker	_____
21. exhibit	_____	46. fling	_____
22. expand	_____	47. flip	_____
23. expect	_____	48. float	_____
24. expel	_____	49. flock	_____
25. explain	_____	50. _____	번영하다, 번성하다

51. flow	_____	76. gain	_____
52. flunk	_____	77. gallop	_____
53. flush	_____	78. gamble	_____
54. flutter	_____	79. gargle	_____
55. foam	_____	80. gasp	_____
56. focus	_____	81. gather	_____
57. fold	_____	82. _____	지켜보다, 응시하다
58. _____	금하다, 허락하지 않다	83. gear	_____
59. force	_____	84. _____	낳다, 발생시키다
60. _____	예언하다	85. gleam	_____
61. forfeit	_____	86. glean	_____
62. forge	_____	87. glide	_____
63. forget	_____	88. _____	반짝이다
64. _____	용서하다	89. glow	_____
65. forsake	_____	90. gnarl	_____
66. foster	_____	91. gnaw	_____
67. found	_____	92. gobble	_____
68. freeze	_____	93. goof	_____
69. frighten	_____	94. _____	움켜잡다, 붙잡다
70. frown	_____	95. grasp	_____
71. _____	좌절시키다	96. graze	_____
72. fry	_____	97. greet	_____
73. fulfill	_____	98. _____	씩 웃다
74. fumble	_____	99. grind	_____
75. _____	비치하다, 공급하다	100. groan	_____

정답 | 기본 페이지 참조

27ᵀᴴ LECTURE

| ²⁶⁰¹ **growl** ~ ²⁷⁰⁰ **invoke** |

SUMMA CUM LAUDE VOCABULARY

2601
growl

[grául]

v. 으르렁거리다, 고함치다

The dog *growled* at him.

2602
grumble

[grʌ́mbl]

v. 불평하다(= complain), 투덜대다

He *grumbles* at everything.

2603
guarantee

[gæ̀rəntíː]

v. 보증하다, 장담하다, 확언하다   *n.* 보증

Hence, we are not able to *guarantee* a firm delivery date.

  (파) guarantor *n.* 보증인

2604
guess

[gés]

v. 짐작(추측)하다(= surmise), ~라고 생각하다

I *guess* him to be about 40.

2605
gulp

[gʌ́lp]

v. 꿀꺽꿀꺽 마시다, (눈물을) 삼키다

I made an effort to *gulp* down tears.

2606
gush

[gʌ́ʃ]

v. 세차게 흘러나오다, 분출하다   *n.* 분출, 솟아나옴

Water *gushed* out of the broken pipe.

2607
halt

[hɔ́ːlt]

v. 멈추다, 정지하다(= stop)

The game, *halted* three times due to rain, lasted five and a half hours.

2608
halve

[hǽv]

v. 2등분하다, 반씩 나누다, 반감하다

The shares have *halved* in value.

  (파) half *n.* 절반, 2분의 1

[예문 해석] **2601** 개가 그를 향해 으르렁거렸다.　**2602** 그는 사사건건 불평이다.　**2603** 따라서 확실한 운송 날짜를 장담할 수가 없습니다.
2604 그는 40세 정도로 짐작된다.　**2605** 나는 애써 눈물을 삼켰다.　**2606** 터진 파이프에서 물이 펑펑 쏟아져 나왔다.　**2607** 비로 인해 세 차
례나 중단되었던 경기는 5시간 30분 동안 계속됐다.　**2608** 주식 가치가 반으로 줄었다.

2609
handle

[hǽndl]

v. 다루다, 취급하다   *n.* 손잡이

Having a part-time job teaches the young students a sense of responsibility and how to *handle* money. |대수능|

파 handy *adj.* 다루기 쉬운   관련 handout *n.* 배포 인쇄물, 유인물

2610
hang

[hǽŋ]

v. 걸다, 목을 매달다

She *hanged* herself.

파 hanger *n.* 옷걸이   표현 hang oneself 목매어 죽다

> Tip hang이 '걸다'라는 뜻일 때는 hang-hung-hung으로 동사변화가 이루어지고, '목을 매달다'라는 뜻일 때는 hang-hanged-hanged로 활용한다.

2611
harass

[hərǽs]

v. 괴롭히다, 애먹이다

I was *harassed* with those debts.

파 harassment *n.* 괴롭힘, 고민거리

2612
hatch

[hǽtʃ]

v. 알을 까다, 부화하다, (음모·계획을) 꾸미다(=contrive)

It takes three weeks for eggs to *hatch*.

표현 hatch a plot 음모를 꾸미다

2613
hate

[héit]

v. 미워하다, 증오하다(=dislike very strongly)

She even *hated* listening to music. |대수능|

파 hatred *n.* 증오, 미움

2614
haul

[hɔ́:l]

v. 잡아끌다, 운반하다

We *hauled* the garbage can out to the street.

파 hauler *n.* 운송업자, 운송회사

2615
haunt

[hɔ́:nt]

v. 늘 따라다니다, 출몰하다, 종종 방문하다(=frequent)

The memory always *haunts* me.

파 haunting *adj.* 잊혀지지 않는   haunted *adj.* 유령이 나오는

2616
heal

[hí:l]

v. 치료하다

His leg needs support while the bone is *healing*. |대수능|

파 healer *n.* 치료자, 의사   healing *adj.* 치료하는

2617
heave

[hí:v]

v. (들어)올리다, 올라가다

I helped him *heave* a bag.

[예문 해석] **2609** 아르바이트를 하는 것은 젊은 학생들에게 책임감과 돈 다루는 방법을 알려준다.   **2610** 그녀는 목을 매 자살했다.   **2611** 나는 그러한 빚 때문에 골치가 아팠다.   **2612** 알이 부화하는 데 3주가 걸린다.   **2613** 그녀는 심지어 음악을 듣는 것조차 싫어했다.   **2614** 우리는 쓰레기통을 길거리로 끌어냈다.   **2615** 그 기억은 항상 나를 따라다닌다.   **2616** 그의 다리는 뼈가 치료되고 있는 동안 지지대를 필요로 한다.   **2617** 나는 그가 자루를 들어올리는 것을 도와주었다.

2618
herald

[hérəld]

v. 알리다, 포고하다   *n.* 선구자, 보도자

Every reduction in taxation is *heralded* as a new achievement.

(파) heraldry *n.* 문장학(紋章學)

2619
hesitate

[hézətèit]

v. 망설이다

At first, I *hesitated*, but seeing her insistence and sincerity, I gave in. |대수능|

(파) hesitation *n.* 주저, 망설임   hesitant *adj.* 주저하는   hesitantly *adv.* 주저하며

2620
hibernate

[háibərnèit]

v. 동면하다, 겨울을 지내다

The turtle *hibernates* in a shallow burrow.

(파) hibernation *n.* 동면

2621
hide

[háid]

v. 숨기다, 감추다(=conceal)

The social costs are impossible to *hide*.

(표현) hide one's ear 귀를 막다, 마음에 두지 않다

2622
hijack

[háidʒæk]

v. (배 · 비행기 등을) 납치하다(=highjack), 강탈하다

The plane was *hijacked* by terrorists.

(파) hijacker *n.* 납치범, 강탈자   hijacking *n.* 공중 납치

2623
hinder

[híndər]

v. 방해하다(=prevent), 훼방놓다

The sand *hindered* our walking.

(파) hindrance *n.* 방해, 장애

2624
hire

[háiər]

v. 고용하다, 임대하다

"I only want to *hire* it," said I, "for a couple of nights." |대수능|

(파) hireling *n.* 고용인, 돈을 위해 일하는 사람

2625
hoard

[hɔ́:rd]

v. 저장하다(=store), 축적하다   *n.* 저장물, 축적

He *hoarded* colorful picture books for children.

(표현) a hoard of food 음식물의 사재기

2626
hop

[háp]

v. (한쪽 발로) 깡충깡충 뛰다   *n.* 깡충 뛰기

All the birds were *hopping* about on their perches. |대수능|

(표현) hop off (비행기가) 이륙하다, 떠나다

2627
hover

[hʌ́vər]

v. 공중을 맴돌다, 배회하다(=linger)

The bird *hovered* over its nest.

[예문 해석] 2618 과세의 모든 감소가 새로운 업적으로 포고된다.   2619 처음에 나는 망설였지만, 그녀의 고집과 진심을 알고서 나는 양보했다.   2620 거북이는 얕은 굴에서 동면한다.   2621 사회 부담금을 숨길 수는 없다.   2622 그 비행기는 테러범들에게 납치되었다.   2623 모래가 걷는 데 방해가 되었다.   2624 나는 "단지 이틀 밤 동안만 그것을 빌리고 싶습니다."라고 말했다.   2625 그는 아이들을 위해 다채로운 그림책들을 모았다.   2626 모든 새들이 횃대 위에서 총총 뛰어다니고 있었다.   2627 새는 그 둥지 위를 맴돌았다.

2628
howl

[hául]

v. (개 등이) 멀리서 짖다, 울부짖다, (바람이) 윙윙거리다

The mob *howled* down the lecturer.

표현 howl down 소리 질러 침묵시키다

2629
huddle

[hΛdl]

v. 옹기종기 모이다, 몰려들다(= crowd)

They *huddled* around the stove to get warm.

혼 hurdle n. 허들, 장애물

2630
hum

[hΛm]

v. (벌이나 선풍기 따위가) 윙윙거리다, 콧노래를 부르다   n. 윙윙하는 소리

Todd was humming to himself as he drove along.

파 humming adj. 윙윙하는, 콧노래를 부르는

2631
hurl

[hэ́:rl]

v. 집어던지다, 세게 던지다

In a fit of temper, he *hurled* the book across the room.

2632
hurry

[hэ́:ri]

v. 서두르다, 재촉하다   n. 매우 급함

I'll have to *hurry* or I'll be late.

관련 hurry call 비상 호출(소집)

2633
hurt

[hэ́:rt]

v. 다치게 하다, 아프다   n. 상처

The glare from the lamp *hurt* my eyes.

표현 feel hurt 불쾌하게 여기다, 감정이 상하다

2634
hurtle

[hэ́:rtl]

v. (돌, 화살, 차 등이) 소리를 내며 나아가다, 돌진하다

The car *hurtled* down the highway.

2635
hush

[hΛʃ]

v. 조용하게 하다(= make silent), 입 다물게 하다

He told me to *hush*.

표현 hush up 입을 다물다, 침묵하다

2636
ignore

[ignó:r]

v. 무시하다(= disregard), 모르는 체하다

Unfortunately, we tend to *ignore* this simple truth. |대수능|

파 ignorance n. 무지, 무식   ignorant adj. 무식(무지)한

2637
illuminate

[ilú:mənèit]

v. 밝게 비추다, 계몽하다

They would *illuminate* the streets more brightly.

파 illumination n. 조명, 계몽

[예문 해석] **2628** 군중은 소리소리 질러 강연자를 침묵시켰다.   **2629** 그들은 몸을 따뜻하게 하기 위해 난로 주위에 모여들었다.   **2630** Todd는 운전해가면서 콧노래를 흥얼거리고 있었다.   **2631** 화가 치밀어 그는 방 저쪽으로 책을 확 던졌다.   **2632** 서두르지 않으면 나는 늦을 것이다. **2633** 램프의 번쩍이는 빛이 나의 눈을 아프게 했다.   **2634** 차가 고속도로를 맹렬하게 달려갔다.   **2635** 그는 나에게 조용하라고 말했다. **2636** 불행하게도 우리는 이런 단순한 사실을 무시하는 경향이 있다.   **2637** 그들은 거리들을 좀 더 환하게 밝힐 것이다.

2638
illustrate

[íləstrèit]

v. (예를 들어) 설명하다, 삽화를 넣다

The incident *illustrates* the need for education.

ⓟ illustration *n.* 삽화, 도해, 실례   illustrated *adj.* 삽화가 포함된

2639
imitate

[ímətèit]

v. 모방하다(=copy), 흉내 내다

He *imitates* his big brother.

ⓟ imitation *n.* 모방, 모조(품), 흉내

2640
immigrate

[íməgrèit]

v. (외국에서) 이주해 오다, 이민 오다

As a mere child, she *immigrated* to this country from India.

ⓟ immigration *n.* (외국으로부터) 이민   immigrant *n.* 이주민, 이민자

2641
impair

[impέər]

v. 해치다, 손상하다

Excessive drinking *impairs* one's health.

ⓟ impairment *n.* 손상, 해침, 장애

2642
imperil

[impérəl]

v. 위태롭게 하다, 위험하게 하다

There was a political crisis which had *imperilled* the future of the party.

표현 imperil(endanger) one's life 목숨을 위태롭게 하다

2643
impinge

[impíndʒ]

v. 부딪치다, 침범하다

The waves *impinge* against the rocks.

표현 impinge on one's privacy 사생활을 침해하다

2644
implement

[ímpləmənt]

v. 이행하다, 실행하다   *n.* 도구, 기구(=instrument)

Despite public opposition, the president moved quickly to assert his authority and *implement* his policies.

ⓟ implementation *n.* 이행, 실행

2645
imply

[implái]

v. 암시하다, 의미하다(=mean)

Their tone *implies* that anyone with time to read book is somehow an idler. |대수능|

ⓟ implication *n.* (뜻의) 내포, 함축   implicit *adj.* 암시적인

2646
impose

[impóuz]

v. (세금 · 의무를) 부과하다(=lay), 강요하다

However, before that, Thailand had *imposed* high taxes on imports and put strict restrictions on cigarette advertisements. |대수능|

ⓟ imposition *n.* (벌 · 세금 따위의) 부과

표현 impose A on B A를 B에게 부과하다

[예문 해석] 2638 이 사건은 교육의 필요성을 예증한다.   2639 그는 형을 흉내 낸다.   2640 어린 아이였을 때, 그녀는 인도에서 이 나라로 이민 왔다.   2641 술을 많이 마시면 건강을 해친다.   2642 그 정당의 미래를 위험하게 할 정치적인 위기가 있었다.   2643 파도가 바위에 부딪친다.   2644 국민들의 반대에도 불구하고, 대통령은 자신의 권력을 행사하고 정책을 이행하기 위해 조속히 움직였다.   2645 그들의 어조는 책을 읽을 시간이 있는 사람들은 누구나 어떻든 게으른 사람이라는 것을 의미한다.   2646 그러나 그 이전에 태국은 수입품에 높은 세금을 부과했으며 담배 광고에 엄격한 제한을 가했었다.

2647
impress
[imprés]

v. 감동시키다, 인상을 주다 |대수능|

We were deeply *impressed* by the beautiful scenery and delicious food.

㈜ impression *n.* 인상, 감명   impressionist *n.* 인상파 화가   impressive *adj.* 인상적인

> (Tip) [im(=on)+press] press는 '누르다, 압박하다' 의 의미이다.

2648
imprison
[imprízn]

v. 투옥하다, 감금하다(= confine)

He had his political enemies *imprisoned*.

㈜ imprisonment *n.* 투옥, 감금

2649
improve
[imprú:v]

v. 개선하다(= make better), 향상시키다

But once he got started, the room's appearance began to *improve*. |대수능|

㈜ improvement *n.* 개선, 개량, 향상

2650
improvise
[ímprəvàiz]

v. 즉석에서 하다, 즉흥 연주를 하다, 임시 대용으로 마련하다

She would sit at the piano and *improvise* for hours.

㈜ improvisation *n.* 즉석에서 하기, 즉흥 연주   improvised *adj.* 즉흥(즉석)의, 임시 대용의

2651
incise
[insáiz]

v. 절개하다, ~을 째다, 새기다

We learn how to lance, *incise* and stitch the wound.

㈜ incision *n.* 베기, 새김, 칼자국, 절개(술)

2652
include
[inklú:d]

v. 포함하다(= contain)

This *includes* how fast or slowly, loudly or softly you speak, and your tone of voice. |대수능|

㈜ inclusion *n.* 포함, 함유(물)   inclusive *adj.* 포함한   including *prep.* ~을 포함하여

> (Tip) [in+clude(=close)] clude는 '봉하다, 담다, 포함하다' 의 의미이다.

2653
incorporate
[inkɔ́:rpərèit]

v. 통합시키다, 법인으로 만들다, 혼합하다

Her ability to *incorporate* business and society in a non-conflicting context leaves an aura of optimism in every reader.

㈜ incorporation *n.* 법인, 혼합, 합병   incorporated *adj.* 법인 조직의, 합병된

2654
increase
[inkrí:s]

v. 증가시키다   *n.* 증가

After lunch, when people often begin to lose concentration, the smell of mint *increases* their alertness. |대수능|

㈜ increasing *adj.* 증가하는, 증대하는   increasingly *adv.* 점점 더

[예문 해석] **2647** 우리는 아름다운 경치와 맛있는 음식에 깊은 감명을 받았다.   **2648** 그는 자신의 정적(政敵)들을 투옥시켰다.   **2649** 그러나 일단 그가 시작하자, 그 방의 모습이 개선되기 시작했다.   **2650** 그녀는 피아노 앞에 앉아서 몇 시간 동안 즉흥 연주를 하곤 했다.   **2651** 우리는 상처를 절개하고, 째고 꿰매는 방법을 배운다.   **2652** 이것은 얼마나 빨리 또는 느리게, 얼마나 크게 또는 조용하게 당신이 말하는지와 당신 목소리의 어조를 포함한다.   **2653** 사업과 사회를 대립하지 않는 구성 속에 융합시키는 그녀의 마력은 모든 독자들에게 희망을 불어넣는다.   **2654** 사람들이 집중력을 잃기 시작하는 점심식사 후에는 박하향이 그들의 경계심을 증가시킨다.

2655
incubate

[ínkjubèit]

v. 부화하다, 배양하다

The time needed for the eggs to *incubate* is nine or ten days.

(파) incubator *n.* 인큐베이터, 보육기　incubation *n.* 부화, 배양, 잠복

2656
indicate

[índikèit]

v. 나타내다(=show), 가리키다

Finally, short arms may *indicate* a lack of motivation. |대수능|

(파) indication *n.* 지시, 징후　indicator *n.* 지시자, (신호) 표시기

2657
induce

[indjú:s]

v. 권유하다, 야기하다

This medicine will *induce* sleep.

(파) induction *n.* 유도, 귀납법

2658
indulge

[indʌ́ldʒ]

v. 만족시키다, 탐닉하다

She *indulges* herself with drugs.

(파) indulgence *n.* 방종, 탐닉, 관대함　indulgent *adj.* 멋대로 하게 하는, 관대한

(표현) indulge in (쾌락, 욕망 등에) 빠지다, 탐닉하다, 마음대로 ~하다

2659
industrialize

[indʌ́striəlàiz]

v. 산업화하다

America is becoming more and more highly *industrialized*. |대수능|

(파) industrial *adj.* 산업(공업)의　industrialism *n.* 산업주의　industrialist *n.* 산업자본가　industry *n.* 산업, 근면

2660
infect

[infékt]

v. 감염시키다, ~에 영향을 미치다

She is *infected* with malaria.

(파) infection *n.* 감염, 전염병　infectious *adj.* (병의) 전염성의, 옮기 쉬운

2661
infer

[infə́:r]

v. 추론하다, 추측하다

What can be *inferred* about the man?

(파) inference *n.* 추론, 추측

2662
inflate

[infléit]

v. 팽창하다(=swell), 부풀리다

Pull this cord to *inflate* the life jacket. |대수능|

(파) inflation *n.* 팽창, 통화 팽창

2663
inform

[infɔ́:rm]

v. 알리다, 통지하다

Observers, on the other hand, are *informed* and appreciative. |대수능|

(파) information *n.* 정보, 지식　informative *adj.* 지식을 알려주는, 유익한

(표현) inform A of B A에게 B를 알리다

[예문 해석] 2655 이 알들이 부화되는 데 필요한 시간은 9일이나 10일이다.　2656 마지막으로 짧은 팔은 동기의 부족을 나타낼지도 모른다.　2657 이 약은 잠을 오게 할 것이다.　2658 그녀는 마약에 중독되어 있다.　2659 미국은 점차 더욱 산업화되고 있다.　2660 그녀는 말라리아에 감염되어 있다.　2661 그 남자에 대해서 어떤 사실을 추측할 수 있는가?　2662 구명 재킷을 부풀리기 위해서는 이 줄을 당기십시오.　2663 반면에 관찰자들은 지식이 있고 감상력이 있다.

2664
infuse

[infjú:z]

v. (사상이나 활력 따위를) 주입하다, 불어넣다

The appearance of young soldiers *infused* new hope and morale into the army.

2665
ingratiate

[ingréiʃièit]

v. 마음에 들도록 하다, 환심을 사다

How can we have any respect for people who try to *ingratiate* themselves by offering flattery and favors?

2666
inhabit

[inhǽbit]

v. 살다(= live), 거주하다

A large number of squirrels *inhabit* this forest.

(파) inhabitant n. 주민, 거주자

2667
inhale

[inhéil]

v. 빨아들이다, 흡입하다, 들이쉬다

Then relax, let your back touch the ground again and *inhale*.

(파) inhalation n. 흡입, 흡입제

2668
inherit

[inhérit]

v. 상속하다, 물려받다

She *inherited* a substantial fortune from her grandmother.

(파) inheritance n. 상속, 유산

2669
initiate

[iníʃièit]

v. 시작하다(= begin), 창시하다, 입문시키다

The project was *initiated* with a three-year target date for success.

(파) initiative n. 시작, 솔선, 독창력   initiation n. 개시, 착수, 입회(식)

2670
inject

[indʒékt]

v. 주사(주입)하다, 삽입하다

We must for our protection be *injected* with antibiotics.

(파) injection n. 주사, 투입

2671
injure

[índʒər]

v. 상처를 입히다(= do harm to), 해치다

How did you come to *injure* yourself?

(파) injury n. 부상, 상해   injurious adj. 해로운, 유해한

2672
inlay

[ìnléi]

v. 박아 넣다, 아로새기다, 상감하다

The box must have been *inlaid* with lead.

2673
inquire

[inkwáiər]

v. 문의하다(= ask)

She *inquired* of me how I had enjoyed the play. |대수능|

(파) inquiry n. 문의, 조사, 연구   inquisition n. 조사, 심문   inquisitive adj. 호기심이 많은

[예문 해석] **2664** 젊은 병사들의 등장은 육군에 새로운 희망과 사기를 불어넣었다.   **2665** 아부와 호의로 환심을 사려 하는 사람들을 우리가 어떻게 존경할 수 있겠는가?   **2666** 이 숲에는 수많은 다람쥐가 산다.   **2667** 그런 다음 힘을 뺀 채 다시 바닥에 등을 붙이고 숨을 들이쉬시오. **2668** 그녀는 할머니에게서 많은 유산을 상속받았다.   **2669** 그 계획은 3년 후를 성공의 목표일로 하고 시작되었다.   **2670** 우리는 우리 자신의 보호를 위해서 항생제 주사를 맞아야 한다.   **2671** 어쩌다가 다쳤습니까?   **2672** 그 상자는 납으로 상감되어 있음이 틀림없다.   **2673** 그녀는 내가 어떻게 그 연극을 즐겼는지를 물어봤다.

| 2674
inscribe
[inskráib] | *v.* (비석 · 종이 등에) 적다, 새기다, 파다
The names of the dead were *inscribed* on the wall.
  파 inscription *n.* 비문, 서명 |

| 2675
insert
[insə́:rt] | *v.* 끼워 넣다, 삽입하다(= put into)
I'm having a problem *inserting* one file into another.
  파 insertion *n.* 삽입 |

| 2676
insinuate
[insínjuèit] | *v.* 넌지시 비추다, (사상 등을) 은근히 심어주다
He *insinuated* that you were a liar.
  파 insinuation *n.* 넌지시 비춤, 암시 |

2677
insist
[insíst]

v. 주장하다(= persist), 고집하다 |대수능|

But he *insists* that it's of no use to do so, because it's the rainy season.

  파 insistence *n.* 주장, 고집   insistent *adj.* 주장하는   insistently *adv.* 고집 세게

> Tip [in(= on)+sist(= stand)] sist는 '서다, 세우다'의 의미이다.

2678
inspect
[inspékt]

v. 조사하다, 검사하다(= examine)

Some women are *inspecting* the merchandise.

  파 inspector *n.* 조사자, 검사관   inspection *n.* 조사, 검사

2679
install
[instɔ́:l]

v. 설치하다, 임명하다(= put into an office)

They have *installed* hidden microphones in the house. |대수능|

  파 installation *n.* 설치, 임명(식), 취임(식)

2680
instruct
[instrʌ́kt]

v. 가르치다, 지시하다(= direct)

I've been *instructed* to take you to London. |대수능|

  파 instruction *n.* 교수, 지시   instructor *n.* 교사, 교관   instructive *adv.* 교육적인

2681
insulate
[ínsəlèit]

v. 절연하다, 고립시키다(= isolate)

The function of a mammal's hair coat is to *insulate* the body. |대수능|

  파 insulation *n.* 절연, 격리

2682
insure
[inʃúər]

v. 보험에 들다, 보증하다

Many people *insure* against death.

  파 insurance *n.* 보험(료)

[예문 해석] 2674 사상자의 이름들이 벽에 새겨져 있었다.   2675 파일을 다른 파일에 끼워 넣는 게 잘 안 돼요.   2676 그는 네가 거짓말쟁이라는 투로 말했다.   2677 그러나 그는 장마철이기 때문에 그렇게 하는 것이 소용없다고 주장한다.   2678 여자들 몇 명이 그 상품을 살펴보고 있다.   2679 그들은 그 집에 도청장치를 설치해 놓았다.   2680 나는 런던까지 당신을 데리고 오라는 지시를 받았다.   2681 포유동물의 모피의 기능은 신체를 절연하는 것이다.   2682 많은 사람들이 생명보험에 든다.

2683
integrate

[íntəgrèit]

v. 통합하다, 구성하다(= constitute) , [수학] 적분하다

Foreign-made electronic components are difficult to *integrate* into domestic products.

파 integration *n.* 통합, 적분(법)　integrated *adj.* 통합된, 인종적 무차별의

2684
intend

[inténd]

v. 의도하다, 예정하다

The company announced that it *intends* to sell its biotechnology division.

파 intention *n.* 의도, 의향

2685
inter

[intə́:r]

v. 매장하다, 묻다

His remains will be *interred* here.

반 disinter *v.* 파내다, 발굴하다

2686
interact

[ìntərǽkt]

v. 상호 작용하다, 서로 영향을 주다

Interact with world-class faculty and a select group of students from all parts of the globe.

파 interaction *n.* 상호 작용　interactive *adj.* 상호 작용하는

2687
interchange

[ìntərtʃéindʒ]

v. 교환하다, 서로 주고받다

Sad moments were *interchanged* with hours of merriment.

파 interchangeable *adj.* 교환할 수 있는

2688
interfere

[ìntərfíər]

v. 간섭하다(= meddle), 개입하다

He *interfered* in my private business.

파 interference *n.* 간섭, 방해

2689
interpose

[ìntərpóuz]

v. 사이에 끼우다, 삽입하다

A certain formality is *interposed* between the reader and the author.

표현 interpose on objection 이의를 제기하다

2690
interpret

[intə́:rprit]

v. 해석하다, 통역하다

Can you *interpret* the meaning of these passages? |대수능|

파 interpretation *n.* 해석, 통역　interpreter *n.* 통역사, 해설자

2691
interrupt

[ìntərʌ́pt]

v. 방해하다, 중단시키다

"Don't *interrupt*," he said. |대수능|

파 interruption *n.* 방해, 중단

[예문 해석] **2683** 외국산 전자 부품은 국산 제품과 호환이 잘 안 된다.　**2684** 그 회사는 생물 공학 본부를 매각할 계획이라고 발표했다.　**2685** 그의 유해는 여기에 매장될 것이다.　**2686** 세계적인 교수진과 세계 각지에서 선발된 학생들과 서로 교류를 나누십시오.　**2687** 비탄의 때와 환락의 때가 번갈아 왔다.　**2688** 그는 나의 사적인 일에 간섭했다.　**2689** 일정한 격식이 독자와 저자 사이에 개재되어 있다.　**2690** 이 단락의 의미를 해석할 수 있습니까?　**2691** "방해하지 마."라고 그가 말했다.

2692
intervene

[ìntərvíːn]

v. 개입하다, 중재하다

Just as the deal between the two companies was about to be closed, the government *intervened*.

㈜ intervention *n.* 간섭, 중재

2693
introduce

[ìntrədʲúːs]

v. 소개하다, 도입하다

Ladies and Gentleman, it is my great pleasure to *introduce* to you Mr. Edward Goode.

㈜ introduction *n.* 소개, 도입　introductory *adj.* 소개의, 서론의

2694
intrude

[intrúːd]

v. 억지로 밀고 들어가다, 간섭하다

The man *intruded* himself into our conversation.

㈜ intruder *n.* 침입자, 난입자　intrusion *n.* 침입, 방해

2695
invade

[invéid]

v. 침입하다(= violate), 침략하다

During its 10,000-year history, Korea has been *invaded* over 900 times.

㈜ invader *n.* 침입자, 침략자

2696
invalidate

[invǽlədèit]

v. 무효로 하다

His election was *invalidated*.

㈜ invalid *adj.* 무효의, 실효성이 없는

2697
invent

[invént]

v. 발명하다, 날조하다, 꾸며내다

He has *invented* innumerable excuses.

㈜ invention *n.* 발명, 발명품　inventor *n.* 발명자(가)

2698
invest

[invést]

v. 투자하다, 수여하다, 입히다(= dress)

He's *investing* his money in new machinery.

㈜ investment *n.* 투자　investor *n.* 투자자

2699
investigate

[invéstəgèit]

v. 조사하다, 연구하다

The police *investigated* the cause of the accident.

㈜ Investigation *n.* 소사, 연구, 심사　investigator *n.* 조사사, 연구사

2700
invoke

[invóuk]

v. 기원하다, 호소하다

Invoking morality on this occasion would not be appropriate.

[예문 해석] **2692** 두 회사 간의 거래가 끝나갈 즈음에 정부가 개입했다.　**2693** 신사 숙녀 여러분, Edward Goode 씨를 소개하게 되어 큰 영광입니다.　**2694** 그 남자는 우리들의 대화에 끼어들었다.　**2695** 만년의 역사 동안, 한국은 900번 이상 침략을 받았다.　**2696** 그의 당선은 무효가 되었다.　**2697** 그는 무수한 변명들을 꾸며냈다.　**2698** 그는 자신의 돈을 새 기계장치에 투자하고 있다.　**2699** 경찰이 사고의 원인을 조사했다.　**2700** 이러한 상황에서 도덕성에 호소하는 것은 적절치 않을 것이다.

27TH LECTURE MASTERING IDIOMS

- **make a speech**   연설하다(=make an address)

  He was called upon to *make a speech*. 그는 연설을 해 달라는 요청을 받았다.

- **make an effort**   노력하다(=endeavor)

  But if he does something wrong, he must *make an effort* to obtain forgiveness.
  그러나 만약 그가 그릇된 일을 한다면, 그는 용서를 구하려고 노력해야 한다.

- **make certain**   확인하다, 반드시 ~하도록 하다

  Make certain all windows are closed. 모든 유리창을 닫는 것을 확실히 해라.

- **make errors**   실수하다

  They *make errors* sometimes dangerous ones. 그들은 때로 위험한 실수를 한다.

- **make fun of**   ~을 놀림감으로 삼다, 놀리다(=poke fun at)

  Who doesn't *make fun of* the boss? 이 세상에 사장 욕 안 하는 사람이 어디 있습니까?

- **make it**   약속을 정하다, 해내다, 성공하다

  Can you *make it* at five thirty on Saturday? 토요일 5시 30분에 가능하니?

- **make little difference**   차이가 없다, 중요하지 않다

  It *makes little difference* whether I set out today or tomorrow.
  오늘 출발하나 내일 출발하나 매일반이다.

- **make sense**   이치에 맞다

  Her answer does not *make sense*. 그녀의 대답은 이치에 맞지 않는다.

- **make sure**   확실히 하다, 확인하다

  Make sure you fasten your seat belt. 좌석 벨트를 꼭 매주세요.

- **make the best use of**   ~을 최대한 이용하다

  Make the best use of your time. 되도록 시간을 최대한 이용하시오.

- **make the grade**   만족스럽다, 성공하다, 잘 해내다

  Bob *made the grade* in the mid term exams. Bob은 중간고사 성적이 좋았다.

- **make up**   형성하다, 꾸미다, 화장하다

  According to psychologists, your physical appearance *makes up* 55% of a first impression.
  심리학자들에 의하면, 신체적인 외모가 첫인상의 55%를 형성한다고 한다.

27ᵀᴴ LECTURE REVIEW TEST

● 빈칸에 알맞은 단어나 뜻을 쓰시오.

1. growl	_____	26. hop	_____
2. grumble	_____	27. hover	_____
3. _____	보증하다	28. howl	_____
4. guess	_____	29. _____	옹기종기 모이다
5. gulp	_____	30. hum	_____
6. gush	_____	31. hurl	_____
7. halt	_____	32. hurry	_____
8. halve	_____	33. hurt	_____
9. handle	_____	34. hurtle	_____
10. _____	걸다, 목을 매달다	35. hush	_____
11. harass	_____	36. ignore	_____
12. hatch	_____	37. illuminate	_____
13. hate	_____	38. illustrate	_____
14. haul	_____	39. imitate	_____
15. haunt	_____	40. _____	(외국에서) 이주해 오다
16. heal	_____	41. impair	_____
17. heave	_____	42. imperil	_____
18. herald	_____	43. impinge	_____
19. _____	망설이다	44. _____	이행하다, 실행하다
20. _____	동면하다	45. imply	_____
21. hide	_____	46. impose	_____
22. hijack	_____	47. _____	감동시키다, 인상을 주다
23. _____	방해하다, 훼방놓다	48. imprison	_____
24. hire	_____	49. _____	개선하다, 향상시키다
25. hoard	_____	50. improvise	_____

51. incise	＿＿＿＿＿＿	76. insinuate	＿＿＿＿＿＿
52. include	＿＿＿＿＿＿	77. insist	＿＿＿＿＿＿
53. incorporate	＿＿＿＿＿＿	78. ＿＿＿＿＿＿	조사하다, 검사하다
54. increase	＿＿＿＿＿＿	79. install	＿＿＿＿＿＿
55. incubate	＿＿＿＿＿＿	80. instruct	＿＿＿＿＿＿
56. ＿＿＿＿＿＿	나타내다, 가리키다	81. insulate	＿＿＿＿＿＿
57. induce	＿＿＿＿＿＿	82. insure	＿＿＿＿＿＿
58. indulge	＿＿＿＿＿＿	83. ＿＿＿＿＿＿	통합하다, 적분하다
59. ＿＿＿＿＿＿	산업화하다	84. intend	＿＿＿＿＿＿
60. infect	＿＿＿＿＿＿	85. inter	＿＿＿＿＿＿
61. infer	＿＿＿＿＿＿	86. interact	＿＿＿＿＿＿
62. inflate	＿＿＿＿＿＿	87. interchange	＿＿＿＿＿＿
63. inform	＿＿＿＿＿＿	88. ＿＿＿＿＿＿	간섭하다, 개입하다
64. infuse	＿＿＿＿＿＿	89. interpose	＿＿＿＿＿＿
65. ingratiate	＿＿＿＿＿＿	90. interpret	＿＿＿＿＿＿
66. ＿＿＿＿＿＿	살다, 거주하다	91. ＿＿＿＿＿＿	방해하다, 중단시키다
67. inhale	＿＿＿＿＿＿	92. intervene	＿＿＿＿＿＿
68. ＿＿＿＿＿＿	상속하다, 물려받다	93. introduce	＿＿＿＿＿＿
69. initiate	＿＿＿＿＿＿	94. intrude	＿＿＿＿＿＿
70. inject	＿＿＿＿＿＿	95. invade	＿＿＿＿＿＿
71. injure	＿＿＿＿＿＿	96. invalidate	＿＿＿＿＿＿
72. inlay	＿＿＿＿＿＿	97. invent	＿＿＿＿＿＿
73. ＿＿＿＿＿＿	문의하다	98. invest	＿＿＿＿＿＿
74. inscribe	＿＿＿＿＿＿	99. ＿＿＿＿＿＿	조사하다, 연구하다
75. insert	＿＿＿＿＿＿	100. invoke	＿＿＿＿＿＿

정답 | 기본 페이지 참조

28TH LECTURE

SUMMA CUM LAUDE VOCABULARY

2701
involve

[inválv]

v. 관련시키다, 포함하다, 필요로 하다

Building a house *involves* a lot of manual labor.

(파) involvement *n.* 몰두, 관련, 참여   involved *adj.* 뒤얽힌, 복잡한

(표현) be involved in ~에 연루되다

2702
irrigate

[írəgèit]

v. 물을 대다, 관개하다

This district is well *irrigated*.

(파) irrigation *n.* 관개, 물을 댐

2703
irritate

[írətèit]

v. 초조하게 하다, 화나게 하다(= provoke)

He *irritates* me very often.

(파) irritation *n.* 초조, 노여움, 속타게 함

2704
isolate

[áisəlèit]

v. 고립시키다, 격리(분리)시키다(= detach, separate)

Under capitalism, people are *isolated* from each other. |대수능|

(파) isolation *n.* 고립   isolationism *n.* 쇄국주의   isolated *adj.* 고립된

(표현) isolated example 예외(= exception)

2705
jag

[dʒǽg]

v. (톱날처럼) 들쭉날쭉하게 하다

At all times its edge was *jagged* with rising waves that looked like rocks. |대수능|

(파) jagged *adj.* 들쭉날쭉한, 톱날 같은

2706
jog

[dʒág]

v. 느리게 달리다, 조깅하다, 살짝 밀다

The doctor said that I have to *jog* every day.

(파) jogger *n.* 조깅하는 사람

[예문 해석] **2701** 집을 짓는 것은 많은 육체 노동을 필요로 한다.   **2702** 이 지역은 관개가 잘 되어 있다.   **2703** 그는 매우 자주 나를 화나게 한다.   **2704** 자본주의 하에서 사람들은 서로로부터 고립된다.   **2705** 그것의 가장자리는 항상 바위처럼 보이는 솟아오르는 파도로 들쭉날쭉했다.   **2706** 의사는 내게 매일 조깅해야 한다고 말했다.

2707
join

[dʒɔ́in]

v. 합류하다, 결합하다(= put together), 참가하다

Representatives from around the world *joined* in the annual forum.

파 joint *n.* 관절   표현 join hands with ~와 제휴하다(손잡다)

> Tip join은 물리적으로 떨어져 있는 것을 직접 맞닿도록 결합하는 것을, combine은 공통의 목적을 갖고 결합하는 것을 뜻한다.

2708
jolt

[dʒóult]

v. 난폭하게 흔들다, 덜컹거리다, 덜컹거리며 태우고 가다

The bus *jolted* its passengers over the rough road.

2709
jostle

[dʒásl]

v. 떠밀다, 찌르다, 부딪치다

I spent an hour *jostling* with the crowds at the department store.

2710
judge

[dʒʌ́dʒ]

v. 판단하다   *n.* 판사

You would be another Susan if you *judged* someone by his appearance.

파 judgement *n.* 판단 |대수능|

2711
juggle

[dʒʌ́gəl]

v. 요술을 부리다, 곡예를 하다

The woman is *juggling* at a club.

파 juggler *n.* 곡예사

2712
jump

[dʒʌ́mp]

v. 깡충 뛰다, 뛰어오르다

The man is preparing to *jump*.

2713
kidnap

[kídnæ̀p]

v. 납치하다, 유괴하다   *n.* 유괴

The man, a father of two, was *kidnapped*.

파 kidnapper *n.* 유괴범, 납치범

2714
kindle

[kíndl]

v. 불을 붙이다, 점화하다(= light)

Her heart was *kindled* up with sympathy.

2715
knit

[nít]

v. 뜨개질을 하다, 결합시키다, 찌푸리다

The two families were *knit* together by marriage.

표현 knit one's brow 눈살을 찌푸리다

2716
knock

[nák]

v. 치다(= beat), 두드리다, 충돌하다

He *knocked* out the opponent with left and right hand barrages.

[예문 해석] **2707** 세계 각국 대표들이 연례 포럼에 참가했다.   **2708** 버스는 울퉁불퉁한 길을 덜커덩거리며 승객들을 태우고 갔다.   **2709** 나는 백화점에서 인파에 밀리며 1시간을 허비했다.   **2710** 당신이 외모로 누군가를 판단한다면 당신은 또 다른 Susan이 될지도 모른다.   **2711** 여자가 클럽에서 곡예를 하고 있다.   **2712** 남자가 뛰어오를 준비를 하고 있다.   **2713** 두 아이의 아버지인 그 남자는 납치되었다.   **2714** 그녀의 마음은 동정심으로 불탔다.   **2715** 두 집안은 결혼으로 결합되었다.   **2716** 그는 좌우 연타로 상대방을 쓰러뜨렸다.

2717
lack

[lǽk]

v. 부족하다   *n.* 부족(= want)

This is not because most people *lack* the ability to remember, but because they have not paid much attention to what they heard. |대수능|

2718
lag

[lǽg]

v. 뒤떨어지다, 꾸물거리다

Korea still *lags* behind Europe in some respects.

2719
lament

[ləmént]

v. 슬퍼하다, 애도하다(= mourn)   *n.* 비탄, 애도

We *lamented* his death.
㊵ lamentable *adj.* 슬퍼할, 통탄할

2720
launch

[lɔ́ːntʃ]

v. 진수시키다, 내보내다, 시작하다

Prosecutors *launched* an investigation into the scandal.

2721
lead

[líːd]

v. 이끌다, 인도하다(= guide, direct)

A mother's good intention does not always *lead* to expected results. |대수능|

⒯ⁱᵖ lead의 과거형과 과거분사형은 leaded가 아니라 led이다.

2722
lean

[líːn]

v. 기대다, 기울어지다(= bend toward)

Finally, he had no choice but to *lean* toward his partner and whisper out of the corner of his mouth, "Where are we?" |대수능|
㊵ leaning *n.* 경향, 취향

2723
leap

[líːp]

v. 뛰다(= jump), 급히 움직이다   *n.* 뜀, 도약

He will look and exercise his moral judgement before he *leaps*. |대수능|

2724
lend

[lénd]

v. 빌려주다(= loan), 제공하다

It is very kind of you to *lend* me the book.
㉠ borrow *v.* 빌리다

2725
lessen

[lésn]

v. 적게[작게] 하다(= make less), 줄이다

Separating the sick from the healthy *lessens* the risk of infection. |대수능|
㊵ lesser *adj.* 더 작은   ㊊ lesson *n.* 레슨, 수업, 교훈

2726
levitate

[lévətèit]

v. 공중에 뜨게 하다, 공중부양하다

He has claimed he can *levitate*.

[예문 해석] **2717** 이것은 대부분의 사람들이 기억해내는 능력이 모자라서가 아니라 그들이 들은 것에 많은 관심을 기울이지 않았기 때문이다. **2718** 한국은 아직 몇 가지 점에서 유럽에 뒤떨어진다.   **2719** 우리는 그의 죽음을 애도했다.   **2720** 검사들은 그 추문에 대한 조사에 착수했다.   **2721** 어머니의 좋은 의도가 항상 예상했던 결과로 이어지는 것은 아니다.   **2722** 결국 그는 그의 파트너 쪽으로 몸을 기울이고 입을 조그마하게 벌리고 "여기가 어디야?"라고 속삭일 수밖에 없었다.   **2723** 그는 급히 행동하기 전에 살피고 그의 도덕적 판단을 내릴 것이다.   **2724** 나에게 책을 빌려주다니 정말 친절하구나.   **2725** 건강한 사람들로부터 아픈 사람들을 분리시키는 것은 감염의 위험을 줄여준다.   **2726** 그는 자신이 공중부양을 할 수 있다고 주장해왔다.

2727 **lick** [lík]	*v.* 핥다 The woman was *licking* an ice lolly.
2728 **lie** [lái]	*v.* 눕다(lie-lay-lain-lying), 거짓말하다(lie-lied-lied-lying) Turtle eggs that *lie* in the sand at cool temperatures produce male turtles. *cf.* 놓다, 눕히다(lay-laid-laid-laying) |대수능|
2729 **lift** [líft]	*v.* 들어올리다 *n.* 승강기 *Lifting* his hand high over his head, the boy counted off the same numbers without changing his voice. |대수능|
2730 **limit** [límit]	*v.* 제한하다 *n.* 제한(= bound), 한계 But points can be scored only in *limited* number of right ways, and the game is governed by a set of rules. |대수능| (파) limitless *adj.* 무한한 limitlessly *adv.* 무한하게
2731 **limp** [límp]	*v.* 절뚝거리다, 느릿느릿 가다 The old car *limped* along.
2732 **linger** [líŋgər]	*v.* 오래 머무르다, 꾸물거리다 Perhaps the event will *linger* long in our memory.
2733 **lisp** [lísp]	*v.* 불완전하게 발음하다, 혀 짧은 소리로 말하다 When people asked him what he wanted to be when he grew up, he would *lisp* childishly, 'A policeman.'
2734 **locate** [loukéit]	*v.* 거주시키다, ~에 위치하다[있다] The house was *located* in the heart of the city. |대수능| (파) location *n.* 위치, 장소, 야외 촬영지 (표현) be located ~에 위치해 있다, 발견되다
2735 **lodge** [ládʒ]	*v.* 숙박하다, 하숙하다, 맡기다(= deposit) *n.* 오두막집 He *lodged* at Mrs. Smith's during his school days. (파) lodger *n.* 숙박인, 하숙인 lodging *n.* 숙박, 하숙
2736 **long** [lɔ́:ŋ]	*v.* 바라다, 동경하다(= yearn) They *longed* for green trees and open spaces. |대수능| (표현) long for ~을 간절히 바라다

[예문 해석] **2727** 그 여자는 얼음 막대 사탕을 핥고 있었다.   **2728** 차가운 온도의 모래에 있는 거북이 알은 수컷 거북이를 배출한다.   **2729** 손을 머리 위로 들어 올리면서, 그 소년은 목소리의 변화 없이 똑같은 숫자들을 세었다.   **2730** 그러나 점수는 오직 공정한 방법의 한정된 숫자 안에서만 기록될 수 있고 게임은 일련의 규칙들에 의해서 통제된다.   **2731** 그 중고차는 느릿느릿 굴러갔다.   **2732** 아마도 그 사건은 오래도록 우리의 기억 속에 남을 것이다.   **2733** 사람들이 그에게 커서 무엇이 될 거냐고 물었을 때, 그는 어린아이답게 혀 짧은 소리로 '경찰관'이라고 말했다.   **2734** 그 집은 도시의 중심부에 위치했다.   **2735** 학창 시절 그는 Smith 부인의 집에 하숙했다.   **2736** 그들은 녹색 나무들과 넓은 공간을 간절히 바랬다.

2737
loot

[lúːt]

v. 약탈하다 *n.* 약탈물, 전리품

We could do nothing but watch incredulously while the mob *looted* the shops.

파 **looter** *n.* 약탈자, 부정 이득자 **looting** *n.* 약탈

2738
lug

[lʌg]

v. 힘껏 끌다, 질질 끌다

I hastily packed the hamper and *lugged* it to the car.

파 **luggage** *n.* 수화물

2739
lunge

[lʌndʒ]

v. 찌르다, 돌진하다 *n.* 찌르기, 돌진, 약진

The woman was *lunging* toward the railing.

2740
lure

[lúər]

v. 유혹하다, 유인하다 *n.* 매력(=charm), 유혹

The company hopes its marketing campaign will *lure* customers away from its competitors.

표현. **lure A into a trap** A를 유혹하여 올가미를 씌우다

2741
lurk

[lə́ːrk]

v. 숨다, 잠복하다

Resentment *lurked* in his heart.

2742
maintain

[meintéin]

v. 유지하다(=keep), 주장하다

The body requires proper nutrition in order to *maintain* it.

파 **maintenance** *n.* 유지, 보존, 주장

2743
manage

[mǽnidʒ]

v. 다루다, 처리하다, 관리하다(=direct, control)

If the opposition *manages* to unite, it may command over 55% of the vote.

파 **management** *n.* 관리, 경영 **manager** *n.* 지배인, 경영자 **manageable** *adj.* 다루기 쉬운 표현 **manage to** ~을 잘 해내다, 어떻게든 ~하다

2744
manifest

[mǽnəfèst]

v. 명백히 하다 *adj.* 명백한, 분명한

The evidence *manifests* the guilt.

파 **manifestation** *n.* 명시, 표현, 징후

2745
manipulate

[mənípjulèit]

v. 능숙하게 다루다, 조종하다, 조작하다

He *manipulated* the account to conceal his theft.

파 **manipulation** *n.* 교묘히 다루기, 조종

[예문 해석] **2737** 군중들이 가게를 약탈할 때 우리는 그저 믿지 않는 눈으로 바라보는 수밖에 없었다. **2738** 나는 급히 바구니를 꾸려서 그것을 차로 끌고 갔다. **2739** 여자가 난간으로 돌진하고 있었다. **2740** 그 회사는 자사의 판매 촉진 운동으로 경쟁사의 고객들을 유치해올 수 있기를 희망한다. **2741** 원한이 그의 가슴 속에 잠재해 있었다. **2742** 신체는 자신을 유지하기 위해 적절한 영양소를 필요로 한다. **2743** 야당이 어떻게든 단결할 수 있다면 55% 이상의 득표를 올릴 것이다. **2744** 그 증거로 유죄가 명백하다. **2745** 그는 자기의 도둑질을 감추기 위해 장부를 조작했다.

2746
manufacture

[mǽnjəfǽktʃər]

v. 제조하다   n. 제조

Workers in *manufacturing* jobs are likely to suffer serious health problems as a result of the noise, or the stress of being faced by mechanical requirements of the assembly line. |대수능|

파 manufacturer n. 제조업자

> (Tip) [manu(=hand)+fact(=make)+ure(명사어미)] manu는 '손의, 손으로 하는'의 의미이다.

2747
march

[máːrtʃ]

v. 행진하다   n. 행진, 진전(=advance), 진행, 행진곡

The soldiers *marched* 90 miles in three days.

표현 march on 계속 행진하다   be on(in) the march 진행 중이다

2748
mark

[máːrk]

v. 표시하다   n. 표시, 기호, 점수

Yet there are days which are usually *marked* by some kind of special ceremony: the day we are born, the day we get married, and the day we die. |대수능|

파 marking n. 채점, 무늬   marker n. 채점자

2749
marry

[mǽri]

v. ~와 결혼하다(=wed)

She is too proud, too luxurious to *marry* him.

파 marriage n. 결혼

2750
marvel

[máːrvəl]

v. 이상하게 생각하다, ~에 놀라다   n. 놀라운(경이로운) 일, 이상함

The police *marveled* how the prisoner had escaped.

파 marvelous adj. 불가사의한, 이상한, 놀라운

2751
mash

[mǽʃ]

v. 짓이기다   n. 짓이긴 것, 갈아서 빻은 것

Would you *mash* the potatoes for me, please?

표현 mashed potatoes 으깬 감자 요리, 매시드 포테이토

2752
match

[mǽtʃ]

v. 필적하다, 대등하다(=equal)   n. 경기, 성냥 |대수능|

The amount of rice produced in 1990 *matched* the production in 1985.

파 matchless adj. 무적의, 비길 데 없는   관련 matchmaker n. 성냥 제조업자, 결혼 중매인

2753
mean

[míːn]

v. 의미하다, ~할 작정이다(=intend)   adj. 비열한, 천한

The expansion of the factory *means* over a hundred new jobs.

파 meaningful adj. 의미심장한, 뜻있는   meanly adv. 비열하게

표현 I mean it(what I say). (농담이 아니고) 진담이야.

[예문 해석] **2746** 제조업 근로자들은 소음이나 조립 공정의 기계적인 필요에 의해 맞닥뜨리게 되는 스트레스의 결과로 인한 심각한 건강상의 문제들을 겪기 쉽다.   **2747** 병사들은 3일 동안 90마일을 행진했다.   **2748** 그럼에도 불구하고 일반적으로 어떤 특별한 의식에 의해서 표시되는 날들이 있는데, 그것은 우리가 태어난 날, 우리가 결혼하는 날, 그리고 우리가 죽는 날이다.   **2749** 그녀는 너무나 자부심이 강하고 사치스러워서 그와 결혼할 수 없다.   **2750** 경찰은 그 죄수가 어떻게 탈출했을까 하고 이상하게 생각했다.   **2751** 감자를 으깨주시겠어요?   **2752** 1990년에 생산된 쌀의 양은 1985년의 생산량과 대등했다.   **2753** 그 공장의 확장은 새로운 일자리가 백 군데 이상 생김을 의미한다.

2754
measure

[méʒər]

v. 재다, 측정하다

God does not *measure* men inches.

㈜ measurement *n.* 치수, 측량

2755
mediate

[míːdièit]

v. (분쟁 등을) 조정하다, 중재하다

Mediating between the two sides in this dispute will be a delicate business.

㈜ mediation *n.* 조정, 중재 mediator *n.* 조정자

2756
meditate

[médətèit]

v. 명상하다, 숙고하다

They decided to *meditate* on the matter for an additional week or so.

㈜ meditation *n.* 묵상, 명상, 숙고

2757
mellow

[mélou]

v. 원숙하게 하다, 익히다 *adj.* 익어 달콤한, 감미로운

The years have *mellowed* him.

표현 mellow out 긴장이 풀리다, 느긋해지다

2758
melt

[mélt]

v. 녹다, 녹이다

Before lunchtime the smell of *melting* butter encourages people to go to lunch on time. |대수능|

표현 melt away 녹아 없어지다, 서서히 사라지다

2759
memorize

[méməràiz]

v. 기억하다

She then made me *memorize* the numbers. |대수능|

㈜ memory *n.* 기억 memorial *n.* 기념물 memorable *adj.* 기억할 만한

2760
mend

[ménd]

v. 수선하다(= repair), 고치다, 개선하다

I find your behavior obnoxious; please *mend* your ways.

2761
mention

[ménʃən]

v. 언급하다, 말하다

Among them was the tale of a priest who called on a member, and *mentioned* he hadn't seen her in church recently. |대수능|

관련 above-mentioned *adj.* 위에서 언급된

2762
merge

[máːrdʒ]

v. 합병하다, 합체시키다

If we *merge* with the New York firm, we'll be able to expand our client base.

㈜ merger *n.* 합병, 합동

[예문 해석] **2754** 신은 자로 사람을 재지 않는다(외모로 사람을 판단하지 말라). **2755** 이 논쟁에 관한 양측 사이의 조정은 미묘한 일일 것이다. **2756** 그들은 1주일 정도 더 그 문제에 대해 숙고하기로 결정했다. **2757** 그는 나이가 들어 원숙해졌다. **2758** 점심시간 전에 나는 버터 녹는 냄새는 사람들이 정시에 점심식사를 하러 가게 한다. **2759** 그리고 나서 그녀는 내게 그 숫자들을 기억하게 했다. **2760** 나는 당신의 행동에 불쾌감을 느꼈습니다. 당신의 방식을 고쳐보는 게 어떨까요. **2761** 그것들 중에는 신도를 방문해서 그가 최근에 교회에서 그녀를 보지 못했다고 말한 성직자의 이야기가 있었다. **2762** 만일 우리가 뉴욕 회사와 합병이 된다면, 우리의 고객 기반을 더욱 넓힐 수 있을 것이다.

2763
mimic
[mímik]

v. 흉내 내다(= imitate)   *adj.* 흉내 내는, 모방의

He could *mimic* anybody.

Ⓟ mimicry *n.* 흉내, 모방

2764
mingle
[míŋɡəl]

v. 섞(이)다(= mix, blend), 교제하다

Now the cheers and applause *mingled* in a single sustained roar.

2765
misinterpret
[mìsintə́:rprit]

v. 오해하다

All too often employees *misinterpret* their annual review and do not understand which areas of performance they need to improve upon.

Ⓟ misinterpretation *n.* 오해

2766
mislead
[mislíːd]

v. 그릇 인도하다, 판단을 그르치게 하다

His lies *misled* me into adopting the project.

Ⓟ misleading *adj.* 오해하게 만드는

2767
misplace
[mispléis]

v. 잘못 두다, 둔 곳을 잊다

Have you seen my briefcase? I seem to have *misplaced* it.

Ⓟ misplacement *n.* 잘못 두기, 오해

2768
miss
[mís]

v. 놓치다, 그리워하다

During the baseball game I *missed* an easy ball. |대수능|

2769
mitigate
[mítəɡèit]

v. 완화하다, 경감하다

Governments should endeavor to *mitigate* distress.

Ⓟ mitigation *n.* 완화, 경감

2770
mix
[míks]

v. 섞다(= mingle together)

In a bowl, lightly *mix* the potatoes, peas, salad dressing, and parsley.

Ⓟ mixer *n.* 믹서

2771
moan
[móun]

v. 신음하다, 불평하다, 애도하다

He *moaned* under a heavy load.

2772
mock
[mák]

v. 조롱하다, 흉내 내다

They have insulted us and *mocked* our religion.

Ⓟ mockery *n.* 조롱(거리), 흉내

[예문 해석] **2763** 그는 누구든지 흉내를 낼 수 있었다.   **2764** 그때 환호와 갈채가 하나의 일관된 외침으로 섞였다.   **2765** 직원들이 연례 고과를 제대로 이해하지 못하는 경우가 잦아, 개선의 여지가 있는 업무 분야를 잘 파악하지 못한다.   **2766** 그의 거짓말에 속아 나는 그 계획안을 채택하였다.   **2767** 제 서류가방을 봤습니까? 그것을 어디에 뒀는지 모르겠습니다.   **2768** 야구 경기 중에 나는 쉬운 공을 놓쳤다.   **2769** 정부는 고통을 경감하기 위해서 노력해야 한다.   **2770** 큰 그릇에 감자, 콩, 샐러드 드레싱 그리고 파슬리를 넣고 가볍게 섞으세요.   **2771** 그는 무거운 짐을 지고 끙끙거렸다.   **2772** 그들은 우리를 모욕하고 우리의 종교를 비웃었다.

2773 **modify**	v. 수정(변경)하다, 수식하다
[mádəfài]	You may not *modify* or use the materials for any other purpose without his written consent.
	패 modification n. 수정(변경), 수식 modifier n. 수식어

2774 **monopolize**	v. 독점하다, 전매권을 얻다
[mənápəlàiz]	When it comes to Africa, he *monopolizes* the conversation.
	패 monopoly n. 독점, 전매

| 2775 **mount** | v. 오르다, 증가하다 |
| [máunt] | Social problems in modern society are *mounting*. |대수능| |

2776 **mourn**	v. 슬퍼하다, 한탄하다(=lament), 애도하다(=grieve)
[mɔ́:rn]	She *mourned* over the death of her friend.
	패 mournful adj. 슬퍼하는, 애도하는

| 2777 **mow** | v. (풀이나 보리를) 베다 |
| [móu] | The men are *mowing* the lawn. |

| 2778 **mumble** | v. 중얼거리다(=mutter) |
| [mʌ́mbəl] | She *mumbled* in her sleep. |

| 2779 **munch** | v. 우적우적 씹어 먹다, 으드득 깨물다 |
| [mʌ́ntʃ] | The father and son sat there, *munching* thin bread and butter. |

| 2780 **murmur** | v. 중얼거리다, 투덜거리다(=grumble)   n. 중얼거림 |
| [mə́:rmər] | She sat there, tears in her eyes, *murmuring* his name. |대수능| |

| 2781 **muster** | v. (군인을) 소집하다(=gather), 모으다   n. 소집, 집합, 점호 |
| [mʌ́stər] | We *mustered* up all our courage. |

| 2782 **mutate** | v. 변화하다, 돌연변이를 하다 |
| [mju:téit] | The virus *mutates* in the carrier's body. |

2783 **narrate**	v. 이야기하다, 서술하다
[nǽreit]	Some of the story was *narrated* in the film.
	패 narration n. 서술, 이야기

[예문 해석] 2773 당신은 그의 서면 동의 없이 다른 어떠한 목적으로 이 내용을 수정하거나 사용할 수 없다.   2774 아프리카 얘기만 나오면 그는 대화를 독점한다.   2775 현대 사회에선 사회적인 문제들이 넘쳐나고 있다.   2776 그녀는 친구의 죽음을 애도했다.   2777 남자들이 잔디를 깎고 있다.   2778 그녀는 잠꼬대했다.   2779 아버지와 아들은 거기에 앉아 얇은 빵과 버터를 우적우적 씹어 먹었다.   2780 그녀는 눈물을 글썽거리면서 그의 이름을 중얼거리며 거기에 앉아 있었다.   2781 우리는 우리의 모든 용기를 불러일으켰다.   2782 바이러스는 매개체의 몸 안에서 변이를 한다.   2783 그 이야기 중에 일부가 영화화되었다.

2784
navigate
[nǽvəgèit]

v. 항해하다, 조종하다, 웹사이트를 여기저기 찾다

Our customers will find it easier to *navigate* the menus.

ⓟ navigation *n.* 운항, 항해   navigator *n.* 항해자, 항공사, 자동 조종 장치

2785
necessitate
[nəsésətèit]

v. 필요하다

It would indeed *necessitate* strong measures. |대수능|

ⓟ necessity *n.* 필요   necessary *adj.* 필요한

2786
neglect
[niglékt]

v. 무시하다(=disregard), 태만히 하다

American public schools *neglected* their role as moral educators. |대수능|

ⓟ negligence *n.* 태만, 부주의   neglectful *adj.* 태만한, 부주의한

2787
negotiate
[nigóuʃièit]

v. 협상(교섭)하다, 협의하다

Have you *negotiated* a price for our new computers?

ⓟ negotiation *n.* 협상, 교섭

2788
nibble
[níbəl]

v. 조금씩 물어뜯다, 조금씩 갉아내다

All these expenses are *nibbling* away at our savings.

2789
nod
[nád]

v. 끄덕이다, 끄덕여 표시하다, 졸다

Jane *nodded* her assent to my proposal.

2790
nominate
[nάmənèit]

v. (선거·임명의 후보자로) 지명하다(=name), 임명하다(=appoint)

He was *nominated* for President.

ⓟ nomination *n.* 지명(권)   nominator *n.* 지명자   nominee *n.* 지명된 사람

2791
notice
[nóutis]

v. 알아채다, 주의하다   *n.* 주의(=attention), 주목, 통지

We *noticed* the peculiarity of his manner at once.

ⓟ noticeable *adj.* 눈에 띄는, 주목할 만한   관련 notice board *n.* 게시판

2792
notify
[nóutəfài]

v. 통지하다(=inform), 공고하다

Please *notify* our sales department immediately if you receive a damaged item.

ⓟ notification *n.* 통지, 공고

2793
nourish
[nə́:riʃ]

v. 자양분을 주다, 기르다

His egoism was *nourished* by his mother.

ⓟ nourishment *n.* 자양물, 음식물, 양육

[예문 해석] **2784** 우리의 고객들은 메뉴를 탐색하는 것이 더 쉬워진 것을 알게 될 것이다.   **2785** 정말로 강력한 조치들이 필요할 것이다.   **2786** 미국의 공립학교들은 도덕 교육자로서의 그들의 역할을 태만히 했다.   **2787** 우리의 새 컴퓨터 가격을 흥정해 봤어요?   **2788** 이 모든 경비가 우리의 저축액을 조금씩 축내고 있다.   **2789** Jane은 고개를 끄덕여 내 제안에 동의의 뜻을 내보였다.   **2790** 그는 대통령 선거의 후보자로 지명되었다.   **2791** 우리는 그의 행동거지의 특색을 즉시 알아챘다.   **2792** 손상된 제품을 받으시면 즉시 저희 영업부에 알려주십시오.   **2793** 그의 이기주의는 그의 어머니가 길러준 것이었다.

2794
nullify

[nʌ́ləfài]

v. 무효로 하다, 취소하다

Each state had the right to *nullify* the federal government's laws.

ⓟ nullification *n.* 무효화, 폐기, 취소

2795
nurture

[nə́:rtʃər]

v. 양육하다(=rear)　*n.* 양육

We are part of and *nurtured* by the earth, much as an unborn child is part of and *nurtured* by its mother. |대수능|

2796
obey

[oubéi]

v. ~에 복종하다, ~에 따르다

Everyone must *obey* the law.

ⓟ obedience *n.* 복종

2797
obligate

[ábləgèit]

v. (의무상) ~을 해야 한다, ~의 의무가 있다

Parents are *obligated* to support their children.

ⓟ obligation *n.* 의무, 책임　obligatory *adj.* 의무적인

2798
oblige

[əbláidʒ]

v. ~을 하게 하다, 강요하다, ~에게 은혜를 베풀다

Economic exigency *obliged* the government to act.

ⓟ obliging *adj.* 잘 돌봐주는　표현 be obliged to ~하지 않으면 안 된다, ~해야 한다

2799
obliterate

[əblítərèit]

v. 지우다, 말살하다

Their warheads are enough to *obliterate* the world several times over.

2800
observe

[əbzə́:rv]

v. 관찰하다, 준수하다, 진술하다

You can see things best and remember them best when you really *observe* them. |대수능|

ⓟ observer *n.* 관찰자, 입회인　observation *n.* 관찰, 주목　observance *n.* 준수

[예문 해석] **2794** 각 주는 연방법을 무효화시킬 수 있는 권리를 가지고 있었다. **2795** 마치 태어나지 않은 아이가 엄마의 일부이고 엄마에 의해 양육되는 것처럼 우리는 지구의 일부이고 지구에 의해 양육된다. **2796** 누구나 법을 준수해야 한다. **2797** 부모는 자녀를 양육할 의무가 있다. **2798** 경제적 위기는 정부가 행동에 나서도록 강요했다. **2799** 그들의 핵탄두들은 세상을 여러 차례 말살시키기에 충분하다. **2800** 당신이 정말로 상황을 관찰한다면 당신은 그것들을 가장 잘 볼 수 있고 가장 잘 기억할 수 있다.

28TH LECTURE MASTERING IDIOMS

- **make up for**   보충하다(=atone for)

  That will *make up for* everything. 그것이 모든 것을 보충해줄 것이다.

- **make up one's mind**   결심하다

  It is early days yet to *make up one's mind*. 결심하기에는 아직 이르다.

- **make yourself at home**   편안히 하다(=make yourself comfortable)

  Make yourself at home and sit comfortably. 어려워하지 말고 편히 앉으시오.

- **mess up**   망치다

  I don't want to *mess up* this time. 이번엔 망치고 싶지 않아요.

- **mistake A for B**   A를 B로 오해하다(=take A for B)

  I often *mistake* her *for* her mother. 나는 종종 그녀를 그녀의 어머니로 착각한다.

- **name after**   ~의 이름을 따서 명명하다(이름 짓다)

  Jack was *named after* his grandfather. Jack은 그의 할아버지의 이름을 따서 이름이 지어졌다.

- **needless to say**   말할 것도 없이, 물론

  Needless to say it is our duty to do so.

  그것은 말할 것도 없이 우리가 할 일이다.

- **neither A nor B**   A도 B도 아니다

  The story is *neither* realistic *nor* humorous. 그 이야기는 사실적이지도 않고 해학적이지도 않다.

- **no longer**   더 이상 ~않다(=not ~ any longer)

  It's *no longer* possible. 그것은 더 이상은 불가능하다.

- **no matter how**   아무리 ~하더라도(=however)

  No matter how angry you were, you should not have argued with him.

  아무리 화가 났다고 하더라도 너는 그와 논쟁을 하지 말았어야 했다.

- **no matter what**   어떤 것이 ~하든(=whatever)

  You are beautiful *no matter what* they say. 누가 뭐라 해도 넌 아름답다.

- **no matter when**   ~할 때마다, 언제 ~하든지 간에(=whenever)

  No matter when you visit her, you will find her sleeping.

  언제 그녀를 방문하든지 간에 그녀는 자고 있을 것이다.

28TH LECTURE REVIEW TEST

● 빈칸에 알맞은 단어나 뜻을 쓰시오.

1. involve	_____	26. levitate	_____
2. irrigate	_____	27. _____	핥다
3. _____	화나게 하다	28. lie	_____
4. _____	고립시키다	29. lift	_____
5. jag	_____	30. _____	제한하다
6. jog	_____	31. limp	_____
7. join	_____	32. linger	_____
8. jolt	_____	33. lisp	_____
9. jostle	_____	34. locate	_____
10. judge	_____	35. lodge	_____
11. juggle	_____	36. long	_____
12. jump	_____	37. loot	_____
13. _____	납치하다, 유괴하다	38. lug	_____
14. kindle	_____	39. lunge	_____
15. knit	_____	40. _____	유혹하다, 유인하다
16. knock	_____	41. lurk	_____
17. lack	_____	42. maintain	_____
18. lag	_____	43. manage	_____
19. lament	_____	44. _____	명백히 하다
20. _____	진수시키다, 시작하다	45. manipulate	_____
21. lead	_____	46. _____	제조하다
22. lean	_____	47. march	_____
23. leap	_____	48. mark	_____
24. lend	_____	49. marry	_____
25. _____	적게(작게) 하다	50. marvel	_____

51. mash	_____	76. mourn	_____
52. _____	필적하다, 대등하다	77. mow	_____
53. mean	_____	78. mumble	_____
54. measure	_____	79. munch	_____
55. _____	조정하다, 중재하다	80. _____	중얼(투덜) 거리다
56. meditate	_____	81. muster	_____
57. mellow	_____	82. mutate	_____
58. melt	_____	83. narrate	_____
59. memorize	_____	84. navigate	_____
60. mend	_____	85. necessitate	_____
61. mention	_____	86. neglect	_____
62. merge	_____	87. _____	협상하다, 협의하다
63. _____	흉내 내다	88. nibble	_____
64. mingle	_____	89. nod	_____
65. misinterpret	_____	90. nominate	_____
66. mislead	_____	91. notice	_____
67. misplace	_____	92. notify	_____
68. miss	_____	93. _____	자양분을 주다, 기르다
69. mitigate	_____	94. nullify	_____
70. mix	_____	95. nurture	_____
71. moan	_____	96. obey	_____
72. mock	_____	97. obligate	_____
73. _____	수정하다, 변경하다	98. _____	~을 하게 하다, 강요하다
74. _____	독점하다	99. obliterate	_____
75. mount	_____	100. _____	관찰하다, 준수하다

정답 | 기본 페이지 참조

29ᵀᴴ LECTURE

| ²⁸⁰¹ **obsess** ~ ²⁹⁰⁰ **protect** |

SUMMA CUM LAUDE VOCABULARY

2801
obsess

[əbsés]

v. (귀신이나 망상 따위가) 달라붙다, 괴롭히다

He is *obsessed* with the idea of emigrating to Canada.

㈜ obsession *n.* 강박관념, 망상　obsessive *adj.* 강박관념의, 망상의

2802
obstruct

[əbstrʌ́kt]

v. 차단하다, 막다, 방해하다(= check)

The people are *obstructing* traffic.

㈜ obstruction *n.* 방해(물), 장애(물)

2803
obtain

[əbtéin]

v. 얻다(= gain)

In some villages in many developing countries people *obtain* their water from ponds nearby. |대수능|

㈜ obtainable *adj.* 얻을 수 있는

2804
offend

[əfénd]

v. 화나게 하다, 죄를 범하다

We learn not to disturb the privacy of others, and we learn to act in ways that do not *offend* people around us. |대수능|

㈜ offense *n.* (법 등의) 위반, 화냄, 공격　offender *n.* 위반자, 범죄자　offensive *adj.* 불쾌한, 무례한, 공격적인　㈊ please *v.* 기쁘게 하다

㈜ offend the eye(ear) 눈(귀)에 거슬리다

2805
offer

[ɔ́(:)fər]

v. 제공하다, 제안하다(= propose)

The school *offers* exciting and various programs.

㈜ offer one's hand (악수를 위해) 손을 내밀다, 청혼하다

2806
ooze

[úːz]

v. (물 · 수분이) 스며(배어) 나오다, 새다

Blood is still *oozing* from the wound.

[예문 해석] **2801** 그는 캐나다로 이민가려는 생각에 사로잡혀 있다.　**2802** 사람들이 교통을 차단하고 있다.　**2803** 많은 개발도상국의 몇몇 마을에서는 사람들이 근처에 있는 연못에서 물을 얻는다.　**2804** 우리는 다른 사람들의 사생활을 방해하지 않도록 배우고, 우리 주위의 사람들을 화나게 하지 않는 방식으로 행동하도록 배운다.　**2805** 학교는 흥미 있고 다양한 프로그램들을 제공한다.　**2806** 아직도 상처에서 피가 스며 나오고 있다.

2807
operate
[ápərèit]

v. 작동하다(= work), 수술하다

You might first want to read something about how the engine *operates*.

파 operation *n.* 작동, 작업, 수술   operator *n.* 조작자, 기사, 교환원 |대수능|

2808
oppress
[əprés]

v. 압박하다, 억압하다, 괴롭히다

She is *oppressed* with trouble.

파 oppression *n.* 압박, 억압   oppressor *n.* 압제자, 박해자   oppressive *adj.* 억압적인

2809
organize
[ɔ́:rgənàiz]

v. 조직하다, 창립하다

Amy *organized* a fund-raiser for giving free meals to poor children.

파 organizer *n.* 조직자, 창립자

2810
outdate
[àutdéit]

v. 낡게 하다, 시대에 뒤지게 하다

The advent of the steamship *outdated* sailing ships as commercial carriers.

파 outdated *adj.* 시대에 뒤진, 낡은

2811
outmode
[àutmóud]

v. 유행에 뒤떨어지다

Something that is *outmoded* is no longer useful.

관련 out-of-date *adj.* 구식의, 시대에 뒤떨어진

2812
outrun
[àutrʌ́n]

v. ~보다 빨리 달리다, 달아나다, ~의 도를 넘다

He let his zeal *outrun* discretion.

2813
overcome
[òuvərkʌ́m]

v. 극복하다, 이겨내다

Although her body did not function perfectly, she had a strong will to *overcome* difficulties. |대수능|

2814
overcrowd
[òuvərkráud]

v. 혼잡하게 하다

The students *overcrowded* the cafeteria.

파 overcrowded *adj.* 초만원의, 혼잡한

2815
overemphasize
[òuvərémfəsàiz]

v. 지나치게 강조하다

I hope nobody will *overemphasize* the importance of these little essays.

2816
overestimate
[òuvəréstəmèit]

v. 과대평가하다

Do not *overestimate* the importance of the economic problems.

관련 overextend *v.* 지나치게 확대하다

[예문 해석] **2807** 당신은 엔진이 어떻게 작동하는지에 대한 무엇인가를 먼저 읽기 원할지도 모른다.   **2808** 그녀는 고뇌에 시달린다.   **2809** Amy는 가난한 아이들에게 무료 급식을 제공하기 위해서 기금 모금 단체를 조직했다.   **2810** 증기선의 등장은 민간 수송으로서 범선을 구식이 되게 했다.   **2811** 유행에 뒤떨어진 것은 더 이상 유용하지 않다.   **2812** 그는 열중한 나머지 분별없는 짓을 했다.   **2813** 비록 그녀의 신체가 완벽하게 기능하지 않음에도 불구하고 그녀는 어려움들을 극복하고자 하는 강한 의지를 가지고 있었다.   **2814** 구내식당에는 학생들이 초만원이었다.   **2815** 이 작은 에세이의 중요성을 지나치게 강조하지 않기를 바랍니다.   **2816** 그 경제 문제의 중요성을 과대평가하지 마십시오.

2817
overhear

[òuvərhíər]

v. 우연히 듣다, 엿듣다, 도청하다

One of the experienced lawyers *overheard* and stopped to offer his support.

2818
overlap

[òuvərlǽp]

v. 부분적으로 ~위에 겹치다

The tiles on the roof *overlap* one another.

2819
overlook

[òuvərlúk]

v. 간과하다, 눈감아주다, 감독하다

One fact that we sometimes *overlook*, however, is that time is culturally determined. |대수능|

2820
oversee

[òuvərsíː]

v. 감독하다, 두루 살피다

These court justices would *oversee* the preparation and final implementation of all indictments.

2821
oversimplify

[òuvərsímpləfài]

v. 지나치게 단순화하다

We must be careful not to *oversimplify* the issue. |대수능|

㉠ oversimplification n. 지나친 단순화

2822
overtake

[òuvərtéik]

v. ~을 따라잡다, 추월하다

The car accelerated to *overtake* the bus.

2823
overthrow

[òuvərθróu]

v. 뒤집어엎다, 전복(타도)하다

They colluded with the terrorists to *overthrow* the government.

2824
overturn

[òuvərtə́ːrn]

v. 뒤집히다, 전복시키다

The stroller was *overturned*.

2825
owe

[óu]

v. 빚지다

How much do I *owe* you? |대수능|

㉠ owing adj. 빚지고 있는   ㉤ owing to ~ 때문에

2826
pall

[pɔ́ːl]

v. 싫증나다, 흥미를 잃다   n. 관을 덮는 보, 휘장

The lengthy lecture *palled* upon me.

2827
pardon

[páːrdn]

v. 용서하다(= forgive), 관대히 봐주다

Pardon my being late.

㉗ condemn v. 비난하다, 책망하다

[예문 해석] 2817 경험 있는 변호사 중 한 명이 우연히 듣고 도움을 주기 위해 멈춰 섰다.   2818 지붕 위의 기와가 서로 겹쳐져 있다.   2819 그러나 우리가 때때로 간과하는 사실은 시간이 문화적으로 결정된다는 것이다.   2820 이 재판관들은 기소된 모든 사건에 대한 준비와 최종 이행을 감독할 것이다.   2821 우리는 그 문제를 지나치게 단순화시키지 않기 위해서 신중해야 한다.   2822 그 차는 버스를 추월하기 위해 가속했다.   2823 그들은 정부를 전복하려고 테러리스트들과 내통했다.   2824 유모차가 뒤집어졌다.   2825 얼마를 드려야 되죠?   2826 강연이 지루하여 나는 흥미를 잃었다.   2827 늦어서 죄송합니다.

2828

partake

[pɑːrtéik]

v. 참가[참여]하다, 함께 하다

They are *partaking* of a game of chess.

2829

participate

[pɑːrtísəpèit]

v. 참가[참여]하다(=take part in), 관여하다

Recycling can make a big difference if enough people *participate*. |대수능|

㉤ participation *n.* 참가, 관여   participant *n.* 참가자

2830

pass

[pǽs]

v. 지나가다, 건네주다, 합격하다

He stepped aside to let me *pass*.

㉤ passage *n.* 통과, 통행(권)   passenger *n.* 승객   passerby *n.* 지나가는 사람, 통행인

2831

pat

[pǽt]

v. 가볍게 두드리다

Visiting a farm is far more educational than looking at a book about a farm, where your child can *pat* a cow, hear ducks quack, and smell hay.

㉤ pat down 가볍게 두드리다 |대수능|

2832

patter

[pǽtər]

v. (비가) 후두둑 내리다, 또닥또닥 소리가 나다

Raindrops were *pattering* on the window panes.

2833

pave

[péiv]

v. (길을) 포장하다

So trees are cut down, and land is cleared and *paved*. |대수능|

㉤ pavement *n.* 포장도로

2834

peck

[pék]

v. (부리로) 쪼다, 쪼아 먹다

A bird is *pecking* at beans.

㉤ peckerwood *n.* 딱따구리

2835

peddle

[pédl]

v. 행상하다, 소매하다

His attempts to *peddle* his paintings around London's tiny gallery scene proved unsuccessful.

㉤ peddler *n.* 행상인

2836

peek

[píːk]

v. 살짝 들여다 보다, 엿보다(=peep)

She couldn't resist *peeking* inside the box.

㉤ No peeking! 눈 뜨면 안 돼!

2837

peel

[píːl]

v. (껍질·피부가) 벗겨지다   *n.* 껍질

The skin of my back *peeled* off with too much exposure to the sun.

[예문 해석] **2828** 그들은 체스 게임에 참가하고 있다.   **2829** 만약 충분히 많은 사람들이 참여한다면 재활용은 큰 차이를 만들어낼 수 있다. **2830** 그는 내가 지나가도록 옆으로 비켜섰다.   **2831** 당신의 아이가 소를 만져볼 수 있고, 오리가 꽥꽥하고 우는 소리를 들을 수 있고, 건초 냄새 를 맡아볼 수 있는 농장을 가보는 것이 농장에 대한 책을 읽는 것보다 훨씬 더 교육적이다.   **2832** 빗방울이 유리창에 후두둑 떨어지고 있었다. **2833** 그래서 나무들이 잘려지고 땅은 개간되고 포장된다.   **2834** 새가 콩을 쪼고 있다.   **2835** 런던의 작은 화랑계에 자신의 그림을 팔러 다니려 는 그의 시도는 성공적이지 않은 것으로 드러났다.   **2836** 그녀는 상자 안을 엿보지 않고는 못 배겼다.   **2837** 햇볕에 너무 타서 나의 등가죽이 벗겨졌다.

2838
pelt
[pélt]

v. (돌 등을) 내던지다, 공격하다, 억수같이 퍼붓다

The motorbike is being *pelted* with snow.

2839
penalize
[píːnəlàiz]

v. 벌주다, 유죄를 선고하다

The state of Quebec, Canada, *penalized* individuals for speaking English and forbade English street signs. |대수능|

(파) penalty *n.* 형벌, 벌금   penal *adj.* 형벌의, 형법상의

2840
penetrate
[pénətrèit]

v. 관통하다(=pierce), 침입하다

When an X-ray beam *penetrates* the body, part is absorbed and part passes through.

(파) penetration *n.* 관통, 침입

2841
perceive
[pərsíːv]

v. 지각하다, 감지하다, 이해하다

He *perceived* a small figure in the distance.

(파) perception *n.* 지각, 인식, 이해

2842
perch
[pə́ːrtʃ]

v. (새가) ~에 앉다   *n.* 새의 횃대, 높은 지위

A bird *perched* on a branch.

(표현) take one's perch (새가) 횃대에 앉다, 높은 지위에 앉다

2843
perform
[pərfɔ́ːrm]

v. 수행하다(=accomplish), 공연[상연]하다

Today, such groups can take on many tasks once *performed* by governments. |대수능|

(파) performer *n.* 실행자, 연주자   performance *n.* 실행, 이행, 공연

2844
perish
[périʃ]

v. 멸망하다, 사라지다

The old religion is *perishing*.

(파) perishable *adj.* 소멸하기 쉬운, 썩기 쉬운

2845
perplex
[pərpléks]

v. 당혹케 하다, 난감[난처]하게 하다(=puzzle)

Her strange response *perplexed* me.

(파) perplexity *n.* 당혹, 혼란, 난감

2846
persecute
[pə́ːrsikjùːt]

v. 박해하다, 학대하다, 괴롭히다

The boy *persecuted* me with questions.

(파) persecution *n.* 박해   persecutor *n.* 박해자

[예문 해석] 2838 오토바이가 펑펑 쏟아지는 눈을 맞고 있다.　2839 캐나다의 퀘벡 주는 영어를 사용하는 사람들에게 벌금을 물렸고 영어로 된 간판들을 금지시켰다.　2840 X-레이 광선이 인체를 관통할 때 일부는 흡수되고 일부는 통과한다.　2841 그는 멀리서 작은 형체를 감지했다. 2842 새 한 마리가 나뭇가지에 앉았다.　2843 오늘날 그런 단체들은 한때 정부에 의해 수행되었던 많은 일들을 떠맡을 수 있다.　2844 그 오래 된 종교는 사라져 가고 있다.　2845 그녀의 이상한 대답이 나를 당혹케 했다.　2846 그 소년은 나에게 귀찮게 질문을 해댔다.

2847
persist

[pəːrsíst]

v. 고집하다(=maintain), 주장하다, 지속하다

The regime *persists* in the unwelcome education policy.

파 persistence *n.* 고집, 지속   persistent *adj.* 고집하는, 완고한, 영속하는

표현 persist in ~을 고집하다, 주장하다

2848
persuade

[pərswéid]

v. 설득하다(=convince), 납득시키다

He *persuaded* his son to abbreviate his first name to Bob.

파 persuasion *n.* 설득

2849
pierce

[píərs]

v. 꿰뚫다(=penetrate), 관통하다

A long tunnel *pierces* the mountains.

파 piercing *adj.* 꿰뚫는, 날카로운, 통찰력 있는

2850
pile

[páil]

v. 쌓아올리다, 축적하다   *n.* 더미, 다량

As the snow *piles* up higher in a woodland over the course of winter, it creates advantages and problems for animals. |대수능|

표현 pile up ~을 쌓다, 축적하다   a pile of ~의 더미, 많은

2851
pinch

[píntʃ]

v. 꼬집다, 꽉 끼다, 괴롭히다

This dress is too much *pinched* in at the waist.

2852
pitch

[pítʃ]

v. 던지다(=throw), (텐트 등을) 설치하다, (비행기 등이) 앞뒤로 흔들리다

The weather was rough and the plane *pitched* and rolled.

파 pitcher *n.* 투수

2853
pluck

[plʌ́k]

v. 잡아 뜯다, 잡아당기다, 낙제시키다   *n.* 용기

He was *plucked* notwithstanding his great diligence.

파 plucky *adj.* 용기 있는

2854
plunder

[plʌ́ndər]

v. 약탈하다, 횡령하다

They *plundered* the citizens of clothes and jewelry.

2855
plunge

[plʌ́ndʒ]

v. 던져 넣다, 뛰어들다, (어떤 상태에) 빠지게 하다

Millions of Americans *plunged* into the cyber sea last year.

2856
poach

[póutʃ]

v. 밀렵하다, 침입하다

Many wildlife parks are regularly invaded by people *poaching* game.

[예문 해석] **2847** 그 정권은 인기 없는 교육 정책을 고집하고 있다.   **2848** 그는 그의 아들에게 이름을 Bob으로 줄여 쓰도록 설득했다.   **2849** 긴 터널이 산맥을 관통하고 있다.   **2850** 겨울 기간 동안 숲 속에 눈이 더 높이 쌓여감에 따라, 눈은 동물에게 이점이 되기도 문제점이 되기도 한다.   **2851** 이 옷은 허리가 너무 꽉 낀다.   **2852** 날씨가 사나워 비행기가 요동을 쳤다.   **2853** 그는 열심히 공부했음에도 불구하고 낙제했다.   **2854** 그들은 시민들에게서 의류와 보석류를 약탈하였다.   **2855** 지난해 수백 만 명의 미국인들이 가상현실의 세계에 빠져들었다.   **2856** 많은 야생동물 공원에 사냥감을 밀렵하는 사람들이 정기적으로 몰려든다.

2857
poise

[pɔ́iz]

v. 균형을 잡다, 자세를 취하다

She *poised* her elbow on her knee.

(파) poised *adj.* ~할 준비가 된, 침착한

2858
poke

[póuk]

v. 쿡쿡 찌르다, 주먹으로 치다

His wife *poked* him with her elbow to wake him up.

2859
polish

[páliʃ]

v. 닦다, 윤을 내다   *n.* 폴란드어(Polish)

Use only a dry, lint-free and nonabrasive cloth to *polish* the lens.

(파) polished *adj.* 광택이 나는, 세련된

2860
pollute

[pəlú:t]

v. 오염시키다

Nowadays we can often see air *polluted* areas in towns and cities. |대수능|

(파) pollution *n.* 오염, 공해   pollutant *n.* 오염 물질

2861
ponder

[pándər]

v. 숙고하다, 깊이 생각하다(= meditate)

Prime Minister *pondered* on when to go to the polls.

2862
pop

[páp]

v. 펑 소리가 나다, 불쑥 나타나다

The balloon *popped* when he poked it with a pin.

(관련) pop-up *n.* (펼치면) 그림이 튀어나오는 책

2863
pore

[pɔ́:r]

v. 숙고하다, 곰곰이 생각하다

He began to *pore* upon theological problems.

2864
portend

[pɔːrténd]

v. ~의 전조가 되다, 예시[예고]하다

The street incident may *portend* a general uprising.

2865
post

[póust]

v. 우송하다, 기둥[벽]에 붙이다, 게시하다   *n.* 우편, 기둥

She *posted* them the next morning, and gave a sigh of relief. |대수능|

(파) postage *n.* 우편 요금   postal *adj.* 우편의

2866
postpone

[poustpóun]

v. 연기하다(= put off), 미루다

He vouchsafed the information that the meeting had been *postponed*.

2867
pounce

[páuns]

v. 달려들다, 갑자기 덤벼들다

The cat *pounced* on a mouse.

[예문 해석] **2857** 그녀는 팔꿈치를 무릎 위에 올려놓았다.   **2858** 그의 아내는 팔꿈치로 쿡쿡 찔러 그를 깨웠다.   **2859** 렌즈를 닦으려면 보푸라기가 일어나지 않는 부드럽고 마른 천만 사용하세요.   **2860** 요즘 우리는 마을과 도시에서 공기가 오염된 지역들을 흔히 볼 수 있다.   **2861** 내각 총리는 언제 투표하러 갈지를 깊이 생각했다.   **2862** 그가 핀으로 찌르자 풍선은 펑 소리가 났다.   **2863** 그는 신학 문제에 관해서 숙고하기 시작했다.   **2864** 그 가두 사건은 대폭동의 전조가 될지도 모른다.   **2865** 그녀는 다음날 아침에 그것들을 부치고는 안도의 한숨을 쉬었다.   **2866** 그는 모임이 연기되었다는 정보를 주었다.   **2867** 고양이가 생쥐를 덮쳤다.

2868
pour

[pɔ́ːr]

v. 쏟다(= flow), 붓다, 따르다

Now, the sounds of guitars and drums are *pouring* out of the stadium.

관련 downpour *n.* (억수 같은) 비, 폭우(=pour)　　　　　　　　　　대수능

2869
praise

[préiz]

v. 칭찬하다　*n.* 칭찬

Next, she *praised* my class participation and active, questioning mind.

파 praiseworthy *adj.* 칭찬할 만한　　　　　　　　　　대수능

2870
prance

[præns]

v. 날뛰며 나아가다

He was horrified at the thought of his son *prancing* about on a stage in tights.

파 prancer *n.* 날뛰는 사람, 기운 좋은 말

2871
pray

[préi]

v. 기도하다, 기원하다

I fervently *prayed* to God for the realization of my wishes.

파 prayer *n.* 기도(문), 기도하는 사람

2872
preach

[príːtʃ]

v. 설교하다, 전도하다

She *preached* me a sermon.

파 preacher *n.* 설교자, 전도사

2873
precede

[priːsíːd]

v. 선행하다, 앞서다

This *precedes* all others.

파 precedence *n.* 우선(권), 선행

Tip [pre(=before)+cede(=go)] cede는 '가다' 의 의미이다.

2874
precipitate

[prisípətèit]

v. 촉진시키다, 재촉하다, 거꾸로 떨어뜨리다

He *precipitated* himself into the sea.

파 precipitation *n.* 낙하, 촉진, 강우(강설)량

2875
predestine

[pridéstin]

v. (신이 사람의) 운명을 정하다, 예정하다

I was therefore *predestined* to be a slave.

파 predestination *n.* 숙명, 운명, 운명 예정설

2876
predetermine

[prìːditə́ːrmin]

v. 미리 결정하다, 예정하다

He believes that we're all genetically *predetermined*.

파 predetermination *n.* 숙명론, 예정　　predeterminate *adj.* 미리 정해진

[예문 해석] **2868** 지금 기타와 드럼의 소리가 경기장 밖으로 쏟아져 나오고 있다.　**2869** 그 다음 그녀는 나의 수업 참여와 활동적이고 의구심을 가지고 있는 마음을 칭찬했다.　**2870** 그는 그의 아들이 타이즈를 입고 무대 위를 뛰어다니는 생각에 끔직해 했다.　**2871** 나는 나의 소망들이 현실화되기를 바라면서 열정적으로 신에게 기도했다.　**2872** 그녀는 나에게 설교했다.　**2873** 이것은 다른 모든 것보다 우선한다.　**2874** 그는 바다에 거꾸로 떨어졌다.　**2875** 그러므로 나는 노예가 되도록 운명이 정해져 있었다.　**2876** 그는 우리 모두가 유전적으로 미리 결정되어 있다고 믿는다.

2877
predict
[pridíkt]

v. 예언하다(=foretell), 예측하다

Store owners across the country *predict* that shoppers will spend a lot of money this Christmas. |대수능|

⏚ predictor *n.* 예언자   prediction *n.* 예언   predictable *adj.* 예언할 수 있는

> (Tip) [pre(=beforehand)+dict(=say)] dict는 '말하다, 언급하다'의 의미이다.

2878
preen
[príːn]

v. (새가 날개를) 부리로 다듬다, 멋을 부리다

He *preened* himself in front of the mirror.

2879
prefabricate
[priːfǽbrikèit]

v. 미리 제조하다, 조립식으로 만들다

It is a *prefabricated* steel building.

표현 a prefabricated house 간이 조립식 주택

2880
prefer
[prifə́ːr]

v. 선호하다

Most readers *prefer* to read something that they don't have to struggle with. |대수능|

⏚ preference *n.* 선호, 기호   preferable *adj.* 더 좋은, 나은

> (Tip) prefer A to B 'B보다 A를 더 선호하다'의 표현에서 전치사 to의 사용을 기억해야 한다. 목적어로 to부정사를 쓸 수도 있으므로 혼동하지 않도록 주의해야 한다.

2881
prescribe
[priskráib]

v. 처방을 내리다, 규정하다, 지시하다

The attending physician *prescribes* the medicines for his patient.

⏚ prescription *n.* 처방전, 명령, 법규

2882
preside
[prizáid]

v. 주재하다, 관장하다

She will *preside* over the meeting.

⏚ presider *n.* 사회자, 주재자   presiding *adj.* 주재하는, 관장하는

2883
presume
[prizúːm]

v. 추정(가정)하다, 상상하다

I'd never *presume* to do that.

⏚ presumption *n.* 가정, 추측   presumably *adv.* 추측상, 아마

2884
pretend
[priténd]

v. ~인 체하다, 가장하다(=feign)

He *pretends* to know much.

⏚ pretense *n.* 구실, 겉치레, 거짓

[예문 해석] 2877 전국에 걸쳐 있는 가게 주인들은 쇼핑객들이 이번 크리스마스에 많은 돈을 쓸 것이라고 예측한다.   2878 그는 거울 앞에서 멋을 부렸다.   2879 그것은 조립식으로 만들어진 철제 건물이다.   2880 대부분의 독자들은 그들이 (이해하기 위해) 많이 애쓰지 않아도 되는 것을 읽고 싶어한다.   2881 주치의는 환자에게 약을 처방해준다.   2882 그녀가 회의를 주재할 것이다.   2883 나는 그렇게 하는 것은 결코 상상도 못하겠다.   2884 그는 유식한 체한다.

2885

prevail

[privéil]

v. 우세하다, 널리 보급되다, 설복하다

Such ideas *prevail* these days.

📘 prevailing *adj.* 우세한, 널리 보급되어 있는   prevalent *adj.* 보급된

2886

prevent

[privént]

v. 막다, 방해하다(=hinder), 예방하다

Bad weather *prevented* us from starting.

📘 prevention *n.* 방지, 예방   preventive *adj.* 예방의, 방해하는

2887

proclaim

[proukléim]

v. 포고하다, 선언하다(=declare officially)

Citing irreconcilable differences, he *proclaimed* retirement as his only option.

📘 proclamation *v.* 선언, 포고, 성명(서)   proclamatory *adj.* 선언적인, 공포(성명)의

2888

procrastinate

[proukrǽstənèit]

v. 지연시키다, 꾸물거리다, 질질 끌다

Procrastinating that way, you will never get the job done.

📘 procrastination *n.* 지연, 지체, 미루는 버릇

2889

prod

[prád]

v. 찌르다, 쑤시다, 자극하다

She *prodded* a bean with her fork.

2890

produce

[prədjúːs]

v. 생산하다, 산출하다   *n.* 농산물

It has taken over 15 years of research and over 200 medically documented studies to *produce* OTAF. |대수능|

📘 producer *n.* 생산자, 제작자   관련 product *n.* 생산품, 제품   production *n.* 생산   productivity *n.* 생산성   productive *adj.* 생산적인

2891

profess

[prəfés]

v. 공언하다(=say openly), 고백하다

Father *professes* Buddhism.

📘 profession *n.* 직업, 공언, 고백

2892

prohibit

[prouhíbit]

v. 막다, 금하다(=forbid)

Scarcity *prohibits* the purchase of both and imposes a tradeoff — a book or a date. |대수능|

📘 prohibition *n.* 금지, 금지령

2893

prolong

[prəlɔ́ːŋ]

v. 늘이다, 연장하다(=lengthen), 오래 끌다

Mr. Chesler said foreign military aid was *prolonging* the war.

📘 prolonged *adj.* 장기의, 연장된   반 shorten *v.* 줄이다, 단축하다

[예문 해석] **2885** 요즈음 그런 생각들이 우세하다.   **2886** 악천후 때문에 우리는 출발하지 못했다.   **2887** 좁힐 수 없는 견해차를 사유로 그는 퇴직하는 수밖에 없다고 발표했다.   **2888** 그런 식으로 미루적거리다가, 당신은 그 일을 끝내지 못할 것이다.   **2889** 그녀는 콩을 포크로 찔렀다. **2890** OTAF를 생산하는 데 15년 이상의 연구와 200개 이상의 의학적 문서 연구가 행해져 왔다.   **2891** 아버지는 불교 신자이다.   **2892** 희소성 은 둘 다 구입하는 것을 막고 책과 데이트 사이에서 거래를 하도록 강요한다.   **2893** Chesler 씨는 외국의 군사적 원조가 전쟁을 오래 끌고 있다고 말했다.

2894
promise

[prάmis]

v. 약속하다   *n.* 약속

It will remind me of you whenever I wear it, and I *promise* you I'll not often be without it. |대수능|

(파) promising *adj.* 장래성 있는, 유망한

> (Tip) [pro(=forward)+mise(=send)] mise는 '보내다, 발송하다'의 의미이다.

2895
promote

[prəmóut]

v. 조장하다(=further), 장려하다, 진급시키다

Greenpeace works to *promote* awareness of the dangers of our planet.

(파) promotion *n.* 승진, 진급

2896
pronounce

[prənáuns]

v. 발음하다(=articulate), 선언하다, 판단을 내리다

The committee will *pronounce* on the matter in dispute.

(파) pronunciation *n.* 발음(법)

2897
prop

[prάp]

v. 버티다(=support), 버팀목을 대다, 지지하다   *n.* 지주, 버팀목

He *propped* his bike against the wall and ran inside.

2898
propel

[prəpél]

v. 추진하다, 몰아대다

The country was being *propelled* towards civil war.

(파) propeller *n.* 추진기, 프로펠러

2899
prosper

[prάspər]

v. 번영[번창]하다(=flourish), 성공하다

The country is *prospering* under a strong government.

(파) prosperity *n.* 번영, 번창   prosperous *adj.* 번영하는, 부유한

2900
protect

[prətékt]

v. 보호하다(=guard), 막다

|대수능|

The purpose of the court system is to *protect* the rights of the people.

(파) protector *n.* 보호자, 보호물   protection *n.* 보호   protective *adj.* 보호하는, 방어의

[예문 해석] 2894 그것을 낄 때마다 그것은 나에게 당신을 기억나게 해줄 것입니다. 그리고 나는 당신에게 그것을 자주 끼겠다고 약속드립니다. 2895 Greenpeace는 지구를 위협하는 위험에 대한 경각심을 일깨우기 위해 일한다.   2896 위원회는 논쟁 중인 그 문제에 대해 판단을 내릴 것이다.   2897 그는 자전거를 벽에 기대어 놓고 안으로 뛰어 들어갔다.   2898 그 나라는 내전으로 치닫고 있었다.   2899 그 국가는 강력한 정권 밑에서 번영을 누리고 있다.   2900 사법 제도의 목적은 사람들의 권리를 보호하는 것이다.

29TH LECTURE MASTERING IDIOMS

- **no matter where**   어디든지 간에

  Where I come from, everyone worries about individual space *no matter where* they are.

  제 고향에서는, 모든 사람들이 그들이 어디에 있든지 간에 개인적인 공간에 대해 염려합니다.

- **no wonder**   당연한

  It's *no wonder* she's tired. 그녀가 피곤한 것은 당연하다.

- **not ~ any more**   더 이상 ~않다(=no more)

  I can't take it *any more*. 더 이상 참을 수가 없다.

- **not ~ at all**   전혀 ~않다(=not ~ in the least)

  Most of them did *not* want to be there *at all*.

  그들 대부분은 거기에 가는 것을 전혀 원하지 않았다.

- **not merely A but also B**   A뿐만 아니라 B도(=not only A but also B)

  He does *not merely* preach religion *but* lives it as well.

  그는 단지 종교를 설교할 뿐만 아니라 스스로 실천한다.

- **of no use**   소용없는

  It is *of no use* to cry. 울어도 소용없다.

- **on a large scale**   대량으로, 대규모로, 거창하게

  My parents used to entertain friends *on a large scale*.

  우리 부모님은 거창하게 친구들을 환대하시곤 했다.

- **on each floor**   각 층에

  Minimum coverage is one detector *on each floor*.

  각 층에는 최소 각각 한 대의 감지기가 있어야 한다.

- **on horseback**   말을 타고

  Two policewomen are *on horseback*. 두 명의 여자 경관들이 말 등에 타고 있다.

- **on one's way home**   집으로 가는 중에

  Tom stopped at the fish shop as usual *on his way home*.

  Tom은 집으로 돌아오는 길에 평소와 같이 생선가게에서 멈췄다.

- **on the average**   평균적으로

  On the average women live longer than men.

  평균적으로 여자가 남자보다 오래 산다.

29ᵀᴴ LECTURE REVIEW TEST

● 빈칸에 알맞은 단어나 뜻을 쓰시오.

1. obsess	_____	26. pall	_____
2. _____	차단하다, 방해하다	27. pardon	_____
3. obtain	_____	28. partake	_____
4. _____	화나게 하다	29. _____	참가하다, 참여하다
5. offer	_____	30. pass	_____
6. ooze	_____	31. pat	_____
7. operate	_____	32. patter	_____
8. _____	압박하다, 억압하다	33. pave	_____
9. organize	_____	34. peck	_____
10. outdate	_____	35. peddle	_____
11. outmode	_____	36. _____	살짝 들여다 보다
12. outrun	_____	37. peel	_____
13. _____	극복하다, 이겨내다	38. pelt	_____
14. overcrowd	_____	39. penalize	_____
15. overemphasize	_____	40. penetrate	_____
16. overestimate	_____	41. _____	지각하다, 감지하다
17. overhear	_____	42. perch	_____
18. overlap	_____	43. perform	_____
19. overlook	_____	44. perish	_____
20. oversee	_____	45. perplex	_____
21. oversimplify	_____	46. persecute	_____
22. _____	~을 따라잡다	47. _____	고집하다, 주장하다
23. overthrow	_____	48. _____	설득하다, 납득시키다
24. overturn	_____	49. pierce	_____
25. owe	_____	50. pile	_____

51. pinch	＿＿＿＿＿＿	76. predetermine	＿＿＿＿＿＿
52. pitch	＿＿＿＿＿＿	77. ＿＿＿＿＿＿	예언하다
53. pluck	＿＿＿＿＿＿	78. preen	＿＿＿＿＿＿
54. plunder	＿＿＿＿＿＿	79. prefabricate	＿＿＿＿＿＿
55. plunge	＿＿＿＿＿＿	80. prefer	＿＿＿＿＿＿
56. ＿＿＿＿＿＿	밀렵하다, 침입하다	81. prescribe	＿＿＿＿＿＿
57. poise	＿＿＿＿＿＿	82. preside	＿＿＿＿＿＿
58. poke	＿＿＿＿＿＿	83. ＿＿＿＿＿＿	추정하다, 상상하다
59. ＿＿＿＿＿＿	닦다, 윤을 내다	84. pretend	＿＿＿＿＿＿
60. ＿＿＿＿＿＿	오염시키다	85. prevail	＿＿＿＿＿＿
61. ponder	＿＿＿＿＿＿	86. prevent	＿＿＿＿＿＿
62. pop	＿＿＿＿＿＿	87. proclaim	＿＿＿＿＿＿
63. pore	＿＿＿＿＿＿	88. ＿＿＿＿＿＿	지연시키다
64. portend	＿＿＿＿＿＿	89. prod	＿＿＿＿＿＿
65. post	＿＿＿＿＿＿	90. produce	＿＿＿＿＿＿
66. ＿＿＿＿＿＿	연기하다, 미루다	91. profess	＿＿＿＿＿＿
67. pounce	＿＿＿＿＿＿	92. prohibit	＿＿＿＿＿＿
68. pour	＿＿＿＿＿＿	93. prolong	＿＿＿＿＿＿
69. praise	＿＿＿＿＿＿	94. promise	＿＿＿＿＿＿
70. prance	＿＿＿＿＿＿	95. promote	＿＿＿＿＿＿
71. pray	＿＿＿＿＿＿	96. ＿＿＿＿＿＿	발음하다, 선언하다
72. preach	＿＿＿＿＿＿	97. prop	＿＿＿＿＿＿
73. ＿＿＿＿＿＿	선행하다, 앞서다	98. propel	＿＿＿＿＿＿
74. precipitate	＿＿＿＿＿＿	99. ＿＿＿＿＿＿	번영하다, 성공하다
75. predestine	＿＿＿＿＿＿	100. protect	＿＿＿＿＿＿

정답 | 기본 페이지 참조

30TH LECTURE

| 2901 **protest** ~ 3000 **reuse** |

SUMMA CUM LAUDE VOCABULARY

2901
protest

[prətést]

v. 항의하다(=object)   *n.* 항의, 이의 (제기)

"She called me up to *protest* that the tornado watch had kept her in her basement for five hours, and nothing happened," said Allen Pearson.

㈜ protester *n.* 항의자   ㉰ Protestant *n.* 청교도, 신교도 |대수능|

2902
prove

[prú:v]

v. 증명하다, 입증하다

Recently, however, there has been a lot of research that *proves* our mind affects illness and healing. |대수능|

㈜ provable *adj.* 증명(입증)할 수 있는

2903
provide

[prəváid]

v. 제공하다, 공급하다(=supply)

Even if they could agree on values, they still wouldn't know how to teach ethics outside of a framework *provided* by religion. |대수능|

㈜ provided *conj.* 만약 ~이면, ~을 조건으로

> (Tip) [pro(=before)+vide(=see)] vide는 '보다'의 의미로, 미래에 필요할 만한 것을 미리 내다보고 준비해서 제공한다는 뜻이다.

2904
prowl

[prául]

v. (먹이를) 찾아 헤매다, 배회하다(=wander)

He *prowled* the street for hours.

㈜ prowler *n.* 배회자, 좀도둑

2905
publish

[pʌ́bliʃ]

v. 발행하다, 출판하다

Most of her novels are *published* in more than 20 languages. |대수능|

㈜ publisher *n.* 출판업자, 발행자   publication *n.* 출판, 출판물, 발표   publishing *adj.* 출판업의

[예문 해석] **2901** "그녀는 토네이도 경보가 그녀를 5시간 동안 지하실에 가두었으나 아무 일도 일어나지 않은 것에 대해 항의하기 위해서 나에게 전화를 했습니다."라고 Allen Pearson은 말했다.   **2902** 그러나 최근에 우리의 마음이 질병과 치료에 영향을 끼친다는 것을 증명하는 많은 연구조사들이 있어왔다.   **2903** 비록 그들이 가치 체계에 대해 합의를 보았다고 하더라도, 여전히 그들은 종교가 제공한 틀을 벗어난 윤리를 어떻게 가르치는지 알지 못할 것이다.   **2904** 그는 몇 시간이고 거리를 어슬렁거렸다.   **2905** 그녀 소설의 대부분은 20개 이상의 언어로 출판되어 있다.

2906
puff

[pʌ́f]

v. 훅 불다, (연기를) 내뿜다, (담배를) 피우다   *n.* 훅 불기, 입김

I *puff* cigarettes without inhaling the smoke.

2907
punch

[pʌ́ntʃ]

v. 주먹으로 치다   *n.* 주먹질, 강타, 구멍 뚫는 도구

"Lisa never tires of chasing and *punching* her classmates." |대수능|

2908
punctuate

[pʌ́ŋktʃuèit]

v. 구두점을 찍다, 말을 중단시키다, 강조하다

Her speech was *punctuated* by little gasps.

파 punctuation *n.* 구두(법), 구두점

2909
punish

[pʌ́niʃ]

v. 처벌하다, 혼내다

In order to teach this lesson, they sometimes *punish* their children. |대수능|

파 punishment *n.* 벌, 처벌   punishing *adj.* 벌하는, 지치게 하는

2910
purchase

[pə́ːrtʃəs]

v. 사다(=buy), 구입하다   *n.* 구매, 획득

Sally, who came of age last month, entered into an agreement to *purchase* a house.

파 purchaser *n.* 사는 사람, 구매자

2911
pursue

[pərsúː]

v. 추적(추격)하다(=chase), 추구하다, 종사하다

The policeman *pursued* the thief.

파 pursuit *n.* 추적, 추구, 일   pursuer *n.* 추적자

2912
quake

[kwéik]

v. 흔들리다, 진동하다(=shake)

The earth began to *quake* suddenly.

관련 earthquake *n.* 지진

2913
qualify

[kwáləfài]

v. 자격(자질)을 갖추다, 자격을 주다

In fact, police do issue permits to *qualified* hunters and advise hikers to wear bright, colorful clothing during hunting season. |대수능|

파 qualified *adj.* 자격이 있는

Tip police, people, cattle은 형태는 단수이지만, 항상 복수 취급한다.

2914
quarrel

[kwɔ́ːrəl]

v. 말다툼하다   *n.* 말다툼

Monday boys are less frequently fighting than chance would have it, while Wednesday boys are more likely to *quarrel*. |대수능|

관련 quarrelsome *adj.* 말다툼을 잘하는, 성을 잘 내는

[예문 해석] **2906** 나는 연기를 들이마시지 않고 담배를 피운다.   **2907** "Lisa는 그녀의 반 친구들을 쫓아다니거나 때리는 데 결코 싫증을 내지 않아요."   **2908** 그녀는 말하는 중에 때때로 숨이 차서 말이 끊겼다.   **2909** 이러한 교훈을 가르치기 위해서 그들은 때때로 자식들을 혼낸다.   **2910** 지난달 성인이 된 Sally는 집을 사기 위해 계약을 했다.   **2911** 경찰은 도둑을 뒤쫓았다.   **2912** 갑자기 지면이 흔들리기 시작했다.   **2913** 사실, 경찰은 자격을 갖춘 사냥꾼들에게 허가증을 발급하고, 등산객들에게 사냥철에는 밝고 색채가 화려한 옷을 입으라고 충고한다.   **2914** 수요일 소년들은 싸움을 하기 쉬운 반면에 월요일 소년들은 싸움이 벌어질 만 해도 덜 자주 싸운다.

2915
quit
[kwít]

v. 그만두다, 떠나다(= leave)

One of them, who painted for art's sake alone, told me that I should work harder and *quit* painting for money. |대수능|

2916
quiver
[kwívər]

v. 떨리다, 흔들(리)다(= shake)

The insect *quivered* its antennae.

2917
raft
[ræft]

v. 뗏목을 타다   *n.* 뗏목

We *rafted* ourselves across the stream.

2918
raid
[réid]

v. 급습하다, 습격하다   *n.* 급습, 습격(= sudden attack)

A wave of pirate *raided* on merchant ships.

2919
raise
[réiz]

v. 올리다, 일으키다, 기르다

Please *raise* my allowance.

2920
ramble
[ræmbəl]

v. 이리저리 거닐다, 두서없이 말하다   *n.* 산책

His speech is apt to *ramble*.
　🎓 rambler *n.* 어슬렁거리는 사람, 덩굴장미　　rambling *adj.* 산만한, 두서없는

2921
reap
[ríːp]

v. 거둬들이다, 수확하다

The farmer sowed seeds and *reaped* what he sowed.
　🎓 reaper *n.* 거둬들이는 사람, 수확기

2922
rearrange
[rìːəréindʒ]

v. 재정리하다, 재배열하다

I want to *rearrange* the furniture in my office.
　🎓 rearrangement *n.* 재정리, 재배열

2923
reassure
[rìːəʃúər]

v. 안심시키다, 재보증하다

She *reassured* me that everything was fine.
　🎓 reassurance *n.* 안심, 재보증

2924
recall
[rikɔ́ːl]

v. 상기하다(= recollect), 소환하다, 회수하다

She *recalled* with horror the night that her husband had been involved in road accident.

> Ⓣ️ᵖ 자동차 따위에서 '결함으로 인한 회수'라는 뜻으로도 많이 접하는 단어이며, 일상생활에서는 '기억하다'의 의미로 많이 쓰인다.

[예문 해석] 2915 예술만을 위해서 그림을 그렸던 그들 중 한 명이 나에게 내가 더 열심히 작업을 해야 하고 돈을 위해 그림을 그리는 것을 그만두어야 한다고 말했다.　2916 그 벌레는 더듬이를 흔들었다.　2917 우리는 뗏목으로 강을 건넜다.　2918 해적 떼가 상선을 급습했다.　2919 용돈 좀 올려주세요.　2920 그의 연설은 두서가 없는 경향이 있다.　2921 그 농부는 씨앗을 뿌리고 자신이 뿌린 것을 거두어 들였다.　2922 나는 사무실 가구를 다시 배치하고 싶다.　2923 그녀는 만사가 잘 되고 있다고 나를 안심시켰다.　2924 그녀는 오싹하는 기분을 느끼며 남편이 도로 사고에 말려들었던 날 밤을 회상했다.

2925
recapture

[riːkǽptʃər]

v. 탈환하다, 되찾다   n. 탈환, 회복

He *recaptured* the spirit of his youth.

2926
recede

[riːsíːd]

v. 물러나다, 멀어지다

The event *receded* into the dim past.

2927
receive

[risíːv]

v. 받다(= accept)

Then he smiled and told me I would *receive* an extra $5,000 a year! |대수능|

파 receiver *n.* 받는 사람, 수화기   receipt *n.* 영수증

2928
recite

[risáit]

v. 암송하다, 낭독하다

Few people can *recite* a whole page of a book after reading it only once, or play a musical composition after hearing it once. |대수능|

파 recital *n.* 암송, 독주

2929
reckon

[rékən]

v. (수를) 세다, 계산하다(= count), 간주하다

In the U.S. taxes are *reckoned* from Jan.

2930
recognize

[rékəgnàiz]

v. 인식하다(= acknowledge)

After two hours of hard work he could hardly *recognize* his room. |대수능|

파 recognition *n.* 인식, 승인   recognizable *adj.* 인식할 수 있는

2931
recollect

[rèkəlékt]

v. 생각해 내다, 회상하다(= remember)

I *recollect* him saying so.

파 recollection *n.* 회상, 추억

2932
recommend

[rèkəménd]

v. 추천하다, 권고하다(= advise)

When I arrived in London, someone in your office *recommended* the hotel to me. |대수능|

파 recommendation *n.* 추천   recommendable *adj.* 추천할 만한

2933
recover

[rikʌ́vər]

v. 회복하다

An officer of the IMF said the troubled economies would *recover* from the present economic hardships by the second half of 1999. |대수능|

파 recovery *n.* 회복, 복구

Tip recover는 노력 없이 잃었던 것을 다시 손에 넣는 것을, regain은 빼앗긴 것을 강한 의지로 되찾는 것을 말한다.

[예문 해석] **2925** 그는 젊은이의 기백을 되찾았다. **2926** 그 사건은 희미한 과거 속으로 멀어졌다. **2927** 그러고 나서 그는 미소를 지었고 나에게 1년에 5,000달러를 추가로 받을 것이라고 말했다! **2928** 책을 한번만 읽고 나서 책의 한 페이지 전체를 암기할 수 있는 사람은 거의 없고 또는 한번 듣고 나서 악보를 연주할 수 있는 사람도 거의 없다. **2929** 미국에서는 세금이 1월부터 계산된다. **2930** 두 시간 동안 힘들게 일한 후에 그는 자신의 방을 거의 알아볼 수가 없었다. **2931** 그가 그렇게 말한 것이 생각난다. **2932** 내가 런던에 도착했을 때, 당신 사무실의 누군가가 나에게 그 호텔을 추천했습니다. **2933** IMF의 한 관리는 곤란을 겪고 있는 경제가 1999년 하반기 쯤에는 현재의 경제적 어려움에서 회복될 것이라고 말했다.

2934
recur

[rikə́:r]

v. 재발하다, 순환하다, 상기되다

Old memories unexpectedly *recurred* to his mind.
ⓟ recurrence *n.* 재발, 상기

2935
recycle

[ri:sáikəl]

v. 재활용하다

I collected the old newspapers to *recycle*.
ⓟ recycling *n.* 재생

2936
redecorate

[ri:dékərèit]

v. 다시 꾸미다, 개장하다

The couple have *redecorated* their family room.

2937
redeem

[ridí:m]

v. 되찾다, 구원하다, 상환하다

Comforting others *redeemed* him from his own despair.
ⓟ redemption *n.* 되찾음, 구제, 상환

2938
redress

[ri:drés]

v. 바로잡다, 시정하다   *n.* 시정, 교정

To that end, the bank has carried out its plans by *redressing* organizational bureaucracy and inefficiency, and boosting competitiveness.
ⓗ re-dress *v.* 다시 입히다(꿰매다), 붕대를 다시 감다

2939
reduce

[ridʒú:s]

v. 줄이다, 낮추다

Then they *reduce* the price according to the age of the computer. |대수능|
ⓟ reduction *n.* 축소, 할인

2940
refer

[rifə́:r]

v. 언급하다, 참조하다, 문의하다

The word 'babe' sometimes *refers* to an innocent or inexperienced person.
ⓟ reference *n.* 언급, 참조, 문의   referee *n.* 중재인, 심판

2941
refine

[rifáin]

v. 정제하다, 세련되게 하다

More inexpensive ways of *refining* oil are being developed.
ⓟ refinement *n.* 정제, 세련   refinery *n.* 정제소

2942
reflect

[riflékt]

v. 반사하다, 반영하다, 숙고하다

He began to play with it and became fascinated by the fact that he could *reflect* light into dark places where the sun would never shine. |대수능|
ⓟ reflection *n.* 반사, 반영, 숙고   reflective *adj.* 반사하는, 생각에 잠긴

[예문 해석] **2934** 옛 추억이 문득 그의 마음속에 떠올랐다.   **2935** 나는 지난 신문들을 재활용하기 위해 모았다.   **2936** 그 부부는 그들의 가족 방을 다시 꾸몄다.   **2937** 다른 사람들을 위로함으로써 그는 그 자신의 절망에서도 구출되었다.   **2938** 그러한 목적을 가지고 그 은행은 조직 내의 관료주의와 비능률을 바로잡고 경쟁을 장려함으로써 계획을 이행했다.   **2939** 그러고 나서 그들은 컴퓨터가 얼마나 오래되었느냐에 따라 가격을 낮춘다.   **2940** babe라는 말은 때로 순진하거나 미숙한 사람을 가리킨다.   **2941** 석유를 정제하는 더 값싼 방법이 개발되고 있다.   **2942** 그는 그것을 가지고 놀기 시작했고 태양이 비칠 수 없는 어두운 곳으로 빛을 반사시킬 수 있다는 사실에 매료되었다.

2943
reform
[ri:fɔ́:rm]

v. 개혁하다, 개정하다

They *reformed* the voting system, and introduced a secret ballot.

파 reformation *n.* 개혁, 개정, 개선   reformer *n.* 개혁가

2944
refrain
[rifréin]

v. 그만두다, 삼가다(=abstain)

Please *refrain* from playing loud music in residential areas.

표현 refrain oneself 자제하다, 근신하다

2945
refresh
[rifréʃ]

v. 상쾌하게 하다, 새롭게 하다

Being with her is as beautiful as a colorful rainbow, a fresh box of crayons or a cool shower on a hot day — *refreshing*. |대수능|

파 refreshing *adj.* 상쾌하게 하는, 산뜻한

2946
refrigerate
[rifrídʒərèit]

v. 냉각하다, 서늘하게 하다

It lasts a few weeks, if you keep it *refrigerated*.

파 refrigerator *n.* 냉장고   refrigeration *n.* 냉동

2947
refuse
[rifjú:z]

v. 거절하다, 거부하다

There are some children who are so rude that they *refuse* to accept any rules. |대수능|

파 refusal *n.* 거절, 거부

2948
register
[rédʒəstər]

v. 등록하다(=record), 가리키다

But when I entered the subway, the thermometer I had with me *registered* 32°C. |대수능|

파 registration *n.* 등록

2949
rehabilitate
[rì:həbílətèit]

v. 원상태로 되돌리다, 사회 복귀시키다

Courts avoid punishing youthful offenders too severely, in an effort to *rehabilitate* them.

파 rehabilitation *n.* 사회 복귀, 명예 회복

Tip [re(=again)+habilit(=suitable)+ate(=make)] habilit는 '적합한'의 의미이다.

2950
reject
[ridʒékt]

v. 거절하다, 거부하다

But when she knew she was *rejected* for the job, she sank into a chair with disappointment. |대수능|

파 rejection *n.* 거절, 거부

[예문 해석] **2943** 그들은 투표 제도를 개정하여 비밀 투표제를 도입했다.   **2944** 주택가에서는 음악을 크게 트는 것을 삼가주시기 바랍니다. **2945** 그녀와 함께 있다는 것은 다채로운 무지개나 새 크레용 상자처럼 아름답거나 무더운 날의 시원한 소나기처럼 상쾌하다.   **2946** 냉장 상태로 보관한다면, 그것은 몇 주 동안 오래 간다.   **2947** 너무 무례해서 어떠한 규칙도 받아들이려고 하지 않는 일부 아이들이 있다.   **2948** 그러나 내가 지하철에 들어갔을 때, 내가 겪은 온도는 섭씨 32도를 가리켰다.   **2949** 법원은 청소년 범법자들을 교화하기 위한 노력의 일환으로 너무 가혹한 처벌은 내리지 않는다.   **2950** 그러나 그녀가 그 직장에서 거부되었다는 것을 알았을 때, 그녀는 실망하여 의자에 풀썩 주저 앉았다.

2951
rejoice

[ridʒɔ́is]

v. 기뻐하다, 축하하다

The whole nation were *rejoiced* to hear the news.

> (Tip) rejoice at은 주로 남의 일에 대한 기쁨이고, rejoice in은 자기 일을 기뻐하는 경우가 많다.

2952
rejuvenate

[ridʒú:vənèit]

v. 다시 젊어지게 하다, 활기 띠게 하다

That vacation has *rejuvenated* him.

2953
rekindle

[ri:kíndl]

v. 다시 불타다, 다시 기운을 돋우다

We hoped we could *rekindle* his enthusiasm for cricket.

2954
relate

[riléit]

v. 관련시키다, 이야기하다

The problems *related* with wet ink could now be avoided, and the need for something better was finally answered. |대수능|

(파) relation *n.* 관계   relationship *n.* 관계, 친척 관계

2955
relax

[riláeks]

v. 늦추다(=loosen), 느슨해지다, 긴장[피로]을 풀다

I'd like to *relax* on a beach near the ocean.

(파) relaxed *adj.* 긴장을 푼, 편한

2956
release

[rilí:s]

v. 풀어 놓다, 해방[석방]하다(=set free)   *n.* 석방

The government *released* some prisoners.

(반) imprison *v.* 수감하다   withhold *v.* 억누르다

2957
relent

[rilént]

v. (마음이) 누그러지다, 부드러워지다

His mother *relented* and gave permission for her youngest son to marry.

(파) relentless *adj.* 냉혹한, 가차 없는

2958
relieve

[rilí:v]

v. 경감하다, 구제하다, 안심시키다

Play is physically restful and *relieves* tensions as we share our emotions with others. |대수능|

(파) relief *n.* 구제, 기분 전환   (표현) relieve A of B A에서 B를 구제(경감)하다

2959
rely

[rilái]

v. 의지하다(=depend), 신뢰하다

The Health clinic is *relying* on volunteers to run the office and answer the telephone.

(파) reliance *n.* 신뢰   reliable *adj.* 의지가 되는, 믿음직한   reliant *adj.* 믿는, 신뢰하는

[예문 해석] **2951** 그 소식을 듣고 온 국민이 환호했다.   **2952** 그 휴가로 그는 원기를 회복했다.   **2953** 우리는 우리가 그의 크리켓에 관한 열정을 다시 북돋우기를 희망했다.   **2954** 젖은 잉크와 관련된 문제들은 이제야 피할 수 있었고 더 나은 어떤 것에 대한 욕구가 마침내 해결되었다. **2955** 나는 바다 근처의 해변에서 편히 쉬고 싶다.   **2956** 정부는 몇 명의 죄수를 석방했다.   **2957** 그의 어머니는 마음 누그러져서 그녀의 막내 아들이 결혼하는 것을 허락했다.   **2958** 놀이는 육체적인 휴식을 주며 우리가 다른 사람들과 우리의 감정을 공유할 때 긴장을 덜어준다. **2959** 그 건강 클리닉은 사무실 운영과 전화 응대를 자원 봉사자에게 의지하고 있다.

2960
remain

[riméin]

v. 남아 있다, 여전히 ~하다

Then she opened her one *remaining* card, and found these words printed on it: This little card is just to say a gift from me is on the way. |대수능|

Ⓟ remainder *n.* 잔여, 잔류자

2961
remind

[rimáind]

v. 생각나게 하다, 상기시키다

People were advised to use chopsticks instead of knives at the table because knives would *remind* them of killing animals. |대수능|

Ⓟ reminder *n.* 생각나게 하는 것

2962
remove

[rimú:v]

v. 제거하다, 옮기다

First, they *removed* all parts inside the body except the heart. |대수능|

Ⓟ removal *n.* 제거, 면직   removable *adj.* 제거할 수 있는

2963
render

[réndər]

v. 주다, ~이 되게 하다(=make, give)

I have often ordered equipment which has been *rendered* obsolete before it was ever used. |대수능|

표현 render up (기도 따위를) 올리다, ~을 말하다

2964
renew

[rinjú:]

v. 새롭게 하다, 갱신하다

So just come in and *renew* your visa before it expires.

Ⓟ renewal *n.* 갱신

2965
renovate

[rénəvèit]

v. 새롭게 하다, 수리하다, 혁신하다

I'd like to *renovate* my old house.

Ⓟ renovation *n.* 개선, 수리, 혁신

2966
rent

[rént]

v. 빌리다, 임대하다   *n.* 임대료, 집세

I'd like to *rent* a compact car for four days.

관련 rent-free *adj.* 사용료를 물지 않는

2967
repair

[ripέər]

v. 고치다, 수선하다(=mend)

Why don't you have your shoes *repaired*? Then you'll feel better. |대수능|

관련 repairman *n.* 수리공

2968
repel

[ripél]

v. 쫓아버리다, 격퇴하다

This cream *repels* insects.

Ⓟ repellent *adj.* 혐오감을 주는, 물리치는

[예문 해석] **2960** 그러고 나서 그녀는 남아 있는 한 장의 카드를 열어보고 이러한 글자들이 쓰여 있음을 발견했다. 이 작은 카드는 저로부터 선물 하나가 당신에게로 가고 있음을 알려드리기 위한 것입니다.   **2961** 사람들은 칼이 그들에게 동물을 죽이는 것을 상기시켰기 때문에 식사시에 칼 대신에 젓가락 사용을 권유받았다.   **2962** 우선 그들은 심장을 제외한 신체의 모든 장기들을 제거했다.   **2963** 나는 종종 사용되기도 전에 구식이 되어버렸던 장비를 주문했다.   **2964** 그럼 입국하셔서 만기 전에 비자를 갱신하십시오.   **2965** 내 낡은 집을 수리하고 싶다.   **2966** 나흘간 소형 차를 빌리고 싶습니다.   **2967** 네 신발을 수선하는 게 어때? 그러면 기분이 훨씬 나아질 거야.   **2968** 이 크림은 곤충을 쫓아버린다.

2969
repent

[ripént]

v. 후회하다, 뉘우치다(= regret)

She *repented* her careless talk.

ⓟ repentance *n.* 후회, 회개

2970
replace

[ripléis]

v. 대체[대신]하다, 제자리에 놓다

Will cyber schools *replace* traditional schools some day? |대수능|

ⓟ replacement *n.* 대체, 교체, 반환   replaceable *adj.* 바꾸어 놓을 수 있는

2971
reply

[riplái]

v. 대답하다(= answer), 응답하다   *n.* 대답

Well. I'm busy *replying* to my fans. |대수능|

2972
report

[ripɔ́ːrt]

v. 보도하다   *n.* 보도, 보고

Gears Company *reported* a 31.5 percent rise in sales in November. |대수능|

2973
repose

[ripóuz]

v. 쉬다, 눕히다, 영면하다(= rest)   *n.* 휴식

His ashes *repose* in Westminster Abbey.

ⓟ repository *n.* 저장소, 창고, 납골당

2974
repot

[riːpát]

v. (식물을) 다른 화분에 옮겨 심다

As your plants flourish, you'll need to *repot* them in bigger pots.

2975
represent

[rèprizént]

v. 나타내다, 대표하다, 표현하다

Red *represents* anger for some people. |대수능|

ⓟ representation *n.* 대표, 표현   representative *n.* 대표자, 대리인, 대의원

2976
reproach

[ripróutʃ]

v. 비난하다, 나무라다(= blame)

They *reproached* him for cowardice.

ⓟ reproachful *adj.* 비난할 만한

2977
reprove

[riprúːv]

v. 꾸짖다, 비난하다(= censure)

She was *reproved* by her mother for disobedience.

ⓟ reproof *n.* 비난, 꾸짖음

2978
require

[rikwáiər]

v. 요구하다, 필요로 하다(= need)

A delinquent person is one who fails to do what law or obligation *requires*.

ⓟ requirement *n.* 요구, 필요   requisite *adj.* 필요한, 필수의

[예문 해석] **2969** 그녀는 자신의 경솔한 말을 후회했다.   **2970** 사이버 학교들이 전통적인 학교들을 언젠가 대체할까요?   **2971** 글쎄요. 나는 나의 팬들에게 편지를 쓰느라 바쁩니다.   **2972** Gears 사는 11월에 31.5퍼센트의 판매량 증가를 보도했다.   **2973** 그의 유해는 Westminster 성당에 안치되어 있다.   **2974** 당신의 식물들이 컸다면, 그것들을 큰 화분에 옮겨 심어야 할 것이다.   **2975** 빨강은 일부 사람들에게 분노를 의미한다.   **2976** 그들은 그가 비겁하다고 비난했다.   **2977** 그녀는 말을 듣지 않아서 어머니한테 야단맞았다.   **2978** 직무 태만한 사람이란 법이나 의무가 요구하는 바를 이행하지 못하는 사람이다.

2979
rescue

[réskju:]

v. 구조하다, 구출하다   *n.* 구출, 구원

The World Wildlife Foundation has *rescued* several species of animals since 1961. |대수능|

표현 a rescue operation 구조 작전

2980
resent

[rizént]

v. 분개하다, 원망하다

Everybody began to *resent* his rude behavior and frequent interference.

파 resentment *n.* 노함, 분개   resentful *adj.* 분개한 |대수능|

2981
reserve

[rizə́:rv]

v. 남겨[떼어] 두다, 예약하다, 보류하다

The pleasures of contact with the natural world are not *reserved* just for the artists. |대수능|

파 reservation *n.* 예약, 보류

2982
reside

[rizáid]

v. 거주하다(=live), 존재하다

Margaret *resides* with her invalid mother in a London suburb.

파 residence *n.* 주거, 주택, 거주   resident *n.* 거주자   residential *adj.* 주거의

2983
resign

[rizáin]

v. 사임하다, 포기하다

The Opposition requested the Cabinet to *resign* en bloc.

파 resignation *n.* 사직, 체념

2984
resist

[rizíst]

v. 저항하다, 견디다

In addition, some teachers suffer because their pupils *resist* them. |대수능|

파 resistance *n.* 저항   resistant *adj.* 저항하는   resistible *adj.* 저항[저지]할 수 있는

2985
resound

[rizáund]

v. 울리다, 울려 퍼지다, 반향하다(=echo)

The room *resounded* with the children's shouts.

파 resounding *adj.* 반향하는, 널리 알려진

2986
respect

[rispékt]

v. 존경하다(=honor)   *n.* 존경, 점(=point)

Their communication will be more successful if parents *respect* their other-sex child's different way of speaking. |대수능|

파 respective *adj.* 각각의, 각자의   respecting *prep.* ~에 관하여

2987
respond

[rispánd]

v. 반응하다, 응답하다

Another child *responded*, "I want to be a millionaire." |대수능|

파 response *n.* 응답, 반응   respondent *n.* 답변자   responsive *adj.* 대답하는

[예문 해석] **2979** 세계 야생동물 협회는 1961년 이후 몇몇 종의 동물들을 구해왔다.   **2980** 모든 사람들이 그의 무례한 행동과 빈번한 간섭에 분개하기 시작했다.   **2981** 자연의 세계와 접촉하는 즐거움은 예술가들에게만 국한된 것은 아니다.   **2982** Margaret은 런던 교외에서 그녀의 아픈 어머니와 함께 산다.   **2983** 야당은 내각의 총 퇴진을 요구했다.   **2984** 게다가, 일부 선생님들은 학생들이 그들에게 대들기 때문에 고통을 받는다.   **2985** 방은 아이들의 고함소리로 울려 퍼졌다.   **2986** 부모들이 성별이 다른 자녀의 다르게 말하는 방식을 존중한다면 그들의 의사소통은 더욱 원활해질 것이다.   **2987** 또 다른 아이는 "저는 백만장자가 되고 싶어요."라고 응답했다.

2988
rest

[rést]

v. 쉬다, 의존하다   *n.* 휴식, 안정

All knowledge *rests* on experience.

⑪ restful *adj.* 편안한, 평온한

2989
restrain

[ristréin]

v. 억제하다(= hold back), 제지하다, 구속하다

He was so angry he could hardly *restrain* himself.

⑪ restrained *adj.* 억제된, 자제하는

2990
restrict

[ristríkt]

v. 제한하다, 한정하다, 속박하다(= confine)

Congress is considering measures to *restrict* the sale of cigarettes.

⑪ restriction *n.* 제한, 한정

2991
resume

[rizú:m]

v. 다시 차지하다, 다시 시작하다(= begin again)

Full service will *resume* on the twelfth.

⑪ resumption *n.* 되찾음, 회수, 재개시

2992
retain

[ritéin]

v. 보유하다, 계속 유지하다

We manufacture memory products that *retain* their data.

⑪ retention *n.* 보유, 보류, 유지

2993
retaliate

[ritǽlièit]

v. 보복하다, 앙갚음하다

I will *retaliate* on them.

⑪ retaliation *n.* 보복, 앙갚음

2994
retard

[ritá:rd]

v. 속력을 늦추다, 더디게 하다(= delay)

A rise in interest rates would severely *retard* economic growth.

⑪ retarded *adj.* 지능 발달이 늦은, 뒤진

2995
retire

[ritáiər]

v. 은퇴하다, 물러나다(= withdraw)

Fortunately, I seem to remember that I'm *retired*. |대수능|

⑪ retirement *n.* 은퇴, 은둔   retiree *n.* 은퇴자

2996
retort

[ritɔ́:rt]

v. 반론하여 말하다, 말대꾸하다

He *retorted* against me, saying I was to blame.

2997
retreat

[ritrí:t]

v. 퇴각하다   *n.* 퇴각, 은퇴

After briefly brushing the 160-yen level, the dollar *retreated* a bit and settled at 157.4 yen in Tokyo.

[예문 해석] **2988** 모든 지식은 경험에 의존한다.   **2989** 그는 너무 화가 나서 거의 자제할 수가 없었다.   **2990** 의회는 담배 판매를 제한하는 조치를 고려하고 있다.   **2991** 모든 시설의 이용은 12일부터 재개될 것이다.   **2992** 우리는 데이터를 보유하는 메모리 제품을 생산한다.   **2993** 나는 그들에게 복수할 작정이다.   **2994** 이자율 상승은 경제 성장을 심각하게 지연시킬 것이다.   **2995** 다행히도, 나는 내가 은퇴했다는 것은 기억하는 것 같다.   **2996** 그는 내가 잘못했다고 말대꾸했다.   **2997** 도쿄에서 달러화는 잠시 160엔 수준에 머물다가 조금 후퇴하여 157.4엔의 종가를 기록했다.

2998
retrieve

[ritríːv]

v. 회수하다, 되찾다(= get back), 회복하다

Never go toward a bear, and don't try to *retrieve* food or belongings that a bear might have taken.

Ⓟ retrieval *n.* 회수, 만회

2999
return

[ritə́ːrn]

v. 돌아오다(= come back), 돌려주다   *n.* 귀환, 반환

She *returned* to the shop the following morning dressed in a fur coat.

표현 in return for ~의 답례로 |대수능|

> Ⓣip return은 매우 정형적인 격식을 차린 표현에 쓰는 단어이다. 일상 대화에서 원어민들은 go back, come back, get back을 쓴다. return 뒤에 back을 쓰지 않도록 주의한다.

3000
reuse

[rìːjúːz]

v. 다시 사용[이용]하다

You mean we can *reuse* this old newspaper? |대수능|

Ⓟ reusability *n.* 재사용성

[예문 해석] **2998** 곰한테 다가간다거나, 곰이 물어 갔다고 해서 음식이나 소지품을 되찾으러 가지 마십시오.   **2999** 그녀는 그 다음 날 아침 모피 코트를 입고서 가게에 다시 왔다.   **3000** 우리가 이 오래된 신문을 재활용할 수 있다는 말입니까?

30ᵀᴴ LECTURE MASTERING IDIOMS

- **on the basis of**   ~에 기초하여

  Then the company can re-plan its strategy *on the basis of* the consultant's advice.

  그런 후에 그 회사는 자문인의 조언을 기초로 해서 전략을 다시 세울 수 있다.

- **on the contrary**   그와는 반대로, 반면에

  In jazz, *on the contrary*, the performers often improvise their own melodies.

  반면에, 재즈에서는 공연을 하는 사람들이 종종 자신들의 멜로디를 즉흥 연주한다.

- **on the line**   전화를 받고 있는

  To speak to a customer service representative, press zero now, or stay *on the line*.

  상담원과 통화하시려면 0번을 누르시거나, 그대로 잠시 기다려주세요.

- **on the other hand**   한편, 반면에

  On the other hand, pop stars can influence their fans positively.

  한편, 대중 스타들은 자신들의 팬들에게 긍정적으로 영향을 미칠 수 있다.

- **on the rise**   증가 중인

  Land values are *on the rise*. 땅 값이 등귀하고 있다.

- **on the way**   가고 있는 중인, 가는 길에

  Is there a drugstore *on the way*? 가는 길에 약국이 있나요?

- **on the whole**   일반적으로, 대체로

  On the whole Koreans are diligent. 대체로 한국인은 부지런하다.

- **on time**   정각에

  I couldn't arrive *on time* because I missed the bus. 버스를 놓쳐서 정각에 도착할 수가 없었다.

- **on vacation**   휴가 중인

  Did you play golf while you were *on vacation*? 휴가 기간 동안 골프 치셨어요?

- **on view**   전시(공개)되고 있는, 전람 중에

  The design for this year's products will be *on view*. 올해 나온 상품들의 디자인이 전시될 것이다.

- **one another**   서로서로

  Even if animals are different from *one another*, they all belong to the same kingdom.

  비록 동물들은 서로 다르지만, 그들은 똑같은 왕국에 속해 있다.

- **only a few**   아주 적은 수의

  I received *only a few* Christmas cards. 나는 겨우 몇 장의 크리스마스카드를 받았다.

30TH LECTURE REVIEW TEST

● 빈칸에 알맞은 단어나 뜻을 쓰시오.

1. protest	_____	26. rekindle	_____
2. prowl	_____	27. relent	_____
3. puff	_____	28. render	_____
4. _____	구두점을 찍다	29. repel	_____
5. purchase	_____	30. _____	후회하다, 뉘우치다
6. pursue	_____	31. repose	_____
7. quake	_____	32. reproach	_____
8. _____	자격(자질)을 갖추다	33. reprove	_____
9. quiver	_____	34. rescue	_____
10. raft	_____	35. _____	분개하다, 원망하다
11. raid	_____	36. _____	거주하다, 존재하다
12. _____	이리저리 거닐다	37. resign	_____
13. reap	_____	38. respond	_____
14. recapture	_____	39. restrain	_____
15. _____	물러나다, 멀어지다	40. _____	제한하다, 한정하다
16. reckon	_____	41. resume	_____
17. recur	_____	42. retain	_____
18. _____	되찾다, 구원하다	43. retaliate	_____
19. redress	_____	44. retard	_____
20. refine	_____	45. _____	은퇴하다, 물러나다
21. refrain	_____	46. retort	_____
22. refrigerate	_____	47. retreat	_____
23. rehabilitate	_____	48. retrieve	_____
24. rejoice	_____	49. return	_____
25. rejuvenate	_____	50. reuse	_____

정답 | 기본 페이지 참조

31ST LECTURE

| 3001 **reveal** ~ 3100 **snub** |

SUMMA CUM LAUDE VOCABULARY

3001
reveal

[riví:l]

v. 나타내다(= disclose), 밝히다

How you draw a picture of you and your parents **can** *reveal* much about yourself. |대수능|

(파) revelation *n.* 폭로

3002
revel

[révəl]

v. 주연을 베풀다, 한껏 즐기다, 흥청거리고 마시며 시간을 보내다

They *reveled* all night long.

3003
reverberate

[rivə́:rbərèit]

v. 반향하다, 울려 퍼지다, 반사하다

A loud voice *reverberated* through the hall.

3004
revere

[rivíər]

v. 존경하다, 숭배하다

He was a *revered* figure with a national reputation.

(파) reverence *n.* 숭배, 존경   reverent *adj.* 경건한, 공손한

3005
revert

[rivə́:rt]

v. 본 상태로 되돌아가다(= return), 복귀하다

The region has *reverted* to a wilderness.

(파) reversion *n.* 역전, 전환, 복귀

3006
review

[rivjú:]

v. 다시 보여주다, 복습하다, 재검토하다   *n.* 복습, 재검토, 평론

The evening newscast *reviewed* the happenings of the day.

3007
revise

[riváiz]

v. 개정하다, 교정하다

This book has been completely *revised*.

(파) revision *n.* 개정, 교정

[예문 해석] 3001 당신이 당신과 당신의 부모님들을 어떻게 그리느냐는 당신 자신에 대한 많은 것을 나타내줄 수 있다.   3002 그들은 밤새껏 흥청거리며 놀았다.   3003 큰 목소리가 회장 안에 울려 퍼졌다.   3004 그는 국가적인 명성을 가진 존경받는 인물이었다.   3005 그 지방은 본래의 황야로 되돌아갔다.   3006 저녁 뉴스 방송은 하루 동안의 사건들을 다시 보여주었다.   3007 이 책은 전면 개정되었다.

3008
rid

[ríd]

v. 제거하다

We should get *rid* of all the cars in the world. |대수능|

(표현) **get rid of** ~을 제거하다

3009
ridicule

[rídikjùːl]

v. 놀리다, 비웃다, 조롱하다(= laugh at)　n. 비웃음, 조소, 조롱

Don't *ridicule* your friends.

(파) **ridiculous** *adj.* 우스운, 어리석은

3010
rip

[ríp]

v. 쪼개다, 째다, 찢다(= tear)

She *ripped* up his letter without reading it.

3011
roam

[róum]

v. (건들건들) 거닐다, 방랑하다, 배회하다(= wander)

I think zoo should let their animals *roam* around as freely as possible.

3012
roar

[rɔ́ːr]

v. 으르렁거리다, 고함치다(= bawl)

The crowd *roared* when he caught the ball.

(파) **roaring** *adj.* 울부짖는, 고함치는

3013
rob

[ráb]

v. 훔치다, 털다

Two men formed a plot to *rob* the bank.

(파) **robber** *n.* 도둑, 강도　**robbery** *n.* 강도 행위, 약탈

3014
roll

[róul]

v. 굴리다, 말다, 구르다　n. 회전, 두루마리, 출석부

The stones on the river bank *rolled* under her feet, and she was being pulled into the river. |대수능|

(표현) **call the roll** 출석을 부르다, 점호하다

3015
rotate

[róuteit]

v. 회전(순환)하다(= revolve), 교대하다

The fact that the earth *rotates* is apparent to everybody.

(파) **rotation** *n.* 회전, 교대, 순환

3016
rouse

[ráuz]

v. 깨우다(= waken), 일으키다

The word *roused* him to fury.

3017
rove

[róuv]

v. 헤매다(= roam), 배회하다(= wander about)

The invaders *roved* through the country.

(파) **rover** *n.* 배회자, 유랑자

[예문 해석] 3008 우리는 세상에 있는 모든 차들을 제거해야 한다.　3009 친구를 놀리지 마라.　3010 그녀는 그의 편지를 읽지도 않고 찢어버렸다.　3011 동물원은 동물들이 가능한 한 자유롭게 돌아다니게 해야 한다고 나는 생각한다.　3012 그가 공을 잡자 관중들은 고함을 쳤다. 3013 두 남자는 은행을 털자는 음모를 꾸몄다.　3014 강둑의 돌들이 그녀의 발 밑에서 굴렀고 그녀는 강으로 끌려 들어가고 있었다.　3015 지구가 자전한다는 사실은 모두에게 명백하다.　3016 그 말 때문에 그는 격분했다.　3017 침략자들은 온 나라 안을 배회했다.

3018
rub

[rʌ́b]

v. 문지르다, 마찰하다

He *rubbed* his eyes and yawned.

3019
ruffle

[rʌ́fl]

v. 구기다, 주름살이 지게 하다, 어지럽히다

Such trifles occasionally *ruffle* my temper.

3020
rush

[rʌ́ʃ]

v. 돌진하다(=dash), 달려들다

A turbulent mob *rushed* into the store.

3021
rustle

[rʌ́sl]

v. 와삭거리다, 바스락거리다

The wind *rustles* the leaves.

3022
sag

[sǽg]

v. 휘다, 처지다, 축 늘어지다

If you don't pull the rope taut, the tent will *sag*.

3023
sail

[séil]

v. 항해하다(=navigate) *n.* 돛

We can't *sail* until there is some moderation in the storm.

　㈜ sailing *n.* 항해　sailor *n.* 선원　관련 sailboat *n.* 범선

3024
salvage

[sǽlvidʒ]

v. 구출하다 *n.* 해난 구조, 구조

The team's first task was to decide what equipment could be *salvaged*.

　㈜ salvation *n.* 구조, 구제, 구원

3025
save

[séiv]

v. 구하다(=rescue), 덜다, 모으다, 저축하다

He managed to *save* half of his earnings.

　㈜ saver *n.* 구조자, 절약가

3026
savor

[séivər]

v. 맛을 보다 *n.* 맛(=relish), 풍미(=taste), 향기

I don't have the time to *savor* this win.

3027
saw

[sɔ́:]

v. 톱질하다 *n.* 톱

He's *sawing* a wood plank to make a chair.

　혼 sow *v.* 씨를 뿌리다　sew *v.* 꿰매다, 깁다

3028
scan

[skǽn]

v. 자세히 조사하다, 탐지하다, 대충 훑어보다(미국 구어)

All computer disks must be *scanned* immediately upon entry to this building.

　㈜ scanner *n.* 정밀히 조사하는 사람, 스캐너

[예문 해석] 3018 그는 눈을 비비고 하품을 했다.　3019 이런 사소한 일들이 때로는 나를 속상하게 한다.　3020 소란스러운 군중이 가게 안으로 돌진했다.　3021 바람이 불어 잎들이 바스락거린다.　3022 로프를 팽팽히 당기지 않으면 텐트가 처질 것이다.　3023 폭풍이 어느 정도 가라앉을 때까지 우리는 항해할 수 없다.　3024 그 팀의 첫 번째 일은 어떤 장비가 구출될 수 있을까를 결정하는 것이었다.　3025 그는 용케 소득의 절반을 저축했다.　3026 나는 이번 승리를 즐길 시간이 없다.　3027 그는 의자를 만들기 위해 널빤지를 톱질하고 있다.　3028 이 건물에 반입되는 모든 컴퓨터 디스크는 즉시 검사를 받아야 한다.

3029
scatter

[skǽtər]

v. 뿌리다, 흩뿌리다

The farmer *scattered* seeds over the field.

3030
scold

[skóuld]

v. 나무라다, 잔소리하다

His mother looked out of the window and *scolded* him. |대수능|

3031
scoop

[skú:p]

v. 국자로 푸다   n. 국자, 큰 숟가락

The man is *scooping* ice cream into the container.

3032
scorch

[skɔ́:rtʃ]

v. 태우다, 시들게 하다, 초토화하다

The cake tastes *scorched*.

(파) scorcher n. 굉장히 더운 날, 혹평, 폭주족   scorching adj. 태우는 듯한, 매우 더운

3033
scout

[skáut]

v. 수색하다   n. 신인을 찾는 것[사람], 정찰병, 수색병

The officer instructed his unit to *scout* the area five miles upriver.

3034
scrape

[skréip]

v. 문지르다, 긁어모으다

First you should dry the mud and then *scrape* it off.

3035
scratch

[skrǽtʃ]

v. 긁다, 할퀴다, 휘갈겨 쓰다

I *scratched* the place where the mosquito bit me.

3036
scrawl

[skrɔ́:l]

v. 휘갈겨 쓰다, 흘려 쓰다

He *scrawled* a few sentences on the blackboard.

3037
scream

[skrí:m]

v. 소리 지르다

Before he could reach the door, my mother and I ran out *screaming*. |대수능|

3038
screech

[skrí:tʃ]

v. 날카로운 소리로 외치다   n. 날카로운 소리, 비명

She *screeched* out her innocence.

3039
scrub

[skrʌ́b]

v. 비벼 빨다, 북북 문지르다

Scrub the toilets with abrasive cleanser and then rinse them thoroughly.

3040
scrutinize

[skrú:tənàiz]

v. 자세히 조사하다, 음미하다

Federal bank examiners *scrutinized* the books of 600 financial institutions.

(파) scrutiny n. 자세한 조사

[예문 해석] **3029** 농부는 밭에 씨를 뿌렸다.   **3030** 그의 엄마는 창밖을 내다보며 그를 꾸짖었다.   **3031** 남자가 아이스크림을 국자로 퍼서 용기 안에 넣고 있다.   **3032** 그 과자는 탄내가 난다.   **3033** 장교는 부대원들에게 강 상류쪽 5마일 부근을 수색하라고 지시했다.   **3034** 우선 진흙을 말린 다음에 문질러서 털어내야 한다.   **3035** 나는 모기 물린 곳을 긁었다.   **3036** 그는 몇몇 문장을 칠판에 갈겨썼다.   **3037** 그가 문에 도착하기도 전에 우리 엄마와 나는 소리를 지르면서 뛰어 나갔다.   **3038** 그녀는 날카로운 소리로 자기의 결백을 외쳤다.   **3039** 변기는 연마 세척제로 빡빡 문지른 후 말끔하게 헹궈주세요.   **3040** 연방은행 감독관들은 600개의 금융기관들의 회계 장부를 자세히 조사했다.

3041
search

[sə́:rtʃ]

v. 찾다(=seek), 조사하다

The dog could *search* a car for drugs in just five minutes. |대수능|
(표현) search for ~을 찾다

3042
season

[sí:zn]

v. 맛을 내다, 흥미를 돋우다, 익숙케 하다   *n.* 계절

Season it with garlic.
(파) seasoning *n.* 조미료, 양념, 흥취   seasoned *adj.* 양념한, 경험이 많은

3043
secrete

[sikrí:t]

v. 분비하다, 비밀로 하다, 은닉하다

Many species of trees *secrete* toxic substances into the soil to inhibit the growth of and competition from other plant species.
(파) secret *n.* 비밀

3044
seek

[sí:k]

v. 찾다(=search), 추구하다

Sometimes, however, they *seek* opinions from their parents. |대수능|
(표현) seek after ~을 구하다, 찾다

3045
seem

[sí:m]

v. ~처럼 보이다(=appear), ~인 것 같다

Everything *seems* to be harmony with one another.

3046
seep

[sí:p]

v. 스며나오다, 새다, (생각 따위가) 침투하다

Cold *seeped* into my bones.

3047
segregate

[ségrigèit]

v. 분리하다, 격리하다

Police *segregated* the two rival camps of protesters.
(파) segregation *n.* 분리, 격리, 차단

3048
seize

[sí:z]

v. 붙잡다(=grasp), 붙들다

He is prompt to *seize* an opportunity.
(파) seizure *n.* 붙잡기, 압류

3049
select

[silékt]

v. 선택하다, 고르다(=choose)

If you want to diet, you should consult a physician because it is difficult to *select* for yourself a proper diet. |대수능|
(파) selection *n.* 선택, 발췌   selective *adj.* 선택의

(Tip) [se(=apart)+lect(=choose)] lect는 '고르다, 선택하다, 뽑다' 의 의미이다.

[예문 해석] **3041** 그 개는 단 5분이면 차에 있는 마약을 찾을 수 있을지도 모른다.   **3042** 마늘을 넣어 맛을 내라.   **3043** 많은 종의 나무들은 다른 식물 종의 성장을 억제하고 경쟁을 막기 위해서 유독 물질을 땅 속으로 분비한다.   **3044** 그러나 때때로 그들은 그들의 부모들로부터 의견을 구한다.   **3045** 모든 것들이 서로 조화를 이룬 것처럼 보인다.   **3046** 냉기가 내 뼈 속으로 스며들었다.   **3047** 경찰은 두 라이벌 항의자 진영을 격리시켰다.   **3048** 그는 기회 포착이 빠르다.   **3049** 당신이 다이어트를 원한다면, 당신을 위한 적절한 식이요법을 선택하는 것이 어렵기 때문에 의사와 상담해야 한다.

3050
separate

[sépərèit]

v. 떼어 놓다, 분리하다, 나누다(=divide)

Kidneys *separate* waste liquid from the blood.

파 separation *n.* 분리, 떨어짐, 이탈

3051
serve

[sə́:rv]

v. 섬기다, 봉사하다, 도움이 되다

Oceans *serve* as the main arteries of transportation between continents.

파 service *n.* 서비스, 봉사

3052
settle

[sétl]

v. 정착하다, 진정하다, 해결하다

I always *settle* down comfortably in a barber chair and listen patiently to the barber. |대수능|

파 settlement *n.* 정착(지), 정주

3053
sever

[sévər]

v. 절단하다(=cut off), 끊다

Richardson *severed* his right foot in a motorbike accident.

파 severance *n.* 절단, 분리, 단절

3054
shake

[ʃéik]

v. 흔들다, 흔들리다

The ground began to *shake* very gently. |대수능|

파 shaker *n.* 흔드는 사람(것)

3055
share

[ʃɛ́ər]

v. 나누다   *n.* 몫, 분담, 주식

When all members of my family *share* good and sad times, and communicate with each other, I am happy. |대수능|

관련 shareholder *n.* 주주

3056
shatter

[ʃǽtər]

v. 산산이 부수다(=smash), 박살내다

As soon as the boss left on vacation, the office calm was *shattered* by a series of crises.

파 shattered *adj.* 산산이 부서진, 손상된

3057
shave

[ʃéiv]

v. 깎다, 면도하다

Are you growing a beard, or did you just forget to *shave* this morning?

파 shaver *n.* 이발사, 면도기   shaven *adj.* (수염을) 깎은

3058
shed

[ʃéd]

v. 흘리다, 뿌리다   *n.* 헛간, 광

The girl *shed* tears.

표현 shed light on ~을 비추어 보다

[예문 해석] **3050** 신장은 피에서 노폐물을 걸러낸다. **3051** 대양들은 대륙 간 수송의 대동맥 구실을 한다. **3052** 나는 항상 편안하게 이발소 의자에 앉아 느긋이 이발사의 말에 귀를 기울인다. **3053** Richardson은 오토바이 사고로 오른발을 절단했다. **3054** 땅이 아주 약하게 흔들리기 시작했다. **3055** 나의 가족 구성원 모두가 기쁨과 슬픔의 시간을 공유하고 서로 의사소통을 할 때 나는 행복하다. **3056** 상사가 휴가로 자리를 비우자마자 문제가 계속 터지면서 사무실의 평온함이 깨져버렸다. **3057** 수염 기르시는 거예요, 아니면 오늘 아침 잊어버리고 면도를 안 한 거예요? **3058** 소녀는 눈물을 흘렸다.

3059
shift

[ʃíft]

v. 이동하다, 자리를 옮기다

Apparently the odds have started to *shift*.

(혼) sift *v.* 체로 치다, 걸러내다

3060
shimmer

[ʃímər]

v. 희미하게 반짝이다   *n.* 어렴풋한 빛, 미광

The lights *shimmered* on the water.

3061
shine

[ʃáin]

v. 비추다

We can see an object only when a light *shines* on it. |대수능|

(파) shiny *adj.* 빛나는

3062
shiver

[ʃívər]

v. 와들와들 떨다(= tremble)

Her lips *shivered*.

3063
shoot

[ʃúːt]

v. 쏘다, 사살하다, 던지다

The soldiers were being taught to *shoot* with rifles.

(관련) shooting star *n.* 유성

3064
shout

[ʃáut]

v. 외치다, 큰 소리로 말하다

You need not *shout* at such a trifle.

3065
shove

[ʃʌ́v]

v. 밀치다, 떠밀다

He *shoved* open the door.

3066
shrink

[ʃríŋk]

v. 오그라들다(= contract), 축소시키다

Hot water *shrinks* woolen clothes.

(파) shrinkage *n.* 줄이기, 축소

3067
shrivel

[ʃríːvəl]

v. 주름(살)지다, 시들다

All the cabbages were *shriveled* from lack of rain.

3068
shroud

[ʃráud]

v. 싸다, 숨기다, 수의를 입히다   *n.* 수의, 덮개

The case has been *shrouded* in mystery.

3069
shrug

[ʃrʌ́g]

v. (어깨를) 으쓱하다

He just *shrugged* and said, "Sorry, kid."

(표현) shrug one's shoulders 어깨를 으쓱하다

[예문 해석] 3059 아무래도 승산이 바뀌기 시작한 것 같다.   3060 불빛들이 물 위에서 희미하게 반짝였다.   3061 우리는 빛이 사물을 비출 때만 사물을 볼 수 있다.   3062 그녀의 입술이 파르르 떨렸다.   3063 군인들은 소총 쏘는 법을 배우고 있었다.   3064 그런 사소한 일에 언성을 높일 필요가 없다.   3065 그는 문을 밀어 열었다.   3066 모직 옷은 뜨거운 물에 수축된다.   3067 비가 부족해서 양배추들이 모두 시들었다.   3068 사건은 미궁에 빠졌다.   3069 그는 어깨를 한 번 으쓱하더니, "미안하다, 꼬마야."라고 말했다.

3070
shudder
[ʃʌdər]

v. 떨다(=shiver, tremble), 전율하다, 오싹하다

He *shuddered* with dread.

3071
shuffle
[ʃʌfl]

v. 발을 질질 끌다, 뒤섞다

The man is *shuffling* the deck.

3072
shut
[ʃʌt]

v. 닫다(=close), 폐쇄하다

However, the mines were *shut* down in 1985 and the town *shut* down along with it.
표현 shut down 폐쇄하다, 문을 닫다

3073
sigh
[sái]

v. 한숨 쉬다, 탄식하다

She *sighed*, letting out a long moan.

3074
sightsee
[sáitsì:]

v. 관광하다

I organized a small group of visiting foreign students to New York for four days of *sightseeing* by bus. |대수능|
파 sightseer *n.* 관광객   관련 sight *n.* 시각, 시력, 조망

3075
simulate
[símjulèit]

v. ~의 모의 실험(훈련)을 하다, 가장하다, 흉내 내다

Add network delays to *simulate* connection speeds in your test environment.
파 simulation *n.* 가장, 흉내, 모의 실험

3076
sink
[síŋk]

v. 가라앉다, 침몰하다   *n.* (부엌의) 싱크대

The ship is *sinking*.
반 float *v.* 뜨다

3077
sizzle
[sízl]

v. 지글지글 하다, 부글부글 끓다

The sausages and burgers *sizzled* on the barbecue.
파 sizzler *n.* 뜨거운 것, 찌는 듯이 더운 날

3078
skid
[skíd]

v. 미끄러지다   *n.* 미끄럼, 미끄러지기

The car *skidded* and overturned.

3079
skim
[skím]

v. (수면을) 스쳐 지나가다, 위에 뜬 찌꺼기를 걷어내다

A bird *skimmed* over the water.

[예문 해석] 3070 그는 공포로 몸을 떨었다. 3071 남자가 카드를 섞고 있다. 3072 그러나 1985년에 광산이 폐쇄되고, 그것과 함께 마을도 폐쇄됐다. 3073 그녀는 긴 신음을 내며 한숨을 쉬었다. 3074 나는 4일동안 버스로 뉴욕을 관광하는 외국인 학생들로 된 작은 그룹을 조직했다. 3075 당신의 테스트 환경에서 연결 속도를 모의 실험하기 위해 네트워크 지연을 추가하라. 3076 배가 가라앉고 있다. 3077 소시지와 햄버거들이 바베큐판 위에서 지글지글 익었다. 3078 그 차는 미끄러지면서 전복했다. 3079 새가 수면을 스쳐 날아갔다.

3080

skip

[skíp]

v. 뛰어넘다, 건너뛰다

I *skipped* over a railing.

파 skippable *adj.* 생략할 수 있는, 중요하지 않은

3081

skitter

[skítər]

v. 잽싸게 나아가다[달리다]

The rats *skittered* around them.

3082

slam

[slǽm]

v. 탕 닫다, 털썩 놓다, 던지다

He *slammed* his books on the desk.

3083

slant

[slǽnt]

v. 기울다, 경사지다(=slope)   *n.* 경사, 비탈

The newspaper report is *slanted*.

3084

slap

[slǽp]

v. 찰싹 때리다   *n.* 넓적한 것으로 한번 침, 손바닥으로 때림

She *slapped* him on the cheek.

3085

slaughter

[slɔ́:tər]

v. 도살[학살]하다, 완패시키다   *n.* 도살, (대)학살

We played badly and we were *slaughtered*.

관련 slaughterhouse *n.* 도살장

3086

slay

[sléi]

v. 죽이다(=kill), 살해하다

Two Australian tourists were *slain*.

파 slayer *n.* 살해자

3087

sled

[sléd]

v. 썰매를 타다   *n.* 썰매(=sledge)

We went *sledding* on the small hill in our back yard.

3088

sling

[slíŋ]

v. (투석기로) 던지다   *n.* 투석(기), 고무줄 새총

I saw him take off his anorak and *sling* it into the back seat.

3089

slink

[slíŋk]

v. 살금살금 걷다, 몰래 도망치다

He decided that he couldn't just *slink* away, so he went and sat next to his wife.

3090

slip

[slíp]

v. (찍) 미끄러지다(=slide)

She *slipped* on the ice.

파 slipper *n.* 실내화   slippery *adj.* 미끄러운, 반들반들한

[예문 해석] **3080** 나는 난간을 뛰어넘었다.   **3081** 그들 주위에서 쥐들이 날쌔게 뛰어다녔다.   **3082** 그는 책을 책상 위에 털썩 내려놓았다.   **3083** 그 신문 보도는 편향되고 있다.   **3084** 그녀는 그의 따귀를 찰싹 때렸다.   **3085** 우리 팀은 형편없는 경기를 해서 완패했다.   **3086** 두 명의 호주 관광객들이 살해되었다.   **3087** 우리는 뒷마당에 있는 작은 언덕에서 썰매를 타고 있었다.   **3088** 나는 그가 그의 외투를 벗어서 그의 차 뒷자리에 던져 넣는 것을 보았다.   **3089** 그는 자기가 몰래 도망갈 수 없다고 판단해서 그의 아내 옆에 가서 앉았다.   **3090** 그녀는 얼음판에서 미끄러졌다.

3091
slouch

[sláutʃ]

v. 구부리다, 숙이다   *n.* 구부정한 걸음걸이

Try not to *slouch* when you are sitting down.

3092
smack

[smǽk]

v. 맛이 나다, ~의 기미가 있다, 찰싹 치다   *n.* 맛, 낌새

This sugar *smacks* of a certain bitter.

3093
smelt

[smélt]

v. 용해하다, 제련하다

Silver is a by-product of tin *smelting*.

파 smelter *n.* 제련공, 제련소

3094
smother

[smʌ́ðər]

v. 숨막히게 하다(= suffocate), 질식시키다

Othello *smothered* Desdemona with a pillow.

3095
snap

[snǽp]

v. 홱 잡다, 잡아채다

Seeing a box of 50 identical greeting cards in a shop, she *snapped* it up, carried it home, and signed 49 cards before midnight. |대수능|

3096
snatch

[snǽtʃ]

v. 와락 붙잡다, 잡아채다(= seize suddenly), 강탈하다

The thief *snatched* my purse and left me penniless in the big city.

3097
sneak

[sníːk]

v. 몰래 움직이다, 가만히 움직이다

He *sneaked* his hand to the pistol.

파 sneaker *n.* 몰래 행동하는 사람, (pl.) 소리가 안 나는 고무바닥 운동화

3098
sniff

[sníf]

v. 코를 킁킁거리다, 냄새를 맡다(= smell)

The dog *sniffed* at the stranger.

3099
snore

[snɔ́ːr]

v. 코를 골다

His mouth was open, and he was *snoring*.

3100
snub

[snʌ́b]

v. 무시하다, 냉대하다, 윽박지르다

He *snubbed* me on the street.

[예문 해석] **3091** 앉을 때 구부리지 않도록 하세요.   **3092** 이 설탕은 어딘가 쓴맛이 난다.   **3093** 은은 주석을 녹인 것의 부산물이다.   **3094** Othello는 베개로 Desdemona를 질식시켰다.   **3095** 어떤 가게에서 50장의 동일한 연하장 한 상자를 보고는, 그녀는 그것을 집어 들고 집으로 와서 자정 전에 49장의 카드에 서명을 했다.   **3096** 그 도둑이 내 지갑을 훔쳐 가서 나를 대도시에서 무일푼이 되게 했다.   **3097** 그는 몰래 손을 권총 쪽으로 가져갔다.   **3098** 개는 낯선 사람의 냄새를 킁킁대며 맡았다.   **3099** 그는 입을 열고서 코를 골고 있었다.   **3100** 그는 길에서 나를 보고도 아는 체하지 않았다.

31ST LECTURE MASTERING IDIOMS

- **open an account** 계좌를 개설하다
  I *opened an account* at the bank. 나는 그 은행에 계좌를 개설했다.

- **originate in** ～에서 유래하다(=stem from, come from)
  This disease is thought to have *originated in* the tropics.
  이 질병은 열대 지방에서 발원했다고 여겨진다.

- **out of business** 파산한(=broke)
  The restaurant has gone *out of business*. 그 레스토랑은 폐업했다.

- **out of fear** 두려워서
  They left the country *out of fear* of persecution. 그들은 박해가 두려워 그 나라를 떠났다.

- **out of order** 고장 난
  The computers are *out of order*. 컴퓨터가 고장 났다.

- **out of(without, beyond, past) question** 틀림없이, 물론
  Out of question you are right. 틀림없이 네 말이 맞다.

- **out of reach** 손이 닿지 않는, 힘이 미치지 않는
  Promotion seemed *out of reach* for him. 그가 승진하는 것은 무리인 것처럼 보였다.

- **out of the question** 불가능한, 말도 안 되는(=impossible)
  Apology on my part is *out of the question*. 내 편에서 사과하는 것은 말도 안 된다.

- **over and over** 반복해서(=repeatedly)
  He repeated the same words *over and over* again. 그는 같은 말을 계속해서 반복했다.

- **over the years** 수년에 걸쳐서
  The lineup of America's major minorities has been extraordinarily stable *over the years*.
  미국의 주요 소수민족의 진용은 여러 해 동안 아주 안정되어 왔다.

- **participate in** ～에 참가하다(=take part in)
  She *participated in* the discussion. 그녀는 그 토론에 참가했다.

- **pass away** 돌아가시다, 죽다
  He *passed away* peacefully. 그는 편안하게 돌아가셨다.

31ST LECTURE REVIEW TEST

● 빈칸에 알맞은 단어나 뜻을 쓰시오.

1. revel	_____	26. _____	붙잡다, 붙들다
2. reverberate	_____	27. sever	_____
3. revere	_____	28. _____	산산이 부수다
4. revert	_____	29. shed	_____
5. _____	놀리다, 비웃다	30. shimmer	_____
6. rip	_____	31. shiver	_____
7. roam	_____	32. shove	_____
8. _____	회전하다, 교대하다	33. _____	오그라들다
9. rouse	_____	34. shrivel	_____
10. rove	_____	35. shroud	_____
11. ruffle	_____	36. shudder	_____
12. rustle	_____	37. shuffle	_____
13. sag	_____	38. sizzle	_____
14. salvage	_____	39. skid	_____
15. savor	_____	40. skim	스쳐 지나가다
16. _____	자세히 조사하다	41. _____	뛰어넘다, 건너뛰다
17. _____	뿌리다, 흩뿌리다	42. skitter	_____
18. scold	_____	43. slant	_____
19. scoop	_____	44. _____	도살하다, 완패시키다
20. scorch	_____	45. slay	_____
21. scout	_____	46. sling	_____
22. scrawl	_____	47. slink	_____
23. _____	자세히 조사하다	48. slouch	_____
24. season	_____	49. smack	_____
25. segregate	_____	50. smelt	_____

정답 | 기본 페이지 참조

32ND LECTURE

| 3101 soak ~ 3200 thaw |

SUMMA CUM LAUDE VOCABULARY

3101
soak

[sóuk]

v. 잠기다, 젖다, 스며들다

Humans do not simply *soak* up knowledge like sponges. |대수능|

3102
soar

[sɔ́:r]

v. 높이 날다, 급등하다, 치솟다(=tower)

Stock prices *soared* when the threat of war disappeared.

3103
sob

[sáb]

v. 흐느껴 울다, 흐느끼다

The child *sobbed* with fear.

표현 sob one's eyes out 몹시 울어 눈이 붓다

3104
solicit

[səlísit]

v. 간청하다(=ask for), 구하다, 부탁하다

She was *soliciting* funds for the Red Cross.

파 solicitation n. 간청

3105
solve

[sálv]

v. 해결하다, 풀다

This problem may seem impossible to *solve*, but there are things we can do as consumers. |대수능|

파 solvent n. 용제   solution n. 용해, 해결   solvable adj. 풀 수 있는

3106
soothe

[sú:ð]

v. 달래다, 위로하다(=comfort), 진정시키다

The mother *soothed* her crying baby.

파 soothing adj. 달래는, 진정시키는

3107
sow

[sóu]

v. 씨를 뿌리다

The field is moderately wet and just right for *sowing*.

[예문 해석] 3101 인간은 스펀지처럼 지식을 단순히 흡수하지는 않는다.   3102 전쟁의 위협이 사라지자 주가가 치솟았다.   3103 그 아이는 무서워 흐느껴 울었다.   3104 그녀는 적십자 기금을 요청하고 있었다.   3105 이 문제는 해결하기에 불가능해 보일지 모르지만, 우리가 소비자로서 할 수 있는 일들이 있다.   3106 그 엄마는 자신의 우는 아기를 달랬다.   3107 땅이 약간 축축해서 씨를 뿌리기에 아주 알맞다.

3108
spank
[spǽŋk]

v. 찰싹 때리다

Some parents believe that *spanking* children is the best way to punish. |대수능|

3109
spare
[spέər]

v. 절약하다, 아끼다, 나누어 주다 *adj.* 예비의, 여분의

Don't *spare* your efforts.

3110
speculate
[spékjulèit]

v. 심사숙고하다, 사색하다(= think, guess), 투기하다

It's useless to *speculate* without more information.

(파) speculation *n.* 사색, 숙고, 투기 speculative *adj.* 사색적인

3111
spell
[spél]

v. 철자를 쓰다

She showed me her paper and every word on it was *spelled* wrong. |대수능|

3112
spend
[spénd]

v. 쓰다, 지출하다

Spending hours with a book, they think, is unproductive dreaming. |대수능|

(파) spending *n.* 지출, 소비

3113
spill
[spíl]

v. 엎지르다, 흩뜨리다

Ann made a great show of wiping up the drink that John *spilled*.

3114
spit
[spít]

v. (침을) 뱉다, 토하다

You should not *spit* on the street.

3115
splash
[splǽʃ]

v. 튀기다(= spatter), 더럽히다

Looking upward, I can see skies *splashed* with cotton white clouds. |대수능|

3116
split
[splít]

v. 쪼개다

It was *split* in half. |대수능|

(파) splitting *adj.* 찢는, 쪼개는, 두통 따위가 심한

3117
spoil
[spɔ́il]

v. 망치다, 손상하다(= damage), 버릇없게 기르다

This statue *spoils* the beauty of the park.

(파) spoilage *n.* 망치기, 손상

3118
sprain
[spréin]

v. (발목 따위를) 삐다

The piano player has *sprained* his wrist.

[예문 해석] **3108** 일부 부모들은 매로 아이들을 다스리는 것이 아이들을 혼내는 가장 좋은 방법이라고 믿는다. **3109** 너의 노력을 아끼지 말라. **3110** 좀 더 많은 정보 없이 생각하는 것은 소용없는 일이다. **3111** 그녀는 나에게 그녀의 종이를 보여주었으나 종이 위의 모든 단어는 잘못된 철자로 적혀 있었다. **3112** 그들은 책과 많은 시간을 보내는 것이 비생산적인 몽상이라고 생각한다. **3113** Ann은 John이 엎지른 음료를 능란한 솜씨로 훔쳐냈다. **3114** 거리에서 침을 뱉어서는 안 된다. **3115** 위를 보면, 나는 솜처럼 하얀 구름들로 얼룩진 하늘을 볼 수 있다. **3116** 이것은 반으로 쪼개져 있었다. **3117** 이 동상은 공원의 미관을 해친다. **3118** 피아노 연주자는 손목을 삐었다.

| 3119 **spread** | *v.* 뿌리다, 퍼지다, 벌리다 |
| [spréd] | Nawal's smile was so wide that it *spread* across all three faces. |대수능| |

3120 **sprinkle**	*v.* (액체 따위를) 뿌리다(= scatter liquid over)
[spríŋkl]	After ten minutes, turn the chicken over and *sprinkle* a little cayenne pepper on top.
	파 sprinkler *n.* 스프링클러, 살수 장치

3121 **sprint**	*v.* (단거리를) 역주하다
[sprínt]	The man is *sprinting* through the street.
	파 sprinter *n.* 단거리 선수, 스프린터

| 3122 **sprout** | *v.* 싹이 나다   *n.* 싹, 눈 |
| [spráut] | It only takes a few days for beans to *sprout*. |

| 3123 **spurn** | *v.* 퇴짜 놓다, 경멸하다, 얕보다 |
| [spə́:rn] | He *spurned* the beggar from his door. |

| 3124 **spurt** | *v.* 쏟아져 나오다, 뿜어내다 |
| [spə́:rt] | Blood *spurted* from the wound. |

| 3125 **squash** | *v.* 으깨다, 으스러지다 |
| [skwáʃ] | I *squashed* the tomatoes. |

| 3126 **squeeze** | *v.* 짜내다, 압착하다(= press) |
| [skwí:z] | He *squeezed* toothpaste out of a tube. |

| 3127 **squirt** | *v.* 분출하다, 뿜어 나오다 |
| [skwə́:rt] | Water is *squirting* out of the hose. |

| 3128 **stab** | *v.* (칼 따위로) 찌르다, 몹시 해치다 |
| [stǽb] | Remorse *stabbed* her. |

3129 **stagger**	*v.* 비틀거리다, 망설이다, 깜짝 놀라게 하다
[stǽgər]	I *staggered* to the nearest chair.
	파 staggering *adj.* 비틀거리는, 망설이는 staggered *adj.* 매우 놀란

[예문 해석] 3119 Nawal의 미소가 너무나 커서 미소가 세 사람 모두의 얼굴에 퍼졌다.   3120 10분 후에 닭고기를 뒤집고, 그 위에 고춧가루를 약간 뿌리시오.   3121 남자가 길에서 전력 질주를 하고 있다.   3122 콩이 싹이 나는 데는 며칠이 걸릴 뿐이다.   3123 그는 거지를 문간에서 쫓아버렸다.   3124 상처에서 피가 쏟아져나왔다.   3125 나는 토마토들을 으깼다.   3126 그는 튜브에서 치약을 짜냈다.   3127 호스에서 물이 뿜어 나오고 있다.   3128 양심의 가책이 그녀를 몹시 괴롭게 했다.   3129 나는 가까운 의자로 비틀거리며 갔다.

3130
stalk
[stɔ́:k]

v. (병 등이) 퍼지다, 몰래 접근하다   *n.* 줄기, 대, 잎자루

Disease *stalked* the land.

3131
stammer
[stǽmər]

v. 말을 더듬다(=stutter)

She *stammers* when she feels nervous.

3132
standardize
[stǽndərdàiz]

v. 표준에 맞추다, 규격화하다

The diameter and weight of golf balls used for tournament play were not *standardized* until 1930.
㉔ standard *n.* 표준

3133
stare
[stɛ́ər]

v. 응시하다(=gaze), 빤히 보다

He came closer and *stared* at me. |대수능|

3134
startle
[stá:rtl]

v. 깜짝 놀라게 하다(=surprise, frighten)

The news will *startle* the city.

3135
starve
[stá:rv]

v. 굶주리다, 굶어 죽다(=die from hunger)

Birds *starve* if we don't feed them in winter.
㉔ starvation *n.* 굶주림, 기아, 아사(餓死)

> (Tip) 먹거리뿐 아니라 모든 것이 부족할 때는 deprivation(궁핍)을, 나라 전체의 기아상태보다 개별 사정을 말할 때는 hunger(배고픔)와 starvation(굶주림)을 쓴다.

3136
stay
[stéi]

v. 머무르다(=remain), 체재하다

She is looking for a permanent place to *stay*.

3137
steal
[stí:l]

v. 훔치다, 절취하다

His greed drove him to *steal* another's money.

3138
steer
[stíər]

v. 키를 잡다, 조종하다, 향하다

With power steering, the driver controls rather than *steers*.
(관련) steersman *n.* 조타수, 키잡이, 운전기사

3139
stimulate
[stímjəlèit]

v. 자극하다(=excite)

The optical system of the eye *stimulates* cells in the retina. |대수능|
㉔ stimulation *n.* 자극, 격려   stimulative *adj.* 자극적인

[예문 해석] **3130** 질병이 나라를 휩쓸었다.   **3131** 그녀는 마음이 불안할 때 말을 더듬는다.   **3132** 토너먼트 경기에 사용되는 골프공의 직경과 무게는 1930년에 이르러서야 비로소 규격화되었다.   **3133** 그는 가까이 와서 나를 유심히 바라보았다.   **3134** 그 소식은 그 도시를 놀라게 할 것이다.   **3135** 겨울에 우리가 먹이를 주지 않으면 새들은 굶어 죽는다.   **3136** 그녀는 영구적으로 살 곳을 찾고 있다.   **3137** 그는 탐욕에 눈이 멀어 남의 돈을 훔쳤다.   **3138** 파워 핸들의 경우는, 운전자가 핸들을 조종한다기보다는 제어하는 것이다.   **3139** 눈의 광학 시스템은 망막의 세포들을 자극한다.

3140
stink

[stíŋk]

v. 악취를 풍기다, 평판이 나쁘다

These and visitors *stink* in three days. (B. Franklin) |대수능|

(파) stinkard *n.* 악취를 풍기는 사람(동물), 역겨운 것(놈)

3141
stir

[stə́:r]

v. 휘젓다, 움직이다(=move), (감정을) 일으키다

The music echoing from Sham Park *stirred* memories of a simpler time.

(표현) stir up 골고루 뒤섞다, 야기시키다 |대수능|

3142
stock

[sták]

v. 비축하다, 저장하다   *n.* 재고품, 저장, 주식

We *stock* name-brand equipment for any sport you can think of. |대수능|

(관련) stockbroker *n.* 주식 중개인   stockholder *n.* 주주

3143
stoop

[stú:p]

v. 몸을 구부리다(=bow), 굽히다, 웅크리다

He *stooped* down suddenly.

3144
strand

[strǽnd]

v. 좌초시키다   *n.* 물가, 바닷가, 해안

The ship was *stranded* on the coast of Busan.

3145
strangle

[strǽŋgl]

v. 교살하다, 질식시키다

There is a clear evidence of his having been *strangled*.

3146
stretch

[strétʃ]

v. 펴다, 뻗다, 늘이다(=extend)

The dog stood up and *stretched*.

3147
strew

[strú:]

v. (모래, 꽃 따위를) 흩뿌리다(=scatter)

The raccoons knock over the rubbish bins in search of food, and *strew* the contents all over the ground.

3148
strike

[stráik]

v. 치다, 때리다(=hit)

Strike while the iron is hot. |대수능|

(파) striking *adj.* 뚜렷한, 현저한   strikingly *adv.* 현저하게, 뚜렷이

3149
strip

[stríp]

v. 벗기다, 벌거벗다

We *stripped* the wallpaper from the walls.

3150
strive

[stráiv]

v. 노력하다, 얻으려고 애쓰다

He always *strives* to be ahead of others in his class.

[예문 해석] **3140** 이것과 손님은 3일이면 부패하여 냄새가 난다. (B. Franklin)   **3141** Sham 공원에서 울려 퍼지는 음악은 소박했던 시절의 추억을 떠올리게 했다.   **3142** 우리는 당신이 생각할 수 있는 거의 모든 스포츠를 위한 유명상표의 제품을 비축하고 있다.   **3143** 그는 갑자기 웅크렸다.   **3144** 그 배는 부산 연안에서 좌초되었다.   **3145** 그가 교살당했다는 확실한 증거가 있다.   **3146** 개가 일어나 기지개를 켰다.   **3147** 너구리들은 먹을 것을 찾기 위해 쓰레기통을 쓰러뜨리고 사방에 쓰레기 내용물들을 흩뿌린다.   **3148** 철이 뜨거울 때 처라.   **3149** 우리는 벽에서 벽지를 뜯어냈다.   **3150** 그는 학급에서 남보다 앞서려고 언제나 노력한다.

3151
stumble

[stʌ́mbl]

v. 비틀거리다

He *stumbled* over a stone and fell down.

(표현) stumbling block 방해물, 장애물

3152
stun

[stʌ́n]

v. 기절시키다

He was *stunned* by the news for a while.

(파) stunning *adj.* 굉장한, 멋진

3153
subdue

[səbdjú:]

v. 정복하다(=conquer), 억제하다

Senior government officials admit they have not been able to *subdue* the rebels.

3154
submerge

[səbmə́:rdʒ]

v. 물속에 잠그다[잠기다], 침몰하다(=sink)

The river burst its banks, *submerging* an entire village.

(파) submergence *n.* 잠수, 침몰

3155
subscribe

[səbskráib]

v. 서명하다(=sign), (정기) 구독하다

She *subscribed* to Reader's Digest and TV Guide. |대수능|

(파) subscription *n.* 기부, 서명, 구독   subscriber *n.* 기부자, 구독자

> (Tip) [sub(=under)+scribe(=write)] 어떤 문서의 아래쪽에 쓰는 것, 즉 '서명하다' 라는 의미이다.

3156
substitute

[sʌ́bstətjù:t]

v. 대체하다

I believe that whenever we destroy beauty, or whenever we *substitute* something artificial for a natural feature of the earth, we have slowed down man's spiritual growth. |대수능|

(파) substitution *n.* 대리, 대용

3157
subtract

[səbtrǽkt]

v. 빼다, 공제하다(=deduct)

But every educator would add or *subtract* a few subjects. |대수능|

(파) subtraction *n.* 삭감, 뺄셈   (반) add *v.* 더하다

3158
suck

[sʌ́k]

v. 빨다, 흡수하다

Mosquitoes *suck* the blood of people and animals.

(관련) suction *n.* 빨아들임, 흡인력

3159
sue

[sú:]

v. 고소하다, 소송을 제기하다

The man is *suing* the manufacturer.

(표현) sue a person for damages ~을 상대로 손해배상 소송을 제기하다

[예문 해석] **3151** 그는 돌에 채여 비틀거리다가 넘어졌다.   **3152** 그는 잠시 그 소식에 기절했다.   **3153** 고위 정부 관료는 반란군들을 정복할 수 없었다는 것을 인정한다.   **3154** 강이 강둑을 터뜨렸고 마을 전체를 잠기게 했다.   **3155** 그녀는 리더스 다이제스트와 TV 가이드를 정기 구독했다.   **3156** 나는 우리가 아름다움을 파괴할 때마다, 또는 인위적인 무엇인가로 지구의 자연적인 특징을 대체할 때마다, 우리가 인간의 정신적인 성장을 늦추었다고 믿는다.   **3157** 그러나 모든 교육자들은 몇 개의 과목들을 추가하거나 뺄 것이다.   **3158** 모기들은 사람과 동물의 피를 빨아먹는다.   **3159** 남자가 제조업체를 상대로 소송을 제기하고 있다.

3160
suffer

[sʌ́fər]

v. 괴로워하다

And every summer many return home *suffering* from a sunburn. |대수능|

(표현) suffer from ~으로 괴로워하다

3161
suffocate

[sʌ́fəkèit]

v. 숨을 막다, 질식시키다(=choke)

She was *suffocated* by grief.

(파) suffocating *adj.* 숨막히는, 답답한

3162
suggest

[səgdʒést]

v. 암시하다, 제안하다(=propose)

Large eyes, on the other hand, *suggest* suspicion or tension. |대수능|

(파) suggestion *n.* 암시, 연상 suggestive *adj.* 시사하는, 암시하는

3163
summon

[sʌ́mən]

v. 소환하다(=order to come), 소집하다

On July 20th, the council was *summoned* to hear an emergency report on its finances.

3164
superimpose

[sù:pərimpóuz]

v. 위에 놓다, 겹쳐 놓다, 보충하다

Three photos were *superimposed* one on top of the other.

3165
supervise

[sú:pərvàiz]

v. 감독하다

Steve has *supervised* one of his company's warehouses for many years.

(파) supervision *n.* 감독 supervisor *n.* 감독자, 관리인 |대수능|

(Tip) [super(=above)+vise(=see)] vise는 '보다, 감시하다, 관찰하다'의 의미이다.

3166
supplement

[sʌ́pləmənt]

v. 보충하다 *n.* 보충, 추가

They had to get a job to *supplement* the family income. |대수능|

(파) supplementary *adj.* 보충의, 추가의

3167
supply

[səplái]

v. 공급하다(=provide), 보완하다 *n.* 공급, 재고품

The lungs function to *supply* the body with oxygen.

(파) supplier *n.* 공급하는 사람, 제품 제조업자

3168
suppose

[səpóuz]

v. 상상하다(=imagine), 가정하다(=assume)

As a consultant, I was *supposed* to spend an hour or more with the department heads discussing their thoughts. |대수능|

(표현) be supposed to + v ~해야 한다, ~하기로 되어 있다

[예문 해석] **3160** 그리고 매년 여름 많은 사람들은 일광화상으로부터 고통을 받으면서 집으로 돌아온다. **3161** 그녀는 슬픔으로 숨이 막혔다. **3162** 그와 반대로, 큰 눈은 의심과 긴장을 나타낸다. **3163** 재원에 대한 긴급 보고를 듣기 위해 7월 20일에 회의가 소집되었다. **3164** 세 장의 사진들이 서로서로 포개져 겹쳐 놓였다. **3165** Steve는 수년 동안 그의 회사의 창고들을 감독했다. **3166** 그들은 가족의 수입을 보충하기 위해서 일을 해야 했다. **3167** 폐는 몸에 산소를 공급하는 기능을 한다. **3168** 고문으로서, 나는 부서장들과 그들의 생각들에 대해서 토론하면서 한 시간 이상을 보내기로 되어 있었다.

3169
suppress

[səprés]

v. 억압하다, 진압하다(= subdue)

Their movement was *suppressed* as a breach of the public peace.

파 suppression *n.* 진압, 억누름

3170
surpass

[sərpǽs]

v. ~보다 낫다, 능가하다, 뛰어나다(= excel)

He is so talented that he'll soon *surpass* his teacher.

파 surpassing *adj.* 뛰어난, 빼어난

3171
surprise

[sərpráiz]

v. 놀라게 하다   *n.* 놀람, 경악

His decision to resign *surprised* me.

표현 to one's surprise 놀랍게도

3172
surrender

[səréndər]

v. 넘겨주다(= hand over), 양도하다, 항복하다

They *surrendered* the town to the enemy.

3173
surround

[səráund]

v. 에워싸다(= encircle), 둘러싸다

The police *surrounded* the house.

파 surrounding *adj.* 주위의, 둘레의

3174
survive

[sərváiv]

v. 살아남다

It's a miracle that your brother *survived* the car accident! |대수능|

파 survival *n.* 살아남음, 생존   survivor *n.* 생존자, 유가족

3175
suspect

[səspékt]

v. 의심하다   *n.* 용의자, 혐의자

Because she had never seen the chocolate, she *suspected* her little brother, Bob. |대수능|

표현 be suspected of ~의 혐의를 받다

3176
suspend

[səspénd]

v. 매달다(= hang up), 중지하다, 연기하다, 정학시키다

He was *suspended* from school.

파 suspension *n.* 매달기, 중지, 버팀대

3177
sustain

[səstéin]

v. 부양하다, 유지하다, 떠받치다(= hold up)

We are directed, nurtured, and *sustained* by others. |대수능|

파 sustained *adj.* 지속된, 지지된   관련 sustenance *n.* 생계, 생활

3178
swallow

[swálou]

v. 들이키다, (꿀꺽) 삼키다(= gulp), (모욕 등을) 참다

Swallow your pride and bide your time.

[예문 해석] **3169** 그들의 운동은 치안 방해로 탄압받았다.　**3170** 그는 비상한 재주가 있으므로 머지않아 스승을 능가할 것이다.　**3171** 나는 사직하겠다는 그의 결심에 놀랐다.　**3172** 그들은 도시를 적에게 빼앗겼다.　**3173** 경찰이 그 집을 포위했다.　**3174** 당신의 형이 그 자동차 사고에서 살아남은 것은 기적이다!　**3175** 그녀는 초콜릿을 결코 본 적이 없기 때문에, 자기의 어린 동생인 Bob을 의심했다.　**3176** 그는 학교에서 정학 처분을 받았다.　**3177** 우리는 다른 사람에 의해 인도되고, 양육되고 부양된다.　**3178** 자존심을 버리고 때를 기다려라.

3179 **swap** [swǽp]	*v.* 물물 교환하다, 바꾸다 I *swapped* my watch for his dictionary.
3180 **swarm** [swɔ́ːrm]	*v.* 들끓다, 떼를 짓다 *n.* 떼, 무리 Innumerable ants *swarm* round.
3181 **sway** [swéi]	*v.* 흔들리다(=swing), 동요하다 Branches *swayed* in the wind.
3182 **swear** [swέər]	*v.* 맹세하다, 선서하다, 욕설하다 I *swear* I will never leave you. 관련 swearword *n.* 욕, 저주(하는 말)
3183 **sweep** [swíːp]	*v.* 청소하다(=brush), 휩쓸다 Your first job will be to *sweep* out the store. |대수능| 파 sweeper *n.* 청소기 sweeping *adj.* 개괄적인
3184 **swell** [swél]	*v.* 부풀다(=grow bigger), 팽창하다 I had my wisdom tooth pulled and don't want to go out until the *swelling* goes down. 파 swelling *n.* 부풀어 오름, 종기, 혹
3185 **swing** [swíŋ]	*v.* 흔들리다, 매달리다 I can also remember my emotions *swinging* from one extreme to another. |대수능|
3186 **swirl** [swə́ːrl]	*v.* 소용돌이치다, 소용돌이에 휩쓸리다 The stream *swirls* over the rocks.
3187 **switch** [swítʃ]	*v.* 바꾸다 *n.* 스위치 Well, I'm glad you've *switched* schools. |대수능|
3188 **swivel** [swívəl]	*v.* 회전하다 *n.* 회전 고리, 전환 His chairs can *swivel*, but they can't move up or down.
3189 **swoop** [swúːp]	*v.* 내리 덮치다, 급습하다 *n.* 급강하, 급습 The bombers *swooped* on the air base.

[예문 해석] **3179** 내 시계를 그의 사전과 바꿨다.   **3180** 무수한 개미들이 우글거린다.   **3181** 나뭇가지들이 바람에 흔들렸다.   **3182** 나는 당신을 떠나지 않을 것을 맹세합니다.   **3183** 당신의 첫 번째 일은 가게를 청소하는 것이 될 것이다.   **3184** 나는 사랑니를 뽑아서 부기가 가라앉을 때까지 외출하고 싶지 않다.   **3185** 나는 또한 나의 감정이 아주 극과 극을 달리던 것을 기억할 수 있다.   **3186** 시냇물이 소용돌이치며 바위 위를 흐른다.   **3187** 음, 나는 네가 학교를 바꿔서 기뻐.   **3188** 그의 의자는 회전이 가능하지만, 위아래로는 안 움직인다.   **3189** 폭격기가 그 공군 기지를 급습했다.

3190
symbolize

[símbəlàiz]

v. 상징하다

He wore a flame-red robe *symbolizing* the sun. |대수능|

㊤ symbol *n.* 상징   symbolic *adj.* 상징하는

3191
tame

[téim]

v. 길들이다, 복종시키다

He'll be discussing how *taming* wild horses changed the way human societies developed.

㊤ tamer *n.* 조련사

3192
tangle

[tǽŋgl]

v. 얽히게[엉키게] 하다(= entangle), 혼란시키다

The hedge is *tangled* with morning glories.

3193
tap

[tǽp]

v. 가볍게 두드리다

He *tapped* me on the shoulder.

3194
tarnish

[tá:rniʃ]

v. 흐리게 하다, 더럽히다, 변색되다

Magnesium is stable in dry air but *tarnishes* when exposed to moisture.

3195
tarry

[tǽri]

v. 체재하다, 묵다, ~을 기다리다

Time and tide *tarry* for no man.

3196
tease

[tí:z]

v. 집적거리다, 희롱하다, 성가시게 굴다(= annoy)

The child *teased* his grandmother for some candy.

3197
tend

[ténd]

v. 경향이 있다, 돌보다, 간호하다

Population *tends* to concentrate in large cities.

㊤ tendency *n.* 경향, 풍조, 성향

3198
testify

[téstəfài]

v. 증명하다, 증언하다

The frightened witness refused to *testify*.

㊤ testimony *n.* 증언, 증거, 증명

3199
thatch

[θǽtʃ]

v. (집, 지붕을) 이엉으로 엮다   *n.* (지붕 따위를 이기 위한) 짚, 억새

The cottage roof is *thatched* with straw.

3200
thaw

[θɔ́:]

v. (눈이나 서리, 얼음 따위가) 녹다(= melt), 누그러지다

She began to *thaw* as we talked.

[예문 해석] 3190 그는 태양을 상징하는 불꽃처럼 빨간 의상을 입고 있었다.   3191 그는 야생마를 길들이게 되면서 인류사회가 어떻게 발전했는지에 관해 논의할 예정이다.   3192 그 울타리에는 나팔꽃이 휘감겨 있다.   3193 그는 내 어깨를 가볍게 툭 쳤다.   3194 마그네슘은 건조한 공기 속에선 불변하지만 수분에 노출되면 변색된다.   3195 세월은 사람을 기다려 주지 않는다.   3196 아이는 할머니에게 사탕 몇 개를 달라고 졸라댔다.   3197 인구는 대도시에 집중하는 경향이 있다.   3198 겁에 질린 증인은 증언을 거부했다.   3199 그 오두막집 지붕은 짚으로 이어져 있다.   3200 이야기를 나누면서 그녀는 마음을 열기 시작했다.

32ND LECTURE MASTERING IDIOMS

- **pass by**   지나가다

  Does the number 701 bus *pass by*? 701번 버스가 지나가나요?

- **pass up**   건너뛰다, 무시하다

  Let's *pass* it *up* and think about doing something else.
  그건 포기하고 다른 무엇인가를 하는 것에 대해 생각해 봅시다.

- **pay attention to + N**   관심을 기울이다(=pay heed to + N)

  I try not to *pay attention to* rumors. 나는 소문에는 신경 쓰지 않으려고 한다.

- **pay off**   이익이 되다, 성과를 거두다

  Years of hard work finally *paid off*. 여러 해 동안 노력한 결실을 마침내 얻었다.

- **pick up**   집어 들다, 차를 태워주다

  They're about to *pick up* the baggage. 그들은 짐을 집어 들려고 하고 있다.

- **pile up**   쌓다, 쌓이다

  Some building materials are *piled up*. 건축 자재들이 쌓여 있다.

- **place a great [higher] value on**   ~을 귀중하게 여기다

  Dutch culture *places a higher value on* family responsibilities than career achievement.
  네덜란드의 문화는 직업적 성취보다는 가족으로서의 의무를 귀중하게 여긴다.

- **place an order**   주문하다

  Can I *place a* mail *order*? 우편 주문할 수 있나요?

- **play a major role in**   ~에서 주된 역할을 하다(=play a major part in)

  Feelings and judgments of how others feel toward you *play a major role in* how you choose to solve your day-to-day problems.
  다른 사람들이 당신에 대해 어떻게 느끼는지에 대한 감정과 판단은 당신이 일상적인 문제를 해결하기 위해 어떻게 선택하는가에 중요한 역할을 한다.

- **play a trick on**   ~을 속이다

  He *played* a cheap *trick on* her. 그는 비열한 수법으로 그녀를 속였다.

- **point out**   지적하다(=indicate)

  It is embarrassing to have a client *point out* our mistake.
  고객에게 잘못된 점을 지적당하는 것은 곤혹스러운 일이다.

- **pour out**   쏟아 붓다

  She *poured out* her troubles to her mother. 그녀는 어머니에게 자기의 괴로움을 털어 놓았다.

32ST LECTURE REVIEW TEST

● 빈칸에 알맞은 단어나 뜻을 쓰시오.

1. _____	잠기다, 젖다	26. strand	_____
2. soar	_____	27. strangle	_____
3. sob	_____	29. strew	_____
4. solicit	_____	30. _____	비틀거리다
5. soothe	_____	31. stun	_____
6. speculate	_____	32. subdue	_____
7. spill	_____	33. submerge	_____
8. spit	_____	34. subtract	_____
9. splash	_____	35. suck	_____
10. _____	쪼개다	36. _____	숨을 막다
11. spoil	_____	37. summon	_____
12. _____	(발목 따위를) 삐다	38. superimpose	_____
13. _____	뿌리다, 퍼지다	39. supplement	_____
14. sprinkle	_____	40. _____	억압하다, 진압하다
15. sprint	_____	41. surrender	_____
16. sprout	_____	42. _____	의심하다
17. spurn	_____	43. suspend	_____
18. spurt	_____	44. sustain	_____
19. _____	으깨다, 으스러지다	45. swap	_____
20. squirt	_____	46. swarm	_____
21. stagger	_____	47. _____	맹세하다, 선서하다
22. stalk	_____	48. swell	_____
23. stammer	_____	49. swirl	_____
24. stink	_____	50. swivel	_____
25. stoop	_____	51. tarnish	_____

정답 | 기본 페이지 참조

33RD LECTURE

| ³²⁰¹ **thrash** ~ ³³¹⁷ **zoom** |

SUMMA CUM LAUDE VOCABULARY

3201
thrash
[θræʃ]

v. 때리다, 때려눕히다

The wind made the branches *thrash* against the window.

3202
threaten
[θrétn]

v. 위협하다, 겁주다

Almost all railroads face serious problems that *threaten* to drive them out of business. |대수능|

파 threat *n.* 위협

3203
thresh
[θréʃ]

v. 타작하다 *n.* 탈곡, 타작, 물장구질

The corn was still sown, cut and *threshed* as it was a hundred years ago.

3204
thrive
[θráiv]

v. 번영하다(= prosper), 잘 자라다, 무성해지다

Plants will not *thrive* without sunshine.

3205
throb
[θráb]

v. (심장이) 고동치다(= beat), 두근거리다 *n.* 고동, 맥박, 진동

My heart *throbbed* violently.

3206
throng
[θrɔ́(:)ŋ]

v. 떼를 지어 모이다(= crowd), (사람 · 물건 따위로) 가득 차게 하다 *n.* 군중, 인파

The street was *thronged* with people.

3207
throw
[θróu]

v. (내)던지다(= hurl), 팽개치다, (~으로) 만들다

The nature of his business *throws* him into contact with all sorts of men.

3208
thrust
[θrʌ́st]

v. 밀다(= push), 찌르다

He *thrust* a knife into a watermelon.

[예문 해석] **3201** 바람에 나뭇가지가 세차게 창문을 두드렸다. **3202** 거의 모든 철도는 그들을 파산으로 몰아내려고 위협하는 심각한 문제에 직면하고 있다. **3203** 옥수수는 100년 전과 같이 여전히 심겨지고, 잘려지고 타작되었다. **3204** 햇빛이 없으면 식물은 잘 자라지 않을 것이다. **3205** 나의 심장은 격렬하게 두근거렸다. **3206** 거리는 군중들로 꽉 들어찼다. **3207** 그는 사업 특성상 여러 층의 사람들과 접촉한다. **3208** 그는 칼로 수박을 찔렀다.

3209
thwart

[θwɔ́:rt]

v. 훼방 놓다, 방해하다

The accounting firm deliberately destroyed documents to *thwart* government investigators.

3210
tickle

[tíkl]

v. 간질이다, 기쁘게 하다(=amuse), 간지럽다

My nose *tickles*.

3211
tie

[tái]

v. 묶다(=bind), 결합하다, 속박하다

I'm so *tied* to my work that I don't have much of a social life.
(관련) tie-up *n.* 정체, 막힘

3212
tilt

[tílt]

v. 기울이다(=slant)   *n.* 기울기, 경사

The woman is *tilting* her head.

3213
tire

[táiər]

v. 피로하게 하다(=fatigue), 싫증나다, 지치다   *n.* 타이어

Genius darts, flutters, and *tires*; but perseverance wears and wins.

3214
toil

[tɔ́il]

v. 힘써 일하다, 수고하다(=labor)   *n.* 힘든 일, 수고

After the hurricane, the villagers *toiled* long and hard to repair the damage.

3215
tolerate

[tálərèit]

v. 관대히 다루다, 묵인하다, 참다

That school does not *tolerate* students who are consistently late.
(파) tolerable *adj.* 참을 수 있는   tolerant *adj.* 관대한

3216
topple

[tápl]

v. 비틀거리다, 넘어지다(=tumble), 몰락시키다

The coup *toppled* the dictator from his position.

3217
toss

[tɔ́:s]

v. 던지다(=throw), 뒹굴다, 흔들리다

The boat *tossed* about in the waves quite a bit.

3218
totter

[tátər]

v. 비틀거리다, 비틀거리며 걷다(=stagger)

An old man *totters* along with a cane.

3219
tow

[tóu]

v. 끌다, 견인하다

The car is being *towed*.

[예문 해석] **3209** 그 회계 법인은 정부 조사원들을 방해하기 위해서 고의로 서류들을 파기했다. **3210** 코가 간지럽다. **3211** 나는 일 때문에 교제 범위가 좁다. **3212** 그 여자는 머리를 기울이고 있다. **3213** 천재는 돌진하고, 갈팡질팡하다 지쳐버리나, 인내력 있는 자는 오래 버티다 승리한다. **3214** 허리케인이 지나간 후 마을 사람들은 피해를 복구하기 위해 오랫동안 그리고 열심히 힘써 일했다. **3215** 그 학교는 지속적으로 지각하는 학생을 묵인하지 않는다. **3216** 쿠데타로 독재자는 자리에서 쫓겨났다. **3217** 배가 파도에 상당히 흔들렸다. **3218** 노인이 지팡이를 짚고 비틀거리며 간다. **3219** 차가 견인되고 있다.

3220
trace

[tréis]

v. ~의 자국을 밟다, 선을 긋다, 추적하다   n. (pl.) 자취, 발자국

The police were unable to *trace* the missing girl.

3221
trail

[tréil]

v. (질질) 끌다(=drag), 뒤를 밟다   n. 지나간 자국

The child *trailed* a toy car.

ⓟ trailer n. (자동차 등의) 트레일러, 끄는 사람(것)

3222
tramp

[trǽmp]

v. 짓밟다(=trample), 쿵쿵거리며 걷다

Soldiers were heard *tramping* by.

ⓟ tramper n. 도보 여행자

3223
transcend

[trænsénd]

v. (경험, 이해력 등의 범위를) 넘다

It *transcends* the limits of thought.

3224
transcribe

[trænskráib]

v. 베끼다, 복사하다

She is *transcribing*, from his dictation, the diaries of Simon Forman.

ⓟ transcription n. 필사(筆寫), 사본

3225
transfer

[trænsfɔ́:r]

v. 옮기다(=convey), 갈아타다

She *transferred* him to another school.

3226
translate

[trænsléit]

v. 번역하다, 해석하다

The article was written in German and *translated* into French.

ⓟ translation n. 번역   translator n. 번역자

3227
transmit

[trænsmít]

v. 보내다(=send), (열 · 빛을) 발송하다, 전도하다

A single hair-thin fiber is capable of *transmitting* trillions of bits per second.

ⓟ transmission n. 전달, 전송

3228
transplant

[trænsplǽnt]

v. 옮겨 심다, 이주시키다

He wished to *transplant* his family to America.

ⓟ transplantation n. 이식 (수술), 이주(移住), 이민

3229
transport

[trænspɔ́:rt]

v. 수송하다(=carry, convey), 운반하다

Boxes are being *transported* by train.

ⓟ transportation n. 운송, 수송

[예문 해석] **3220** 경찰은 실종된 소녀를 찾을 수 없었다.   **3221** 그 아이는 장난감 자동차를 끌고 갔다.   **3222** 병정들이 저벅거리고 지나가는 소리가 들렸다.   **3223** 그것은 사고의 한계를 초월한다.   **3224** 그녀는 그의 구술로부터 Simon Forman의 일기들을 베끼고 있다. **3225** 그녀는 그를 다른 학교로 전학시켰다.   **3226** 그 기사는 독일어로 집필되었고 프랑스어로 번역되었다.   **3227** 하나의 머리카락 굵기의 섬유는 초당 10의 18제곱 비트를 전송할 수 있다.   **3228** 그는 그의 가족을 미국으로 이주시키고 싶어했다.   **3229** 상자를 기차로 운반하고 있다.

3230
travel

[trǽvəl]

v. 여행하다(=journey), (빛 · 소리 등이) 전도되다

Sound does not *travel* in a vacuum.

(관련) traveler's check 여행자 수표

3231
tread

[tréd]

v. 밟다, 걷다(=walk)

I felt as if I were *treading* on a lion's tail.

(파) treadle *n.* 발판, 디딤판, 페달

3232
tremble

[trémbl]

v. 떨다(=shake), 전율하다

She *trembled* at the sound.

(파) tremor *n.* 떨림

3233
trespass

[tréspəs]

v. 침입하다(=invade), 침해하다

The plane *trespassed* upon another country's airspace.

(Tip) trespass는 '얼떨결에 침입하다'는 의미이고, intrude는 '목적을 가지고 침입하다'는 의미이다.

3234
trigger

[trígər]

v. 발사하다, (일을) 일으키다   *n.* 방아쇠

The incident *triggered* a major conflict.

3235
trim

[trím]

v. 정돈하다, 손질하다

Forty-nine percent of men would like to *trim* their waistline. [대수능]

(파) trimming *n.* 정돈, 장식   trimly *adv.* 깔끔하게

3236
triple

[trípl]

v. 세 배로 만들다

The amount of material published on the general topic has *tripled* since March.

(관련) tripod *n.* 삼각대

3237
trot

[trát]

v. 빠른[총총] 걸음으로 가다   *n.* 빠른 걸음

The child *trotted* along after his mother.

3238
trudge

[trʌ́dʒ]

v. 무거운 발걸음으로 걷다, 터벅터벅 걷다

We had to *trudge* up the track back to the station.

3239
tug

[tʌ́g]

v. (세게) 당기다(=pull hard)

The kitten was *tugging* at my shoelace.

[예문 해석] **3230** 소리는 진공에서는 전달되지 않는다.   **3231** 나는 사자의 꼬리를 밟는 것 같은 심정이었다.   **3232** 그녀는 그 소리에 몸을 떨었다.   **3233** 그 비행기는 다른 나라의 영공을 침입했다.   **3234** 그 사건은 주요한 갈등을 일으켰다.   **3235** 49%의 남자들이 그들의 허리선을 정돈하고 싶어한다.   **3236** 그 일반 주제에 관해 발표된 자료의 양이 3월 이래 세 배가 되었다.   **3237** 그 아이는 총총 걸음으로 엄마 뒤를 따라갔다.   **3238** 우리는 그 역 뒤로 길을 따라 터벅대며 올라가야 했다.   **3239** 새끼 고양이가 내 신발끈을 힘껏 잡아 당기고 있었다.

3240
tumble

[tʌ́mbl]

v. 넘어지다(=fall), 굴리다, 폭락하다

All the passengers were *tumbled* out of the car.

파 tumbler *n.* 곡예사

3241
twinkle

[twíŋkl]

v. 반짝반짝 빛나다, 반짝이다   *n.* 반짝임, 순간

Stars *twinkle* brightly.

표현 in a twinkle 눈 깜짝할 사이에

3242
twist

[twíst]

v. 꼬다, 뒤틀리다, 비틀어 구부리다

The metal frame tends to *twist* under pressure.

파 twister *n.* 꼬는 사람, 실 꼬는 기계   twisted *adj.* 비틀어진, (발목 등이) 삔

3243
twitch

[twítʃ]

v. 홱 잡아당기다, 잡아채다

The horse *twitched* its tail to chase the flies.

파 twitchy *adj.* 안달이 난, 들뜬

3244
underestimate

[ʌ̀ndəréstəmèit]

v. 과소평가하다, 경시하다

I think a lot of people still *underestimate* him.

파 underestimation *n.* 과소평가, 경시

3245
undergo

[ʌ̀ndərgóu]

v. 경험하다, 겪다(=suffer)

The industry is currently *undergoing* rapid change.

3246
undertake

[ʌ̀ndərtéik]

v. (일 · 책임을) 떠맡다, 착수하다, 약속하다

Students are required to *undertake* simple experiments.

파 undertaker *n.* 인수인, 기획자   undertaking *n.* 사업, 기업, 일

3247
undo

[ʌndúː]

v. 원상태로 돌리다, (매듭 · 꾸러미 등을) 풀다

I managed secretly to *undo* a corner of the parcel.

3248
unearth

[ʌnə́ːrθ]

v. 발굴하다, 발견하다

Archaeologists have *unearthed* an enormous ancient city built by an unknown people.

3249
unfold

[ʌnfóuld]

v. 펼치다, 표명하다

He *unfolded* his plans to her.

[예문 해석] **3240** 승객들은 모두 차 밖으로 굴러떨어졌다.   **3241** 별들이 밝게 빛난다.   **3242** 금속 뼈대는 압력을 받으면 뒤틀리기 쉽다.   **3243** 말은 파리들을 쫓아내기 위해서 자신의 꼬리를 홱 잡아당겼다.   **3244** 나는 여전히 그를 과소평가하는 사람이 많다고 생각한다.   **3245** 그 산업은 현재 급속한 변화를 겪고 있는 중이다.   **3246** 학생들은 간단한 실험을 하게끔 되어 있다.   **3247** 나는 비밀스럽게 가까스로 그 소포의 가장자리를 풀어냈다.   **3248** 고고학자들은 알려진 바 없는 민족이 세운 거대한 고대 도시를 발굴했다.   **3249** 그는 그의 계획을 그녀에게 털어놓았다.

3250
unify

[júːnəfài]

v. 하나로 하다, 통합[통일]하다(=unite)

The time will come soon when we shall live peacefully in the *unified* fatherland.

파 unification *n.* 통합, 통일, 단일화

3251
unite

[juːnáit]

v. 통합하다, 결합하다

When hunting, the animals *unite* to form a large team. |대수능|

파 unit *n.* 단위, 구성, 단원   united *adj.* 결합된

3252
unleash

[ʌnlíːʃ]

v. 가죽 끈을 풀다, 해방하다, (감정 등을) 폭발시키다

In a country where strict interpretation of the treaty's rules has been an unwavering orthodoxy, his comments *unleashed* a wave of protests.

3253
unplug

[ʌnplʌ́g]

v. 마개[플러그]를 뽑다

Unplug appliances that draw power even when they are not in use.

3254
untangle

[ʌntǽŋgl]

v. 엉킨 것을 풀다, 해결하다

To *untangle* the knot of contradictory advice, they have desperately sought better information.

3255
unzip

[ʌnzíp]

v. 지퍼를 열다, 물리치다, 쳐부수다

James *unzipped* his bag.

파 unzipped *adj.* 지퍼가 열린

3256
urge

[ə́ːrdʒ]

v. 재촉하다(=push, drive), 주장하다, 몰아대다

Our teacher *urges* us to study hard.

파 urgency *n.* 긴급, 절박   urgent *adj.* 긴급한, 재촉하는

3257
utter

[ʌ́tər]

v. 발언하다, 말하다(=speak), 입 밖으로 내다   *adj.* 전적인, 철저한

He will *utter* his view on the subject.

파 utterance *n.* 발언, 발성   utterly *adv.* 아주, 전혀, 완전히

3258
vanish

[vǽniʃ]

v. 사라지다, 자취를 감추다(=disappear)

He felt regretful over his *vanished* youth.

파 vanity *n.* 덧없음, 무상함, 허영

> (Tip) vanish는 '감쪽 같이, 홀연히'라는 갑자기 사라지는 방식에 초점을 맞추는 반면, disappear는 더 이상 보이지 않게 된다는 사실에 초점을 맞춘다.

[예문 해석] **3250** 우리가 통일된 조국에서 평화롭게 살 때가 곧 올 것이다.   **3251** 사냥을 할 때 그 동물들은 큰 팀을 이루기 위해 뭉친다. **3252** 조약 규정에 대한 엄격한 해석이 한결같이 신봉되었던 어떤 나라에서 그의 논평은 항의 사태를 일으켰다.   **3253** 사용하지 않을 때 전기제품 코드를 뽑아주세요.   **3254** 서로 모순되는 조언의 매듭을 풀기 위해서, 그들은 필사적으로 더 나은 정보를 찾고 있다.   **3255** James는 그의 가방을 열었다.   **3256** 선생님께서는 열심히 공부하라고 우리를 재촉하신다.   **3257** 그는 그 주제에 관해 자기 의견을 말할 것이다.   **3258** 그는 사라진 청춘을 안타까워했다.

3259
vary

[vέəri]

v. 바꾸다, 변화하다(= change)

The hand is an extremely sensitive and flexible instrument, able to *vary* its grip according to the type, weight and size of the object concerned.

(파) variance *n.* 차이, 불화 variable *adj.* 바뀌기(변하기) 쉬운 |대수능|

3260
vend

[vénd]

v. 팔다, 판매하다

This machine *vends* soft drinks.

(파) vendor *n.* 파는 사람, 행상인, 노점 상인

3261
veto

[víːtou]

v. 거부하다 *n.* 거부권

The President is empowered to *veto* a bill which has passed through Congress.

(표현) exercise the power(right) of veto ~에 거부권을 행사하다

3262
vex

[véks]

v. 짜증나게(조바심 나게) 하다(= irritate)

Her continuous chatter *vexed* me.

(파) vexatious *adj.* 짜증나게 하는

3263
vie

[vái]

v. 경쟁하다, 우열을 다투다

He *vied* with me for the first prize.

(표현) vie for ~을 위해 겨루다, ~을 두고 경쟁하다

3264
vomit

[vάmit]

v. 토하다, 뿜어내다

He *vomited* up all he had just eaten.

3265
vote

[vóut]

v. 투표하다 *n.* 투표, 표결

Only two senators *voted* against the bill.

(파) voter *n.* 투표자 voting *n.* 투표 (관련) voting age 투표 연령

3266
vow

[váu]

v. 맹세하다, 서약하다 *n.* 맹세, 서약

The mayor *vowed* to renew public faith in his governing abilities.

3267
waddle

[wάdl]

v. 어기적어기적 걷다 *n.* 뒤뚱 걸음

Sheep *waddle* along the water's edge.

3268
wag

[wǽg]

v. (꼬리 등을) 흔들다

The dog *wagged* its tail.

[예문 해석] **3259** 손은 관련된 물건의 형체와 무게 그리고 크기에 따라서 집는 모양이 달라질 수 있는 매우 민감하고 유연한 도구이다. **3260** 이 기계는 청량음료를 판매한다. **3261** 대통령에게는 의회를 통과한 법안을 거부할 권한이 부여되어 있다. **3262** 그녀가 연방 지껄여대는 데는 질색이다. **3263** 그는 나와 1등상을 놓고 경쟁했다. **3264** 그는 그가 방금 먹은 모든 것을 토했다. **3265** 두 명의 상원의원만이 그 법안에 반대 표를 던졌다. **3266** 시장은 그의 공무 집행 능력에 대한 시민들의 신뢰를 회복하겠다고 공약했다. **3267** 양들이 물가를 따라 어기적어기적 걷는다. **3268** 그 개는 꼬리를 흔들었다.

3269
wail
[wéil]

v. 소리내어 울다, 울부짖다

Fire engines scudded away with sirens *wailing*.

3270
wait
[wéit]

v. 기다리다, 시중들다(= serve), 심부름하다

I'll *wait* until it's on sale.

　(파) waiter *n.* 웨이터　waitress *n.* 여급, 웨이트리스

3271
wake
[wéik]

v. 깨우다, 각성시키다(= awaken)

My mother *wakes* me up at 7:00. |대수능|

　(혼) walk *v.* 걷다

3272
wander
[wándər]

v. 떠돌아다니다, 헤매다, 길을 잃다(= stray)

In the middle of the piece, one of the two, allowing his mind to *wander* for a moment, lost his place. |대수능|

　(파) wanderer *n.* 방랑자　wandering *adj.* 방랑하는

3273
wane
[wéin]

v. 작아[적어]지다, (달이) 이지러지다

Her popularity was beginning to *wane*.

　(표현) wax and wane (달이) 찼다 이울었다 하다, 흥망성쇠하다

3274
ward
[wɔ́:rd]

v. (위험 등을) 피하다, 막다　*n.* 보호, 감독, 병실

Various non-crops were planted between his crop rows to *ward* off insect pests.

　(파) warden *n.* 관리자, 감독자　warder *n.* 감시인, 수위

3275
warn
[wɔ́:rn]

v. 경고하다

Doctors *warn* that exposure to the polluted air is very dangerous. |대수능|

　(파) warning *n.* 경고

3276
warp
[wɔ́:rp]

v. 휘게 하다, 뒤틀다(= twist), 구부리다

Her character was *warped* by repeated misfortunes.

3277
warrant
[wɔ́(:)rənt]

v. 보증하다(= guarantee), 정당화하다　*n.* 근거, 보증

This material is *warranted* to be pure silk.

　(파) warranty *n.* 담보, 보증(서)

3278
wash
[wáʃ]

v. 씻다, 떠내려 보내다

Most importantly, *wash* your hands after returning from outdoors.

[예문 해석] **3269** 소방차가 사이렌을 울리며 달려갔다. **3270** 나는 세일 때까지 기다릴 것이다. **3271** 나의 어머니는 나를 7시에 깨운다. **3272** 곡의 중간 쯤에서 두 명 중의 한 명이 잠시 동안 딴 생각을 하다가 그가 할 곳을 놓쳤다. **3273** 그녀의 인기는 떨어지기 시작했다. **3274** 해충을 막기 위해서 그의 곡물 이랑 사이에 여러 가지 비곡물류가 심겨졌다. **3275** 의사들은 오염된 공기에 노출되는 것이 매우 위험하다고 경고한다. **3276** 계속된 불행 때문에 그 여자의 성격이 비뚤어졌다. **3277** 이 옷감은 순견임이 보증된다. **3278** 가장 중요한 것은 바깥에서 돌아온 후에는 손을 씻는 것이다.

3279
waste

[wéist]

v. 낭비하다, 황폐하게 하다, 약화시키다   *n.* 낭비, 폐기물, 황무지

I regret that I *wasted* my vacation.

관련 wasteland *n.* 황무지, 불모의 땅

3280
waver

[wéivər]

v. 흔들리다, 망설이다(= hesitate)

Some military commanders *wavered* over whether to support the coup.

3281
wear

[wέər]

v. 입고[신고] 있다, 닳게 하다, 지치게 하다

Don't *wear* the muddy shoes inside.

파 weary *adj.* 피로한, 따분한   표현 wear away 닳아 없애다, (시간이) 지나다

3282
weave

[wíːv]

v. (천 · 직물을) 짜다, 뜨다

Weaving is an art among the Navajo of Arizona and New Mexico.

파 weaver *n.* 베 짜는 사람, 직공   표현 weave one's way 누비고 지나가다

3283
weep

[wíːp]

v. 눈물을 흘리다, 울다(= cry)

Will you *weep* when I am low?

3284
weigh

[wéi]

v. 무게를 달다, 심사숙고하다

The bell is massive, *weighing* over 40 tons.

파 weight *n.* 무게, 중량

3285
weld

[wéld]

v. 용접하다, 밀착시키다

Different metals *weld* at different temperatures.

파 welding *n.* 용접

3286
whimper

[hwímpər]

v. 훌쩍훌쩍 울다, (개 등이) 킹킹거리다

The hungry dog *whimpered* for food.

파 whimperingly *adv.* 훌쩍거리며

3287
whirl

[hwə́ːrl]

v. 빙빙 돌다, 빙글빙글 돌리다

The merry-go-round *whirled* noisily.

관련 whirlpool *n.* 소용돌이   whirlwind *n.* 회오리바람

3288
whisk

[hwísk]

v. 가볍게 나르다, 홱 가져가다   *n.* 작은 비, 총채

The Concorde will *whisk* you home in only 3 hours and 45 minutes at speeds reaching 2,200 kilometers per hour.

[예문 해석] **3279** 나는 방학을 헛되이 보낸 것이 후회된다.   **3280** 일부 군사 지도자들은 그 쿠데타를 지원할지 안 할지에 대해 우왕좌왕했다. **3281** 안에서는 진흙투성이의 신발을 신지 마라.   **3282** 직물을 짜는 일은 Arizona와 New Mexico 주의 Navajo 족 사이에서는 예술이다. **3283** 내가 죽으면 너는 눈물을 흘릴까?   **3284** 그 종은 무게가 40톤 이상 나갈 정도로 육중하다.   **3285** 서로 다른 금속은 각각 다른 온도에서 용접된다.   **3286** 배고픈 개는 먹이를 달라고 킹킹거렸다.   **3287** 회전목마는 시끄럽게 빙빙 돌았다.   **3288** 콩코드는 여러분을 시속 2,200 킬로미터로 3시간 45분 만에 집으로 모셔드릴 것입니다.

3289
whisper

[hwíspər]

v. 속삭이다(=murmur), 작은 소리로 말하다

It is *whispered* that his business is falling.

표현 give the whisper 살짝 귀띔하다

3290
whiz(z)

[hwíz]

v. 윙 소리를 내다, 윙하고 가다   n. 윙(하는 소리), 전문가

A car passes you as if you were parked. On a curve a second *whizzes* by.

표현 whiz (right) through ~을 휙 통과하다 |대수능|

3291
wield

[wíːld]

v. (무기 · 권력 등을) 휘두르다, (도구를) 사용하다

The steering committee *wields* great power.

3292
wiggle

[wígl]

v. (뒤)흔들다

She *wiggled* her finger.

3293
win

[wín]

v. 이기다, 획득하다(=gain), 설득하다

He fell in love with her and tried to *win* her affection.

3294
wipe

[wáip]

v. 닦아 내다, 지우다

The man is using a mop to *wipe* the walls.

파 wiper *n.* 닦는 사람, (자동차) 와이퍼

3295
wish

[wíʃ]

v. 바라다, ~하고 싶다   n. 소원

I *wish* people would just shut up about it.

3296
withdraw

[wiðdrɔ́ː]

v. 움츠리다, 철회하다, 물러나다, 인출하다

We petitioned the government to *withdraw* the bill.

파 withdrawal *n.* 철수, 취소, 회수

3297
wither

[wíðər]

v. 시들다(=fade), 말라죽다

Plants *wither* from lack of water.

3298
withhold

[wiðhóuld]

v. 억누르다, 보류하다(=keep)

The captain *withheld* his men from the attack.

3299
withstand

[wiðstǽnd]

v. 저항하다, 잘 견디다(=endure)

The equipment is not designed to *withstand* high temperatures or sudden changes in temperature.

[예문 해석] **3289** 그의 일이 안 되고 있다는 소문이 조용히 돈다.   **3290** 차 한 대가 마치 당신이 주차해 있기라도 하듯 당신을 지나간다. 커브 길에서 또 다른 차가 윙 소리내며 지나간다.   **3291** 운영 위원회는 막대한 권력을 행사한다.   **3292** 그녀는 손가락을 까딱거렸다.   **3293** 그는 그녀에게 반해 그녀의 사랑을 얻으려 애썼다.   **3294** 남자가 벽을 닦기 위해 대걸레를 사용하고 있다.   **3295** 사람들이 그것에 대해서 입 좀 다물었으면 좋겠다.   **3296** 우리는 그 법안을 철회해 달라고 정부에 진정했다.   **3297** 물이 부족하면 식물들은 시든다.   **3298** 대장은 부하들을 제지하여 공격을 못하게 했다.   **3299** 그 장비는 고온이나 갑작스러운 온도 변화를 견딜 수 있도록 고안되어 있지 않다.

3300
witness
[wítnis]

v. 목격하다 *n.* 증언, 증인, 목격자

We *witnessed* their struggles, triumphs and failures.

(표현) with a witness 틀림없이, 명백히

3301
wonder
[wʌ́ndər]

v. 궁금해하다, 놀라다 *n.* 놀라움, 기적

I *wonder* if you could give me a lift. |대수능|

(파) wonderful *adj.* 놀라운, 멋진, 훌륭한

3302
woo
[wúː]

v. 구애하다, 얻으려고 노력하다

They *wooed* customers by offering low interest rates.

3303
worry
[wə́ːri]

v. 걱정하다, 난처하게 하다, 괴롭히다(=annoy)

Thanks, honey, but don't *worry*.

(표현) worry about ~에 대하여 걱정하다

3304
worsen
[wə́ːrsn]

v. 악화시키다

Almost four out of five blacks believe race relations will *worsen*. |대수능|

(파) worse *adj.* 보다 나쁜

3305
worship
[wə́ːrʃip]

v. 숭배하다, 존경하다 *n.* 숭배, 예배

They also live in a culture that *worships* youth. |대수능|

3306
wrap
[rǽp]

v. 싸다

So I picked out the first box I saw and *wrapped* it. |대수능|

(파) wrapper *n.* 포장지

3307
wreak
[ríːk]

v. (벌 · 복수 따위를) 가하다, 주다, (분노를) 터뜨리다

He *wreaked* his anger on his brother.

(표현) wreak on ~에게 (분노를) 터뜨리다

3308
wreck
[rék]

v. 난파시키다, 파괴하다(=destroy) *n.* 난파(선), 조난

A ghastly tornado *wrecked* the town.

(파) wreckage *n.* 난파 (잔해물)

3309
wrestle
[résl]

v. 맞붙어 싸우다, 레슬링하다

He began to *wrestle* with his opponent.

(파) wrestling *n.* 레슬링, 씨름

[예문 해석] 3300 우리는 그들의 투쟁과 승리와 실패를 목격했다.　3301 나는 당신이 나를 태워줄 수 있는지 궁금하다.　3302 그들은 낮은 이자율을 제공함으로써 고객들을 얻으려고 노력했다.　3303 고마워, 여보, 하지만 걱정 마.　3304 5명의 흑인들 중에서 거의 4명이 인종관계가 악화될 것이라고 믿는다.　3305 그들은 또한 젊음을 숭배하는 문화 속에서 산다.　3306 그래서 나는 내가 본 첫 번째 박스를 골라서 포장했다.　3307 그는 동생에게 화풀이를 했다.　3308 무서운 폭풍이 마을을 파괴시켰다.　3309 그는 상대방과 맞붙어 싸우기 시작했다.

3310
wring

[ríŋ]

v. 짜다, 비틀다

She is *wringing* a wet towel.

㈜ **wringer** *n.* 쥐어짜는 사람, 착취자, 탈취기

3311
yawn

[jɔ́:n]

v. 하품하다

It isn't polite to *yawn* at a party.

3312
yearn

[jə́:rn]

v. 그리워하다(=long), 갈망하다

They *yearned* to see their motherland again.

3313
yell

[jél]

v. 소리 지르다

"Miss?" he *yelled*. "You'll miss lots. That's not the problem." |대수능|

3314
yield

[jí:ld]

v. 산출하다(=produce), 양보하다, 굴복하다

Finally, *yield* to other drivers. |대수능|

3315
zigzag

[zígzæ̀g]

v. 지그재그로 걷다   *adj.* 지그재그의

The demonstrators *zigzagged* along the street.

3316
zip

[zíp]

v. 지퍼로 열다[잠그다], 다물다

He *zipped* the money into his wallet.

3317
zoom

[zú:m]

v. 붕 소리를 내며 달리다, 급상승하다   *n.* 줌 렌즈

The racing cars *zoomed* around the course.

[예문 해석] **3310** 그녀는 젖은 수건을 짜고 있다.   **3311** 파티석상에서 하품하는 것은 무례한 짓이다.   **3312** 그들은 모국을 다시 보기를 갈망했다.   **3313** "놓쳤다고? 너는 많은 것을 놓칠 거야. 그건 문제가 아니야."라고 그가 소리를 질렀다.   **3314** 마지막으로 다른 운전자들에게 양보하십시오.   **3315** 시위대는 거리를 지그재그로 행진해갔다.   **3316** 그는 지퍼를 열고 돈을 지갑에 넣었다.   **3317** 경주용 차들이 붕 소리를 내며 코스를 돌았다.

33ᴿᴰ LECTURE MASTERING IDIOMS

- **prepare for** 준비하다

  It will be safe for you to *prepare for* emergency.

  만일의 경우에 대비하는 것이 너에게 안전할 것이다.

- **prevail upon(on)** 설득하다

  She is easy to prevail upon. 그녀를 설득하는 건 문제가 아니다.

- **prevent A from B** A가 B하지 못하게 하다(=keep A from B, stop A from B)

  He is *preventing* people *from* entering. 그는 사람들이 들어가지 못하게 하고 있다.

- **put an end to** 끝내다

  It's time we *put an end to* plutocracy. 금권 정치를 끝내야 할 때이다.

- **put off** 연기하다(=postpone)

  I was inwardly relieved that the test was *put off*. 나는 시험이 미루어져 슬며시 안심했다.

- **put on the brakes** 브레이크를 밟다

  Suddenly he *put on the brakes* and I almost fell off my seat.

  그가 갑자기 브레이크를 밟아 나는 의자에서 떨어질 뻔했다.

- **put out** (불을) 끄다

  Many people helped to *put out* the fire. 많은 사람들이 진화하는 걸 도와주었다.

- **quite a few** 상당수의

  There are *quite a few* cans of yellow paint in the hall. 복도에 노란색 페인트 통이 꽤 많이 있다.

- **raise a question** 문제를 제기하다

  Research on embryonic stem cells *raises* profound ethical *questions*.

  배아 줄기세포 연구는 심각한 윤리 문제를 제기한다.

- **relating to** ~에 관한

  Tomorrow at two o'clock, Dr. Song will discuss substantive issues *relating to* legal information services.

  내일 오후 2시, 송 박사님께서 법률 정보 서비스에 관련된 현실적인 문제에 대해 이야기해주실 것입니다.

- **rely on** 의존하다

  Rely on your own judgment. 네 자신의 판단에 의존해라.

- **remind A of B** A에게 B를 상기시키다

  Suddenly I am *reminded of* the old days. 지난 일이 문득 생각난다.

33RD LECTURE REVIEW TEST

● 빈칸에 알맞은 단어나 뜻을 쓰시오.

1. thrash _____
2. thresh _____
3. throb _____
4. throng _____
5. thwart _____
6. _____ 기울이다
7. toil _____
8. topple _____
9. _____ 던지다, 흔들리다
10. totter _____
11. trace _____
12. tramp _____
13. transcend _____
14. tread _____
15. _____ 떨다, 전율하다
16. trespass _____
17. trigger _____
18. triple _____
19. trot _____
20. tug _____
21. tumble _____
22. twitch _____
23. _____ 경험하다, 겪다
24. undo _____
25. _____ 가죽 끈을 풀다

26. _____ 재촉하다, 주장하다
27. utter _____
28. _____ 사라지다
29. vary _____
30. vend _____
31. veto _____
32. vex _____
33. vie _____
34. _____ 토하다, 뿜어내다
35. waddle _____
36. wag _____
37. wail _____
38. wane _____
39. ward _____
40. warp _____
41. _____ 보증하다, 정당화하다
42. waver _____
43. weave _____
44. weep _____
45. weld _____
46. whimper _____
47. whirl _____
48. wither _____
49. woo _____
50. _____ 그리워하다, 갈망하다

SUMMA CUM LAUDE
WORD MANUAL

The rung of a ladder was never meant to rest upon,
but only to hold a man's foot long enough to
put the other somewhat higher.

- Thomas Henry Huxley

PART III
형용사 (ADJECTIVE)

숨마쿰라우데®

[워드 매뉴얼]

34TH LECTURE
~
39TH LECTURE

34ᵀᴴ LECTURE

| ³³¹⁸ablaze ~ ³⁴⁵⁰deceptive |

SUMMA CUM LAUDE VOCABULARY

3318
ablaze

[əbléiz]

adj. 화염에 싸여서, 흥분한

He was *ablaze* with anger.

표현 be ablaze with ~으로 확 달아오르다

3319
aboriginal

[æ̀bərídʒənl]

adj. 원주민의, 원래의, 토착의

Its *aboriginal* name means 'mother of all lands.'

파 aborigine *n.* 원주민, 토착민

3320
abrupt

[əbrʌ́pt]

adj. 갑작스러운(=sudden), 퉁명스러운, 가파른

After deciding it is safe to talk to you, a New Yorker might give you a rather *abrupt* explanation. |대수능|

파 abruptness *n.* 갑작스러움   abruptly *adv.* 갑작스럽게, 가파르게

3321
absent

[ǽbsənt]

adj. 결석한

He would often be *absent* from school. |대수능|

파 absence *n.* 결석   absentee *n.* 결석자   표현 be absent from ~에 결석하다

> Tip absent는 상당히 격식을 차린 문장에 쓰이는 단어로, 일반적인 대화에서 사람들은 be not at이나 be not there를 쓴다. 즉, She wasn't at Sam's Wedding. I wasn't there.를 일반적으로 더 많이 쓴다.

3322
absolute

[ǽbsəlùːt]

adj. 절대적인(=positive)

One hundred percent, though, is an *absolute* scandal, and I am not prepared to pay such a large increase. |대수능|

파 absolutely *adv.* 절대로, 단연코

[예문 해석] 3318 그는 노여움으로 격분했다.   3319 이것의 원래 이름은 '모든 땅의 어머니'를 의미한다.   3320 당신과 이야기하는 것이 안전하다고 판단한 후에도, 뉴욕 사람은 다소 퉁명스럽게 당신에게 설명을 해줄지 모른다.   3321 그는 종종 학교에 결석하곤 했다.   3322 하지만 100%는 절대 터무니 없으며, 나는 그런 큰 인상금을 지불할 준비가 되어 있지 않다.

3323
abstract
[ǽbstrǽkt]

adj. 추상적인   *n.* 추상, 요약   *v.* 추출하다, 제거하다(=take away)

We learn formal skills like learning a foreign language and doing a proof in physics, not by reading a textbook and understanding the *abstract* principles, but by actually solving problems in those fields. |대수능|

3324
absurd
[əbsə́:rd]

adj. 불합리한(=unreasonable)

If you can point out what is humorous or *absurd* about a situation and ease the tension by getting the other party to share your feeling, you will have the upper hand. |대수능|

（파） **absurdly** *adv.* 불합리하게, 터무니없이

3325
abundant
[əbʌ́ndənt]

adj. 풍부한, 많은

The land is *abundant* in minerals.

（파） **abundance** *n.* 풍부, 많음

3326
academic
[æ̀kədémik]

adj. 학구적인, 학문상의, 대학의

The priorities were well known: male students first, regardless of *academic* status, and then if there were enough money left, it would go to advanced female students. |대수능|

（파） **academy** *n.* 학원, 전문 학교   **academia** *n.* (학문적) 분위기[환경], 학계

3327
accurate
[ǽkjurət]

adj. 정확한(=correct)

Pam wasn't a good typist, but fortunately Sam was fast and *accurate*.

（파） **accuracy** *n.* 정확성   **accurately** *adv.* 정확하게 |대수능|

3328
acid
[ǽsid]

adj. 신(=sour), 신랄한   *n.* 산

Vinegar has a strong *acid* taste.

（파） **acidity** *n.* 산성도   （관련） **acid rain** 산성비

3329
acute
[əkjú:t]

adj. 날카로운(=sharp), 민감한, 심각한

Dogs have an *acute* sense of smell.

（파） **acutely** *adv.* 날카롭게, 격심하게, 예민하게

3330
adequate
[ǽdikwət]

adj. 적절한, 적당한(=suitable)

Make sure you take an *adequate* supply of water.

（파） **adequately** *adv.* 적절하게

> (Tip) **adequate**는 '(기대만큼은 아니지만) 나름대로 적당한' 의 의미이고, **enough**는 '(기대 이상으로) 충분한' 의 의미로 차이가 있다.

[예문 해석] **3323** 우리는 교과서를 읽고 추상적인 원리를 이해함으로써가 아니라 그러한 분야의 문제를 실제로 풀어 봄으로써 외국어를 배우는 것이나 물리학의 증명을 하는 것과 같은 정형적인 기술들을 배운다.   **3324** 만약 당신이 어떤 상황에 대해 무엇이 웃기거나 불합리한 것인지를 지적하고 상대편이 당신의 감정을 공유하게 함으로써 긴장감을 완화할 수 있다면, 당신은 유리할 것이다.   **3325** 그 땅은 광물질이 풍부하다.   **3326** 우선순위는 잘 알려져 있다. 학업 성적에 상관없이 남학생들 먼저, 그런 후에 돈이 충분히 남으면, 상위권 여학생들에게 간다는 것이다.   **3327** Pam은 훌륭한 타이피스트는 아니었지만, 다행히 Sam은 빠르고 정확했다.   **3328** 식초는 강한 신맛이 난다.   **3329** 개는 후각이 예민하다.   **3330** 충분한 물을 준비해 가는 거 잊지 마라.

3331
adverse

[ǽdvə́:rs]

adj. 역의, 거스르는, 불리한

Despite the *adverse* weather condition, the plane took off.

(파) adversary *n.* 적, 대항자 *adj.* 적의 adversative *adj.* 반대의 adversity *n.* 역경
(표현) an adverse wind 역풍

3332
aerial

[ɛ́əriəl]

adj. 공기의, 항공의 *n.* 안테나

Weeks of *aerial* bombardment had destroyed factories and highways.
(관련) aerial attack 공습

3333
aerobic

[ɛəróubik]

adj. 산소의, 산소에 의한, 에어로빅 건강법의

She does *aerobic* dance for 30 minutes every morning.

3334
aesthetic

[esθétik]

adj. 미의, 미적인(= esthetic)

The paintings have successfully given *aesthetic* pleasure to viewers.
(파) aesthetically(= esthetically) *adv.* 미적으로

> (Tip) aesthetic은 바라보는 쪽에서 보는 관점이고, artistic은 창조자(creator)의 '미적' 관점이다.

3335
afraid

[əfréid]

adj. 두려워하여, 유감으로 생각하여

She is *afraid* of thunder.
(표현) be afraid of ~을 두려워하다

3336
aghast

[əgǽst]

adj. 소스라치게 놀라서, 겁이 나서

I am simply *aghast* to hear that you think I am lying.
(표현) be(stand) aghast at ~에 기겁을 하여 놀라다

3337
agile

[ǽdʒəl]

adj. 민첩한, 재빠른, 기민한

She is *agile* in her movements.
(파) agility *n.* 민첩, 경쾌

3338
alert

[ələ́:rt]

adj. 방심 않는, 빈틈 없는(= watchful), 기민한 *n.* 경계, 경보

Parents should be always *alert* to sudden changes in children's behavior.
(표현) on the alert 빈틈 없이 경계하는

3339
algebraic

[æ̀ldʒəbréiik]

adj. 대수학적인, 대수학의

Mathematics includes many different kinds of *algebraic* expressions to solve problems. |대수능|
(파) algebra *n.* 대수학

[예문 해석] **3331** 나쁜 기상 조건에도 불구하고 비행기는 이륙했다. **3332** 몇 주간의 공중 폭격이 공장들과 고속도로들을 파괴시켰다. **3333** 그녀는 아침마다 30분씩 에어로빅 댄스를 한다. **3334** 그 그림들은 성공적으로 심미적인 즐거움을 관람객들에게 주어왔다. **3335** 그녀는 천동을 무서워한다. **3336** 네가 내가 거짓말을 하고 있다고 생각한다는 말을 들으니 그저 기가 막힌다. **3337** 그녀는 동작이 재빠르다. **3338** 부모들은 항상 아이들의 갑작스러운 행동의 변화에 주의를 기울이고 있어야 한다. **3339** 수학은 문제를 풀기 위한 다양한 많은 종류의 대수학적 표현들을 포함한다.

3340
almighty
[ɔ́:lmàiti]

adj. 전지전능한   *n.* 전능자, 신

God is considered *almighty*.

3341
alternative
[ɔːltə́ːrnətiv]

adj. 대체의   *n.* 대체물

A person from Georgia might be very gracious about directing you and even suggest some *alternative* places to eat in. |대수능|

⊞ alternatively *adv.* 대체물로, 대신으로

3342
ambiguous
[æmbígjuəs]

adj. 애매(모호)한, 분명치 않은

This document is *ambiguous* and in need of clarification.

⊞ ambiguity *n.* 애매(모호)함, 불명료함

3343
ample
[ǽmpl]

adj. 광대한, 충분한(= quite enough), (체구가) 큰

There is space for *ample* cars to park.

⊞ amply *adv.* 충분히, 널리, 상세히

3344
ancient
[éinʃənt]

adj. 고대의, 옛날의

According to *ancient* lore, every man is born into the world with two bags suspended from his neck — one in front and one behind, and both are full of faults. |대수능|

3345
annual
[ǽnjuəl]

adj. 일 년의, 일 년마다의

The *annual* research budget is approximately US $10 million.

⊞ annually *adv.* 일 년마다

3346
anonymous
[ənɑ́nəməs]

adj. 익명의, 성명 불명의

An *anonymous* benefactor donated 2 million dollars.

⊞ anonym *n.* 가명, 익명자   anonymously *adv.* 익명으로

3347
antique
[æntíːk]

adj. 골동의   *n.* 골동품

The *antique* shop is expensive.

⊞ antiquity *n.* 오래됨, 낡음   antiquate *v.* 구식이 되게 하다   antiquated *adj.* 구식이 된

3348
anxious
[ǽŋkʃəs]

adj. 걱정하는, 갈망하는 |대수능|

I was terribly *anxious* about the children when they didn't come home.

⊞ anxiously *adv.* 걱정하여, 갈망하여

표현 be anxious about ~에 대해 걱정하다   be anxious to + V ~하고 싶어하다

[예문 해석] **3340** 신은 전능하다고 여겨진다.   **3341** Georgia 출신의 사람은 매우 친절하게 당신에게 길을 알려주고 심지어 먹으러 갈 몇몇 다른 장소들을 알려줄지도 모른다.   **3342** 이 서류는 애매하여 명확하게 할 필요가 있다.   **3343** 대형 차량도 주차할 수 있는 공간이 있다.   **3344** 고대 전설에 따르면 모든 사람은 목에 두 개의 가방을 매단 채로 세상에 태어난다고 한다. 하나는 앞에 있고, 또 하나는 뒤에 있으며 두 개의 가방 모두 잘못들로 가득 차 있다.   **3345** 연간 연구비는 약 천만 US달러이다.   **3346** 한 익명의 독지가가 2백만 달러를 기증했다.   **3347** 그 골동품 가게는 비싸다.   **3348** 나는 아이들이 집에 돌아오지 않을 때 아이들에 대해서 매우 걱정했었다.

3349 **appropriate** [əpróupriət]	*adj.* 적절한, 적당한(=suitable) Language has to be *appropriate* to the speaker using it. |대수능| (파) appropriately *adv.* 적절하게, 적당하게
3350 **approximate** [əpráksəmət]	*adj.* 근사한, 대략의 The *approximate* cost will be five dollars. (파) approximation *n.* 접근, 근사　approximately *adv.* 대략, 대체로
3351 **apt** [æpt]	*adj.* 적절한, ~하기 쉬운 He is *apt* to catch cold.
3352 **arbitrary** [ɑ́ːrbətrèri]	*adj.* 임의의, 멋대로의(=capricious), 독단적인(=despotic) He made an *arbitrary* decision to sell the house without asking his wife.
3353 **ardent** [ɑ́ːrdənt]	*adj.* 열렬한, 불타는 듯한, 열심인(=eager) He's been one of the most *ardent* supporters of the administration's policy.
3354 **arduous** [ɑ́ːrdʒuəs]	*adj.* 힘드는(=laborious), 곤란한, 끈기 있는 The task was more *arduous* than he had calculated.
3355 **artificial** [ɑ̀ːrtəfíʃəl]	*adj.* 인공적인 Some of their *artificial* mothers were made of cold, hard wire while others were made of warm, soft towel cloth. |대수능| (파) artificially *adv.* 인위적으로　artifact *n.* 인공물, 가공품, 문화 유물
3356 **ashamed** [əʃéimd]	*adj.* 부끄러워, 수치스러워 He was *ashamed* that he had lied. (표현) be ashamed of ~에 대해 부끄럽게 여기다
3357 **asleep** [əslíːp]	*adj.* 잠들어 But she could hear nothing, so she thought her mother was still *asleep*, tired out after their long trip. |대수능| (표현) be asleep 자고 있다　fall asleep 잠들다
3358 **astute** [əstjúːt]	*adj.* 기민한, 빈틈없는 She was politically *astute*.

[예문 해석] 3349 언어는 그것을 사용하는 사람에게 적절해야 한다.　3350 대략의 비용은 5달러가 될 것이다.　3351 그는 감기에 잘 걸린다.　3352 그는 아내에게 물어 보지도 않고 집을 팔겠다고 마음대로 결정했다.　3353 그는 가장 열렬한 정부 정책의 지지자들 중 한 명이다. 3354 그 일은 그가 계산했던 것보다 더 힘들었다.　3355 그들의 인공 어미들의 일부는 차갑고 딱딱한 철사로 만들어졌던 반면에, 다른 일부는 따뜻하고 부드러운 타월 천으로 만들어졌다.　3356 그는 자신이 거짓말을 했다는 것을 부끄러워했다.　3357 그러나 그녀는 아무것도 들을 수 없어서 엄마가 여전히 긴 여행에 지쳐서 잠을 자고 있다고 생각했다.　3358 그녀는 정치적으로 기민했다.

3359
atomic

[ətámik]

adj. 원자의

They feel that no more *atomic* power plants should be built until scientists find a solution to the safety problem. |대수능|

파 atom *n.* 원자

3360
authentic

[ɔ:θéntik]

adj. 믿을 만한, 확실한, 진짜의(=genuine)

The restaurant serves *authentic* Chinese food.

3361
available

[əvéiləbl]

adj. 이용할 수 있는, 소용이 되는

They are *available* to anyone who will place himself under the influence of a lonely mountain top or the stillness of a forest. |대수능|

파 avail *v.* 쓸모가 있다   availability *n.* 유효성, 입수 가능성

3362
averse

[əvə́:rs]

adj. 싫어하여, 반대하고

No cat is *averse* to fish.

파 aversion *n.* 혐오, 반감

3363
aware

[əwɛ́ər]

adj. ~을 알고, 깨닫고

We are not *aware* of the usual smell of our own house, but we notice new smells when we visit someone else's. |대수능|

표현 be aware of ~을 알고 있다, ~을 인식하다

3364
awful

[ɔ́:fəl]

adj. 지독한, 무서운, 끔찍한

I have no idea how many times I have been in the same *awful* train, reading the same ads and watching the most horrible people and their routine attitudes. |대수능|

파 awe *n.* 두려움, 경외(敬畏)

> (Tip) awful의 부사형인 awfully의 의미 사용에 주의해야 한다. awfully는 형용사 앞에서 형용사를 강조하기 위해 쓰이며 그 의미는 '정말'의 의미이다. awfully는 대화에서만 주로 쓰이며 약간 오래된 구식 표현이다.

3365
awkward

[ɔ́:kwərd]

adj. 서투른, 거북한, 어색한

She phoned me at an *awkward* time.

3366
bald

[bɔ́:ld]

adj. 머리털이 없는, 대머리의

I think he's got a complex about being *bald*.

파 baldly *adv.* 노골적으로

[예문 해석] 3359 그들은 과학자들이 안전 문제에 대한 해결책을 찾을 때까지 더 이상의 원자력 발전소들이 건설되어서는 안 된다고 느낀다. 3360 그 식당은 진짜 중국 음식을 제공한다. 3361 그것들은 고독한 산 정상이나 숲의 고요함의 영향 아래 자신을 두게 될 누구에게나 이용 가능하다. 3362 생선을 싫어하는 고양이는 없다. 3363 우리는 우리 집의 일상적인 냄새를 모르지만, 우리가 다른 사람의 집을 방문할 때는 새로운 냄새를 인식한다. 3364 나는 내가 똑같은 광고를 읽고, 가장 끔찍한 사람들과 그들의 틀에 박힌 태도를 보면서 똑같은 끔찍한 열차를 얼마나 여러 번 타고 다녔는지 모르겠다. 3365 그녀는 내가 전화 받기 불편한 때에 전화를 했다. 3366 그는 대머리인 것에 대해 콤플렉스를 가지고 있는 것 같다.

3367
bankrupt
[bǽŋkrʌpt]

adj. 파산한   *n.* 파산자

A large number of businesses went *bankrupt* in the aftermath of the recession.

파 bankruptcy *n.* 파산, 도산

3368
barren
[bǽrən]

adj. 불모의(=sterile), 메마른, 임신을 못하는

The *barren* high desert area around the Grand Canyon can be awe-inspiring.

반 fertile *adj.* 비옥한, 다산인

3369
beloved
[bilʌ́vid]

adj. 사랑하는, 귀여운

He left his *beloved* parents and went abroad to study.

3370
bilateral
[bailǽtərəl]

adj. 양측의, 두면이 있는, 쌍무적인

The treaty was annulled by *bilateral* agreement.

3371
bilingual
[bailíŋgwəl]

adj. 두 나라 말을 하는   *n.* 2개 국어 사용자

I ordered five sets of *bilingual* business cards but I received five sets of monolingual business cards in English.

3372
biomechanical
[bàiouməkǽnikəl]

adj. 생체 역학의

Bronks has designed its products to meet the special *biomechanical* needs of men and women. |대수능|

관련 biomedical *adj.* 생물 의학의

3373
bitter
[bítər]

adj. 쓴, 비통한, 쓰라린(=painful)

We must get rid of, from within ourselves, the envy, fear, and hatred that make us *bitter*, blind, and destructive. |대수능|

파 bitterness *n.* 쓰라림, 격렬, 비통   bitterly *adv.* 혹독하게

3374
blank
[blǽŋk]

adj. 비어 있는   *n.* 공백

When they appeared for the first time in the nineteenth century, they were *blank*. |대수능|

3375
blind
[bláind]

adj. 눈 먼

A man was trying to explain to a *blind* friend what a white color is. |대수능|

파 blindness *n.* 맹목   blinder *n.* 곁눈가리개   blindly *adv.* 맹목적으로

[예문 해석] 3367 경기 침체의 여파로 많은 수의 기업들이 파산했다.   3368 그랜드 캐니언 주변의 불모의 고지 사막 지역은 경외심을 불러일으킬지 모른다.   3369 그는 사랑하는 부모 슬하를 떠나 외국으로 유학을 떠났다.   3370 그 조약은 두 나라의 합의로 폐기되었다.   3371 나는 5세트의 2개 국어로 된 명함을 주문했는데 내가 받은 것은 영어로만 된 5세트의 명함이었다.   3372 Bronks는 남자와 여자들의 특별한 생체 역학적 욕구를 충족시키는 제품을 디자인해왔다.   3373 우리는 우리를 비참하고 맹목적이고 파괴적으로 만드는 시기심과 두려움, 증오를 우리 자신의 내부로부터 없애야 한다.   3374 그것들이 19세기에 처음 나왔을 때, 그것들은 비어 있었다.   3375 남자가 장님인 친구에게 하얀 색이 어떤 것인지 설명하려고 노력하고 있었다.

3376
blond
[blánd]

adj. 금발의   *n.* 금발의 사람

You mean the tall lady with *blond* hair?

(파) blonde *n.* 금발의 여성

3377
blunt
[blʌ́nt]

adj. 무딘, 날 없는, 둔한(=dull)

He was hit with a *blunt* instrument.

(파) bluntly *adv.* 무디게   bluntness *n.* 무딤, 뭉툭함

3378
bold
[bóuld]

adj. 대담한(=fearless), 과감한

Magellan was a *bold*, adventurous explorer.

(파) boldly *adv.* 대담하게   boldness *n.* 대담함

3379
botanical
[bətǽnikəl]

adj. 식물의, 식물성의

It is a *botanical* garden.

(파) botanist *n.* 식물학자   botany *n.* 식물학

3380
brave
[bréiv]

adj. 용감한(=courageous)

We all admire a *brave* person.

(파) bravery *n.* 용기   bravely *adv.* 용감하게

3381
brief
[brí:f]

adj. 짧은, 간단한(=short)

Each of us has probably wanted to live another life, even if only for a *brief* time. |대수능|

(파) briefly *adv.* 간단히   briefing *n.* 요약 보고, 상황 설명

3382
brilliant
[bríljənt]

adj. 빛나는, 훌륭한

Afterwards he had difficulty in speech, yet his music was as *brilliant* as ever. |대수능|

(파) brilliantly *adv.* 훌륭하게, 찬란히

3383
brisk
[brísk]

adj. 활발한(=active), 기운찬

Brisk walking stimulates the circulation.

(파) briskly *adv.* 활발하게, 힘차게

3384
brittle
[brítl]

adj. 부서지기 쉬운, 깨지기 쉬운(=fragile, breakable)

Thin glasses are *brittle*.

(파) brittleness *n.* 깨지기 쉬움, 취약성

[예문 해석] 3376 금발 머리의 키 큰 여자분 말이죠?   **3377** 그는 무딘 도구로 맞았다.   **3378** Magellan은 대담하고 모험적인 탐험가였다.   **3379** 이곳은 식물원이다.   **3380** 우리는 모두 용감한 사람을 찬양한다.   **3381** 우리 각각은 아마도 짧은 시간일지라도 또 다른 삶을 살기를 원했을 것이다.   **3382** 나중에 그는 말을 하는 데 어려움을 겪었지만, 그의 음악은 예전보다 더 훌륭해졌다.   **3383** 활발히 걸으면 혈액 순환이 자극된다.   **3384** 얇은 유리는 깨지기 쉽다.

3385 **brutal** [brúːtl]	*adj.* 잔인한 The crew staged a mutiny against the *brutal* officers of the ship. ㈜ brute *n.* 짐승, 금수 brutality *n.* 잔혹성
3386 **bulk** [bʌlk]	*adj.* 대량의 *n.* 크기, 부피, 대부분 Do you offer discounts on *bulk* purchases? ㈜ bulky *adj.* 부피가 커진
3387 **busy** [bízi]	*adj.* 바쁜 I'll do it in ten minutes. I'm *busy* now. ㈜관련 busybody *n.* 참견하기 좋아하는 사람
3388 **candid** [kǽndid]	*adj.* 정직한, 솔직한(=frank), 공정한 They have had *candid* talks about the current crisis.
3389 **casual** [kǽʒuəl]	*adj.* 우연의(=accidental), 무관심한, 평상복의 He went out for a walk in *casual* wear.
3390 **catchy** [kǽtʃi]	*adj.* 인기 끌 것 같은 The songs were both *catchy* and original.
3391 **celestial** [səléstʃəl]	*adj.* 하늘의(=heavenly), 천체의 Gravity governs the motions of *celestial* bodies.
3392 **Celsius** [sélsiəs]	*adj.* 섭씨의(=centigrade) The temperature climbs as high as 35 degrees *Celsius* during the sizzling months of July and August. ㈜관련 Fahrenheit *adj.* 화씨의
3393 **centennial** [senténiəl]	*adj.* 100년마다의 The city will celebrate its *centennial* anniversary next year with a parade down the main street. ㈜ centenary *n.* 100주년 기념일
3394 **certain** [sə́ːrtn]	*adj.* 확신하는, 어떤 *Certain* genes play a crucial role in human growth and development. ㈜ certainty *n.* 확실함, 필연성 certainly *adv.* 틀림없이, 확실히

[예문 해석] 3385 그 선원들은 배의 잔인한 장교들에 맞서 모반을 계획했다. 3386 대량 구입을 하면 할인해주나요? 3387 그 일을 10분 뒤에 할게. 지금은 바빠서 말야. 3388 그들은 현재의 위기에 관해서 솔직한 이야기를 나누었다. 3389 그는 간편한 차림으로 산책을 나갔다. 3390 그 노래들은 인기를 끌 것 같고 독창적이었다. 3391 중력은 천체의 움직임을 통제한다. 3392 기온은 무더운 7월과 8월에 섭씨 35도까지 올라 간다. 3393 그 도시는 번화가에서 시가행진을 벌이면서 내년에 있을 100주년 기념일을 축하할 것이다. 3394 어떤 유전자들은 인간의 성장과 발육에 중요한 역할을 한다.

3395
cheap

[tʃíːp]

adj. 싼, 값이 싼

Fast food restaurants have simple and *cheap* food, like hamburgers.

3396
choral

[kɔ́ːrəl]

adj. 합창대의, 합창의

We had *choral* practice, but we were off the beat and out of tune.

Ⓟ chorus *n.* 합창, 합창곡, 합창대

3397
chronic

[kránik]

adj. 만성의, 상습적인(= habitual)

Headache is a *chronic* disease with me.

Ⓟ chronically *adv.* 만성적으로, 상습적으로

3398
circumspect

[sɔ́ːrkəmspèkt]

adj. 신중한, 주의 깊은

The banks should have been more *circumspect* in their dealings.

3399
civic

[sívik]

adj. 시민의, 시의, 도시의

A concert was held to commemorate the opening of the *civic* center.

Ⓟ civics *n.* 시정학, 시정연구   civil *adj.* 시민의   civilian *n.* 시민, 일반 국민

3400
civilized

[sívəlàizd]

adj. 문명화된

Conforming is necessary in any *civilized* community. |대수능|

Ⓟ civilization *n.* 문명화   civilize *v.* 문명화하다

3401
classical

[klǽsikəl]

adj. 고전의

We are proud to present MUSE — a new name for *classical* music, low in price, but offering you real value for your money. |대수능|

Ⓟ classically *adv.* 고전적으로   classic *n.* 일류 작가, 고전문학 작품   *adj.* 고전의, 일류의

3402
clumsy

[klʌ́mzi]

adj. 솜씨 없는, 서투른(= unskillful)

He is such a *clumsy* idiot that he always messes things up.

(표현) a clumsy apology 어설픈 사과

3403
coarse

[kɔ́ːrs]

adj. 조잡한, 거친(= rough)

The dress material is of *coarse* texture.

3404
coastal

[kóustəl]

adj. 해안의, 연안의

Coastal trees, for example, become shorter and stronger in response to strong winds and heavy rainfall. |대수능|

Ⓟ coast *n.* 해안   (관련) coastline *n.* 해안선

[예문 해석] **3395** 패스트푸드 식당은 햄버거와 같이 간단하고 값싼 음식을 판다.   **3396** 우리는 합창 연습을 했지만, 박자나 음정이 전혀 맞지 않았다.   **3397** 두통은 나의 고질병이다.   **3398** 은행들은 거래에 좀 더 신중했어야 했다.   **3399** 시민 회관 개관 기념 콘서트가 열렸다.   **3400** 순응은 모든 문명화된 사회에서 필요하다.   **3401** 우리는 Muse를 출시하게 되어 자랑스럽습니다. 이것은 값은 저렴하지만 당신의 돈 가치에 맞는 진정한 가치를 제공하는 고전 음악의 새로운 이름입니다.   **3402** 그는 너무나 서투른 사람이어서 매사를 망친다.   **3403** 그 옷감은 바탕이 거칠다.   **3404** 예를 들어, 해안의 나무들은 강풍과 폭우에 반응하여 더 짧고 강해진다.

3405
cocksure

[kákʃúər]

adj. 독단적인, 자부심이 강한, 확신하는

Someone who is *cocksure* is so confident and sure of their abilities that they annoy other people.

3406
coherent

[kouhíərənt]

adj. 일관된, 분명히 말할 수 있는, 응집성의

He has a *coherent* plan.

⑭ coherence *n.* 일관성, 긴밀성

3407
colloquial

[kəlóukwiəl]

adj. 구어의, 일상 회화의

It was a *colloquial* expression.

3408
common

[kámən]

adj. 공통의, 보통의(= usual, ordinary), 흔한

Love of life and fear of death are *common* to man and lower animals.

⑭ commonly *adv.* 보통, 일반적으로

3409
communal

[kəmjú:nəl]

adj. 자치 단체의, 공공의, 공동의

Communal violence broke out in different parts of the country.

⑭ community *n.* 공동체, 공동체 의식, 지역사회

3410
compact

[kəmpǽkt]

adj. 조밀한, 견고한, 작고 경제적인   *n.* 소형차, (여자 화장품) 분갑

It is rugged, waterproof, *compact*, and surprisingly affordable.

3411
compatible

[kəmpǽtəbl]

adj. 양립하는, 모순되지 않는, 호환성이 있는

The following network adapters are *compatible* with the chosen transport type.

3412
competent

[kámpətənt]

adj. 유능한(= able)

He was a *competent* secretary.

⑭ competence *n.* 능력, 자격   competently *adv.* 유능하게

3413
complacent

[kəmpléisnt]

adj. 만족한(= self-satisfied), 자기만족의, 방만한

The store had been the city's leading retailer for so long that management had become *complacent*.

3414
complete

[kəmplí:t]

adj. 완전한(= perfect)   *v.* 완성하다

No living creature, plant or animal, can exist in *complete* isolation. |대수능|

⑭ completion *n.* 완성   completeness *n.* 완전   completely *adv.* 완전히

[예문 해석] **3405** 독단적인 사람은 너무 자신감이 넘치고 자신의 능력을 확신해서 다른 사람들을 성가시게 한다.   **3406** 그는 일관된 계획을 갖고 있다.   **3407** 그것은 구어체 표현이었다.   **3408** 삶을 아끼고 죽음을 두려워하는 것은 사람에게나 하등 동물에게나 공통적인 것이다.   **3409** 공동체간의 분쟁이 그 나라의 여러 다른 지역에서 발생했다.   **3410** 이것은 견고하고, 방수가 되며, 작고, 가격도 놀랄 만큼 저렴하다.   **3411** 다음의 네트워크 어댑터는 선택한 전송 종류와 호환된다.   **3412** 그는 유능한 비서였다.   **3413** 그 상점은 장기간 그 도시의 주요 소매점으로 자리 잡은 나머지 경영이 방만해졌다.   **3414** 식물이든 동물이든 어떠한 생물도 완전히 고립되어서는 존재할 수 없다.

3415
complex
[kəmpléks]

adj. 복잡한(=complicated)

In short, you occupy several different positions in the *complex* structure of society. |대수능|

㉙ complexity *n.* 복잡성

3416
compulsive
[kəmpʌ́lsiv]

adj. 강제적인, 억지로의, 강박관념에 사로잡힌

He was a *compulsive* gambler and often heavily in debt.

㉙ compulsory *adj.* 강제적인, 필수의

3417
concrete
[kánkri:t]

adj. 구체적인, 유형의, 굳어진

The police had no *concrete* evidence.

㉗ abstract *adj.* 추상적인

3418
confederate
[kənfédərət]

adj. 동맹한, 연합한, (C-) 남부 연합의

General Lee commanded the *Confederate* Army.

3419
Confucian
[kənfjúːʃən]

adj. 공자의, 유교의　*n.* 유생

Mencius propagated *confucian* doctrines.

㉙ Confucianism *n.* 유교　Confucius *n.* 공자

3420
congruous
[káŋgruəs]

adj. 일치하는, 적합한, 어울리는(=congruent)

It may be *congruous* with the system.

3421
consecutive
[kənsékjutiv]

adj. 연속적인, 잇따른(=successive)

The stock market continued its upward trend for the fifth *consecutive* week.

㉙ consecutively *adv.* 연속하여　consecutiveness *n.* 연속(성), 일관성

3422
conspicuous
[kənspíkjuəs]

adj. 눈에 띄는, 특징적인, 두드러진(=prominent)

He played a *conspicuous* role in settling the matter.

3423
constant
[kánstənt]

adj. 불변의, 일정한, 계속적인

And parents have to pay for their children's *constant* clothing demands.

㉙ constancy *n.* 불변, 성실　constantly *adv.* 변함없이, 끊임없이　|대수능|

3424
content
[kəntént]

adj. 만족하는　*n.* 내용, 내용물, 목차

He is *content* with what he has.

[예문 해석] **3415** 간단히 말해, 당신은 복잡한 사회 구조 속에서 여러 가지 다른 지위를 차지하고 있다.　**3416** 그는 도박 중독자여서 종종 빚을 많이 졌다.　**3417** 경찰은 구체적인 증거가 없었다.　**3418** Lee 장군이 남부 연합군을 지휘했다.　**3419** 맹자가 공자의 설을 널리 퍼뜨렸다. **3420** 이것이 그 시스템과 일치할지도 모른다.　**3421** 증시는 5주째 계속해서 상승세를 나타냈다.　**3422** 그는 사건 해결에 눈부신 역할을 했다. **3423** 그리고 부모들은 자녀들의 끊임없는 옷에 대한 요구에 돈을 지불해야 한다.　**3424** 그는 그가 가지고 있는 것에 만족한다.

3425
controversial

[kàntrəvə́ːr∫əl]

adj. 논쟁의, 논의의 여지가 있는

The audience hissed the *controversial* play.

파 controversy *n.* 논쟁, 논의

3426
cordial

[kɔ́ːrdʒəl]

adj. 충심으로부터의, 따뜻한, 진심의(=hearty)

Ties between the two nations have always been described as friendly and *cordial*.

3427
corporate

[kɔ́ːrpərət]

adj. 법인의, 회사의

The *corporate* headquarters are located in the capital of the country.

파 corporation *n.* 법인, 주식회사

3428
correct

[kərékt]

adj. 정확한, 올바른(=right) *v.* 고치다

They need to know who e-mail senders are and whether information coming and going is *correct*. |대수능|

파 correctness *n.* 정확성 correction *n.* 정정, 수정, 교정 correctly *adv.* 정확하게

3429
corrupt

[kərʌ́pt]

adj. 부패한, 뇌물이 통하는 *v.* 부패하다

We cannot but deplore the *corrupt* conditions of this society.

파 corruption *n.* 부패, 타락

3430
cosmic

[kázmik]

adj. 우주의

The *cosmic* laws govern our world.

파 cosmos *n.* 우주, 질서 있는 체계

3431
cozy

[kóuzi]

adj. 아늑한(=comfortable), 포근한

The room looked neat and *cozy*.

3432
crafty

[krǽfti]

adj. 교활한(=cunning), 간악한

Their schemes to evade taxes were very *crafty*.

3433
crazy

[kréizi]

adj. 미친(=mad)

All the drivers in this state are *crazy*! |대수능|

파 crazily *adv.* 미친 듯이 craze *v.* 미치게 하다, 발광시키다

3434
crispy

[kríspi]

adj. 바삭바삭한(=crisp), 부서지기 쉬운

The house specialty is poached eggs on *crispy* crab cakes with avocado and tomatoes ($13).

[예문 해석] **3425** 관중들은 그 논란이 많은 연극을 비난했다. **3426** 양국 간의 유대는 항상 가깝고 우호적인 것으로 알려져 왔다. **3427** 그 회사의 본사는 그 나라의 수도에 위치해 있다. **3428** 그들은 이메일을 보낸 사람들이 누구인지 그리고 오고가는 정보가 정확한지 아닌지 알 필요가 있다. **3429** 우리는 이 사회의 부패상을 보고 탄식하지 않을 수 없다. **3430** 우주의 법칙이 이 세계를 지배한다. **3431** 그 방은 깨끗하고 아늑해 보였다. **3432** 그들의 탈세 음모는 매우 교활한 것이었다. **3433** 이 주의 운전자들은 모두 미쳤군! **3434** 이 집에서 가장 잘하는 음식은 아보카도와 토마토를 곁들인 바삭바삭한 크랩 케이크 위에 얹은 수란(13달러)이다.

3435
critical
[krítikəl]

adj. 평론[비평]의, 비판적인, 중요한

The twelve weeks of summer were *critical* to most of the restaurants and pubs. |대수능|

파 critic *n.* 평론가   criticism *n.* 비평, 평론

3436
crucial
[krúːʃəl]

adj. 결정적인, 중대한

Every parent knows how *crucial* the choice of friends is for every child.

표현 at the crucial moment 결정적인 순간에 |대수능|

3437
crude
[krúːd]

adj. 가공하지 않은, 투박한, 거친(= coarse)

That country exports *crude* oil.

3438
cruel
[krúːəl]

adj. 잔혹한, 잔인한, 무정한(= pitiless)

It is *cruel* to do such a thing.

파 cruelty *n.* 잔학함, 잔인함, 학대

3439
cultural
[kʌ́ltʃərəl]

adj. 문화의, 교양의

Children come from many different *cultural*, ethnic and religious background. |대수능|

파 culture *n.* 문화, 교양, 양식

3440
cumulative
[kjúːmjulətiv]

adj. 축적적인, 누적하는

Depression is often caused by the *cumulative* effects of stress and overwork.

3441
cunning
[kʌ́niŋ]

adj. 약삭빠른, 교활한, 교묘한(= clever)

On their second raid they were more *cunning*.

3442
curious
[kjúəriəs]

adj. 호기심이 강한, 이상한(= strange)

The shepherds who found the substance were *curious* about its softness.

파 curiosity *n.* 호기심 |대수능|

3443
cute
[kjúːt]

adj. 귀여운, 예쁜

I feel at ease as I gaze at the *cute* and innocent face of my sleeping child.

3444
cynical
[sínikəl]

adj. 냉소적인, 비꼬는

Don't be so grumpy and *cynical* about it all.

파 cynicism *n.* 냉소, 비꼬는 버릇

[예문 해석] **3435** 12주간의 여름은 대부분의 식당들과 술집들에게 중요했다.   **3436** 모든 부모들은 모든 아이들에게 있어 친구의 선택이 얼마나 중요한지 알고 있다.   **3437** 그 나라는 원유를 수출한다.   **3438** 그런 짓을 하는 것은 잔인하다.   **3439** 아이들은 아주 다양한 문화적, 인종적, 종교적 배경에서 온다.   **3440** 우울증은 종종 스트레스와 과로가 누적된 결과로 일어난다.   **3441** 두 번째 공격에서는 그들은 좀 더 교묘했다.   **3442** 그 물질을 발견한 목동들은 그것의 부드러움에 호기심을 가졌다.   **3443** 나는 자는 아이의 귀엽고 천진한 얼굴을 바라보노라면 마음이 편안해진다.   **3444** 그것 모두에 대해서 그렇게 까다롭고 냉소적으로 굴지 마라.

3445 **damp** [dǽmp]	*adj.* 축축한, 습기찬 Wipe surface with *damp* cloth and mild soap.
3446 **deaf** [déf]	*adj.* 귀머거리의, 귀를 기울이지 않는 He turns a *deaf* ear to my repeated warnings. (파) **deafen** *v.* 귀머거리를 만들다, 귀청을 터지게 하다
3447 **dear** [díər]	*adj.* 친애하는, 소중한, 비싼 *Dear* Ms. Brown! Thank you for your kind teaching.
3448 **decaffeinated** [diːkǽfənèitid]	*adj.* 카페인이 제거된 *Decaffeinated* coffee has had most of the caffeine removed from it.
3449 **decent** [díːsnt]	*adj.* 기품 있는(=modest), 근사한 If you know in your heart that you are a good and *decent* person, you can meet life's challenges head on and without fear of what others think. (파) **decently** *adv.* 점잖게, 기품 있게 |대수능|
3450 **deceptive** [diséptiv]	*adj.* 현혹시키는(=misleading), 사기의 Appearances are *deceptive*.

[예문 해석] 3445 젖은 천과 순한 비누로 표면을 닦아라.   **3446** 그는 내가 수차례 경고해도 듣지 않는다.   **3447** 친애하는 Brown 씨께! 친절히 가르쳐주셔서 감사드립니다.   **3448** 카페인이 없는 커피는 커피에서 대부분의 카페인을 제거해냈다.   **3449** 만약 당신이 마음속으로 당신이 선하고 양식 있는 사람이라는 것을 안다면, 당신은 남들이 무엇을 생각하던 개의치 않고 삶에서 생기는 어려움을 정면으로 대처할 수 있다.   **3450** 외관은 믿을 수 없다.

34TH LECTURE MASTERING IDIOMS

- **result from**   ~의 결과로서 일어나다

  Most cases *resulted from* a lack of proper preparation.
  대부분의 사건은 적절한 준비를 하지 않아서 발생한 것들이다.

- **result in**   ~을 초래하다(=bring about)

  The plan *resulted in* failure. 그 계획은 실패했다.

- **right now**   지금, 당장

  But Dr. Brown is in a meeting *right now*. 하지만 Brown 박사는 지금 회의 중이십니다.

- **right there**   바로 거기

  It's *right there* on the shelf. 그것은 바로 저 선반 위에 있다.

- **run for**   ~에 출마하다

  He consented to *run for* President. 그는 대통령 선거에 출마하는 데 동의했다.

- **run out of**   부족해지다, 바닥나다(=run short of)

  We've *run out of* gas. 휘발유가 다 떨어졌다.

- **run over**   ~을 치다

  I narrowly missed being *run over*. 나는 하마터면 차에 치일 뻔했다.

- **run short (of)**   ~이 바닥나다, 부족해지다

  We soon *ran short of* topics of conversation. 우리는 곧 이야깃거리가 바닥났다.

- **save face**   체면을 세우다, 면목을 유지하다

  The politicians involved are more interested in *saving face* than telling the truth.
  관련된 정치인들은 진실을 말하기보다는 체면을 세우는 데 관심을 갖고 있다.

- **see A as B**   A를 B로 간주하다(생각하다)

  I can't *see* him *as* a president. 나는 그 사람이 대통령이라고는 생각할 수 없다.

- **separate from**   ~와 분리된

  This will create a new domain tree that is *separate from* any existing trees.
  이것은 기존의 트리로부터 독립된 별개의 새 도메인 트리를 만들 것이다.

- **set free**   풀어주다, 석방하다

  Lincoln ordered to *set* the slaves *free*. Lincoln은 노예를 석방하라고 명했다.

34ᴛʜ LECTURE REVIEW TEST

● 빈칸에 알맞은 단어나 뜻을 쓰시오.

1. ablaze	_____	26. ample	_____
2. aboriginal	_____	27. ancient	_____
3. abrupt	_____	28. annual	_____
4. _____	결석한	29. _____	익명의, 성명 불명의
5. _____	절대적인	30. antique	_____
6. abstract	_____	31. _____	적절한, 적당한
7. absurd	_____	32. approximate	_____
8. abundant	_____	33. arbitrary	_____
9. academic	_____	34. ardent	_____
10. _____	정확한	35. arduous	_____
11. acid	_____	36. artificial	_____
12. acute	_____	37. astute	_____
13. _____	적절한, 적당한	38. atomic	_____
14. adverse	_____	39. authentic	_____
15. aerial	_____	40. _____	싫어하여, 반대하고
16. aerobic	_____	41. awful	_____
17. aesthetic	_____	42. awkward	_____
18. afraid	_____	43. bald	_____
19. aghast	_____	44. _____	파산한
20. agile	_____	45. barren	_____
21. alert	_____	46. beloved	_____
22. algebraic	_____	47. bilateral	_____
23. almighty	_____	48. bilingual	_____
24. _____	대체의	49. biomechanical	_____
25. ambiguous	_____	50. _____	쓴, 비통한

51. blunt	_____	76. clumsy	_____
52. bold	_____	77. coarse	_____
53. botanical	_____	78. _____	해안의, 연안의
54. brave	_____	79. cocksure	_____
55. brief	_____	80. _____	일관된, 응집성의
56. _____	빛나는, 훌륭한	81. colloquial	_____
57. brisk	_____	82. common	_____
58. brittle	_____	83. communal	_____
59. _____	잔인한	84. compact	_____
60. bulk	_____	85. compatible	_____
61. busy	_____	86. _____	유능한
62. candid	_____	87. complacent	_____
63. _____	우연의, 무관심한	88. complete	_____
64. catchy	_____	89. complex	_____
65. celestial	_____	90. _____	강제적인, 억지로의
66. Celsius	_____	91. confederate	_____
67. centennial	_____	92. confucian	_____
68. certain	_____	93. congruous	_____
69. cheap	_____	94. _____	연속적인, 잇따른
70. choral	_____	95. conspicuous	_____
71. _____	만성의, 상습적인	96. constant	_____
72. circumspect	_____	97. content	_____
73. civic	_____	98. controversial	_____
74. _____	문명화된	99. cordial	_____
75. classical	_____	100. corporate	_____

정답 | 기본 페이지 참조

35TH LECTURE | ³⁴⁵¹ **decorous** ~ ³⁶⁰⁰ **historic** |

SUMMA CUM LAUDE VOCABULARY

3451
decorous

[dékərəs]

adj. 예의 바른, 단정한

He gave his wife a *decorous* kiss.

3452
deep

[díːp]

adj. 깊은, 심원한(= profound)

The river is *deep* here.

3453
deliberate

[dilíbərət]

adj. 신중한, 계획[의도]적인

The control and suppression of piracy and other lawless acts at sea calls for a concerted effort and *deliberate* regional response.
㉫ deliberation *n.* 숙고, 심의, 협의   deliberately *adv.* 신중히, 고의로

3454
delicious

[dilíʃəs]

adj. 맛있는, 즐거운

Just follow the directions on the package to make *delicious* chocolate chip cookies.

3455
deluxe

[dəlúks]

adj. 호화로운

Choose from 31 *deluxe* cruises, 7 to 14 days, on all major European Rivers.

3456
dense

[déns]

adj. 밀집한, 조밀한, 짙은(= thick)

The man and children are playing in the *dense* woods.
㉫ density *n.* 밀도, 농도

3457
detrimental

[dètrəméntl]

adj. 유해한, 손해를 주는

They are *detrimental* to the public interest.

[예문 해석] **3451** 그는 그의 아내에게 예의 바른 키스를 했다.   **3452** 그 강은 여기가 깊다.   **3453** 해상에서의 해적 행위와 다른 무법 행위들을 통제하고 진압하려면 공동의 노력과 계획적인 지역의 대응이 필요하다.   **3454** 맛있는 초콜릿 칩 쿠키를 만들려면 겉포장에 적혀 있는 지시를 따라만 하십시오.   **3455** 유럽의 모든 대표적인 강을 7일에서 14일 일정으로 운항하는 31가지의 호화 유람 항해 중에서 (원하시는 것을) 선택하십시오. **3456** 남자와 아이들이 나무가 우거진 숲에서 놀고 있다.   **3457** 그들은 공익을 해친다.

3458
devoid

[divɔ́id]

adj. ~이 전혀 없는, ~이 결여된

I have never seen a man so utterly *devoid* of sense as he.

(표현) **devoid of** ~이 결여된(부족한)

3459
dim

[dím]

adj. 희미한, 어둠침침한(=obscure)

At the same time her heart was thumping and she started at every sound, rushing out to the door and looking down the winding road, which was now *dim* with the shadows of evening. |대수능|

(파) **dimly** *adv.* 희미하게

3460
dingy

[díndʒi]

adj. 거무스름한, 음침한

We drove through some of the *dingiest* streets of the town.

3461
disabled

[diséibld]

adj. 불구가 된, 무능력의

Unless one is *disabled*, every Korean young man has to serve in army.

(파) **disable** *v.* 쓸모없게 만들다, 불구로 만들다

3462
discreet

[diskrí:t]

adj. 분별 있는(=prudent), 생각이 깊은, 신중한

Though he is young, he is *discreet*.

(표현) **be discreet in** ~을 삼가다, 신중히 하다

3463
discrete

[diskrí:t]

adj. 별개의, 분리된, 불연속의

The company was divided into a number of relatively small, *discrete* units.

(표현) **a series of discrete events** 일련의 별개 사건들

3464
disinclined

[dìsinkláind]

adj. ~하고 싶지 않은, 내키지 않은

I am rather *disinclined* to go with him.

3465
disloyal

[dislɔ́iəl]

adj. 불충한, 불성실한(=unfaithful)

"You were *disloyal* to the country," he replied.

(파) **disloyalty** *n.* 불충, 불성실

3466
disposable

[dispóuzəbəl]

adj. (사용 후) 버릴 수 있는, 일회용의

There are not only paper plates and napkins, but even *disposable* razors and cameras. |대수능|

(파) **disposal** *n.* 처리, 처분   (표현) **dispose of** ~을 처분(처리)하다

[예문 해석] 3458 나는 그만큼 완전히 감각이 없는 남자를 결코 본 적이 없다.   3459 동시에 그녀의 심장은 뛰고 있었고 그녀는 문 밖으로 달려나가 지금은 저녁의 그림자들로 어두워진 구불구불한 길을 내려다보면서 모든 소리에 움찔거렸다.   3460 우리는 그 마을의 가장 음침한 거리들을 통과했다.   3461 불구자가 아닌 한, 한국의 청년은 누구나 군에 복무해야 한다.   3462 그는 나이는 어리지만 신중하다.   3463 그 회사는 상대적으로 작고 독립된 많은 조직들로 분리되었다.   3464 나는 그와 동행할 마음이 없다.   3465 "당신은 나라에 불충했습니다."라고 그가 대답했다.   3466 종이 접시와 냅킨뿐만 아니라 일회용 면도기나 카메라까지도 있다.

3467
distinct
[distíŋkt]

adj. 별개의, 뚜렷한, 독특한

There is a *distinct* difference between the two.

(파) distinction *n.* 구별, 차이, 특성　distinctive *adj.* 독특한, 특이한

3468
divine
[diváin]

adj. 신의, 신성한(=holy)

To err is human, to forgive *divine*.

3469
dizzy
[dízi]

adj. 현기증이 나는, 어지러운

The sudden ascent of the elevator made us *dizzy*.

3470
domestic
[dəméstik]

adj. 국내의, 가정의

The *domestic* oil, natural gas, or steel industry, for example, may require protection because of its importance to national defense. |대수능|

(파) domestication *n.* 교화, 길들임　domesticate *v.* 길들이다

> (Tip) [domes(=home)+tic(형용사어미)] domes는 '집, 가정'의 의미이다.

3471
dormant
[dɔ́:rmənt]

adj. 잠자는, 휴지 상태에 있는

The volcano lies *dormant*.

3472
downright
[dàunráit]

adj. 명백한, 솔직한, 철저한

It is a *downright* lie from start to finish.

3473
drastic
[drǽstik]

adj. 과감한, 맹렬한(=rigorous, violent)

I firmly believe *drastic* measures should be taken before it's too late.

(파) drastically *adv.* 격렬하게, 철저하게　　　　　　　　　　|대수능|

3474
dreary
[dríəri]

adj. 황량한, 음울(음산)한, 지루한

Despite a *dreary* start to the day, skies will brighten by midday.

3475
drowsy
[dráuzi]

adj. 졸음이 오는, 졸리는(=sleepy)

Yes, but I think the cold medicine I'm taking is making me *drowsy*.

3476
dual
[djú:əl]

adj. 이중의(=double), 둘의

Three and a half million American workers exposed to asbestos face a *dual* threat.

(파) dualism *n.* 이중성, 이원론

[예문 해석] 3467 그 둘 사이에는 뚜렷한 차이가 있다.　**3468** 잘못을 저지르는 것은 사람이요, 용서하는 것은 신이다.　**3469** 엘리베이터가 갑자기 올라가서 우리는 어지러워졌다.　**3470** 예를 들어, 국내 석유, 천연가스, 또는 철강 산업은 국가 방위에 대한 중요성 때문에 보호가 필요할지도 모른다.　**3471** 그 화산은 휴지 상태에 있다.　**3472** 그것은 처음부터 끝까지 새빨간 거짓말이다.　**3473** 나는 너무 늦기 전에 과감한 조치들이 취해져야 한다고 확신한다.　**3474** 새벽에는 흐리지만 한낮에는 맑게 갤 것이다.　**3475** 네, 그런데 먹고 있는 감기약이 저를 졸리게 하고 있는 것 같아요.　**3476** 석면에 노출된 350만 명의 미국 근로자들은 이중의 위협에 직면해 있다.

3477
due

[djú:]

adj. ~할 예정인, 만기의, 적절한

Many a landowner has become bankrupt *due* to the land reform.

표현 due to ~ 때문에

3478
dull

[dΛl]

adj. 무딘(=blunt), 지루한, 활기 없는   *v.* 무디게 하다

Forget *dull* lessons and the traditional methods of learning. |대수능|

파 dullness *n.* 둔함, 지루함   dully *adv.* 둔하게, 지루하게

3479
dumb

[dΛm]

adj. 벙어리의(=mute), 말을 하지 않는

She has been *dumb* from birth.

3480
dynamic

[dainǽmik]

adj. 동적인, 힘찬(=energetic)

We look forward to cooperation with your *dynamic* leadership.

반 static *adj.* 정적인

3481
eager

[í:gər]

adj. 열망하는, 간절히 ~하고 싶어하는

The new graphic artist was *eager* to please the head designer.

파 eagerness *n.* 열망, 열심

3482
earnest

[ə́:rnist]

adj. 열심인, 진지한(=eager and serious)   *n.* 진심

It is my *earnest* wish that you use this money to further your research.

파 earnestly *adv.* 진지하게 |대수능|

3483
easygoing

[í:zigóuiŋ]

adj. 태평한, 게으른, 안이한

My brother is an *easygoing* person by nature.

3484
eccentric

[ikséntrik]

adj. 보통과 다른, 괴상한(=peculiar), 중심을 벗어난

She had an *eccentric* habit of collecting stray cats.

파 eccentricity *n.* 이상야릇함, 엉뚱함

3485
economic

[è:kənámik]

adj. 경제(학상)의

The killing of whales, however, must be stopped both for humanitarian and *economic* reasons. |대수능|

파 economy *n.* 경제, 절약   economics *n.* 경제학   economical *adj.* 절약하는, 검약한

3486
edible

[édəbl]

adj. 먹을 수 있는(=eatable), 식용에 적합한

With his *edible* produce sculptures, Elffers hopes to share that joy. |대수능|

파 edibility *n.* 식용으로 알맞음

[예문 해석] **3477** 토지 개혁으로 많은 지주들이 몰락했다.   **3478** 지루한 수업들과 전통적인 학습 방법들을 잊어버려라.   **3479** 그녀는 태어날 때부터 벙어리였다.   **3480** 귀하의 역동적인 지도에 저희도 함께 협력할 수 있기를 고대합니다.   **3481** 새로 온 그래픽 담당자는 수석 디자이너를 기쁘게 해주려고 안달이었다.   **3482** 당신의 보다 많은 연구를 위해 이 돈을 사용하는 것이 나의 진심어린 바람이다.   **3483** 내 동생은 천성적으로 태평한 사람이다.   **3484** 그녀는 집 없는 고양이들을 모으는 유별난 취미를 갖고 있었다.   **3485** 그러나 고래를 죽이는 것은 인도주의적이나 경제적인 이유로 중지되어야만 한다.   **3486** Elffers는 음식을 가지고 조각을 하여 그 기쁨을 나누고 싶어한다.

3487
efficient

[ifíʃənt]

adj. 능률적인, 유능한, 기량이 있는

First, farming will become even more *efficient* by using new types of technology. |대수능|

㈜ efficiency *n.* 효과, 능률   efficiently *adv.* 능률적으로, 유효하게

3488
egalitarian

[igǽlətɛ́əriən]

adj. 인류 평등주의의   *n.* 인류 평등주의자

I still believe in the notion of an *egalitarian* society.

3489
elaborate

[ilǽbərət]

adj. 정교한, 공들인   *v.* 정성들여 만들다

It was a very *elaborate* dinner.

㈜ elaboration *n.* 공들여 함, 정성, 퇴고

3490
elastic

[ilǽstik]

adj. 탄력성이 있는(=springy)

A rubber band is *elastic*.

3491
elder

[éldər]

adj. 손위의, 연장자의

I have three *elder* sisters.

㈜ elderly *adj.* 나이가 지긋한

3492
electronic

[ilèktránik]

adj. 전자의

No matter how many *electronic* wonders we invent, we will need to read. |대수능|

㈜ electricity *n.* 전기   electronics *n.* 전자 공학   electron *n.* 전자

3493
eligible

[élidʒəbl]

adj. 적격의, 적임의

You are *eligible* to membership.

㈜ eligibility *n.* 자격, 적임

3494
eloquent

[éləkwənt]

adj. 웅변의, 설득력 있는, 표정이 풍부한

Eyes are more *eloquent* than lips.

3495
eminent

[émənənt]

adj. 저명한, 뛰어난(=distinguished)

He produced *eminent* achievements.

3496
empty

[émpti]

adj. 빈, 공허한

Deserts seem *empty* because they are made up of rocks and sandy soils.

㈜ emptiness *n.* 공허, 무의미 |대수능|

[예문 해석] **3487** 첫째, 농업은 새로운 종류의 기술을 사용함으로써 훨씬 더 능률화될 것이다.   **3488** 그는 여전히 평등사회의 개념을 믿고 있다.   **3489** 그것은 무척 정성들여 준비한 만찬이었다.   **3490** 고무 밴드는 신축성이 있다.   **3491** 나는 손위의 누이가 셋이 있다.   **3492** 아무리 많은 전자상의 경이로운 것을 발명하더라도, 우리는 독서를 해야 할 것이다.   **3493** 당신은 회원이 될 자격이 있다.   **3494** 눈은 입 이상으로 말을 한다.   **3495** 그는 뛰어난 업적을 만들어 냈다.   **3496** 사막들은 바위들과 모래 땅으로 되어 있기 때문에 공허해 보인다.

3497
enjoyable

[endʒɔ́iəbl]

adj. 즐거운, 즐길 수 있는

If you want to have one of the most *enjoyable* and personally profitable evenings of your life, don't pass up this course. |대수능|

🄟 enjoyment *n.* 즐거움   enjoy *v.* 즐기다

3498
enormous

[inɔ́:rməs]

adj. 거대한, 막대한(=huge)

If the painting you looked at was a seascape, you may have liked it because the dark colors and *enormous* waves reminded you of the wonderful memories you had in your hometown. |대수능|

🄟 enormously *adv.* 거대하게, 엄청나게

(Tip) [e(=out of)+norm(=rule)+ous(형용사어미)] norm은 '규칙, 규정, 형식'의 의미이다.

3499
envious

[énviəs]

adj. 부러워하는, 질투심이 강한

He is never *envious* of others for their wealth.

🄟 envy *n.* 질투, 부러움, 선망의 대상

3500
equivalent

[ikwívələnt]

adj. 동등한, 같은, ~에 상당하는

Our analysis has found that the two compounds are structurally *equivalent*.

🄟 equivalence *n.* 같음, 등가, 동량

3501
erotic

[irátik]

adj. 애욕의, 색정적인

There were a lot of *erotic* scenes in the film.

🄟 erotically *adv.* 관능적으로   관련 Eros *n.* 에로스(아프로디테의 아들이며 사랑의 신)

3502
erroneous

[iróuniəs]

adj. 잘못된, 틀린

It is glaringly *erroneous*.

🄟 error *n.* 잘못, 실수, 틀림

3503
essential

[isénʃəl]

adj. 필수적인, 본질적인, 긴요한(=vital)

But the art of reading will be more *essential* than ever. |대수능|

🄟 essence *n.* 본질   essentially *adv.* 본질적으로

3504
eternal

[itə́:rnl]

adj. 영구(영원)한(=everlasting), 불변의

God is *eternal*.

🄟 eternity *n.* 영원, 무궁, 불멸

[예문 해석] 3497 만약 당신의 인생에서 가장 즐겁고 개인적으로 유익한 밤을 보내고 싶다면, 이 강좌를 놓치지 마십시오.   3498 만약 당신이 본 그림이 바다 경치이었다면, 어두운 색과 거대한 파도가 당신이 고향에서 가졌던 멋진 추억들을 생각나게 해주었기 때문에 당신은 아마도 그것을 좋아했을 것이다.   3499 그는 결코 재산 때문에 다른 사람들을 부러워하지 않는다.   3500 우리가 분석해 본 결과 그 두 화합물은 구조적으로 동등한 것으로 밝혀졌다.   3501 그 영화에는 에로틱한 장면이 많았다.   3502 그것은 분명히 틀린다.   3503 하지만 독서의 기술은 그 어느 때보다 더 필수적인 것이 될 것이다.   3504 신은 영원히 존재한다.

3505
ethical

[éθikəl]

adj. 도덕상의, 윤리적인(= ethic)

Should there be *ethical* limits to technological development? |대수능|

파 ethics *n.* 윤리학

3506
ethnic

[éθnik]

adj. 인종의, 민족의

The republics of Latvia and Lithuania emphasize their *ethnic* identities and their own languages as they became independent from the Kremlin.

파 ethnocentric *adj.* 자민족 중심주의의 |대수능|

3507
even-tempered

[í:vəntémpərd]

adj. 마음이 안정된, 침착한

She was a happy, *even-tempered* woman.

3508
evident

[évədənt]

adj. 명백한(= plain, clear)

Their exact purpose was not always *evident* to observers. |대수능|

파 evidently *adv.* 명백히

3509
evil

[í:vəl]

adj. 나쁜(= bad), 사악한, 불길한   *n.* 악, 해악

It was my *evil* hap to meet him.

3510
exact

[igzǽkt]

adj. 정확한(= accurate)

He added the IMF could not be *exact* about the timing of a recovery.

파 exactly *adv.* 정확히 |대수능|

3511
exotic

[igzátik]

adj. 외래의(= foreign), 이국적인

It was an *exotic* bloom.

표현 an exotic mood 이국적 정서

3512
expensive

[ikspénsiv]

adj. 비싼

A woman in blue jeans went in an *expensive* shop and asked to see a dress that was in the window. |대수능|

파 expense *n.* 지출, 비용, (소요) 경비   expensively *adv.* 비싸게

Tip 물건의 가격을 나타내는 price가 들어간 표현에선 expensive 대신 high를 쓴다.

3513
explicit

[iksplísit]

adj. 명백한(= clear), 노골적인, 숨김없는

It was an *explicit* threat.

파 explicitly *adv.* 뚜렷하게, 명백하게, 노골적으로

[예문 해석] **3505** 기술 발전에 윤리적인 한계가 있어야만 하는가? **3506** 라트비아와 리투아니아 공화국은 러시아 정부로부터 독립을 하게 되자 그들의 민족 주체성과 그들 자신의 언어를 강조하고 있다. **3507** 그녀는 행복하고 침착한 여자였다. **3508** 그들의 정확한 목적이 관찰자들에게 항상 명백한 것은 아니었다. **3509** 나는 운 나쁘게 그를 만났다. **3510** 그는 IMF는 그 회복 시기에 대해 정확히 말할 수 없다고 덧붙였다. **3511** 그것은 이국적인 꽃이었다. **3512** 청바지를 입은 어떤 여성이 비싼 가게에 들어가서는 진열장에 있는 드레스를 보자고 요청했다. **3513** 그것은 명백한 위협이었다.

3514

exquisite

[ikskwízit]

adj. 절묘한, 정교한, 세련된

Mr. Song's photography is *exquisite*.

> (Tip) exquisite는 특히 감각이 예민하고 취미가 고상한 사람만이 이해할 것 같은 아름다움을 의미하고, delicate는 연약함이 따르는 아름다움을 의미한다.

3515

extant

[ekstǽnt]

adj. 현존하는, 잔존하는

Two fourteenth-century manuscripts of this text are still *extant*.

3516

extensive

[iksténsiv]

adj. 광대한, 넓은

He possessed an *extensive* farmland.

ⓟ extension *n.* 확장, 연장   extend *v.* 넓히다, 확장하다

3517

external

[ikstə́:rnl]

adj. 외부의(= outside), 표면의, 대외적인

They were incessantly exposed to *external* aggressions.

ⓡ internal *adj.* 내부의, 내면적인, 국내의

3518

extra

[ékstrə]

adj. 여분의, 가외의(= additional)

The *extra* money they can earn will be useful for meeting tuition fees and enjoying university activities. |대수능|

3519

extracurricular

[èkstrəkəríkjələr]

adj. 교과 과정 이외의, 정규 과목 이외의

Football is an *extracurricular* activity in our school.

3520

extraordinary

[ikstrɔ́:rdənèri]

adj. 비범한(= unusual), 놀라운, 특별한

It was the vividness of the dream that was so *extraordinary*.

ⓟ extraordinarily *adv.* 엄청나게

3521

extraterrestrial

[èkstrətəréstriəl]

adj. 지구 밖의, 우주의

NASA has started a 10-year search for *extraterrestrial* intelligence.

3522

extreme

[ikstrí:m]

adj. 극단의, 극도의

I'm afraid that may be too *extreme* an approach. |대수능|

ⓟ extremist *n.* 극단론자   extremely *adv.* 극단적으로

3523

extrinsic

[ikstrínzik]

adj. 비본질적인, 외부의(= external)

Nowadays there are fewer *extrinsic* pressures to get married.

[예문 해석] 3514 Mr. Song의 사진은 절묘하다.   3515 이 원문의 14세기 경 원본 두 개가 여전히 현존하고 있다.   3516 그는 광대한 농지를 소유했다.   3517 그들은 끊임없이 외부의 침략에 노출되었다.   3518 그들이 벌 수 있는 여분의 돈은 등록금을 지불하고 대학 활동을 즐기는 데 유용할 것이다.   3519 우리 학교에서는 축구가 과외 활동이다.   3520 정말로 범상치 않은 것은 그 꿈의 생생함이었다.   3521 NASA는 외계 지능체에 대한 10년간의 탐사를 시작했다.   3522 나는 그것이 너무 극단적인 접근법일지도 몰라 걱정이 된다.   3523 요즘은 결혼하라는 외부의 압력이 거의 없다.

3524 **facial** [féiʃəl]	*adj.* 얼굴의 The physical appearance includes *facial* expressions, eye contact, and general appearance. |대수능| ㉙ **face** *n.* 얼굴
3525 **fair** [fɛ́ər]	*adj.* 공정한, 공평한(=just), 아름다운 *n.* 축제 All we really need to know about how to live and what to do, we learned in kindergarten. The things we learned in kindergarten include "share everything," "play *fair*," and "say you're sorry when you hurt somebody." |대수능| ㉙ **fairly** *adv.* 공평하게, 매우
3526 **fake** [féik]	*adj.* 가짜의 *n.* 위조품 *v.* 위조하다 She wears garish clothing and *fake* jewelry.
3527 **fallacious** [fəléiʃəs]	*adj.* 불합리한, 틀린, 거짓의 Their main argument is *fallacious*. ㉙ **fallacy** *n.* 잘못된 생각, 궤변
3528 **familiar** [fəmíljər]	*adj.* 친밀한, 잘 알려진 Helen Keller is *familiar* to us. ㉙ **family** *n.* 가족
3529 **famous** [féiməs]	*adj.* 유명한(= well-known, noted) I'm used to make fingernail polish, aspirin, and records of *famous* singers. |대수능|
3530 **fancy** [fǽnsi]	*adj.* 멋진, 최고급의, 공상의 *n.* 공상 *v.* 공상하다 Later, however, she learned that Betty had lost a lot of money at a *fancy* department store. |대수능| ㉙ **fanciful** *adj.* 공상에 잠긴, 비현실적인
3531 **fantastic** [fæntǽstik]	*adj.* 환상적인, 멋진 *Fantastic*! You're so lucky! |대수능| ㉙ **fantasy** *n.* 공상, 상상
3532 **farfetched** [fὰːrfétʃt]	*adj.* 빙 둘러서 말하는, 부자연스러운, 억지의 Such a *farfetched* argument won't work.

[예문 해석] 3524 신체적인 외모는 얼굴 표정, 눈을 마주 치는 것, 그리고 전체적인 모습을 포함한다.   3525 우리는 어떻게 살아야 할지 그리고 무엇을 해야 할 것인지에 대해 정말로 알아야 할 모든 것들을 유치원에서 배웠다. 우리가 유치원에서 배웠던 것들은 '모든 것을 공유하기', '공정하게 경기하기', 그리고 '누군가에게 해를 입혔다면 미안하다고 말하기'를 포함한다.   3526 그녀는 화려한 옷에다가 모조 보석을 하고 있다.   3527 그들의 주된 논쟁은 불합리한 것이다.   3528 Helen Keller는 우리에게 잘 알려져 있다.   3529 나는 손톱 광택제, 아스피린, 그리고 유명한 가수들의 음반을 만드는 데 사용된다.   3530 그러나 나중에 그녀는 Betty가 고급 백화점에서 많은 돈을 잃어버렸다는 것을 알게 되었다.   3531 멋지다! 넌 정말 운이 좋구나!   3532 그런 억지 주장은 통하지 않을 것이다.

3533
fat

[fǽt]

adj. 살찐(= well-fed), 지방이 많은

Does this dress make me look *fat*?

3534
fatal

[féitl]

adj. 치명적인, 운명의

The drunk driver caused a *fatal* accident.

파 fatalist *n.* 운명론자　fate *n.* 운명, 죽음

3535
favorite

[féivərit]

adj. 매우 좋아하는, 마음에 드는

I learned to read in English, and was finally able to enjoy my *favorite* authors again. |대수능|

파 favor *n.* 호의, 찬성　favorable *adj.* 호의적인, 찬성하는

3536
feasible

[fíːzəbl]

adj. 실행할 수 있는, 가능한

I don't know whether it is *feasible* or not.

3537
federal

[fédərəl]

adj. 연방의, 동맹의, 연합의

Remember, *federal* regulations prohibit smoking aboard this aircraft.

3538
feeble

[fíːbl]

adj. 연약한, 약한(= weak)

His pulse was very *feeble*.

파 feebly *adv.* 약하게, 힘없이

3539
feminine

[fémənin]

adj. 여성의, 여성다운(= womanly)

She seemed to have plenty of *feminine* charm.

파 feminist *n.* 여권주의자　feminism *n.* 여권주의

3540
ferocious

[fəróuʃəs]

adj. 사나운(= fierce), 잔인한, 굉장한

He is no better than a *ferocious* beast.

파 ferocity *n.* 사나움, 잔인성, 광포한 행동

3541
fertile

[fə́ːrtl]

adj. 비옥한, 기름진(= rich), 다산인

Cattle are raised on *fertile* plains in the south.

파 fertility *n.* 비옥, 다산　fertilize *v.* 비옥하게 하다　fertilizer *n.* 비료

3542
festive

[féstiv]

adj. 축제의

The atmosphere is really *festive* and friendly. |대수능|

파 festival *n.* 축제, 잔치

[예문 해석] **3533** 이 드레스를 입으니 내가 뚱뚱해 보이니? **3534** 그 음주 운전자는 치명적인 사고를 일으켰다. **3535** 나는 영어로 읽는 것을 배웠고 마침내 내가 가장 좋아하는 작가의 작품들을 다시 즐길 수 있었다. **3536** 나는 그것이 실행 가능한지 여부를 알 수 없다. **3537** 이 비행기에 탑승시 흡연은 연방 규정에 의해 금지되었음을 기억해주시기 바랍니다. **3538** 그의 맥박은 아주 약했다. **3539** 그녀는 여성적 매력을 많이 지닌 것 같았다. **3540** 그는 사나운 짐승이나 다름없다. **3541** 소는 남부의 비옥한 평원 지대에서 사육된다. **3542** 분위기는 정말로 축제 같고 친근하다.

3543
feudal
[fjúːdl]

adj. 영지의, 봉건 (제도)의

Some customs of the *feudal* age still survive there.

ⓟ feudalism *n.* 봉건제도

3544
fierce
[fíərs]

adj. 사나운, 격렬한, 맹렬한(=wild)

After a *fierce* battle the enemy has been forced back. |대수능|

ⓟ fiercely *adv.* 사납게, 맹렬하게

3545
fiery
[fáiəri]

adj. 불의, 불 같은, 열띤

In a *fiery* press conference in Washington, Washington Red Skins' coach Mike Edward announced that there would be certain changes in the lineup for next Sunday's game against the Green Bay Packers.

3546
filial
[fíliəl]

adj. 자식의, 효성스러운

He is very *filial* to his mother.

3547
finite
[fáinait]

adj. 제한된, 유한한

We have a *finite* number of places. |대수능|

ⓑ infinite *adj.* 무한한

3548
fit
[fít]

adj. 꼭 맞는, 건강이 좋은, 적합한(=suitable)

She looks physically *fit* and always has lots of energy.

3549
fix-it
[fíksìt]

adj. 수리의, 수리를 하는

Also *fix-it* shops are getting rare. |대수능|

3550
flaccid
[flǽksid]

adj. (근육 등이) 축 늘어진, 연약한

I picked up her wrist. It was limp and *flaccid*.

3551
flat
[flǽt]

adj. 편평한(=level), 납작한

He squashed the empty can *flat*.

ⓡ flatfish *n.* 넙치, 가자미

3552
folk
[fóuk]

adj. 민속의, 전통적인   *n.* 사람들(=people)

For example, jazz, country, classical, and *folk* music are played at outdoor concerts in the parks or on college campuses.

ⓡ folklore *n.* 민간 전승, 민속   folk tale 민간 설화, 전설

[예문 해석] 3543 거기에는 아직도 봉건 시대의 풍습 일부가 남아 있다.   3544 격렬한 전투 후에 적은 퇴각했다.   3545 워싱턴에서 열린 열띤 기자회견에서 Washington Red Skins의 코치 Mike Edward는 Green Bay Packers와 있을 다음 일요일 시합에서는 팀 편성에 어떤 변화가 있을 것이라고 발표했다.   3546 그는 그의 어머니에 대한 효성이 지극하다.   3547 우리는 한정된 수의 자리만을 가지고 있다.   3548 그녀는 신체적으로 건강해 보이고 항상 힘이 넘쳐난다.   3549 또한 수리점들은 점점 줄어들고 있다.   3550 나는 그녀의 손목을 들었다. 손목은 생기가 없었고 연약했다.   3551 그는 빈 깡통을 짓눌러 납작하게 만들었다.   3552 예를 들어, 재즈, 컨트리, 클래식 그리고 포크 뮤직은 공원이나 대학 교정의 야외 콘서트장에서 연주된다.

3553
following

[fάlouiŋ]

adj. 다음의   *n.* 추종자

Please listen to the *following* directions. If you'd like to place an order, press "one" now. |대수능|

㉣ follow *v.* 따르다

3554
fond

[fάnd]

adj. 좋아서, 애정 있는, 다정한

Children in general are *fond* of candy.

㉤ be fond of ~을 좋아하다

3555
fore

[fɔ́:r]

adj. 앞의, 전방의

The *fore* cabin is near the bow.

㉦ forefinger *n.* 집게손가락   forehead *n.* 이마

3556
foreign

[fɔ́:rən]

adj. 외국의, 이질적인

I was momentarily under the illusion that I was in a *foreign* country.

3557
foremost

[fɔ́:rmòust]

adj. 일류의, 주요한, 최초의

He is the *foremost* expert in this field.

㉤ first and foremost 무엇보다도 먼저

3558
forlorn

[fərlɔ́:rn]

adj. 버려진, 고독한

She felt *forlorn* and helpless on the death of her husband.

3559
former

[fɔ́:rmər]

adj. 이전의(=earlier in time)   *n.* 전자

Former U.S. President Jimmy Carter, who promotes Habitat for Humanity, has toured various countries since 1994. |대수능|

㉣ formerly *adv.* 이전에, 옛날에

3560
formidable

[fɔ́:rmidəbl]

adj. 무서운(=causing fear), 만만치 않은, 굉장한

He's actually a rather *formidable* character.

3561
forthright

[fɔ́:rθràit]

adj. 단도 직입적인(=direct), 솔직한(=frank), 터놓고 말하는(=outspoken)

I prefer Mary's *forthright* approach to John's tendency to beat around the bush.

3562
fragile

[frǽdʒəl]

adj. 부서지기 쉬운, 연약한

"Then it must be a *fragile* color," said the blind man. |대수능|

㉣ fragility *n.* 부서지기 쉬움, 허약

[예문 해석] **3553** 다음 사항에 주의를 기울여 주십시오. 만약 주문을 하시고 싶으시면, 지금 '1번'을 눌러주십시오.   **3554** 아이들은 일반적으로 사탕을 좋아한다.   **3555** 앞쪽 선실(2등 객실)은 뱃머리 근처에 있다.   **3556** 나는 잠깐 외국에 와 있는 것 같은 착각 속에 있었다.   **3557** 그는 이 분야에서 최고의 전문가이다.   **3558** 그녀는 남편이 죽어서 외롭고 무기력했다.   **3559** 인류를 위한 주거지 운동을 장려하고 있는 미국의 전직 대통령이었던 Jimmy Cater는 1994년 이후로 여러 나라를 여행해왔다.   **3560** 그는 실제로 만만치 않은 사람이다.   **3561** 나는 John의 빙 둘러 말하는 성향보다 Mary의 단도 직입적인 접근법을 더 좋아한다.   **3562** "그러면 이것은 부서지기 쉬운 색임에 틀림없어."라고 장님인 남자는 말했다.

3563
frail

[fréil]

adj. 무른, 부서지기 쉬운, 약한

He was a very old and *frail* man.

파 frailty *n.* 무름, 약함, 덧없음

> Tip frail의 유의어에는 feeble, infirm, flimsy, weak, vulnerable, delicate, fragile 등이 있다.

3564
frank

[frǽŋk]

adj. 솔직한

To be *frank* with you, I don't like him.

표현 to be frank with you 솔직히 말해서

3565
frantic

[frǽntik]

adj. 미친 듯 날뛰는, 광란의, 필사적인

A rat made *frantic* attempts to escape from a mousetrap.

파 frantically *adv.* 미친 듯이

3566
frequent

[fríːkwənt]

adj. 빈번한

More *frequent* use of computers will create a serious danger to our health. |대수능|

파 frequency *n.* 빈번함, 주파수   frequently *adv.* 자주, 흔히

3567
fresh

[fréʃ]

adj. 새로운(=new), 신선한

Welcome to MUSE — a *fresh* approach to classical music. |대수능|

파 freshly *adv.* 새로이, 신선하게   관련 freshman *n.* 신입생, 1학년생

3568
frigid

[frídʒid]

adj. 몹시 추운, (성격 등이) 냉담한

The recent *frigid* weather will continue till tomorrow.

파 frigidity *n.* 냉한, 냉담

3569
frugal

[frúːgəl]

adj. 검약한, 소박한

She lives a *frugal* life.

파 frugality *n.* 절약, 검소

3570
fuel-saving

[fjùːəlséiviŋ]

adj. 연료를 절약하는

But they provide low-cost, *fuel-saving* transportation. |대수능|

관련 fuel *n.* 연료

3571
funny

[fʌ́ni]

adj. 재미있는(=amusing), 우스운

He cannot see the *funny* side of things. |대수능|

파 fun *n.* 재미, 장난

[예문 해석] **3563** 그는 매우 늙고 쇠약한 남자였다.   **3564** 솔직히 말해서 나는 그를 좋아하지 않는다.   **3565** 쥐는 쥐덫에서 빠져나오려고 필사적인 시도를 하였다.   **3566** 컴퓨터의 더 잦은 사용은 우리의 건강에 심각한 위험을 야기할 것이다.   **3567** Muse에 오신 것을 환영합니다. 이것은 고전음악에 대한 신선한 접근입니다.   **3568** 최근의 추운 날씨는 내일까지 계속될 것이다.   **3569** 그녀는 소박한 삶을 살고 있다.   **3570** 그러나 그들은 저렴하고, 연료를 절약하는 운송수단을 제공한다.   **3571** 그는 사물의 재미있는 면을 볼 수 없다.

3572
fundamental

[fʌndəméntl]

adj. 기초의, 근본적인(= basic), 중요한(= essential)

That is a *fundamental* change in politics.

(파) fundamentally *adv.* 기본(근본)적으로

3573
furious

[fjúəriəs]

adj. 성난, 사납게 몰아치는, 맹렬한(= violent)

He got *furious* at her remarks.

(파) fury *n.* 격분, 격렬함

3574
fuzzy

[fʌ́zi]

adj. 희미한, 솜털 같은, 모호한

As a result, we are often confused by *fuzzy* edges. |대수능|

3575
gallant

[gǽlənt]

adj. 씩씩한(= brave), 용감한, 당당한

They are one of the most distinguished and most *gallant* peoples in Europe.

(파) gallantry *n.* 용감, 용기

3576
gaunt

[gɔ́:nt]

adj. 수척한, 몹시 여윈

She is *gaunt* from hunger.

(표현) be gaunt from hunger 굶어서 수척해지다

3577
generous

[dʒénərəs]

adj. 관대한

Gradually, she came to know that he was a very kind and *generous* man.

(파) generosity *n.* 관대, 아량   generously *adv.* 관대하게, 아낌없이 |대수능|

3578
gentle

[dʒéntl]

adj. 온화한(= mild), 상냥한

Oliver Goldsmith had a *gentle* heart. |대수능|

(파) gently *adv.* 점잖게, 상냥하게   (관련) gentleman *n.* 신사

3579
genuine

[dʒénjuin]

adj. 진짜의(= real, true), 진정한

The difference is that a stone is not conscious of possibilities, whereas human beings are conscious that they face *genuine* alternatives. |대수능|

(파) genuinely *adv.* 진정으로, 성실하게

3580
global

[glóubəl]

adj. 지구의, 세계의

Global politics, as a result, has become more complex, involving countries from many civilizations. |대수능|

(파) globe *n.* 지구, 공

[예문 해석] **3572** 그것은 정치상의 근본적인 변화이다.   **3573** 그는 그녀의 말에 몹시 화가 났다.   **3574** 결과적으로, 우리는 애매한 경계에 의해 자주 혼동된다.   **3575** 그들은 유럽에서 가장 특별하고 가장 용감한 민족들 중 하나이다.   **3576** 그녀는 굶어서 수척하다.   **3577** 그녀는 점점 그가 매우 친절하고 관대한 남자라는 것을 알게 되었다.   **3578** Oliver Goldsmith는 온화한 마음씨를 가지고 있었다.   **3579** 차이점은 돌은 가능성에 대해 인식을 못하는데 반해서, 인간은 그들이 진지한 대안에 직면해 있다는 것을 인식한다는 것이다.   **3580** 결과적으로 국제 정치는 많은 문명의 여러 나라들과 관련되면서 더욱 복잡해졌다.

3581
gloomy

[glú:mi]

adj. 우울한, 음침한

She looked *gloomy*. |대수능|

파 gloom *n.* 우울, 어둠

3582
glorious

[glɔ́:riəs]

adj. 영광스러운, 장려한(=magnificent)

The *glorious* fact is that we can always have a new beginning. |대수능|

파 glory *n.* 영광, 장관   gloriously *adv.* 영광스럽게

3583
gorgeous

[gɔ́:rdʒəs]

adj. 호화로운, 찬란한, 멋진

The dress worn by Miss Korea looks so *gorgeous* and radiant.

3584
grand

[grǽnd]

adj. 웅대한(=great), 당당한, 위엄 있는

Grand plans are fun, but not really helpful if you can't achieve them.

파 grandly *adv.* 웅장하게, 당당하게 |대수능|

3585
grateful

[gréitfəl]

adj. 감사하는, 고마운

She will be deeply *grateful* to know that you have done that for her.

파 gratitude *n.* 감사

3586
grim

[grím]

adj. 엄격한, 험상스러운

His face went *grim*.

파 grimace *n.* 얼굴을 찡그림, 찡그린 얼굴

3587
grimy

[gráimi]

adj. 때묻은, 더러워진

She had a *grimy* handkerchief.

3588
groggy

[grági]

adj. (강타 등으로) 비틀거리는, 흔들흔들하는

The legs of the table are *groggy*.

3589
gross

[gróus]

adj. 총체[총계]의, 뚱뚱한, 거친   *n.* 총체, 총계

Gross Domestic Product, the widest measure of goods and services produced in the economy, rose 1.1 percent in the second quarter.

표현 Gross Domestic Product 국내 총생산(*cf.* Gross National Product 국민 총생산)

3590
grueling

[grú:əliŋ]

adj. 녹초로 만드는, 엄한   *n.* (엄)벌, 호된 벌

The pace is pretty *grueling*.

표현 have a grueling time 혼나다

[예문 해석] **3581** 그녀는 우울해 보였다.   **3582** 영광스러운 사실은 우리가 항상 새로운 시작을 할 수 있다는 것이다.   **3583** 미스코리아가 입은 의상은 매우 호화찬란해 보인다.   **3584** 웅대한 계획들은 재미있으나, 만약 그것들을 이룰 수 없다면 정말로 도움이 되지 않는다.   **3585** 당신이 그녀를 위해 그 일을 해주었다는 것을 알면 그녀는 깊이 감사할 것이다.   **3586** 그의 얼굴이 험악해졌다.   **3587** 그녀는 때묻은 손수건을 가지고 있었다.   **3588** 테이블의 다리가 흔들거린다.   **3589** 경제가 생산한 재화와 용역을 측정하는 데 있어서 가장 널리 쓰이는 지표인 국내 총생산이 2분기에 1.1% 증가했다.   **3590** 걸음 속도가 빨라 너무 힘들다.

3591
hard
[háːrd]

adj. 굳은, 열심인, 어려운(=difficult)   *adv.* 굳게, 열심히, 몹시

Success and *hard* work go together.

3592
hard-working
[háːrdwə̀ːrkiŋ]

adj. 열심히 일하는, 부지런한

Most of us are efficient and *hard-working*. |대수능|

3593
harmful
[háːrmfəl]

adj. 해로운

This feeling is beneficial rather than *harmful*. |대수능|

파 **harm** *n.* 해, 해악   **harmless** *adj.* 무해한, 악의가 없는

3594
harsh
[háːrʃ]

adj. 거친(=rough), 가혹한, 귀에 거슬리는

We seem to have created a society so *harsh* and complex that it makes us feel helpless and insecure and makes us long for improvement. |대수능|

파 **harshly** *adv.* 엄하게, 귀에 거슬리게

3595
haughty
[hɔ́ːti]

adj. 오만한, 건방진, 불손한(=arrogant)

She disliked his *haughty* demeanor.

3596
healthful
[hélθfəl]

adj. 건강에 좋은, 몸에 좋은

All these people get *healthful* rewards from the environment in which they work. |대수능|

파 **health** *n.* 건강   표현 **healthful diet** 건강식

3597
healthy
[hélθi]

adj. 건강한, 건전한

They also spent a *healthy* amount of time with their family and friends.

반 **ill** *adj.* 병든, 불건전한 |대수능|

3598
hideous
[hídiəs]

adj. 무시무시한, 끔찍한, 몹시 싫은(=detestable)

They are ugly and *hideous* brutes.

3599
hilarious
[hiléəriəs]

adj. 명랑한, 즐거운, 진짜 재미있는

That's *hilarious*.

3600
historic
[histɔ́(ː)rik]

adj. 유서 깊은, 역사상의

This year, world grain production is likely to set *historic* records, permitting some rebuilding of world food stockpiles. |대수능|

파 **history** *n.* 역사

[예문 해석] **3591** 성공에는 고생이 따르기 마련이다.   **3592** 우리들 대부분은 유능하고 열심히 일한다.   **3593** 이 감정은 해가 되기보다는 도움이 된다.   **3594** 우리는 매우 가혹하고 복잡한 사회를 만들어 사회가 우리를 무기력하고 불안하게 느끼게 하고 우리가 개선을 열망하도록 만드는 것처럼 보인다.   **3595** 그녀는 그의 거만한 태도가 싫었다.   **3596** 이러한 모든 사람들은 자신이 일하는 환경으로부터 몸에 좋은 보상을 받는다.   **3597** 그들은 또한 그들의 가족, 친구들과 건전한 시간을 보냈다.   **3598** 그들은 추하고 무시무시한 짐승이다.   **3599** 그것은 진짜 재미있다.   **3600** 올해, 세계 곡물 생산량은 세계 식량 비축량을 어느 정도 재건하는 것을 허용하면서 역사적인 기록을 세울 것 같다.

35ᵀᴴ LECTURE MASTERING IDIOMS

- **set out on a trip**   여행을 떠나다
  He *set out on a trip*. 그는 여행을 떠났다.

- **set up**   설립하다, 설치하다
  A barrier was *set up* to prevent any more accidents. 더 이상의 사고를 막기 위해 방벽을 설치했다.

- **share A with B**   A를 B와 나누다, 공유하다
  I'm delighted to *share* all this *with* my readers.
  나는 이 모든 것을 나의 독자들과 함께 나누게 되어 기쁘다.

- **show off**   과시하다, 드러내다
  She *showed off* her glamorous figure. 그녀는 볼륨감 있는 몸매를 과시했다.

- **show up**   나타나다(=turn up, appear)
  Two people did not *show up* for the lunchtime meeting. 두 사람은 오찬 미팅에 나타나지 않았다.

- **side by side**   나란히
  School education must go *side by side* with training at home.
  학교교육은 가정교육과 병행해야 한다.

- **so as not to + V**   ~하지 않게 하려고(=in order not to + V)
  I took off my shoes *so as not to* make any noise. 소리를 내지 않으려고 나는 구두를 벗었다.

- **soon enough**   머지않아
  If he goes on like this, he'll get where he want to be *soon enough*.
  만일 그가 이처럼 일해나간다면, 머지않아 그는 원하는 지위를 갖게 될 것이다.

- **sound like**   ~처럼 들리다
  That *sounds like* a great opportunity for him. 그에게는 아주 좋은 기회일 것 같다.

- **speak ill of**   ~을 나쁘게 말하다, 험담하다(*cf.* speak well of ~을 좋게 말하다, 칭찬하다)
  Don't *speak ill of* others at the unofficial occasion. 사석에서 남의 욕을 하지 말라.

- **stay in shape**   건강을 유지하다(=stay healthy, stay in a good condition, stay fit)
  It's a great way to *stay in shape*. 그것은 건강을 유지하는 아주 좋은 방법이다.

- **stem from**   ~에서 유래하다(=originate in)
  This expression *stems from* an old Korean saying.
  이 표현은 한국의 옛 속담에서 유래한 것이다.

35TH LECTURE REVIEW TEST

● 빈칸에 알맞은 단어나 뜻을 쓰시오.

1. decorous _____

2. _____ 신중한, 계획적인

3. deluxe _____

4. dense _____

5. detrimental _____

6. devoid _____

7. dim _____

8. dingy _____

9. discreet _____

10. discrete _____

11. disinclined _____

12. _____ (사용 후) 버릴 수 있는

13. divine _____

14. dizzy _____

15. dormant _____

16. drastic _____

17. _____ 황량한, 음울한

18. drowsy _____

19. earnest _____

20. eccentric _____

21. edible _____

22. efficient _____

23. egalitarian _____

24. _____ 정교한, 공들인

25. _____ 탄력성이 있는

26. eligible _____

27. eloquent _____

28. eminent _____

29. _____ 거대한, 막대한

30. equivalent _____

31. erroneous _____

32. _____ 영구한, 불변의

33. ethical _____

34. ethnic _____

35. _____ 명백한

36. exotic _____

37. explicit _____

38. exquisite _____

39. _____ 현존하는, 잔존하는

40. extrinsic _____

41. fallacious _____

42. farfetched _____

43. feasible _____

44. _____ 연약한, 약한

45. filial _____

46. flaccid _____

47. fond _____

48. foremost _____

49. forlorn _____

50. formidable _____

정답 | 기본 페이지 참조

36TH LECTURE

| 3601 **hollow** ~ 3700 **luxurious** |

SUMMA CUM LAUDE VOCABULARY

3601
hollow

[hálou]

adj. 속이 빈, 공허한, 오목한

The dandelion plant has a straight, smooth, and *hollow* stem that contains a white, milky juice.

3602
holy

[hóuli]

adj. 신성한(= sacred), 경건한

Marriage is a *holy* thing.

3603
homeless

[hóumlis]

adj. 집이 없는

All this money is being used to help thousands of *homeless* and hungry people around the world. |대수능|

3604
homesick

[hóumsìk]

adj. (고향을) 그리워하는

The smell of the grass made her *homesick* for her parents' farm. |대수능|

3605
homogeneous

[həmádʒənəs]

adj. 동종의, 동질의, 균일한

It's a dull city of *homogeneous* buildings.

3606
honorable

[ánərəbl]

adj. 존경할 만한, 명예로운

It is important for this man to be *honorable* and to write about both sides of a problem. |대수능|

(파) honor *n.* 명예, 영광　　honorably *adv.* 명예롭게

3607
hopeless

[hóuplis]

adj. 희망 없는

India, once written off as a *hopeless* case, has almost tripled its food production. |대수능|

(파) hope *n.* 희망　　hopeful *adj.* 희망에 찬

[예문 해석] **3601** 민들레는 희고 우유 같은 즙을 담고 있는 곧고, 매끈하고 속이 빈 줄기를 가지고 있다. **3602** 결혼은 신성한 것이다. **3603** 이 모든 돈은 전 세계의 집 없고 굶주린 수천 명의 사람들을 돕는 데 사용되고 있다. **3604** 잔디의 냄새가 그녀에게 그녀의 부모님의 농장을 그리워하도록 만들었다. **3605** 그곳은 같은 모양의 건물들로 이루어진 따분한 도시이다. **3606** 이 사람에게는 존경받는 것과 어떤 문제의 양측에 대해서 서술하는 것이 중요하다. **3607** 한때 절망적인 경우로 여겨졌던 인도는 식량 생산을 거의 세배로 증대시켰다.

3608
huge

[hjúːdʒ]

adj. 거대한(= enormous)

My father took me around our neighborhood to let me get a feel for the *huge* car we owned. |대수능|

㈜ hugeness *n.* 거대함

3609
humble

[hʌ́mbl]

adj. 초라한, 겸손한(= modest)

I think he is a very *humble* person. |대수능|

㈜ humbleness *n.* 겸손, 비천   humbly *adv.* 비천하게, 겸손하게

3610
humid

[hjúːmid]

adj. 습기 있는, 눅눅한(= moist)

If the air is *humid,* the particles stick to moisture droplets and form haze.

㈜ humidity *n.* 습기, 습도

3611
husky

[hʌ́ski]

adj. 목쉰, 허스키한, 껍데기의

Her voice was *husky* with fatigue.

3612
hypersonic

[hàipərsánik]

adj. 극초음속의

This is a *hypersonic* airliner.

3613
icy

[áisi]

adj. 얼음이 언, 얼음이 많은

Then they fall down into warmer air, where another *icy* coat is made because of the moisture there. |대수능|

㈜ ice *n.* 얼음   관련 iceberg *n.* 빙산

3614
ideal

[aidíːəl]

adj. 이상적인   *n.* 이상

Lower the temperature a little to about 37°C, and you will have the *ideal* cure for sleeplessness. |대수능|

㈜ idea *n.* 생각, 의견   idealist *n.* 이상주의자   idealistic *adj.* 이상적인

3615
idiomatic

[ìdiəmǽtik]

adj. 관용구적인, 꼭 그 나라 말다운

Her English was fluent and *idiomatic.*

㈜ idiom *n.* 숙어, 관용구   표현 idiomatic English 영어다운 영어

3616
idle

[áidl]

adj. 한가한, 게으른(= lazy)

A healthy child cannot be *idle*; he has to be doing something all day long. |대수능|

㈜ idleness *n.* 게으름

[예문 해석] **3608** 나의 아버지는 내가 우리 소유의 큰 차에 대한 감각을 익히도록 나를 동네로 데리고 갔다.   **3609** 나는 그가 매우 겸손한 사람이라고 생각한다.   **3610** 공기가 습하면 입자들이 물방울에 들러붙어 안개를 형성한다.   **3611** 그녀의 음성은 피로로 쉬었다.   **3612** 이것은 극초음속 여객기이다.   **3613** 그러면 그것들은 그곳의 습기로 인해 또 다른 얼음막이 생성되는 더 따뜻한 공기 속으로 떨어진다.   **3614** 37도 정도로 온도를 조금 낮추면 당신은 불면증에 이상적인 치료법을 가지게 될 것이다.   **3615** 그녀의 영어는 유창했고 완전히 자연스러웠다.   **3616** 건강한 아이는 한가할 수 없다. 그는 하루 종일 무엇인가를 해야 한다.

3617 **illegal** [ilíːgəl]	*adj.* 불법의(=unlawful), 비합법적인 The government forbids an *illegal* assembly.
3618 **illiterate** [ilítərət]	*adj.* 읽고 쓸 수 없는, 무학(無學)의, 무식한 He is *illiterate*, but a man of strong mother wit.
3619 **illogical** [ilɑ́dʒikəl]	*adj.* 비논리적인, 불합리한 The *illogical* proof was based on a faulty premise.
3620 **immature** [ìmətʃúər]	*adj.* 미숙한 We are too *immature* to be independent. |대수능| 파) **immaturity** *n.* 미숙, 미완성
3621 **immediate** [imíːdiət]	*adj.* 즉각적인, 직접적인 We took an *immediate* action. |대수능| 파) **immediately** *adv.* 즉시, 직접적으로

> Tip [im(=not)+medi(=middle)+ate(형용사어미)] medi는 '어중간한, 중간의' 의 의미이다.

3622 **immense** [iméns]	*adj.* 막대한, 무한한 She was a woman of *immense* courage.
3623 **immobile** [imóubəl]	*adj.* 움직일 수 없는, 고정된 She's been *immobile* since the accident.
3624 **immodest** [imɑ́dist]	*adj.* 조심성 없는, 무례한, 건방진 Breast feeding may seem *immodest* to some people.
3625 **immoral** [imɔ́(ː)rəl]	*adj.* 부도덕한, 행실 나쁜 She had *immoral* relations with a statesman.
3626 **immortal** [imɔ́ːrtl]	*adj.* 죽지 않는, 불후의(=everlasting) A man's body dies, but his soul is *immortal*. 파) **immortality** *n.* 불멸, 영생
3627 **immune** [imjúːn]	*adj.* 면역성의, 면제받은(=exempt) I am *immune* from the malady, as I have had it once. 파) **immunity** *n.* 면역 **immunize** *v.* (사람·동물을) 면역시키다

[예문 해석] 3617 정부는 불법 집회를 금지하고 있다.   3618 그는 교육은 받지 못했으나 상식은 풍부한 사람이다.   3619 그 비논리적 논증은 그릇된 전제를 바탕으로 했다.   3620 우리는 너무 미숙해서 독립할 수 없다.   3621 우리는 즉각적인 조치를 취했다.   3622 그녀는 대단히 용기 있는 여자였다.   3623 그녀는 사고 이후 움직일 수 없게 되었다.   3624 모유 수유는 일부 사람들에게 무례하게 보일지도 모른다.   3625 그녀는 어떤 정치가와 부도덕한 관계를 가졌다.   3626 인간의 신체는 죽지만, 영혼은 불멸한다.   3627 나는 한번 그 병에 걸렸으니까 면역이 되어 있다.

3628
imperative
[impérətiv]

adj. 피할 수 없는, 긴급한, 명령적인

It is *imperative* that students should put their hearts and soul into their studies.

3629
imperial
[impíəriəl]

adj. 제국의, 황제의

All players start in the *Imperial* Age with all technologies researched and huge stockpiles of resources.

3630
impure
[impjúər]

adj. 더러운(= dirty), 순결하지 않은, 부도덕한

It is *impure* water.

3631
inaugural
[inɔ́ːgjurəl]

adj. 취임식의, 개회[개시]의

They will conduct an *inaugural* ceremony.
㊒ inauguration *n.* 취임식, 개시

3632
inborn
[ínbɔ́ːrn]

adj. 타고난, 천부의, 선천적인(= natural)

She had an *inborn* talent of art.

3633
indebted
[indétid]

adj. 부채가 있는, 빚진, 은혜를 입은

I am *indebted* to you for the situation I hold now.

3634
indifferent
[indífərənt]

adj. 무관심한, 중요치 않은

No matter how *indifferent* the universe may be to our choices and decisions, these choices and decisions are ours to make. |대수능|
㊒ indifference *n.* 무관심   indifferently *adv.* 무관심하게

3635
indignant
[indígnənt]

adj. 분개한, 성난

He is *indignant* with them over the treatment he received.

3636
indispensable
[ìndispénsəbl]

adj. 없어서는 안 되는, 필요한

Health is *indispensable* to everyone.

3637
indisposed
[ìndispóuzd]

adj. 기분이 언짢은, 마음이 내키지 않는

The speaker was regrettably *indisposed*.

3638
indulgent
[indʌ́ldʒənt]

adj. 관대한, 멋대로 하게 하는

His *indulgent* mother was willing to let him do anything.

[예문 해석] **3628** 학생은 모름지기 공부에 전념해야 한다.   **3629** 모든 (게임) 선수들은 모든 기술이 연구된 왕정 시대에서 자원 비축량이 충분한 상태로 시작한다.   **3630** 그것은 더러운 물이다.   **3631** 그들은 취임식을 거행할 것이다.   **3632** 그녀는 타고난 예술적인 재능을 가지고 있었다.   **3633** 내가 지금의 지위를 얻은 것은 네 덕택이다.   **3634** 아무리 우주가 우리의 선택들과 결정들에 무관심하더라도, 이러한 선택을 하고, 결정을 내리는 것은 바로 우리 자신이다.   **3635** 그는 그가 받은 대우에 대해 그들에게 노여워하고 있다.   **3636** 건강은 누구에게나 절대 필요하다.   **3637** 그 연사는 유감스럽게도 기분이 언짢았다.   **3638** 그의 관대한 어머니는 그가 어떤 일이든지 기꺼이 하게 했다.

3639 **inexpensive** [inikspénsiv]	*adj.* 비싸지 않은 They, too, are *inexpensive* and help solve city traffic problems. |대수능|
3640 **infantile** [ínfəntail]	*adj.* 유아(기)의, 아이다운, 천진스러운 Some *infantile* actions survive into adulthood.
3641 **inferior** [infíəriər]	*adj.* 하등의, 열등한 This tobacco is of *inferior* quality. ㈜ inferiority *n.* 하위, 열등
3642 **infinite** [ínfənət]	*adj.* 무한한, 무수한(=innumerable) But computers have two special qualities that very young kids find irresistible: *infinite* patience and obedience. |대수능| ㈜ infinitely *adv.* 무한히, 대단히
3643 **infrared** [infrəréd]	*adj.* 적외선의 *n.* 적외선 The system measures the amount of *infrared* light emitted from clouds to determine if a suspect cloud contains ash.
3644 **inherent** [inhíərənt]	*adj.* 본래부터의, 고유의, 타고난(=inborn) The success of businesses during the Great Depression depended on their *inherent* competitiveness. ㈜ inhere *v.* 본래부터 타고나다(존재하다)
3645 **initial** [iníʃəl]	*adj.* 처음의(=first), 최초의, 낱말 첫머리에 있는 Our analysis shows the equipment industry is in the *initial* phase of a long-term recovery.
3646 **innate** [inéit]	*adj.* 타고난, 천부의(=inborn), 선천적인 They believed intelligence was *innate*.
3647 **inner** [ínər]	*adj.* 내면의, 안의(=internal) Reading develops the powers of imagination and *inner* visualization. ㈜ outer *adj.* 밖의, 외면적인 |대수능|
3648 **instant** [ínstənt]	*adj.* 즉시의, 급박한(=urgent), 인스턴트의 Well, this telephone has an *instant* redial function. ㈜ instantly *adv.* 당장에, 즉각, 즉시

[예문 해석] **3639** 그것들은 또한 저렴하고 시의 교통 문제들을 해결하는 데 도움을 준다. **3640** 일부 아이다운 행동들은 성인기에도 남아 있다. **3641** 이 담배는 품질이 떨어진다. **3642** 그러나 컴퓨터는 매우 어린 아이들이 거부할 수 없는 무한한 인내심과 복종심이라는 두 가지 특별한 특성을 가지고 있다. **3643** 이 시스템은 구름에서 방출되는 적외선 양을 측정하여 미심쩍은 구름에 화산재가 들어 있는지 여부를 결정한다. **3644** 대공황 시기에 사업의 성공은 타고난 경쟁력에 달려 있었다. **3645** 우리가 분석한 결과로는 설비 산업이 장기간에 걸친 회복의 초기 단계에 있는 것으로 드러났다. **3646** 그들은 지능이 타고난 것이라고 믿었다. **3647** 독서는 상상력과 심상을 계발한다. **3648** 그러니까, 이 전화기는 즉각적인 재다이얼 기능이 있다.

3649
intact

[intǽkt]

adj. 본래대로의, 손대지 않은

The window remained *intact*.

3650
intellectual

[ìntəléktʃuəl]

adj. 지적인, 지력의

Studies in the United States have shown that long-term reliance on fast food can lead to a decline in *intellectual* performance. |대수능|

(파) intellect *n.* 지력, 지성   intellectually *adv.* 지적으로

(표현) intellectual property 지적재산

3651
intelligent

[intélədʒənt]

adj. 지적인, 영리한

He was an *intelligent* and docile pupil.

(파) intelligence *n.* 지성, 정보

3652
intense

[inténs]

adj. 격렬한, 강렬한, 열심인(= fervent)

Competition for roles is usually *intense*.

(파) intensity *n.* 격렬, 집중   intensify *v.* 증강하다   intensive *adj.* 집중적인, 강한

(표현) intense cold 혹한

3653
intent

[intént]

adj. 집중된, 전념하고 있는   *n.* 의향, 의도

He was in a library, *intent* on his book.

(파) intention *n.* 의향, 의도   intentional *adj.* 의도적인   intently *adv.* 집중적으로

(표현) be intent on ~에 몰두하다

3654
interior

[intíəriər]

adj. 안의, 안쪽의(= inside)   *n.* 안쪽, 내부

Then, we'll need four men for the *interior* walls.

3655
intermediate

[ìntərmíːdiət]

adj. 중간의, 중급의

The benchmark West Texas *Intermediate* Crude closed Friday at $24.69.

(관련) beginning *adj.* 초급의   advanced *adj.* 고급의

3656
internal

[intə́ːrnl]

adj. 내부의, 국내의(= domestic)

Everyone told me that when I turned fifteen some great *internal* change would occur. |대수능|

(파) internally *adv.* 내부적으로

3657
international

[ìntərnǽʃənl]

adj. 국제적인, 만국의

Should the United Nations set up a permanent *international* court?

(파) internationally *adv.* 국제적으로

[예문 해석] **3649** 창문은 깨지지 않고 그대로 있었다.   **3650** 미국에서의 연구는 패스트푸드에 대한 장기적인 의존이 지적 능력의 하락으로 이어질 수 있다는 것을 보여주었다.   **3651** 그는 총명하고 유순한 학생이었다.   **3652** 배역을 따내기 위한 경쟁은 대개 치열하다.   **3653** 그는 자기 책에 몰두한 채 도서관에 있었다.   **3654** 그 다음에, 우리는 내벽을 담당할 네 명의 일꾼이 필요할 것이다.   **3655** 기준이 되는 서부 텍사스 중질유(中質油)의 금요일 종가는 24.69달러였다.   **3656** 모든 사람들이 나에게 내가 15살이 되면 일종의 큰 내적 변화가 생길 것이라고 말했다.   **3657** 유엔은 영구적인 국제 재판소를 설치해야 하는가?

3658
interstellar

[ìntərstélər]

adj. 별과 별 사이의, 성간(星間)의

The capsule traveled over 2.88 billion miles collecting comet and *interstellar* dust particles before it's return to space.

3659
intrepid

[intrépid]

adj. 두려움을 모르는, 용맹한, 대담한

Some *intrepid* individuals were still prepared to make the journey.

㈜ intrepidity *n.* 대담, 용맹   intrepidly *adv.* 무서움을 모르고, 용맹하여

3660
intricate

[íntrikət]

adj. 뒤얽힌(=entangled), 복잡한

Your sweater has an *intricate* pattern.

(표현) a novel with an intricate plot 복잡한 줄거리를 가진 소설

3661
intrinsic

[intrínsik]

adj. 본질적인(=essential), 고유의

I bought this for 500 won, but its *intrinsic* value is at least 800 won.

(반) extrinsic *adj.* 비본질적인, 외부의

3662
introverted

[íntrəvə̀:rtid]

adj. 내향적인, 내성적인

Rosa was quiet and *introverted*.

(반) extroverted *adj.* 외향적인, 사교적인

3663
intuitive

[intʃúːətiv]

adj. 직관적인, 직관력이 있는

I got a strong *intuitive* feeling that he was trying to deceive me.

3664
inward

[ínwərd]

adj. 안의, 내부의(=inner), 내적인

The religion itself cannot be comprehended by reason and knowledge, but only by *inward* quiet.

3665
irrational

[iræʃənəl]

adj. 불합리한, 분별이 없는

She was *irrational*, bigoted and cold.

㈜ irrationality *n.* 부조리, 불합리, 무분별   irrationally *adv.* 비합리적으로
(표현) irrational number 무리수

3666
irresistible

[ìrizístəbl]

adj. 저항할 수 없는, 억누를 수 없는

He felt an *irresistible* impulse to cry out at the sight.

3667
irrevocable

[irévəkəbl]

adj. 돌이킬 수 없는, 취소할 수 없는

He said the decision was *irrevocable*.

[예문 해석] **3658** 그 캡슐은 우주선으로 돌아오기 전에 혜성과 성간 먼지 입자를 모으면서 28억 8천만 마일을 넘게 여행했다.   **3659** 일부 두려움을 모르는 사람들은 여전히 그 여행을 떠날 준비가 되어 있었다.   **3660** 네 스웨터는 무늬가 복잡하다.   **3661** 나는 이것을 500원에 샀지만 실가는 적어도 800원이 된다.   **3662** Rosa는 조용하고 내성적이었다.   **3663** 나는 그가 나를 속이려 한다는 강한 직관적인 느낌을 받았다.   **3664** 종교 그 자체는 이성이나 지식에 의해서가 아니라 내적 평정에 의해서만 이해될 수 있다.   **3665** 그녀는 비합리적이고 고집스럽고 차가웠다.   **3666** 그는 그 광경을 보고 큰 소리로 외치고 싶은 억누를 수 없는 충동을 느꼈다.   **3667** 그는 그 결정이 돌이킬 수 없는 것이라고 말했다.

〉〉〉 접두사 IN

inaccurate [inǽkjurət] *adj.* 부정확한, 틀린	indistinguishable [ìndistíŋgwiʃəbl] *adj.* 구별(분간)할 수 없는
inadequate [inǽdikwət] *adj.* 부적당한, 불충분한	
inalienable [inéiljənəbl] *adj.* 양도할 수 없는	inefficient [ìnifíʃənt] *adj.* 효과 없는, 무능한
inanimate [inǽnəmət] *adj.* 생명 없는, 활기 없는	ineligible [inélidʒəbl] *adj.* 부적격의, 부적당한
inappropriate [ìnəpróupriət] *adj.* 부적당한	inevitable [inévətəbl] *adj.* 피할 수 없는, 필연적인
incalculable [inkǽlkjələbəl] *adj.* 무수한, 무한한	inexhaustible [ìnigzɔ́ːstəbl] *adj.* 다 쓸 수 없는
incapable [inkéipəbl] *adj.* 할 수 없는, 무능한	innumerable [injúːmərəbl] *adj.* 셀 수 없는, 무수한
incoherent [ìnkouhíərənt] *adj.* 일관되지 않는	insane [inséin] *adj.* 미친, 광기의, 비상식적인
incompatible [ìnkəmpǽtəbl] *adj.* 모순된	insecure [ìnsikjúər] *adj.* 불안정한, 불안한
incompetent [inkámpətənt] *adj.* 무능한, 쓸모없는	inseparable [insépərəbl] *adj.* 분리할 수 없는
incredible [inkrédəbl] *adj.* 믿을 수 없는, 엄청난	insignificant [ìnsignífikənt] *adj.* 무의미한, 하찮은
incurable [inkjúərəbl] *adj.* 낫지 않는, 불치의	intangible [intǽndʒəbl] *adj.* 만질 수 없는, 무형의
indecent [indíːsnt] *adj.* 버릇없는, 꼴사나운	interminable [intə́ːrmənəbl] *adj.* 끝없는, 지루한
indefinite [indéfənit] *adj.* 한계가 없는, 불명확한	intolerable [intálərəbl] *adj.* 견딜 수 없는
independent [ìndipéndənt] *adj.* 독립한, 자치적인	invalid [invǽlid] *adj.* 타당하지 않은, 무효의
indescribable [ìndiskráibəbl] *adj.* 형언할 수 없는	invisible [invízəbl] *adj.* 눈에 보이지 않는
indisputable [ìndispjúːtəbl] *adj.* 명백한	invulnerable [invʌ́lnərəbl] *adj.* 상처 입지 않는

3668
jealous
[dʒéləs]

adj. 질투심이 많은, 시샘하는

She was *jealous* of her friend's wealth.

파 jealousy *n.* 질투, 투기, 시샘

3669
jolly
[dʒáli]

adj. 명랑한, 즐거운, 유쾌한

On further acquaintance, I found him a *jolly* fellow.

3670
jubilant
[dʒúːbələnt]

adj. 기뻐하는, 환호하는

Ferdinand was *jubilant* after making an impressive comeback.

3671
judicial
[dʒuːdíʃəl]

adj. 사법의, 재판상의

Such illegal conduct should be indicted to the *judicial* authorities.

3672
jumbo
[dʒʌ́mbou]

adj. 엄청나게 큰, 거대한

A *jumbo* jet is a very large jet aircraft that can carry several hundred passengers.

관련 mumbo jumbo (알아들을 수 없는) 알쏭달쏭한 말

[예문 해석] **3668** 그녀는 친구의 재물을 질투했다. **3669** (오랫동안) 알고 지내면서 나는 그가 좋은 친구라는 사실을 알게 되었다. **3670** Ferdinand는 인상적인 컴백을 하고 나서 기뻐했다. **3671** 그러한 불법 행위는 사직 당국에 고발되어야만 한다. **3672** 점보 여객기는 수백 명의 승객을 나를 수 있는 매우 큰 비행기이다.

3673 **juvenile** [dʒúːvənl]	*adj.* 젊은, 어린(=young), 소년의 *Juvenile* delinquency goes on increasing.
3674 **keen** [kíːn]	*adj.* 날카로운(=sharp), 예민한, 열심인 There is a *keen* competition between the two. (표현) as keen as mustard 매우 열심인, 열망하여
3675 **knowledgeable** [nálidʒəbl]	*adj.* 지식 있는, 잘 아는 It is often believed that the function of school is to produce *knowledgeable* people. |대수능| (파) knowledge *n.* 지식
3676 **lame** [léim]	*adj.* 절름발이의, 불구의, 불완전한(=imperfect) His *lame* foot disqualified him for active work.
3677 **lateral** [lǽtərəl]	*adj.* 옆의, 측면의, 바깥쪽의 McKinnon estimated the *lateral* movement of the bridge to be between four and six inches.
3678 **latter** [lǽtər]	*adj.* 후반의, 후자의 *n.* 후자 Science and technology have changed a great deal since the *latter* part of the nineteenth century. |대수능| (표현) in these latter days 근래에는, 요즘에는
3679 **lazy** [léizi]	*adj.* 게으른(=idle) But *lazy* daydreaming isn't the same as a hard exercise for the mind that practices the skills actually used in the activity. |대수능| (파) laziness *n.* 게으름
3680 **legal** [líːgəl]	*adj.* 법률의 Banks, government offices, and schools are closed on *legal* holidays. (반) illegal *adj.* 불법의 |대수능| (Tip) [leg(=law)+al(형용사어미)] leg는 '법, 규정'의 의미이다.
3681 **legible** [lédʒəbl]	*adj.* 읽기 쉬운, 명료한 My handwriting isn't very *legible*.

[예문 해석] **3673** 청소년 범죄가 늘어가고 있다. **3674** 두 사람 사이에 경쟁이 심하다. **3675** 사람들은 종종 학교의 기능이 지식인을 양성하는 것이라고 믿는다. **3676** 그는 다리를 절기 때문에 활동적인 일을 하지 못했다. **3677** McKinnon은 그 다리의 측면 이동이 4인치에서 6인치 사이가 될 것이라고 추정했다. **3678** 과학과 과학 기술은 19세기 후반 이후 크게 변화했다. **3679** 그러나 게으른 몽상은 실제로 활동에 사용되는 기술을 연습하는 마음을 위한 힘든 훈련과 같지 않다. **3680** 은행과 공공기관 그리고 학교는 법정 공휴일에 문을 닫는다. **3681** 내가 손으로 쓴 글씨는 매우 읽기 어렵다.

3682
legitimate

[lidʒítəmət]

adj. 정당한, 합법의(= lawful), 옳은

His claim to be promoted to the post was quite *legitimate*.

3683
liable

[láiəbl]

adj. 책임이 있는, ~하기 쉬운

You will not be *liable* for any unauthorized use of the lost card.

(파) liability *n.* ~하기 쉬움, 의무

3684
likely

[láikli]

adj. ~할 것 같은, 있음직한

First of all, more people will have to wear glasses, because always staring at computer screens is *likely* to damage our eyes. |대수능|

(표현) be likely to + V ~할 것 같다, ~하기 쉽다

3685
linear

[líniər]

adj. 직선의, 1차원의

In our brief lifespan we normally experience only *linear* change.

3686
literal

[lítərəl]

adj. 글자 그대로의, 사실에 충실한, 문자(상)의

This is a *literal* fact that applies to every married person.

3687
lively

[láivli]

adj. 활기 있는, 생기 넘치는, 활발한(= vigorous)

The debate should be *lively*. |대수능|

(파) liveliness *n.* 생기, 명랑, 쾌활   live *adj.* 생생한

3688
loath

[lóuθ]

adj. 지긋지긋하여, 싫어서

He is *loath* to go there.

(파) loathe *v.* 몹시 싫어하다, 질색하다

3689
local

[lóukəl]

adj. 지방[지역]의, 공간의, 장소의

Besides, the only *local* people he will meet are the over-worked waiters and hotel staff who will be only too happy to perform for the tourist.

(관련) provincial *adj.* (대도시에 대한) 지방의, 시골의 |대수능|

3690
lofty

[lɔ́:fti]

adj. 높은, 고상한(= noble)

The project was criticized as having *lofty* but unrealistic goals.

3691
lonely

[lóunli]

adj. 고독한, 쓸쓸한

We feel that an individualist is *lonely* one. |대수능|

(파) loneliness *n.* 고독, 고립

[예문 해석] **3682** 그 자리로 진급시켜 달라는 그의 요구는 아주 정당한 것이었다.　**3683** 분실된 카드의 어떠한 불법적 사용에 대해서도 당신에게는 책임이 없을 것이다.　**3684** 무엇보다도 먼저, 항상 컴퓨터 화면을 쳐다보는 것은 눈을 손상시키기 쉽기 때문에 많은 사람들은 안경을 써야 할 것이다.　**3685** 우리의 짧은 생애에서 우리는 일반적으로 1차원적 변화만을 경험한다.　**3686** 이것은 결혼한 사람들 모두에게 적용되는 엄밀한 사실이다.　**3687** 논쟁은 활기가 있어야 한다.　**3688** 그는 그곳에 가기를 싫어한다.　**3689** 게다가, 그가 만나게 될 유일한 그 지방 사람들은 과로에 지친 웨이터들과 관광객들을 위해 일하는 것만을 너무 기뻐할 호텔 직원들이다.　**3690** 그 계획은 고상하지만 비현실적인 목표들을 담고 있다고 비난받았다.　**3691** 우리는 개인주의자는 외로운 사람이라고 생각한다.

3692
long-ago
[lɔ́ːŋəgòu]

adj. 오래 전의

My *long-ago* families came from Scotland. |대수능|

3693
long-term
[lɔ́ːŋtə̀ːrm]

adj. 장기의

The only *long-term* solution is to make life in the rural areas more attractive, which would encourage people to stay there. |대수능|

3694
loose
[lúːs]

adj. 풀린, 헐거운(=free), 꽉 죄지 않은

She wears a *loose* sweater.
파 **loosen** *v.* 느슨하게 하다, 풀다

3695
lucrative
[lúːkrətiv]

adj. 유리한, 수지맞는, 돈이 벌리는

Flynn had a *lucrative* contract.

3696
lukewarm
[lúːkwɔ̀ːrm]

adj. 미적지근한, 미온의

The coffee was weak and *lukewarm*.

3697
lunar
[lúːnər]

adj. 달의, 초승달 모양의

Today is the *lunar* New Year's day, a holiday for us Koreans.

3698
lush
[lʌʃ]

adj. 푸른 풀이 많은, 무성한   *n.* 술, 술주정꾼

The beautifully landscaped gardens sprawl with *lush* vegetation.

3699
luxuriant
[lʌgʒúəriənt]

adj. 번성한, 울창한, 다산의

This stretch of land was once covered with *luxuriant* forest, but is now bare.

3700
luxurious
[lʌgʒúəriəs]

adj. 사치스러운

Education for males is practical but for females it is *luxurious*. |대수능|
파 **luxury** *n.* 사치(품)   **luxuriously** *adv.* 사치스럽게

[예문 해석] **3692** 오래 전 나의 가족들은 스코틀랜드에서 왔다.   **3693** 유일한 장기적 해결책은 시골에서의 삶을 보다 매력있게 만드는 것인데, 이것은 사람들을 그곳에 머물도록 장려할 것이다.   **3694** 그녀는 헐렁한 스웨터를 입고 있다.   **3695** Flynn은 수지맞는 계약을 했다.   **3696** 그 커피는 묽고 미지근했다.   **3697** 오늘은 음력설로 우리 한국인에게는 휴일이다.   **3698** 아름다운 경치의 정원들이 무성한 식물로 퍼져있다.   **3699** 넓게 펼쳐진 이 땅은 한때 울창한 숲으로 덮여 있었으나 이제는 헐벗었다.   **3700** 남성들을 위한 교육은 실용적이지만 여성들을 위한 교육은 사치스럽다.

36TH LECTURE MASTERING IDIOMS

- **stick out of**   내밀다

  The doctor said playfully, "Shut your eyes and *stick* your tongue *out of* your mouth."

  의사는 장난하는 투로 "두 눈을 감고 입 밖으로 혀를 내미시오."라고 말했다.

- **suffer from**   ~으로 고통 받다, 겪다

  Some parts of the world *suffer* regularly *from* famine.

  세계의 일부 지역은 정기적으로 기근을 겪는다.

- **sweep over**   휩쓸다

  A pestilence *swept over* the country. 유행병이 그 나라를 휩쓸었다.

- **take a good look at**   충분히 보다

  Take a good look at me now. 지금 나를 한번 쳐다봐주세요.

- **take a long time**   시간이 오래 걸리다

  It *takes a long time* to learn a foreign language. 외국어를 배우는 데는 긴 시간이 걸린다.

- **take actions**   조치를 취하다(=take steps, take measures)

  Before you *take* any *action*, prepare well. 어떤 행동을 하기 전에 준비를 잘 하여라.

- **take advantage of**   이용하다, 속이다(=make use of, avail oneself of)

  Her friends *take advantage of* her generosity. 그녀의 친구들은 그녀의 관대함을 이용한다.

- **take care of**   처리하다, 돌보다

  I'll *take care of* the problem. 내가 그 문제를 처리할게요.

- **take for granted**   당연하게 여기다

  Don't *take for granted* the passion that she has for you.

  당신에 대한 그녀의 열정을 당연한 것으로 받아들이지 마라.

- **take into consideration**   고려하다(=consider)

  You must *take* his youth *into consideration*. 그 사람이 나이가 어리다는 점을 참작해야 한다.

- **take it easy**   서두르지 않다, 덤비지[무리하지] 않고 느긋하게 하다

  You'd better *take it easy*. 마음을 느긋하게 갖는 게 좋겠어.

- **take measures**   조치를 취하다

  Though a little too late the government has decided to *take measures*.

  뒤늦게나마 정부도 조치를 취하기로 했다.

36TH LECTURE REVIEW TEST

● 빈칸에 알맞은 단어나 뜻을 쓰시오.

1. hollow	_____	26. immortal	_____
2. holy	_____	27. immune	_____
3. homeless	_____	28. imperative	_____
4. homesick	_____	29. imperial	_____
5. homogeneous	_____	30. _____	더러운, 순결하지 않은
6. _____	존경할 만한	31. inaugural	_____
7. hopeless	_____	32. inborn	_____
8. huge	_____	33. indebted	_____
9. humble	_____	34. _____	무관심한
10. _____	습기 있는, 눅눅한	35. indignant	_____
11. husky	_____	36. indispensable	_____
12. hypersonic	_____	37. indisposed	_____
13. icy	_____	38. indulgent	_____
14. ideal	_____	39. inexpensive	_____
15. _____	관용구적인	40. infantile	_____
16. idle	_____	41. _____	하등의, 열등한
17. illegal	_____	42. infinite	_____
18. _____	읽고 쓸 수 없는	43. infrared	_____
19. illogical	_____	44. _____	본래부터의, 고유의
20. immature	_____	45. initial	_____
21. immediate	_____	46. innate	_____
22. immense	_____	47. inner	_____
23. immobile	_____	48. instant	_____
24. immodest	_____	49. intact	_____
25. _____	부도덕한	50. _____	지적인, 지력의

51. intelligent	_____		76. lame	_____
52. intense	_____		77. lateral	_____
53. intent	_____		78. latter	_____
54. interior	_____		79. _____	게으른
55. intermediate	_____		80. _____	법률의
56. _____	내부의, 국내의		81. legible	_____
57. international	_____		82. legitimate	_____
58. interstellar	_____		83. liable	_____
59. intrepid	_____		84. likely	_____
60. intricate	_____		85. linear	_____
61. intrinsic	_____		86. _____	글자 그대로의
62. introverted	_____		87. lively	_____
63. intuitive	_____		88. loath	_____
64. inward	_____		89. local	_____
65. _____	불합리한		90. lofty	_____
66. irresistible	_____		91. lonely	_____
67. irrevocable	_____		92. long-ago	_____
68. _____	질투심이 많은		93. long-term	_____
69. _____	명랑한, 즐거운		94. _____	풀린, 헐거운
70. jubilant	_____		95. lucrative	_____
71. judicial	_____		96. lukewarm	_____
72. jumbo	_____		97. lunar	_____
73. juvenile	_____		98. lush	_____
74. keen	_____		99. luxuriant	_____
75. _____	지식 있는, 잘 아는		100. _____	사치스러운

정답 | 기본 페이지 참조

37ᵀᴴ LECTURE

| ³⁷⁰¹ **mad** ~ ³⁸⁰⁰ **perpetual** |

SUMMA CUM LAUDE VOCABULARY

3701
mad

[mǽd]

adj. 미친(=crazy), 화가 난, 열중한

She went nearly *mad* with grief after the child died.

표현 go mad 미치다

3702
magical

[mǽdʒikəl]

adj. 마술적인, 마법의, 신기한

There is nothing *magical* about them, and they are assuredly not "spirits" or "souls" in our environment. |대수능|

파 magic *n.* 마술   magician *n.* 마술사   magically *adv.* 마술 같이

3703
magnificent

[mægnífəsnt]

adj. 장대한(=grand), 장엄한, 훌륭한(=splendid)

The tourists admired the *magnificent* spectacle.

파 magnify *v.* 확대하다   magnitude *n.* 크기, 중대성

3704
main

[méin]

adj. 주요한, 주된(=chief)

The *main* part of the army moved to besiege the town.

3705
majestic

[mədʒéstik]

adj. 장엄한, 위엄 있는

Fifty steps lead to the cathedral's *majestic* portal.

파 majesty *n.* 위엄, 장엄, 폐하

3706
mandatory

[mǽndətɔ̀:ri]

adj. 명령의, 의무적인, 강제적인(=obligatory)

Remember, this is a *mandatory* meeting.

3707
marine

[mərí:n]

adj. 바다의, 해양의, 선박의

The sea horse is a very small *marine* animal.

[예문 해석] **3701** 그녀는 그 아이가 죽은 후 슬픔으로 거의 미쳤다.   **3702** 그것들에게 마법 같은 것은 없고, 분명 그것들은 우리 주위에 있는 '정신'이나 '영'적인 것이 아니다.   **3703** 관광객들은 그 장엄한 광경에 탄복했다.   **3704** 군의 본대는 그 마을을 포위 공격하기 위해 이동했다.   **3705** 50개의 계단을 올라가면 대성당의 웅장한 정문에 이른다.   **3706** 명심하십시오. 이 회의는 모두가 참석해야 합니다.   **3707** 해마는 아주 작은 해양 동물이다.

3708
marital
[mǽrətl]

adj. 결혼(생활)의, 부부간의, 남편의

Her son had no *marital* problems.

3709
martial
[má:rʃəl]

adj. 전쟁의, 군사의, 호전적인

I'll teach him *martial* arts.
표현 martial arts 무술

3710
masculine
[mǽskjulin]

adj. 남성의, 남자다운

It must have something to do with *masculine* pride.
반 feminine *adj.* 여성의, 여자다운

3711
material
[mətíəriəl]

adj. 물질적인 *n.* 재료, 물질

The first is the *material* culture, which is made up of all the physical objects that people make and give meaning to. |대수능|
파 materialism *n.* 물질주의   materialist *n.* 유물론자   materialize *v.* 구체화하다, 실현하다

Tip [mater(=matter)+ial(명사·형용사어미)] mater는 '물질'의 의미이다.

3712
maternal
[mətə́:rnl]

adj. 어머니의, 모성의

She had little *maternal* instinct.

3713
maturational
[mæ̀tʃuréiʃənəl]

adj. 성장 과정의

There are the expected, *maturational* crises we experience at times of life development and change. |대수능|
파 maturation *n.* 화농, 원숙(기)

3714
mature
[mətʃúər]

adj. 성숙한(=ripe), 익은, 심사숙고한

The film proved to be too violent for even *mature* audiences.
파 maturity *n.* 성숙, 숙성, (어음 등의) 만기일

3715
medical
[médikəl]

adj. 의학의, 의료의

The *medical* community did not look seriously at the possibility that our mind could play an important role in illness and healing. |대수능|
파 medically *adv.* 의학적으로

3716
medieval
[mì:dií:vəl]

adj. 중세의(=mediaeval)

Some tyrants believed that they had apotheosis during *medieval* ages.
파 medievalize *v.* 중세식으로 하다   medievally *adv.* 중세풍으로

[예문 해석] 3708 그녀의 아들은 결혼 생활에 문제가 없었다.   3709 내가 그에게 무술을 가르쳐주겠다.   3710 그것은 남자의 자존심과 관계된 일임에 틀림없다.   3711 첫째는 사람들이 만들어서 의미를 부여하는 모든 물리적인 물체들로 구성된 물질적 문화이다.   3712 그녀는 모성 본능이 거의 없었다.   3713 인생의 발전과 변화 과정 중에 우리가 경험하게 되는 예상된 성장 과정의 위기들이 있다.   3714 그 영화는 성인 관객에게조차 지나치게 폭력적인 것으로 드러났다.   3715 의학계는 우리의 마음이 질병과 치료에 중요한 역할을 할 수 있다는 가능성을 진지하게 주시하지 않았다.   3716 중세 시대에 일부 폭군들은 자기들이 신격을 갖추었다고 믿었다.

3717
meek

[míːk]

adj. 온순한, 유화한(= mild)

He was a *meek*, mild-mannered fellow.

3718
melancholy

[mélənkàli]

adj. 우울한(= gloomy), 음침한   *n.* 우울, 침울

She stared at him with a *melancholy* smile.

3719
mental

[méntl]

adj. 마음의, 정신병의, 지능의

Charlie's mother tried to take care of her two young children, but she had *mental* problems and was put into a hospital. |대수능|

🎐 **mentality** *n.* 정신력, 지성, 정신 상태   **mentally** *adv.* 정신적으로

> (Tip) [ment(=mind)+al(형용사어미)] ment는 '정신, 마음'의 의미이다.

3720
mere

[míər]

adj. 단순한, 순진한(= pure), 단지 ~일 뿐인

Rage, envy, resentment are in themselves *mere* misery.

🎐 **merely** *adv.* 단지, 다만

3721
merry

[méri]

adj. 즐거운(= gay, joyful)

They were in a very *merry* mood. |대수능|

🎐 **merrily** *adv.* 즐겁게

3722
metabolic

[mètəbálik]

adj. 물질(신진) 대사의, 변형의

Hereditary Tyrosinemia Type I is a rare genetic *metabolic* disorder characterized by the lack of an enzyme needed to break down the amino acid, tyrosine.

3723
meteorological

[mìːtiərəládʒikəl]

adj. 기상의, 기상학상의

The local *meteorological* station issued a high sea warning this morning.

🎐 **meteorology** *n.* 기상학

3724
metric

[métrik]

adj. 미터법의

How many *metric* tons of paper were used by offices in 1992?

표현 **go metric** 미터법을 채택하다   **in metric** 미터법으로

3725
mighty

[máiti]

adj. 강력한, 힘센(= strong)

We met a *mighty* wind.

표현 **high and mighty** 대단히 거만한

[예문 해석] **3717** 그는 온순하고 온화한 품성의 사람이었다.   **3718** 그녀는 우울한 미소를 띠고 그를 응시했다.   **3719** Charlie의 엄마는 자신의 어린 두 아이들을 돌보려고 했지만, 그녀는 정신병이 있어서 병원에 입원했다.   **3720** 분노, 투기, 원망은 그 자체가 단지 불행일 뿐이다.   **3721** 그들은 매우 기분이 좋았다.   **3722** 유전성 티로시네미아 Ⅰ형은 아미노산인 티로신을 분해하는 데 필요한 효소의 부족을 특징으로 하는 희귀한 유전적 대사 이상이다.   **3723** 지방 기상대는 오늘 아침 파랑주의보를 내렸다.   **3724** 1992년에는 사무실에서 몇 미터 톤의 용지가 사용되었습니까?   **3725** 우리는 강풍을 만났다.

3726
migrant

[máigrənt]

adj. 이주하는 *n.* 이주자, 철새

Although he was the son of a wealthy farming family, Mr. Harrison spent 22 years in politics fighting for legislation to protect the rights of *migrant* farm workers.

파 migrate *v.* 이주하다, 이동하다 migration *n.* 이주, 이동, 이전 migratory *adj.* 이주하는, 방랑성의

> Tip migrate는 집단으로 이동하는 것을 뜻한다. emigrate와 immigrate는 영구 이주를 뜻하는데, emigrate는 출발지를 기준으로 삼아 '~에서 이주하다' 이고 immigrate는 도착지를 기준으로 삼아 '~로 이주하다' 의 뜻이다.

3727
mild

[máild]

adj. 온화한, 상냥한(=gentle)

Mexico has a *mild* climate for tourists. |대수능|

파 mildness *n.* 온순함, 온화함 mildly *adv.* 온화하게

3728
military

[mílitèri]

adj. 군대의

But *military* build-up is costly, and often leads to greater destruction.

파 militarism *n.* 군국주의 militarist *n.* 군국주의자 militant *adj.* 교전 상태의 |대수능|

> Tip [milit(=soldier)+ary(형용사어미)] milit는 '군인, 군대' 의 의미이다.

3729
minor

[máinər]

adj. 소수의, 작은 쪽의(=smaller), 사소한

I was rather more impressed by their similarities than by their *minor* differences. |대수능|

파 minority *n.* 소수   반 major *adj.* 대다수의, 큰 쪽의, 주요한

3730
miserable

[mízərəbl]

adj. 비참한(=wretched), 불쌍한

To make us more *miserable*, it began to rain.

파 misery *n.* 비참함, 불행, 고통

3731
mobile

[móubəl]

adj. 움직이기 쉬운, 이동성이 있는

Major growth is expected in the field of *mobile* telecommunications over the next two years.

파 mobility *n.* 이동성, 가동성

3732
moderate

[mádərət]

adj. 중간의, 온화한, 적당한 *v.* 완화하다, 적당하게 하다

The government continues to follow *moderate* policies. |대수능|

파 moderation *n.* 알맞음, 적당 moderator *n.* 조정자, 중재자, 의장 moderately *adv.* 알맞게, 적당히

[예문 해석] 3726 Harrison 씨는 부농의 아들로 태어났지만, 이주 농장 노동자들의 권리를 보호하는 법률 제정을 위해 정치권에서 투쟁하면서 22년을 보냈다. 3727 멕시코는 여행객들을 위한 온화한 기후를 가지고 있다. 3728 그러나 군비 증강은 비용이 많이 들며, 종종 더 큰 파괴로 이끈다. 3729 나는 그들의 사소한 차이점이 아니라 그들의 유사성에 의해서 보다 더 큰 감명을 받았다. 3730 설상가상으로 비까지 오기 시작했다. 3731 앞으로 2년 동안 이동 통신 분야가 크게 성장할 것으로 예상된다. 3732 정부는 계속해서 온건주의 정책들을 따른다.

3733
modern

[mádərn]

adj. 현대의, 현대적인(= up-to-date)

Clearly, *modern* societies are facing a major change into a new economic system where human resourcefulness counts far more than natural resources. |대수능|

㈜ modernize *v.* 현대화하다

3734
modest

[mádist]

adj. 겸손한(= humble), 정숙한, 적당한

Sam was very self-conscious and *modest*. |대수능|

㈜ modesty *n.* 겸손, 정숙   modestly *adv.* 겸손하게

3735
moist

[mɔ́ist]

adj. 촉촉한, 습기 있는

Her eyes were huge and *moist*. |대수능|

㈜ moisture *n.* 습기   moisten *v.* 축축하게 하다

3736
monetary

[mánətèri]

adj. 금전의, 통화의

The International *Monetary* Fund (IMF) said that economic trouble affecting Asian countries will begin to get better by the first half of 1999. |대수능|

㈜ money-making *adj.* 돈벌이를 잘 하는

3737
monotonous

[mənátənəs]

adj. 단조로운, 변화 없는

The scenery here is *monotonous*.

㈜ monotony *n.* 단조로움, [음악] 단음, 단조

3738
moral

[mɔ́(:)rəl]

adj. 도덕상의, 윤리의, 도덕적인(= virtuous)

She is an extremely *moral* woman.

㈜ morality *n.* 도덕성

3739
morbid

[mɔ́:rbid]

adj. 병적인, 무서운

Some people have a *morbid* fascination with crime.

3740
mortal

[mɔ́:rtl]

adj. 죽어야 할 운명의, 치명적인(= fatal)

Remember that you are *mortal*.

㈜ mortality *n.* 죽을 운명임, 사망자 수

3741
multilingual

[mʌ̀ltilíŋgwəl]

adj. 여러 나라 말을 하는

MicroNet is proud to introduce the first copier with simple-to-use *multilingual* operation.

[예문 해석] **3733** 분명히 현대 사회는 인적자원이 천연자원보다 훨씬 더 중요한 새로운 경제 체제로의 커다란 변화에 직면하고 있다. **3734** Sam은 매우 자의식이 강하고 겸손했다. **3735** 그녀의 눈이 커지면서 촉촉해졌다. **3736** 국제 통화 기금(IMF)은 아시아 국가들에게 영향을 끼치고 있는 경제 문제가 1999년 상반기부터 호전되기 시작할 것이라고 말했다. **3737** 여기 경치는 단조롭다. **3738** 그녀는 아주 도덕적인 여인이다. **3739** 일부 사람들은 범죄에 대한 병적인 흥미를 가지고 있다. **3740** 당신이 죽을 운명이라는 것을 명심해라. **3741** 마이크로넷은 사용이 용이하고 다국어로 작동되는 최초의 복사기를 자랑스럽게 소개합니다.

3742
multiple

[mʌ́ltəpl]

adj. 다수의, 다양한, 복합의

Thus, the ability to decide what to do in what order is an essential skill to fulfill *multiple* social roles. |대수능|

3743
municipal

[mjunísəpəl]

adj. 시의, 도시의

What's the best way to get to the *Municipal* Center from here?

3744
mute

[mjúːt]

adj. 무언의, 벙어리의(=dumb)

He stood perfectly *mute* while I talked to him.

3745
mutual

[mjúːtʃuəl]

adj. 상호의, 공통의(=common)

I didn't like him and I was sure the feeling was *mutual*. |대수능|

3746
naked

[néikid]

adj. 벌거벗은(=bare), 적나라한

Germs are invisible to the *naked* eye.

3747
naive

[nɑːíːv]

adj. 순진한, 천진난만한, 소박한

He is *naive* and gullible.

3748
narrow

[nǽrou]

adj. 좁은, 한정된

Men's clothes will continue to vary only slightly and within a *narrow* range depending on where they work. |대수능|
㊵ narrowly *adv.* 좁게

3749
nasty

[nǽsti]

adj. 불쾌한, 더러운(=dirty)

The cheap food smelled *nasty*.

3750
native

[néitiv]

adj. 출생(지)의, 토착[원주]민의, 타고난(=inborn)

Many *native* speakers of a language show indifference to grammatical points.

3751
naughty

[nɔ́ːti]

adj. 장난(꾸러기)의, 버릇없는

The *naughty* boy hit his baby sister.

3752
neat

[níːt]

adj. 단정한, 말쑥한(=trim, tidy), 솜씨 좋은

When his mother walked in, she could not believe how *neat* it was. |대수능|
㊵ neatly *adv.* 단정하게, 말쑥하게

[예문 해석] 3742 따라서 어떤 순서로 무엇을 할 것인지를 결정하는 능력은 여러 개의 사회적 역할을 수행하기 위한 필수적인 기술이다. 3743 여기서 시민 회관으로 가는 가장 좋은 방법은 무엇입니까? 3744 내가 그에게 말을 하는 동안 그는 완전히 말없이 서 있었다. 3745 나는 그를 싫어하고 그 감정이 상호적인 것이라고 확신했다. 3746 세균은 육안으로 보이지 않는다. 3747 그는 순진해서 잘 속는다. 3748 남성들의 복장은 그들이 어디에서 일하느냐에 따라 좁은 범위 내에서 조금씩 계속 다양해질 것이다. 3749 그 값싼 음식은 고약한 냄새가 났다. 3750 어떤 언어의 많은 원어민들은 문법적 요점에 무관심을 보인다. 3751 그 장난꾸러기 소년은 아기 여동생을 때렸다. 3752 그의 엄마는 들어 왔을 때, 그것이 너무 깨끗하게 되어 있어서 믿을 수가 없었다.

3753
negative

[négətiv]

adj. 부정적인, 소극적인

Both sound and noise can have *negative* effects. |대수능|

(파) negatively *adv.* 부정적으로   negation *n.* 부정, 부인

3754
nervous

[nə́:rvəs]

adj. 신경질적인, 신경의, 불안한

Taking a bath in water whose temperature ranges between 35°C and 36°C helps calm you down when you are feeling *nervous*. |대수능|

(파) nerve *n.* 신경   nervously *adv.* 신경질적으로, 초조하게   nervousness *n.* 신경과민

3755
nether

[néðər]

adj. 지하의, 지옥의, 아래의

He was escorted back to the *nether* regions of Main Street.

3756
neutral

[njú:trəl]

adj. 중립의

It was hard for Americans to hide their feelings and to be *neutral*. |대수능|

(파) neutralism *n.* 중립주의   neutralize *v.* 중립화하다   neutron *n.* [물리] 중성자

3757
never-failing

[névərféiliŋ]

adj. 무진장한, 변하지 않는

His *never-failing* kindness and his sense of justice made him a leader in any society he entered. |대수능|

(관련) never-ending *adj.* 끝없는, 영원한

3758
noisy

[nɔ́izi]

adj. 시끄러운

They don't have to be bothered by *noisy* crowds that disturb their peace of mind. |대수능|

(파) noise *n.* 소음, 소리

3759
nonexistent

[nὰnigzístənt]

adj. 존재하지 않는

The trees are virtually *nonexistent*.

3760
nonmaterial

[nὰnmətíəriəl]

adj. 비물질적인, 정신적인

Examples of *nonmaterial* culture are values and customs. |대수능|

3761
nonobjective

[nὰnəbdʒéktiv]

adj. 비객관적인, 추상적인

Critics today may compare *nonobjective* painting to eye candy.

3762
nonsexual

[nὰnsékʃuəl]

adj. 남녀의 구별이 없는

I am talking about friendships of a *nonsexual* nature between men and women.

[예문 해석] **3753** 소리와 소음은 모두 부정적인 영향을 끼칠 수 있다.   **3754** 온도가 35도에서 36도인 물에서 목욕을 하는 것은 당신이 불안감을 느낄 때 당신을 진정시키는 데 도움을 준다.   **3755** 그는 Main 가의 지하 지역으로 호위되어 갔다.   **3756** 미국인들이 그들의 감정들을 숨기고 중립을 지키는 것은 어려웠다.   **3757** 그의 변함 없는 친절함과 정의감은 그가 속한 어떤 사회에서도 그를 지도자로 만들었다.   **3758** 그들은 그들의 마음의 평화를 방해하는 시끄러운 군중들로부터 괴롭힘을 당할 필요가 없다.   **3759** 그 나무들은 실제로 존재하지 않는다.   **3760** 비물질적인 문화의 예로는 가치관과 관습이 있다.   **3761** 오늘날의 비평가들은 추상화(비구상적 회화)를 보기는 좋지만 가치없는 것으로 비유할지도 모른다.   **3762** 나는 남녀간의 성적 구별이 없는 우정에 대해 이야기하고 있다.

3763
nonverbal

[nɑnvə́:rbəl]

adj. 비언어적인, 말에 의하지 않는

Nonverbal communication includes facial expression, tones of voice, gesture, and eye contact.

3764
notable

[nóutəbl]

adj. 주목할 만한, 유명한

The area is *notable* for its pleasant climate.

(표현) be notable for ~으로 유명하다

3765
nuclear

[njú:kliər]

adj. (세포) 핵의, 원자핵의

North Korea has manufactured enough material to have produced at least one *nuclear* bomb.

More   nuclear-free zone 비핵무장 지대   nucleus *n.* 핵, 핵심   nuke *n.* 핵무기, 원자력 발전소

3766
numb

[nʌm]

adj. 감각을 잃은, 마비된

My toes are *numb* with cold.

3767
obedient

[oubí:diənt]

adj. 순종하는, 유순한, ~의 말을 잘 듣는

That child is *obedient* to his parents.

(파) obey *v.* 순종하다, (법규 등을) 준수하다   obedience *n.* 순종, (법규 등의) 준수

3768
obscure

[əbskjúər]

adj. 분명치 않은, 애매한, 희미한(= vague)

Some of them will be, but most of them are too *obscure*.

(표현) obscure to ~에게 있어서 애매한

3769
obsolete

[àbsəlí:t]

adj. 쓸모없게 된, 구식의, 진부한

Advanced technology has made many of yesterday's jobs *obsolete*.

3770
obstinate

[ɑ́bstənət]

adj. 완고한(= stubborn), 고집 센

He is the most *obstinate* fellow I have ever seen.

3771
odd

[ɑ́d]

adj. 이상한, 홀수의, 남은, …남짓의   *n.* 나머지

They have some *odd* conceptions about life.

(반) normal *adj.* 표준(정상)적인   even *adj.* 짝수의   (혼) odds *n.* 가망, 확률

3772
one-way

[wʌ̀nwéi]

adj. 편도의

Is that *one-way* or round trip? |대수능|

(관련) oneness *n.* 단일성, 통일성

[예문 해석] 3763 비언어적인 의사소통에는 얼굴 표정, 어조(어투), 몸짓 그리고 시선 마주치기가 있다.   3764 그 지역은 상쾌한 날씨로 유명하다.   3765 북한은 적어도 핵폭탄 하나를 제조하기에 충분한 물질을 생산했다.   3766 추위 때문에 발가락이 무감각해졌다.   3767 그 아이는 부모의 말을 잘 듣는다.   3768 부분적으로는 그렇겠지만, 나머지 대부분은 너무 불명확하다.   3769 첨단 기술로 기존의 여러 일자리들이 쓸모없게 되었다.   3770 그는 내가 본 사람 중 가장 고집 센 친구이다.   3771 그들은 인생에 대해 약간 이상한 관념을 갖고 있다.   3772 그것은 편도입니까 아니면 왕복입니까?

3773
ongoing

[ángòuiŋ]

adj. 전진하는, 진행중의(=developing)

There is an *ongoing* debate on the issue.

3774
optic

[áptik]

adj. 눈의, 시력의, 광섬유의

We have completed our review of your proposal to supply fiber *optic* cable.

파 optics *n.* 광학 optical *adj.* 눈의, 시력의

3775
oral

[ɔ́:rəl]

adj. 구두의(=spoken), 입의

The latest invention is a hearing device which turns *oral* language into written language on the monitor.

반 written *adj.* 문어(文語)의, 문자로 쓴

3776
ordinary

[ɔ́:rdənèri]

adj. 보통의(=usual), 평범한

You and I and all the other *ordinary* people can make a great contribution to the creation of peace and prosperity in the world by trying to understand other nations. |대수능|

파 ordinarily *adv.* 일반적으로, 보통

3777
original

[ərídʒənl]

adj. 원래의, 독창적인

I have widened my horizons to include many delightful people whom I might have never known if I had maintained my *original* judgement. |대수능|

파 origin *n.* 기원, 태생 originality *n.* 독창성, 창조력 originate *v.* 시작하다, 일어나다, 생기다 originally *adv.* 원래, 독창적으로

3778
orthodox

[ɔ́:rθədàks]

adj. 정설의, 정통의

Many of these ideas are now being incorporated into *orthodox* medical treatment.

Tip 특히 종교에서 고수하는 원래의 방식을 의미할 때는 orthodox를, 정치적으로 보수적일 때는 right-wing을 주로 사용한다.

3779
outdoor

[áutdɔ̀:r]

adj. 집 밖의, 야외의

Could I still indulge in *outdoor* activities, like sailing and walking?

파 outdoors *adv.* 집 밖에서, 야외에서

3780
outgoing

[áutgòuiŋ]

adj. 외향적인, 사교적인, (떠)나가는

He has an *outgoing* and gregarious personality.

반 reserved *adj.* 내성적인, 말수가 적은 incoming *adj.* 들어오는, 후임의

[예문 해석] **3773** 그 문제에 대해 진행되고 있는 논쟁이 있다. **3774** 우리는 당신이 보낸 광케이블 공급 제안서의 검토를 마쳤다. **3775** 최근의 발명품은 구어를 모니터에서 문어로 바꾸는 청취기이다. **3776** 당신과 나 그리고 다른 모든 일반 사람들은 다른 나라를 이해하려고 노력함으로써 세상에 평화와 번영을 가져오는 데 큰 기여를 할 수 있다. **3777** 나는 내가 원래의 판단을 유지했었더라면 결코 알지 못했을 많은 즐거운 사람들을 사귀기 위해 나의 시야를 넓혀왔다. **3778** 이러한 생각들 중 많은 것들이 현재 정통 의료 치료와 통합되고 있다. **3779** 제가 요트타기나 산책 같은 야외활동을 계속 즐길 수 있을까요? **3780** 그는 외향적이고 사교적인 성격을 가지고 있다.

3781
outstanding

[àutstǽndiŋ]

adj. 눈에 띄는, 현저한

She was an *outstanding* orator.

ⓟ outstandingly *adv.* 현저하게

3782
outward

[áutwərd]

adj. 밖을 향한, 외관의

Never be deceived by *outward* appearance.

3783
oval

[óuvəl]

adj. 달걀 모양의, 타원형의

An *oval* mirror was hung on the wall.

3784
overall

[óuvərɔ̀ːl]

adj. 전부의, 전반적인

The *overall* situation is good, despite a few minor problems.

관련 overalls *n.* 작업용 바지

3785
overdue

[ðuvərdjúː]

adj. (지급) 기한이 지난, 늦은

The book is *overdue*.

3786
overweight

[óuvərwèit]

adj. 초과 체중의 *n.* 초과 체중

Now it is being made available to millions of *overweight* men and women. |대수능|

3787
overwhelming

[ðuvərhwélmiŋ]

adj. 압도적인, 굉장한

The job looked *overwhelming* at first. |대수능|

ⓟ overwhelm *v.* 압도하다 overwhelmingly *adv.* 압도적으로

3788
pale

[péil]

adj. 창백한(=wan), 핼쑥한, 엷은

She took her five-year-old son to a hospital, since he looked so *pale*.

3789
paltry

[pɔ́ːltri]

adj. 하찮은, 보잘 것 없는

Your ambitions are only *paltry*.

3790
paradoxical

[pæ̀rədáksikəl]

adj. 역설적인, 모순된, 불합리한

Comedians, *paradoxical* as it may seem, may be too natural.

ⓟ paradox *n.* 역설, 패러독스

3791
parallel

[pǽrəlèl]

adj. 평행의, 서로 같은 *n.* 평행선, 유사물

Draw a pair of *parallel* lines.

[예문 해석] **3781** 그녀는 탁월한 웅변가였다. **3782** 겉모양에 결코 속지 마라. **3783** 벽에 타원형의 거울이 하나 걸려 있었다. **3784** 몇 개의 사소한 문제가 있음에도 불구하고 전반적인 상황은 좋다. **3785** 그 책은 반납할 기한이 지났다. **3786** 이제 그것은 수백만 명의 과체중의 남녀들에게 이용되어지고 있다. **3787** 그 일은 처음에는 엄청나 보였다. **3788** 그녀는 5살짜리 아들이 너무 창백하게 보였기 때문에 병원으로 데려갔다. **3789** 당신의 야망은 보잘 것 없다. **3790** 역설적으로 보일지 모르지만, 코미디언들은 너무나 자연스러울 수도 있다. **3791** 평행선 한 쌍을 그려라.

3792

paramount

[pǽrəmàunt]

adj. 지상의, 최고의(=supreme), 주요한

Conservation is of *paramount* importance.

3793

partial

[pá:rʃəl]

adj. 부분적인, 불공평한

The coroner performed a *partial* autopsy on the corpse.

3794

particular

[pərtíkjulər]

adj. 특별한, 특수한(=specific), 상세한

His explanation was very *particular*.

3795

part-time

[pá:rttàim]

adj. 시간제의

Some borrow money; others take *part-time* jobs just to pay for their phone bills. |대수능|

3796

passive

[pǽsiv]

adj. 수동적인, 무저항의

There had been a widespread rejection, active or *passive*, for many of the traditional moral values. |대수능|

㊟ passively *adv.* 수동적으로

3797

peculiar

[pikjú:ljər]

adj. 독특한, 특별한(=special), 기묘한

She has the most *peculiar* ideas.

㊟ peculiarity *n.* 특색, 특성

3798

perfect

[pə́:rfikt]

adj. 완전한, 정확한

Our class had *perfect* attendance yesterday.

3799

periodic

[pìəriádik]

adj. 주기적인, 간헐적인

And we realize that our youngsters are ignorant of Latin, put Mussolini in the same category as Dostoevski, and cannot recite the *Periodic* Table by heart. |대수능|

㊟ period *n.* 기간, 시대, 마침표   periodical *n.* 정기 간행물

3800

perpetual

[pərpétʃuəl]

adj. 영구적인(=eternal), 끊임없는

They hoped to live in a world of *perpetual* happiness.

㊟ perpetuate *v.* 영속시키다

[예문 해석] **3792** 보존이 제일 중요하다.   **3793** 그 검시관이 시체에 대해 부분적인 부검을 했다.   **3794** 그의 설명은 매우 상세했다.   **3795** 일부는 돈을 빌린다. 일부는 그들의 전화비를 갚기 위해서 아르바이트를 한다.   **3796** 많은 전통적인 도덕적 가치관에 대해서 능동적이건 수동적이건 광범위한 거부가 존재했다.   **3797** 그녀는 가장 독특한 아이디어를 가지고 있다.   **3798** 어제 우리 학급은 출석률이 100퍼센트였다.   **3799** 그리고 우리는 우리의 젊은이들이 라틴어를 모르고 무솔리니를 도스토예프스키와 같은 범주에 넣고, 주기율표를 암기하지 못한다는 것을 알고 있다.   **3800** 그들은 영원한 행복의 세계에 살기를 희망했다.

37TH LECTURE MASTERING IDIOMS

- **take note**   메모하다, 기록하다

  In class, listen carefully to your teacher and *take* good *notes*.
  수업시간에는 선생님의 말씀을 잘 듣고 필기를 하세요.

- **take off**   벗다

  But I don't want to *take off* my hat. 하지만 저는 모자를 벗고 싶지 않아요.

- **take part in**   ~에 참가하다(=participate in)

  Don't *take part in* another's quarrel. 남의 싸움에 끼어들지 마라.

- **take place**   발생하다, 개최되다(=happen, occur)

  A very different event will *take place* here. 매우 다양한 이벤트가 이곳에서 열릴 것이다.

- **take pride in**   자랑스럽게 여기다(=be proud of)

  He *takes pride in* his work. 그는 자기 일에 긍지를 가지고 있다.

- **take responsibility for**   ~을 책임지다(=be responsible for)

  He refuses to *take* any *responsibility for* the accident.
  그는 그 사고에 대해 책임지기를 거부한다.

- **take the risk of**   위험을 무릅쓰다

  I can't *take the risk of* not returning the money.
  나는 그 돈을 돌려주지 않아서 생기는 위험을 무릅쓸 수 없다.

- **talk a person into**   남을 설득하여 ~을 시키다

  He *talked his father into* lending him a car.
  그는 아버지께 잘 말씀드려 차를 빌렸다.

- **tell〔talk〕over lunch**   점심을 먹으며 말하다

  Why don't you *tell* me about it *over lunch*? 우리 점심이나 먹으면서 그것에 대해 이야기할까?

- **tend to + V**   ~하는 경향이 있다(=have a tendency to + V)

  Population *tends to* concentrate in large cities. 인구는 대도시에 집중하는 경향이 있다.

- **there's no use ~ing**   ~해도 소용없다

  There's no use crying. 울어 봐도 소용없다.

- **there is no doubt that**   ~은 의심할 여지가 없다(=no doubt, undoubtedly)

  There is no doubt that he is a good boy. 그가 착한 소년임은 의심의 여지가 없다.

37ᵀᴴ LECTURE REVIEW TEST

● 빈칸에 알맞은 단어나 뜻을 쓰시오.

1. mad _____

2. magical _____

3. _____ 장대한, 장엄한

4. main _____

5. _____ 장엄한, 위엄 있는

6. mandatory _____

7. marine _____

8. marital _____

9. martial _____

10. masculine _____

11. _____ 물질적인

12. maternal _____

13. maturational _____

14. _____ 성숙한, 익은

15. medical _____

16. medieval _____

17. meek _____

18. melancholy _____

19. mental _____

20. mere _____

21. merry _____

22. metabolic _____

23. meteorological _____

24. metric _____

25. _____ 강력한, 힘센

26. _____ 이주하는

27. mild _____

28. military _____

29. minor _____

30. miserable _____

31. mobile _____

32. _____ 중간의, 온화한, 적당한

33. modern _____

34. modest _____

35. moist _____

36. _____ 금전의, 통화의

37. monotonous _____

38. _____ 도덕상의, 윤리의

39. morbid _____

40. mortal _____

41. multilingual _____

42. multiple _____

43. municipal _____

44. mute _____

45. mutual _____

46. naked _____

47. naive _____

48. _____ 좁은

49. nasty _____

50. native _____

51. naughty	_____	76. ordinary	_____
52. neat	_____	77. original	_____
53. _____	부정적인	78. orthodox	_____
54. nervous	_____	79. _____	집 밖의, 야외의
55. nether	_____	80. outgoing	_____
56. _____	중립의	81. _____	눈에 띄는, 현저한
57. never-failing	_____	82. outward	_____
58. noisy	_____	83. oval	_____
59. nonexistent	_____	84. overall	_____
60. nonmaterial	_____	85. _____	(지급) 기한이 지난
61. nonobjective	_____	86. overweight	_____
62. nonsexual	_____	87. overwhelming	_____
63. nonverbal	_____	88. pale	_____
64. _____	주목할 만한, 유명한	89. paltry	_____
65. nuclear	_____	90. paradoxical	_____
66. numb	_____	91. parallel	_____
67. _____	순종하는, 유순한	92. paramount	_____
68. obscure	_____	93. partial	_____
69. obsolete	_____	94. particular	_____
70. obstinate	_____	95. part-time	_____
71. _____	이상한, 홀수의	96. passive	_____
72. one-way	_____	97. _____	독특한, 특별한
73. ongoing	_____	98. perfect	_____
74. optic	_____	99. _____	주기적인, 간헐적인
75. oral	_____	100. perpetual	_____

정답 | 기본 페이지 참조

38TH LECTURE

SUMMA CUM LAUDE VOCABULARY

3801
petty
[péti]

adj. 사소한(=trifling), 마음이 좁은

Petty restrictions easily raised the ire of such a creative artist.

표현 petty expenses 잡비

3802
physical
[fízikəl]

adj. 육체의, 물질의(=material), 물리학(상)의

In all cases, tricks and *physical* threats are prohibited.

파 physician *n.* 내과의사　physics *n.* 물리학

3803
pious
[páiəs]

adj. 경건한, 신앙심이 깊은(=devout)

Charles I was a generous and *pious* prince.

반 impious *adj.* 신앙심이 없는　profane *adj.* 신성을 더럽히는

3804
placid
[plǽsid]

adj. 평온한(=calm), 조용한

His father, normally a *placid* man, had become enraged at the sight of the damaged car.

3805
plain
[pléin]

adj. 명백한(=clear), 솔직한, 평범한　*n.* 평야

This story is written in *plain* language.

파 plainly *adv.* 명백히, 솔직히

3806
platonic
[plətánik]

adj. 순정신적인, 관념적인

He values the *platonic* friendship he has had with Chris for ten years.

3807
plausible
[plɔ́ːzəbəl]

adj. 그럴듯한, 정말 같은

His explanation sounds fairly *plausible* to me.

반 implausible *adj.* 그럴 듯하지 않은, 받아들이기 어려운

[예문 해석] **3801** 사소한 구속은 그런 창조적인 예술가의 분노를 쉽게 불러일으킨다.　**3802** 모든 경우에 있어 속임수와 신체적인 위협은 금지되고 있다.　**3803** Charles I 세는 너그럽고 신앙심이 두터운 왕자였다.　**3804** 그의 아버지는 평소에는 조용한 사람인데, 차가 부서진 광경을 보고는 몹시 화를 냈다.　**3805** 이 이야기는 평이한 언어로 쓰여졌다.　**3806** 그는 10년 동안 Chris와 가진 정신적인 우정관계를 소중히 여긴다.　**3807** 그의 설명은 내게는 아주 그럴 듯하게 들린다.

3808
playful
[pléifəl]

adj. 놀기 좋아하는, 쾌활한

Her pet is a *playful* puppy. |대수능|

파 playfully *adv.* 즐겁게, 장난스럽게

3809
pleasant
[plézənt]

adj. 기분 좋은(= comfortable), (날씨가) 쾌적한, 좋은

On July 20, at 6:00 p.m., the weather on the street was *pleasant*, even cool. |대수능|

파 pleasantly *adv.* 유쾌하게, 상냥하게

3810
plump
[plʌmp]

adj. 포동포동한, 살찐   *v.* 털썩 떨어지다

She was *plump* once.

3811
plural
[plúərəl]

adj. 복수(형)의

'Data' is the Latin *plural* form of datum.

반 singular *adj.* 단수(형)의

3812
poignant
[pɔ́injənt]

adj. 가슴에 사무치는, 통렬한, 신랄한

His cry of protest is still *poignant* today.

3813
polite
[pəláit]

adj. 예의 바른, 품위 있는(= refined)

Always be *polite* to other drivers, and you'll enjoy safer and more pleasant driving. |대수능|

파 politely *adv.* 예의 바르게

3814
political
[pəlítikəl]

adj. 정치적인

An invasion would certainly precipitate a *political* crisis.

파 politician *n.* 정치가   politics *n.* 정치, 정치학

3815
ponderous
[pándərəs]

adj. 대단히 무거운, 묵직한, 답답한

He spoke in a slow, *ponderous* way.

3816
portable
[pɔ́ːrtəbl]

adj. 들고 다닐 수 있는, 휴대용의

The clock-radio is in front of the *portable* stereo.

3817
positive
[pázətiv]

adj. 명확한(= definite), 긍정적인, 적극적인

If you are not *positive*, you cannot be productive on your job. |대수능|

파 positively *adv.* 능동적으로, 적극적으로

[예문 해석] **3808** 그녀의 애완동물은 놀기 좋아하는 강아지이다.   **3809** 7월 20일 오후 6시에 거리의 날씨는 좋았고, 심지어 시원하기까지 했다.   **3810** 그녀는 한때 통통했었다.   **3811** Data는 라틴어 datum의 복수형이다.   **3812** 그의 항의의 외침은 오늘날에도 여전히 통렬하다.   **3813** 항상 다른 운전자들에게 예의 바르게 행동해라. 그러면 당신은 보다 안전하고 즐겁게 운전을 즐길 수 있을 것이다.   **3814** 침략은 확실히 정치적 위기를 촉진시킬 것이다.   **3815** 그는 느리고 묵직한 식으로 말을 했다.   **3816** 시계 겸용 라디오가 휴대용 스테레오 앞에 있다.   **3817** 당신이 긍정적이지 않으면, 당신은 당신의 일에서 생산적일 수 없다.

3818
potable

[póutəbl]

adj. 마시기에 알맞은

The water is not *potable*.

3819
potent

[póutnt]

adj. 강력한(=powerful), 유력한, (약 등이) 효능 있는

The nation has a *potent* new weapons system.

3820
practicable

[prǽktikəbl]

adj. 실행 가능한

But, at least, we have to work out a *practicable* solution. |대수능|

3821
practical

[prǽktikəl]

adj. 실용적인

Some people feel that reading "for pleasure" (anything not directly connected to a job or immediately *practical*) is a waste of time. |대수능|

파 practicality *n.* 실제적임, 실용성

3822
pragmatic

[prægmǽtik]

adj. 실용적인, 실질적인

A *pragmatic* person deals with things in a practical way.

3823
precious

[préʃəs]

adj. 귀중한(=valuable), 값비싼

Remember that life is *precious* and you need to live in the present as well as hold on to your dreams for the future. |대수능|

파 preciously *adv.* 귀중하게

Tip [preci(=price)+ous(=full)] preci는 '가격, 가치'의 의미이다.

3824
precise

[prisáis]

adj. 정확한(=exact), 정밀한

In practical terms, it is more *precise* to define it as "rule by the majority, having respect for the rights of minority groups and individuals." |대수능|

파 precision *n.* 정확, 정밀 precisely *adv.* 정확하게, 정밀하게

3825
precocious

[prikóuʃəs]

adj. 조숙한, 어른스러운

The child is too *precocious* for her age.

파 precociously *adv.* 조숙하게, 어른스럽게

3826
predominant

[pridámənənt]

adj. 뛰어난, 탁월한, 현저한, 우세한

Italian opera became absolutely *predominant* at the end of the 17th century.

파 predominantly *adv.* 현저하게, 뛰어나게

[예문 해석] **3818** 그 물은 마시기에 적합하지 않다. **3819** 그 나라는 강력한 새 무기 체제를 갖추고 있다. **3820** 그러나 적어도 우리는 실행 가능성이 있는 해결책을 강구해야만 한다. **3821** 일부 사람들은 (직업과는 직접적으로 무관하거나 즉시 실용적이지도 않는) '즐거움을 위한' 독서는 시간의 낭비라고 생각한다. **3822** 실용적인 사람은 실제적인 방식으로 사물을 다룬다. **3823** 삶은 귀중한 것이며, 당신은 미래에 대한 꿈을 간직하고 있는 것 뿐만 아니라 현재에 살 필요가 있다는 것을 기억해라. **3824** 실제적인 측면에서 그것을 '소수 집단과 개인의 권리를 존중하는 다수에 의한 통치'로 정의하는 것이 더 정확하다. **3825** 그 아이는 나이에 비해 너무 조숙하다. **3826** 이탈리아의 오페라는 17세기 말에 절대적으로 우세했다.

3827 **pregnant** [prégnənt]	*adj.* 임신한 *Pregnant* women are encouraged not to smoke during their pregnancy. ⓟ pregnancy *n.* 임신
3828 **prehistoric** [prì:histɔ́:rik]	*adj.* 선사 시대의 Some people lived in caves in *prehistoric* times.
3829 **preliminary** [prilímənèri]	*adj.* 예비의(= preparatory), 준비의 The engineer prepared a *preliminary* diagram of the new circuit. 표현 preliminary to ~에 앞서서, 전에
3830 **premature** [prì:mətʃúər]	*adj.* 조숙한, 시기 상조의(= untimely) It is *premature* to carry out the plan.
3831 **present** [préznt]	*adj.* 현재의, 출석하고 있는　*n.* 현재, 선물 Content yourself with the *present* state. ⓟ presence *n.* 존재, 출석　　반 absent *adj.* 부재의, 결석하고 있는
3832 **priceless** [práislis]	*adj.* 아주 귀중한, 돈으로 살 수 없는 They are our advance scouts, going secretly over the border to bring back *priceless* information to help the world to come. |대수능|
3833 **prime** [práim]	*adj.* 제1의, 주요한(= chief) A *prime* reason for our economic decline is lack of investment. 표현 prime minister 국무총리, 수상
3834 **primitive** [prímətiv]	*adj.* 원시의(= primeval), 원시적인, 미개의 The museum displayed the tools of *primitive* men.
3835 **prior** [práiər]	*adj.* 이전의(= former), 앞의, 사전의 I can't go with you because I have a *prior* appointment. ⓟ priority *n.* 우선사항, 우선권
3836 **private** [práivət]	*adj.* 개인적인(= personal), 사설의 As the quality of air is becoming poorer and poorer, *private* organizations are trying to make the air cleaner. |대수능| ⓟ privately *adv.* 사적으로, 비밀스럽게

[예문 해석] 3827 임신한 여자들에게는 임신기간 동안 흡연하지 않는 것이 장려된다.　3828 일부 사람들은 선사 시대에 동굴에서 살았다. 3829 그 공학자는 새로운 회로의 예비 회로도를 준비했다.　3830 그 계획을 실행하기에는 아직 시기가 이르다.　3831 현 상태에 만족해라. 3832 그들은 다가올 세계를 돕기 위한 귀중한 정보를 가져오기 위해 비밀스럽게 경계선을 넘어가는 우리의 앞서는 정찰병이다.　3833 경기 하락의 주된 이유는 투자 부족이다.　3834 그 박물관은 원시인들의 연장을 전시했다.　3835 나는 선약이 있어서 당신과 함께 갈 수 없다.　3836 공기의 질이 더욱 악화되어 감에 따라, 사설 단체들은 공기를 보다 맑게 정화하기 위하여 노력하고 있다.

3837
professional

[prəféʃənl]

adj. 직업(상)의, 전문적인 *n.* 전문 직업인

Volunteers grew in number, organized themselves, and became *professional*. |대수능|

🅟 professionally *adv.* 전문적으로, 직업적으로

> 🅣ip 명사형으로 '전문가'의 뜻으로 쓰일 때는 꼭 전문 지식을 필요로 하는 특정 분야에서의 전문가뿐 아니라 자기 분야에서 최고 실력을 발휘할 수 있는 사람까지 포괄적으로 의미한다.

3838
prominent

[prámənənt]

adj. 현저한, 저명한, 두드러진

A *prominent* forecaster predicts that 11 storms, including seven hurricanes, will form over the Atlantic Ocean this year.

3839
prompt

[prámpt]

adj. 즉석의, 신속한(=quick), 기민한

We expect *prompt* payment.

3840
prone

[próun]

adj. 경향이 있는

He is *prone* to do that kind of mistake.

3841
proper

[prápər]

adj. 적당한(=right and fitting), 예의 바른, 고유의

They blame police for not taking *proper* measures.

🅟 properly *adv.* 당연히, 똑바로, 적당하게

3842
prudent

[prú:dnt]

adj. 신중한, 빈틈없는, 분별 있는(=discreet)

He is *prudent* in his behavior.

3843
psychiatric

[sàikiǽtrik]

adj. 정신 의학의, 정신과의

About 4% of the prison population have chronic *psychiatric* illnesses.

🅟 psychiatrist *n.* 정신과 의사   psychiatry *n.* 정신 의학   psycho *n.* 정신병(환)자   psychic *adj.* 영혼의, 심적인, 정신적인

3844
punctual

[pʌ́ŋktʃuəl]

adj. 시간을 잘 지키는

She is *punctual* to the minute.

🅟 punctuality *n.* 시간 엄수, 정확함

3845
pure

[pjúər]

adj. 순수한, 깨끗한

If we do, our air, which is endangered today, can again become not only free but *pure*. |대수능|

🅟 purify *v.* 순수하게 하다   purely *adv.* 순수하게

[예문 해석] **3837** 자원 봉사자들의 수가 증가하였고, 조직화되었고, 그리고 전문화되었다.   **3838** 한 유명한 기상 예보관은 금년에는 7건의 허리케인을 포함하여 총 11건의 폭풍이 대서양상에서 형성될 것이라고 전망한다.   **3839** 우리는 신속한 지불을 기대하고 있다.   **3840** 그는 곧잘 그런 잘못을 저지른다.   **3841** 그들은 적절한 조치를 취하지 않고 있는 경찰을 비난하고 있다.   **3842** 그는 행동에 있어서 신중하다.   **3843** 약 4%의 감옥 수감자들이 만성적인 정신적 질병들을 가지고 있다.   **3844** 그녀는 일분의 어김도 없이 시간을 잘 지킨다.   **3845** 우리가 한다면 오늘날 위험에 처해 있는 우리의 공기는 다시 공짜가 될 뿐만 아니라 깨끗해질 것이다.

3846
queer

[kwíər]

adj. 이상한, 기묘한(= odd)

He is prepossessed with a *queer* idea.

3847
quick

[kwík]

adj. 빠른(= rapid), 즉석의, 조급한

Airplanes provide *quick* transportation over long distances.

3848
quiet

[kwáiət]

adj. 조용한(= still), 평온한

We kept *quiet* lest we should wake him up.

3849
quizzical

[kwízikəl]

adj. 우스꽝스러운, 기묘한

He gave Robin a mildly *quizzical* glance.

3850
racial

[réiʃəl]

adj. 인종의, 종족의

All Americans need to learn about each other and appreciate the contributions made by the various *racial* groups. |대수능|

3851
radiant

[réidiənt]

adj. 빛나는, 밝은(= bright)

Kathy smiled at her daughter's *radiant* face.

🔲 radiate *v.* (빛을) 발하다, 빛나다   radiation *n.* 방사, 발광

3852
radical

[rǽdikəl]

adj. 근본적인(= fundamental), 급진적인, 극단적인(= extreme)

We need a *radical* change in the tax system.

3853
radioactive

[rèidiouǽktiv]

adj. 방사능의, 방사성의

The government has been storing *radioactive* waste at Fernald for 50 years.

🔲 radioactivity *n.* 방사능, 방사성

3854
random

[rǽndəm]

adj. 닥치는 대로의, 임의의

He made a *random* collection of old stamps.

표현 at random 닥치는 대로, 임의로

3855
rapid

[rǽpid]

adj. 빠른(= quick, swift), 신속한

The industry is currently undergoing *rapid* change.

3856
rash

[rǽʃ]

adj. 무분별한, 무모한

Don't do anything *rash*.

[예문 해석] **3846** 그는 묘한 생각에 사로잡혀 있다.   **3847** 비행기는 신속한 장거리 수송을 제공한다.   **3848** 우리는 그를 깨우지 않도록 조용히 했다.   **3849** 그는 Robin에게 약간 야릇한 시선을 보냈다.   **3850** 모든 미국인은 서로에 대해 알 필요가 있고 여러 인종 집단이 기여한 공로를 평가해줄 필요가 있다.   **3851** Kathy는 딸의 빛나는 얼굴을 보고 미소지었다.   **3852** 우리는 조세 제도상의 근본적인 변화가 필요하다.   **3853** 정부는 50년 동안 Fernald에 방사능 폐기물을 보관해오고 있다.   **3854** 그는 옛날 우표를 닥치는 대로 수집했다.   **3855** 그 산업은 현재 급속한 변화를 겪고 있는 중이다.   **3856** 무모한 짓 하지 마라.

3857 **rational** [rǽʃənl]	*adj.* 이성적인, 합리적인(= reasonable) Panic destroys *rational* thought. |대수능| ㊕ rationalist *n.* 합리주의자 rationalize *v.* 합리화하다

3857
rational
[rǽʃənl]

adj. 이성적인, 합리적인(= reasonable)

Panic destroys *rational* thought. |대수능|

㊕ rationalist *n.* 합리주의자   rationalize *v.* 합리화하다

3858
raw
[rɔ́ː]

adj. 날것의(= uncooked), 원료의

First, the United States had a wealth of *raw* materials. |대수능|

㊟ in the raw 자연그대로의, 가공하지 않은

3859
reactive
[riːǽktiv]

adj. 반응을 나타내는

It is so easy to be *reactive*! |대수능|

㊕ reaction *n.* 반동, 반작용   react *v.* 반응하다

3860
realistic
[rìːəlístik]

adj. 현실적인

Set yourself *realistic* goals, and aim to achieve them one step at a time.

㊕ reality *n.* 현실, 실재   real *adj.* 실제의, 현실의   realize *v.* 실현하다 |대수능|

3861
reasonable
[ríːzənəbəl]

adj. 논리적인, 적당한, 비싸지 않은

The rent has risen each time, but always until now, by a *reasonable* amount. |대수능|

㊕ reason *n.* 이유, 이성   reasoning *n.* 추론

3862
recent
[ríːsnt]

adj. 최근의, 근래의(= late)

As you know, her *recent* novel has been a bestseller for six months in our country. |대수능|

㊕ recently *adv.* 최근에

3863
reciprocal
[risíprəkəl]

adj. 상호적인(= mutual), 호혜적인

They expected a *reciprocal* gesture.

㊕ reciprocation *n.* 교환, 주고받기   reciprocity *n.* 상호성, 호혜주의

3864
reckless
[réklis]

adj. 무모한(= careless, rash), 부주의한, 분별없는

Mr. Brown is a *reckless* driver.

㊕ cautious *adj.* 신중한, 조심하는

3865
regardless
[rigáːrdlis]

adj. 무관심한, 개의치 않는, 부주의한

Traditionally men have paid the expenses on dates, *regardless* of how close the couple's relationship is. |대수능|

㊟ regardless of ~에도 상관없이, ~에도 불구하고

[예문 해석] **3857** 공황은 합리적인 사고를 파괴한다.   **3858** 첫째, 미국은 풍부한 천연자원을 가지고 있었다.   **3859** 반응을 하는 것은 아주 쉽다!   **3860** 현실적인 목표를 세워 한 번에 하나씩 달성하려고 노력해라.   **3861** 임대료는 매번 인상되었으나 지금까지는 늘 합당한 액수만큼이었다.   **3862** 당신도 알다시피, 그녀의 최근 소설은 우리나라에서 6개월 동안 베스트셀러였다.   **3863** 그들은 상호적인 제스처를 기대했다.   **3864** Brown 씨는 부주의한 운전자이다.   **3865** 전통적으로 남자들이 커플의 관계가 얼마나 가까우냐에 상관없이 데이트의 비용을 지불해왔다.

3866
regretful

[rigrétfəl]

adj. 후회하는, 애석해하는, 유감으로 여기는

He is neither proud nor *regretful* about what happened. |대수능|

파 regret *v.* 유감으로 생각하다, 후회하다 regrettable *adj.* 유감스러운

3867
relevant

[réləvənt]

adj. 관련된, 적절한, 타당한

The association will seek help from *relevant* government agencies.

파 relevance *n.* 관련(성)

3868
remote

[rimóut]

adj. (거리·시간적으로) 먼(=distant, far), 외딴

We need cases to transport scientific equipment to *remote* field locations.

관련 remote-control *n.* 리모컨

3869
repetitive

[ripétətiv]

adj. 되풀이하는, 반복성의

According to Dr. Stephens, *repetitive* strain injuries occur all over the world.

3870
repulsive

[ripʌ́lsiv]

adj. 불쾌한, 혐오감을 주는

He is a *repulsive* wretch.

3871
rigid

[rídʒid]

adj. 단단한(=stiff), 엄격한

Argument is often considered disrespectful in *rigid* families. |대수능|

파 rigidity *n.* 강직, 엄격 rigidly *adv.* 엄격히, 단호히

3872
ripe

[ráip]

adj. 익은(=mature), 때가 무르익은

The plan is *ripe* to be executed.

파 ripen *v.* 익다, 기회가 무르익다

3873
roast

[roust]

adj. 구운 *v.* 굽다

The main course was *roast* beef.

3874
rotten

[rátn]

adj. 썩은, 타락한, 기분이 나쁜

This does not mean that it is normal to feel *rotten* all the time, or even to feel bad too often. |대수능|

파 rot *n.* 썩음, 부패, 부식 *v.* 썩다, 썩어 없어지다

3875
rough

[rʌf]

adj. 거친, 난폭한(=rude), 대강의

Part of the floor was covered with a *rough* mat.

표현 be rough on ~에게 가혹하게 굴다

[예문 해석] **3866** 그는 발생된 일에 대해 자랑스러워하지도 후회하지도 않는다. **3867** 협회는 관련 정부기관의 도움을 요청할 것이다. **3868** 우리는 과학 장비를 멀리 떨어진 현장까지 운반할 케이스가 필요하다. **3869** Stephens 박사에 따르면, 반복된 긴장으로 인한 상해는 전 세계적으로 발생하고 있다. **3870** 그는 불쾌한 사람이다. **3871** 논쟁은 종종 엄격한 가정에서는 무례한 것으로 간주된다. **3872** 그 계획은 실행할 시기에 이르렀다. **3873** 식사의 주요 코스는 구운 쇠고기였다. **3874** 이는 항상 기분이 나쁘거나, 심지어 너무 자주 기분 나쁘게 느끼는 게 정상적이라는 말은 아니다. **3875** 마루의 일부에 거친 돗자리가 깔려 있었다.

3876
rowdy
[ráudi]

adj. 난폭한, 떠들썩한

You shouldn't drink too much alcohol before going out to the golf course, because the club doesn't allow *rowdy* behavior.

3877
ruddy
[rʌ́di]

adj. (안색이) 불그레한(=rosy), 혈색이 좋은

He had a naturally *ruddy* complexion.

3878
rude
[rúːd]

adj. 버릇없는, 무례한(=impolite)

People are often considered to be *rude* unintentionally. |대수능|

3879
rugged
[rʌ́gid]

adj. 울퉁불퉁한, 난폭한

The *rugged* men are ruling the streets.

3880
rural
[rúərəl]

adj. 시골의(=rustic), 전원의

She's carrying out a comparative study of health in inner cities and *rural* areas.

반 urban *adj.* 도시의

3881
ruthless
[rúːθlis]

adj. 무정한, 무자비한(=merciless), 냉혹한

He personifies the *ruthless* ambitions of some executives.

3882
sacred
[séikrid]

adj. 신성한(=holy), 성스러운

The *sacred* treasures are enshrined in this temple.

3883
sane
[séin]

adj. 제정신의(=sound), 온건한

He seemed perfectly *sane*.

3884
sarcastic
[sɑːrkǽstik]

adj. 빈정거리는, 비꼬는, 풍자의

Her remarks was bitterly *sarcastic*.

3885
saucy
[sɔ́ːsi]

adj. 건방진, 뻔뻔스런, 쾌활한

A little girl was scolded severely for a *saucy* manner.

3886
scant
[skǽnt]

adj. 부족한, 모자라는

She began to berate the police for paying *scant* attention to the theft from her car.

파 scanty *adj.* 부족한, 불충분한

[예문 해석] 3876 클럽은 난폭한 행동을 용납하지 않으므로 골프장으로 나가기 전에는 과음해서는 안 된다.　3877 그는 자연스럽게 혈색이 좋아졌다.　3878 사람들은 종종 본의 아니게 무례하다고 여겨진다.　3879 무법자들이 거리를 지배하고 있다.　3880 그녀는 도심과 농촌 지역의 건강에 관한 비교 연구를 수행하고 있다.　3881 그는 냉정하고 야심적인 경영자의 전형이다.　3882 이 신전에는 성물(聖物)이 안치되어 있다.　3883 그는 완전히 제정신인 것 같았다.　3884 그녀의 말은 완전히 빈정거리는 투였다.　3885 한 어린 소녀가 건방진 태도 때문에 호되게 꾸지람을 들었다.　3886 그녀는 자신의 차를 훔친 도둑에게 별로 주의를 기울이지 않은 경찰을 나무라기 시작했다.

3887
scared

[skɛ́ərd]

adj. 겁먹은

He looked real *scared* when they took him out. |대수능|

파 scare *v.* 겁나게 하다

3888
secondary

[sékəndèri]

adj. 제2위의, 2차의

A question like that is of *secondary* importance.

3889
secure

[sikjúər]

adj. 안전한, 튼튼한, 보장된

His victory is *secure*.

파 security *n.* 안전, 보증

3890
self-reliant

[sélfrilàiənt]

adj. 자립의, 독립적인

Then gradually, over the following months and years, we become more and more independent — physically, mentally, and emotionally — until eventually we can take care of ourselves, becoming *self-reliant*. |대수능|

3891
self-satisfied

[sélfsǽtisfàid]

adj. 자기 만족의, 독선적인

Sam has gone into a *self-satisfied* retirement. |대수능|

3892
self-sufficient

[sélfsəfíʃənt]

adj. 자급자족할 수 있는

Finally, the Colombian government has encouraged the farmers to produce more food so that the country can become *self-sufficient* in food; as a result, the farmers have produced less coffee. |대수능|

파 self-sufficiency *n.* 자급자족

3893
senile

[sí:nail]

adj. 나이 많은, 노쇠한

He is so *senile* that he cannot take care of himself.

3894
senior

[sí:njər]

adj. 손위의(= older), 상급자인, 상위의   *n.* 연장자, 상급생

Bill visited *senior* citizens for two hours. |대수능|

3895
serious

[síəriəs]

adj. 진지한, 심각한

I paid little attention to him and did not send him to hospital, because his illness did not seem to be *serious*. |대수능|

파 seriously *adv.* 진지하게, 심각하게

3896
several

[sévərəl]

adj. 몇몇의

His mother asks Tony *several* times to wash it. |대수능|

[예문 해석] 3887 그는 그들이 그를 데리고 나갈 때 정말 겁을 먹은 것처럼 보였다.   3888 그런 일은 이차적인 문제다.   3889 그의 승리는 확실하다.   3890 그러고 나서 몇 개월 그리고 몇 년이 지나면서 우리는 점차 육체적, 정신적 그리고 감정적으로 독립적이 되어 결국 우리는 자기 일을 스스로 하며 자립적이게 된다.   3891 Sam은 자기 만족적인 은퇴를 했다.   3892 마침내 콜롬비아 정부는 자국이 식량에 있어 자급자족할 수 있도록 농민들이 더 많은 농산물을 생산하게 독려했다. 그 결과 농민들은 커피를 덜 생산하게 되었다.   3893 그는 너무 노쇠해서 스스로를 돌볼 수 없다.   3894 Bill은 2시간 동안 노인들을 방문했다.   3895 나는 그의 병이 심각해 보이지 않았기 때문에 그에게 별 관심을 쏟지 않았고 그를 병원에 데려가지도 않았다.   3896 그의 엄마는 Tony에게 몇 차례나 이것을 씻으라고 요청한다.

3897
severe

[səvíər]

adj. 엄격한(= strict), 심한

Severe illness will create a crisis not only for the individual concerned but also for his family. |대수능|

㊤ severity *n.* 엄격, 격렬   severely *adv.* 엄격하게, 심하게

3898
shabby

[ʃǽbi]

adj. 초라한, 낡은

What are you buying that sort of *shabby* house for?

3899
shaggy

[ʃǽgi]

adj. 털북숭이의, 털이 텁수룩한

Tim has longish, *shaggy* hair.

3900
shallow

[ʃǽlou]

adj. 얕은, 피상적인, 천박한(= superficial)

Oysters are found in *shallow* water along seacoasts.

㊥ deep *adj.* 깊은

[예문 해석] **3897** 심각한 질병은 관련된 개인 뿐만 아니라 그의 가족에게도 위기를 일으킬 것이다.   **3898** 저런 낡은 집은 사서 무엇하냐?
3899 Tim은 긴 텁수룩한 머리카락을 가지고 있다.   **3900** 굴은 해안을 따라 얕은 물에서 발견된다.

38ᵀᴴ LECTURE MASTERING IDIOMS

- **think of A as B**   A를 B로 간주하다(=look upon A as B, regard A as B)

  The public *think of* him *as* the leader of the movement.
  일반 사람들은 그를 그 운동의 주동자로 간주한다.

- **think over**   곰곰이 생각하다

  He wanted more time to *think* it *over*. 그는 그 일을 곰곰이 생각할 시간이 더 필요했다.

- **to be sure**   분명히(=with certainty)

  This is a handy apparatus, *to be sure*. 분명히 이것은 편리한 기계다.

- **to begin with**   우선(=most of all, first of all, above all, more than anything else)

  To begin with, I don't like his looks. 우선, 나는 그의 외모가 마음에 들지 않는다.

- **to one's surprise**   놀랍게도(*cf.* to one's disappointment 실망스럽게도 / to one's dismay 당황스럽게도 /
  to one's relief 다행이게도 / to one's amazement 놀랍게도)

  To my surprise, the old cabin remained unchanged. 놀랍게도 그 옛 오두막은 변치 않은 채 남아 있었다.

- **to put it another way**   다시 말하면, 즉

  To put it another way, you will find that you want to put your life together in the way that
  you think is best for you.
  다시 말하면, 당신은 자신에게 가장 적합하다고 생각하는 방식으로 당신의 삶을 꾸려가고 싶어한다는 것을 발견하게 될 것이다.

- **to some extent**   어느 정도, 다소

  Our plan was successful *to some extent*.
  우리의 계획은 어느 정도 성공했다.

- **to the fullest**   최대한으로, 충분하게

  Live each moment *to the fullest*! 매 순간을 최대한으로 즐기며 살아라!

- **trust in**   신뢰하다

  You must *trust in* your own judgement. 네 자신의 판단을 믿어야 해.

- **turn A into B**   A를 B로 바꾸다

  It is not to easy to *turn* miles *into* kilometers. 마일을 킬로미터로 환산하기는 쉽지 않다.

- **turn down**   거절하다(=refuse)

  Yes, it's too bad I have to *turn* it *down*. 네, 제가 그것을 거절해야 하다니 유감이에요.

- **turn off(on)**   끄다(켜다)(=switch off(on))

  Did you *turn off* the gas valve? 가스 밸브는 잠궜니?

38TH LECTURE REVIEW TEST

● 빈칸에 알맞은 단어나 뜻을 쓰시오.

1. petty	_____	26. _____	뛰어난, 탁월한
2. physical	_____	27. pregnant	_____
3. pious	_____	28. prehistoric	_____
4. placid	_____	29. preliminary	_____
5. plain	_____	30. _____	조숙한, 시기 상조의
6. platonic	_____	31. present	_____
7. plausible	_____	32. priceless	_____
8. playful	_____	33. prime	_____
9. _____	기분 좋은	34. primitive	_____
10. plump	_____	35. prior	_____
11. plural	_____	36. private	_____
12. poignant	_____	37. _____	직업(상)의, 전문적인
13. _____	예의 바른	38. prominent	_____
14. political	_____	39. prompt	_____
15. ponderous	_____	40. prone	_____
16. portable	_____	41. proper	_____
17. _____	명확한, 긍정적인	42. _____	신중한, 분별 있는
18. potable	_____	43. psychiatric	_____
19. potent	_____	44. _____	시간을 잘 지키는
20. practicable	_____	45. pure	_____
21. _____	실용적인	46. queer	_____
22. pragmatic	_____	47. quick	_____
23. precious	_____	48. quiet	_____
24. _____	정확한, 정밀한	49. quizzical	_____
25. precocious	_____	50. racial	_____

51. radiant   _____

52. radical   _____

53. radioactive   _____

54. _____ 닥치는 대로의, 임의의

55. rapid   _____

56. rash   _____

57. _____ 이성적인, 합리적인

58. raw   _____

59. reactive   _____

60. _____ 현실적인

61. reasonable   _____

62. recent   _____

63. reciprocal   _____

64. reckless   _____

65. regardless of   _____

66. _____ 후회하는, 애석해하는

67. relevant   _____

68. remote   _____

69. repetitive   _____

70. repulsive   _____

71. rigid   _____

72. ripe   _____

73. roast   _____

74. _____ 썩은, 기분이 나쁜

75. rough   _____

76. rowdy   _____

77. ruddy   _____

78. rude   _____

79. _____ 울퉁불퉁한, 난폭한

80. rural   _____

81. ruthless   _____

82. sacred   _____

83. sane   _____

84. sarcastic   _____

85. saucy   _____

86. _____ 부족한, 모자라는

87. scared   _____

88. _____ 제2위의, 2차의

89. secure   _____

90. _____ 자립의, 독립적인

91. self-satisfied   _____

92. self-sufficient _____

93. senile   _____

94. senior   _____

95. serious   _____

96. several   _____

97. severe   _____

98. shabby   _____

99. shaggy   _____

100. _____ 얕은, 천박한

정답 | 기본 페이지 참조

39TH LECTURE

SUMMA CUM LAUDE VOCABULARY

3901
sharp

[ʃáːrp]

adj. 날카로운, 예민한(=keen), 급격한

The result has been a *sharp* drop in the use of trains.

파 sharpen *v.* 예리하게 하다   sharply *adv.* 날카롭게

3902
sheer

[ʃíər]

adj. 얇은, 섞이지 않은, 순전한(=utter)

He stole it out of *sheer* necessity.

3903
shrill

[ʃríl]

adj. 날카로운, 높은, 강렬한

A *shrill* cry awoke me out of my sleep.

3904
shy

[ʃái]

adj. 수줍어하는(=bashful), 조심성 많은

Korean people are *shy* and polite.

3905
sick

[sík]

adj. 아픈, 병난(=ill)

If Mother Earth is *sick*, we're sick. |대수능|

관련 motion sickness 멀미   morning sickness 입덧

3906
silent

[sáilənt]

adj. 조용한(=calm), 침묵하는, 무언의

He sat sullen and *silent*.

3907
silly

[síli]

adj. 어리석은(=stupid), 우스운

It might mean that I think you said something *silly* or funny. |대수능|

3908
simultaneous

[sàiməltéiniəs]

adj. 동시에 일어나는, 동시의

The incident was almost *simultaneous* with his disappearance.

[예문 해석] **3901** 그 결과는 기차 이용의 급격한 감소였다.   **3902** 그는 꼭 필요해서 그것을 훔쳤다.   **3903** 날카로운 고함이 나를 잠에서 깨웠다.   **3904** 한국 사람들은 수줍고 공손하다.   **3905** 우리의 엄마인 지구가 아프면, 우리는 반드시 아프다.   **3906** 그는 시무룩하니 말도 않고 앉아 있었다.   **3907** 그것은 내가 당신이 어리석거나 재미있는 뭔가를 말했다고 생각한다는 것을 의미할 수 있다.   **3908** 그 사고는 그의 실종과 거의 동시에 일어났다.

3909
sincere
[sinsíər]

adj. 성실한, 진심어린, 진실한(=real)

Please accept my *sincere* congratulations on your success.

⑪ sincerity *n.* 성실, 정직

3910
slender
[sléndər]

adj. 날씬한(=slim), 가느다란, (수·양이) 얼마 안 되는

The drink sells in a bottle with a *slender* neck.

표현 a slender income 얼마 안 되는 수입

3911
slight
[sláit]

adj. 약간의, 사소한(=trifling), 가느다란

It's just a *slight* infection. There's nothing to worry about.

⑪ slightly *adv.* 약간, 조금

3912
slim
[slím]

adj. 호리호리한, (가망 등이) 아주 적은

The chances of his getting the promotion are *slim*, considering the qualifications of his rivals.

3913
slippery
[slípəri]

adj. 미끄러운, 반들반들한

The eel is so *slippery* I can't catch it.

3914
sloppy
[slápi]

adj. (길 등이) 질퍽한, (일·복장 등이) 너절한

The road is so *sloppy* that it is very hard to walk on.

3915
sly
[slái]

adj. 교활한(=cunning), 음흉한

His lips were spread in a *sly* smile.

3916
smart
[smá:rt]

adj. 눈치 빠른, 현명한, 영리한

Would it be *smart* not to try to guess what's coming next?

3917
smooth
[smú:ð]

adj. 매끄러운, 부드러운

He expected to see a *smooth* yellow ball. |대수능|

⑪ smoothly *adv.* 매끄럽게, 평온하게

3918
sociable
[sóuʃəbl]

adj. 사교적인, 사근사근한(=friendly)

If you enjoy making friends, you're more likely to stick with a *sociable* activity like basketball or tennis than a solitary pursuit like cycling. |대수능|

⑪ sociability *n.* 사교성   sociology *n.* 사회학   sociologist *n.* 사회학자

관련 socioeconomic *adj.* 사회경제적인   sociopolitical *adj.* 사회정치적인

[예문 해석] **3909** 당신의 성공에 대한 저의 진심어린 축하를 받아주세요.   **3910** 그 음료수는 목이 가느다란 병에 담겨 팔린다.   **3911** 그건 대수롭지 않은 전염병일 뿐이야. 걱정할 것 없어.   **3912** 경쟁자들의 자격을 고려해볼 때 그가 승진을 할 가능성은 아주 희박하다.   **3913** 뱀장어가 너무 미끈미끈해서 잡을 수가 없다.   **3914** 길이 너무 질척해서 걷기가 무척이나 힘들다.   **3915** 그의 입술은 교활한 미소로 벌어졌다.   **3916** 다음에 올 일을 추측하려고 하지 않는 것이 현명할까?   **3917** 그는 매끄럽고 노란 공을 볼 것으로 기대했다.   **3918** 만약 당신이 친구 사귀는 것을 즐긴다면, 당신은 사이클과 같은 고립적인 것을 추구하기보다는 농구나 테니스와 같은 사회적인 활동에 더 집착하기 쉽다.

3919
solar

[sóulər]

adj. 태양의

It could also help build a *solar* power station in space.

(표현) solar battery 태양 전지

3920
solemn

[sáləm]

adj. 엄숙한(=grave), 장엄한

The service of burial is done with *solemn* and mournful music. |대수능|

(파) solemnly *adv.* 엄숙하게   solemnity *n.* 장엄, 엄숙, 근엄

3921
solid

[sálid]

adj. 고체의, 단단한, 견고한

The building has a *solid* foundation.

(파) solidity *n.* 고체성, 단단함, 견고함

3922
solitary

[sálətèri]

adj. 고독한, 외로운(=lonely)

Few people live entirely *solitary* lives. |대수능|

(파) solitude *n.* 고독

3923
somber

[sámbər]

adj. 어둠침침한(=dark), 침울한

Calderwood led him into the *somber* oak-panelled room.

3924
sonic

[sánik]

adj. 소리의, 음속의

He activated the door with the miniature *sonic* transmitter.

(표현) a sonic mine 음향기뢰

3925
sophisticated

[səfístəkèitid]

adj. 순진하지 않은, 정교한, 세련된

Antitheft devices are becoming increasingly more *sophisticated*.

(파) sophisticate *v.* 정교하게 하다

3926
sore

[sɔ́ːr]

adj. 아픈(=painful), 슬픔에 잠긴

Is your shoulder still *sore*?

(파) soreness *n.* 아픔

3927
sour

[sáuər]

adj. 시큼한, 신(=acid)

These apples are *sour*.

(표현) go(turn) sour (맛이) 시어지다, (일이) 잘못되다

3928
sovereign

[sávərən]

adj. 주권을 갖는, 최고의   *n.* 주권자, 군주

Sovereign power resides with the people.

(파) sovereignty *n.* 주권, 통치권

[예문 해석] 3919 그것은 또한 우주에 태양발전소를 건설하는 데 도움을 줄 수 있을 것이다.　3920 장례식은 엄숙하고 애도로 가득 찬 음악과 함께 행해진다.　3921 그 건물은 기초가 튼튼하다.　3922 전적으로 고독한 삶을 사는 사람은 거의 없다.　3923 Calderwood는 떡갈나무 판자로 된 어둠침침한 방으로 그를 이끌었다.　3924 그는 작은 음향 송신기로 문을 작동시켰다.　3925 도난 방지 장치는 점점 더 정교해지고 있다. 3926 어깨가 아직도 아픈가요?　3927 이 사과들은 시다.　3928 주권은 국민에게 있다.

3929

spacious

[spéiʃəs]

adj. 넓은, 광대한

I felt as though my room had become *spacious* once I got rid of the piano.

파 space *n.* 공간, 우주, 여지

3930

specific

[spisífik]

adj. 명확한(=definite), 구체적인, 특별한(=particular)

Be as *specific* as possible.

파 specifically *adv.* 명확하게, 특히

3931

spiny

[spáini]

adj. 가시가 있는, 가시투성이의

They are creatures with *spiny* skins.

표현 a spiny cactus 가시 선인장

3932

spiritual

[spíritʃuəl]

adj. 정신적인

I believe natural beauty has a necessary place in the *spiritual* development of any individual or any society. |대수능|

파 spirit *n.* 정신, 영혼

3933

splendid

[spléndid]

adj. 화려한, 장려한(=glorious), 멋진

It was a *splendid* parade.

파 splendidly *adv.* 화려하게, 멋지게　　splendor *n.* 화려함, 장관

3934

spontaneous

[spɑntéiniəs]

adj. 자발적인(=voluntary), 자연스러운, 무의식적인

His action commands my *spontaneous* admiration.

파 spontaneity *n.* 자발성

3935

stagnant

[stǽgnənt]

adj. (액체·공기 따위가) 흐르지 않는, 고여 있는, 정체된

The strong, cool winds swept away the *stagnant* air that had so long blanketed the city.

3936

stale

[stéil]

adj. (음식이) 신선하지 않은, (빵이) 딱딱해진, (생각이) 진부한

The popcorn is *stale*.

3937

standoffish

[stǽndɔ́(:)fiʃ]

adj. 쌀쌀한, 냉담한, 무뚝뚝한

He was quite *standoffish* and rude, even to his friends.

3938

staple

[stéipl]

adj. 주요한(=principal), 주된　*n.* 주요 산물, 주성분

Staple goods are disappearing from the shops.

[예문 해석] **3929** 피아노를 치웠더니 내 방이 한결 넓어진 것 같다.　**3930** 가능한 한 구체적으로 하라.　**3931** 그들은 가시투성이의 피부들을 가진 생명체이다.　**3932** 나는 자연의 아름다움은 어떤 개인이나 어떤 사회의 정신적 발전을 위해 필요한 부분이라고 믿는다.　**3933** 그것은 멋진 행진이었다.　**3934** 그의 행동은 나의 자발적인 칭찬을 받을 만하다.　**3935** 세찬 한풍이 아주 오랫동안 도시를 뒤덮고 있던 정체된 공기를 날려 버렸다.　**3936** 팝콘이 눅눅하다.　**3937** 그는 심지어 그의 친구들에게도 매우 냉담하고 무례했다.　**3938** 주요 상품들이 그 가게에서 사라져 가고 있다.

3939 **steadfast** [stédfæst]	*adj.* 확고한(=firm), 불변의, 고정된 He remained *steadfast* in his belief that he had done the right thing. (파) steadfastly *adv.* 확고하게
3940 **steady** [stédi]	*adj.* 확고한, 견고한, 꾸준한 Robert was going *steady* with Susan and was thinking of marrying her. (파) steadily *adv.* 확고하게, 꾸준히 |대수능| (표현) go steady with (정해진 이성과) 교제하다, (~와) 서로 사랑하는 사이가 되다
3941 **steep** [stíːp]	*adj.* 가파른 He reached the *steepest* part of the mountain. |대수능|
3942 **stern** [stɔ́ːrn]	*adj.* 엄격한(=severe), 단호한 *n.* [선박] 고물, 선미 *Stern* as he was, our father was full of affection to us. (파) sternness *n.* 엄격함, 단호함
3943 **stiff** [stíf]	*adj.* 뻣뻣한, 굳은(=hard), 움직이지 않는 I have a *stiff* neck. (파) stiffen *v.* 굳어지다, 경직되다
3944 **stocky** [stáki]	*adj.* 땅딸막한, 단단한 He was short and *stocky*.
3945 **stout** [stáut]	*adj.* 뚱뚱한, 튼튼한, 용감한(=brave) *n.* 흑맥주 She became *stout* as she grew older.
3946 **straggling** [strǽgliŋ]	*adj.* 대열을 떠난, 낙오한, 흩어져 나아가는 They came *straggling* up the cliff road.
3947 **straight** [stréit]	*adj.* 곧은, 일직선의, 똑바로 선(=erect) No, just put your arms *straight* in front.
3948 **stray** [stréi]	*adj.* 길을 잃은, 빗나간, 흩어진 *n.* 길 잃은 사람(가축) Their home was a haven for *stray* animals.
3949 **strenuous** [strénjuəs]	*adj.* 정력적인, 열심인, 격렬한 They prefer daring and *strenuous* activities, such as white water rafting, mountain climbing, and parachuting.

[예문 해석] **3939** 그는 자신이 올바른 일을 했다는 그의 믿음에 대해 확고했다. **3940** Robert는 Susan과 사귀고 있었고 그녀와 결혼할 생각이었다. **3941** 그는 그 산의 가장 가파른 부분에 도착했다. **3942** 우리 아버지는 엄격하셨지만 우리에게는 자애로운 분이셨다. **3943** 나는 목이 뻣뻣하다. **3944** 그는 키가 작고 땅딸막했다. **3945** 그녀는 나이가 들면서 뚱뚱해졌다. **3946** 그들은 절벽 길을 올라가다가 낙오했다. **3947** 아니요, 그냥 팔을 앞으로 쭉 뻗으세요. **3948** 그들의 집은 길 잃은 동물을 위한 안식처였다. **3949** 그들은 급류 래프팅, 등산, 낙하산 타기와 같은 도전적이고 격렬한 여가 활동을 선호한다.

3950
stressful

[strésfəl]

adj. 스트레스를 주는

It was so *stressful* that my health went bad. |대수능|

파 stress *n.* 스트레스, 강세, 강조, 압박

3951
strict

[stríkt]

adj. 엄격한(= rigid), 정밀한

Successful people are willing to work hard, but within *strict* limits. |대수능|

파 strictly *adv.* 엄격히, 엄밀히 말하자면

3952
stringent

[stríndʒənt]

adj. 절박한, 엄중한, 설득력 있는, 자금이 핍박한

The money market is *stringent*.

3953
stubborn

[stʌ́bərn]

adj. 완고한, 고집 센(= obstinate)

The *stubborn* boy refused to obey his mother.

파 stubbornness *n.* 완고　stubbornly *adv.* 완고하게

3954
stupid

[stjúːpid]

adj. 어리석은(= foolish), 우둔한

She is lovely, and yet *stupid*.

3955
sturdy

[stə́ːrdi]

adj. 억센, 튼튼한, 힘찬(= vigorous)

The old man still remains hale and *sturdy*.

표현 of sturdy build 근골이 억센

3956
subconscious

[sʌbkánʃəs]

adj. 잠재의식의, 무의식의

They also include *subconscious* thoughts that you were not even aware you were thinking until you sat down to write. |대수능|

파 subconsciousness *n.* 잠재의식　subconsciously *adv.* 무의식적으로

3957
subjective

[səbdʒéktiv]

adj. 주관적인, [문법] 주격의

The way they interpreted their past was highly *subjective*.

파 subject *n.* 주제, 학과목　반 objective *adj.* 객관적인, 목적의

3958
subsequent

[sʌ́bsikwənt]

adj. 뒤의, 차후의

Subsequent events vindicated his innocence.

파 subsequently *adv.* 그 후에, 뒤에

3959
subterranean

[sʌ̀btəréiniən]

adj. 지하의(= under the earth), 지하에 있는

London has 9 miles of such *subterranean* passages.

[예문 해석] **3950** 그것이 너무 스트레스를 주어서 내 건강이 악화되었다.　**3951** 성공적인 사람들은 기꺼이 열심히 일하지만 엄격한 한도 내에서만 한다.　**3952** 금융 시장이 경색되었다.　**3953** 그 고집 센 소년은 엄마 말에 순종하는 걸 거부했다.　**3954** 그녀는 예쁘지만 어리석다.　**3955** 그 노인은 아직도 기운이 정정하고 건강하다.　**3956** 그것들은 또한 당신이 앉아서 글로 쓸 때까지 당신이 생각하고 있었다고 깨닫지 못했던 무의식적인 생각들도 포함하고 있다.　**3957** 그들이 그들의 과거를 해석한 방식은 매우 주관적이었다.　**3958** 그 뒤의 사건이 그의 무죄를 입증했다.　**3959** 런던은 9마일이나 되는 그러한 지하 통로를 가지고 있다.

3960 **subtle** [sʌ́tl]	*adj.* 미묘한(= delicate), 민감한 I know this because people tell me — both directly and in more *subtle* ways. |대수능| (파) subtly *adv.* 미묘하게 subtlety *n.* 미묘함, 민감
3961 **successive** [səksésiv]	*adj.* 잇따른, 계속되는, 연속적인 They are sisters born in two *successive* years.
3962 **succinct** [sʌksíŋkt]	*adj.* 간결한, 간명한 His remarks are always *succinct* and pointed. (파) succinctly *adv.* 간결하게
3963 **sufficient** [səfíʃənt]	*adj.* 충분한(= enough), (~하기에) 족한 I bought *sufficient* supplies for the winter. (파) suffice *v.* 충분하다, 만족시키다
3964 **suitable** [súːtəbl]	*adj.* 적절한, 어울리는 Most people thought that the guitar was *suitable* only for popular music. (파) suitably *adv.* 적당하게, 타당하게 |대수능|
3965 **sumptuous** [sʌ́mptʃuəs]	*adj.* 사치스러운, 화려한, 호화로운(= luxurious) She produces elegant wedding gowns in a variety of *sumptuous* fabrics.
3966 **sunken** [sʌ́ŋkən]	*adj.* 침몰한, 가라앉은, 움푹 들어간 Sometimes they can spend days without locating the wreck, a *sunken* ship. |대수능|
3967 **superb** [supə́ːrb]	*adj.* 최고의, 훌륭한 She amazed her audiences with her *superb* authority and vocal power. (표현) a superb player 훌륭한 선수 |대수능|
3968 **superficial** [sùːpərfíʃəl]	*adj.* 표면상의, 피상적인 Girls used to receive only a *superficial* education. (파) superficiality *n.* 천박, 피상 superficies *n.* 표면, 외면, 외모
3969 **superior** [səpíəriər]	*adj.* 뛰어난, 우수한(= excellent), ~보다 나은 The enemy were *superior* in numbers. (파) superiority *n.* 우월, 우위, 탁월

[예문 해석] **3960** 나는 사람들이 나에게 직접적으로 그리고 좀 더 미묘한 방식으로 말해줬기 때문에 이것을 안다.   **3961** 그들은 연년생으로 태어난 자매이다.   **3962** 그의 발언들은 항상 간결하고 예리하다.   **3963** 나는 겨울에 대비해 생활필수품들을 충분히 샀다.   **3964** 대부분의 사람들은 기타는 대중음악에만 어울린다고 생각했다.   **3965** 그녀는 다양한 호화로운 천들로 멋진 결혼식 가운을 만든다.   **3966** 때때로 그들은 침몰한 배인 난파선을 찾지 못하고 며칠을 보낼 수도 있다.   **3967** 그녀는 자신의 최고 권위와 힘있는 목소리를 가지고 청중들을 놀라게 했다.   **3968** 소녀들은 피상적인 교육만 받았었다.   **3969** 적이 수적으로 우세했다.

3970
supernatural
[sùːpərnǽtʃərəl]

adj. 초자연의, 불가사의한

Rowling's books do contain *supernatural* creatures.

3971
supersonic
[sùːpərsánik]

adj. 초음파의, 초음속의

The *supersonic* aircraft took off into the evening sky with a deafening roar.

3972
supplementary
[sʌ̀pləméntəri]

adj. 보충의, 추가의

Provide them with additional background or with *supplementary* information.

3973
supreme
[səpríːm]

adj. 최고의, 최상의(=highest), 가장 중요한

The present constitution gives *supreme* authority to the presidency.
　파 supremacy *n.* 주권, 최고, 최상위

3974
swift
[swíft]

adj. 빠른, 신속한(=rapid, quick), 순식간의　*adv.* 신속하게, 빨리

Many issues remain in dispute and prospects for a *swift* resolution remain dim.

3975
taxing
[tǽksiŋ]

adj. 성가신, 귀찮게 하는

I would say that the presidency is probably the most *taxing* job, as far as tiring of the mind and spirit. |대수능|

3976
technical
[téknikəl]

adj. 기술적인

Technical aspects of the work, such as dirt removal, are quite straightforward.
　파 technician *n.* 기술자　technique *n.* 기술, 기량　technologist *n.* 과학 기술자

3977
temperate
[témpərət]

adj. 온화한, 중용의, 절제하는(=moderate)

The Nile Valley keeps a *temperate* climate throughout the year.

3978
temporary
[témpərèri]

adj. 임시적인, 일시적인

She is a *temporary* resident. |대수능|
　파 temporarily *adv.* 일시적으로, 임시로

3979
tender
[téndər]

adj. 부드러운, 상냥한(=kind, loving)

This means their *tender* tops are easier to reach for the rabbit. |대수능|
　파 tenderly *adv.* 부드럽게

[예문 해석] 3970 Rowling의 책들은 초자연적인 생명체들을 담고 있다.　3971 초음속 비행기가 고막이 터질 것 같은 굉음을 내며 밤하늘로 이륙했다.　3972 그들에게 추가적인 배경 또는 추가 정보를 제공해라.　3973 현행 헌법은 대통령직에 최고의 권위를 부여한다.　3974 많은 쟁점들이 여전히 논의 중이어서 조속한 타결의 전망은 불투명한 상태이다.　3975 나는 대통령직이 마음과 정신을 피곤하게 한다는 점에서는 아마도 가장 성가신 직업이라고 말하고 싶다.　3976 먼지 제거와 같이 이 일의 기술적인 측면은 아주 간단하다.　3977 Nile 계곡은 일 년 내내 온화한 기후를 유지한다.　3978 그녀는 임시 거주자이다.　3979 이것은 토끼가 그것의 부드러운 꼭대기에 이르기 쉽게 해준다는 것을 의미한다.

3980 **tense** [téns]	*adj.* 긴장한(=tightly stretched), 팽팽한 *n.* 시제
	If people are prevented from dreaming, they can become *tense*, angry, and lose the ability to concentrate. |대수능|
	㈜ tension *n.* 긴장, 흥분

| 3981 **terrible** [térəbl] | *adj.* 무서운, 무시무시한(=awful) |
| | I dreamt a *terrible* dream. |

| 3982 **terrific** [tərífik] | *adj.* 굉장한, 멋진, 무서운 |
| | Juvenile crime is increasing at a *terrific* rate. |

| 3983 **thick** [θík] | *adj.* 두꺼운, 빽빽한, 짙은(=dense) |
| | A *thick* layer of dust lay on the table. |

| 3984 **thin** [θín] | *adj.* 얇은, 가느다란(=slender), 여읜, 드문드문한 |
| | The ice seems too *thin* to skate on. |

| 3985 **thirsty** [θə́ːrsti] | *adj.* 목마른, 갈망하는 |
| | The man is *thirsty* for knowledge. |

3986 **thorough** [θə́ːrou]	*adj.* 철저한(=complete), 충분한, 면밀한
	He has a *thorough* knowledge of foreign affairs.
	㈜ thoroughly *adj.* 철저하게, 충분히, 완전히

| 3987 **threadbare** [θrédbɛ̀ər] | *adj.* 실이 드러나 보이는, 누더기를 입은, 해진 |
| | She sat cross-legged on a square of *threadbare* carpet. |

| 3988 **tidy** [táidi] | *adj.* 말쑥한, 단정한, 깔끔한(=neat) |
| | Teachers tend to be more generous to those students whose work is neat and *tidy*. |

| 3989 **tight** [táit] | *adj.* 단단한(=firm), 꼭 끼는, 빈틈없는 |
| | He was uneasy in *tight* clothes. |

3990 **timid** [tímid]	*adj.* 겁 많은, 두려워하는, 수줍은(=shy)
	The *timid* child was afraid of the dark.
	㈜ timidity *n.* 소심, 겁

[예문 해석] 3980 만약 사람들이 꿈을 못 꾸게 된다면, 그들은 긴장하고, 화를 내고, 집중력을 잃게 될 수도 있다.   3981 나는 무서운 꿈을 꾸었다.   3982 청소년 범죄가 무서운 속도로 증가하고 있다.   3983 탁자 위에는 먼지가 두껍게 쌓여 있었다.   3984 얼음이 너무 얇아 스케이트를 탈 수 없을 것 같다.   3985 그 남자는 지식을 갈망한다.   3986 그는 외교 문제에 철저한 지식을 가지고 있다.   3987 그녀는 사각형의 다 닳은 카펫 위에 다리를 꼬고 앉아 있었다.   3988 선생님들은 숙제를 얌전하고 깔끔하게 한 학생들에게 더욱 후한 경향이 있다.   3989 그는 꼭 끼는 옷을 입어 불편했다.   3990 겁 많은 그 아이는 어둠을 두려워했다.

3991
tiny

[táini]

adj. 작은, 몹시 작은(= very small)

You can easily imagine a situation like this: a small child playing in a *tiny* room doesn't cause much trouble. |대수능|

3992
tough

[tʌf]

adj. 강인한, 고달픈, 단단한(= hard)

This beef is *tough* to chew.

3993
toxic

[táksik]

adj. 유독성의

I felt myself being choked by thick *toxic* fumes.

⑪ toxin *n.* 독소

3994
tranquil

[trǽŋkwil]

adj. 조용한(= quiet), 평온한

The *tranquil* atmosphere of The Connaught allows guests to feel totally at home.

⑪ tranquility *n.* 평온함

3995
transient

[trǽnʃənt]

adj. 일시적인(= momentary), 순간적인

He enjoyed a *transient* popularity.

⑪ transitory *adj.* 일시적인, 덧없는, 무상한

3996
transparent

[trænspέərənt]

adj. 투명한, 비쳐 보이는

The insect's wings are almost *transparent*.

⑪ transparency *n.* 투명성, 투명도

3997
tremendous

[triméndəs]

adj. 굉장한, 무서운(= awful)

That'd be a *tremendous* help. Thank you.

3998
trivial

[tríviəl]

adj. 사소한, 하찮은

We decide what is important or *trivial* in life. |대수능|

⑪ triviality *n.* 하찮음

3999
tropical

[trápikəl]

adj. 열대성의, 열대 지방의

The *tropical* rain forests contain more than half of the earth's 250,000 botanical species.

⑳ the tropics 열대(지방)

4000
turbulent

[tə́:rbjulənt]

adj. 몹시 거친, 교란된, 격렬한(= violent)

She tried to calm her *turbulent* thoughts.

[예문 해석] **3991** 당신은 작은 방에서 놀고 있는 작은 아이가 큰 문제를 발생시키지 않는 것과 같은 상황을 쉽게 상상할 수 있다. **3992** 이 쇠고기는 씹기가 힘들다. **3993** 나는 짙은 유독 가스로 숨이 막히는 듯했다. **3994** Connaught의 조용한 분위기는 손님들이 완전히 집에 있는 것처럼 느끼도록 만든다. **3995** 그는 일시적인 인기를 누렸다. **3996** 그 곤충의 날개는 거의 투명하다. **3997** 그것은 큰 도움이 될 거예요. 감사합니다. **3998** 우리는 인생에서 무엇이 중요하고 사소한 것인지를 결정한다. **3999** 열대 우림에는 지구상의 이십오만 개에 달하는 식물 종 가운데 절반 이상이 있다. **4000** 그녀는 혼란스러운 생각을 진정시키려고 애썼다.

4001
two-way

[tùːwéi]

adj. 2방향[상호적]으로 작용하는

Reading is a *two-way* process: the reader can also write; television viewing is a one-way street: the viewer cannot create television images.

표현 a two-way process 상호 과정 |대수능|

4002
typical

[típikəl]

adj. 전형적인

What happens in the *typical* American home every evening after dinner?

파 typically *adv.* 전형적으로 |대수능|

4003
ugly

[ʌ́gli]

adj. 추한, 험악한

Jealousy reared its *ugly* head and destroyed their marriage.

4004
ultimate

[ʌ́ltəmət]

adj. 최후의(= last), 궁극의, 근본적인

Peace was the *ultimate* goal of the meeting.

4005
ultrasonic

[ʌ̀ltrəsánik]

adj. 초음파의

PestContro combines electromagnetic and *ultrasonic* waves to solve a variety of household pest problems.

관련 ultrasound *n.* 초음파

〉〉〉 접두사 UN

unaccompanied [ʌ̀nəkʌ́mpənid] *adj.* 동행이 없는	undeserved [ʌ̀ndizə́ːrvd] *adj.* 받을 자격이 없는
unaccountable [ʌ̀nəkáuntəbl] *adj.* 설명할 수 없는	undesirable [ʌ̀ndizáiərəbl] *adj.* 바람직하지 않은
unacquainted [ʌ̀nəkwéintid] *adj.* 낯선, 생소한	undying [ʌ̀ndáiiŋ] *adj.* 죽지 않는, 불멸의
unaltered [ʌ̀nɔ́ːltərd] *adj.* 변하지 않은	unemployed [ʌ̀nimplɔ́id] *adj.* 실직한, 직업이 없는
unappealing [ʌ̀nəpíːliŋ] *adj.* 호소력이 없는	unexhausted [ʌ̀nigzɔ́ːstid] *adj.* 아직 없어지지 않은
unattainable [ʌ̀nətéinəbl] *adj.* 도달하기 어려운	unfettered [ʌ̀nfétərd] *adj.* 속박을 받지 않는
unauthorized [ʌ̀nɔ́ːθəràizd] *adj.* 권한 외의, 독단의	unfulfilled [ʌ̀nfulfíld] *adj.* 이행하지 않은
unbalanced [ʌ̀nbǽlənst] *adj.* 균형을 잃은	uninhabited [ʌ̀ninhǽbitid] *adj.* 사람이 살지 않는
unceasing [ʌ̀nsíːsiŋ] *adj.* 끊임없는, 부단한	uninjured [ʌ̀níndʒərd] *adj.* 손상되지 않은
uncivilized [ʌ̀nsívəlàizd] *adj.* 미개한, 야만의	unintentional [ʌ̀ninténʃənl] *adj.* 고의가 아닌
unconscious [ʌ̀nkánʃəs] *adj.* 무의식의, 모르는	uninterrupted [ʌ̀nintərʌ́ptid] *adj.* 중단되지 않은
unconvinced [ʌ̀nkənvínst] *adj.* 설득되지 않은	unoccupied [ʌ̀nákjupàid] *adj.* 소유자가 없는
uncultivated [ʌ̀nkʌ́ltəvèitid] *adj.* 경작되지 않은	unparalleled [ʌ̀npǽrəlèld] *adj.* 비할 데 없는
undefined [ʌ̀ndifáind] *adj.* 불확정의, 막연한	unpaved [ʌ̀npéivd] *adj.* 포장하지 않은
undeniable [ʌ̀ndináiəbl] *adj.* 부정할 수 없는	unprecedented [ʌ̀nprésədèntid] *adj.* 전례가 없는

[예문 해석] 4001 독서는 양방향으로 진행되는 과정이어서 독자는 또한 쓸 수도 있다. 텔레비전 시청은 단방향이어서 시청자는 텔레비전의 영상을 만들어낼 수 없다. 4002 매일 저녁 식사 후 전형적인 미국인의 가정에서는 무슨 일이 일어나는가? 4003 질투심이 추한 고개를 들어 그들의 결혼생활은 파국에 이르렀다. 4004 평화가 그 모임의 궁극적인 목표였다. 4005 PestContro는 가정의 각종 해충문제를 해결하기 위해 전자기파와 초음파를 결합시킨다.

unpredictable [ʌnpridíktəbl] *adj.* 예언할 수 없는	unsanitary [ʌnsǽnətèri] *adj.* 비위생적인
unrecognized [ʌnrékəgnàizd] *adj.* 인지되지 않은	unstable [ʌnstéibl] *adj.* 불안정한, 변하기 쉬운
unrefined [ʌnrifáind] *adj.* 세련되지 않은	unsteady [ʌnstédi] *adj.* 불안정한, 견고하지 않은
unreliable [ʌnriláiəbl] *adj.* 신뢰(의지)할 수 없는	unsuspecting [ʌnsəspéktiŋ] *adj.* 의심하지 않는
unrestricted [ʌnristríktid] *adj.* 제한이 없는	untimely [ʌntáimli] *adj.* 때가 아닌, 시기상조의
unrewarded [ʌnriwɔ́:rdid] *adj.* 보수 없는	

4006
unaided
[ʌnéidid]

adj. 도움이 없는, 육안의

Time-lapse films are useful in the study of many types of motion too slow to be observed by the *unaided*, human eye. |대수능|

4007
unaware
[ʌnəwέər]

adj. 모르는, 눈치 채지 못하는

Brand owners are often *unaware* of how best to protect their goods against unauthorized copying.

표현 be unaware of ~을 모르다, 눈치 채지 못하다

4008
uncanny
[ʌnkǽni]

adj. 엄청난, 기괴한, 신비스러운

The long-eared owl strikes at its prey with *uncanny* accuracy.

표현 positively uncanny 정말 으스스한

4009
unchallenged
[ʌntʃǽlindʒd]

adj. 도전 받지 않는, 확고한

Railroads were the *unchallenged* leader in transportation for a hundred years. |대수능|

〉〉〉 접두사 UNDER

underground [ʌndərgràund] *adj.* 지하의, 숨은	undernourished [ʌndərnɔ́:riʃt] *adj.* 영양 부족의
underlying [ʌndərláiiŋ] *adj.* 밑에 있는, 근원적인	underprivileged [ʌndərprívəlidʒd] *adj.* 특권이 적은

4010
unexpected
[ʌnikspéktid]

adj. 예상치 못한

"But there is also an *unexpected* kind of crisis," added Mary. |대수능|

표현 unexpected guests 뜻밖의 손님

4011
unique
[ju:ní:k]

adj. 유일한(=sole), 독특한

Her style is very *unique*.

표현 a unique proof 유일한 증거

[예문 해석] 4006 저속 촬영 필름은 너무 느려서 사람의 눈만으로 관찰이 불가능한 많은 유형의 동작을 연구하는 데 유용하다. 4007 브랜드 소유자들은 종종 무단 복제로부터 자사의 제품을 보호하는 최선의 방법을 알지 못한다. 4008 귀가 긴 올빼미는 무시무시한 정확도로 먹잇감을 공격한다. 4009 철도는 100년 동안 운송수단에 있어서 부동의 선두주자였다. 4010 "그러나 또한 예상치 못한 위기도 있습니다."라고 Mary가 덧붙였다. 4011 그녀의 스타일은 매우 독특하다.

4012
universal

[jùːnəvə́ːrsəl]

adj. 보편적인, 선 세계의, 우주의

I listened to their stories, and I saw *universal* truths in their simple lives.

파 universe *n.* 우주 |대수능|

4013
unpaid

[ʌ̀npéid]

adj. 미납의, 무급의

Although we have done business with you for many years, we cannot allow the amount of money to remain *unpaid*. |대수능|

4014
unthinkable

[ʌ̀nθíŋkəbl]

adj. 생각할 수 없는

Not wanting to work at all was *unthinkable*. |대수능|

4015
untroubled

[ʌ̀ntrʌ́bld]

adj. 침착한, 흐트러지지 않은

Then he can go his way with an *untroubled* mind. |대수능|

4016
upcoming

[ʌ́pkʌ̀miŋ]

adj. 다가오는, 이윽고 나타날

Is your group prepared for the *upcoming* inspection?

4017
up-to-date

[ʌ̀ptədéit]

adj. 최신의, 최근의

Tony was more *up-to-date* than I.

4018
urban

[ə́ːrbən]

adj. 도시의

They are experiencing a huge *urban* poverty problem now.

파 urbanize *v.* 도시화하다   반 rural *adj.* 시골의

4019
utmost

[ʌ́tmòust]

adj. 최고의, 극도의(= extreme)

These are things of the *utmost* importance to human happiness, and they are things that only government can bring about. |대수능|

4020
vacant

[véikənt]

adj. 공허한, 비어있는(= empty)

The hospital has no *vacant* beds.

파 vacancy *n.* 공허, 공석   vacate *v.* 비우다

4021
vague

[véig]

adj. 어렴풋한, 애매한, 흐릿한(= indistinct)

Everything looks *vague* in a fog.

4022
vain

[véin]

adj. 헛된, 허영심이 강한, 쓸데없는(= futile)

Efforts to rescue the drowned pilot were in *vain*.

표현 in vain 헛되이, 공연히(=vainly)

[예문 해석] 4012 나는 그들의 이야기를 들었으며, 그들의 소박한 삶에서 보편적인 진리를 보았다.   4013 비록 우리가 당신과 수년간 일을 해왔지만, 우리는 돈이 미결제 상태로 남아 있는 것을 허용할 수는 없습니다.   4014 아예 일을 하기 원하지 않는 것은 생각할 수 없는 것이었다. 4015 그러면 그는 침착한 마음으로 그의 길을 갈 수 있다.   4016 당신 부서는 곧 있을 감사에 준비되어 있나요?   4017 Tony는 나보다 더 최신 유행을 좇았다.   4018 그들은 지금 대도시의 빈곤 문제를 겪고 있다.   4019 이것들은 인간의 행복에 있어서 최고로 중요한 것들이고, 그것들은 정부만이 해낼 수 있는 것들이다.   4020 그 병원은 비어 있는 침상이 없다.   4021 안개 속에서는 모든 것이 어렴풋이 보인다.   4022 물에 빠진 비행사를 구하기 위한 노력은 헛수고였다.

4023
valiant
[vǽljənt]

adj. 용감한, 영웅적인

It was a *valiant* attempt.

4024
valid
[vǽlid]

adj. 유효한(=effective), 근거가 확실한

This means that a human law is a set of rules that are *valid* only for a certain number of people over a certain period of time. |대수능|

(피) validity *n.* 타당성, 유효성

4025
valuable
[vǽlju:əbl]

adj. 귀중한

I could also be called "buried gold" because of many *valuable* uses of mine. |대수능|

(피) valuables *n.* 귀중품   value *n.* 가치, 가격

4026
vast
[vǽst]

adj. 광대한, 거대한

We feel awe when we stand near *vast* mountains.

(피) vastly *adv.* 광대하게, 거대하게   vastness *n.* 광대함

4027
verbose
[və:rbóus]

adj. 말이 많은, 장황한

His writing is difficult and often *verbose*.

(피) verbosity *n.* 말이 많음, 장황함

4028
versatile
[və́:rsətl]

adj. 재주가 많은, 다방면의, 다용도의

The Home Set 250 is easy to use and *versatile*.

(피) versatility *n.* 다재다능함

4029
vertical
[və́:rtikəl]

adj. 수직의, 세로의

Floors are horizontal and walls are *vertical*.

(반) horizontal *adj.* 수평의, 가로의

4030
veteran
[vétərən]

adj. 노련한, 경험이 많은   *n.* 고참병, 노병

He is a *veteran* newspaperman with a 20-year career of journalism.

4031
vibrant
[váibrənt]

adj. 떠는, 진동하는

Her *vibrant* voice is fantastic.

(피) vibrate *v.* 진동하다   vibration *n.* 진동, 떨림

4032
villainous
[vílənəs]

adj. 악한 같은, 악당의, 악랄한

They were enmeshed in *villainous* machinations.

[예문 해석] **4023** 그것은 용감한 시도였다.   **4024** 이것은 인문법이란 단지 어느 특정 기간에 걸쳐 한정된 사람들에게만 유효한 일련의 법칙이라는 것을 의미한다.   **4025** 나는 또한 나의 귀중한 많은 용도 때문에 '매장된 금' 이라고 불리어질 수 있었다.   **4026** 우리는 거대한 산 근처에 서 있을 때 경외감을 느낀다.   **4027** 그의 글은 어렵고 종종 장황하다.   **4028** 홈 세트 250은 사용이 간편하며 다용도로 쓰인다.   **4029** 바닥들은 평평하고 벽들은 수직이다.   **4030** 그는 기자 생활 20년의 노련한 신문기자이다.   **4031** 그녀의 떨림 목소리는 환상적이다.   **4032** 그들은 악랄한 간계에 걸려들었다.

4033
violent [váiələnt]

adj. 격렬한, 폭력적인

Several longtime residents of the area said they had never seen such a *violent* storm, and that it was surprising that no one had died. |대수능|

㉺ violence *n.* 격렬, 폭력 violently *adv.* 격렬하게, 난폭하게

4034
virtual [və́ːrtʃuəl]

adj. 가상의, 허상의, 사실상의

The helmet is connected to the *virtual* reality computer.

4035
visible [vízəbl]

adj. 눈에 보이는, 명백한

But because the sun is always *visible*, it presents itself to my imagination as a land of beauty and wonder. |대수능|

㉺ visibility *n.* 눈에 보임, 가시도 visibly *adv.* 눈에 보이게, 명백히

Tip [vis(=see)+ible(=can)] vis는 '보다, 관찰하다'의 의미이다.

4036
vital [váitl]

adj. 생명의, 극히 중대한, 치명적인

It's *vital* that we should act at once.

㉺ vitality *n.* 생명력, 활기

4037
vivid [vívid]

adj. 생생한, 선명한, 활기 있는(=lively)

The sight is still *vivid* in my mind.

4038
vocal [vóukəl]

adj. 목소리의, 음성의

The *vocal* cords can be opened or shut at will.

㉺ vocalist *n.* 성악가, 가수

4039
vulgar [vʌ́lgər]

adj. 상스러운(=unrefined), 저속한, 통속적인

He is *vulgar* in his speech.

4040
vulnerable [vʌ́lnərəbl]

adj. 취약한, 상처를 입기 쉬운

And anti-rejection drugs, which suppress the immune system to prevent that, can make transplant patients *vulnerable* to cancer and other diseases.

4041
warm [wɔ́ːrm]

adj. 따뜻한, 열렬한, 더운(=hot)

A room is comfortably *warm*.

관련 warmhearted *adj.* 마음씨가 따뜻한

[예문 해석] **4033** 이 지역의 몇몇 장기 거주자들은 그런 격렬한 폭풍을 본 적이 없으며 아무도 죽지 않았다는 것은 놀라운 일이라고 말했다. **4034** 그 헬멧은 가상 현실 컴퓨터에 연결되어 있다. **4035** 그러나 항상 태양을 볼 수 있기 때문에, 그곳은 내 상상 속에서 아름답고 경이로운 땅으로 보인다. **4036** 우리가 즉시 조치를 취하는 것이 극히 중요하다. **4037** 그 광경은 여전히 내 마음속에 생생하게 남아 있다. **4038** 성대는 마음대로 여닫힐 수 있다. **4039** 그는 말투가 저속하다. **4040** 그리고 그것을 막는 면역 체계를 억제하는 거부반응 치료약들은 장기 이식수술을 한 환자들이 암이나 다른 질병에 취약해지도록 만들 수 있다. **4041** 방이 훈훈하다.

4042
weak

[wíːk]

adj. 약한(= feeble), 무력한

I was so *weak*, I could hardly get to my feet.

파 weaken *v.* 약해지다, 약화시키다

4043
weird

[wíərd]

adj. 수상한, 이상한

Yes, I can see everything okay, but the disc seems to be spinning too fast. The audio is high-pitched and *weird*.

파 weirdo *n.* 기묘한 사람

4044
well-paid

[wèlpéid]

adj. 많은 보수를 받는

For one thing, you might have a job, but unless it is very *well-paid*, you will not be able to afford many things because living in a city is often very expensive. |대수능|

4045
wet

[wét]

adj. 젖은(= soaked), 축축한(= damp), 비 내리는

Wet sand has more cohesion than dry sand.

반 dry *adj.* 마른, 건조한   표현 (in) wet weather 비오는 날씨(에)

4046
whole

[hóul]

adj. 전체의, 모든(= complete)

"Unfortunately, my car has just broken down, and it will take a *whole* day to get it repaired," I'm afraid. |대수능|

관련 wholesale *adj.* 도매의

4047
wicked

[wíkid]

adj. 사악한(= evil), 부도덕한, 심술궂은

The *wicked* magician cast a spell over the princess.

파 wickedness *n.* 사악, 짓궂음   wickedly *adv.* 나쁘게, 심술궂게

4048
wise

[wáiz]

adj. 슬기로운, 현명한

I didn't think it *wise* to proffer an opinion.

파 wisdom *n.* 지혜, 현명함

4049
witty

[wíti]

adj. 재치 있는, 재담을 잘하는

She gave so *witty* an answer that everyone burst out laughing.

파 wit *n.* 재치, 기지

4050
worn-out

[wɔ́ːrnàut]

adj. 닳아 해진, 녹초가 된, 진부한

I won't say, "You shouldn't have done it," because that is a *worn-out* expression. |대수능|

[예문 해석] **4042** 나는 아주 녹초가 돼서 거의 일어날 수 없었다.   **4043** 그래요, 보는 것은 문제없지만 디스크가 너무 빠르게 도는 것 같아요. 오디오 소리가 높게 나오고 이상해요.   **4044** 우선, 도시에 사는 것이 종종 비용이 매우 많이 들기 때문에 당신이 직업을 가지는 경우, 만약 그것이 월급을 많이 받는 것이 아니라면 당신은 많은 것을 할 여유가 없을 것이다.   **4045** 젖은 모래가 마른 모래보다 더 응집력이 있다.   **4046** "불행하게도, 내 차가 방금 고장이 나버려서 고치는 데 하루 종일 걸릴 것 같아."라고 나는 걱정한다.   **4047** 사악한 마술사가 공주에게 마술을 걸었다. **4048** 나는 의견을 제안하는 것이 현명한 일이라고는 생각하지 않았다.   **4049** 그녀는 아주 재치 있는 대답을 했기 때문에 모두 웃음을 터뜨렸다. **4050** 나는 그것이 진부한 표현이기 때문에 "당신은 그렇게 하지 말았어야 했다."고 말하지 않을 것이다.

4051
worth

[wɔ́ːrθ]

adj. 가치가 있는

A bird in the hand is *worth* two in the bush.

㈜ worthy *adj.* 가치 있는, 존경할 만한   관련 worthwhile *adj.* ~할 보람이 있는

4052
would-be

[wúdbìː]

adj. ~이 되려고 하는, ~ 예비의

Many employers, for instance, are now looking for *would-be* workers with training. |대수능|

4053
wretched

[rétʃid]

adj. 비참한, 불쌍한, 야비한

I felt *wretched* about not being able to help her.

4054
zoological

[zòuəládʒikəl]

adj. 동물학상의

"After all," said a zoo director, "the *zoological* garden will be the only piece of 'wilderness' that most people will ever see." |대수능|

㈜ zoo *n.* 동물원

[예문 해석] 4051 손 안에 있는 새 한 마리는 수풀 속에 있는 새 두 마리의 가치가 있다.   4052 예를 들어, 많은 고용주들은 지금 훈련을 받은 예비 근로자들을 찾고 있다.   4053 나는 그녀를 도울 수 없어 비참함을 느꼈다.   4054 "결국, 동물원이 대부분의 사람들이 볼 수 있을 '야생세계'의 유일한 곳이 될 것입니다."라고 동물원 원장이 말했다.

39TH LECTURE MASTERING IDIOMS

- **turn out**   ~로 드러나다(=prove)

  I hope everything *turns out* okay. 나는 모든 일이 잘 되길 바란다.

- **upon ~ing**   ~하자마자(=on ~ing, as soon as)

  Upon receiving his appointment, the judge began preparing for his new responsibilities.
  그 판사는 임명되자마자 새 직책을 준비하기 시작했다.

- **use up**   다 쓰다

  If you *use up* the same number of calories you take in, your weight will stay the same.
  만약에 여러분이 섭취하는 것과 동일한 양을 소비한다면 여러분의 몸무게는 그대로 유지될 것이다.

- **used to + V**   ~이었다, ~하곤 했다

  I *used to* sing in the church choir. 나는 교회 성가대에서 노래했었다.

- **walk around**   돌아다니다

  They all *walked around* the lake to find something to eat.
  그들은 모두 먹을 것을 찾기 위해 호수 주변을 돌아다녔다.

- **wear away**   마모시키다(=wear out)

  Constant dripping *wears away* the stone. 낙숫물이 돌을 뚫는다.

- **well off**   부유한, 넉넉한

  Farmers are quite *well off* in that country. 그 나라에서는 농부들의 살림이 꽤 넉넉하다.

- **what is more**   더구나, 또한(=moreover, furthermore, in addition, besides, additionally)

  It is raining and, *what is more*, the wind is blowing. 비가 오는데 더구나 바람까지 분다.

- **wheel around**   바퀴를 굴리고 다니다, 태도를 바꾸다

  The bicyclists are *wheeling around* town together. 사람들이 시내에서 함께 자전거를 타고 있다.

- **when it comes to + N**   ~에 관한 한

  When it comes to exercise, there's nothing like swimming.
  운동에 관한 것이라면 수영이 제일이다.

- **whip out**   홱 끄집어 내다

  She *whipped out* her driver's license. 그녀는 운전면허증을 홱하고 끄집어 냈다.

- **wipe out**   전멸하다, 파괴하다(=destroy, root out)

  The bulk of the whole city was *wiped out*. 전 시가의 대부분이 파괴되었다.

39TH LECTURE REVIEW TEST

● 빈칸에 알맞은 단어나 뜻을 쓰시오.

1. _____	날카로운, 예민한	26. sore	_____
2. sheer	_____	27. sour	_____
3. shrill	_____	28. sovereign	_____
4. shy	_____	29. spacious	_____
5. sick	_____	30. _____	명확한, 구체적인
6. silent	_____	31. spiny	_____
7. silly	_____	32. spiritual	_____
8. simultaneous	_____	33. _____	화려한, 장려한
9. _____	성실한, 진심어린	34. spontaneous	_____
10. slender	_____	35. stagnant	_____
11. slight	_____	36. stale	_____
12. slim	_____	37. standoffish	_____
13. slippery	_____	38. staple	_____
14. sloppy	_____	39. steadfast	_____
15. sly	_____	40. steady	_____
16. _____	눈치 빠른, 현명한	41. _____	가파른
17. _____	매끄러운, 부드러운	42. stern	_____
18. sociable	_____	43. stiff	_____
19. solar	_____	44. _____	땅딸막한, 단단한
20. solemn	_____	45. stout	_____
21. solid	_____	46. straggling	_____
22. _____	고독한, 외로운	47. straight	_____
23. somber	_____	48. stray	_____
24. sonic	_____	49. strenuous	_____
25. sophisticated	_____	50. _____	스트레스를 주는

51. strict	_____	76. technical	_____
52. stringent	_____	77. temperate	_____
53. _____	완고한, 고집 센	78. _____	임시적인, 일시적인
54. stupid	_____	79. tender	_____
55. sturdy	_____	80. tense	_____
56. subconscious	_____	81. _____	무서운, 무시무시한
57. _____	주관적인	82. terrific	_____
58. subsequent	_____	83. thick	_____
59. subterranean	_____	84. thin	_____
60. subtle	_____	85. thirsty	_____
61. successive	_____	86. thorough	_____
62. succinct	_____	87. threadbare	_____
63. _____	충분한, (~하기에) 족한	88. tidy	_____
64. _____	적절한, 어울리는	89. tight	_____
65. sumptuous	_____	90. _____	겁 많은
66. sunken	_____	91. tiny	_____
67. superb	_____	92. tough	_____
68. superficial	_____	93. toxic	_____
69. _____	뛰어난, ~보다 나은	94. tranquil	_____
70. supernatural	_____	95. transient	_____
71. supersonic	_____	96. transparent	_____
72. supplementary	_____	97. _____	굉장한, 무서운
73. supreme	_____	98. trivial	_____
74. swift	_____	99. _____	열대성의, 열대 지방의
75. taxing	_____	100. turbulent	_____

정답 | 기본 페이지 참조

SUMMA CUM LAUDE
WORD MANUAL

The ultimate measure of a man
is not where he stands in moments of comfort and convenience,
but where he stands at times of challenge and controversy.

- Martin Luther king

PART IV
부사 (ADVERB)

숨마쿰라우데®
[워드 매뉴얼]

40TH LECTURE

40TH LECTURE

| ^{4055} **abnormally** ~ ^{4138} **yonder** |

SUMMA CUM LAUDE VOCABULARY

4055
abnormally
[æbnɔ́ːrməli]

adv. 비정상적으로, 이상하게

It is *abnormally* cold this year.

(파) abnormality *n.* 이상, 변칙   abnormal *adj.* 보통과 다른, 이상한

4056
aboard
[əbɔ́ːrd]

adv., prep. (배, 열차, 비행기를) 타고

We finally went *aboard* the ship.

(표현) All aboard! 전원 승차(승선)해 주십시오!   Welcome aboard! 승선(승차)하신 것을 환영합니다!

4057
abreast
[əbrést]

adv. 나란히, 병행하여

I try to keep *abreast* of the latest news.

(표현) keep abreast of(with) ~에 뒤지지 않고 따라가다

4058
abroad
[əbrɔ́ːd]

adv. 해외로, 외국으로, 널리

He went *abroad* last year.

(표현) at home and abroad 국내외에서

4059
actually
[ǽktʃuəli]

adv. 실제로, 사실

This not only expresses ideas but this may *actually* shape them. |대수능|

(파) actuality *n.* 현실, 실상   actual *adj.* 실제의, 현실의

> (Tip) 사실적으로 '거의'는 actually, 현실적으로 '거의'는 practically, 시간적으로 '거의'는 almost, 수치적으로 '거의'는 nearly를 사용한다.

4060
afar
[əfɑ́ːr]

adv. 멀리, 아득히

Visitors come from *afar* to admire the beauty of the crystal blue sky.

(표현) from afar 멀리서

[예문 해석] **4055** 올해는 이상하게 춥다.   **4056** 우리는 마침내 배에 올라탔다.   **4057** 나는 최신 시사 정보에 뒤지지 않고 따라가도록 노력하고 있다.   **4058** 그는 작년에 외국에 나갔다.   **4059** 이것은 생각을 표현할 뿐만 아니라 실제로 그것들을 만들어 낼 수 있다.   **4060** 방문객들은 크리스털 같은 파란 하늘의 아름다움을 감탄하기 위해 멀리서 온다.

4061
afloat
[əflóut]

adv. (물 · 공중에) 떠서, 해상에, (소문이) 퍼져서

We got the boat *afloat*.
(표현) service afloat 해상 근무

4062
afterward
[ǽftərwərd]

adv. 후에, 나중에(= afterwards)

It was open to the public, and *afterward* a very old man came up to me and asked me if my maiden name had been Wemyss. |대수능|

(Tip) after는 부사로 쓰일 때 홀로 쓰이지 못하므로, soon after, shortly after, not long after의 형태로만 쓰이는 반면, afterwards는 부사로 soon afterwards, shortly afterwards, not long afterwards 뿐만 아니라 afterwards 단독으로도 사용될 수 있다.

4063
ahead
[əhéd]

adv. 앞으로, 앞에

They dropped what they were doing and ran out to meet the children, who rushed on *ahead* to this joyful reunion. |대수능|
(표현) get ahead of ~을 앞지르다, ~을 이기다

4064
aloft
[əlɔ́(:)ft]

adv. 위에, 높이

He threw the ball *aloft*.
(표현) go aloft 천국에 가다, 죽다

4065
aloud
[əláud]

adv. 크게(= loudly)

If you read the poem *aloud*, you can hear the sounds and feel the emotions as if you heard the melodious sounds. |대수능|

4066
apart
[əpáːrt]

adv. 떨어져서(= separately), 흩어져서

At the beginning of the twentieth century, many people thought that the American family was falling *apart*. |대수능|
(표현) apart from ~은 별도로 하고, ~은 그만두고

4067
apparently
[əpǽrəntli]

adv. 명백하게(= obviously), 외관상으로

This is *apparently* what happened in your case. |대수능|
(파) apparent *adj.* 명백한, 외관상의

(Tip) [appar(=appear)+ent(형용사어미)+ly(부사어미)] appar는 '나타나다, 드러나다'의 의미이다.

4068
arrogantly
[ǽrəgəntli]

adv. 거만하게, 무례하게

He behaved *arrogantly* toward his teacher.
(파) arrogance *n.* 오만, 거만, 불손   arrogant *adj.* 거만[오만]한

[예문 해석] **4061** 우리는 보트를 띄웠다.   **4062** 그것은 대중들에게 열려 있었고, 나중에 연세가 아주 많은 노인 한 분이 나에게 다가와서 내 결혼 전 이름이 Wemyss였는지를 물었다.   **4063** 그들은 하던 일을 멈추고 이 기쁜 재회를 위해 앞으로 달려오는 아이들을 만나기 위해 달려 나갔다.   **4064** 그는 공을 높이 던졌다.   **4065** 당신이 이 시를 크게 읽는다면, 당신은 마치 멜로디 있는 소리를 들은 것처럼 음률을 들을 수 있고 감정을 느낄 수 있을 것이다.   **4066** 20세기 초반에, 많은 사람들은 미국의 가정이 해체되고 있다고 생각했다.   **4067** 이것은 당신의 경우에 일어난 것이 분명하다.   **4068** 그는 선생님께 대하여 불손하게 행동했다.

4069
aside

[əsáid]

adv. 곁에, 제쳐놓고

Put *aside* what can be done later and take care of the urgent things first.

표현 aside from ~은 별문제로 하고, ~은 제쳐놓고

4070
astray

[əstréi]

adv. 길을 잃어, 타락하여

He was led *astray* by bad friends.

표현 lead astray ~을 잘못된 방향으로 이끌다, 타락시키다

4071
astride

[əstráid]

adv. 걸터앉아, 올라타고

She was riding *astride*.

4072
automatically

[ɔ̀:təmǽtikəli]

adv. 자동적으로, 기계적으로

It will take a long time to do such things *automatically*. |대수능|

파 automation *n.* 자동화   automatic *adj.* 자동의, 기계적인

4073
barely

[béərli]

adv. 겨우, 가까스로, 거의 ~ 않다(= scarcely)

I can *barely* remember life without television. |대수능|

파 bare *adj.* 노출된, 벌거벗은   관련 barefoot *adj.* 맨발의

4074
behind

[biháind]

adv. 뒤에   *prep.* ~의 뒤에

The library is *behind* the tower. |대수능|

4075
beneath

[biní:θ]

adv. ~아래에   *prep.* ~밑에

Beneath the stamped imprint was a notation from the bank in ink. |대수능|

4076
besides

[bisáidz]

adv. 게다가   *prep.* ~외에도

And *besides*, I want to do what I really enjoy doing. |대수능|

Tip beside는 장소의 개념으로 '~의 옆에'의 의미이므로 besides와 혼동하지 않도록 한다.

4077
chiefly

[tʃí:fli]

adv. 주로, 대개

It depends *chiefly* on two words, diligence and thrift. |대수능|

파 chief *adj.* 주요한, 최고의

4078
con

[kán]

adv. 반대하여

They argued the matter pro and *con*.

표현 pro and con 찬반양론으로

[예문 해석] **4069** 나중에 할 수 있는 일은 제쳐 놓고 급한 일들부터 먼저 해라.   **4070** 그는 나쁜 친구들 때문에 잘못된 길로 들어섰다.   **4071** 그녀는 말에 올라타고 있었다.   **4072** 이러한 일을 자동적으로 하는 데는 오랜 시간이 걸릴 것이다.   **4073** 나는 텔레비전 없는 삶을 거의 기억할 수가 없다.   **4074** 도서관은 타워 뒤에 있다.   **4075** 직인이 찍혀진 날인 아래에 잉크로 쓴 은행의 알림글이 있었다.   **4076** 그리고 게다가 나는 내가 정말로 즐기는 일을 하기 원한다.   **4077** 그것은 주로 근면과 절약이라는 두 단어에 달려 있다.   **4078** 그들은 찬반양론으로 그 문제를 논했다.

4079
consciously

[kánʃəsli]

adv. 의식적으로

Human laws had been considered unchangeable in primitive times, but the Greek democracies made the discovery that a community could *consciously* make new laws or change old ones. |대수능|

ⓟ **consciousness** *n.* 의식, 지각   **conscious** *adj.* 의식적인

4080
diagonally

[daiǽgənəli]

adv. 대각선으로, 비스듬하게

The boat moved *diagonally* across the river.

ⓟ **diagonal** *adj.* 대각선의   *n.* 대각선, 사선

4081
doubly

[dʌ́bli]

adv. 두 배로

The improvement for rural lives is *doubly* important, because the cities themselves cannot be developed without the prior development of the rural areas. |대수능|

ⓟ **double** *n.* 두 배

4082
elsewhere

[élshwɛ̀ər]

adv. 다른 곳에, 다른 경우에

Onlookers just walk by a work of art, letting their eyes record it while their minds are *elsewhere*. |대수능|

4083
entirely

[entáiərli]

adv. 완전히, 전적으로

It was *entirely* the work of these women's organizations. |대수능|

ⓟ **entire** *adj.* 전체의, 완전한

4084
especially

[ispéʃəli]

adv. 특히

Today I am still used for this purpose, *especially* in factories. |대수능|

ⓟ **especial** *adj.* 특별한

4085
eventually

[ivéntʃuəli]

adv. 결국, 마침내

You know what we throw away now will harm ourselves and *eventually* our descendants as well. |대수능|

4086
expeditiously

[èkspədíʃəli]

adv. 신속하게, 급속히

The reports will be examined as *expeditiously* as possible.

ⓟ **expeditious** *adj.* 급속한, 신속한

4087
firsthand

[fə́:rsthǽnd]

adv. 직접, 바로   *adj.* 직접의

Learn *firsthand* how to be successful in a multinational corporation.

표현 **experience A firsthand** A를 직접 경험하다

[예문 해석] 4079 인문법은 원시 시대에는 불변하는 것으로 여겨졌지만, 그리스 민주주의 국가들은 사회가 의식적으로 새로운 법을 만들고 낡은 법을 고칠 수 있다는 것을 발견했다.   4080 배가 강을 비스듬히 가로질러 갔다.   4081 농촌 지역의 앞선 개발 없이는 도시 그 자체가 발전될 수 없기 때문에, 농촌 생활의 개선은 두 배로 중요하다.   4082 구경꾼들은 자기들의 눈은 예술작품을 보고 있지만 마음은 다른 곳에 두고서 단지 예술작품 곁을 지나간다.   4083 그것은 전적으로 이러한 여성 조직들의 일이었다.   4084 오늘날 나는 특히 공장에서 여전히 이러한 목적을 위해 사용되고 있다.   4085 당신은 우리가 지금 버리는 것들이 우리 자신과 마침내는 우리 후손들까지도 해치게 될 것이라는 것을 알고 있다.   4086 그 보고서들은 가능한 한 신속하게 검토될 것이다.   4087 다국적 기업에서 성공할 수 있는 방법을 직접 배우십시오.

4088
forth

[fɔ́ːrθ]

adv. 앞으로, 밖으로

He walked back and *forth*, uncertain what to do.

표현 and so forth 기타 등등   back and forth 앞뒤로, 왔다갔다

4089
fortunately

[fɔ́ːrtʃənətli]

adv. 운 좋게도, 다행히도

Fortunately, you still have time to renew! |대수능|

파 fortune *n.* 운, 행운, 재산   fortunate *adj.* 운이 좋은   관련 fortuneteller *n.* 점쟁이

4090
forward

[fɔ́ːrwərd]

adv. 앞으로

I look *forward* to the meeting, and believe we can resolve the few remaining problems then.

표현 look forward to ~하기를 고대하다

4091
fully

[fúli]

adv. 충분히, 꼬박

They do not make the progress which they would like to make and are *fully* capable of making.

파 full *adj.* 가득 찬, 충분한   관련 full-time *adj.* 전일의

4092
furthermore

[fə́ːrðərmɔ̀ːr]

adv. 게다가, 더욱이

Furthermore, they had to memorize whole texts. |대수능|

4093
gaily

[géili]

adv. 쾌활하게, 화려하게

He rattled away *gaily*.

파 gay *adj.* 명랑한, 화사한

4094
gladly

[glǽdli]

adv. 기꺼이, 기쁘게

"Wonderful" the musician responded *gladly*. "What shall we sing?" |대수능|

파 glad *adj.* 기쁜, 즐거운

4095
gradually

[grǽdʒuəli]

adv. 차차, 점차로

You *gradually* become aware that you are a unique person with your own ideas and attitudes. |대수능|

파 gradual *adj.* 점차적인, 점진적인

4096
hardly

[háːrdli]

adv. 거의 ~ 않다

I was so ashamed that I could *hardly* reply, for I had come to believe that people should know everything about their homeland. |대수능|

표현 hardly(scarcely, barely) ~ when(before)… ~하자마자

[예문 해석] **4088** 그는 무엇을 해야 할지 몰라 왔다갔다 했다.   **4089** 운 좋게도, 당신은 아직 개선할 시간이 있다!   **4090** 저는 만나 뵙기를 바라며, 남은 몇 가지 문제들은 그때 해결할 수 있을 거라고 생각합니다.   **4091** 그들은 자신들이 이루고 싶어하고 충분히 이룰 가능성이 있는 진보를 이루지 않는다.   **4092** 게다가 그들은 텍스트 전체를 암기해야 했다.   **4093** 그는 쾌활하게 재잘거렸다.   **4094** "좋아요, 무슨 노래를 부를까요?"라고 그 음악가는 기쁘게 대답했다.   **4095** 당신은 점차로 당신이 당신 나름의 생각과 태도를 지닌 독특한 사람이란 것을 알게 된다.   **4096** 나는 너무도 부끄러워 거의 대답도 하지 못했다. 왜냐하면 사람들은 그들의 고향에 관한 모든 것을 알아야 한다고 생각했었기 때문이었다.

4097
hence

[héns]

adv. 그러므로, 지금부터

Hence, the time spent on regular examinations is a sensible investment in good health. |대수능|

> (Tip) hence는 동사를 생략한 상태로 '이 사실에서 ～이 유래하다' 라는 뜻이 있다.

4098
hereafter

[hìəræftər]

adv. 차후에, 지금부터는, 장차

It will be explained *hereafter*.

관련 hereby *adv.* 이에 의하여, 이로써

4099
hitherto

[hìðərtú:]

adv. 지금까지(는), 지금까지로 봐서는

She has *hitherto* been relatively nice to me.

4100
immoderately

[imádərətli]

adv. 무절제하게, 중용을 잃고서

He used to eat and drink *immoderately*.

4101
indeed

[indí:d]

adv. 실로, 정말로

Indeed, the amount of information available to children is quickening the beginning of adulthood. |대수능|

4102
indelibly

[indéləbli]

adv. 지워지지 않게, 영원히

It is written *indelibly* on my heart.

파 indelible *adj.* 지울 수 없는, 잊혀지지 않는

4103
indirectly

[ìndəréktli]

adv. 간접적으로

They may be affected directly or *indirectly* in countless different ways by other plants and animals around them. |대수능|

파 indirect *adj.* 간접적인, 똑바르지 않은

4104
instead

[instéd]

adv. 그 대신에, 그 보다도

Some members of the group decided to eat pizza, *instead* of chicken.

표현 instead of ～대신에

4105
involuntarily

[inváləntèrəli]

adv. 무의식적으로, 본의 아니게

He drew back *involuntarily*.

4106
lately

[léitli]

adv. 요즘, 최근에(=recently)

Have you been under a lot of pressure *lately*? |대수능|

[예문 해석] **4097** 그러므로 정기 검진에 들이는 시간은 좋은 건강을 유지하는 현명한 투자이다. **4098** 그것은 차후에 설명할 것이다. **4099** 그녀는 지금까지는 상대적으로 나에게 잘 대해준다. **4100** 그는 폭음과 폭식을 하곤 했다. **4101** 실제로 아이들이 이용할 수 있는 정보량이 성인기의 시작을 재촉하고 있다. **4102** 그것은 나의 마음에 깊이 새겨져 있다. **4103** 그들은 무수한 여러 가지 면에서 그 주위의 다른 동물들에 의해 직간접적으로 영향을 받게 될 것이다. **4104** 그 그룹의 일부 사람들은 치킨 대신 피자를 먹기로 결정했다. **4105** 그는 무의식적으로 뒤로 물러섰다. **4106** 최근에 당신은 압박감을 많이 받아왔나요?

4107
loud

[láud]

adv. 큰 소리로 *adj.* 소리가 큰, 시끄러운

Putting an emotion into words and saying it out *loud* often helps. |대수능|

표현 count out loud 큰 소리로 세다

4108
lucidly

[lú:sidli]

adv. 밝게, 명쾌하게

Both of them had the ability to present complex matters *lucidly*.

파 lucidity *n.* 밝음, 맑음, 명쾌   lucid *adj.* 맑은, 투명한

4109
moreover

[mɔ:róuvər]

adv. 게다가(= in addition)

Moreover, these differences often cause local conflicts to grow into larger wars. |대수능|

> Tip moreover는 작문에서 문장을 한 번 끊어주고 새로운 내용을 추가하거나 부연할 때 쓸 수 있는 아주 유용한 부사이다.

4110
mostly

[móustli]

adv. 대부분, 대개, 주로

The people of Wales struggle through *mostly* nonviolent means to keep their language and literature alive. |대수능|

4111
nearly

[níərli]

adv. 거의

Norman has climbed *nearly* all the famous peaks in Europe. |대수능|

파 near *adv.* 가까이, 가깝게, 근접하여

4112
nevertheless

[nèvərðəlés]

adv. 그럼에도 불구하고

Nevertheless, doctors believe that secondhand smoke may cause lung cancer in people who do not smoke. |대수능|

4113
nonetheless

[nʌnðəlés]

adv. 그럼에도 불구하고(= nevertheless), 그렇지만(= yet)

The substance may not affect humans. *Nonetheless*, we should examine it closely.

4114
nowadays

[náuədèiz]

adv. 오늘날에는, 현재에는

Divorce is becoming more common *nowadays*.

4115
obviously

[ábviəsli]

adv. 명백하게, 분명히

Paper money is *obviously* easy to handle and convenient in the modern world. |대수능|

파 obvious *adj.* 명백한

[예문 해석] 4107 감정을 말로 바꾸어 그것을 크게 말하는 것은 종종 도움이 된다.   4108 그들 둘은 복잡한 문제들을 명쾌하게 설명하는 능력을 가지고 있었다.   4109 게다가, 이러한 차이점들은 종종 지역적 분쟁들을 보다 큰 전쟁으로 자라나게 한다.   4110 Wales의 사람들은 그들의 언어와 문학을 계속 지속시키려고 주로 비폭력적인 수단으로 투쟁한다.   4111 Norman은 유럽에 있는 거의 모든 유명한 산봉우리에 올라갔다. 4112 그럼에도 불구하고 의사들은 간접흡연이 흡연을 하지 않는 사람들에게도 폐암을 발생하게 할지 모른다고 믿는다.   4113 그 물질은 사람에게 영향을 미치지 않을지도 모른다. 그렇지만 우리는 그것을 세밀히 조사해야 한다.   4114 요즈음에는 이혼이 더 흔해지고 있다.   4115 지폐는 현대 세상에서 명백히 다루기 쉽고 편리하다.

4116
otherwise

[ʌ́ðərwàiz]

adv. 만약 그렇지 않으면

Because we took so long eating lunch, we have to drive faster to make up for lost time. *Otherwise* we won't arrive on time.

4117
outright

[àutráit]

adv. 철저하게, 완전히, 즉시

The ambassador rejected the host country's claims outright, and labeled them outrageous.

4118
overseas

[òuvərsíːz]

adv. 해외로(= oversea)

These companies are investing large sums *overseas*. |대수능|

(표현) go overseas 외국에 가다

4119
perhaps

[pərhǽps]

adv. 아마도

Perhaps in the future, because of advances in technology, you may no longer have to go to work. |대수능|

4120
probably

[prábəbli]

adv. 아마도 (~할 것이다)

In the absence of other information, you *probably* conclude that the shorter one is a woman while the taller one is a man. |대수능|

(파) probability *n.* 가망, 있을 법함   probable *adj.* 있을 법한

4121
profoundly

[prəfáundli]

adv. 깊이, 심오하게, 매우

Television, cars, and computers have changed our lives *profoundly*. |대수능|

(파) profound *adj.* 깊은, 심오한

4122
proudly

[práudli]

adv. 자랑스럽게

In a meeting of Animal Space Scientists, the chimpanzee *proudly* announced, "We sent a rocket to the moon." |대수능|

(파) proud *adj.* 자랑스러운

4123
quite

[kwáit]

adv. 완전히, 아주, 꽤, 상당히

The news of his death was *quite* alarming to us.

(표현) quite a bit 꽤 많은, 상당히

4124
rarely

[rέərli]

adv. 드물게, 좀처럼 ~하지 않는

Only *rarely* does he let his own views become public. |대수능|

(파) rare *adj.* 드문, 진기한

[예문 해석] 4116 우리는 점심 식사에 너무 시간을 들여서, 허비한 시간을 벌충하려면 더 빨리 차를 몰아야 한다. 그렇지 않으면 우리는 제시간에 도착하지 못할 것이다.   4117 대사는 주최국의 요구를 말도 안 된다며 일언지하에 거절했다.   4118 이 회사들은 많은 돈을 해외에 투자하고 있다.   4119 아마도 미래에는 과학기술의 발전 때문에 당신은 더 이상 일하러 가지 않을지도 모른다.   4120 다른 정보가 없다면, 당신은 아마도 더 작은 사람이 여자이고 더 큰 사람이 남자라고 결론지을 것이다.   4121 텔레비전, 자동차, 그리고 컴퓨터는 우리의 삶을 매우 변화시켰다.   4122 동물 우주 과학자들의 회의에서 한 침팬지가 "우리는 달에 로켓을 보냈어."라고 자랑스럽게 말했다.   4123 그가 죽었다는 소식은 우리에게 상당히 놀라운 것이었다.   4124 그는 자신의 견해를 거의 알리지 않는다.

4125
rather

[rǽðər]

adv. 오히려, 어느 정도

However, this definition is somewhat incomplete and *rather* misleading.

4126
relatively

[rélətivli]

adv. 상대적으로, 비교하여

Air traffic controllers, for instance, report that the long stretches of doing *relatively* little are at least as stressful as the times when they are handling many aircraft in the sky. |대수능|

파 relativity *n.* 상대성   relative *adj.* 상대적인, 비교상의

4127
repeatedly

[ripí:tidli]

adv. 반복하여, 되풀이하여

When given a choice between the two types of mothers, the monkeys *repeatedly* chose to spend their time with the towel cloth mothers. |대수능|

파 repeat *v.* 반복하다

4128
seldom

[séldəm]

adv. 드물게, 좀처럼 ~않다

He very *seldom* eats breakfast.

표현 not seldom 이따금, 흔히

4129
similarly

[símələrli]

adv. 비슷하게, 마찬가지로

Similarly, a weak light will make it more difficult for a biker to see at night. |대수능|

파 similarity *n.* 유사성   similar *adj.* 유사한

4130
solely

[sóulli]

adv. 혼자서, 오로지

Scholarship is given *solely* on the basis of financial need.

파 sole *adj.* 오직 하나의, 독점적인, 고독한   *n.* 발바닥

4131
suddenly

[sʌ́dnli]

adv. 갑자기, 불시에, 돌연

The elf disappeared *suddenly*.

표현 all of a sudden 불시에, 갑자기

4132
therein

[ðɛ̀ərín]

adv. 그 점에 있어, 거기에

Therein lies the difficulty. |대수능|

4133
thoughtfully

[θɔ́:tfəli]

adv. 생각에 잠겨, 사려 깊게

I walked *thoughtfully* to the train. |대수능|

파 thoughtful *adj.* 생각이 깊은, 사려 깊은

[예문 해석] 4125 그러나 이 정의는 좀 불완전하며 오히려 오해를 일으킬 수 있다.   4126 예를 들면, 항공 관제사들은 오랫동안 하는 일이 상대적으로 줄어들면 적어도 하늘에 있는 많은 비행기를 다룰 때만큼 스트레스를 받는다고 말한다.   4127 그 두 유형의 엄마들 중에서 선택해야 했을 때, 원숭이들은 여러 차례 수건 천 엄마와 시간을 보내는 쪽을 선택했다.   4128 그는 아침 식사를 좀처럼 하지 않는다.   4129 마찬가지로 약한 불빛은 자전거 운전자가 밤에 보는 것을 어렵게 만들 것이다.   4130 장학금 수여 대상의 기준을 세우는 데는 재정적 궁핍만이 고려된다.   4131 꼬마 요정은 갑자기 사라졌다.   4132 거기에 어려움이 있다.   4133 그는 생각에 잠겨 열차를 타러 걸어갔다.

4134
thrice

[θráis]

adv. 3회, 3배로

They should think not twice, but *thrice*, before ignoring such advice.

4135
triumphantly

[traiʌ́mfəntli]

adv. 의기양양하게

"Well then!" he answered *triumphantly*. |대수능|

(파) triumph *n.* 승리   triumphant *adj.* 승리한, 의기양양한   triumphal *adj.* 승리를 축하하는

4136
undoubtedly

[ʌndáutidli]

adv. 의심 없이, 틀림없이, 확실히

But we will *undoubtedly* see the other side there, too. |대수능|

(파) undoubted *adj.* 의심할 여지없는, 틀림없는

4137
wide

[wáid]

adv. 넓게, 광범하게   *adj.* 폭넓은, 넓은

The rumor spread far and *wide*.

(파) width *n.* 폭, 너비   (관련) widespread *adj.* 널리 보급된, 넓게 펼쳐진

4138
yonder

[jándər]

adv. 저쪽의, 저기에

Now look *yonder*.

[예문 해석] **4134** 그들은 그러한 조언을 무시하기 전에 두 번이 아니라 세 번 생각을 해야 한다.   **4135** "그럼 됐네."라고 그는 의기양양하게 대답했다.   **4136** 그러나 우리는 또한 분명히 거기에서 다른 측면을 볼 것이다.   **4137** 그 소문은 널리 그리고 광범위하게 퍼졌다.   **4138** 이제 저기를 보아라.

40ᴛʜ LECTURE MASTERING IDIOMS

- **with all** ~에도 불구하고(=for all, despite, in spite of)
  With all her drawbacks, she is loved by everybody.
  그녀는 여러 결점이 있음에도 불구하고, 모든 사람에게서 사랑을 받는다.

- **with the light on〔off〕** 불을 켠(끈) 채
  He goes to sleep *with the light on*. 그는 불을 켜 놓은 채 잠든다.

- **within call** 부르면 들릴 만한 곳에, 가까운 곳에(=within earshot, within hearing)
  Please stay *within call*. 가까운 곳에 계십시오.

- **without control** ~의 통제를 벗어나, 제멋대로, 함부로
  Thus, personal information has been collected and distributed *without control*, causing harm to the right to privacy.
  따라서 개인의 정보가 통제되지 않고 수집되거나 배포되어, 사생활권에 해를 끼쳤다.

- **work for** ~에서 일하다, ~을 위해 일하다
  If I had my master's, I wouldn't need to *work for* this company.
  석사 학위가 있으면 저는 이런 회사에서 일할 필요도 없을 거예요.

- **work out** 풀다, 해결하다
  They cannot *work out* a math problem without a calculator.
  그들은 계산기 없이는 수학 문제를 풀 수 없다.

- **worst of all** 무엇보다 나쁜 것은
  Worst of all, he was a teacher. 무엇보다 나쁜 것은 그가 선생님이었다는 것이다.

- **wrap up** 끝내다, 마무리하다
  I want to *wrap up* this deal as quickly as possible. 나는 이 거래를 가능하면 빨리 끝내고 싶다.

- **write down** 적다(=note down)
  Did you *write down* the name of the person? 그 사람의 이름을 적었나요?

- **write off A as B** A를 B로 (무용지물, 실패 등으로) 간주하다
  Can you *write* it all *off as* a business expense?
  그것을 모두 출장 경비로 간주할 수 있습니까?

- **year by year** 해가 갈수록, 해마다
  Clearly, the damage will get worse *year by year*.
  분명히 그 손상은 해마다 더 악화될 것이다.

40TH LECTURE REVIEW TEST

● 빈칸에 알맞은 단어나 뜻을 쓰시오.

1. abreast	_____	26. moreover	_____
2. afar	_____	27. nearly	_____
3. _____	후에, 나중에	28. nevertheless	_____
4. ahead	_____	29. nonetheless	_____
5. aloft	_____	30. nowadays	_____
6. _____	명백하게	31. _____	명백하게, 분명히
7. arrogantly	_____	32. outright	_____
8. aside	_____	33. probably	_____
9. astray	_____	34. _____	깊이, 심오하게
10. astride	_____	35. proudly	_____
11. con	_____	36. quite	_____
12. diagonally	_____	37. rarely	_____
13. entirely	_____	38. rather	_____
14. expeditiously	_____	39. _____	상대적으로, 비교하여
15. forth	_____	40. repeatedly	_____
16. _____	운 좋게도, 다행히도	41. seldom	_____
17. forward	_____	42. solely	_____
18. _____	게다가, 더욱이	43. _____	갑자기, 불시에
19. gaily	_____	44. therein	_____
20. _____	그러므로, 지금부터	45. thoughtfully	_____
21. hitherto	_____	46. thrice	_____
22. immoderately	_____	47. triumphantly	_____
23. indeed	_____	48. _____	의심 없이, 틀림없이
24. indelibly	_____	49. wide	_____
25. lucidly	_____	50. yonder	_____

정답 | 기본 페이지 참조